U0501661

『十三五』国家重点出版物出版规划项目

新中国经济社会制度变迁丛书

本书受西南财经大学全国中国特色社会主义政治经济学研究中心
『中国特色社会主义政治经济学理论体系构建研究』项目资助

XINZHONGGUO JINGJI ZHIDU BIANQIAN

新中国经济制度变迁

李萍 杨慧玲 吴垠 李标 李怡乐 等 著

西南财经大学出版社

中国·成都

图书在版编目(CIP)数据

新中国经济制度变迁/李萍等著.—成都:西南财经大学出版社,2019.9
(2021.4 重印)
ISBN 978-7-5504-4142-2

Ⅰ.①新…　Ⅱ.①李…　Ⅲ.①中国经济—经济制度—研究—现代
Ⅳ.①F121

中国版本图书馆 CIP 数据核字(2019)第 205492 号

新中国经济制度变迁
XINZHONGGUO JINGJI ZHIDU BIANQIAN
李萍　杨慧玲　吴垠　李标　李怡乐 等著

责任编辑:李才
封面设计:墨创文化
责任印制:朱曼丽

出版发行	西南财经大学出版社(四川省成都市光华村街 55 号)
网　　址	http://www.bookcj.com
电子邮件	bookcj@ swufe.edu.cn
邮政编码	610074
电　　话	028-87353785
照　　排	四川胜翔数码印务设计有限公司
印　　刷	四川五洲彩印有限责任公司
成品尺寸	170mm×240mm
印　　张	35.75
字　　数	546 千字
版　　次	2019 年 9 月第 1 版
印　　次	2021 年 4 月第 2 次印刷
书　　号	ISBN 978-7-5504-4142-2
定　　价	138.00 元

出版说明

文承千秋史，潮引万水东。

1949 年中华人民共和国的成立，是中国有史以来最伟大的事件，也是 20 世纪世界最伟大的事件之一，中华民族的发展开启了新的历史纪元。1978 年，在中国共产党历史上，在中华人民共和国历史上，实现了新中国成立以来具有深远意义的伟大转折，开启了改革开放和社会主义现代化建设的伟大征程，推动了中国特色社会主义事业的伟大飞跃。中国特色社会主义道路、理论、制度、文化，以雄辩的事实彰显了科学社会主义的鲜活生命力，社会主义的伟大旗帜始终在中国大地上高高飘扬，中华民族正以崭新姿态屹立于世界的东方！

习近平总书记指出："哲学社会科学研究要立足中国特色社会主义伟大实践，提出具有自主性、独创性的理论观点，构建中国特色学科体系、学术体系、话语体系。""70 年砥砺奋进，我们的国家发生了天翻地覆的变化。""无论是在中华民族历史上，还是在世界历史上，这都是一部感天动地的奋斗史诗。"深刻反映 70 年来党和人民的奋斗实践，深刻解读新中国 70 年历史性变革中所蕴含的内在逻辑，讲清楚历史性成就背后的中国特色社会主义道路、理论、制度、文化优势，是新时代中国哲学社会科学工作者的历史责任。

从新中国成立到改革开放之前，中国共产党领导人民进行社会主义革命和建设，探索适合中国实际情况的社会主义建设道路，虽然经历过曲折，但总体上看，全面确立了社会主义基本制度，实现了中国历史上最深刻最伟大

的社会变革，取得了独创性理论成果，成就巨大，为当代中国的一切发展进步奠定了根本政治前提和制度基础，为开创中国特色社会主义提供了宝贵经验、理论准备、物质基础。改革开放以来，从开启新时期到跨入新世纪，从站上新起点到进入新时代，中国特色社会主义迎来了从创立、发展到完善的伟大飞跃，中国共产党在理论、实践、制度等方面全面推进科学社会主义进入新阶段，科学社会主义在中国焕发出强大的生机和活力。可以说，中国共产党对社会主义理想百折不挠的追求、坚持不懈的实践，以及取得的举世瞩目的成就，为 5 000 年的中华文明注入了新的基因，使中国由贫穷落后走上小康之路，同时也极大地影响和改变着世界历史的发展进程。

经济社会比较落后的国家在革命胜利后如何建设社会主义，是社会主义发展史上的重大历史性课题；而新中国成立 70 年来，中国共产党建设社会主义的实践探索，是对这一历史性课题的成功"解题"。从"出题"到"解题"，中国每时每刻都在发生变化，我们必须要在理论上跟上时代，不断认识实践规律，不断推进理论创新、制度创新，在聆听时代声音中展现出更有说服力的真理力量。

"制度是关系党和国家事业发展的根本性、全局性、稳定性、长期性问题。"中国特色社会主义制度，是当代中国发展进步的根本制度保障，集中体现了中国特色社会主义的特点和优势。我们坚持完善和发展中国特色社会主义制度，不断发挥和增强我国的制度优势，在经济、政治、文化、社会等各个领域形成一整套相互衔接、相互联系的制度体系。

时代是思想之母，实践是理论之源。在回顾中国共产党引领中国人民绘就这一幅幅波澜壮阔、气势恢宏的历史画卷的同时，如何以马克思主义为指导，有分析、有选择地吸收和借鉴新制度经济学中的合理成分，站在新的历史起点，肩负起新时代的历史使命，系统梳理新中国成立以来我国经济社会制度的发展脉络，全面探究新中国经济社会制度的演进路径，以使我们更加清醒地认识新时代中国特色社会主义的历史方位，更加自觉地增强对中国特色社会主义经济社会制度的价值认同，从而构建基于我国自身伟大实践的具有深刻解释力的中国特色社会主义经济社会制度理论体系，是一个伟大而艰巨的时代课题。对"兴学报国"90 余载的西南财经大学来说，关注国计民生、破解经济现象、剖析社会迷局、贡献西财方案，本是"题中应有之义"；

对"经世济民，孜孜以求"的西财经济学人来说，能够站在学术高地，以理论和智慧主动服务国家战略，更是光荣使命，责任重大。

"成为中国高等财经教育的主要引领者、国际商科教育舞台上的有力竞争者、实现中华民族伟大复兴中国梦的重要贡献者"，这是西南财经大学在新时代的历史使命。围绕着"深化学术创新体系改革，增强服务国家发展能力"，西南财经大学第十三次党代会报告指出："深入贯彻落实加快构建中国特色哲学社会科学的意见，瞄准学科前沿和国家重大需求，以广阔视野、创新精神大力推进学术创新，在服务国家发展中彰显西财价值。"这就要求我们，必须以服务国家、行业及区域重大战略需求为主线，加快推进中国特色社会主义政治经济学等理论体系建设，产出一批具有时代影响力的原创理论成果，彰显西财学术影响力。

西南财经大学是教育部直属的国家"211 工程"和"985 工程"优势学科创新平台建设的全国重点大学，也是国家首批"双一流"建设高校，理应在构建中国特色哲学社会科学学科体系、学术体系和话语体系，深刻解读新中国 70 年历史性变革中所蕴含的内在逻辑，讲清楚历史性成就背后的中国特色社会主义经济制度与社会变革的关系等方面有所作为。

西南财经大学结合自身学科专业特色、优势和"双一流"建设要求，组织相关学科专业学者梳理新中国成立以来经济社会制度的变革与实践，总结过往取得的成就和经验、教训，积极探索未来的发展方向与路径，策划了这套"新中国经济社会制度变迁丛书"并成功入选"十三五"国家重点图书、音像、电子出版物出版规划（新广出发〔2016〕33 号）。该套丛书包括《新中国经济制度变迁》《新中国货币政策与金融监管制度变迁》《新中国保险制度变迁》《新中国社会保险制度变迁与展望》《新中国审计制度变迁》《新中国统计制度变迁》《新中国工业企业制度变迁》《新中国财政税收制度变迁》《新中国经济法律制度变迁》《新中国对外贸易制度变迁》《新中国卫生健康制度变迁》《新中国社会治理制度变迁》《新中国行政审批制度变迁》《新中国农业经营制度变迁》《新中国人口生育制度变迁》共计 15 册。

西南财经大学党委和行政高度重视这套丛书的编撰和出版，要求每本书的研究、编写团队坚持以习近平新时代中国特色社会主义思想为指导，把学习、研究、阐释当代中国马克思主义最新成果作为重中之重；要扎根中国大

地，突出时代特色，树立国际视野，吸收、借鉴国外有益的理论观点和学术成果，推进知识创新、理论创新、方法创新，提升学术原创能力和水平；要立足我国改革发展实践，挖掘新材料、发现新问题、提出新观点，提炼标识性学术概念，打造具有中国特色和国际视野的学术话语体系，形成无愧于时代的当代中国学术思想和学术成果，立足自身研究领域，为推动中国经济学、管理学学科体系建设做出贡献；要坚持用中国理论阐释中国实践、用中国实践升华中国理论，推动学术理论中国化，提升中国理论的国际话语权，并推动研究成果向决策咨询和教育教学转化。

本套丛书以习近平新时代中国特色社会主义思想为指导，力求客观真实地揭示新中国经济社会制度变革的历程，多维度、广视角地描绘新中国经济社会制度演进的路径，较为全面系统地总结中国共产党带领全国各族人民为实现国家富强、民族振兴和人民幸福的"中国梦"所进行的中国特色社会主义经济社会制度变革的伟大实践和理论探索。

历史车轮滚滚向前，时代潮流浩浩汤汤。历史是营养丰沛的最好的教材，70年来中国共产党带领中国人民走过的路，是一部感天动地的奋斗史诗，是独一无二的实践经验，也是滋养理论研究的取之不竭的现实沃土。新中国70年的光辉历程，"积聚了千里奔涌、万壑归流的洪荒伟力"。我们应深深饱吸这70年波澜壮阔的变革中所蕴藏的丰饶的学术营养，立足当下，并在21世纪全球经济一体化的世界格局中观照我国改革开放的深化发展，以及经济社会和谐发展的本质要求，通过对经济社会最深层次、最具价值、最本质和最急迫问题的挖掘、揭示与探索，从波澜壮阔的历史回溯中提炼学术成果，提升理论自信；我们在解析历史的同时，也是以高度负责的敬业精神，用奋进之笔在书写着一部"当代史"。

当然，本套丛书只是对新中国经济社会制度变革问题进行系统性探索的开始，我们希望并相信本套丛书能够引起更多的哲学社会科学工作者，尤其是相关经济、管理学界的学者的关注，从而推动新中国经济社会制度变迁的纵深研究，为中国特色社会主义制度变革和创新提供更多更好的理论依据和决策支持。因历史资料收集等方面存在的差异，书中的观点和方法还有许多不完善、不成熟之处，敬请读者批评指正。

导　言

如果以 1949 年新中国的诞生之年作为元年，那么，2019 年正好是新中国建设与发展的 70 年，这是一个值得纪念的年份。今天，我们站在新时代新的历史起点上，回望、检视我国社会主义经济制度的 70 年变迁，描绘和勾勒出我国社会主义经济制度经历的建立、探索、改革、转型与完善过程中艰难曲折的发展脉络，理解新中国经济制度 70 年的变迁路径、特征及其绩效，以使我们更加清醒地认识新时代中国特色社会主义的历史方位，更加自觉地增强对中国特色社会主义经济制度的价值认同，更加坚定对中国特色社会主义经济制度的高度自信，是极具理论与实践创新的重大而深远的历史和现实意义的。

一

理解新中国经济制度 70 年的变迁路径，内含对理论的抽象性和实践的具体性辩证关系进行探索，展现我国社会主义经济制度变迁中"否定之否定"的规律性特征和演变轨迹的历史语境和历史逻辑。

对新中国经济制度 70 年变迁的回顾和检视，既不是对新中国成立以来经

济制度变迁的单纯转述和旁观写照，也不是简单地对这一嬗变现实的直接模拟与刻画，而是力求还原历史、置身其间，对"特殊历史背景的认识、国家战略的选择、体制机制的建构、政策措施的实施——新的历史环境的变化、国家战略的转变、体制机制的改革、政策措施的调整……"这一循环深入的历史进程，从马克思主义生产力与生产关系、经济基础与上层建筑辩证关系的基本命题出发，对70年来我国社会主义经济制度演进变迁特有路径"全景图"的历史书写，其中既在时间上体现为一个包括改革开放前后两大时段、各时段内亦包含若干阶段的连续性动态变迁的渐进过程，又在空间上体现为包括中央和地方、城市和农村、东部及中部和西部、工农业和服务业、微观及中观和宏观等各个层面、各个领域、各个维度、各个方面的关联性互动变迁的复杂过程①。其间，有对科学社会主义理论的抽象性和社会主义实践的具体性辩证关系的探索，也有对我国经济制度变迁中"否定之否定"的规律性特征及其演变轨迹的历史语境和历史逻辑的展现：服从于新中国成立之初必须尽快完成"变农业国为工业国"和"国家工业化"的赶超战略及其历史任务，传统社会主义计划经济体制下单一公有制的社会主义经济制度的形成，是对过渡时期亦公亦私、公私结合的多种经济形式混存经济制度的第一次否定；而改革开放后服从于党和国家工作中心转移到经济建设新的战略决策，公有制经济外允许非公有制经济作为"补充"的存在和发展，以及其后的社会主义市场经济体制确立基础上以公有制为主体、多种经济形式并存和共同发展的社会主义基本经济制度的形成，则是对单一公有制的社会主义经济制度的第二次否定。

今天，从历史的角度辩证、客观地审视这一经济制度变迁的"否定之否

---

① 研究经济制度变迁的历史时间和地域空间特征及其特有的规律性，正是本书至为重要的一项研究任务。

定"过程①，无疑，传统社会主义计划经济体制下单一公有制的社会主义经济制度对过渡时期亦公亦私、公私结合的多种经济形式混存经济制度的第一次否定，具有警示的历史性价值。在新中国成立初期极其落后的国情基础上试图实现工业化和赶超战略的强国目标的历史紧迫性面前，我们试图通过构建起新的社会经济制度、发挥生产关系反作用于生产力的作用，在所有制的改造和构建上犯了超越阶段的冒进和片面升级过渡的历史性错误，导致超前的生产关系与落后的生产力之间的结构性矛盾，对社会主义建设产生了"欲速不达"的严重制约和影响，这也为后来改革开放的制度创新提供了有益的历史鉴戒。正如邓小平同志所说，"我们尽管犯过一些错误②，但我们还是在三十年间取得了旧中国几百年、几千年所没有取得过的进步"③，我们初步建立起的独立的、比较完整的工业体系和国民经济体系，为社会主义工业化和国民经济的发展打下了坚实的物质技术基础，公有制的社会主义经济关系最初的制度表达也得以完成。在这个意义上，为后来的改革开放奠定积累了必要的物质技术基础和政治经济基础④。而改革开放进程中，社会主义市场经济体制确立基础上的以公有制为主体、多种经济形式并存的社会主义基本经济制度，是对单一公有制的社会主义经济制度的第二次否定，但并非对新中国之初过渡期亦公亦私、公私结合的多种经济形式混存的经济制度的简单回归，

---

① 列宁曾经指出："在分析任何一个社会问题时，马克思主义理论的绝对要求，就是要把问题提到一定的历史范围之内。"（列宁. 列宁选集：第 2 卷 [M]. 中共中央编译局，译. 北京：人民出版社，1995：375.）
② 包括"一化三改造"中存在的改造过急、过粗、范围过宽，特别是"大跃进"中的瞎指挥、浮夸风，以及"文化大革命"中的"打倒一切"和"全面夺权"等严重错误。
③ 邓小平. 邓小平文选：第 2 卷 [M]. 北京：人民出版社，1994：167.
④ "社会主义制度的建立，是我国历史上最深刻最伟大的社会变革，是我国今后一切进步和发展的基础。"（中共中央文献研究室. 三中全会以来重要文献选编：下 [M]. 北京：人民出版社，1982：794.）

而是在改革开放凝聚了"发展共识"的新的历史背景下，在重新认识唯物史观关于生产力与生产关系辩证关系的基础上，匡正改革开放前"生产力—生产关系—上层建筑"的反向向前推进即以上层建筑反作用逻辑为主的内部封闭静态循环，调整为改革开放后"生产力—生产关系—上层建筑"的正向向后推进即以生产力的决定逻辑为主的开放动态演进，在嵌入"生产力—生产关系—上层建筑"系统结构互动机制中经济制度体系适应性调整的创新发展，促进了中国经济的长期快速增长和人民生活的极大改善以及全社会福利的极大增进，是社会主义初级阶段经济制度自我完善的"中国实践"。

二

理解新中国经济制度70年的变迁特征，其中的一个历史性视角是观察改革开放土壤中生长出的新的"生产关系适应发展观"，从而促成了由先前"生产关系自我中心观"①向"生产关系适应发展观"②的历史性转变。

以1978年党的十一届三中全会的召开为契机，我国进入经济体制改革开放的新阶段。改革始于改变传统社会主义计划经济体制及其单一公有制格局与我国社会生产力发展总体水平低、多层次、不平衡的现实经济条件的不适应性，改革使得原有"生产关系自我中心观"逐渐转为"生产关系适应发展观"。即改革开放前脱离我国社会生产力现实、一味追求社会主义生产关系疾

---

① "生产关系自我中心观"是指偏离社会生产力水平约束，以建立起社会主义生产资料公有制绝对优势的生产关系为逻辑前提。

② "生产关系适应发展观"是指基于现实社会生产力发展水平，以建立起既适应生产力发展客观要求的社会主义所有制及其经济形式结构为基础的生产关系体系又保持与此相适应的经济体制、运行机制及其政策决策和实施机制的上层建筑统一的逻辑关系。

风暴雨式的升级过渡，单纯以社会主义生产关系的建立和"一大二公三纯四平"①的主观愿望为中心，导致社会主义生产关系长期超越生产力现实条件，阻碍了社会主义经济制度自身客观求实地探索、创建、发育和成长。一方面，其脱离中国现实国情、忽视发展社会生产力而陷入"贫穷社会主义"发展的困境，延缓和抑阻了我国社会主义建设发展的进程；另一方面，在客观上又为之后的改革开放提供了经验鉴戒和动力支持，并且为始终坚持和深化改革开放也积累了可供反思与创新的"思想成果、物质成果、制度成果"②。

　　改革正是旨在促使社会主义生产关系适应现实生产力状况，放开单一所有制的传统意识的限制，允许与较为落后和低下的、多层次的、不平衡的生产力水平相适应的个体、私营、外资等非公有制经济的存在和适当发展，促成了社会主义初级阶段公有制主体经济、主导作用与非公有制经济的补充和互动为基础的中国特色社会主义基本经济制度新芽的萌发，以及适应生产力现实和基本国情的以公有制为主体、多种经济形式共同发展的基本经济制度的确立和不断发展。这一过程中，相对于发展和完善社会主义市场经济体制的要求而言，尽管仍存在着公有制实现形式创新改革的不足及其活力、创造力和竞争力不强，非公有制经济发展的制度供给不足与制度规范不够，公有制经济与非公有制经济间行业垄断体制压缩民企发展空间的一定程度上竞争不平等等诸多问题，但是，从整体上看，伴随着党的十一届三中和四中全会、十二届三中全会以及党的十二大、十三大和十四大直至十九大报告对改革共识的凝聚、改革领域的不断拓展和全面深化，各经济主体利益激励的"生产

---

① "一大"是指基层经济组织如人民公社、国营企业在规模上追求越大越好；"二公"则是指追求公有化程度越高越好；"三纯"追求的是社会主义经济成分越纯越好；"四平"则是在分配上搞平均主义。

② 习近平.在纪念毛泽东同志诞辰120周年座谈会上的讲话［N］.人民日报，2013-12-27（02）.

性努力"迸发，各要素资源得到充分有效利用，从而迎来了改革开放巨变中迸发出的经济持续高速增长以及包括农民、工人和非公有制经济组织中劳动者在内的各经济主体收入增加的良性发展态势。

从"生产关系自我中心观"到"生产关系适应发展观"，是从抽象定性社会主义公有制的先进性回到"社会主义的优越性归根结底要体现在它的生产力比资本主义发展得更快一些、更高一些，并且在发展生产力的基础上不断改善人民的物质文化生活"①，一句话，"归根到底要看生产力是否发展，人民收入是否增加"② 的历史唯物主义客观的"生产力标准"的依循之上，是社会主义制度评价标准走向科学尺度和价值尺度的有机统一。这一改革初衷和历史转变值得追忆，值得铭记。

三

理解新中国经济制度70年的变迁绩效，分析以改革开放为界其制度供给和需求、制度成本和效率的关系，走过并正在经历一个典型的政府主导、纵向层级式、制度供需信息非对称非流动的单向封闭型及政治偏好下较高制度成本和效率漏损的强制性制度变迁，转向基层诉求与政府顶层设计上下协同、制度供需信息流动的双向开放型及其"发展共识"一致性偏好下追求制度变迁长期绩效的"适应性效率"③、诱致性与强制性耦合联动的制度变迁历史过程。

新中国成立后选择走社会主义制度的道路，受当时特殊历史环境下国内

① 邓小平. 邓小平文选：第2卷 [M]. 北京：人民出版社，1994：250.
② 邓小平. 邓小平文选：第2卷 [M]. 北京：人民出版社，1994：314.
③ 诺思在《理解经济变迁过程》一书中提出："在具有适应性效率的社会中，制度矩阵的灵活性使其能够调整来解决与根本的经济变迁相关的问题。"（诺思. 理解经济变迁过程 [M]. 钟正生，等译. 北京：中国人民大学出版社，2013：96.）

外各种复杂因素及条件的约束，无论是实施"国家工业化"战略、尽快重构工业及国民经济体系以巩固和加强新生政权，还是实行"一化三改造"以促成社会主义经济制度的加快形成，以及之后实行中央集权计划经济体制以推进国家主导的现代化建设进程，一方面发挥了资源匮乏条件下社会主义制度能够集中力量办大事的优势①——举全国之力，集中优势资源，聚焦特定的工程、项目、事件，才成就了"一五"期间"156项工程"和"两弹一星"等重大战略、工程跨越性、突破性、高效率发展，迅速奠定了社会主义工业化的初步基础，铸就了我国国防安全的战略基石，并且对国家科技发展乃至整体经济社会发展都产生了深远影响；另一方面，也体现出国家凭借政权力量破除旧制度障碍、以行政命令方式强力建构起生产资料公有制占绝对优势的社会主义经济新制度的强制性制度变迁，其自上而下、单向封闭的制度供给，以及政治制度和政治权力强势决定资源配置、缺乏基层制度需求信息来源与反馈的制约及其纠偏机制，此间制度僵化导致制度变迁的"适应性效率"长期趋于低下。

而改革开放以来快速增长和发展势头，无不昭示出其对社会主义本质的重新认知，突破单一公有制、排斥市场等传统社会主义经济理论圭臬的定式误区，做出适应生产力发展水平的"所有制结构和产权改革"、市场取向改革及至社会主义市场经济体制确立和全方位的建设、市场决定资源配置与政府兼具"引导型与推动型""防护型与进取型"②角色及作用制度效应的初步释放。这中间，从"摸着石头过河"到与政府顶层设计的结合互动，从民生发

---

① 《增长的极限》的作者之一乔根·兰德斯教授认为，中国政府能集中力量办大事，不应迷信西方民主体制。这个因素是兰德斯对中国发展保持乐观态度的核心因素。参见：宋丽丹. 国外看"中国道路"取得成就的主要原因 [J]. 红旗文稿，2015（13）.
② 王今朝. 关于市场配置资源决定性与更好发挥政府作用的学术认知 [EB/OL]. （2016-12-08）[2019-03-04]. http://ex.cssn.cn/jjx/jjx_gzf/201612/t20161208_3305679.shtml. 防护型的"更好发挥政府作用"就是要解决中国人民由于各种内外部因素所遭受的痛苦；进取型的"更好发挥政府作用"是为了获得中国本来可以获得的更大的利益。

展的制度需求到与政府科学发展的制度供给形成的"发展共识"一致性偏好的协调推动，从诱致性制度变迁到与强制性制度变迁的耦合联动，改革带来的"制度释放剩余"和制度变迁愈益灵活性内含的报酬递增及其自我强化机制的累积效应，逐渐形成促进长期增长中制度成本相对降低和制度效率提升的良好绩效，一定意义上其制度变迁"适应性效率"的增强，在国内外转型的横向和纵向比较中都得到了多方面经验的验证。

四

本书是一项集体合作、汇聚了集体智慧的研究成果。由李萍教授提出总体框架和研究思路，从制度基本理论入手，以马克思主义经济制度理论为基础，全书隐含且贯穿其间的是一条"双向度变迁"的理论分析主线和分析框架①，即一定社会的核心经济制度、基本经济制度、具体经济制度三重规定性及其内在关系，以及微观经济制度、中观经济制度、宏观经济制度三个层面的内在关联及其相互关系构成经济制度变迁的内在向度；同时，一定社会的生产力与生产关系、经济基础与上层建筑的内在关系及其矛盾运动构成一定社会经济制度变迁的外在向度。基于双向度之间的关系并在其互相作用下形成了一定社会经济制度变迁与发展的历史过程。进一步地，从新中国 70 年来的"特殊历史背景的认识、国家战略的选择、体制机制的建构、政策措施的实施、经济制度的形成和发展—新的历史环境的变化、国家战略的转变、体制机制的改革、政策措施的改变、经济制度的相应调整改革和转型—……"循环深入的史实及其历史进程的多维透视中，把握制度变迁的内生性与阶段转换的自洽性，在一定意义上揭示了新中国社会主义经济制度变迁的特殊规

---

① 也可以把这理解为一种"双向度变迁观"。

律性。本书的开篇绪论和尾论站在科学界说、理论建构、方法论解构的角度比较集中地论述了这一"双向度变迁观"的核心思想与基本观点,各篇也运用其探索了新中国成立以来跨越两个世纪的社会主义经济制度形成、改革、转型及其创新和完善的变迁历程。其间,把新中国经济制度变迁进程放在了世界大变革、中国大转型的背景中,力求在理论与实践相结合、过去与现实及未来相衔接、纵向与横向比较相联系上做出一定程度上新的理论、方法、结论的探索和研究。

全书分绪论、上篇、中篇、下篇、尾论五个部分共十三章,各部分负责人为:绪论,李萍;上篇,吴垠;中篇,李怡乐;下篇,杨慧玲;尾论,王雪苓。具体执笔者依次为:导言,李萍;第一章绪论,李萍(第一节)、韩文龙(第二节)、张鹏(第三节);上篇,第二章/吴垠,第三章/韩文龙,第四章/刘金石;中篇,第五章/李怡乐,第六章/赵劲松,第七章/李标;下篇,第八章/杨慧玲,第九章/刘书祥,第十章/姜凌等,第十一章/王军,第十二章/杨海涛;第十三章尾论,王雪苓。全书由李萍负责统稿。自 2018 年 5 月起至 2019 年 5 月全书定稿,冬去春来历时一载,共举行团队成员集体讨论或逐章探讨修改大大小小会议二十余次,大家本着保证研究成果较高质量的初衷,对书稿的基本内容、观点、结构、逻辑、方法等进行充分讨论和交流,在写作团队内培育出了"知无不言,言无不尽,百人誉之不加密,百人毁之不加疏"的严谨学风与和谐氛围。尤其是在后期的统稿修改过程中,课题组成员间积极合作,愉快地分享讨论和交流相长的乐趣,珍视彼此间学科专业知识的互补、思想碰撞火花的闪现以及笔触之下的文墨友情。特别值得一提的是,李标副教授始终尽心负责与出版社的对接和课题组成员间的联络、协调,并全程协助统稿事宜,满腔热忱地为大家服务,付出了大量时间和努力。借此书成之际,谨向所有参与了本书相关研究的同仁表示真挚的谢意!

本书得到了西南财经大学"新中国经济社会制度变迁丛书"项目经费以

及西南财经大学马克思主义经济学研究院暨全国中国特色社会主义政治经济学研究中心重大专项课题"中国特色社会主义政治经济学理论体系构建研究"项目经费的资助。在写作过程中还得到学院领导易敏利院长、盖凯程副院长的高度重视和大力支持，他们多次参加讨论会并提出中肯意见。此外，本书在出版过程中，惠蒙西南财经大学出版社各位领导和编辑的鼎力支持和协助，在此一并致谢！

　　希冀《新中国经济制度变迁》一书，以其既沉潜于历史纵深对 70 年来中国经济制度变迁的特殊史实、经济现象和社会场域所做的思想检视与价值辨析，又眺望于时代创新对当下和未来中国特色社会主义经济制度变迁的历史价值、发展旨归的思想建构与理论自觉，提供一个切中肯綮的政治经济学解释，值新中国诞生 70 年之际，为其波澜壮阔、不断创新的社会主义经济实践和理论探索的研究着上一抹亮色。

李萍谨识

2019 乙亥之春于光华园

目录 *MULU*

下篇　宏观经济发展及其调控制度变迁

第一章
绪　论

　　"不知来，视诸往。" 2019 年，我们迎来新中国 70 周年华诞。回溯新中国经济制度的形成、演变和发展历史，探察现实经济制度的改革、深化和完善，需要我们以长时段历史（long-term history）的大视野和整体关联（entirety and relevance）的大视角，全景透视新中国经济制度的过往、现在和未来，追问和探索 20 世纪中叶中国经济制度发生历史大变革、大转折中我们为什么选择建立了社会主义经济制度和计划经济体制，70 年代末又何以转向市场取向的经济体制改革，90 年代初期怎样进一步确立以社会主义公有制为主体、多种经济形式并存的基本经济制度和社会主义市场经济体制，21 世纪前后又如何推进完善社会主义基本经济制度和全面深化经济体制改革与创新，以深刻洞悉和把握新中国经济制度变迁中更为深层的结构性变化和纵跃历史的变迁线索及其大势和方向。

第一节　中国特色社会主义经济制度体系：
理论基础与实践探索

新中国以降，历经 70 年、跨越两个世纪的经济制度的变迁，经济体制的转换，中国共产党领导下的社会主义实践所处的特殊历史背景及其阶段性发展战略，政策选择约束下的复杂性和变异性以及多维性，制约着社会主义社会核心经济制度、基本经济制度的本质特征、具体经济制度即经济体制的特殊表征及其变迁的互动和张力。为解构这一具有丰富而深邃内涵的大问题，本书基于马克思主义政治经济学的学理依循，尝试循着"制度—经济制度—社会核心经济制度、基本经济制度与具体经济制度及其内在关联"的致思路径，并嵌入"生产力—生产关系（经济基础）—上层建筑"整体系统来诠释经济制度的适应性调整和互动性促进，研究中国社会主义社会经济制度体系变迁、社会基本经济制度伴随经济体制的转型，尤其是社会主义市场经济体制创新探索的"中国实践"的不断完善。

一、马克思制度理论的精髓与当代制度理论的一般含义

（一）马克思制度理论的两个特点及其核心

制度，是马克思经济学理论研究的经典主题[①]，其制度理论以阐发资本主义经济制度本质为主线，集中分析的是以资本主义私有制为基础的市场制度，主要包括所有制与所有权理论、市场制度对经济增长和社会发展的作用、资本主义社会经济制度的本质及其动态发展与更替的一般规律以及国家和意识形态理论等内容。马克思的制度理论主要有两个特点：一是强调制度对经济增长的双重效应；二是强调制度是可变的，制度变迁或变革的根源在于技术和生产力的变化。

---

① 李萍. 经济增长方式转变的制度分析 ［M］. 成都：西南财经大学出版社，2001：55-60.

首先，马克思的制度理论强调制度对经济增长的双重效应。马克思的制度理论从研究生产关系、所有制入手，详细分析了资本主义所有制及其所有权的形成和发展、所有制结构的变迁及其本质，从而马克思完成了迄今为止对资本主义经济制度的最深入和最科学的分析。一方面，马克思认为资本主义私有制的建立是资本主义社会生产力迅速发展的前提条件，他充分肯定了资本主义私有产权的效率及其促进资本主义经济增长和社会发展的历史功绩；另一方面，马克思又指出：随着生产力的日益社会化，资本主义私有制与之越来越不相适应，逐步转为制约生产力进一步发展的桎梏，成为制约经济增长和社会发展的关键因素。这一点马克思在《共产党宣言》中做了精辟的阐述。他指出："资产阶级在它的不到一百年的阶级统治中所创造的生产力，比过去一切世代创造的全部生产力还要多，还要大。自然力的征服，机器的采用，化学在工业和农业中的应用，轮船的行驶，铁路的通行，电报的使用，整个大陆的开垦，河川的通航，仿佛用法术从地下呼唤出来的大量人口，——过去哪一个世纪能够料想到有这样的生产力潜伏在社会劳动里呢？……资产阶级的生产关系和交换关系，资产阶级的所有制关系，这个曾经仿佛用法术创造了如此庞大的生产资料和交换手段的现代资产阶级社会，现在像一个巫师那样不能再支配自己用符号呼唤出来的魔鬼了。几十年来的工业和商业的历史，只不过是现代生产力反抗现代生产关系、反抗作为资产阶级及其统治的存在条件的所有制关系的历史。"① 资本主义经济周期性循环中席卷而来的危机，表明"社会所拥有的生产力已经不能再促进资产阶级文明和资产阶级所有制关系的发展；相反，生产力已经强大到这种关系所不能适应的地步，它已经受到这种关系的阻碍……资产阶级的关系已经太狭窄了，再容纳不了它本身所造成的财富了"② 。由此可见，马克思不仅看到了以资本主义私有产权为基础的市场制度的确立，为要素的流动提供了诱导机制，各

---

① 马克思，恩格斯. 共产党宣言（1848）［M］// 马克思，恩格斯. 马克思恩格斯选集：第 1 卷. 中共中央编译局，译. 北京：人民出版社，1972：256.

② 马克思，恩格斯. 共产党宣言（1848）［M］// 马克思，恩格斯. 马克思恩格斯选集：第 1 卷. 中共中央编译局，译. 北京：人民出版社，1972：257.

种要素市场（劳动力市场、资本市场等）的出现，为潜在的获利机会与要素的结合提供了现实的制度装置，从而直接推动了经济增长，同时也看到了制度影响和制约经济增长和社会发展的一面，强调这种影响具有双重效应：适合一定的生产力性质的经济制度，就必然能够大大地促进经济增长和社会发展，成为经济增长和社会发展的巨大推动力；相反，与一定的生产力性质不相适应的经济制度，就会阻碍经济增长和社会发展。因而，制度因素既可能是经济增长和社会发展的增函数，又可能是经济增长和社会发展的减函数。正因为如此，马克思在肯定了私有产权的效率及其历史进步作用的同时，又进一步指出：随着资本主义社会生产力的发展，生产资料的资本主义私人占有制度又与高度社会化的生产力发展不相适应，成为社会生产力发展的桎梏，因而，只有实现所有制关系的社会化才能适应生产力社会化的进一步发展。这表明，要解放生产力，必须进行制度变革，消灭私有制。在这种意义上可以说：马克思看到了一定社会的经济增长和发展，最根本取决于社会经济制度的状况，即其是解放、推动生产力发展，还是束缚、阻碍生产力的发展。

其次，马克思强调制度是可变的，制度变迁或变革的根源在于技术和生产力的变化。制度的变迁或变革，实际上是两个不同层面的变化发展的过程。制度变迁，一般是指在一定社会经济制度总体不变的前提下，基本经济制度特别是具体经济制度的阶段性调整、改革和创新；而制度变革，则主要是社会经济制度的根本改变、更替，即一种社会经济制度被另一种社会经济制度替代。马克思的制度理论更强调对后者的研究。马克思的制度理论是在批判地继承古典经济学的基础上形成的。一方面，马克思批评古典经济学家"把资本主义制度不是看作历史上过渡的发展阶段，而是看作社会生产的绝对的最后的形式"[①]"把社会的一个特定历史阶段的物质规律看成同样支配着一切社会形式的抽象规定"[②]，即把资本主义制度看作既定的、不变的、永恒合理的。而在马克思看来，资本主义制度和其他任何一种社会经济制度一样，都

① 马克思. 资本论：第1卷［M］. 中共中央编译局，译. 北京，人民出版社，1975：16.
② 马克思. 剩余价值理论：第1册［M］. 中共中央编译局，译. 北京，人民出版社，1975：15.

有其产生、发展、成熟并走向衰亡、被更高级和更合理的社会经济制度替代的历史。另一方面，马克思又继承和吸取了斯密、李嘉图经济理论中把社会划分为资本家、雇佣劳动者和大土地所有者三大阶级的制度结构思想，从动态发展的角度分析了生产要素（土地、资本、劳动力等）在这三大阶级之间进行分配的所有制和所有权关系，特别是生产资料资本家私人所有制及由此决定的资本家与雇佣工人之间的经济关系对经济增长的影响，其目的是要证明资本主义制度的历史性。

马克思运用了矛盾分析法和社会发展观来研究制度变迁和变革的过程。他认为：社会基本矛盾表现为生产力与生产关系、经济基础与上层建筑的矛盾。其中，生产力是最革命、最活跃的因素，它处于不断地发展变化之中，这就引起了与原有生产关系的不相适应，从而要求生产关系进行调整、做出相应的改变；而经济基础的这种变化进一步引起原有的上层建筑的不相适应，从而又要求上层建筑也要做出相应的调整和改变。正是这一社会基本矛盾的存在及其运动，引起了制度变迁，并随着矛盾的不断累积，最终导致了社会经济制度的根本性变革。而制度变迁和变革，又是由一定社会经济制度中相应的利益集团的矛盾及其行动直接推动的。在资本主义社会，这又集中体现为资本家阶级与雇佣劳动者阶级之间的阶级矛盾、阶级利益及其阶级行动的直接推动。马克思还在《〈政治经济学批判〉序言》（1859）中，对制度变革的客观条件做了进一步分析。他提出一个著名的论题：无论哪一种经济制度，在它们所能容纳的全部生产力发挥出来之前，是不会灭亡的；而新的更高的经济制度，在它存在的物质条件在旧社会的胎胞里成熟以前，是决不会出现的[①]。由此不难看出，马克思十分强调制度变革的动力、条件的客观性。此外，在马克思制度理论中，他还把一定的国家制度、法律制度及相应的意识形态看作建立在经济基础的制度之上的上层建筑的制度，并阐明了这两种制度之间经济基础的制度具有"决定"作用而上层建筑的制度则是"反映"的

---

① 马克思，恩格斯．马克思恩格斯选集：第 2 卷［M］．中共中央编译局，译．北京：人民出版社，1972：83.

作用的关系①，强调作为上层建筑的制度，国家和意识形态以其是否与一定的经济基础的制度相适应，而对社会经济的增长和发展起着积极的促进作用或消极的阻碍作用。

概言之，马克思制度理论的突出贡献在于他的历史唯物主义的根本方法。制度理论的核心在于：①看到了一定社会经济增长与发展、生产力（技术）进步与否，取决于社会经济制度的状况，即是解放、推动生产力发展，还是束缚、阻碍生产力的发展；②指出了制度是可变的，制度变迁或变革的根源在于技术和生产力的变化。这对我们今天正确认识和分析制度因素在经济增长与发展中的作用及其关系，都是极具现实指导意义的。

（二）当代制度理论的一般含义

在当代，新制度经济学崛起并成为现代西方经济学发展中最活跃的学派之一。新制度经济学以制度分析、结构分析为基础，分析制度的构成和运行，并发现这些制度在经济体系运行中的地位和作用。但是需要指出的是，新制度经济学主张在资本主义现存生产资料所有制基础即以资本主义私有制为基础的基本经济制度之上进行有限的体制性改革，因而注重研究资本主义现实体制问题，批判资本主义经济体制的缺陷，提出更为具体的体制调整改革的政策建议，旨在维护资本主义根本经济制度的延续和发展。正是在这一意义上，新制度经济学关于制度理论的研究更多地具有体制性一般含义。

从一般意义上看，制度首先是在社会活动中由社会强制执行的正式的社会行为规则，以及同样规范着人们行为的习惯、道德、文化传统等非正式规则的总和②。就正式的社会行为规则而言，其主要是指人们有意识地创造出来并通过国家等组织运用权力制定且强制执行的一系列成文规则，包括带有强制性、惩戒性的宪法、成文法、正式合约等法律及规范的规章制度，目的是要实现国家收益最大化或社会福利最大化。在这种意义上，制度是国家利益

---

① 马克思指出："这种具有契约形式的法权关系，是一种反映着经济关系的意志关系，这种法权关系或意志关系的内容是由这种经济关系本身决定的。"详见：马克思. 资本论：第1卷 [M]. 中共中央编译局，译. 北京，人民出版社，1975：102.
② 樊纲. 社会博弈与制度建立 [N]. 中华工商时报，1994-12-06（07）.

实现的"工具"，任何个人、团体的活动都必须接受、遵循和符合这些规则，或者说受其"约束"。因而，"制度是一种约束，也是一种工具"。就非正式的规则而言，其主要是指人们在长期的社会交往中逐步形成并得到社会认可的一系列规则，包括带有非强制性、广泛性和具有持续性的价值信念、伦理道德、文化传统、风俗习惯、意识形态等。相对于正式的社会行为规则，非正式的规则是社会活动的历史发展过程中利益互相冲突的人及其团体之间相互妥协或相互博弈的产物，因而有一个自发的、内生的、约定俗成的过程。正因为此，制度具有鲜明的时间性、国别性或地域性的特征。

其次，制度是遵循相同规则而互为条件、互相适应且互动的各种交易活动的集合，它构成一个有机的统一体。一方面，规则的制定、实施离不开一定的人、组织或机构及相关因素；另一方面，制度并非单一的，在人们活动的各个领域，包括政治、经济、文化、教育、宗教等领域中，都有相应的支配和规范着人们及其团体行为的规则，于是，就有了诸如政治制度、经济制度、文化制度、教育制度、宗教制度等制度体系。进一步地细分，又有开明的民主制度与专制的独裁制度、社会经济制度与具体经济制度、古典文化制度与现代文化制度、传统教育制度与现代教育制度等制度。在制度这一统一体中，各种制度之间相互影响、相互联系且相互矛盾的运动，通过上层建筑与经济基础，最终由生产关系与生产力之间适应与不适应反映出来，成为社会发展的推动力或抑阻力。由于不适应性情形的存在，它迟早会引起制度变迁乃至制度的根本变革，使之从不适应转变为适应，如此循环不已，从而推动社会不断向前发展。

上述分析表明，在新制度经济学中制度是一个涵盖非常广泛、丰富多义的概念。从不同角度来看，还可以对其做出更多的理解。由于本书主要是从经济制度角度进行研究的，因而，下面着重对经济制度做进一步分析。

二、经济制度：内部分层及其关系

（一）经济制度的含义及其内部分层

什么是经济制度？根据马克思主义的基本观点，经济制度是生产关系的总和，是一定社会现实生产关系或经济关系的制度化。从社会经济发展的实践来看，生产关系包括社会生产关系和生产关系的具体形式两个层次。因而，经济制度也同样包含社会经济制度和具体经济制度两个层面。

社会经济制度，理论上一般地说，实质上就是一定社会特定的生产关系或经济关系的制度化。它是一定社会生产关系的本质规定，包括生产资料所有制性质①和由此决定的生产、流通、分配、消费性质及其相互之间的关系等核心内容，反映着特定的社会经济条件下经济活动者之间的矛盾、利益关系及其格局②。进一步具体来看，实践中，社会经济制度不是一成不变、固化的定式，而是有一个从量变到质变的变化发展过程。基于此，社会经济制度又可以分为社会核心经济制度和社会基本经济制度。前者主要反映特定社会经济制度的内在属性，是指任何一个国家或地区与前社会相区别的根本特征或根本标志，是作为与前社会性质根本不同的生产资料所有制和由此决定的生产、流通、分配、消费性质及其相互之间的关系等核心内容的制度性本质规定，其具有一定社会的一般性和稳定性；后者则是指一个国家或地区反映该社会主要的或居基础地位的经济制度的基本属性，是指一个国家或地区在该社会变化发展的不同阶段居主体地位的生产资料所有制及其结构和由此决定的生产、流通、分配、消费性质及其相互之间关系等基本内容的制度性原则

---

① 马克思"特别强调所有制问题，把它作为运动的基本问题"（马克思，恩格斯. 马克思恩格斯选集：第1卷［M］. 中共中央编译局，译. 北京：人民出版社，1972：285.），强调所有制是决定一个社会其他制度的基础。

② 马克思在《资本论》中指出："任何时候，我们总是要在生产条件的所有者同直接生产者的直接关系——这种关系的任何形式总是自然地同劳动方式和劳动社会生产力的一定的发展阶段相适应——当中，为整个社会结构，从而也为主权和依附关系的政治形式，总之，为任何当时的独特的国家形式，找出最深的秘密，找出隐蔽的基础。"（马克思. 资本论：第3卷［M］. 中共中央编译局，译. 北京：人民出版社，1975：891-892.）

规定，其具有一定社会的特殊性和渐变性。

在现实的社会经济发展中，一定的社会经济制度的确立、成熟及其完全实现的过程是不同的：前者可以是一个时点的短暂历史事件；后者却可能因不同国家社会经济制度确立所依赖的起点的不同、历史背景的不同或经济社会发展水平的不同以致其所走具体道路也不同等，体现为各国或地区虽在时间上仍有差别但相较确立而言却都是一个相对长期的历史发展过程。一定社会经济制度的确立，是以所有制根本变革为基础的新社会经济制度与前社会经济制度区别开来最为本质的特征，作为"初生性社会经济制度"具有了社会核心经济制度内核的基本元素；而一定的社会经济制度确立之后其成熟和完全实现的长期过程，作为"次生性社会经济制度"使其本质特征又具有了一定的阶段性历史特征，正是这一阶段性的历史特征可能赋予不同国家或地区的社会基本经济制度各自特色。

具体经济制度，则是一定社会经济活动中特定生产关系的具体实现形式，或者说是社会经济制度运行的具体组织形式和管理体系，进一步说是构成社会经济活动中各种要素的具体结合方式、行为规则，反映着社会经济采取的资源配置方式和调节机制等，即通常所说的经济体制，其具有一定社会的应变性和灵活性。瑞典斯德哥尔摩大学国际经济研究所所长阿沙·林德白克（Assar Lindbeck）教授给经济制度下的定义，主要着眼于经济运行层面，因而类似于这里所说的具体经济制度的含义。他把这理解为"是用来就某一地区的生产、收入和消费做出决定并完成这些决定的一整套的机制和组织机构"。涉及决策结构（集权还是分权）、资源配置机制（市场还是政府计划）、商品分配（均衡价格机制还是配给制）、激励机制（经济刺激还是行政命令）等八个方面的内容。具体经济制度又可以进一步细分为：基于微观层面的经济组织制度，即企业制度；基于中观层面的区域经济制度，主要包括城市与乡村关系的经济制度和产业制度等；基于宏观层面的国家经济及其调控制度。

在一定的社会经济条件下，最活跃的总是变化在前的生产力的发展，其直接引起具体经济制度及经济体制的应变调整和改革。这种改革从本质上说，

是在一定社会特定的生产关系或经济关系的本质关系保持不变的前提下，适应生产力发展要求对经济运行关系所进行的调整，是基于旧体制的交易规则、内部结构已经不适应甚至严重阻碍生产力的发展，同时也基于一定社会利益集团对新体制潜在的收益与制度变迁成本的比较会大于旧体制的预期。通过制度调整，重建新规则，改革原有体制的内部结构，目的是适应社会生产力的性质，以新的更高效率的制度安排取代旧的低效率的制度安排，提高制度绩效，从而促进经济增长和发展。

（二）经济制度体系、内部不同层次之间关系及其特点

在社会核心经济制度、基本经济制度和具体经济制度构成的经济制度体系中，随着具体经济制度即经济体制因社会生产力的变化而做出灵活应变和调适性改革与创新，其对社会基本经济制度也会产生或快或慢的一定影响。长期来看，社会基本经济制度也有一个渐进性地改革深化和创新发展使其自身趋于完善，并愈益反映和实现着社会核心经济制度的本质规定的过程。由此可见，在一定社会经济制度体系中，具体经济制度即经济体制居于连接生产力和基本经济制度乃至核心经济制度的中介环节，呈现出"一定社会生产力发展—具体经济制度即经济体制即时反映及调适性改革与创新—社会基本经济制度相应地渐进式改革与完善—愈益走向实现社会核心经济制度的本质规定"的演变逻辑。而在该社会整个历史时期内，特定社会经济的本质关系则不会改变。

如此看来，经济制度在社会核心经济制度、基本经济制度与具体经济制度（经济体制）之间有着内核层、基本层与表面层的不同层次的关系，各个不同层面各具特点。一般说来，具体经济制度具有更大的灵活性和即时应变性，它要适应生产力发展和其他政治、经济因素变化的客观要求而不断调整、改革或创新；社会基本经济制度则具有相对的稳定性和渐进适应性，它也要适应具体经济制度的改革和创新而做出必要的适当的调整、进一步改革和创新并嵌入新的经济体制之内，愈益趋向实现社会核心经济制度的本质规定；社会核心经济制度就具有持久的稳定性和长期连续性，在该社会整个历史时

期内特定社会经济的本质关系不变的前提下，它也会随着社会基本经济制度的适当调整、进一步改革、创新和完善而趋于完美实现。下面，以中国社会主义社会经济制度体系为例给出了一个新中国经济制度体系理论逻辑图示（内含"双向度变迁观"）（图1-1）。

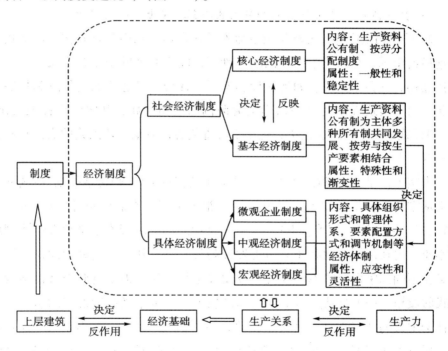

图1-1　新中国经济制度体系理论逻辑图示（内含"双向度变迁观"）

三、中国特色社会主义经济制度变迁：三重规定性及其特征

按照马克思主义经济学的基本原理，所有制是生产关系的基础。或者说，一定的所有制、所有制形式及所有制结构是该社会生产关系或经济关系总和的制度化的基础。进一步说，经济制度是经济关系、经济关系的制度表达、制度运行相应的制度规则、制度规范的总和。一个多世纪以来，社会主义社会经济制度从产生、形成到发展演变，经历了从理论到实践、从一国实践到

多国发展的复杂而艰难曲折的过程。中国特色社会主义经济制度的历史选择和探索创新，是从中国社会主义初级阶段的基本国情出发，探索符合人类社会发展规律、符合科学社会主义基本原理与社会主义建设和社会主义经济制度变迁规律的与中国实践相结合的内在要求及其历史必然。

（一）马恩关于未来社会的两种设想与苏联早期实践的启示

20 世纪初至中叶，无产阶级革命不是在发达国家而是首先在经济文化相对落后的俄国、东欧及中国等国取得胜利，随之而来的是社会主义经济制度如何建构、社会主义经济如何建设和发展、社会主义道路如何行进和拓展等问题。面对实践提出的这一系列史无前例的崭新课题，列宁创新性地提出："一切民族都将走向社会主义，这是不可避免的，但是一切民族的走法却不完全一样。"[①]

事实上，早在 19 世纪中下叶，马恩在《资本论》《哥达纲领批判》《社会主义从空想到科学的发展》以及《给〈祖国纪事〉杂志编辑部的信》《共产党宣言》（俄文版）等著作中[②]，基于深刻洞悉和揭示资本主义社会经济制度的本质、内在结构的轴心及其历史发展趋势，以及随着变化客观地认识资本主义在不同国家发展的不同程度及其发展走势，先后提出过对未来社会两种模式的设想：一种是从逻辑上推论和设想了在资本主义高度发展的基础上建立社会主义的"经典社会主义"模式，即"前资本主义—资本主义—社会主义（或共产主义）"。这种"经典社会主义"模式的特征是：消灭了私有制，实行自由人联合体共同占有使用生产资料和按劳按需分配，因而，商品、货币或市场自然也没有存在和利用的必要。但到了 19 世纪 70 年代后期，当马恩接触到完全不同于西方发达资本主义国家的俄国等东方落后国家如何走向社会主义的前瞻性课题时，他们意识到了二者在未来社会主义起始条件上的差异。基于东方农业社会落后的生产方式的特殊社会历史背景，他们突破了"经典社会主义"的设想模式，果断地提出了另一种"社会主义的

① 列宁. 列宁选集：第 2 卷 [M]. 中共中央编译局，译. 北京：人民出版社，1995：777.
② 马克思，恩格斯. 马克思恩格斯选集：第 3 卷 [M]. 中共中央编译局，译. 北京：人民出版社，1995：340，767-768.

特殊形态"的设想模式①，即"前资本主义—跨越资本主义制度的'卡夫丁峡谷'② —社会主义"。后一种"社会主义的特殊形态"设想模式的科学性在于，马恩意识到了像俄国这样经济文化落后的东方国家，由于各种内外条件的组合，主要是农村公社和资本主义生产体系共存，因而，可以凭借革命手段，缩短资本主义生产方式和经济组织在西方需要几个世纪的漫长而痛苦的发展道路，跨越资本主义发展阶段，但跨越的是资本主义"制度"的"卡夫丁峡谷"，而不是资本主义时代高度社会化的生产力③。

　　俄国在革命胜利从而解放了社会生产力的前提下，还面临着重构社会主义制度④以进一步发展生产力、推进社会主义经济建设和发展的新任务。当列宁在短时间内曾试图按马恩第一种设想直接过渡到共产主义、取消商品货币实行战时共产主义政策受挫后⑤，他迅速调整和改变了对社会主义的认识⑥，首创了着眼于当时生产力发展要求的"新经济政策"：在一定限度内利用商品货币关系，在将国家所有作为生产资料公有或共同所有的组织形式的基础上，容纳多种经济成分，允许私有经济和自由贸易在一定范围内存在，允许资本

---

① 马克思认为"在俄国，由于各种情况的独特结合，至今还在全国范围内存在着的农村公社能够逐渐摆脱其原始特征，并直接作为集体生产的因素在全国范围内发展起来"。"可以不通过资本主义制度的卡夫丁峡谷，而把资本主义制度所创造的一切积极的成果用到公社中来。"（马克思，恩格斯. 马克思恩格斯选集：第 3 卷 [M]. 中共中央编译局，译. 北京：人民出版社，1995：762-765.）从而走向社会主义。恩格斯也赞同马克思的观点，认为"这不仅适用于俄国，而且适用于处在资本主义以前的发展阶段的一切国家"（马克思，恩格斯. 马克思恩格斯选集：第 22 卷 [M]. 中共中央编译局，译. 北京：人民出版社，1965：502-503.）。
② 马克思，恩格斯. 马克思恩格斯选集：第 3 卷 [M]. 中共中央编译局，译. 北京：人民出版社，1995：762. "卡夫丁峡谷"典故出自古罗马史。公元前 321 年，萨姆尼特人在古罗马卡夫丁城附近的卡夫丁峡谷击败了罗马军队。后来，人们就以"卡夫丁峡谷"来比喻灾难性的历史经历。
③ 李萍. 邓小平理论视阈中的主题与创新观 [J]. 社会科学研究，2005（3）.
④ 这就是马克思在《法兰西内战》中所指出的："工人阶级不能简单地掌握现成的国家机器，并运用它来达到自己的目的。"（马克思，恩格斯. 马克思恩格斯选集：第 3 卷 [M]. 中共中央编译局，译. 北京：人民出版社，2009：151.）
⑤ 列宁说："我们……用无产阶级国家直接下命令的办法在一个小农国家里按共产主义原则来调整国家的产品生产和分配。现实生活说明我们错了。"（列宁. 列宁论新经济政策 [M]. 中共中央编译局，译. 北京：人民出版社，2015：105.）
⑥ 列宁指出："我们不得不承认我们对社会主义的整个看法根本改变了。"（列宁. 列宁论新经济政策 [M]. 中共中央编译局，译. 北京：人民出版社，2015：266.）

主义国家的企业租赁苏联的国有企业，并通过改造农村公社及其土地制度的决议；同时，吸收资本主义生产的一切肯定的成就与文明成果，利用其市场和现代交换机制，利用世界市场，以更好地适应和大力发展社会主义社会生产力，成为另一种"社会主义的特殊形态"设想模式最早的实践探索。遗憾的是，列宁这一从实际出发的创举，因其早逝而中断，且因斯大林时代理论和实践的转向、逐渐形成"单一公有制—指令性计划与商品外壳式交换—按劳分配"的传统社会主义经济制度的"苏联模式"而改写了历史。

（二）中国社会主义经济制度形成、构建与发展的历史回瞻

新中国成立之初的三年国民经济恢复时期，面对"国家与革命"和"国家与发展"的双重历史任务，以毛泽东为核心的党的第一代中央领导集体基于半殖民地半封建社会的特殊历史背景，独创地实行多种经济成分共存的"新民主主义经济形态"，并走向社会主义的新的探索路径，这无疑和列宁早期领导的实践一样，是马克思主义具体化，即俄国化、中国化的一种成功实践，体现出在特殊国情、特殊社会经济发展水平、特殊历史文化背景下实践导向、实践选择、实践形成的"社会主义的特殊形态"的科学性及其特征。

之后，追求快速建成社会主义的内在制度安排和国际资本主义阵营封锁扼杀的外部环境制约，促成了新中国成立初期具有重大社会变革和深远历史意义的过渡时期"一化三改造"总路线的实施，试图从生产力方面通过国家工业化发展，使我国由落后的农业国逐步变为先进的工业国，使社会主义工业成为整个国民经济的有决定意义的领导力量，同时从生产关系方面将关于个体农民、手工业者和商贩的个体私有制合作化改造为社会主义的集体所有制，将关于资本主义工商业的资本主义私有制公私合营改造为社会主义的全民所有制。1956年底所有制的社会主义改造的基本完成，标志着我国具有社会主义社会核心经济制度内核的基本元素，即公有制基础上的社会主义生产关系和经济制度的正式确立。从历史的角度客观来看，尽管"一化三改造"也存在着改造过急、过粗、范围过宽等不足和局限，但新中国的历史却由此翻开了社会主义建设和社会主义制度建构崭新的一页，初步建立起的独立的、比较完整的工业体系和国民经济体系为社会主义工业化和国民经济的发展奠

定了必要的物质技术基础，公有制占主体地位的社会主义经济关系最初的制度表达也得以完成。

20 世纪 50 年代末至 70 年代末的 20 多年间，在将社会主义从理想进一步转为现实的进程中，理论上，我们愈益主观和教条地理解马克思主义设想的"经典社会主义"模式；实践中，愈益忽视和脱离中国现实社会经济条件的制约，为实现"国家工业化"的赶超发展战略①，逐渐形成了以单一公有制和按劳分配为基础、排斥市场调节的指令性计划经济体制的社会主义经济制度②。这一时期，中国社会主义经济制度嬗变，呈现出试图趋近前文所说的社会主义社会核心经济制度③和微观、中观、宏观均贯穿着相应的制度安排、制度规则及制度规范，即单一公有制和按劳分配的传统教条式社会主义基本经济制度及其指令性计划经济体制的具体经济制度三重规定性特征。由此产生了双重的历史影响：一方面，其脱离中国现实国情、忽视发展社会生产力而陷入"贫穷社会主义"发展的困境，延缓和抑阻了我国社会主义建设发展的进程；另一方面，在客观上又为之后的改革开放提供了经验鉴戒和动力支持，并且为始终坚持和深化改革开放也积累了可供反思与创新的"思想成果、物质成果、制度成果"④。

（三）中国特色社会主义经济制度探索：改革、重构与创新

以党的十一届三中全会的召开并做出把党和国家的工作重点转移到以经济建设为中心的社会主义现代化建设上来、实行改革开放的历史性决策为起

① 1921 年 5 月，列宁在俄共（布）第十次代表会议上强调指出："没有高度发达的大工业，那就根本谈不上社会主义，而对于一个农民国家来说就更是如此。"（列宁. 列宁全集：第 41 卷 ［M］. 中共中央编译局，译. 北京：人民出版社，1986：331-332.）
② 忽略了社会主义社会不同发展阶段对所有制形式、所有制结构及其分配形式和分配结构不同的客观要求。
③ 前文一般意义地定义了社会核心经济制度，主要是反映特定社会经济制度的内在属性，是指任何一个国家或地区与前社会相区别的根本特征或根本标志，是作为与前社会性质根本不同的生产资料所有制和由此决定的生产、流通、分配、消费性质及其相互之间的关系等核心内容的制度性本质规定，其具有一定社会的一般性和稳定性。而社会主义社会"核心经济制度"，则是以社会主义公有制及其由此决定的社会主义生产、流通、分配、消费性质以及相互之间的关系等核心内容的制度性本质规定，作为区别社会主义和资本主义或前社会的根本特征或根本标志。
④ 习近平. 在纪念毛泽东同志诞辰 120 周年座谈会上的讲话 ［N］. 人民日报，2013-12-27（02）.

点，在 40 年来的改革开放历程中，中国特色社会主义经济制度的探索留下了辉煌的历史轨迹，显现出中国特色社会主义经济制度创新与发展的鲜明特征和规律。

改革开放新时期，根据新的实际和历史经验，以邓小平为主要代表的党和国家第二代领导集体坚持实事求是的思想路线，对社会主义进行重新理解、重新认识。邓小平在 1982 年党的十二大开幕词中提出："把马克思主义的普遍真理同我国的具体实际结合起来，走自己的路，建设有中国特色的社会主义，这就是我们总结长期历史经验得出的基本结论。"①邓小平抓住"什么是社会主义、怎样建设社会主义"这一基础性的理论与实践问题，针对社会主义实践过程中主观教条、盲目照抄苏联模式形成传统计划经济体制的经验教训，提出了"建设有中国特色的社会主义"的历史命题，本质上是要搞清楚什么是遵循马克思主义、遵循人类社会发展一般规律、遵循社会主义建设规律，特别是符合中国社会发展规律，从而促进生产力发展的社会主义，搞清楚搞社会主义要从中国的实际出发，走自己的路，把马克思主义的普遍真理与我国的具体实际结合起来，寻找实现社会主义共性与个性、一般与个别、普遍性与特殊性相统一的现实路径。

具体来看，经济政策的调整和突破，在制度供给上为社会主义经济制度的创新提供了重要的推动力。早在改革开放初期的 1981 年，党的十一届六中全会通过的《关于建国以来党的若干历史问题的决议》中就创新性地提出："我们的社会主义制度还是处于初级的阶段。""社会主义生产关系的变革和完善必须适应于生产力的状况，有利于生产的发展。国营经济和集体经济是我国基本的经济形式，一定范围的劳动者个体经济是公有制经济的必要补充。必须实行适合于各种经济成分的具体管理制度和分配制度。"此后，1984 年党的十二届三中全会决定、1987 年党的十三大报告都先后强调了坚持以公有制为主体、发展多种经济形式，发挥个体经济、私营经济以及中外合资、合作企业和外资企业对社会主义经济的有益的、必要的补充作用的方针政策。1992 年党的十四大明确提出了改革的目标是建立社会主义市场经济体制，指

---

① 邓小平. 邓小平文选：第 3 卷 [M]. 北京：人民出版社，1993：3.

出:"社会主义市场经济体制是同社会主义基本制度结合在一起的。在所有制结构上,以公有制包括全民所有制和集体所有制为主体,个体经济、私营经济、外资经济为补充,多种经济成分长期共同发展,不同经济成分还可自愿实行多种形式的联合经营。国有企业、集体企业和其他企业都进入市场,通过平等竞争发挥国有企业的主导作用。"在此基础上,1997年党的十五大对所有制结构与社会主义市场经济关系认识上有了明确界说和重大创新,正式明确和第一次提出了"公有制为主体、多种所有制经济共同发展,是我国社会主义初级阶段的一项基本经济制度""非公有制经济是我国社会主义市场经济的重要组成部分",深刻阐发了坚持公有制的主体地位、坚持多种所有制经济共同发展两者缺一不可、相互促进的观点,特别是明确了非公有制经济作为我国社会主义市场经济的重要组成部分并共同构成社会主义初级阶段所有制结构及其基本经济制度的重要特征。党的十六大、十七大尤其是十八大、十九大以来不断深化了对我国社会主义初级阶段基本经济制度的认识,先后赋予更加深刻、更具创新意义的新的内涵。如"必须毫不动摇地巩固和发展非公有制经济""必须毫不动摇地鼓励、支持和引导非公有制经济发展""公有制为主体、多种所有制经济共同发展的基本经济制度,是中国特色社会主义制度的重要支柱,也是社会主义市场经济体制的根基""国有资本、集体资本、非公有资本等交叉持股、相互融合的混合所有制经济,是基本经济制度的重要实现形式,有利于国有资本放大功能、保值增值、提高竞争力,有利于各种所有制资本取长补短、相互促进、共同发展""坚持以人民为中心的发展思想,不断促进人的全面发展、全体人民共同富裕"等,使中国特色社会主义基本经济制度的内容结构愈益丰富、严谨和完善。

实践中,伴随着所有制、经济体制和运行机制的渐进性持续深化改革的进行,社会主义经济制度变迁转向了制度重构、中国特色社会主义基本经济制度的形成、社会主义市场经济体制的坚持完善的重大创新。一方面,20世纪70年代末肇始于农村家庭联产承包责任制的"两权分离"改革、乡镇企业的异军突起、"皇粮国税"的终结以及新时期农村土地产权制度"三权分置"改革与乡村振兴战略的实施,极大地解放和促进了农村生产力的发展和生产关系的调整与变革;而城市国有企业也相继实行了"扩权让利""利改税"

"承包制"改革，转换企业经营机制，实现股份制改造，建立现代企业制度，发展混合所有制经济，积极探索了适应现实社会生产力水平的公有制特别是国有制的多种有效实现形式。这一过程还伴随着允许和鼓励城乡个体、私营、特区对外开放外资、合营经济等非公有制经济形式的出现和发展。中国的所有制形式从过去公有制"一统天下"逐渐演变为多种所有制经济并存和共同发展的格局，市场主体得以培植和成长；其间，经历了突出国营经济主导地位和个体、私营等非公有制经济是公有制经济必要补充的"主导—补充"的实践探索，公有制为主体、个体经济和私营经济等非公有制经济都是补充的"主体—补充"的实践探索，以及公有制为主体、多种所有制共同发展的"主体—并存"的基本经济制度的实践创新探索。另一方面，计划经济体制的改革向有计划的商品经济、社会主义市场经济体制转型和深化发展，商品和要素市场体系逐渐发育，微观企业组织、中观区域或各产业发展，宏观国民经济活动及其运行，通过市场规则、市场价格、市场供求、市场竞争、市场风险机制对社会资源配置发挥着越来越重要的基础性乃至决定性作用，政府则在转变其职能、健全宏观调控体系的改革深化中也更好地发挥着促进国民经济持续增长、高质量发展、实现共同富裕的宏观引导与调控作用。

回过头来看，实际上自党的十一届三中全会决定以经济建设为中心、党的十三大决定发展有计划的商品经济、党的十四大决定建立社会主义市场经济体制以来，就将坚持以公有制为基础还是以私有制为基础这一区别社会主义和资本主义的重要标志的核心经济制度，坚持公有制为主体、多种所有制经济并存和共同发展的基本经济制度与社会主义市场经济体制的具体经济制度的三重规定性及其结合真正提上了日程。实践证明，在半殖民地半封建社会的历史废墟上经由新民主主义社会进入社会主义初级阶段的中国，始终坚持公有制的社会主义性质，是坚持了马恩科学社会主义的基本原则和社会主义本质的内核，中国特色社会主义经济制度因此具有了社会主义核心经济制度根本规定性的本质特征；进一步地，坚持实行以公有制为主体、多种所有制经济共同发展的中国特色的社会主义社会基本经济制度，发展和完善社会主义市场经济体制这一具体经济制度，实行市场在资源配置中的决定性作用和更好发挥政府作用，既是社会主义初级阶段社会生产力发展的客观要求和符合我国国情不断调适社会主义社会生产关系和上层建筑的历史选择，更是根据我国实际和时代变化对马克思主义经典作家关于未来社会所有制理论、消除商品货币市场交换关系设想的重大突破与创新性发展，从而赋予了社会主义社会经济制度体系以鲜明的中国特色的时代特征①。中国特色社会主义经济制度具有的三重规定性特征，在 40 年的改革开放实践中形成、丰富和不断完善，产生了极其重要而深远的历史影响：我国生产力获得了极大解放和发展，经济总量已上升为世界第二位，经济实力、科技实力、国防实力、综合国力进入世界前列，7 亿多人摆脱了贫困，人民生活水平有了大幅度的提高，取得了令世人瞩目的骄人成就，总体市场化程度已经接近 80%，中国特色社会主义市场经济体制逐步建成并日益完善②。

中国社会主义经济制度变迁发展 70 年的理论追问和实践检视，揭示了一部不断探索和创新的历史。特别是党的十一届三中全会以来，我国改革开放和现代化建设不仅取得了历史性成就，而且积累和形成了一整套中国特色社会主义经济制度创新与发展的科学理论和宝贵经验，理解其丰富内涵及其发生逻辑可以通过如下几个方面来切入：坚持社会主义公有制和社会主义道路、坚持公有制为主体和多种所有制经济共同发展与发展完善社会主义市场经济体制内在一致的中国特色社会主义经济制度创新；坚持遵循制度创新规律与秉持中国国情相一致，诱致性与强制性制度变迁互动结合，改革、发展与稳定相协调的中国特色社会主义经济制度创新；坚持先易后难、以增量改革带动存量改革、公有制与市场机制兼容结合、体制内改革与体制外推进相结合的中国特色社会主义经济制度创新；坚持顶层设计与试点探索相结合、对内改革和对外开放统筹推进、全面推进与重点突破相协调的中国特色社会主义经济制度创新；如此等等——在社会主义经济制度变迁的历史与现实的探索中做出了中国贡献。

---

① 恩格斯早就明确地指出："所谓'社会主义社会'不是一种一成不变的东西，而应当和任何其他社会制度一样，把它看成是经常变化和改革的社会。"（马克思，恩格斯. 马克思恩格斯全集：第 37 卷 [M]. 中共中央编译局，译. 北京：人民出版社，1971：443.）
② 陈宗胜，等. 新时代中国特色社会主义市场经济体制逐步建成 [J]. 经济社会体制比较，2018（4）.

第二节 基本经济制度变迁的理论与实践探索

一、所有制的变迁：从单一公有制向多元化转变的历程

（一）单一公有制时期（1949—1978 年）

1. 国民经济恢复时期多种经济成分及其结构（1949—1952 年）

在新中国成立初期，我国经济基础弱、底子薄、发展极不平衡。当时全国只有 17% 左右是近代工业经济，而剩下的都是个体农业经济与手工业经济[①]。1949 年党的七届二中全会中规定，新中国成立之后，国家实行"公私兼顾、劳资两利、城乡互助、内外交流"的基本政策。首先，积极发展国营经济，鼓励和扶持公私合营经济和合作经济，同时利用和限制私人资本主义经济，并对个体经济主要通过互助合作方式引导其发展，形成五种经济成分在国营经济领导下"分工合作，各得其所"的局面[②]。随着这一基本政策的实施，国民经济得到了基本恢复，从经济上巩固了新生政权，为迈向社会主义道路奠定了一定的经济基础。

2. "一化三改造"时期社会主义公有制的形成（1953—1956 年）

经过三年多的建设，新中国的国民经济得到了恢复，新民主主义政权建立并得到巩固。对于如何从新民主主义社会过渡到社会主义社会，中共中央开始考虑过渡时期的总路线。1952 年年底，中共中央提出了党在过渡时期的总路线，明确规定："党在这个过渡时期的总路线和总任务，是要在一个相当长的时期内，逐步实现国家的社会主义工业化，并逐步实现国家对农业、对

---

① 徐涛. 建国初期毛泽东工业发展战略思想考察（1949—1956）[J]. 湖南科技大学学报（社会科学版），2018，21（3）：26-32.

② 李艳秋. 中国特色社会主义所有制结构的演变及启示 [J]. 中国特色社会主义研究，2014（2）：36-43.

手工业和对资本主义工商业的社会主义改造。"① 1953 年，中国开始启动社会主义工业化战略，并实施了第一个五年计划（1953—1957 年）。1953 年 2 月中共中央通过了《关于农业生产互助合作社的决议》；同年 12 月 16 日，中共中央又发布了《关于发展农业生产合作社的决议》，提出要大力发展农业生产合作社。1954 年中共中央和国务院开始推出一系列政策推动国有化，其中 1954 年 7 月中共中央发出了《关于加强市场管理和改造私营商业的指示》，9 月国务院公布了《公私合营工业企业暂行条例》，1955 年 4 月 12 日中共中央又发布了《关于进一步加强市场领导、改造私营商业、改进农村购销工作的指示》。

过渡时期总路线的主要内容是社会主义的"一化三改造"：一是逐步实现社会主义工业化，这是总路线的主体；二是逐步实现对农业、手工业和资本主义工商业的社会主义改造，这是总路线的两翼。对农业的社会主义改造主要是通过农业互助组、初级合作社、高级合作社和人民公社等形式逐步实现的；对个体手工业主要是采取"积极领导、稳步前进"的方针，以生产合作小组、供销合作社、生产合作社等形式，从供销入手，由小到大，由低到高，对手工业逐步实行社会主义改造，最终全国 90% 以上的手工业者加入了合作社；党和国家对资本主义工商业的改造主要是通过"公私合营"和"和平赎买"等方式完成的。

"一化"和"三改造"这两个方面互相联系、互相促进、互相制约，体现了发展生产力和改革生产关系的有机统一。通过工业化大力发展使得社会主义由落后的农业国逐步进入先进的工业国，通过"三改造"形成了支持社会主义公有制的国有经济和集体所有制经济，进一步解放了生产力，进一步巩固和支持了社会主义政治和经济建设。从此，我国的所有制结构开始从多种经济成分向单一公有制进行转变。在 1956 年年底，我国超预期地完成了社会主义改造。随着社会主义改造的基本完成，一方面，多种经济成分并存的所有制格局演变为只有集体所有制和全民所有制的单一公有制；另一方面，

---

① 毛泽东. 毛泽东选集：第 5 卷 [M]. 北京：人民出版社，1977：89.

生产与流通领域的组织形式过于单一，在以前有利于商品生产和流通的多种组织形式逐渐被集体生产、统一经营这种单一组织形式所取代。

3. 传统计划经济体制时期单一公有制及其发展（1957—1978 年）

1957 年以后，在"左"倾思想的影响下，我国生产关系领域单一的所有权结构得到了进一步强化。在"大跃进"和"文化大革命"期间，我国农村建立起了人民公社"政社合一"的管理体制。在城市主要是国有企业，国有企业是政府的直接控制单位，主管企业的各个部门统一编制计划，统一分配物资和统一销售产品，企业的收支等由各部门直接管理，形成了高度集中的国有企业计划管理体制。此时，国有企业的本质就是中央高度集权计划经济体制下的行政附属物。在这段时期，一方面，公有制以外的其他经济成分受到排斥，在当时非公有制经济被认为是"资本主义的尾巴"，应当被割掉[1]；另一方面，将"一大二公"作为判断所有制是否先进的标准，同时认为社会主义公有化程度越高越好，公有制的范围越大越好。到 1978 年，全民所有制经济在我国工业总产值中的占比为 77.6%，集体经济占比为 22.4%[2]，个体和私有经济是不允许存在的，我国生产资料的所有制已经完全变成了单一的公有制[3]。

在 1949—1978 年这段时期内，我国社会主义经济制度由国民经济恢复时期多种经济成分并存逐渐演变成单一公有制为主的经济制度。在公有制内部，城市主要是国营经济，农村主要是集体经济。在公有制内部，生产资料由国家及其相关机构统一计划和配置，流通领域也主要由国家通过计划部门和供销社等实行统一管理。在分配领域，主要实行按劳分配：在国营经济部门，实行平均主义分配；在农村集体内部也实行大锅饭式的平均主义分配方式。城市居民的消费主要受计划经济体制的影响，实行配给制，比如粮票、肉票、布票等。在农村，主要实行工分制，通过工分核算来分配生活资料，消费的

① 熊德平. 我国所有制改革历程的制度经济学探索 [J]. 求是学刊，2002 (2)：49-53.
② 桑东华. 新中国成立以来党的所有制政策的演变与我国所有制结构的变迁 [J]. 中共党史研究，2010 (7)：51-59.
③ 田晖. 对我国所有制结构演变及趋势的思考 [J]. 经济问题，2005 (5)：5-7.

内容也主要是一些生活必需品。在这一时期，实行指令性计划和指导性计划相结合的计划经济体制，这也是实现社会主义公有制的独特形式。

（二）从单一公有制向多种所有制转变时期（1978—2012 年）

1. 坚持公有制为基础，允许非公有制经济的存在与适当发展（1978—1992 年）

1978 年，党的十一届三中全会召开，并通过了《中国共产党第十一届中央委员会第三次全体会议公报》。这次中央工作会议结束了粉碎"四人帮"之后工作中的徘徊局面，实现了新中国成立以来党的历史的伟大转折。首先，对"文化大革命"结束后党的领导工作中出现的"两个凡是"等错误思想进行了中肯的批评，实现了思想上的"拨乱反正"。其次，全会做出了把党的工作重点从"以阶级斗争为纲"恢复到社会主义现代化建设上来，集中力量进行经济建设的重大决策。再次，全会对党的组织路线和重大历史是非进行了拨乱反正，重新恢复了党的民主集中制原则。最后，全会做出了进行改革开放的新决策，决定启动农村改革，重点是农村土地改革。党的十一届三中全会是党和国家历史上伟大的转折，开启了改革开放的新征程，迈出了现代化建设的新步伐。随后，农村开始了以家庭联产承包责任制为内容的改革，城市开始了国企"放权让利"为主线的改革。

1984 年，在党的十二届三中全会上第一次明确提出要自觉利用价值规律，在社会主义公有制基础上发展有计划的商品经济。1987 年 1 月 22 日中共中央政治局通过了《把农村改革引向深入》的决定，其中提到在社会主义的初级阶段我国的商品经济在不断发展这一较长的时间内，个体经济与少量私营经济的存在是不可避免的。这是第一次肯定私营经济。此后，直到党的十三大才正式地肯定私营经济的合法性和合理性①，提到了发展一定程度的私有制经济对于生产的促进、市场的活跃以及扩大就业是有利的，能更好地满足人们多方面的生活需求，是公有制经济必要的和有益的补充。在这段时期，由于

---

① 白永秀，王泽润. 非公有制经济思想演进的基本轨迹、历史逻辑和理论逻辑［J］. 经济学家，2018（11）：13-21.

出现了各种新兴经济力量，如乡镇企业的异军突起、私营企业的出现、外资企业的进入等，单一的公有制结构在逐渐地突破，非公有制经济作为公有制经济的补充而存在。

2. 公有制为主体、多种所有制经济共同发展的基本经济制度确立（1992—2012 年）

20 世纪 90 年代初，由于受到国内外政治经济形势变化的影响，思想领域再次出现了对姓"资"姓"社"等问题的争论。邓小平在 1992 年南方谈话中，提出了"三个有利于"标准，对社会主义的本质进行了精确概述，同时指出计划和市场都是经济手段，要大胆地吸收和借鉴人类社会的文明成果。这进一步扫清了我国在所有制改革问题上的思想障碍①。同年 10 月，党的十四大把建立社会主义市场经济体制作为我国经济体制改革的目标，并且提出了多种经济成分"长期共同发展"的指导方针。之后，1997 年 8 月党的十五大明确提出我国的基本经济制度是以公有制为主体、多种所有制经济共同发展，非公有制经济是我国社会主义市场经济的重要组成部分②。自此我国所有制结构以公有制为主体、多种所有制经济共同发展的局面正式形成。党的十五大以后，我国继续坚持以公有制为主体、多种所有制经济共同发展的基本经济制度，并将其进一步完善与发展。2002 年党的十六大根据解放和发展生产力的要求，将基本经济制度与全面建设小康社会的目标相结合，提出了"两个毫不动摇"的思想。2007 年 10 月党的十七大又提出了"两个平等"的思想，即坚持平等保护物权，形成各种所有制经济平等竞争、相互促进的新格局，进一步深化社会主义经济制度。

1978—2012 年这一段时期，我国的基本经济制度从单一公有制向多种所有制转变。农村家庭联产承包责任制改革以后，农村剩余劳动力开始寻找出路：一是"离土不离乡"的乡镇企业发展的部分吸纳；二是转移到城市务工。改革开放的不断推进，改变了城市仅有国营经济的状况，同时外资经济和私

---

① 郭飞. 深化中国所有制结构改革的若干思考 [J]. 中国社会科学，2008（3）：52-67.
② 陈宗胜，王晓云，周云波. 新时代中国特色社会主义市场经济体制逐步建成——中国经济体制改革四十年回顾与展望 [J]. 经济社会体制比较，2018（4）：24-41.

营经济等非公有制经济的逐渐放开和发展，使得非公有制经济表现出空前的活力。从所有制结构来看，单纯的公有制，尤其是国有经济在所有制结构中的占比逐渐下降，非公有制经济占比逐渐上升。但是，从公有制资产规模来看，公有制经济还是占优势，同时国有经济控制了关系国计民生的关键部门，保障了社会主义公有制的影响力和控制力。随着所有制结构的变化，以及国家通过价格双轨制逐渐由计划经济向市场经济转变，从事生产的部门也越来越多元化，不仅有国有经济部门的生产，还有外资部门、私营经济和个体经济等的生产。流通环节中，传统的"统购统销"和配给制也逐渐被市场化的流通方式所取代。随着公有制为主体、多种所有制经济并存的基本经济制度的出现，在分配领域，主要实行按劳分配为主体、多种分配方式并存的分配制度。在消费领域，随着计划经济体制配给制向市场经济体制下的分散化消费为主的转变，商品日益丰富，人们的消费选择范围越来越广泛，消费的自主化程度越来越高。此时，在公有制为主体、多种所有制经济共同发展的基础上，随着市场经济体制的建立，呈现了经济资源商品化、经济关系货币化、市场价格自由化和经济系统开放化。

（三）进一步完善与发展公有制为主体、多种所有制经济共同发展的基本经济制度的新时代（2012 年至今）

党的十八大以后，我国社会进入了新时代。2012 年党的十八大报告又一次明确指出，公有制经济和非公有制经济都是社会主义市场经济的重要组成部分，都是我国经济社会发展的重要基础。2017 年党的十九大进一步强调指出，必须坚持和完善我国社会主义基本经济制度和分配制度，毫不动摇巩固和发展公有制经济，毫不动摇鼓励、支持、引导非公有制经济发展。2018 年习近平在庆祝改革开放 40 周年大会重要讲话中再一次强调必须坚持"两个毫不动摇"，要充分发挥市场在资源配置中的决定性作用，更好发挥政府作用，激发各类市场主体活力。

党的十八大以后，我国的基本经济制度仍然坚持公有制为主体、多种所有制经济共同发展。此时，公有制的结构和质量逐渐优化，具体体现为公有资产在社会总资产中占优势，国有经济控制了关系国民经济命脉的重要行业

和关键领域，如金融、交通、电信、能源、电力、水利等传统行业，以及战略性新兴行业。通过国企的混合所有制改革，国企的影响力和控制力逐渐增加，通过管企业向管资本的转变，进一步发挥了国有经济的控制力和影响力。在生产领域，国有经济对战略性新兴行业和关系国计民生的行业进行布局，民营经济对高技术和新技术等行业进行布局，形成了竞争和合作的新态势。在流通领域，随着现代信息技术和物流技术的发展，流通越来越便利。在分配领域，为了解决我国存在的收入分配差距过大等问题，中国共产党的十八大报告和十九大报告都提出要逐步进行收入分配领域改革，尤其是十九大报告提出要坚持按劳分配原则，完善按要素分配的体制机制，促进收入分配更合理、更有序。鼓励勤劳守法致富，扩大中等收入群体，增加低收入者收入，调节过高收入，取缔非法收入。在消费领域，人们的消费开始高端化，由传统的生存型消费向享受型消费和发展型消费转变。与此同时，农村主要通过农地"三权分置"改革及综合配套改革进一步探索农村集体经济的有效实现形式。

总之，2012年至今，我国正在发生着重大而深远的历史性变化，伴随着所有制实现形式上新的探索创新，所有制结构和质量不断优化，经济发展也从高速增长向高质量发展转变。

二、公有制与市场经济的关系

在改革开放进程中，社会主义基本经济制度的建构、完善与发展面临着一个公有制与市场经济能否内在契合的理论与实践的重大问题。针对这一问题，改革开放前后一段时期国内外学术界的认识是不一致的，大致有公有制与市场经济的"不兼容论"和"兼容论"两种观点。

具体来看，关于公有制与市场的关系，传统观点认为公有制与市场经济是完全对立的、不可兼容的，市场经济对进入市场的主体的基本要求是产权清晰、具有较强的利益动力和硬的预算约束与财产约束，能够做到真正的自主经营、自负盈亏；而公有制产权不清晰，缺少市场经济所需要的动力机制和约束机制。因此两者是对立的，无法兼容。东欧经济学家兰格、锡克等人则提出了两者结合的可能性，并掀起了"市场社会主义"的研究思潮。20 世纪 90 年代初，邓小平明确指出："社会主义也能搞市场经济，计划经济不等于社会主义，资本主义也有计划；市场经济不等于资本主义，社会主义国家也可以有市场。计划与市场只是经济手段，不是社会主义与资本主义的本质区别。"①该论述从根本上解除了把计划与市场看作属于社会基本制度范畴的思想束缚，实现了对马克思主义经济学的创新与发展，并促使中国建立了社会主义市场经济体制及其基本经济制度，即以公有制为主体、多种所有制相结合的经济制度。经过 40 多年的实践探索及经济体制的不断变迁，事实表明，公有制与市场经济并不是完全对立的，两者可以兼容。在社会主义初级阶段，要进一步解放和发展社会生产力，就必须促使市场经济与社会主义制度相结合，即在坚持以社会主义公有制为主体的前提下，充分发挥市场对资源配置的决定性作用，更好发挥政府作用。

改革开放以来，对于公有制如何与市场经济兼容，我们一直在实践和理论上进行探索创新。公有制在城市中主要体现为国有企业。如何实现国有企业成为市场经济中的独立经济主体，经过了"放权让利""利改税""承包制"以及产权制度改革、建立现代企业制度、企业治理结构改革和混合所有制改革等实践探索，逐渐把计划经济体制下政府与国企的"父子关系"转变为政企分开的新型关系，使得国有企业不断做强做大做优，目前正由管企业向管资本转变，采取更加市场化的方式来实现国有资本的保值增值。同时，公有制与市场经济的兼容，还体现在公有制实现形式中的混合所有制等，丰富了公有制的实现形式，提升了公有制的质量。进一步说，公有制的实现形式还包括混合所有制中的公有制成分，如股份公司中的公有制成分。通过在资本市场上市，单纯的国有企业可能会变成混合所有制企业，既有国有部门的控股或者参股，也有外资、私营和个体股东的股份。这种混合所有制将多种所有制成分更好地融合起来，有利于更好地发挥公有制的控制力和影响力，也

---

① 邓小平. 邓小平文选 [M]. 北京：人民出版社，1993：373.

有利于社会化大生产条件下促进资本等要素联合，进一步解放和发展生产力。在农村，主要通过家庭联产承包责任制，建立统分结合的新型经营体制，实现集体经济下的经营主体与市场经济相互结合，也实现了坚持农村集体经济和基本制度与发挥农户生产积极性的有效统一。目前实行的发展新型农村集体经济和农地"三权分置"，进一步探索了农村集体经济这种公有制类型与市场经济有效兼容的实现形式。

三、非公有制与市场经济的发展

改革以来，非公有制经济的出现和发展主要体现为个人、私营和外资经济等不同程度的生产资料私人所有及其经营形式。私有制是一种以生产资料私有为基础和特征的经济形式，不能简单地将私有制等同于资本主义。同样，在社会主义条件下，市场经济不断发展和完善的原因不能完全归结为私有制，而在于顺应社会化大生产的规律，不断调整生产关系以适应生产力的发展，将社会主义基本制度与市场经济有机融合。因此，社会主义社会中也可以存在私有经济，并且是社会主义市场经济中的重要组成部分。

关于私有制与市场之间的关系，两者既存在矛盾，也存在统一。私有制经济与市场的矛盾主要体现在两个方面：一方面，建立社会主义市场经济要求生产资料的高度集中和巨额投资，生产资料私有制无法满足这一要求，从而制约了市场经济的发展；另一方面，通过市场发展生产力，可能造成私有财产的丧失并最终导致私有制的消亡。私有制是生产资料由私人占有的形式，私有制的排他性要求生产资料由私人占有。但私有财产在市场经济中有丧失的风险，因为从事生产经营活动的私有者在市场竞争中有被淘汰的可能性。关于两者的统一，首先，马克思关于私有制和市场经济结合的论述中心是剩余价值的生产、流通和分配，围绕这一中心，马克思认为两者结合的前提是货币转化为资本，劳动力成为商品。马克思曾指出："一旦劳动力由工人自己作为商品自由出卖……从这时起，商品生产才普遍化，才成为典型的生产形式；只有从这时起，每一个产品才一开始就是为卖而生产，而生产出来的一切财富都要经过流通。只有当雇佣劳动成为商品生产的基础时，商品生产才强加于整个社会……商品生产按自己本身内在的规律越是发展成为资本主义生产，商品生产的所有权规律也就越是转变为资本主义的占有规律。"①其次，在私有制内部，因为它是不同的所有制主体，它们之间的经济联系只能通过市场来建立，必须通过市场才能建立起一种交换关系，在非公有制经济内部产生市场和市场关系，进而形成市场和市场经济。

改革开放以来，个体、私营及"三资"经济的出现，与市场经济先天地、内在地契合，迎来了非公有制经济快速发展的新时代。今天，民营经济的发展具有"五六七八九"的特征，即贡献了50%以上的税收、60%以上的国内生产总值、70%以上的技术创新成果、80%以上的城镇劳动就业、90%以上的企业数量②。民营经济等已经成为社会主义市场经济中非常重要的组成部分。我国改革开放的历程表明，非公有制与市场经济的发展是相辅相成的。首先，非公有制的发展对市场经济主体、客体的培育，包括市场结构、市场体系的培育和完善发挥了不可缺少的重大历史作用，为公有制经济与市场经济的相容创设了一个趋向于市场经济的外部环境。其次，非公有制经济在市场经济条件下也有一个自身不断学习、改革和发展的过程，通过与外资、公有制经济的竞争学习，非公有制经济也历经或正在经历从小到大、从家族企业到现代企业转变的艰难过程，发展起来一批以华为、腾讯和阿里巴巴等为代表的先进的非公有制企业。这些非公有制企业成为与国有经济同行、推动我国经济高质量发展的积极的有生力量，也成为推动市场经济体制不断完善的重要力量。再次，非公有制经济的大力发展，反过来也倒逼了国有、集体经济的深化改革。尤其是外资企业、民营经济快速发展，倒逼国有经济不断借鉴和学习，不断提高运行效率和经济绩效，最终通过借鉴、学习、改造和提升，国有企业在改革中不断做大做强。

总体来说，从我国社会主义社会基本经济制度的演变历程来看，随着传

① 马克思. 资本论：第1卷 [M]. 中共中央编译局，译. 北京：人民出版社，2004：677-678.
② 习近平. 在民营企业座谈会上的讲话 [EB/OL]. (2018-11-01) [2019-03-29]. http://www.xin-huanet.com/politics/2018-11/01/c_1123649488.htm.

统社会主义计划经济体制向社会主义市场经济体制的演变，之前单一的公有制逐渐演变成公有制为主体、多种所有制共同发展的格局。公有制的实现形式也逐渐多元化，既有国有经济、农村集体经济，也有混合所有制中的公有制成分；公有制的规模优势正在向质量优势转变，国企经济对国民经济的影响力和控制力不断增强。在我国社会主义社会基本经济制度的演变过程中，正确处理了公有制与市场经济的关系以及非公有制与市场经济的关系，丰富了基本经济制度内涵，探索和创新了基本经济制度的实现形式。基本经济制度的创新和发展，也很好地体现了社会主义本质，解放和发展了社会生产力，极大地丰富了人们的物质生活和精神生活，为最终实现共同富裕奠定了坚实基础。现阶段，坚持以公有制为主体、多种所有制共同发展，坚持"两个毫不动摇"，坚持按劳分配的原则，完善按要素分配的体制机制等基本经济制度的安排，为我国构建现代化经济体系、实现经济高质量发展奠定了坚实的制度基础。

第三节　具体经济制度变迁的理论与实践探索

1949 年新中国成立，标志着新民主主义革命的胜利，中国人民从此站起来了，步入新民主主义社会。1956 年，"三大改造"的完成，标志着我国建立起社会主义经济制度。新中国成立 70 年来，我国社会生产力飞跃发展，经济高速增长，综合国力和国际影响力显著提升，经济总量稳居世界第二位，经济结构不断优化。随着社会生产力的发展，具体经济制度包括经济体制、运行机制也在调整和演变，同时影响着社会主义社会基本经济制度的演变，并逐渐趋向社会主义核心经济制度。

据前文所述，本书的具体经济制度指的是在一定社会经济活动中特定生产关系的具体实现形式，或者说是社会经济制度运行的具体组织形式和管理体系，进一步说是构成社会经济活动中各种要素的具体结合方式、行为规则，反映着社会经济采取的资源配置方式和调节机制等。具体经济制度，就通常意义而言，主要包括三个层面：一是基于微观层面的经济组织制度，即企业制度；二是基于中观层面的区域经济制度，主要包括城市与乡村关系的经济制度和东、中、西部三大区域的经济制度及其产业制度等；三是基于宏观层面的国民经济运行管理及其调控制度。在一定社会经济制度体系中，具体经济制度即经济体制居于连接生产力和基本经济制度乃至核心经济制度的中介环节，呈现出"一定社会生产力发展—具体经济制度即经济体制即时反映及调适性改革与创新—社会基本经济制度相应地渐进式改革与完善—愈益走向实现社会核心经济制度的本质规定"的演变逻辑。因而具体经济制度具有一定社会的应变性和灵活性。

马克思主义经济学认为，随着历史的演进与客观社会条件的变化，具体经济制度因社会生产力的变化而做出灵活应变和调适性改革与创新，其对社会基本经济制度也会产生或快或慢的一定的影响。因而具体经济制度的调适性、应变性在整个经济制度体系的变迁中具有先导性。布罗姆利认为制度变

迁的过程有三个层次：政策层次、组织层次和操作层次。政策层次和组织层次被称为制度安排，制度安排为经济主体（企业或者家庭）在操作层次上界定了选择集；在操作层次上观察到的行为——某些形式的相互作用——产生了被全体公民认为是好的或坏的结果①。具体经济制度具有更大的灵活性和即时应变性。它要适应生产力发展和其他政治、经济因素变化的客观要求而不断调整、改革或创新。

新中国成立后，适应"国家工业化"及其赶超战略的实施，我国建立起了高度集中的计划经济体制，及其相应的企业经济制度、区域经济制度和宏观调控经济制度，推动了工业化的快速发展。但随着社会主义生产力水平的不断发展，高度集中的计划经济体制的弊端也日益显露，严重影响了社会主义制度优越性的发挥。1978年党的十一届三中全会召开，做出了经济体制改革的决定，并于1992年党的十四大正式确立起社会主义市场经济体制改革的目标。直到现在我国仍然在不断地完善社会主义市场经济体制及其相应的具体经济制度。

可以看出，新中国成立以来我国社会主义建设与发展取得的巨大成就都与经济体制的演进，特别是改革开放的成功密切相关，中国特色社会主义经济体制改革就是在计划经济体制内引入市场机制、逐步建立和完善社会主义市场经济体制的过程。在这一过程中，新中国成立以来的社会主义具体经济制度变迁整体上表现出阶段性和渐进性的主要特征。因此，下面对我国具体经济制度变迁的理论与实践描述主要基于微观、中观和宏观三个层面和经济体制改革前后两个时间节点展开。

一、微观层面：企业制度变迁的理论与实践探索

企业是整个社会经济关系中最重要的生产和交换主体，一方面是产品和

---

① 布罗姆利. 经济利益与经济制度——公共政策的理论基础［M］. 陈郁，郭宇峰，汪春，译. 上海：格致出版社，2012：40-42.

服务的供给者，另一方面是生产要素的需求者。企业是经济活动中最重要的微观组织。制度与组织之间的互动形成了一个经济体的制度演化。如果制度是博弈规则，那么，组织与组织中的活动者就是博弈参与者。组织的产生反映着制度母体所提供的机会①。在我国，以 1978 年经济体制改革的启动为界标，企业制度的历史演变可以分为两个阶段：一是经济体制改革之前的计划经济时期，二是从 1978 年开始至今的经济体制改革时期。

1. 经济体制改革以前的企业制度

从企业的性质而言，经济体制改革以前我国的企业主要是单一的公有制企业，包括国营企业和城乡集体企业，以国营企业为主。国营企业有的源于解放区的军工企业，有的是通过没收官僚资本、对资本主义工商业进行社会主义改造而组建的，主要的还是在大规模工业化进程中在国家财政投资的基础上建立起来的。从管理制度而言，这一时期的国营企业主要直接由中央政府统一集中管理，由各归口部委统一编制计划、统一组织物资供应、统一分配和统一销售产品，其财务收支、职工工资、人员配备也由各部委直接管理。企业的生产计划和基本建设接受指令性计划指导，生产和物资供应大量使用实物指标。这种高度集中统一、直接管理的企业管理体制对于恢复国民经济和迅速建立完整的工业体系等发挥了重要的作用。但随着国民经济的发展，这种高度集权的企业管理模式的弊病逐渐显现，如政企不分、权责利不明、动力不足等。由于没有独立的产权，不能自主经营、自负盈亏和自我发展，因而并非严格意义上的企业。

2. 经济体制改革以来的企业制度

伴随着经济体制的市场化改革及转型，我国企业的性质朝着多元化格局发展，体制外改革逐步形成了民营企业、外资企业和中外合资经营企业、中外合作经营企业等企业形式。随着改革开放的深入，出现了新兴的由体制内外企业组建的混合所有制企业模式。混合所有制企业，是指由公有资本（国

①　阿尔斯顿，艾格森，诺斯. 制度变迁的经验研究［M］. 杨培雷，译. 上海：上海财经大学出版社，2014：313.

有资本和集体资本）与非公有资本（民营资本和外国资本）共同参股组建而成的新型企业形式。

基于国有企业在社会主义建设事业中的地位及其作用，国有企业的改革始终是经济体制改革的中心环节。国有企业的制度改革起初阶段围绕"放权让利"和"转换经营机制"的主线展开，其目的主要是对国有企业及其职工形成激励，以改变企业生产效率低下的状况。由于没有涉及产权等体制上的根本性问题，只能算表层化的分权式改革。党的十四大之后，国有企业的改革开始由分权让利转向企业经营机制的改革，由表层的行政性分权转向企业制度创新——创建公司制，由企业改革的单项突进转向以企业改革为主线的综合配套、整体推进式改革。这一阶段的国有企业改革基本上是沿着明晰企业产权和实现政企分开的主线展开的，在实践上则以推行股份制、进行国有企业产权制度变革为基点，深入到对国有企业自身体制的改革。在国有企业建立现代企业制度的目标导向下，推出了价格、税收、财政、金融及外汇管理体制等诸多方面的总体配套联动式改革。因而第二阶段的国有企业改革是以建立现代企业制度为主线展开的。

随着社会主义市场经济体制的确立，逐步形成了多元化的企业格局。从性质来说，有公有制企业和私有制企业。公有制企业可以分为国有企业和集体企业，私有制企业可以分为民营企业和外资企业。从法律形式来说，可以分为个人独资企业、合伙企业、公司制企业。公司制企业，包括有限责任公司、股份有限公司。各种性质的企业组织形式相互竞争、相得益彰。

新中国成立以来我国社会主义企业制度演变的核心是伴随经济体制的转型，我国企业的权力结构发生了由行政性集权到市场化分权的逐步演变，企业产权结构逐步清晰。以企业产权结构演变为基础，企业的规模结构、治理结构、竞争结构等都发生了相应的变化，现代企业制度逐步建立。

二、中观层面：区域经济制度和产业经济制度变迁的理论与实践探索

（一）区域经济制度变迁的理论与实践探索

区域发展不平衡不充分是世界经济发展中的一个普遍现象。我国作为世界上最大的发展中国家，区域发展不平衡不充分是长期以来存在的问题——这是资源禀赋、区位条件、地理环境等历史地理因素以及户籍制度、分配制度及其相关的制度安排等现实政策因素共同作用的结果。我国的区域经济制度也走过了一条传统计划经济体制下区域不平衡发展向社会主义市场经济体制下区域不平衡向平衡协调转型的历程。解决区域发展不平衡不充分难题，促进区域持续健康发展，归根结底要靠区域经济制度的贯彻落实。区域经济制度具有协调区际利益关系、控制区域发展差距、优化资源空间配置的本质属性。

从国际经验来看，区域经济制度是美国、欧盟、日本、巴西等国家和地区促进欠发达地区经济发展、缩小区域发展差距、构建空间治理体系的有效措施和手段[1]。从国内实践来看，新中国成立以来，国家在不同发展阶段实施区域梯度发展、城乡统筹等类型的区域经济政策，对于优化资源配置、协调区域利益、缩小区域发展差距发挥了积极的作用。党的十九大报告创新性地提出"实施区域协调发展战略"，并把区域政策放在国家经济政策体系中的突出位置，旨在通过实施区域政策强化国家的空间治理能力。

本研究主要从城乡关系经济制度和东、中、西部经济制度的变迁[2]两个方面来分析。

---

[1] 美国启动了"美国（2050）区域发展新战略"，对区域发展所要实现的战略目标、基本原则、发展路径以及需要政策重点关注的区域和配套政策措施进行了全面规划。欧盟建立起了多层次、网络状治理的区域协调政策体系，提出"欧盟2020战略"的重点是实施关注增长与就业的区域政策，解决欧盟内部经济发展不平衡问题。日本先后制定了《国土综合开发法》《国土利用计划法》《东北开发促进法》等法律及全国综合开发计划，形成了完备的区域发展政策体系。

[2] 区域经济研究中常将地理区域划分为东部、中部和西部。

1. 城乡关系经济制度变迁的理论与实践探索

新中国成立以来，党和政府高度重视城市和农村发展工作，根据国民经济和社会发展的实际状况和战略需要，不断调整和完善城乡关系，在处理城乡发展关系上经历了城乡分治、农村和城市顺次改革与发展、城镇化速度加快城乡差别逐渐加剧、从强调统筹城乡发展到强调城乡一体化发展并进一步到强调城乡融合发展等进程。

我国城乡关系经济制度的演变可以大致划分为两个阶段：一是计划经济体制下的城乡分割、城市偏向阶段；二是经济体制改革以来城乡关系的调整、变革、协调阶段。

（1）计划经济体制下的城乡分割、城市偏向阶段

20 世纪中叶以来，工业化是发展中国家普遍追求的首要目标。新中国成立后，中国共产党领导全国各族人民开始了有步骤地从新民主主义到社会主义的转变。1953 年 6 月中共中央提出了党在过渡时期的总路线，即"党在这个过渡时期的总路线和总任务，是要在一个相当长的时期内，逐步实现国家的社会主义工业化，并逐步实现国家对农业、对手工业和对资本主义工商业的社会主义改造"。实现工业化是中国经济由战后恢复发展转入大规模社会主义建设的必然路径。在一个落后的农业国，要实施以优先发展重工业为目标的工业化赶超战略，必然导致重工业优先和城市偏向的国家发展战略，即城市和工业优先发展，更多的经济资源和政策优惠给予城市和工业，而农村和农业的发展则不受重视。

我国在计划经济年代实施了重工业优先和城市偏向的国家发展战略。城市偏向战略通过实行"剪刀差"政策，通过政府制定产品价格和生产要素价格，创造一种城市偏向的政策环境，集中农业剩余以补贴工业化。

（2）经济体制改革以来城乡关系的调整、变革、协调阶段

经济体制改革以来，在市场化取向改革进程中，我国城乡经济关系制度不断调整，从而使经济效率状况得到有效改进，促进了城乡经济社会的协调发展，主要表现在以下几个方面：

①工农业产品交换的市场化与工农业产品"剪刀差"的逐步消解

20 世纪 80 年代中期以来，国家取消了实行长达多年的农产品统购派购制

度，越来越多的农产品实现了由市场定价，计划经济体制下形成的极不合理的工农产品价格关系得到逐步调整。乡镇企业异军突起与农村的自发工业化，有效地推进了中国农村的工业化和城市化进程，改变了传统体制把农民仅仅局限在农业中的状况，从而大大改变了中国的城乡经济格局。

②"民工潮"与农村剩余劳动力的非农化

20世纪80年代后期以来，中国经济社会生活中出现了引人注目的"民工潮"现象，其实质是农村剩余劳动力向城镇和非农产业的转移。农村剩余劳动力向城镇和非农产业的大规模转移，大大加强了城乡经济之间的要素交流与经济联系，有效地冲击了传统城乡分割的体制，推动了近年来城乡户籍制度等一系列体制变革。

③小城镇的迅速发展与农村城镇化

随着乡镇企业的发展，中国农村小城镇也迅速发展，农村城镇化步伐大大加快。小城镇的迅速发展大大密切了城市与农村之间的经济联系，促进了城乡经济的协调发展。在我国市场化改革进程中，国家与农民、工业与农业、城市与农村之间的关系发生了深刻的变革。

从总体上看，城乡关系的调整与改革在很大程度上改进了城乡经济发展中的效率状况，但却似乎没有带来城乡居民之间公平状况的明显改善，城乡居民的收入分配状况反而有恶化的趋势。改革以来城乡关系发展中存在令人担忧的问题和趋势，突出表现在城乡居民收入差距的扩大。

④城乡统筹、城乡一体化向城乡融合发展

党的十六大正式提出了统筹城乡经济社会发展的重大战略部署，标志着我国城乡发展步入统筹协调发展新阶段。党的十六届三中全会提出"五个统筹"，其中"统筹城乡发展"位于首要位置。统筹城乡发展是新时期我国经济社会发展的重大战略举措，是从根本上解决"三农"问题、全面推进农村小康建设的客观要求，对于促进城乡关系的协调健康发展具有重要意义。因此，我国城乡关系由此进入了一个新的历史阶段。在这一阶段，城乡关系中一些深层次的体制性问题逐步得到解决。

城乡一体化是中国针对过去实行的城乡二元分割的经济社会管理体制和

建设、投资、发展不协调布局提出的一个重要概念，是比强调统筹城乡发展更高一个层次的社会要求，也是一个关系经济社会发展阶段、国家发展战略和长远发展秩序的问题。

党的十八大以来，城乡一体化加速发展。无论是农民收入水平还是农村城镇化水平，都有明显提高。党的十九大报告首次提出实施乡村振兴战略，以农业农村优先发展作为新时代实现农业农村现代化的重大原则和方针，强调建立健全城乡融合发展体制机制和政策体系，为构建新型城乡关系指明了方向。

2. 东、中、西部经济发展制度变迁的理论与实践探索

按照国家统计局的划分标准，将我国（不含港澳台）划分为东部、中部和西部三大经济地区。其中东部地区包括北京、天津、河北、辽宁、上海、江苏、浙江、福建、山东、广东、广西、海南 12 个省、自治区、直辖市；中部地区包括山西、内蒙古、吉林、黑龙江、安徽、江西、河南、湖北、湖南 9 个省、自治区；西部地区包括重庆、四川、贵州、云南、西藏、陕西、甘肃、宁夏、青海、新疆 10 个省、自治区、直辖市。东、中、西部经济制度的演变分两个阶段研究。

（1）经济体制改革前，"三线建设"由东部向西部转移的战略大调整

新中国成立初期，由于历史、现实和地理的原因，我国的重工业和国防工业主要分布在东北、华北一带。随着国际形势的演变，我国周边局势越发严峻。中共中央于 20 世纪 60 年代中期做出了"三线建设"的重大战略决策。"三线建设"是在当时国际局势日趋紧张的情况下，为加强战备，逐步改变我国生产力布局的一次由东向西转移的战略大调整，建设的重点在西南、西北。

在 1964—1980 年期间，国家在三线地区共审批 1 100 多个中大型建设项目。贯穿三个五年计划的 16 年中，国家在属于三线地区的 13 个省和自治区的中西部投入了占同期全国基本建设总投资的 40% 多的 2 052.68 亿元巨资；400 万工人、干部、知识分子、解放军官兵和成千上万人次的民工，大批原先位于大城市的工厂与人才进入西部山区，建起了 1 100 多个大中型工矿企业、科研单位和大专院校。

虽然三线建设是出于国家战备国防考虑的，在一定意义上拉动了中西部

落后地区经济发展，集中推动了一批产业发展，平衡了东、中、西部地区发展；但是由于具体做法并不科学、合理，加之并没有相应的产业结构政策、有效的资源配置机制，并没有起到预期的作用。

（2）经济体制改革以来由东部地区重点发展到东、中、西部均衡协调发展

改革开放初期，区域发展的思路发生了根本的变化，尽管政府没有放弃缩小地区差距的目标，但是基本的思路是鼓励和支持地区不平衡发展，承认在经济发展的一定阶段地区差距存在的客观性，认为这样才能通过先进地区的发展提高整个国家的经济发展水平，并带动落后地区的发展。在"六五""七五""八五"时期，地区政策向经济基础好的东部沿海地区倾斜，尤其是将改革开放的一些优惠政策分配给东部。东部地区率先发展起来。

从"九五"开始，区域协调发展的思想和实践逐渐受到国家的高度重视，开始成为我国指导地区经济发展的基本方针。区域政策的实施区域从以东部沿海地区为重点发展区域，向东部重点发展区域与西部、中部、东北等区域推进。中央提出了推进西部大开发、加快中部地区发展、振兴东北老工业基地、提高东部地区发展水平的政策思路。党的十九大提出了"实施区域协调发展战略"，其政策实施的空间范围除传统的西部、东北、中部、东部四大板块外，还包含老少边穷地区、城市群发展、京津冀协同、长江经济带、资源型地区转型等。这极大地推动了各区域充分发挥比较优势，深化区际分工；促进要素有序自由流动，提高资源空间配置效率；缩小基本公共服务差距，使各地区群众享有均等化的基本公共服务；推动各地区依据主体功能定位发展，促进人口、经济和资源、环境的空间均衡。这标志着区域协调发展进入完善阶段，区域协调发展的政策指向更加明确。

（二）产业经济制度变迁的理论与实践探索

1. 经济体制改革前的产业经济制度变迁

新中国成立初期，我国是一个经济落后的农业国，第二、第三产业发展水平很低。经过三年的国民经济恢复时期，工业总产值比重逐年提高，而农业总产值的比重逐年下降。在这一产业结构基础上，加快建立现代工业体系

是产业制度的重要目标。1953 年 6 月中共中央正式提出"党在过渡时期总路线",标志着中国社会主义工业化战略的最终确定和开始实施。因此,从 1953 年起,通过制订第一个五年计划,快速发展工业产业部门,形成了优先发展重工业产业战略。在优先发展重工业的战略下,经过"一五"期间的建设,我国建立起前所未有的新的工业部门,如飞机制造、汽车制造、重型机械制造、机床设备制造、精密仪器制造、发电设备制造、冶金设备和矿山设备制造、高级合金钢和重要有色金属冶炼等,与传统产业部门共同构成了新中国现代工业体系的初步框架。

自新中国成立以来到 20 世纪 70 年代末,经过近 30 年重工业优先导向战略的实施,我国工业产值在国民经济产出中的比重有了较快的增长,并对相关产业的发展和技术设备的改造发挥了一定的作用。我国已经开始从农业国向工业国转变,这是改革开放前我国产业经济制度演变的基本特征。经济体制改革前我国的产业经济制度变迁总体上表现为:一方面,现代经济部门迅速发展,产业经济结构得到升级。另一方面,产业经济结构还很不合理,存在着重工业过重而轻工业过轻、重生产资料的生产而轻生活资料的生产的现象;在生产资料的生产中重加工而轻原材料;农业发展迟缓,能源、交通运输等基础产业成为制约国民经济发展的瓶颈;重生产,轻流通,轻服务,流通业、服务业等第三产业薄弱。整体上产业经济结构不能适应国民经济发展和人民生活水平提高的需要。

2. 经济体制改革以来的产业经济制度变迁

基于对传统计划经济体制的批判性认识和产业结构失调的问题,改革开放后产业结构的调整和优化成为经济发展的头等重要任务之一。中共中央关于产业发展的指导思想自十一届三中全会以后发生了根本性的转变。明确提出要进行产业结构调整,要求继续把发展农业放在首要地位;进一步加快轻工业的发展,重工业内部采取"重转轻""军转民""长转短"等形式进行结构调整。产业经济结构逐步趋向合理化。

以党的十四大为标志,改革开放步伐明显加快,建立和完善社会主义市场经济体制成为改革的重要任务和明确目标。产业政策继续强调产业结构调整，重视产业结构升级，同时着力推动各次产业的发展，高度重视基础产业、支柱产业和高新技术产业的发展，重视产业发展中增长模式转换问题。随着社会主义市场经济体制的逐步建立，产业政策运用大量直接干预方式的现象逐步减少，导向性的间接干预方式不断增加，综合运用经济、法律、行政等多种手段。从总体上看我国产业结构变化与国民经济水平增长相适应，基本符合产业结构趋向高度化的演进规律：第一产业比重下降，第二、三产业比重上升。在经济体制转型过程中，产业制度随着国家经济发展的战略目标相应发生改变。

党的十九大报告提出了建设现代化经济体系的战略目标。现代化经济体系是指要全面构建比较稳固的现代农业基础、比较发达的制造业，尤其是高级装备制造业以及门类齐全、迅速发展的现代服务业。现代化经济体系的目标就是要从过去追求数量规模的增长转向质量和效益的增长，以供给侧结构性改革为主线，最终建设实体经济、科技创新、现代金融和人力资源协同发展的产业体系。

三、宏观层面：宏观经济制度及其调控制度变迁的理论与实践

较之于微观、中观层面的经济制度而言，宏观层面的经济制度主要指的是推动经济总体运行的一系列制度结构及其相互关系，包括国民经济运行管理和调控制度两个方面。宏观层面的经济制度变迁主要从国民经济运行管理体制和宏观经济调控制度两个方面与经济体制改革前后两个时间节点展开分析。

（一）国民经济运行管理体制变迁的理论与实践探索

国民经济运行管理体制规定了国家、地方、部门、企业和个人的权责利关系，以确保国民经济的运转方向、效率及其质量。根据现代经济管理体制的基本原理，国民经济运行管理体制可以分为计划管理体制和市场管理体制。计划管理体制是与计划配置资源方式相匹配的、中央集权的管理体制；市场管理体制则是与市场配置资源方式匹配，通过竞争机制、供求机制和价格机

制，基于市场机制的管理体制①。我国国民经济运行管理体制演进的历史进程以我国经济体制从计划向市场的转轨为前提条件及制度基础，始终贯穿着政府与市场之间关系的变化这条主线，总体过程呈现渐进性的特点。

1. 经济体制改革前计划经济管理体制下单一行政管理方式

新中国成立后，国家经济工作开始转向大规模的经济建设。国家统筹安排使国民经济有计划按比例发展就成了最主要的经济调控方式。政府通过政策宣传、精神鼓舞、行政命令的方式调动全国人民的生产积极性，贯彻按劳分配的原则，减少管理层次，加强国民经济管理，增强了中央政府对国民经济的直接控制，逐步形成了高度集中的计划管理体制。在地方层面，加强中央对地方的集中统一领导；在中央层面，成立国家计划委员会，直接领导各经济部门，逐步加强了计划管理的力度。计划管理体制是与计划配置资源方式相匹配的、中央集权的管理体制，计划当局用直接计划和间接计划的手段对经济实施管理，通过政府计划部门纵向收集、整理和传递信息，依靠行政动员、精神激励及道义力量来实现，具有行政干预的强制性、随意性和主观性的特征，但也具有在短期内动员和集中资源、把握全局和长远发展方向的优势。

经济体制改革前我国国民经济运行管理体制的主要内容是随着计划经济体制的建立，在全社会确立并完善计划管理体制。僵化的国民经济管理体制严重束缚了生产力的发展，其缺陷和弊病逐步暴露。经济发展的客观现实要求人们解放思想，探索出新的、符合生产力发展要求的、促进国民经济平稳健康发展的制度安排。

2. 经济体制改革后市场管理体制逐步建立和完善

随着我国社会主义市场经济体制的逐步建立和完善，国民经济运行管理体制的变革体现为在宏观经济领域确立并完善市场管理体制的过程。这一阶段经历了四个历史时期。

首先是1992年之前的市场经济探索时期，伴随着"计划经济为主、市场调节为辅"的计划与市场相统一的经济体制代替过去的计划经济体制，我国

① 本书编写组. 中国特色社会主义政治经济学十五讲［M］. 北京：中国人民大学出版社，2016：35.

国民经济运行管理体制的变革突出表现在经济管理体制的转变上，即由改革开放之前的计划管理体制转向混合经济管理体制，具体表现为单一行政管理方式向行政管理与市场管理方式并举、行政管理手段和经济管理手段有机结合。

其次是1992—2002年市场经济初步建立时期，伴随着"使市场在社会主义国家宏观调控下对资源配置起基础性作用"的社会主义市场经济体制的建立，以发挥市场配置资源的基础性作用为目标，围绕政府职能转变而展开，主要内容是建立健全市场经济下的宏观调控体系，具体包括财税体制、金融管理体制和投融资体制改革等。

再次是2003—2012年，以加入世界贸易组织为标志，伴随着更深层次、更宽领域的对外开放和社会主义市场经济进一步发展的需要，国民经济运行管理体制的改革突出表现在三个方面：一是加强政府管理职能的法制化建设；二是完善宏观调控体系，强调国家计划和财政政策、货币政策相互配合；三是宏观经济政策目标上更加侧重于调控民生，并且强调防范和化解金融风险。

最后是进入新时代以来，以习近平同志为核心的党中央，准确把握全球经济发展大势和中国经济发展变化，不断创新宏观调控方式，形成了以经济进入新常态为认识、以新发展理念为指导、以供给侧结构性改革为主线、以稳中求进为工作方法论的宏观经济政策框架①。

（二）宏观经济调控制度变迁的理论与实践探索

宏观经济调控制度是指政府作为经济调节的主体，运用一定的调节方式和手段，对宏观经济运行进行干预和调节，以引导经济运行达到一定的经济目标的制度。经济调控总是根据一定的目标进行，并为实现一定的目标服务。宏观调控的目标对整个宏观经济的运行起着导向的作用，是宏观调控的基本依据。各种调节手段的运用和各种宏观经济政策的实施都是围绕目标进行的。宏观调控的目标是宏观经济运行的出发点和归结点。

宏观调控的基本目标是社会总供求的平衡。在宏观经济的若干变量中，总供求是最重要的一对核心变量。社会总供给与社会总需求是否平衡，不仅

---

① 李伟. 宏观经济政策新框架成功驾驭新常态［J］. 瞭望，2017（33）.

反映了其他宏观经济变量如货币供应量、物价水平、失业率等的变动情况，而且决定着其他变量的变动趋势。社会总供给与社会总需求平衡是经济稳定发展的前提。总供求的平衡关系综合反映了社会经济运行的全部过程和成果，即总生产、总分配、总流通和总消费的状况。总供求的平衡单靠市场调节是不够的，还必须依靠政府的宏观调控来实现。总供求的平衡包括总量平衡和结构平衡。总量调控的目标是避免总供求之间出现较大差距而导致需求不足或需求膨胀的失衡局面，结构调控的目标是防止结构性的供求失衡，促进产业结构的合理化和资源的合理配置。

1. 经济体制改革前"三位一体"式计划主导型宏观经济调控制度

正如布瑞斯所指出的，"在全世界，工业化实际上已成为20世纪中叶一个使人着魔的字眼"。因此，在二战后的最初年代里，工业化是发展中国家普遍追求的首要目标。中国当然也不例外。在一个落后的农业国，要实施以优先发展重工业为目标的工业化赶超战略，其结果必然导致传统计划主导型宏观经济调控机制的形成。在一个经济发展水平低、资本极度缺乏的国家内优先发展重工业，国家只能人为地压低资本、外汇、能源、原材料、劳动力和生产必需品的价格，以降低重工业资本形成的门槛，从而造成生产要素和产品价格的极大扭曲，为此就需要借助计划与行政命令配置资源。为了贯彻资源的计划配置机制，在微观上还必须建立以完成计划任务为目标的国有企业和人民公社体制。

因此，围绕优先发展重工业为目标的工业化赶超战略，相继形成了以扭曲产品和要素价格的宏观经济环境、高度集中的资源计划配置制度和毫无独立自主权的微观经营机制为特点的"三位一体"式计划主导型宏观经济调控制度。

2. 经济体制改革以来，宏观经济调控制度渐趋成熟

经济体制改革以来，政府行为从排斥市场的单一行政控制逐渐转向了市场调节与政府调控相结合，宏观经济调控制度日益成熟。

经济体制改革以来，随着家庭联产承包责任制和国有企业改革的推行，农村微观经济主体和城市微观经济主体的重构、引进和发展市场调节机制的宏观经济调控制度逐步形成。伴随经济发展实践中社会总供求失衡现象的反复出现，政府在宏观调控中经历了"学中干、干中学"的阶段，较为熟练地

运用财政和货币政策，逐步建立起以财政政策和金融政策为主要手段的宏观调控体制。

党的十六大报告提出健全现代市场体系，加强和完善宏观调控，在更大程度上发挥市场在资源配置中的基础性作用，健全统一、开放、竞争、有序的现代市场体系。完善国家计划和财政政策、货币政策等相互配合的宏观调控体系，发挥经济杠杆的调节作用。党的十八大报告指出经济体制改革的核心问题是处理好政府和市场的关系，必须更加尊重市场规律，更好发挥政府作用，明确提出了健全现代市场体系，加强宏观调控目标和政策手段机制化建设。党的十九大报告明确指出要创新和完善宏观调控，发挥国家发展规划的战略导向作用，健全财政、货币、产业、区域等经济政策协调机制。

随着我国社会主义市场经济体制的不断完善，我国宏观经济调控制度改革将不断向前推进。

四、小结：新中国具体经济制度变迁的理论与实践探索

制度对经济发展的重要性，这一点无论是西方制度经济学还是马克思主义制度经济学都是具有共识的——都相信经济发展与经济活动效率的提高，不只是涉及生产要素的投入问题，还与制度有着直接的关系，制度是影响经济发展和效率的一个重要因素。

（1）新中国成立以来我国具体经济制度的变迁，从根本上反映了制度变迁的根源在于技术和生产力的变化。马克思经济学制度理论强调制度是可变的，制度变迁或变革的根源在于技术和生产力的变化。新中国成立以来社会主义经济建设围绕着怎么使我国从一个人口多、底子薄的发展中农业大国发展成为现代化工业强国，如何促进社会生产力提升以满足人民日益增长的物质文化需要，不断探索，持续推进。新中国成立以来我国具体经济制度的变迁，从根本上反映了我国生产力发展的要求。

（2）新中国成立以来我国具体经济制度的变迁，反映了制度对经济增长的双重效应。马克思是把制度视为影响经济增长和社会发展的重要因素之一的，而且强调这种影响具有双重效应：适合一定的生产力性质的经济制度，

就必然能够大大地促进经济增长和社会发展，成为经济增长和社会发展的巨大推动力；相反，与一定的生产力性质不相适应的经济制度，就会阻碍经济增长和社会发展。因而，制度因素既可能是经济增长和社会发展的增函数，又可能是经济增长和社会发展的减函数①。

（3）新中国成立以来我国具体经济制度的变迁，反映了具体经济制度的中介性和先导性、灵活性和应变性。

具体经济制度、基本经济制度、社会核心经济制度共同组成了经济制度体系。在一定社会经济制度体系中，具体经济制度具有中介性和先导性。具体经济制度居于连接生产力和基本经济制度乃至核心经济制度的中介环节，呈现出"一定社会生产力发展—具体经济制度即经济体制即时反映及调适性改革与创新—社会基本经济制度相应地渐进式改革与完善—愈益走向实现社会核心经济制度的本质规定"的演变逻辑。

在一定社会经济制度体系中，具体经济制度具有灵活性和应变性。具体经济制度作为一定社会经济活动中特定生产关系的具体实现形式，反映着社会经济采取的资源配置方式和调节机制等。在一定的社会经济条件下，最活跃的总是变化在前的生产力的发展，生产力的发展直接引起具体经济制度的应变调整和改革。具体经济制度的应变调整和改革，对社会基本经济制度也会产生或快或慢的影响，社会基本经济制度也愈益反映社会核心经济制度的本质规定。

（4）新中国成立以来我国具体经济制度的变迁，揭示了我国具体经济制度供给上诱致性和强制性两种方式相结合。

以科斯和诺斯为代表的新制度经济学的制度变迁理论，把制度变迁划分为诱致性和强制性制度变迁。新中国成立以来到经济体制改革前我国具体经济制度供给上主要是政府主导的强制性制度供给。经济体制改革以来由于我国走的是渐进式改革道路，双轨过渡，从局部到总体，体制内改革与体制外推进相结合，改革、发展与稳定相协调。因此经济体制改革以来我国具体经济制度供给上主要是强制性制度供给和诱致性制度供给两种方式相结合。

---

① 李萍. 马克思制度理论的精髓：从方法论角度的认识［J］. 理论与改革，2003（3）：59-61.

上篇
微观经济制度变迁

新中国成立以来，社会主义经济制度在实践探索的过程中，微观经济制度大致经历了社会主义传统计划经济体制下公有制企业制度与改革开放后体制转轨、建立社会主义市场经济体制下的公有制与非公有制企业制度并存的两大阶段。70 年来微观经济制度的变迁充分表明，一定体制下城市国有经济制度和农村集体经济制度等公有制经济组织形式的建立与发展以及非公有制经济组织形式的存在和发展，适应了我国不同发展阶段的社会生产力现实水平的客观要求时，各种微观经济组织就充满活力，成为区域经济体系乃至国民经济体系中重要的经济力量，发挥着促进经济增长和发展的重要作用；反之亦然。

　　实践告诉我们，公有制经济和非公有制经济都是社会主义市场经济的重要组成部分，二者相辅相成、相得益彰①。本篇将从城市国有经济、农村集体经济②、非公有制经济三个层面展开对我国从 1949 年以来两类所有制经济对坚持"两个毫不动摇"的贡献分析，并细致梳理各个时期这几类所有制经济发展、演变所遇到的问题以及解决问题的政策手段，以从更长远的角度完善我们对国有经济、农村集体经济、非公有制经济发展的制度安排。

---

① 新华社评论员. 坚持"两个毫不动摇"必须坚定不移［EB/OL］.（2018-09-29）［2019-04-26］. http://theory.people.com.cn/n1/2018/0929/c40531-30320741.html.
② 公有制经济一般被认为是由国有经济和农村集体经济组成的。

第二章
城市国有经济制度变迁

　　城市国有经济制度[①]自新中国成立伊始，就是整个微观经济制度变迁的核心环节。本章从城市国有经济制度的建立、发展、变迁的角度展开分析，主要就新中国成立以来多个阶段城市国有经济的形态、特征和发展变化趋势展开探讨，从生产力和生产关系角度分析了这一制度变迁的历史背景、国家战略选择、体制机制改革、政策措施调整等问题，力图展现新中国城市国有经济制度变迁的历史进程并为今天的国有经济改革提供借鉴和思考。

[①] 本书的微观经济制度研究中城市以国有经济制度为典型代表，集体经济制度变迁则不做展开讨论。

第一节 改革开放前城市国有经济制度的 建立与发展（1949—1978年）

一、国营经济与其他经济成分并存（1949—1956年）

1949—1956年，是新中国从新民主主义到社会主义的过渡时期。这一时期的国有经济还被称为"国营经济"。由于新中国刚刚建立，国营经济发展处于起步阶段，它和其他多种经济成分并存；通过社会主义的改造，国营经济逐渐在整个国民经济中占有了主导地位，这也是社会主义国家大力发展国有经济的题中应有之义。

新中国成立之初，承接的是一个半殖民地半封建社会的经济格局，整个国民经济百废待兴，生产力水平处在农业、手工业为主体的发展阶段，社会经济成分以旧中国残余的官僚资本、城乡资本主义工商业和农村的占统治地位的小农经济等多种经济成分为主，社会主义经济建设与改造的任务十分繁重。从1949年10月中华人民共和国成立到1956年，中国共产党领导全国各族人民有步骤地实现从新民主主义到社会主义的转变，迅速恢复了国民经济并开展了有计划的经济建设，在全国绝大部分地区基本上完成了对生产资料私有制的社会主义改造。在这个历史阶段中，党确定的指导方针和基本政策是正确的，取得的胜利是辉煌的。为了巩固新生的政权，亟待建立起中国共产党领导下的以国营经济为代表的公有制生产关系。

（一）国民经济恢复时期国营经济的建立与其他经济成分的存在（1949—1952年）

1949—1952年是新中国的国民经济恢复时期。在短短的三年时间里，新中国的各项经济指标就恢复到了中国历史上的最好水平①。这一时期从1949年中华人民共和国成立起到1952年年底结束，其中心任务是巩固新生的人民

---

① 吴承明. 中华人民共和国经济史（1949—1952）［M］. 北京：社会科学文献出版社，2010：1.

政权，迅速恢复国民经济。围绕这一中心任务，国家没收了资本额占整个资本主义经济大部分的全部官僚资本企业，并将其改造成为社会主义国营企业，从而掌握了国民经济的命脉；实现了全国范围的财政经济工作的统一，达到财政收支平衡，制止了通货膨胀，稳定了物价；调整了工商业，进一步确立了国营经济的主导地位。

这一时期，中国共产党实行新民主主义建设方针，实行国营经济主导下多种经济成分并存的经济制度，实施公私兼顾、劳资两利、城乡互助、内外交流的新民主主义经济政策。党和政府在恢复经济过程中对私营工商业进行扶植，并对违法经营的私营工商户加以打击，同时在私营工商业经营发生困难时前后两次进行政策调整，保证私营工商户的合法经营和正常发展。在此基础上，发挥私营工商业在沟通城乡流通方面的作用。这一时期实行的经济制度与工商业政策，使私营工商业获得较大发展，而这种发展的本身对国民经济的迅速恢复起到了积极作用。

（二）"一化三改造"时期公有制经济形成中的国营经济（1953—1956年）

中国共产党在1953年提出了过渡时期的总路线，即以"一化三改造"为核心内容的总路线，又称为公有化改造。其包括两个方面的内容：中共中央提出要在一个相当长的时期内，一是逐步实现社会主义工业化，这是总路线的主体；二是逐步实现对农业、手工业和资本主义工商业的社会主义改造，这是总路线的两翼。这两个方面互相联系、互相促进、互相制约，体现了发展生产力和改革生产关系的有机统一，是一条社会主义建设和社会主义改造并举的路线。

1. 对农业的改造

1953年12月，中共中央通过《关于发展农业生产合作社的决议》，提出党在农村中最根本的任务就是教育和促进农民逐步联合、组织起来，实行农业社会主义改造，变农业个体经济为合作经济。中国农业合作化的道路是由互助组到初级的半社会主义的合作社，再到完全社会主义的高级形式的合作社。决议还强调：发展农业合作社，必须坚持自愿互利、典型示范和国家帮助的原则。

从 1954 年开始，全国兴起大办初级农业合作社的高潮，到同年年末高达
49.7 万多个。1955 年 7 月，毛泽东在《关于农业合作化问题》的报告中，以
批判农业合作化运动中的右倾思想为中心。此后，大办合作社尤其是高级社
的势头极其迅猛地冲向全国，到 1956 年年底，全国参加农业合作社的农户达
到 96.3%，其中加入高级社的农户为 87.8%[1]。至此，全国农村基本上实行了
农业合作化，而且以高级社为主。农业集体公有制从此产生，中国对农业私
有制的社会主义改造基本完成。中国农业经济开始踏上了复杂而曲折的道路。

后来的历史证明，在中国社会主义改造中，最大的问题和偏差，就是农
业合作化搞得过快、过急、过左。这种不顾当时农业生产物质技术极为薄弱、
生产力非常低下的客观实际，盲目简单地进行生产关系的大幅度调整和变革
的行动，实际上严重违背了经济发展的客观规律，而太快的工作进程，势必
造成强迫命令、长官意志和行政干涉。其后果是严重挫伤了农民的生产积极
性，平均主义盛行，影响了农业生产力的发展。这种靠官本位、主观主义和
"左"倾思潮综合作用而人造出来的社会主义农业经济体制，只能靠政治手
段、行政方法来维持，缺少必要的经济运行机制和发展动因，为以后的"大
跃进"和"人民公社"乃至"文化大革命"等埋下了隐患。

2. 对资本主义工商业的社会主义改造

新中国成立初期，国家对私人资本主义工商业的基本政策是以利用和限
制为主。为了统一金融市场，1952 年下半年最先对私营金融业实行全行业的
公私合营，资本家交出经营、财务和人事三权，只拿股息，安排工作。从
1953 年开始，逐步扩大到对其他行业私营资本主义工商业的社会主义改造，
主要采取排挤私营批发和有计划扩展加工订货的方针。通过各项经济手段，
国家基本上控制了私营企业的原料供应和产品销售两个重要环节，使其在经
营范围、价格、利润、市场条件等方面都受到一定限制，并在不同程度上纳
入了国家计划的轨道。在这些企业实行"四马分肥"，即企业利润按国家税

---

[1] 薄一波. 关于 1956 年度国民经济计划的执行结果和 1957 年度国民经济计划草案的报告 [EB/OL].
(2000-12-23) [2019-04-26]. http://www.npc.gov.cn/wxzl/gongbao/2000-12/23/content_5328388.
html.

收、企业公积金、职工福利金和资方股息红利这四方进行分配，使企业的经营性质有了很大改变。1955 年 8 月以后，形成了对私营工商业改造的高潮。到 1956 年年底，已实现公私合营的企业占原有私营企业数的 99%。私营资本主义经济在中国已基本上不复存在。在工业企业总产值中国营企业占 68.2%，公私合营企业占 31.8%[①]。

3. 对手工业的社会主义改造

1953 年 6 月全国手工业生产合作会议提出对手工业进行社会主义改造的方针政策，确定了"积极引导，稳步前进"的指导原则，在步骤上，从供销入手，从小到大，由低到高，以点带面，逐步实行合作化。到 1955 年年底，全国手工业合作社发展到 20 928 个，从业人员 97.6 万人，占同类人员总额的 11.9%，产值达 13.01 亿元，占 12.9%[②]。

在农业的社会主义改造高潮中，手工业也加快了改造的步伐。1956 年年底，全国建立手工业合作社 10 万个，从业人员达 603 万人，占全部手工业人员的 91.7%，合作化手工业产值达 108 亿多元，占手工业产值总额的 92.9%，基本上实现了手工业的社会主义改造[③]。对手工业的改造增强了社会主义公有经济的力量，为城市手工业的有序发展确立了必要条件。但改造过急过快，使有些生产过于集中，造成产量成本加大，质量下降，经营网点减少，给城乡人民生活带来不便，削弱了手工业原本具有的很强的商品性，严重制约了价值规律应有的作用，而且在实际上也并没有从生产技术和经营管理方面改变和提高手工业水平。

这一时期，国营经济的建立和改造是中国共产党和政府城市工作的重点，也是新中国经济成分的重要组成部分。其中首先要恢复通过没收官僚资本建

---

① 中国网. 1949—1956 年，社会主义过渡时期［EB/OL］. (2009-08-25)［2019-04-26］. http://www.china.com.cn/photo/xzg60/jgwy/2009-08/25/content_18396106_3.html.

② 唐青钊. 卓越的纲领 辉煌的成就——对前三十年农业纲领的评析［EB/OL］. (2018-10-04)［2019-04-26］. http://www.cwzg.cn/history/201810/45002.html.

③ 薄一波. 关于 1956 年度国民经济计划的执行结果和 1957 年度国民经济计划草案的报告［EB/OL］. (2000-12-23)［2019-04-26］. http://www.npc.gov.cn/wxzl/gongbao/2000/12/23/content_5328388.html.

立起来的国营工业的生产。政府依靠工人阶级迅速修复机器设备，使之尽快复工。接着在工矿企业内部进行了民主改革，改造旧的经营管理机构，废除压迫工人的管理制度和封建把头制度，清洗潜伏的反革命分子，建立社会主义的民主管理制度。在民主改革的基础上进一步发动群众进行生产改革，创造和推广先进的生产技术和工作方法，并开展增产节约和劳动竞赛运动。由于政策正确，广大工人的政治热情和生产积极性很高，这三年国营工业的恢复发展特别迅速。在三年中全国工业产值平均每年增长34.8%，而国营工业的产值平均每年增长速度达到57%，因而它在工业产值中所占比重由1949年的26.3%上升到1952年的41.5%①。

1952年上半年物价稳定以后，由于虚假购买力②突然消失，私营工商业遇到商品滞销的困难。政府及时合理调整工商业，根据公私兼顾的原则，在经营范围、原料供应、销售市场、财政金融政策等方面，对私营工商业进行必要的照顾，并且采用加工订货、统购包销、经销代销等方式，使私营工商业摆脱销路呆滞、生产萎缩的困境。随后又大力开展城乡物资交流运动，积极扩大农副产品的购销，为城市工商业开辟广阔的市场，使私营工商业迅速恢复和发展起来。但是资本主义唯利是图的本性引导许多私营企业走上非法牟取暴利的邪路。为了保护国家利益，1951年年底到1952年，开展了"三反""五反"运动，限制资本主义工商业的消极作用，使它们循着只能有利于国计民生的方向发展。到1952年，私营工业企业的户数比1949年增加了21.4%，产值增加了54.2%；私营商业的户数增加了7%，零售额增加了18.6%。③

经过全国人民的努力，在短短三年时间内，就完成了恢复国民经济的任务。到1952年年底，工农业总产值比1949年增长77.5%④。其中工业总产值增长145%，农业总产值增长48.5%，主要产品产量大大超过了新中国成立前

---

① 三年国民经济恢复时期：掀开新中国经济建设第一页 [EB/OL]. (2013-01-07) [2019-07-28]. http://dwgk.shou.edu.cn/jgxy_jg_njsj/2013/0107/c5071a162577/page.htm.

② 虚假购买力是人为刺激形成、超过实际支付能力需求的那部分社会购买力。

③ 汪海波. 国民经济恢复时期恢复、发展工业的基本经验 [J]. 中国社会科学院研究生院学报, 1995 (1).

④ 吴秀才. 中国特色社会主义发展观的历史嬗变 [J]. 理论学习, 2017 (9).

的最高年产量。国民经济恢复时期人民生活得到了改善，全国职工的平均工资提高 70%左右，各地农民的收入一般增长 30%以上①。国家财政经济状况根本好转，为开展有计划的社会主义建设和社会主义改造准备了条件。

三年中，社会经济结构也发生了巨大变化，帝国主义在华特权被取消，官僚资本被没收，封建土地所有制被消灭。到 1952 年年底，各种经济成分在国民收入生产中的比重是：社会主义国营经济占 19.1%，集体所有制经济占 1.5%，公私合营经济占 0.7%，资本主义经济占 6.9%，个体经济（主要是小农经济）占 71.8%，社会主义国营经济的领导地位已经确立②。

纵观新中国成立初期经济恢复发展的历程，1949 年平抑物价之后至 1956 年，在公私关系的处理和市场规律的把握等方面经历过曲折，留下了需要继续探索和解决的矛盾、问题，但总体上发展得比较顺利，不仅工农业生产迅速恢复并且产量有了明显提高，尤其是城乡间、地区间的经济发展和贸易联系逐渐趋于活跃，公营经济的比重显著增长，各种经济成分也获得相应的发展，国民经济的恢复任务迅速完成。这几年经济工作取得成效的根本原因，在于贯彻了公私兼顾、劳资两利、城乡互助、内外交流的新民主主义建设方针，坚持各种社会经济成分在国营经济领导下分工合作、各得其所的基本原则，努力做到妥善处理公私之间、劳资之间的关系，并探索按照市场经济的规律发展生产、发展社会经济的方法和途径。这一阶段，党对经济工作的指导思想符合当时中国社会经济发展的实际需要，顺应了经济发展的客观规律③。1953 年，中共中央在过渡时期总路线中提出社会主义工业化的主张的同时做出了优先发展重工业的决定，并强调要处理好重工业、轻工业和农业之间的关系。1953 年开始实施"一五"计划，1957 年"一五"计划提前超额完成，初步建立了独立的工业体系，初步形成了合理的工业布局，社会主义工业化因此全面展开。

---

① 吴秀才. 中国特色社会主义发展观的历史嬗变 [J]. 理论学习，2017 (9).
② 杨书群，冯勇进. 建国以来我国对非公有制经济的认识及政策演变 [J]. 经济与社会发展，2009，7 (10).
③ 郭晓燕. 北京市国民经济恢复时期对私营工商业的政策 [J]. 北京党史，2008 (3).

二、社会主义经济制度确立后单一公有制经济的发展
（1957—1978 年）

20世纪50年代末开展"大跃进"和农村"人民公社化"运动以来，片面追求公有化程度，将包括个体经济在内的非公有制经济成分视为社会主义经济制度的对立物加以排斥。与此同时，城市国有经济被视为国民经济中的主导力量，城市集体经济则被视为"二国营"，在一定意义上发挥着连接城市与农村、工业与农业、生产与流通的作用。在发展中，国有经济的数量规模日益膨胀升级，国有经济的角色定位也进入了一个非常特殊的阶段，即普遍性角色定位的过度扩张阶段①。

（一）城市国有经济

实践中，国有经济在传统计划经济体制下被视为无自主经营、自负盈亏的自主权的行政附属单位，搞"大而全、小而全、企业办社会"，"扼杀了国有企业的生产经营积极性，生产效率和经济效益都极其低下。国营经济的发展处于低水平均衡陷阱之中，严重影响了社会主义制度优越性的发挥"②。

反思这一段历史，1957—1966 年，由于"大跃进"运动的影响，城市大搞"以钢为纲，全面跃进"等运动，导致了国有经济普遍性角色定位的过度膨胀。就规模角色定位而言，全面建设社会主义的开始年份即 1957 年国有经济与非国有经济所占工业产值的比例分别是 53.8% 和 46.2%③；到国民经济调整时期前的 1960 年，统计数据上已看不到其他类型企业的产值比例，国有经济和以集体经济为内核的非国有经济所占产值的比例分别为 90.6% 和 9.4%④。

而从布局角色定位看，"大跃进"时期各部门、各地方都要把钢铁生产和建设放在首位的要求使得新建国有企业大多与钢铁等行业相关，并且在钢铁

① 廖桂容. 建国以来国有经济角色定位：历史回溯与改革前瞻 [D]. 福州：福建师范大学，2012.
② 廖桂容. 建国以来国有经济角色定位：历史回溯与改革前瞻 [D]. 福州：福建师范大学，2012.
③ 国家统计局固定资产投资统计司. 中国固定资产投资统计资料（1950—1985）[M]. 北京：中国统计出版社，1987：217.
④ 国家统计局固定资产投资统计司. 中国固定资产投资统计资料（1950—1985）[M]. 北京：中国统计出版社，1987：218.

生产的推动下，一些基础工业有了较大幅度的增长。国家统计局固定资产投资统计司编写的《中国固定资产投资统计资料》显示，1958 年，清一色姓"社"的大中型项目在整体工业投资建设中所占的规模大、比例高，其中冶金业占 27.1%、电力行业占 11.9%、机械工业（包括农机制造和修理）占 17.9%[①]。这些数据充分说明了国有经济的角色定位的绝对优势地位已经得到确立。

1966—1976 年的十年是我国国有经济普遍性角色定位过度扩张的最后阶段，包括国有经济在内的各种经济管理规章制度遭到严重破坏，整个国民经济几乎处于无政府状态，因而，这一阶段的国有经济角色定位更多体现为"外强中干"之状[②]。

尽管如此，国有经济普遍性角色定位仍是突显过度扩张的特征。从规模角色定位看，1976 年，国有经济在工业总产值中占 81.2%，而非国有经济（集体经济）占 18.8%[③]。从布局角色定位看，由于备战的需要，当时国家大力发展与战备相关的"三线建设"，国有企业重点分布于重工业和基础产业领域；而在商业领域，由于大搞"穷过渡"，禁止搞家庭副业、关闭集市贸易、取消城镇个体经济，因而流通范围越来越小，流通渠道越来越少，由此促进了国营商业绝对优势地位的形成。国有企业在重工业领域的过度投入和在商业领域的控制性经营，造成了国有经济普遍性角色定位的极度扩张[④]。

（二）城市集体经济

这一段时期，城镇集体所有制经济的发展，脱离甚至超越生产力发展水平，盲目向国营经济看齐，搞片面的升级过渡，形成实质上的"二国营"，使集体所有制经济偏离了其集体经济性质，在行政体制约束下低效率、低效益发展。

中国的集体所有制工业最早出现于 20 世纪 50 年代初期，是通过对个体

---

① 国家统计局固定资产投资统计司. 中国固定资产投资统计资料（1950—1985）[M]. 北京：中国统计出版社，1987：6.
② 廖桂容. 建国以来国有经济角色定位：历史回溯与改革前瞻 [D]. 福州：福建师范大学，2012.
③ 国家统计局固定资产投资统计司. 中国固定资产投资统计资料（1950—1985）[M]. 北京：中国统计出版社，1987：6.
④ 廖桂容. 建国以来国有经济角色定位：历史回溯与改革前瞻 [D]. 福州：福建师范大学，2012.

手工业、个体商贩进行社会主义改造所组织起来的手工业、商业合作社演变而来的。1957—1978 年，城镇集体工业经历了与农村社队企业极为相似的发展轨迹。1959 年，在全国"大跃进"的形势下，城镇集体所有制工业也开始向全民所有制过渡，手工业队伍大为削弱，全国范围的日用工业品产量大幅度下降，市场供应紧张①。

1961 年，中共中央发布《中共中央关于城乡手工业若干政策问题的规定（试行草案）》，即《手工业 35 条》，规定在整个社会主义阶段，中国手工业应该有多种所有制，其中集体所有制是主要的。"经过调整，到 1965 年，城镇集体工业得到恢复和发展。但是，在'文化大革命'中，又一次刮起'平调风'，对城镇集体所有制工业，随意上收或者下放，转产或合并，还搞所谓升级、过渡。尽管如此，城镇集体工业与社队企业一样，没有像全民所有制企业那样在动乱期间大搞停产闹革命，基本上能够进行正常生产。"②

值得指出的是，"在城镇集体工业的发展中，街道工业是一支活跃的力量。街道工业被称为小集体工业，一般都是街道办事处为解决街道青年的就业问题和困难户的生计问题办起来的。它的发展，完全靠自己筹集资金、寻找原材料，自己打开产品销路，实行完全意义上的独立核算、自负盈亏"③。1958 年中共中央做出严格限制和改造城镇个体工商业者的规定后，大批个体手工业者和个体商贩被吸收到街道工业中。1970 年以后，一些国营厂矿、机关、学校和事业单位，为解决本单位子女和家属的就业问题，也纷纷仿照街道工厂的办法办起厂内家属工业作坊，集体工业得到较快发展④。

城镇集体工业企业是由劳动群众按照自愿互利的原则组织起来的。"由于

① 向新，苏少之. 1957—1978 年中国计划经济体制下的非计划经济因素 [J]. 中国经济史研究，2002（4）.
② 向新，苏少之. 1957—1978 年中国计划经济体制下的非计划经济因素 [J]. 中国经济史研究，2002（4）.
③ 向新，苏少之. 1957—1978 年中国计划经济体制下的非计划经济因素 [J]. 中国经济史研究，2002（4）.
④ 向新，苏少之. 1957—1978 年中国计划经济体制下的非计划经济因素 [J]. 中国经济史研究，2002（4）.

集体工业企业数量较多，分布面广，产品品种数以万计，国家不可能也没有必要用计划把它们都统管起来，国家对集体工业企业只在经济上给予必要的支持和帮助，但不采取包下来的办法。除极少数实行指令性生产的计划产品外，主要实行指导性计划，对为数众多的各种小商品则实行市场调节"[1]。《手工业35条》中明确规定，"手工业部门和企业，可以向原料产地的供销合作社和人民公社直接采购原料、材料，可以用自销的产品换取所需要的原料、材料"；手工业部门和企业的非计划产品，"原则上由手工业部门和企业自己销售"。城镇集体工业企业在原材料、机械设备、燃料动力供应上，不能享受同国营工业一样的待遇，多采取自筹资金、自找原料、自产自销的办法，其生产经营中计划以外调节的部分至少占到70%[2]，是重要的非计划经济因素。

（三）单一公有制经济的得失探讨

新中国成立以后，通过"一化三改造"，建立起了以国有经济为主体、集体经济为补充的单一公有制经济。单一公有制经济对处于社会主义建设起步阶段的新中国来讲，是一个不可逾越的历史阶段。对于生产力发展水平尚需及时提高，特别是完成工业化、城市化任务较为艰巨的现实情况而言，单一公有制经济必然是有助于这些发展任务完成的，这对新中国的现代化建设具有决定性意义。单一公有制经济对新中国社会主义经济建设的功，就体现在集中力量办大事、办急事上，这对社会主义新中国尽快建立完备的工业体系以尽快实现现代化是必不可少的。

当然，本着辩证的观点，我们也应对单一公有制经济之失进行公允的评价。

（1）单一公有制经济无法较好地应对生产力发展不平衡的问题。新中国面临较为复杂的发展不平衡的经济结构：①社会化的、依靠机械和科学技术进行的生产，同广大农村的、基本上还是用手工工具搞饭吃的自给半自给生

---

[1] 向新，苏少之. 1957—1978年中国计划经济体制下的非计划经济因素 [J]. 中国经济史研究，2002（4）.

[2] 向新，苏少之. 1957—1978年中国计划经济体制下的非计划经济因素 [J]. 中国经济史研究，2002（4）.

产同时存在；②一部分现代化工业，同大量的落后于现代水平几十年甚至上百年的工业同时存在；③一部分经济水平比较发达的地区，同广大不发达地区和贫困地区同时存在；④少量具有世界先进水平的科学技术，同普遍的科学技术水平不高、为数众多的文盲半文盲同时存在。多层次的生产力水平，客观上要求有多种所有制与之相适应。单一的所有制形式同这种多层次的大跨度的生产力发展水平显然是不相适应的。

（2）单一公有制经济使国民经济失去了迅速调整的功能。例如，"某些生产部门的特殊性、消费结构的复杂性特别是我国幅员辽阔、人口众多、劳动就业的压力大等因素，使得公有制经济难以包揽一切，而一旦经济出现波动或结构问题，单一公有制经济调整速度很难跟得上实践的变化。因此，只有发展多种经济成分，才能适应多层次生产力发展的要求，才有利于调动一切积极因素，广开就业门路，充分利用各种资源，促进我国国民经济的发展"①。

（3）单一公有制经济影响了经济效率。长期以来，我们受"左"的思想的影响，一直力图建立一个"一大二公"、纯而又纯的社会主义所有制结构。这种所有制结构脱离了当前我国生产力发展水平低下而且发展又不平衡这一具体国情，制约了各种生产要素的充分利用，束缚了城乡劳动者的积极性，因而阻碍了生产力的迅速发展②。由于要素不能流动，经济主体积极性不能发挥，也影响了社会主义经济建设的效率。

① 周新城. 划清社会主义公有制为主体、多种所有制经济共同发展同私有化和单一公有制的界限 ［J］.中共石家庄市委党校学报，2010（1）.
② 周新城. 划清社会主义公有制为主体、多种所有制经济共同发展同私有化和单一公有制的界限 ［J］.中共石家庄市委党校学报，2010（1）.

第二节　改革开放后城市国有经济制度的
改革与转型（1978—2012 年）

整体上，城市国有经济制度的改革是放在中国经济体制改革的背景下进行的。1978 年，中国开启了传统计划经济体制向社会主义市场经济体制的转型，其中，城市国有经济制度是这个改革进程的核心环节，本节将对此进行深入分析。

一、国有经济改革的基本取向

国有经济改革的基本取向是还其企业的性质，为此需要从计划经济体制下的行政附属物转向市场取向改革中自主经营、自负盈亏的经济组织。国有经济最初的改革受到了农村家庭联产承包责任制"两权分离"的改革启发，分别进行了"两权分离"下的国有企业"'扩权让利'—利改税—承包制"改革、股份制改革背景下建立现代企业制度的改革、产权改革、股份制改革、混合所有制改革。

（一）国有经济为何改革

国有经济是指生产资料归代表全体劳动人民利益的国家所有的一种经济类型，是社会主义公有制经济的重要组成部分。国有经济又称全民所有制经济，是国民经济的主导力量，表现为各种类型、各种规模的国有企业。具体而言，它包括中央和地方各级国家机关、事业单位和社会团体使用国有资产投资举办的企业，也包括实行企业化经营、国家不再核拨经费或核拨部分经费的事业单位和从事经营性活动的社会团体，以及上述企业、事业单位和社会团体使用国有资金投资举办的企业。

自 1978 年改革开放以来，国企改革进入了起步探索阶段，这一阶段以"扩权让利""两权分离"为重点。1979 年 7 月，国务院发布了《国务院关于扩大国营工业企业经营管理自主权的若干规定》等五个文件，率先在首钢等

八个企业进行了扩大企业自主权试点。随后试点在全国逐步展开，到 1980 年 6 月底，全国试点企业已达 6 000 多个。扩大企业自主权试点被认为"方向正确、效果显著"，于是在 1980 年 9 月，国务院批转国家经济委员会《关于扩大企业自主权试点工作情况和今后意见的报告》，批准从 1981 年起，把扩大企业自主权的工作在国营工业企业中全面推开，使企业在人、财、物、产、供、销等方面拥有更大的自主权。1984 年 5 月，国务院发出《国务院关于进一步扩大国营工业企业自主权的暂行规定》，进一步下放权力；同年 10 月，中共十二届三中全会通过了《中共中央关于经济体制改革的决定》，提出"增强企业活力是经济体制改革的中心环节"，要"确立国家和全民所有制企业之间的正确关系，扩大企业自主权"。从 20 世纪 80 年代末到 1992 年，中央还提出了利改税和承包制的改革思路，但这两种方案只是针对经营权的改革，尚未深入到所有权层面的改革。直到 1992 年，深入企业所有权层面的"两权分离"改革逐渐成为这一时期国有企业和国有经济改革的重点，并引发了热烈讨论以及后来对国有企业股份制改革的进一步探索。

（二）国有经济向市场化转型的方向选择

国有企业改革是中央实施做强做大国有企业方针的重大战略步骤，推进国有企业改革，要有利于国有资本保值增值，有利于提高国有经济竞争力，有利于放大国有资本功能。

国有企业改革可划分为改革的初步探索、制度创新以及纵深推进三个阶段①。国企改革是一个"摸着石头过河"的"试错"过程，是中央推动与地方实践上下结合的产物，本质上是生产力与生产关系的相互作用，符合建设社会主义市场经济的客观需要。传统国有企业在体制、机制以及管理制度等方面为适应社会主义市场经济体制而进行的改革，其中心环节和核心内容是建立现代企业制度，增强国有企业活力，提高国有企业的经济效益。

经过多年的摸索，我国国有经济的功能被定位为弥补市场缺陷、巩固社

---

① 张茉楠. 未来国企改革重点是国有资产资本化［EB/OL］.（2013-11-14）［2019-04-26］. http://opinion.hexun.com/2013-11-14/159668709.html.

会主义制度的经济基础和发挥在国民经济中的主导作用。

国有经济通过改革，要控制的行业和领域主要包括：涉及国家安全行业、自然垄断行业、重要公共产品和服务行业以及支柱产业和高新技术产业中的重要骨干企业。国有经济这种整体定位，是十分科学的，既满足了市场经济共性要求，又满足了社会主义市场经济体制的特性要求。但是，上述整体功能定位会造成具体国有企业在生产经营中面临"盈利性使命"与"公共政策性使命"的诉求冲突。一方面，国有企业要通过追求盈利性来保证自己的不断发展壮大，从而实现主导地位；另一方面，国有企业要弥补市场缺陷，服务公共目标，这可能会要求牺牲盈利。这会使得国有企业陷入两难的尴尬境地——不赚钱则无法完成国有资产保值增值、壮大国有经济的目标，赚了钱又被指责损害了市场公平和效率。

实际上，正是国有企业使命存在矛盾，才导致这些年国有企业行为出现偏差：一方面，在传统制造业中过量的国有资本不断制造新的过剩产能，形成对非公资本的挤出；另一方面，在关系国民经济命脉、改善民生、国家长远发展的重要领域中，国有资本的作用没有充分发挥。为此，必须给国有企业具体明确的使命定位，对国有企业进行具体分类，不同类型的企业应该承担国有经济的不同的功能定位。基于国有经济的功能定位，明确将国有企业分为公共政策性、特定功能性和一般商业性企业三类。这也是国有经济向市场化转型的主要方向。

第一类是公共政策性企业，主要指处于自然垄断的行业、提供重要的公共产品和服务的行业企业，具体行业包括教育、医疗卫生、公共设施服务业、社会福利保障业、基础技术服务业等。这类国有企业不以营利为目的，主要承担公益目标。

第二类是特定功能性企业，主要指处于涉及国家安全的行业、支柱产业和高新技术产业的企业。这类企业所处领域相对宽泛，具体包括军工、石油及天然气、石化和高新技术产业等，而且这类领域随着国家的经济发展及战略变化而变化，这类企业既需要充当国家政策手段，又需要追求盈利，以促进自身的发展壮大，从而发挥对国家经济安全和经济发展的支撑作用。

第三类是一般商业性企业。这类企业是除了上述两类企业以外所有的现有企业，处于竞争性行业，与一般商业企业一样，其生存和发展完全取决于市场竞争。

二、"两权分离"与国有企业产权改革

"两权分离"是中国进入20世纪80年代末、90年代初期国有企业改革的焦点问题，即国有企业所有权和经营权的分离问题。这是深入到企业所有权层面的改革，因而其改革的深度和广度较之于之前的承包制等企业经营层面的改革要更进一步。

（一）行政性放权框架内的"两权分离"

"两权分离"的理论可以追溯到20世纪80年代初蒋一苇先生的《企业本位论》这篇突破性的文献，文章强调国有企业应当成为"自主经营、自负盈亏的市场主体"①，进而把企业经营权与企业所有权相分离的问题提上改革日程，"政企分开"成为企业改革明确的目标取向。此后，"两权分离"论引领学术发展，指导改革实践，一直到21世纪初国有资产监督管理委员会的成立。其间，理论的发展与实践相呼应，又可区分为两个相互衔接又有根本区别的子阶段，它们是：行政性放权框架内的"两权分离"；产权改革基础上的"两权分离"。

行政性放权框架内的"两权分离"是改革最初阶段的理论。国企改革的最初十余年是在政府行政指挥链上展开的"放权让利"，从企业扩权试点到利改税再到普遍推行的企业经营承包责任制，虽然改革形式经历了多次转换，其实质始终没有脱离在政府行政体制内部权责利调整的范围。政企之间行政等级关系没有改变，企业经营者作为政府官员的身份没有改变，企业的自主经营权始终十分有限。十余年的改革实践充分证明了这一理论思路的局限②。

---

① 蒋一苇. 企业本位论 [J]. 中国社会科学，1980 (1).
② 荣兆梓. 国有经济需要新一轮产权制度改革 [J]. 学术界，2016 (6)：5-15.

（二）产权改革基础上的"两权分离"

以公司制为特征的企业产权制度改革标志着"两权分离"理论发展的第二个子阶段。这一理论的发展，源头上有马克思关于股份公司是资本主义"消极扬弃"和向新社会过渡的理论，也有诸如"企业产权明晰""企业合约性质"（科斯）和剩余权分享理论（格鲁斯曼，哈特）的因子。20世纪最后十年现代制度经济学在国内的广泛传播，为这一理论发展阶段添加了助推力。最迟到20世纪90年代中期，国有企业已经确定了公司制的改革方向。通过"抓大放小"和"现代企业制度"等一系列举措，国有企业逐步实施公司制改制，成为产权独立的市场主体。与实践的发展同步，理论的演进是明显的。新的"两权分离"理论认为，企业经营权的独立必须建立在企业产权独立的基础上。公司法人制度可以通过公司法人财产权和国家股东财产权的分离，落实经营权和所有权分离的目标①。

公司制改革在近十年的时间里继续按惯性将扩大企业经营权当作主要目标，而国家股份资本所有权如何落实的问题却迟迟没有妥善解决。原有的企业主管部门撤销了，新国有资产管理机构没有及时组建。在很长一段时间里，企业产权制度改革的具体方案往往是由企业经营者推动，而不是由作为产权所有者的国家及其代表机构（各级政府）来推动。这意味着改革在所有者弱势（甚至缺位）的环境中进行，一系列本该由所有者统筹的事情事先没有周密步骤，或者因各种既得利益者的阻挠而推进艰难。比如，国有股全流通改革（或称解决股权分置问题）过程中表现出来的被动与盲目；又如，国有资本转化为社保基金的困难。尤其在改革需要通过产权交易推进的场合，所有者弱势甚至缺位的情况更加常见。比如，引起许多争议的管理者收购，往往蜕变成为企业管理者自编自演的改革闹剧，国有资产流失也就在所难免②。

（三）延展至20世纪90年代中后期的国有企业产权制度改革核心举措

20世纪80年代后期，国企亏损面达到了30%，这迫使政府意识到必须转

① 荣兆梓.国有经济需要新一轮产权制度改革［J］.学术界，2016（6）：5-15.
② 荣兆梓.国有经济需要新一轮产权制度改革［J］.学术界，2016（6）：5-15.

换国企的经营机制。1991 年年底，时任上海市委书记朱镕基调任国务院副总理兼生产办主任，讨论起草《全民所有制工业企业转换经营机制条例》（以下简称《转机条例》）。《转机条例》在当时是国企改革的头等大事，其制定过程中曾经讨论过产权问题，当时的产权改革问题已经凸显，在国企改革领域，全民所有制落实到某项国有财产时，责任主体往往是缺位的①。但 20 世纪 90 年代初期，产权改革一度引发争议。有人认为：谁要提产权改革，就是动摇公有制的基础。因此《转机条例》只提赋予企业经营自主权。1992 年 7 月国务院发布该条例，赋予企业生产经营决策权、产品劳务定价权、产品销售权、物资采购权、进出口权、投资决策权、留用资金支配权、资产处置权、联营兼并权、劳动用工权、人事管理权、工资奖金分配权、内部机构设置权和拒绝摊派权十四项权利。在张文魁看来，当时的改革非常激进甚至过于激进，"剩余分配权、投资决策权、资产处置权这些权利肯定应该由股东行使，而不应该放给企业"②。

　　1992 年年初，邓小平南方视察时肯定了股份制。《转机条例》在肯定企业承包经营责任制的同时，也提出要创造条件试行股份制。当年国务院 13 个部门还共同制定了《股份制企业试点办法》《股份有限公司规范意见》等 11 个法规。到 1993 年，国企改革在产权问题上取得重大突破。1993 年 11 月，党的十四届三中全会通过《中共中央关于建立社会主义市场经济体制若干问题的决定》，指出国有企业改革的方向是建立现代企业制度，其对现代企业制度的 16 字概括——产权清晰、权责明确、政企分开、管理科学，第一句就触及产权问题。这份决议里与此有关的不止这 16 个字，还有一段是关于国有企业的进退，"企业经营不善难以为继时，可通过破产、被兼并等方式寻求资产和其他生产要素的再配置"。当时，国企改革已刻不容缓。1994 年年初，国家经贸委等 9 个部门成立联合调查组，对上海、天津、沈阳等 16 个重要工业城市的国企财务状况做调查，结果显示亏损面已达 52.2%③。

————————

① 冯禹丁. 30 年国企产权改革路 国企改革从哪里来，到哪里去 [N]. 南方周末，2015-07-24.
② 冯禹丁. 30 年国企产权改革路 国企改革从哪里来，到哪里去 [N]. 南方周末，2015-07-24.
③ 冯禹丁. 30 年国企产权改革路 国企改革从哪里来，到哪里去 [N]. 南方周末，2015-07-24.

　　调查后，9 部门联合推出"优化资本结构"试点，主要思路是充实资本金、处理不良债务、剥离企业办社会职能以及政策性破产，重点是增资、改造、分流、破产。至 1997 年，这项政策基本覆盖全国所有中等以上城市。1994 年，国务院还确定了 100 家企业建立现代企业制度试点，这 100 家企业分布于 20 多个行业，其中盈利、亏损和微利的各占 1/3。"好的搞成股份制，最后上市。微利的可能调整，可能淘汰。差的企业首先扭亏、减亏，相当部分要关停并转退出市场。"

　　1995 年年初，由国家经贸委和国家体改委牵头，各部委开始制定国企改制方案的 12 个配套文件。当时有很多人担心搞现代企业制度会把公有制改成私有制。比如 1995 年党的十四届五中全会上提出了"三改一加强"的国有企业改革总体方案。"三改一加强"是指改组、改革、改造和加强管理。但最初的"三改"是改组、改制和改造。其中改组是将不同的国有企业进行优化组合，做大做强；改制是成为多元股东持股的股份制或有限责任公司；改造是进行经营机制改造和技术改造。当时"三改"的初始目标是对确定要发展的国企进行改制，成立股份公司吸收非国有资本，对不符合国家产业政策的国企进行关停并转的淘汰。党的十四届五中全会后，重庆、山东等地率先实施"抓大放小"战略。

　　当时中央叫抓大放小，其实就是把中小企业市场化、民营化，搞产权制度改革。由于长期激进的控制权改革，20 世纪 90 年代后期国企出现了较为严重的"内部人控制"。这种情况下，职工和管理层搞变相私有化层出不穷。出售国企热潮中，也出现了不少假买真送、半卖半送、权钱交易等现象。国家经贸委不得不于 1998 年 7 月紧急下发《关于制止出售国有小企业成风有关问题的通知》。

　　1997 年，国有大中型企业亏损面达 39.11%，党的十五大和十五届一中全会提出国有大中型企业改革攻坚和扭亏脱困的三年目标。为实现此目标，国务院提出坚决走"鼓励兼并、规范破产、下岗分流、减员增效、实施再就业工程"道路。不巧的是，三年目标刚一提出，就遇到了亚洲金融危机和国内特大洪涝灾害。据财政部数据，1998 年国有亏损企业亏损额为 3 066.5 亿元，比上年增亏 30.9%，成为历史上国有企业亏损最高的年份①。

在极为困难的情况下，通过剥离不良贷款、抓大放小、战略性改组和上市融资等手段，1999 年出现了转折性变化，国有及国有控股工业利润达到 967 亿元，比 1998 年增长 84.2%。2000 年，国企利润达 2 392 亿元，比上年猛增了 140%，国有大中型工业企业的亏损面下降到 20% 左右②。业绩改善的代价之一是职工下岗和企业关闭破产。据陈清泰所著的《国企改革：过关》一书，三年脱困时期，全国下岗分流的职工共有 2 100 万人，1997 年年底 6 599 户亏损的国有大中型企业中，通过兼并联合和破产注销等方式退出市场的约 2 000 户③。1999 年，陈清泰、吴敬琏等在《国企改革攻坚 15 题》一书中提出，国企应该有进有退、有所为有所不为④。1999 年 9 月，党的十五届四中全会提出，国有资本控制的领域主要包括涉及国家安全、自然垄断、提供重要公共产品和服务以及支柱产业和高新技术产业这四大领域的重要骨干企业。2000 年以后，各地国有企业改制不断加速。但正如 1997 年后那一轮出售国企热潮中出现的问题一样，国企出售程序不规范、价格不合理等问题再次出现。

三、股份制与现代企业制度改革

股份制与现代企业制度改革，是中国进入市场化改革年代的产物。国有企业由于长期经营层面的改革成效不佳，在寻求改革方式突破时，选择了股份制和现代企业制度，这是响应中国市场化改革的必然之举。

（一）股份制与“混改”

股份制作为现代企业的一种资本组织形式，有利于所有权和经营权的分离，有利于提高企业和资本的运作效率。党的十五大报告提出，对于股份制，

---

① 冯禹丁. 30 年国企产权改革路 国企改革从哪里来，到哪里去［N］. 南方周末，2015-07-24.
② 冯禹丁. 30 年国企产权改革路 国企改革从哪里来，到哪里去［N］. 南方周末，2015-07-24.
③ 新华社. 我国国企三年改革与脱困的历程［EB/OL］.（2000-12-12）［2019-04-26］. http://www.china.com.cn/chinese/2000/Dec/13585.htmL.
④ 新华社. 我国国企三年改革与脱困的历程［EB/OL］.（2000-12-12）［2019-04-26］. http://www.china.com.cn/chinese/2000/Dec/13585.htmL.

资本主义可以用，社会主义也可以用。不能笼统地说股份制是公有还是私有，关键看控股权掌握在谁的手中。

回过头来看，自 20 世纪 80 年代中后期至 2012 年的 20 多年所有制改革的实践，人们对巩固和发展公有制经济和其实现形式有一个逐渐深入的认识过程，形成了较为清晰的脉络。过去人们常认为，股份制和公有制格格不入，但在不断实践探索中，国有企业实行股份制后，劳动者利益和企业利益的连接在一定程度上产生的激励作用，有效地促进企业对内部机制进行改革，鼓舞了企业和职工的干劲。1984—1991 年，全国试点股份制转制的 3 200 个企业，每年产值和税利都有较大幅度的增长，高于其他国有企业。

到 1992 年，中国准备扩大股份制试点。党的十四大报告指出，股份制有利于政企分开、转换企业经营机制和积聚社会资金，要积极试点，总结经验，抓紧制定和落实有关法规，使之有秩序地健康发展。鼓励有条件的企业联合、兼并，合理组建企业集团。国有小型企业，有些可以出租或出售给集体或个人经营。

随着以建立社会主义市场经济体制为目标的经济体制改革的深入和对所有制实现形式认识的深化，1997 年党的十五大提出，公有制实现形式可以而且应当多样化，一切反映社会化生产规律的经营方式和组织形式都可以大胆利用。十五大报告还同时对股份制这一现代企业的资本组织形式给予了明确肯定，做出了重大的理论突破，表明了所有制和所有制实现形式是两个不同的概念，股份制可以是所有制的实现形式，其本身不姓"社"也不姓"资"。在这样的精神指导下，公有制的实现形式开始寻找更多的新路子。

经过 5 年的发展，股份制逐渐成为中国公司所有制的主要形式。股份制企业发展速度很快，1997—2001 年，中国股份制企业从 7.2 万家发展到近 30 万家；从业人员从 643.7 万人增加到 2 746.6 万人；全年实现的营业收入从 8 311 亿元增加到 56 733 亿元[①]。

党的十六大指出，要进一步探索公有制特别是国有制的多种有效实现形

---

① 新浪财经. 普查显示股份制正成为中国公司所有制主要形式［EB/OL］.（2003-05-29）［2019-04-26］. https://finance.sina.com.cn/g/20030529/1135346187.shtml.

式，大力推进企业的体制、技术和管理创新。除极少数必须由国家独资经营的企业外，积极推行股份制，发展混合所有制经济，也就是后来被称为"混合所有制改革"的前身。

党的十六届三中全会上首次提出了大力发展混合所有制经济，实现投资主体多元化，使股份制成为公有制的主要实现形式。这是一个很大的突破。以前的提法主要表明股份制是公有制的一种实现形式，而如今则明确提出了"使股份制成为公有制的主要实现形式"的方针。这意味着，中国在如何全面理解公有制方面有了新的思路，已完全摆脱了计划经济条件下对公有制的理解，国有企业多元化的速度会大大加快。

随着股份制改革的深入，国企混改也进入改革日程表。国企混改，全称是国企混合所有制的改革，是指在国有控股的企业中加入民间（非官方）的资本，使得国企变成多方持股但还是国家控股主导的企业。但混合所有制的目的并不是为混合多方资本而混合，最终目的是让国企在改革中能够增加竞争力和活力，为企业打造一个符合现代企业治理的能够培养竞争力和创新力的治理体系。回顾近几年国企改革进程，政策体系已逐渐完善，改革的多项工作也在逐步扩围。如在央企层面，国家发改委在石油、天然气、电力、铁路、民航、电信、军工等行业和领域，选择 19 家企业开展重点领域混合所有制改革试点，实现了向社会资本放开竞争性业务。

混改是对企业活力的激发。换言之，不管是国企、私企还是股份制企业是否有活力，均应该表现在企业成员的积极性、主动性等敬业精神是否得到充分发挥，企业对外部环境和内部问题灵敏而准确的反应能力、有力而正确的决策能力和果断而及时的行动能力是否得到提升。

（二）国有企业建立现代企业制度的探索

企业制度是企业产权制度、企业组织形式和经营管理制度的总和。企业制度的核心是产权制度，企业组织形式和经营管理制度是以产权制度为基础的，三者分别构成企业制度的不同层次。企业制度是一个动态的范畴，它是随着商品经济的发展而不断创新和演进的。从企业发展的历史来看，具有代表性的企业制度有以下三种：

（1）业主制。这一企业制度的物质载体是小规模的企业组织，即通常所说的独资企业。在业主制企业中，出资人既是财产的唯一所有者，又是经营者。企业主可以按照自己的意志经营，并独自获得全部经营收益。

（2）合伙制。这是一种由两个或两个以上的人共同投资，并分享剩余、共同监督和管理的企业制度。

（3）公司制。现代公司制企业的主要形式是有限责任公司和股份有限公司。公司制的特点是：公司的资本来源广泛，使大规模生产成为可能；出资人对公司只负有限责任，投资风险相对降低；公司拥有独立的法人财产权，保证了企业决策的独立性、连续性和完整性；所有权与经营权相分离，为科学管理奠定了基础。

中国的国有企业探索建立现代企业制度，以上述公司制为基础，通过以下几个方面展开改革，时间节点基本上和股份制的建立同步展开：

第一，通过建立和完善现代企业制度，国家依其出资额承担有限责任，企业依法支配其法人财产，从而改变以往政企不分、政府直接经营管理企业并承担无限责任、企业则全面依赖于政府的状况。

第二，企业内部建立起由股东大会、董事会、监事会、经理层构成的相互依赖又相互制衡的治理结构，党组织在贯彻党的路线、方针、政策上发挥监督和保证作用，从而改变以往企业领导体制上权利不明、责任不清从而要么"一元化"领导缺少监督制约、要么相互扯皮摩擦内耗过大的状况。

第三，企业以生产经营为主要职责，有明确的盈利目标，改变以往企业办社会、职工全面依赖企业、企业对职工承担无限责任的状况。

第四，企业按照市场竞争的要求，形成适宜的企业组织形式和科学的内部管理制度，从而改变以往作为政府行政体系附属物，大而全、小而全，内部管理落后的状况。

第五，企业各种生产要素有足够的开放性和流动性，与外部的资本市场、经营者市场、劳动力市场及其他生产要素市场相配合，通过资产的收购、兼并、联合、破产，通过经营者的选择和再选择，通过劳动者的合理流动，使企业结构得以优化，竞争力得到有效提高，从而改变以往生产要素条块分割、

封闭呆滞、优不胜、劣不汰，行政性重复建设严重的状况。

改革至今的实践表明，国有企业始终是壮大国家综合实力、保障人民共同利益的重要力量，为此，国有企业改革的深化，必须理直气壮做强做优做大，不断增强活力、影响力、抗风险能力，实现国有资产保值增值①。

国企改革必须牢牢把握建立现代企业制度这一关键，进一步推进公司制股份制改革，健全公司法人治理结构。现代企业制度是以企业法人制度为主体，以公司制度为核心，并能适应市场经济要求的新型企业制度。虽然现代企业制度的框架结构已经覆盖多数国有企业，公司治理的完善程度和法制化程度相较之前有了较大提升，但客观地说，目前国企在企业管理和治理方面，离市场化的要求仍然有很大差距，尤其是治理方面，很多国有企业仍未能按公司法形成有效的法人治理结构，权责不清、约束不够、缺乏制衡等问题较为突出，一些董事会形同虚设，未能发挥应有作用。真正建立现代企业制度，必须健全公司法人治理结构，让董事会充分发挥作用，并承担相应的责任。

建立现代企业制度，就要尊重市场规律，依法落实企业法人财产权和经营自主权，真正确立企业市场主体地位，增强企业内在活力和市场竞争力。市场经济是一种开放性、竞争性的契约经济，它要求有明确的、独立的经济主体在市场环境下公平竞争，市场主体必须产权清晰，自主经营，自负盈亏。但在现实中，一些企业市场主体地位尚未真正确立，企业在经营决策和管理方面，极易受到旧体制的影响和束缚，管得太严、太死，造成企业缺乏活力，动力不足，进而影响了竞争力。当前，国有企业不仅面临跨国企业、民营企业的竞争，还要走出去参与国际竞争，要想让国有企业在激烈的竞争中立于不败之地，当务之急是坚持政企分开、政资分开、所有权与经营权分离，促使国有企业真正成为依法自主经营、自负盈亏、自担风险、自我约束、自我发展的独立市场主体，让企业在市场竞争中逐渐发展壮大②。

---

① 中国网. 习近平希望国有企业这样做 ［EB/OL］. （2017-03-24）［2019-07-29］. http://news.china.com.cn/2017-03/24/content_40498368_2.htm.

② 金辉. 国企改革关键在建立现代企业制度 ［N］. 经济参考报，2017-07-21.

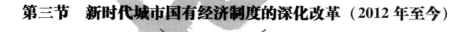

第三节 新时代城市国有经济制度的深化改革（2012 年至今）

城市国有经济制度进入深化改革阶段，出现了一些新情况、新问题。其中，对国退民进与国进民退、国有经济布局和结构的战略性调整等问题逐渐成为这一时期城市国有经济制度深化改革的重要内容，本节将对这些问题进行分析。

一、国退民进的反思与国进民退的调整

国进民退和国退民进是近 20 年来国有企业改革所呈现出来的两个方向。起因还是在于对国有企业分类、定位等问题的认识，我们将对这段历史进行简要的梳理。

（一）国退民进的反思：起于 20 世纪 90 年代中后期

从国退民进的表现来看，证券市场上"国退民进"发轫于 1994 年，始作俑者为恒通协议受让棱光国家股以及浙江凤凰国家股转让于康恩贝集团。1996 年，国家股或法人股转让达十几起，其中属于国退民进性质的仅有海虹控股、永生股份和双虎涂料等。1997 年下半年市场掀起重组热，民营企业通过协议受让国有股权以借壳上市、买壳上市大行其道。涉及国有股、法人股转让的有 30 多家。其中国有股协议转让给民营企业的有国嘉、广华化纤、贵华旅业、武汉电缆、ST 石劝业、湘火炬等。1998 年被称为"资产重组年"，上市公司重组活动高达 624 起，涉及国有股、法人股转让的有 70 多家。其中属于国退民进性质的有前锋股份、ST 辽房天、鼎天科技、双虎涂料、东北华联（现名 ST 高斯达）等。1999 年，党的十五届四中全会提出"有进有退，有所为，有所不为"，国有股转让再成热点，全年涉及公司近百家。其中属于国退民进性质的有聚友网络、阿钢、辽物资、吉诺尔、重庆川仪、泰康股份等。2000 年国退民进再掀高潮，不计法人股转让和国有股划拨或国有经济间

的转让，属于国退民进性质的就有 40 多家。

日益猛烈的国退民进浪潮引发了一些经济学家的担忧，代表性的观点来自郎咸平。他认为，"国退民进"从根本上说是错误的①。应该是国家退出市场，而不是国有企业退出市场，国家和国有企业是两回事。政府应该退出国有企业，但是国有企业的产权并不需要改变。政府需要做的只是，推动人事改革，用市场化的薪水来吸引职业经理人，政府通过股东会、董事会来监管职业经理人，这才是开展良性的国企改革的合适途径。到 2005 年前后，经历高速发展的国退民进浪潮开始降温。

对此，卫兴华教授认为，发展混合所有制经济就是要销蚀国有资本，"去国有化""国企民营化""国退民进""国有资本退出控股状态"等看法均与中央指导思想完全相悖②。我国实行以股份制为载体的混合所有制经济，其目的是更好地搞好搞活国有经济，而不是相反。历届中央政府关于发展股份制和混合所有制经济的论述，讲得很明确。我国处于社会主义初级阶段，实行中国特色社会主义，既不搞单一的公有制，又不搞私有化，而是实行公有制为主体、多种所有制经济共同发展的基本经济制度。搞股份制和混合所有制经济改革，必须以此为中心，服从于这一中心环节。从历届中央文件有关混合所有制的论述中，我们可以清楚地看出，丝毫没有为"国退民进"、销蚀国企留下任何空间。

（二）国进民退的战略性调整

对于"国进民退"概念的理解，有狭义和广义之分。狭义上讲，表现为国有经济在某一或某些产业领域市场份额的扩大，以及民营企业在该领域市场份额的缩小甚至退出。广义上讲，除了上述内容外，还表现为政府对经济干预或者说宏观调控力度的加强③。2003 年国资委成立后，要求央企进入行业前三名才能避免被淘汰，这使得央企必须不断扩张、收购、兼并，这就表

---

① 曹兼善. 郎咸平旋风始末 [M]. 南京：江苏人民出版社，2005：11.

② 卫兴华. 怎样认识混合所有制经济——兼评"国退民进"论 [EB/OL]. （2015-09-28）[2019-07-29]. http://theory.people.com.cn/n/2015/0928/c112851-27643481.html.

③ 凤凰网. 国进民退是与非 [EB/OL]. [2019-07-29]. http://finance.ifeng.com/opinion/fengping/14.html.

现出"国进民退"。

　　从支持国进民退的观点来看,其理由如下:首先,"国进民退"有利于促进资源合理配置。在我国,重要的资源包括土地、矿山等都归国家所有。在其中某些领域出现国有企业逐渐收购或者兼并重组民营企业的现象,并不是国有化,因为这些资源本来就是国家所有;同时也不是压缩民营企业的生存空间,因为民营企业在这些领域并没有实现健康发展。国有企业进入这些领域,可以改变现有不合理的资源配置方式,体现了"强进弱退、优进劣退"。其次,以国有企业为主导,民营企业为辅助,是解决分配不公乃至两极分化的根本之道,也是保持国家长治久安的关键。再次,从长远来看,资源领域内的"国进民退"是顺乎经济发展规律的,是大势所趋。最后,在经济危机的背景下,特殊类、资源类领域的"国进"能够起到保持社会稳定的作用①。

　　关于"国进民退"的规模大小和演进趋势,代表性的观点有:①"国进民退"涉及很多行业领域,"逆市场化"的趋势是严重的,并且列举通钢"7·24"事件、山西煤炭企业重组、地方政府争抢央企高额投资、央企争夺房地产市场的"地王"、新《中华人民共和国邮政法》抬高民企快递门槛等案例作为依据;②中国政府为应对金融危机出台的十大产业振兴规划和经济刺激方案,使资源大量流向国有垄断企业;③2009年出现的"国进民退"浪潮对民营企业和中国的市场经济造成了致命冲击,大型央企对民营企业进行了多行业和大规模的兼并、收购等非市场行为,在煤炭等矿产资源领域大批民资退出,在钢铁领域民企几乎都折返,在石油分销领域民营的小加油站和小分销企业多数被收购或者因为门槛提高等因素而退出。

　　关于"国进民退"的形态特征,一些人认为主要表现为三种:①资源垄断性国进民退。2009年中国国有资本在资源、能源领域中大规模跃进的景象是明显的,在钢铁、煤炭、航空、金融等资源领域中,明显出现了民营资本的"挤出现象";在四万亿振兴计划中,国有资本几乎得到了所有的重要政府

---

① 卫兴华,张福军.当前"国进民退"之说不能成立 [J].红旗文稿,2014 (9).

订单；大量中央企业成批次地进入地产领域，成为"地王现象"的缔造者；在一向由民营资本把控的互联网领域，也出现了国有企业加速进入和购并清洗的景象。②"楚河汉界"式"国进民退"。"国进民退"并不发生在所有的行业，国有企业集团聚集在少数上游产业，逐渐形成了寡头垄断，盈利能力迅猛增加；数量巨大的民营资本被限定在下游产业，当它们试图向上游进击的时候，必然遭到政策性的打击。③"玻璃门"式"国进民退"。一些行业和领域在准入政策上虽无公开限制，但实际进入条件限制颇多，主要是对进入资格设置过高门槛。人们将这种"名义开放、实际限制"现象称为"玻璃门"或"弹簧门"，看着是敞开的，实际是进不去的，一进就碰壁①。

"国进民退"现象在 2009 年频繁出现的原因，主要有五个方面：一是对市场经济的原则缺乏真正的理解和把握；二是对国有企业认识上有偏差；三是我国很多人受到"国家经济安全"或者"国家金融安全"论误区的影响；四是 2008 年以来的金融危机，许多中小民企受到直接冲击，而且是首当其冲；五是部分民营企业本身还有一些不规范的行为，比如环境保护不力，矿区安全保护不力等，造成一些民怨和对行政垄断的期盼。

另一种观点认为，总体上不存在所谓"国进民退"，对于个案现象应具体分析。

从国有经济改革的方针政策、战略调整的基本思路和几十年的实践结果看，改革开放以来的总体趋势是国有经济的比重在下降，我国在总体趋势上不存在"国进民退"现象。我国国有经济并没有只进不退，相反，随着改革的推进，部分由国有经济经营的部门正在逐步向民营经济开放②。对于所谓"国进民退"的个案，不应简单持一概肯定或一概否定的态度，应该结合其背景和方式进行具体分析。

全国经济普查的数据表明，中国经济总体上不存在"国进民退"现象。2009 年 12 月 25 日，时任国家统计局局长马建堂在国务院新闻办举行的发布

① 冷兆松."国进民退"主要分歧综述 [J]. 红旗文稿，2014（2）.
② 辜胜阻，韩龙艳. 中国民营经济发展进入新的历史阶段 [J]. 求是，2017（4）.

会上说，第二次全国经济普查的数据与第一次经济普查的数据相比，至少在企业单位数量上、企业资本的结构上，国有企业的比重是下降的，非国有企业的比重或者说私营企业的比重是上升的。这意味着，民营经济有了长足的发展，总体上不存在"国进民退"现象。

被广泛传言的山西煤炭企业重组，事实上并没有形成所谓"国进民退"的格局。2010年1月，针对社会上"国进民退"的传言，山西省有关领导说，从煤炭企业数量上看，国有企业办矿的占20%，民营企业办矿的占30%，混合所有制股份制企业办矿的占50%，山西已经形成以股份制为主要形式，国有、民营并存的办矿格局①。

2009年以来，以中央企业为代表的国有企业的集体崛起、做大做强，根本原因不是依靠垄断，而是依靠改革开放，依靠转机建制，依靠按照市场规律和企业发展规律经营企业、管理企业、监管企业，依靠企业广大职工的艰苦奋斗。

发展中国特色社会主义争论的一个焦点是要不要发挥国有经济的主导作用。一些人以"反垄断"为名亵渎国有经济，进而削弱乃至取消国有经济。应该理直气壮地促进国有经济发展壮大，确保国有经济控制国民经济命脉的主导地位。大肆炒作所谓"国进民退"的危险，这不仅不符合事实，而且在认识上是有害的。在社会主义市场经济中，国有经济的主导作用是与社会主义初级阶段的基本经济制度和中国的特殊发展阶段相联系的，不能局限于补充私人企业和市场机制的不足。

重点考虑如何巩固和发展公有制经济是中国特色社会主义的必然选择。因为没有公有制的主体地位、没有国有经济的主导作用，社会主义将不复存在。应该千方百计加强公有制的主体地位，增强国有经济的主导作用。在社会主义初级阶段，我们还需要保留非公有制经济，对它们实行鼓励、支持和引导的政策。但是，在公有制经济的主体地位减弱情况下，不能再强调"国退民进"。

---

① 佚名. 山西煤矿企业重组经验有望向全国推广 [N]. 21世纪经济报道，2010-01-06.

党的十八大以来，习近平同志多次重申坚持"两个毫不动摇"的政策主张，提出要毫不动摇巩固和发展公有制经济，推行公有制多种实现形式，推动国有资本更多投向关系国家安全和国民经济命脉的重要行业和关键领域，不断增强国有经济活力、控制力、影响力。毫不动摇鼓励、支持、引导非公有制经济发展，保证各种所有制经济依法平等使用生产要素、公平参与市场竞争、同等受到法律保护。这说明，不论是国进民退还是国退民进，都是实现"两个毫不动摇"的重要手段，不能把手段性质的改革方案当作目标来施行。

二、国有经济布局和结构调整

国有经济布局和结构的调整改革，是国有企业改革进入新时期的战略性调整，这是从宏观层面来重新审视和调整国有企业改革所引发的国有经济的战略性布局问题，因而呈现出对国有资产进行管理等问题。

（一）国有资产管理体制与国民经济的命脉行业

2015年8月24日，中共中央、国务院印发《中共中央、国务院关于深化国有企业改革的指导意见》（以下简称《指导意见》），明确了深化国有企业改革的指导思想、基本原则、目标任务和重要举措，这是指导国有企业改革的纲领性文件，具有重要的里程碑意义。同时，确立了以《指导意见》为引领、以若干文件为配套的"1+N"政策体系。目前，已相继制定出台的13个专项改革意见或方案，共分为三类：第一类是改革完善国有资产管理体制、加强和改进企业国有资产监督防止国有资产流失、深化国有企业改革中坚持党的领导加强党的建设等方面的5个专项意见；第二类是深化中央管理企业负责人薪酬制度改革等方面的5个专题方案；第三类是贯彻落实《指导意见》任务分工等方面的3个工作方案。

1. 国资监管的体制机制不断完善

一是加快推进国资监管机构职能转变。国务院国资委按照企业国有资产法、公司法等法律法规，围绕以管资本为主加强国有资产监管的要求，牢牢把握出资人职责定位，进一步明确国资监管边界，大力推进简政放权，全面清理规章和规范性文件，取消下放 21 项监管事项，宣布废止和失效 33 个规范性文件。

二是探索以管资本为主改革国有资本授权经营体制。明确了国有资产监管机构与国有资本投资、运营公司以及国有资本投资、运营公司与所出资企业的关系，在中粮集团有限公司、国家开发投资公司 2 家中央企业开展国有资本投资、运营公司试点，24 个省级国资委改组组建了 50 家国有资本投资、运营公司。

三是不断强化国有资产监督。健全规划投资、财务审计、产权管理、收益管理等制度，加强出资人监督，积极推进中央企业委派总会计师试点；加强和改进外派监事会监督，做深做实做细当期和事中监督，及时发现问题、揭示问题和报告问题。

四是加强指导把关提醒。密切跟踪地方改革进展情况，及时协调解决改革中的重大问题，对地方出台的改革文件加强指导把关，确保改革始终沿着既定方向推进①。

2. 现代企业制度不断健全

一是推进国有企业功能界定与分类。明确了国有企业分类改革、发展、监管和考核的基本原则，完成了中央企业功能界定分类，并同步配套分类考核、差异化薪酬分配等措施，选择部分中央企业启动工资总额备案制、周期预算等分类管理试点。各地区有序开展国有企业功能界定工作，国有企业目标多元、定位不清、监管针对性不强等问题初步得到解决。

二是推进公司制股份制改革。国有企业积极推进集团层面公司制改革，引入各类投资者实现股权多元化，大力推进改制上市。目前，全国国有及国有控股企业（不含金融类企业，以下简称"全国国有企业"）改制面超过80%，国务院国资委监管的中央企业（以下简称"中央企业"）及子企业改制

① 国务院关于国有资产管理与体制改革情况的报告［EB/OL］.（2016－06－30）［2019－04－26］http://www.npc.gov.cn/npc/zxbg/node_30554.html.

面超过 90%。截至 2015 年年底，中央企业控股上市公司 388 户，中央企业 61.3% 的资产、62.8% 的营业收入、76.1% 的利润集中在上市公司[①]。

三是稳妥发展混合所有制经济。出台了国有企业发展混合所有制经济的意见，有序开展混合所有制改革试点，鼓励和规范国有企业投资项目引入非国有资本。截至 2015 年年底，中央企业中混合所有制企业户数占比达到 67.7%[②]。

四是加强董事会建设。开展了规范董事会建立工作，提高企业科学决策水平和风险防范能力，85 家中央企业集团层面建立了规范董事会，宝钢集团有限公司、中国节能环保集团公司、新兴际华集团有限公司、中国医药集团总公司、中国建筑材料集团有限公司 5 家中央企业开展了落实董事会选聘高级管理人员、业绩考核和薪酬管理等职权试点。

3. 国有资本布局不断优化

一是推动企业重组整合。中央企业从 2012 年年底的 115 家调整到目前的 106 家，提高了产业集中度，减少了同质化竞争，提升了专业化水平，增强了产业协同效应。

二是优化布局结构。国有资本更多向关系国家安全和国民经济命脉的行业和领域集中，国有资产在军工、电信、民航、能源等重要领域占比达到 90% 以上。持续推进国际化经营，积极参与"一带一路"建设和国际产能合作，境外经营规模不断扩大，业务范围不断拓展。2012—2015 年，中央企业境外经营单位资产、营业收入和利润占总额的比重平均为 11.9%、17.3%、8.3%[③]。

三是加快产业升级。国有企业大力实施创新驱动发展战略，加大研发投

① 国务院关于国有资产管理与体制改革情况的报告 [EB/OL]. （2016－06－30）［2019－04－26］ http://www.npc.gov.cn/npc/zxbg/node_30554.html.

② 国务院关于国有资产管理与体制改革情况的报告 [EB/OL]. （2016－06－30）［2019－04－26］ http://www.npc.gov.cn/npc/zxbg/node_30554.html.

③ 国务院关于国有资产管理与体制改革情况的报告 [EB/OL]. （2016－06－30）［2019－04－26］ http://www.npc.gov.cn/npc/zxbg/node_30554.html.

入，加强自主创新和协同创新，推动大众创业万众创新，改造升级传统产业，积极发展战略性新兴产业，在新能源、新材料、高端装备制造等方面逐步形成竞争优势。目前，中央企业牵头组建了 141 个产业技术创新战略联盟，发起和参与了 179 只创新发展基金，构建了 247 个创新创业平台。

四是处置低效无效资产。通过进场交易、兼并重组等方式，实现低效无效资产稳妥有序退出，加快退出长期亏损、产业前景不明、缺乏控制力的资产，推进"去产能"和处置"僵尸企业"工作。自 2012 年以来，中央企业通过产权市场处置低效无效资产 1 080 亿元①。

五是加快剥离国有企业办社会职能和解决历史遗留问题。国有企业办学校、公检法机构向地方移交工作基本完成，部分企业办医院移交地方或进行改制。驻黑龙江省中央企业分离移交"三供一业"试点工作基本完成，河南、湖南、重庆试点工作全面推进，辽宁、吉林、广东、海南、四川、贵州试点工作正式启动②。

（二）国有经济以资本管理等模式来实现结构调整

国有企业经历了痛苦的改革和转型过程，实现了由弱向强的转变，使得国有资产总量大幅度增加，国有资本布局和结构不断优化，国有经济的活力和竞争力不断增强，发展质量大幅度提升，已经同市场经济相融合。国有企业资产总额从 1997 年的 12.5 万亿元提高到 2013 年的 104.1 万亿元。国有企业成为中国世界性企业的主力军，到 2013 年，已有 92 家中国大陆企业进入世界 500 强，居世界第二位，其中国有企业共有 83 家，比 2000 年增加了 74 家③。在全球性经济大转型的过程中，中国改革与转型的贡献在于突破了公有产权和市场经济不能融合的传统思维定式，在发展市场经济的同时，不但没

---

① 国务院关于国有资产管理与体制改革情况的报告［EB/OL］．（2016－06－30）［2019－04－26］ http://www.npc.gov.cn/npc/zxbg/node_30554.html.
② 国务院关于国有资产管理与体制改革情况的报告［EB/OL］．（2016－06－30）［2019－04－26］ http://www.npc.gov.cn/npc/zxbg/node_30554.html.
③ 国务院关于国有资产管理与体制改革情况的报告［EB/OL］．（2016－06－30）［2019－04－26］ http://www.npc.gov.cn/npc/zxbg/node_30554.html.

有摧毁公有经济，反而愈益做大做强了公有经济。

1. 国有经济要维护全民利益、国家安全

如何做强做大做好国有资本？核心是按照资本运营的规则来增强国有经济的活力，驾驭并利用好国有资本①。要形成国有经济的合理布局，进一步增强国有经济活力，扩大国有资本对经济、社会、文化领域的控制力和影响力，从而使得国有经济真正成为维护全民利益、维护国家安全的经济基础。

一是形成新的国有资本战略布局。目前，国有企业仍然面临诸多问题，企业竞争力有待提高，国有资产布局不合理。2001—2010 年，全国国有企业净资产收益率平均为 5.4%。2010 年国资委统计的 12.4 万户国有企业中亏损企业约占 35%。2010 年仍有 70% 的国有企业分布在一般生产加工、商贸服务和其他加工行业②。通过国有资产的资本化，就使得国有资产具有流动性，从一般性和亏损的行业退出，而通过资本运作的方式进入关系国家利益的薄弱环节。主要从两个方面加大国有资本的布局：一方面，增强国有经济在保障国家安全方面的主力军作用，包括传统的国防安全和非传统安全（粮食安全、能源安全、信息安全、经济安全）。另一方面，增强国有经济在公共服务方面的主力军作用，服务于节能减排、生态建设、社会保障等公共服务目标的实现。到 2020 年基本形成国有资本分布要形成国家战略性行业与一般性行业合理分布的格局。

二是加大国有资本对于非经济领域的控制力、影响力。目前的国有经济对于国家的战略支撑主要局限于经济领域，实现从资产向资本的战略转移之后，就有可能扩展到非经济领域。特别是建设社会主义核心价值体系和提升国家软实力已经成为突出挑战。形形色色的舆论背后，都有特定倾向的资本力量在操纵。可以投放国有资本设立具有国家战略支撑属性的非营利性基金会，通过资助国内与国外的学术研究、非政府组织活动、新闻媒体报道等活动，促进与我国经济基础相适应的上层建筑建设和国家软实力建设。

---

① 鄢一龙. 驾驭资本力量：做大做强社会主义［J］. 红旗文稿，2014（15）.
② 康怡. 国资委：国新公司或将转生为"中投二号"［N］. 经济观察报，2013-11-29.

三是把国有资本和国有企业做成全面建成小康社会的重要基础。习近平指出，国有企业是推进现代化、保障人民共同利益的重要力量，要坚持国有企业在国家发展中的重要地位不动摇，坚持把国有企业搞好、把国有企业做大做强做优不动摇。国有企业是壮大国家综合实力、保障人民共同利益的重要力量，国有资产是全体人民的共同财富。当前，我国已经进入全面建成小康社会的决胜阶段。只有办好国有企业、使国有资产不断增值，才能为全面建成小康社会奠定坚实的物质基础。为此，要从我国社会主义初级阶段的基本国情出发，适应国有企业改革进程，处理好效率和公平的关系，提高国有经济竞争力。国有资本投资运营要服务于国家战略目标，更多投向关系国家安全、国民经济命脉的重要行业和关键领域，在提供公共服务、发展重要前瞻性战略性产业、保护生态环境、支持科技进步、保障国家安全等方面发挥更大作用[1]。

四是放大国有经济的引领功能。通过发展混合所有制，以及公有经济和非公有经济的联营、协助和一体化运营，放大国有资本的引领功能。通过国有资本的投资撬动全社会的投资，放大国有经济在新兴战略行业、经济转型升级等方面的战略引领功能。特别是国有经济已经是中国全球经济竞争力的骨干力量，也是实施"走出去"战略的主力军，国有经济和非公有制经济的相互融合和相互协助，将促进中国企业进一步集体崛起[2]。

五是坚持以人民为中心的发展思想壮大国有资本。以人民为中心的发展思想反映了坚持人民主体地位的内在要求。搞好国有企业，有利于尊重人民的主体地位、保证人民当家做主，有利于充分发挥广大人民群众的积极性、主动性和创造性，有利于促进全社会劳动关系的和谐，有利于真正实现发展为了人民、发展依靠人民、发展成果由人民共享。因此，做强做优做大国有企业是坚持以人民为中心的发展思想的现实体现。要完善以职工代表大会为基本形式的民主管理制度，通过进一步推行厂务公开、业务公开，落实职工

---

① 董大海，张克. 深入认识做强做优做大国有企业的重要性［N］. 人民日报，2017-08-21.
② 鄢一龙. 驾驭资本力量，做大做强社会主义［J］. 红旗文稿，2014（15）.

知情权、参与权、表达权、监督权；在重大决策上充分听取职工意见，涉及职工切身利益的重大问题必须经过职代会审议；完善职工董事制度、职工监事制度，使职工代表能够有序参与公司治理，使国有企业在推进基层民主、构建和谐劳动关系上发挥带头作用①。

2. 国有经济要推动共同富裕尽早实现

习近平同志指出："蛋糕"不断做大了，同时还要把"蛋糕"分好②。国有经济还是中国稳步走上共同富裕道路的经济基础。

首先，国有企业利润要实现全民共享。2013 年我国的国有企业利润总额达到 2.6 万亿元，大体是财政收入的 1/5，这已经是一个巨大的"蛋糕"，但是目前全民由此获得的利益有限。2007 年财政部和国资委就发文规定：国有企业上缴比例资源类应达到 10%，一般竞争性达到 5%。根据国务院国资委和财政部公布的数据，2013 年央企实现利润总额 1.3 万亿元，中央国有资本经营总收入为 1 130.22 亿元，央企上缴红利占其利润总额的比例为 8.7%；中央国有资本经营支出 978.19 亿元，其中调入公共财政预算用于社会保障等民生支出 65 亿元，占上缴国有资本收益的 5.8%，仅占央企利润总额的 0.5%③。党的十八届三中全会提出，到 2020 年国有资本收益上缴比例提高到 30%，更多用于保障和改善民生。预计如果国有企业改革顺利推进，到 2020 年国有企业利润在 3.5 万亿元以上，上缴的利润将达到 1 万亿元。到那时，我国的人口数为 14.1 亿人左右，摊到每人每年间接分享的红利为 750 元，但是由于是由政府统筹分配应用于民生，低收入群体实际收益要大得多。下一步可以参考崔之元提出的将上缴利润建立永久信托基金，并将基金收益进行全民分红，从而使得全民收益更加摸得着、看得见④。

其次，国有经济成为中国人民社会保障资金的重要来源。2013 年，我国

① 董大海，张克. 深入认识做强做优做大国有企业的重要性 [N]. 人民日报，2017-08-21.
② 习近平. 切实把思想统一到党的十八届三中全会精神上来 [N]. 人民日报，2014-01-01.
③ 财政部. 国企去年的收入超千亿 仅 65 亿用于民生 [N]. 中国经济时报，2014-06-25.
④ 崔之元. 市场经济中的公有资产与全民分红 [J]. 商务周刊，2006-09-05.

以五项社会保险为主的社会保险基金收入为 3.5 万亿元，到 2018 年达到约 7.3 万亿元。社会保险资金重安全，只能用于存银行、买国债。同时，我国于 2000 年成立全国社会保障基金，可以进入资本市场投资，目前资金总规模达到 1.1 万亿元，累计收益 3 493 亿元，年均投资收益率为 8.3%[①]。如果划转部分国有资本充实社会保障基金，这就会使得国有经济为中国弥补养老金缺口，为解决我国未来 14 亿人口的社会保障问题特别是养老问题做出最大的贡献。从更深远的意义来说，还将成为我国社会主义生产资料公有制实现的一个重要渠道。

再次，鼓励员工持股，推进共同富裕。党的十八届三中全会提出"允许混合所有制经济实行企业员工持股"。让员工成为所有者，实际上是在新时代强化工人企业主人翁地位和打破劳资对立关系，"形成资本所有者和劳动者利益共同体"的一条重要渠道，它也将成为推进企业经济共享的重要经济基础。

最后，未来的时间段，完善国有资本市场化运作的三大着力点：

一是，调整优化国有资本布局结构。让商业类国企及其资本更充分纳入市场，加快实现与其他社会资本的平等竞争；让公益类国企及其资本更聚焦于宏观经济效益与社会效益的统一；做大做强经济效益和社会效益均优的国企；对"僵尸企业"或落后企业，实行"一企一策"制度，相应进行关停或兼并重组。

二是，促进国企要素的市场化配置。让国有资本主动进入资本市场，加大上市力度，使国企按照市场机制实行优胜劣汰，促进国有资本合理流动，实现保值增值。通过政企分开，达到所有权与经营权完全分开。加大市场化职业经理人的选聘力度，实行内部培养和外部引进相结合，并根据人才特点和需要，建立不同身份的转换机制和市场化激励机制。

三是，完善多元产权结构的良性运行。改革调整国有股权比例，实现股权多元化。继国有资本进入资本市场后，民营资本开始介入上市或非上市国

---

① 鄢一龙. 驾驭资本力量，做大做强社会主义 [J]. 红旗文稿，2014（15）.

企股权的公开有序流转．同时民资和国企还可以共同组建产业投资基金等，实现国资与民资的共同发展①。

总之，国有资产向国有资本的战略性转移，为我国国有经济做大做强、为实现全体人民共同富裕创造了新的战略支点。这就需要我们解放思想，勇于谱写国有经济改革的新篇章，开拓社会主义基本经济制度的新境界。国有经济将成为我国维护国家利益和稳步走向共同富裕的基石。未来的中国不但将成为高收入经济体，而且也是共同富裕的经济体②。

3. 国有企业进退有序的制度安排

我们要清楚地看到，从行业分布上看，我国目前90%以上的国企处于竞争性领域。"让国企从竞争性领域退出"等说法就是变相的私有化论调，将国企私有化的最根本目的就是摧毁我们党执政的经济基础。对于如何科学发展混合所有制经济并防止出现新的国有资产流失，警惕有人借机掀起新一轮国企私有化浪潮等问题，我们应当高度重视。对于发展混合所有制经济，应该选择一部分行业的一部分企业进行试点，总结经验教训后方可大范围推行。要按照中央制定的路线、政策、法规，有序发展混合所有制经济，防止一哄而上。

必须始终坚持、加强和改善党对国有企业改革的领导。习近平多次强调："中国是一个大国，不能出现颠覆性错误。"什么是颠覆性错误？颠覆性错误就是指背离社会主义的根本性、方向性的错误。也正是在这个意义上，党的十八届三中全会强调，全面深化改革必须加强和改善党的领导，充分发挥党总揽全局、协调各方的领导核心作用，提高党的领导水平和执政能力，确保改革取得成功。作为我国社会主义事业的坚强领导核心，中国共产党自然也是中国经济建设的领导核心，是国企改革的领导核心。在国企改革中，必须发挥好党组织的战斗堡垒作用和党员的先锋模范作用，敢于担当，并同一切错误言行做坚决斗争。只有始终坚持、加强和改善党的领导，才能解决当前

---

① 和君咨询. 国有资本市场化运营三大着力点［EB/OL］.（2017－09－19）［2019－04－26］. http://www.sohu.com/a/192946093_561855.

② 鄢一龙. 驾驭资本力量，做大做强社会主义［J］. 红旗文稿，2014（15）.

国企存在的贪污腐化、奢靡浪费、任人唯亲等腐败问题，才能团结和带领群众同一切侵吞国有资产的行为做坚决斗争，才能保持国企改革的正确方向。混合所有制经济的性质就是取决于谁控股，这是个很重要的问题。中央应当严禁以国企改制为名放弃控股权，更不能改变重点国企的性质，这是始终坚持、加强和改善党的领导的坚实基础和有力保障。

发挥国有经济主导作用，不断增强国有经济活力、控制力、影响力，是一个渐进的过程。这些年国有经济的发展虽然取得了很大成效，但仍面临体制、机制、结构等深层次问题，亟待在新的历史起点上继续深化改革。要继续完善产权保护制度，积极发展混合所有经济。产权是所有制的核心。国有经济改革的路径不是私有化，而是市场化。要健全归属清晰、权责明确、保护严格、流转顺畅的现代产权制度，杜绝过去存在的国企经济寻租现象；要加快发展国有资本、集体资本、非公有资本等交叉持股、相互融合的混合所有制经济，促进国有资本放大功能、保值增值、提高竞争力。要继续完善公司治理结构，加快现代企业制度建设。完善的公司治理结构是现代企业制度的核心。要健全协调运转、有效制衡的公司法人治理结构，建立职业经理人制度，强化国有企业经营投资责任追究，探索推进国有企业财务预算等重大信息公开，合理增加市场化选聘管理人员比例。要完善国有资本管理体制，加快国有经济结构调整。完善的国有资本管理体制是优化国有经济结构的关键。要以管资本为主加强国有资产监管，完善国有资本经营预算制度，改革国有资本授权经营体制，支持有条件的国有企业改组为国有资本投资公司。国有资本投资运营要服务于国家战略目标，准确界定不同国有企业功能，加大对公益性企业的投入，继续控股经营自然垄断行业，进一步破除各种形式的行政垄断①。

必须要求国有企业主动接受社会各界的监督，透明化经营。这是不断增强国有经济活力、控制力、影响力的重要保证。要积极敞开各种监督渠道，

① 郭勇.不断增强国有经济活力、控制力与影响力［N］.湖南日报，2013-12-04.

主动接受人民群众的监督，也要接受参与到发展混合所有制经济过程中的所有企业的监督，借鉴私企、外企的先进理念和管理经验。中央和地方各级党委、政府可设立国企改革举报电话、信箱、网站等，接受社会各界对国企改革中失职、渎职、腐败等行为的举报，征求社会各界关于国企改革的意见、建议，以凝聚全体人民的智慧和力量搞好国企改革。尤其是随着互联网的迅猛发展，网络新闻、微博、微信、论坛、博客、播客等各种传播形式显示出越来越强大的威力，为人民监督政府、打击腐败提供了最好的阵地和舞台。有关部门应把国企改革和党的群众路线教育实践活动和纯洁性、先进性建设等有机结合起来，积极发动广大人民群众参与，进一步利用网络等多种形式，拓宽和畅通群众举报腐败行为的渠道。反腐败职能部门也要特别注重从网络曝光中发现国有资产流失等线索，鼓励和引导广大人民群众通过合法途径举报国企改革中的错误做法和腐败问题，真正坚持好公有制的主体地位。

必须在坚持国有资本主体地位的同时，坚持市场化取向运作。目前，国企改革进入深水区，改组组建国有资本运营投资公司成为本轮国企改革的重点内容。应积极探索国有资本运营公司的发展路径。一是加快国有资产资本化。将资产转化为资本，使其处于可交易状态，提高资本运营效率。将重点发展混合所有制和提高资本流动性，实现资本结构多元化、资产证券化。二是优化国有资本配置结构。建立以区域、行业、流动性、风险等维度为主的符合资产配置要求的运营指标体系，重点解决布局结构的方向性问题。未来资本运营的核心将围绕资金、资产、资本（股权）转化与循环，探索从资本层面实现"退出一批、重组一批、发展一批"，优化自身资本结构。三是改革运营管理体系。从管企业向管资本转变，对出资企业，以资本为纽带，以产权为基础，依法行使股东权利。建立职业经理人市场化招聘制度，合理增加市场化选聘比例，畅通现有经营管理者与职业经理人身份转换通道。

本章小结

　　本章回顾了新中国成立以来，社会主义传统计划经济体制下公有制企业制度与改革开放后体制转轨、建立社会主义市场经济体制下的公有制与非公有制企业制度并存的两大阶段城市国有经济制度变迁的历程。新中国建立 70 年来，这一城市国有经济制度的变迁从生产力和生产关系两个层面影响并适应了我国不同发展阶段的客观经济规律要求，促使各种微观经济组织在特定历史时期发挥其活力，并总体上保证了国民经济的增长和发展。

　　当然，由于对国有经济定位的认识是随着历史发展而逐步清晰的，在这个制度变迁过程中，我们也走了不少弯路，国有经济发展壮大过程中也出现了相当的损失和低效率，为此，我们逐渐明确，中国的国有经济必须始终坚持其带动力、影响力、控制力。

　　新中国成立 70 年来经济建设的经验教训告诉我们，不断增强国有经济活力、控制力、影响力，数量是基础，质量是关键。在不断增强国有经济"三力"的过程中，国有经济的比重可以有一定程度的下降，但这种下降必须以国有经济质量的提高为前提。鉴于目前经济的主要增量来自非公有制经济，要提高国有经济质量，不断增强国有经济"三力"，一方面，国有经济必须在关系国家安全、国民经济命脉的关键行业和关键性领域具有支配作用。这些关键行业和领域包括：涉及国家安全的行业，自然垄断的行业，提供重要公共产品和服务的行业，支柱产业和高新技术产业中的重要骨干企业，以及生态环境保护与科技进步支持等领域。另一方面，国有经济要在宏观调控中发挥关键作用。要在稳定宏观经济、调整经济结构、保障社会公平、维护经济安全、推动自主创新以及实现科学发展和促进社会和谐等方面发挥关键作用，支撑、引导和带动整个社会经济的发展①。

_____

① 　郭勇. 不断增强国有经济活力、控制力与影响力 ［N］. 湖南日报，2013-12-04.

必须从战略层面高度重视和不断增强国有经济活力、控制力、影响力。随着国企通过股份制改造、引入战略投资者、重组上市等方式实现国有产权多元化，国有经济的活力、控制力、影响力确实在不断增强①。但我们也要看到，国有企业存在的问题依然不少：有的国企收入差距较大甚至悬殊，有的国企在履行社会责任方面还有很大差距，有的国企管理粗放、安全事故时有发生，有的国企现代企业制度流于形式甚至搞家长制，还有的国企领导人决策独断专行、生活奢靡腐化、用人任人唯亲，甚至为了个人私利出卖国家利益……这些问题不仅影响员工的积极性，而且使国有经济的活力、控制力、影响力受到损害。激发各类市场主体的新活力，对于所有国企都具有极强的现实针对性。所以，增强活力、激发活力、展示活力，确实是所有国企特别是其领导人必须直面的重大问题，必须从战略层面高度重视。

---

① 郭勇. 不断增强国有经济活力、控制力与影响力［N］. 湖南日报，2013-12-04.

第三章

农村集体经济制度变迁

　　新中国成立以来，中国的农村集体经济制度变迁是在中国整体制度变迁的大背景下进行的，经历了20世纪50年代的农村土改、互助组、合作社到人民公社的新的社会主义经济制度的形成和确立，由最初农村生产关系适应生产力发展转向70年代末的不适应的状态，遂有了肇始于农村家庭联产承包责任制改革的农村集体经济制度的创新和变迁。改革后的农村集体经济制度的变迁涉及农村土地产权制度、农村基本经营制度和农村居民收入分配制度等重要内容。通过梳理农村集体经济制度变迁的历史，客观地展现新中国70年来波澜壮阔的农业农村改革与发展图景。

第一节　农村土地产权制度变迁

我国农村土地制度的变迁，是诱致性制度变迁和强制性制度变迁相结合的制度变迁的典范，也是农村社区精英和政治企业家对现实约束和获利机会做出反应的结果。考虑到 1949 年、1953 年、1978 年及 2012 年是我国不同性质的农地制度变迁的时间分界点①，我们将对农地制度变迁的回顾划分为四个阶段，并依据诺思（2008）提出的制度变迁的动力、路径和经济绩效展开论述②。

一、改革开放前农村土地改革及其向集体所有制的转变（1949—1978 年）

（一）农地产权的国有化和私有化并存时期（1949—1952 年）

早在 1947 年中共中央就颁布实施了《中国土地法大纲》，新中国成立后 1950 年中共中央又颁布了《中华人民共和国土地改革法》，这两项法律（或制度）确立了农村土地国有和私有的混合制度，实现了农民（尤其是贫民）"耕者有其田"的革命目的③。在新中国成立前后为什么会实施国有和私有并存的农村土地制度呢？我们的解释是，新中国成立前中国共产党为了夺取政

---

① 1947 年在解放区开始实行国有化和私有化并存的土地制度，1949 年新中国成立，继续延续了 1947 年的土地政策，1953 年在全国范围内开始实行农村集体所有制，1978 年在全国范围内开始实行农村土地集体所有制下的家庭联产承包责任制，2012 年开始了农地"三权分置"改革。值得注意的是，我们认为农村集体所有制和农村土地集体所有制是有重大区别的，前者既包括土地的集体所有制，还包括其他生产资料的集体所有制。

② 诺思. 制度、制度变迁与经济绩效 [M]. 杭行, 译. 上海：上海人民出版社, 2008.

③ 1947 年的《中国土地法大纲》第一条规定："废除封建性及半封建性剥削的土地制度，实行耕者有其田的土地制度。" 1950 年的《中华人民共和国土地改革法》第十条规定："所有没收和征收得来的土地和其他生产资料，除本法规定收归国家所有者外，均由乡农民协会接收，统一地、公平合理地分配给无地少地及缺乏其他生产资料的贫困农民所有。"

权的胜利，政治上需要取得广大农民的支持，那么农民支持革命的条件必然是要求中国共产党做出和实现让其获得土地的承诺；经济上为了解放和发展农村生产力，允许土地的农民私有和部分国有是必然的选择。新中国成立初期，国家为了兑现对参加革命的农民的政治承诺，也为了恢复农村生产力和发展农村经济，继续允许土地的农民私有和部分国有。不过，这一时期的农地制度变革主要是国家推动的，土地的平均分配也是国家支持完成的。由于这一时期农民的土地不是通过市场交换取得，而是国家权力介入分配的结果，这就为后来国家权力重新介入土地财产的分配提供了潜在的可能①。另外，这一时期的农地制度变迁后，其经济绩效如何？依据相关的统计资料，1949—1953 年农、林、牧、副、渔业总产值分别达到了 326 亿元、384 亿元、420 亿元、461 亿元、510 亿元②，出现了连续增产的好局面。

（二）农村集体所有制时期（1953—1978 年）

农村土地部分国有和部分私有后，农业生产率有所上升，但是由于单个农民拥有的农业生产资料和农业技能较少，不能满足农业生产的需要。在此情况下，局部地区出现了农业生产互助组，这可以看作一种诱致性制度变迁。此时，国家或其代理人在观察到了互助组的成功实践后以正式制度的形式肯定了这一制度变迁③。随后，在"自愿互利、典型示范、国家帮助"政策引导下，农民发展了农业合作初级社、高级社。在初级社时期，农民私有的土地产权已经向集体的公有制过渡了。而国家又通过正式制度的安排，推波助澜地实现了农民土地的集体所有制和农具等生产资料的集体公有制④。此后出

① 周其仁. 中国农村改革：国家和所有权关系的变化（下）——一个经济制度变迁史的回顾 [J]. 管理世界，1995（4）：147-155.
② 国家统计局国民经济综合统计司. 新中国五十年统计资料汇编 [G]. 北京：中国统计出版社，1999：30.
③ 中共中央于 1951 年 12 月 15 日颁布了《关于农业生产互助组合作的决议（草案）》，肯定了农民群众的这种制度和组织创新。
④ 全国人大于 1955 年 11 月 9 日通过了《农业生产合作社示范章程（草案）》。1956 年 6 月 30 日，一届全国人大三次会议又通过了《高级农业生产合作社示范章程》，该章程第十四条规定："社员的土地转为合作社集体所有，取消土地报酬。"

现的政社合一的人民公社，进一步巩固了农村集体所有制①。

　　这一时期，在国家强制力推动下，农民的土地私有制转化为集体所有制，甚至是人民公社时期的准国家所有制。其实，开始时出现了诱致性制度变迁，如互助组。这种诱致性制度变迁的动力是什么呢？我们认为是农民考虑自身的资源禀赋和利益后，选择互助组可能有利于解决农业生产中单个农户生产资料不足和农业生产技术低下的困难而采取了集体行动。这是一种在特定的制度环境中，制度创新主体对获利机会做出的自然反应。后来，国家权力介入互助组这一制度和组织创新后，初级社、高级社以及人民公社都是国家主导下的强制性制度变迁和组织创新的结果。一项制度如果没有考虑制度使用者的利益，没有考虑到激励机制和监督费用，没有考虑"搭便车"等行为，这种强制性的制度变迁可能会是失败的。那么为什么国家有动力去推动初级社、高级社和人民公社这样的组织和制度变迁呢？我们的解释是：①受外部因素的影响，尤其是意识形态的影响。当时苏联实行的农村集体化运动初期表现出较好的经济绩效（当然，其后期表现出较差的经济绩效），这种模式的成功给具有相同意识形态的新中国提供了一个较好的土地制度变迁的学习范本。②国家的战略选择问题。新中国成立后，国家实施了重工业优先发展的工业化战略。在"一穷二白"的现实国情下，国家只有通过农村土地的集体所有制安排"剥削"农业的生产剩余，才能实现工业所需资金的积累②。那么这一时期的制度变迁的经济绩效如何？按照林毅夫的估算，1952—1978年，我国农业年均增长率仅为2.9%，处于较低的水平③。

---

① 这些正式的制度安排包括：1961年中共中央颁布的《农村人民公社工作条例（修正草案）》；1962年中共中央公布的《关于改变农村人民公社基本核算单位问题的指示》。
② 林毅夫，蔡昉，李周. 中国的奇迹：发展战略与经济改［M］. 增订版. 上海：格致出版社，上海三联出版社，1999.
③ 林毅夫. 制度、技术与中国农业发展［M］. 上海：上海三联书店，上海人民出版社，2005：63-92.

二、改革开放后农村土地集体所有制下的两权分离与家庭联产承包责任制（1978—2012 年）

人民公社制度由于没有解决激励问题，出现了"搭便车"问题。在人民公社后期，由于"搭便车"问题越来越严重，低下的农业生产率已经不能满足人们的生存需要。在"天灾人祸"的双重因素作用下，有些地方出现了饿死人的现象①。德姆塞茨（1967）在论述产权形成的原因时认为产权的形成是组织中的人依照新制度产生的预期收益和成本调整自身行为的结果②。其实新制度的形成亦如此。20 世纪 60 年代初期，农村社区精英就开始了新制度的探索，如广西龙胜县、甘肃临夏、河南和安徽的一些县市已经出现了借地和包干到户的现象③。

随后，由于农业政策失败和"天灾人祸"的影响，为了应对财政危机和政治危机，国家逐渐放松了对农村经济和社会的管制，允许农民、地方政府进行各种提高农业生产率的试验。最后在农村社区精英、地方政府和中央政府的长时期的商品售价商议中，国家最终肯定了类似于安徽凤阳小岗村的包产到户的制度模式，并以正式制度的形式在全国推广④。

此阶段，农村社区精英创造了"包产到户"等制度形式，其主要是为了维持自身的生存和利益；国家先是默许后又以正式制度肯定了这样的制度创新，主要是为了应对财政危机和政治危机等。在农村土地集体所有制下的"包产到户"这一制度创新或变迁的路径是自下而上的，即农村社区精英首创类似于"包产到户"的制度，地方政府进行局部试验，试验成功后国家以正

---

① 杜润生. 杜润生自述：中国农村体制改革重大决策纪实［M］. 北京：人民出版社，2008.

② DEMSETZ H. Toward a theory of property rights［J］. America economic review，1967（2）：347-359.

③ 周其仁. 信息成本与制度变迁——读《杜润生自述：中国农村体制改革重大决策纪实》［J］. 经济研究，2005（12）：120.

④ 1980 年中央的 75 号文件《中共中央关于进一步加强和完善农业生产责任制的几个问题的通知》肯定了农业生产责任制；1982 年中央一号文件《全国农村工作会议纪要》肯定了包产到户、包干到户或大包干等集体经济形式。1982 年、1983 年、1984 年、1985 年和 1986 年的中央一号文件以及 1987 年的中央五号文件都是关于农村改革的。

式制度对这些制度创新给予肯定。那么此阶段，制度变迁的经济绩效如何呢？按照林毅夫的估算，1978—1984 年农业年均增长率为 7.7%。他用生产函数法和供给函数法估计的农作制度的改革在 1978—1984 年对农业增长的贡献度分别为 19.80% 和 17.82%[①]。

三、新时代农地集体所有制下"三权分置"改革的深化（2012 年至今）

为进一步解决人地矛盾，中央在以往土地所有权与承包权"两权分离"基础上，提出了集体土地所有权、农户承包权和经营者的土地经营权的"三权分置"。最早，在 2013 年 7 月，习近平总书记在河北省考察农村产权交易所时指出："深化农村改革，完善农村基本经营制度，要好好研究农村土地所有权、承包权、经营权三者之间的关系。"在此之后，2014 年的中央一号文件中正式提出"在落实农村土地集体所有权的基础上，稳定农户承包权，放活土地经营权"，拉开了"三权分置"改革的序幕；2015 年的中央一号文件中着重提出进行农村集体土地确权登记发证，稳步推进农村土地制度改革试点；2016 年的中央一号文件中明确规定农村土地承包关系长久不变，在此基础上稳定农村土地承包关系，落实集体所有权，稳定农户承包权，放活土地经营权，完善"三权分置"办法；在 2017 年的中央一号文件中进一步落实农村土地集体所有权、农户承包权、土地经营权"三权分置"办法。加快推进农村承包地确权登记颁证，扩大整省试点范围。统筹协调推进农村土地征收、集体经营性建设用地入市及宅基地制度改革试点；2018 年的中央一号文件中在以往一号文件的基础上深入推进农村集体产权制度改革，深化农村土地制度改革，巩固与完善农村基本经营制度。

---

① 林毅夫. 制度、技术与中国农业发展 [M]. 上海：上海三联书店，上海人民出版社，2005：63-92.

第二节　农村生产经营制度变迁

新中国的农村生产经营制度，从 1949 年新中国成立后的农村混合经营向集体经营转变，到 1978 年开始对农地"两权分离"的家庭承包经营为主的双层经营体制探索，再到 2012 年开始对农地"三权分置"时期坚持土地集体所有制和家庭承包经营为主的新探索，其间经历了几次重大的制度变迁。

一、改革开放前农村混合经营向集体经营的转变（1949—1978 年）

（一）1949—1953 年的混合经营时期

1949 年新中国成立，1950 年 6 月，中共中央颁布了《中华人民共和国土地改革法》。此法律的颁布和实施彻底改变了以前封建半封建的土地所有制，实行了农民的土地所有制，农民拥有完整的土地权利，此时的土地所有权、使用权以及经营权允许农民私人所有。得到土地的农民，主要以个体或家庭为单位进行经营，其从事农业的生产资料主要是自己的，或者是土改中从土改委员会等政府组织中分到的。农户独自经营，自负盈亏。同时，一些土地还没有分到农户手中，属于国有，以国有农场等形式存在，主要由国家组织相关人员进行耕作，如东北地区出现过的军垦田等。在这一时期，我国农村的生产经营制度是典型的混合经营制度。但是，这种制度下也存在一些问题。如土地改革后，给农民分了田，这使得农民摆脱了以往封建剥削制度的束缚，极大地解放了农民的生产力，提高了其生产的积极性，但同时也暴露出一系列问题，譬如农户缺乏必要的农业生产资料和技术、土地规模小、小农经济

与工业化发展之间存在矛盾、小农经济比较分散、农地产权发展不平衡等等①。

（二）1953—1958年土地集体所有和实现合作化经营时期

从经济角度讲，为了解决农户缺乏农业生产资料、土地规模小的问题，以及实施农业支持工业发展的战略，从政治角度讲，为了实现新民主主义向社会主义的过渡，从1953年开始，国家启动了"一化三改造"战略，在实施工业化战略的同时，对农业、手工业、资本主义工商业进行社会主义改造。对农业的社会主义改造过程中，农村土地制度和农村经营主要经历了从最初具有社会主义萌芽的互助组（至1953年年底）到土地入股统一经营的初级社（1954—1955年），再到农具、土地、耕畜等折价归集体所有的高级社（1955—1956年），最后到人民公社化（1956—1958年）这四个阶段②。1953年年初，一些地方的农民为了解决农业生产资料不足的问题，主动将土改时分到的生产资料，如耕牛、铁犁等集中起来，实现互帮互助，形成了互助组。互助组中土地的所有权仍然归农户所有，仅仅是自愿集中了部分其他生产资料，一定程度上解决了主要生产资料不足的问题。

1953年12月，中共中央发布了《关于发展农业生产合作社的决议》，标志着农业合作社从试办进入发展时期，初级社的经营制度逐步建立起来。初级社的产权制度安排，从生产要素的所有权的归属情况来看，农民的大型农具、土地、耕畜等主要生产资料由合作社统一经营和使用，但是土地等其他主要的生产资料的所有权是属于农民的，他们拥有比较完整的产权；从收益分配的角度来看，每年农民都可以按照土地的数量以及质量从集体的收入中获取相应的报酬，除此之外，还包括一些生产资料给付报酬。初级社这种不改变土地所有权的性质而只是集中了农民的其他生产资料的做法，在新中国成立初期我国生产力水平还比较低下的情况下是非常有效的经营制度安排，

---

① 陈金涛，刘文君.农村土地"三权分置"的制度设计与实现路径探析［J］.求实，2016（1）：81-89.

② 卢新海，张旭鹏.农地"三权分置"改革的政治社会学分析［J］.新疆师范大学学报（哲学社会科学版），2017，38（6）：112-120.

是一种"半社会主义性质"的改革，这一阶段是向完全的社会主义过渡的中间阶段。

我国最初的农业合作化是以互助组为主，在互助组时期农民自愿互利，互换人工或畜力，共同劳动，但是出现了急躁冒进的倾向①。1955 年 10 月召开的党的七届六中全会通过了《关于农业合作化问题的决议》，加速了全国农业合作化的步伐。1956 年年底高级社的建立基本完成，实现了由农民私人所有制到集体所有制的转变。高级社与初级社存在着本质上的不同，高级社不再像初级社那样土地与生产资料属于私人所有，此时，农民的土地和生产资料譬如耕畜、大型农具等全部折价入股，从以前的农民私人所有转变为合作社集体经营。农民没有退社的自由，同时也不再是一个独立的经济单元，也不能像初级社时期通过自身对生产资料的私有权而获得收益，而是实行按劳分配的原则。农民在农业生产中的主体地位也被合作社取代，合作社对于土地和其他的生产资料拥有绝对的掌控权。高级社的出现在一定程度上克服了以往小农经济生产的缺陷，但是同时弱化了社员关心集体的内在动力，出现了"搭便车"等机会主义倾向。至 1956 年年底，全国入社农户占总农户数的96.3%，其中加入高级社的农户占总农户的 87.8%②。从初级社到高级社究其本质是混合所有制转变为集体公有制。1957 年冬和 1958 年春出现了联队、联社，标志着人民公社的萌芽。在 1958 年 8 月，中共中央政治局在北戴河召开扩大会议，通过了《中共中央关于在农村建立人民公社问题的决议》，至此人民公社制度正式建立。到 1958 年 10 月底，有 1.2 亿农户参加了人民公社，占全国总农户的 99%以上，全国的农村基本上实现了人民公社化③。在人民公社化的"一大二公"时期，农民已经失去了对土地和其他主要生产资料的私有产权，同时生产小队和生产大队同样也失去了对社内主要资产的所有权，此

① 冯霞，文月. 三权分置：农村土地集体所有制的有效实现形式 [J]. 上海农村经济，2016（12）：26–30.
② 马羽. 试论我国农业合作化的历史必然性 [J]. 社会科学研究，1981（5）：3–7.
③ 佚名. 50 年前今天：全国人民公社化运动开始 [EB/OL]. (2008–08–29) [2019–04–26]. http://news.ifeng.com/history/1/jishi/200808/0829_2663_754115.shtml.

时人民公社拥有对各级经济组织的所有生产资料唯一的支配权，可以实行随意的征用和调拨。

（三）1958—1978 年土地集体所有制政社合一的集体化经营时期

1958 年之后，人民公社在快速发展的情况下也存在一些问题。农业生产的集体行动单元过大，造成了农户的生产积极性受挫，与此同时，也增加了对农民劳动计量和监督的困难，从而导致农户劳动投入激励不足、农业生产效率低下。1962 年 9 月党的八届十中全会通过了《农村人民公社工作条例（修正草案）》，纠正了人民公社存在的一些问题，同时确立了"三级所有，队为基础"的格局。在"三级所有，队为基础"这段时期土地和其他主要生产资料分别归生产队、生产大队、人民公社所有和经营，同时实行各自独立核算，自负盈亏，在这三者之中，生产队所有和经营是最为基本和主要的部分[1]。这种"三级所有，队为基础"的生产经营模式从一定程度来看摆脱了人民公社初期经营效率低下的困境，但是它也强化了农村集体所有制。一直到改革开放初，很长一段时间内农村一直实行的是"政社合一"的人民公社制度，也就是把基层政权机构与集体经济组织的领导机构合为一体，统一管理全社的各种事务，同时农村的生产经营一直是集体化经营。

其后在 1966—1976 年这十年间，虽然农业劳动力投入以及财政农业支出每年都有所增加，但是农业年均总产值却每年都在下降。同时人民的生活水平也急剧下降，1976 年的农村人均口粮比 1957 年少了四斤（1 斤 = 500 克），同时有 1.4 亿农村人口人均口粮在 300 斤以下，处于半饥饿的状态，加之农业税负相对过重，农民在交了公粮之后还要缴纳余粮且国家给予的农业补贴太少，严重影响了我国农业生产的发展[2]。在 1976 年以后，国家的经济发展得到调整并逐步走向正轨，同时农村不断涌现出各种自发的改革形式，以改变当时我国集体经济模式下效率低下、农民生产积极性不足等状况。

---

① 王亚华. 农村土地"三权分置"改革：要点与展望 [J]. 人民论坛·学术前沿，2017（6）：56-60.

② 陆文. 新中国农村土地制度的改革历程 [J]. 党政干部学刊，2011（7）：49-50.

二、改革开放后以家庭承包经营为主的双层经营体制的"两权分离"时期（1978—2012 年）

1978 年安徽凤阳小岗村的 18 位农民打破以前大集体生产的局面，进行大包干，分田到户，掀起了全国范围内农村土地改革的浪潮，也带来了农村经营制度的改变①。在同年 12 月召开的党的十一届三中全会上，提出了实施家庭联产承包责任制，在实行土地公有的前提下，由农户承包经营。自此以家庭联产承包经营为主、统分结合的双层经营体制成为农村的基本经营制度。为了进一步确立两权分离的农村土地制度和以家庭联产承包经营为主、统分结合的双层经营体制，1982 年的《全国农村工作会议纪要》承认了家庭承包经营的合法性，同时打开了土地承包经营权和所有权分置的大门。以家庭联产承包经营为主、统分结合的双层经营体制，在坚持农用地、池塘、水利设施、田间道路等基本生产资料和农业基础设施归集体所有的背景下，通过包产到户，以家庭为单位分散经营的方式极大地促进了农村生产力的发展。当时这种分户经营的生产模式极大地调动了农村劳动人民的生产积极性，提高了农地的经营效率。到 1983 年年底，全国已有 95% 的农户实行了包产到户，全国实施家庭承包经营的土地面积占耕地总面积的 97% 左右，粮食产量迅速攀升②。

以家庭承包经营为主、统分结合的双层经营体制中，农地制度的两权分离和承包权期限问题是关键。1982 年的《全国农村工作会议纪要》正式提出了所有权与承包经营权分置，1984 年将农户的承包经营权的期限定为 15 年，1993 年将其延长为 30 年。2003 年的《中华人民共和国农村土地承包法》第一次将土地承包经营权写进了法律，在法律层面上确定了土地所有权与承包经营权的农地双层经营模式。2004 年取消了合同订购的生产干预，赋予农民更多的生产自主权。2007 年的《中华人民共和国物权法》将土地承包经营权

---

① 任荣. 六十年土地改革的演变历程 [N]. 烟台日报，2009-02-16 (09).
② 陈丹，唐茂华. 中国农村土地制度变迁 60 年回眸与前瞻 [J]. 城市，2009 (10)：41-45.

定义为用益物权，从法律的角度将土地承包经营权置于与土地所有权相同的位置。2008 年 10 月 12 日出台的《中共中央关于推进农村改革发展若干重大问题的决定》标志着我国农地产权改革进入了快速发展的阶段，文件指出，允许农民以转包、出租、互换、转让、股份合作等形式流转土地承包经营权，发展多种形式的适度规模经营。2011 年 11 月，《国土资源部、中央农村工作领导小组办公室、财政部、农业部关于农村集体土地确权登记发证的若干意见》要求逐步完成农村集体土地所有权和集体土地使用权等土地权利的确权登记发证。

2000 年以后，随着工业化和城镇化的发展，农民的务工收入或打工收入占总收入的比例越来越高，农民依靠种地为生的生产生活方式开始发生转变，农民的基本经营制度也发生了变化。一方面，在统分结合的双层经营体制中，统的方面，或者说集体经济组织开始式微。一些地方的集体经济组织由于收入有限和对农业生产提供的保障越来越少，农民对农村集体的依赖程度逐渐降低，全国范围内出现了农村集体经济式微的变化趋势。尤其是随着农业税和"三提五统"等政策的取消，农村集体经济组织在一些地方已经"名存实亡"。另一方面，随着从事农业生产的比较收益降低，农民开始进厂务工，传统的家庭经营也开始发生分化。一些农民已经不再依靠种地维持生产，出现了土地的撂荒问题。另外一些农民则将土地开始流转给新型农业经营主体，如种粮大户、家庭农场、合作社和农业企业等。至此，农村的基本经营制度发生新的变化。

1978—2012 年，除了以土地制度为核心的生产经营制度外，劳动力制度和农业税制度也进行了改革。首先，伴随着改革开放，农村劳动力也由依附于土地，逐渐向非农产业转移。随之，户籍制度也逐渐发生变化，全国范围内试点取消户籍制度限制，允许劳动力流动。其次，随着工业化和城市化的推进，要更好地解决"三农"问题，重点之一是以减轻农民负担为中心，以取消"三提五统"等税外收费、改革农业税收为主要内容的农村税费改革。2004 年，国务院开始实行减征或免征农业税的惠农政策，2006 年 1 月 1 日起废止《中华人民共和国农业税条例》（以下简称《农业税条例》），结束了农民缴纳农业税和"三提五统"的历史，彻底减轻了农民的负担。劳动力制度和农业税制度的变化，也对农村的生产经营制度产生了较大冲击，统分结合的双层经营体制面临着新的挑战。

三、新时代坚持土地集体所有制和家庭承包经营为主的"三权分置"时期（2012 年至今）

随着近年来我国工业化、城镇化的快速发展，大量农村人口向城市转移，我国农村的基本经营制度也发生了新变化。

首先，在坚持农村集体所有制的前提下，农地产权由"两权分离"向"三权分置"转变。2013 年 7 月 22 日，习近平总书记在湖北武汉视察农村产权交易所时就提出要深化农村改革，完善农村基本经营制度，好好研究农村土地所有权、承包权、经营权三者之间的关系。这是中央关于将农地权利划分为所有权、承包权和经营权"三权分置"的思想萌芽。2014 年 1 月 19 日发布的《中共中央国务院关于全面深化农村改革加快推进农业现代化的若干意见》中提出"在落实农村土地集体所有权的基础上，稳定农户承包权，放活土地经营权"，拉开了我国"三权分置"的序幕。这是中央文件首次提出"三权分置"的政策思想，是我国农村土地产权又一次重大改革，这次改革旨在落实集体所有权、稳定承包权的基础上，放活经营权，实现多种形式的土地经营权流转，彻底挖掘农地潜在价值。在 2015 年 2 月 1 日发布的《中共中央国务院关于加大改革创新力度加快农业现代化建设的若干意见》中就首次提出了要修改法律法规，确保"三权分置"的合法性。在之后的中央文件中对"三权分置"政策进行了完善，在 2016 年 1 月 27 日发布的《中共中央国务院关于落实发展新理念加快农业现代化实现全面小康目标的若干意见》文件中就提出了完善"三权分置"的办法。2017 年党的十九大报告中进一步明确了农村土地制度的"三权分置"改革方向。2018 年 1 月 2 日发布的《中共中央国务院关于实施乡村振兴战略的意见》提出要进一步深入推进农村集体

产权制度改革，深化农村土地制度改革，巩固与完善农村基本经营制度。"三权分置"改革是我国农地产权改革的重大创新，它是农地产权的第二次细分，在保留农地集体所有的基础上，将承包经营权细分为承包权与经营权是走出我国当前农村基本经营制度困境的必由之路。

其次，在坚持农村集体所有制的前提下，继续坚持家庭经营在农业中的基础性地位，同时探索农业经营组织方式多样化。农业经营组织方式多样化，主要方向是推进家庭经营、集体经济、合作经营和企业经营方式共同发展。2015年11月发布的《深化农村改革综合性实施方案》，进一步明确了坚持和完善农村基本经营制度。2017年，党的十九大提出要"实现小农户和现代农业发展有机衔接"。2017年5月31日国家印发的《关于加快构建政策体系培育新型农业经营主体的意见》进一步明确了要引导和发展新型农业主体。2018年的中央一号文件也强调了要培育新型农业经营主体。2019年的中央一号文件将培育农村新型农业经营主体的重点放在了家庭农场和合作社上。目前，我国新型农业经营主体主要有种粮大户、家庭农场、合作社和农业企业等。他们与农户家庭是新时代我国农业生产经营过程中的主体。当然，中央一直强调，家庭经营的继承性地位不能动摇。

再次，在坚持农村集体所有制的前提下，逐渐探索新型农业社会化服务体系。建立农业社会化服务体系是农业生产经营过程中非常重要的环节。改革开放以来，农村集体经济组织和供销社等一直承担着农业社会化服务的主要功能。但是随着农村集体经济组织的弱化和供销社等的改制，农业生产的服务体系开始向社会化方向转变。早在2008年，党的十七届三中全会的《中共中央关于推进农村改革发展若干重大问题的决定》中就提出要探索建立新型农业社会化服务体系。2012年以后，随着农地"三权分置"改革的推进，新型农业社会化服务体系的探索开始大规模出现。新型农业社会化服务体系主要是服务于农业生产的产前、产中和产后，主要的主体包括供销合作社、农民专业合作社、专业服务公司、专业技术协会、农民经纪人、龙头企业等。

最后，在坚持农村集体所有制的前提下，进一步做实农村集体经济组织。由于受到市场化改革和农村劳动力转移等的影响，传统的农村集体经济组织弱化了。2012 年以后，对进一步做实农村集体经济组织，进行了一系列探索。在农村集体经济组织的法律地位方面，新的民法通则修正案给予了农村集体经济组织一定的法律地位，保障其作为半市场化的主体参与经济活动。在农村集体资产方面，探索实现"资源变资产""资金变股金"和"农民变股东"的"三变"改革，通过股份合作社等形式进一步量化集体资产，落实农户集体成员的资格权和收益权等。在农村集体经济组织的发展方面，探索了股份合作社和专业合作社等有效途径，进一步增加集体经济组织的收益。在农村集体经济组织的治理方面，既加强了党的领导核心地位和农村党支部的战斗堡垒作用，也在根据不同的集体经济组织探索市场化的运作模式。

　　纵观 1949 年至今我国农村经营制度变迁历程，从混合经营时期，到人民公社时期，到"两权分离"下的统分结合的双层经营体制时期，再到"三权分置"下统分结合的双层经营体制的探索和创新时期，可以说是在不断探索农村经营制度的"统"与农户经营的"分"的过程。农村经营制度变迁的过程，究其本质还是生产力与生产关系不断适应的过程。新中国成立初，土地产权属于私人所有，这个时期基本上是农户经营的"分散经营"占据了主要地位，适应了当时的生产力发展要求。"三大改造"以后，互助组、初级合作社、高级合作社到人民公社过度强调了"统"的作用，也是生产力发展的需要，但是生产关系的调整在一定程度上超越了生产力发展的实际。改革开放以后，为了进一步解放和发展农村生产力，在农地"两权分离"背景下，以家庭经营为主、统分结合的双层经营体制是"统"与"分"恰当组合的制度形式，也是农村生产关系的又一次重大调整。2012 年以后，农地"三权分置"背景下，统分结合的双层经营体制的探索和创新，也是"统"与"分"的新组合，更是适应生产力发展新要求，做出的新的制度性调整和探索。

第三节　我国农村居民收入分配制度变迁历程

一、改革开放前农村居民收入分配的平均主义时期
（1949—1978 年）

（一）"各尽所能、按劳取酬"的农村居民收入分配制度（1949—1952 年）

1949—1952 年是我国国民经济恢复时期。在此期间，长期存在于旧社会的私有制分配制度和"不劳而获"的分配方式被打破。党和国家以马克思的"按劳分配"思想为基础，根据具体国情进行了收入分配制度改革。在农村，实行了土地公有和私有并存的多种所有制，分配方式是各尽所能、按劳取酬，农民主要以自我劳动获得收入。

1950 年党中央颁布了《中华人民共和国土地改革法》并废除地主阶级的土地，将其转为农民所有，农民自己耕种，自食其力，农业生产品除了上缴一定税收外，剩余的归农民自己所有。虽然农民获得了土地，但其他生产资料的缺乏以及生产基础的薄弱给单个农民的生产经营带来了困难，从而各种互助合作组织在生产中应运而生。1951 年 9 月，中共中央第一次农业生产互助合作会议召开。农业生产互助组是具有社会主义萌芽性质的合作组织，包括临时互助小组和常年互助小组。在临时互助组阶段，土地归各农户所有，互助组的成员一般并不固定，利益分配一般以换工方式结算。常年互助组则是一种相对高级的合作形式，生产资料与收入全归个人所有，农户们共同使用部分生产资料，如某些牲畜、农具等，并且开始实行记工算账，采取以工换工或评工计分的办法。到 1952 年年底，我国有将近 90% 的耕地都由贫农、中农占有。同时，在互助组内部，以家庭为基本生产经营单位，土地、耕畜和其他生产资料仍属农民个人所有，产品也归土地所有者所有。

在国民经济恢复阶段，党中央通过实施相关法令和政策，逐步改变了旧中国极不合理的收入分配制度，各尽所能、按劳取酬的分配方式开始实行。

（二）实行"按劳分配"为主和其他分配方式并存的农村居民收入分配制度（1953—1957 年）

1859 年，马克思在《政治经济学批判》的导言中指出："分配的结构完全决定于生产的结构，分配本身就是生产的产物，不仅就对象说是如此，而且就形式说也是如此。"[①] 这句话表明生产方式决定分配方式，分配与生产力水平相适应。在过渡时期，我国的生产力水平落后，国家实施三大改造政策，农村的生产资料所有制和生产关系发生了巨大变革，分配制度也相应调整。

毛泽东认为，巩固工农联盟要保证农民富裕起来，搞合作化则是防止农户再次贫困的唯一办法。因此，党中央在 1953 年通过了《关于发展农业生产合作社的决议》，并组织建立了以土地入股和统一经营为特点的农业集体经济组织——初级农业生产合作社。社员按统一计划参与劳动，既可按劳分配也可按生产要素分配，按生产要素分配主要是通过土地生产资料等入股获得分红等。如 1953—1956 年初级社、高级社就存在着通过土地生产资料入股分红的做法。随着社会主义农业改造的不断深入，农村经营形式也由"初级合作社"上升为"高级合作社"。1956 年 6 月 30 日，全国人大第一届三次会议通过了《高级农业生产合作社示范章程》。该章程规定，土地等生产资料归集体所有，不再有分配权。合作社全面实行"按劳分配"。

在整个过渡时期，从初级社发展到高级社，农村收入分配改革探索的目标就是起点的公平。随着我国农村社会主义改造的完成，土地转为国家和集体所有，减少了影响个人分配起点公平的先天因素，消除了拥有生产资料的私人获得非劳动收入的可能，为农村社会经济发展和分配公平奠定了坚实的基础。

（三）"平均主义"的农村居民收入分配制度（1958—1978 年）

随着农业的社会主义改造完成和第二个五年计划的开启，土地等主要生产要素被转归国家或集体所有。党中央希望建立一个理想的社会主义农业模式，即人民公社，实现农民的共同富裕。因此，自 1958 年开始，农村生产经

[①] 马克思，恩格斯. 马克思恩格斯全集：第 46 卷（上册）[M]. 中共中央编译局，译. 北京：人民出版社，1972：32.

营组合模式从高级社转变为"政社合一"的人民公社。人民公社时期大致分为两个阶段："大公社时期"和"三级所有，队为基础"的人民公社时期。

1958—1962年被称为"大公社"时期，该时期农业税的征收和农副产品的统购统销基本与人民公社化前一致，内部分配方式则是粮食供给制与工资制相结合。1959年年初，我国农村人民公社化基本实现。虽然人民公社制度的基础是按劳分配，但是，全国的大多数地区在实践中形成了按需分配体制，公社免费向全体社员供给口粮，即在公共食堂免费吃饭，社员的柴、米、油、盐等一切伙食费用都实行包干，免费供应，并且根据公社的经济条件和社员的消费情况，确定供给范围，实行吃、穿、住等各种各样的所谓"包"①。由于供给制成为主要的分配方式，各地公社的公共食堂难以为继。1959—1960年我国发生严重困难，全国各地出现大面积的"粮荒"现象。

为了缓解干部与农户间日趋紧张的矛盾，调整逐渐失衡的利益格局，中央开始关注农村分配问题。1962年2月13日，中央颁布《中共中央关于改变农村人民公社基本核算单位问题的指示》，调整了农村居民收入分配方式。人民公社开始实行"三级所有，队为基础"的核算体系。"三级所有"是指农业产品用于缴纳国家的农业税、提留集体公积金和公益金、实现生产队社员的收入三个部分。"队为基础'是指在公社内部实行三级核算，生产队是基本的核算单位。生产队有经营的自主权，有权支配自己的生产资料和劳动力，直接组织生产和收益分配，自负盈亏。在这个时期，农民个体的工资水平很低，占个人收入分配的比重小；供给制被废除，重新推行"工分制"；实行"三包一奖"责任制（包产、包工、包成本，超产奖励）。因此，1962—1978年这段时期被称为"三级所有，队为基础"的人民公社时期。

总之，在1978年以前，我国实行了长达20年的政社合一的农业生产经营制度。这一时期尽管我国在理论上强调按劳分配原则，但因经济体制等原因，在实际执行过程中并没有真正贯彻落实按劳分配，反而实行了"平均主义"，此阶段的按劳分配基本上背离了马克思按劳分配理论的原有之义，也没有实现促进公平和效率有机统一的目的。

---

① 伍仁. 人民公社和共产主义 [M]. 北京：工人出版社，1958：12.

二、改革开放后"按劳分配为主体与按要素分配并存"的农村居民收入分配制度时期（1978—2012 年）

1978—2012 年是改革开放和现代化建设时期，农村的收入分配制度也进行了一系列的理论与实践创新。

1978 年，党中央在总结教训的基础上对计划经济时期推行的具有"平均主义"特点的收入分配制度进行改革。邓小平在中央工作会议上指出："在国民经济发展上，计划分配制度起到了阻碍作用，要让一部分工人农民靠着自身的勤劳先富起来，这些人会起到示范积极作用，从而先富的带动后富的。这样，就会使全国各族人民都能富裕起来，使整个国民经济不断地波浪式地向前发展。"[①] 此后，我国农村地区开始推行家庭联产承包责任制，所有权归集体，承包经营权归农户，即"两权分离"。同时，实行以"按劳分配为主体，多种分配方式为补充"的分配原则。1979 年，中共中央实施了以联产计酬为特点的多种形式的生产责任制，包括包产到户、包工到户等。"包产"模式下，劳动成果采用工分形式由生产队统一分配，超产部分由社员户自留作为奖励，亏欠部分由社员户负责赔偿。1980 年 9 月，中共中央在《关于进一步加强和完善农业生产责任制的几个问题》中，确认"包产到户"属于社会主义性质。至此，包产到户的家庭联产承包责任制得以推广。但包产到户在实际的推广过程中，仍未从根本上突破旧体制的束缚。随着家庭联产承包责任制的不断完善，出现了"大包干"的形式，即不再统一核算与分配，而是交够国家的、留足集体的，剩余的都是自己的，之后这种形式逐渐成为家庭联产承包责任制的主要形式。

1992 年以后，我国进入市场经济时期。我国农村居民收入分配制度依然是家庭联产承包责任制。1993 年，中央明确提出农民第一轮承包责任制的土地使用权到期后可以再延长 30 年，这对农村的发展与农民收入的稳步增长起到决定性的积极作用。在该阶段，中共中央纠正并取消了某些地区损害农民

---

① 邓小平. 邓小平文选：第 2 卷 [M]. 北京：人民出版社，1994：152.

利益的"两田制"并进行了农业税费改革，减轻了农民的负担。2006 年，《农业税条例》被废除，在我国存在了长达 2 600 年的农业税至此画上句号。随着市场化和工业化的不断推进，农村剩余劳动力逐渐进入城市，工资性收入也成为农民收入的一部分。并且，随着生产要素市场不断健全和完善，农民的工资性收入不断增加，部分原先以经营性收入为主的农户转变为以工资性收入为主。

总之，1978 年改革开放以来，随着生产力水平的不断提高、市场经济的不断完善，我国农村居民的收入分配制度也在不断发展。在土地两权分离、家庭承包经营为主的双层经营体制下，以按劳分配为主体、多种分配方式并存的收入分配体制基本形成，并且有了更加具体的阶段性表现形式，如农户可以获得经营性收入（务农收入）、工资收入、财产性收入和转移支付收入等。该制度充分调动了亿万农民群众的生产积极性，农民整体生活水平也不断提高，为国民经济的持续快速发展提供了强力支撑，这是我国农村改革的重大成果，是带有根本性、基础性的成果。

三、新时代"坚持按劳分配原则，完善按要素分配体制机制"的农村居民收入分配制度时期（2012 年至今）

2017 年 10 月，党的十九次全国代表大会在北京成功举行。在新的历史方位，党中央依旧高度关注"三农"问题，并提出要深化农村改革。土地问题是农村改革的重中之重，因此，以习近平同志为核心的党中央对农村土地基本经营制度进行了新的探索与实践，实施土地的"三权分置"便是新一轮改革的重大制度创新。

近年来，随着生产力水平的不断提高和市场经济的日趋完善，农民的收入来源日趋多元化，土地对于人民的生计保障功能也呈现不断减退的趋势。农民大量涌入城镇，投入到二、三产业中，工资性收入逐渐成为农户家庭收入来源的主要部分。大多数农户将土地流转给他人经营，承包主体与经营主体分离的现象越来越普遍。面对这样的情况，中共中央实行了集体所有权、农户承包权、土地经营权"三权分置"并行的政策，即农村土地依旧归集体所有，农户享有的土地承包经营权分为承包权和经营权，所有权、承包权、经营权统一于农村的基本经营制度。该制度坚持了土地集体所有权，维护并实现了农民集体、承包农户以及新型经营主体的权益，为实现农业现代化、增加农民收入提供了新的路径和制度保证。

除解决农村土地经营问题以外，党的十九大还提出乡村振兴战略，指出要坚持农业农村优先发展，巩固和完善农村基本经营制度，保持土地承包关系稳定并长久不变，第二轮土地承包到期后再延长三十年[①]。2018 年以来，各地关于乡村振兴的具体规划也陆续出台，包括"培育新型农业经营主体"和"多渠道增加农民收入"等内容，旨在拓宽农民的收入渠道，促进农业的规模化、现代化，从而解决农民增收难、基本公共服务水平低以及农村人才短缺的问题。

总之，新时代农村基本经营制度就是在坚持土地集体所有的前提下，实行土地"三权分置"。农村居民收入分配制度就是坚持按劳分配原则，完善要素分配的体制机制。在现阶段，具体表现为农户在获得工资性收入的同时，还可以同时获得土地的租金以及其他的财产性收入和转移支付收入等。当前农村基本经营制度和农村居民收入问题是新时代"三农"工作的主要内容，为实现农业现代化、城乡协调发展以及全面建成小康社会提供了创新性的理论支撑。

---

① 习近平. 决胜全面建成小康社会，夺取新时代中国特色社会主义伟大胜利［N］. 人民日报：2017（10）.

本章小结

　　自 1949 年新中国成立以来，我国农村土地产权制度经历了从农地产权的
国有化和私有化并存向集体所有制的转变，农村土地集体所有制下的两权分
离与家庭联产承包责任制，以及农地集体所有制下农地"三权分置"改革的
深化等重大转变。我国农村生产经营制度，也经历了农村混合经营向集体经
营转变，农地"两权分离"的家庭承包经营为主的双层经营体制探索，以及
农地"三权分置"时期坚持土地集体所有制和家庭承包经营为主的新探索等
重大转变。我国农村居民收入分配制度也经历了国民经济恢复时期、过渡时
期、人民公社时期、现代化建设时期以及中国特色社会主义新时代五个历史
阶段。在不同的历史阶段，我们党始终坚持马克思主义的指导思想，结合我
国农村具体实际，努力解决我国农村发展中遇到的重大问题。通过不断调整
生产关系，不断解放和发展农村生产力，使得我国农村取得了巨大的成就。
新时代，我们要继续以习近平新时代中国特色社会主义思想为指导，在坚持
农村集体所有制的基础上，探索农地"三权分置"的有效实现形式，探索以
家庭经营为基础、新型农业经营主体不断发展壮大的新型统分结合的双层经
营体制，探索坚持按劳分配原则、完善要素分配的体制机制的新型农业居民
收入分配体系。

第四章
新中国非公有制经济制度变迁

  新中国成立 70 年以来，非公有制经济①经历了从有到无，又从无到有、从小到大、从弱到强的巨大变迁，总体上经历了三个阶段——从新中国建立到改革开放前（1949—1978 年）为第一阶段，从改革开放到党的十八大（1978—2012 年）为第二个阶段，从党的十八大以后（2012 年至今）为第三个阶段。无论是改革开放前以个体手工业、个体商贩和资本主义工商业形式存在的非公有制经济历史，还是改革开放后以个体经济、私营经济、外资经济为主的非公有制经济历史，抑或是进入新时代非公有制经济实现全面蓬勃发展的实践，都展现出了一段非公有制经济制度艰难曲折、改革创新、不断前行、努力探索的中国特色社会主义经济建设史。非公有经济制度的变迁，丰富了我国所有制结构，推动了中国特色社会主义经济制度的创新和发展，分析新中国成立以来非公有制经济制度的变迁具有重要的理论意义和实践意义。

---

① 本书主要研究新中国非公有制经济的制度变迁，时间跨度长、空间范围广，综合已有文献对非公有制经济的理解，本书将采用学界普遍接受的界定方法，将非公有制经济定义为公有制经济以外的其他经济成分，即主要表现为个体经济、私营经济、外资经济以及港澳台经济的经济形态。

第一节　改革开放前非公有制经济制度变迁（1949—1978 年）

新中国成立初始，中国共产党制定的《中国人民政治协商会议共同纲领》（以下简称《共同纲领》）允许国营经济、合作社经济、个体经济、私人资本主义经济、国家资本主义经济五种经济成分并存发展，此时党和国家对非公有制经济采取的是限制、利用政策。1956 年三大改造完成，标志着生产资料私有制转变为社会主义公有制，非公有制经济逐步消失。"文化大革命"开始后，党和国家对非公有制经济进行了最后的"大扫除"，非公有制经济走上了被取缔而逐步湮没的道路。分析改革开放前非公有制的变迁，更有利于党和国家把握正确的历史规律，为社会主义经济发展指引道路。

一、第一阶段：限制、利用阶段（1949—1952 年）

（一）限制、利用政策的前期演进

马克思和恩格斯看到了资本主义必将走向灭亡的历史命运，曾在《共产党宣言》中将共产党人的理论概括为消灭私有制，同时指出在创造现有社会所必需的大量的物质资料之前，私有制不会走向灭亡。党在新中国成立初期，充分吸收马克思主义理论，对非公有制经济采取限制、利用政策。

早在第一次国内革命时期，中国共产党就开始思考如何处理好与民族资本主义和民族资产阶级的关系。1931 年，中华苏维埃政府成立，中央政府在鼓励非公有制经济的发展方面制定了一系列的政策措施。毛泽东继承了马克思和恩格斯的基本思想，认为资本主义的灭亡不是一蹴而就的，要正确处理公有制经济与非公有制经济的关系。1934 年，毛泽东在瑞金召开第二次全国工农代表大会发表的报告《我们的经济政策》中指出私人经济的发展只要在法律范围内，就不应该阻止反而应当大力提倡①。1935 年，毛泽东在瓦窑堡会议上发表的《论反对日本帝国主义的策略》中指出要鼓励非帝国主义、非封建主义的私营经济的发展，保护民族资本主义工商业，保护工商业民族资产阶级②。1939 年，毛泽东发表《中国革命和中国共产党》指出新民主主义革命在一定程度上帮资本主义的发展扫清了道路，资本主义在中国社会中会有一个相当程度的发展，这是经济落后的中国在新民主革命取得胜利之后不可避免的结果③。1940 年，毛泽东在陕甘宁边区文化协会第一次代表大会上发表《新民主主义论》，指出要对私有资本采取适当限制的政策，使私有资本不能操纵国民经济，但与此同时毛泽东并不要求没收私人资本家的私有财产，允许私人资本在除银行、铁路、航道等以外其他行业的适当发展④。1947 年，毛泽东在陕北米脂县杨家沟召集中央委员会议，发表《目前形势和我们的任务》，指出地主阶级与封建主义、大资产阶级与垄断资本主义是新民主主义运动革命的对象，而对于中小资产阶级则应当保护其财产不受侵犯，引导其合法地经营⑤。这也表明党对待资本主义工商业的主要任务是保护而不是消灭，拿本国资本主义的发展去代替国外帝国主义和本国封建主义的压迫，不但有利于民族资本主义的发展，同时也有利于无产阶级发展壮大。

此时，中国共产党对民族资本主义采取温和的态度，对国外的私人资本也给予了充分的认可。早在 1944 年，毛泽东在同英国记者斯坦因的谈话中指出："不管是中国的还是外国的私人资本，战后的中国都会给予充分的发展机会，因为中国需要发展工业。"⑥ 事实证明，中国和外国的平等贸易关系促进了当时中国工业的快速恢复与发展，对国外资本给予认可的成功经验也为中国如何处理外资经济问题提供了经验借鉴。

在新民主主义革命时期秉承"发展生产、繁荣经济、公私兼顾、劳资两

---

① 毛泽东. 毛泽东选集：第 1 卷 [M]. 北京：人民出版社，1991：133.
② 毛泽东. 毛泽东选集：第 1 卷 [M]. 北京：人民出版社，1991：159.
③ 毛泽东. 毛泽东选集：第 2 卷 [M]. 北京：人民出版社，1991：647.
④ 全国工商联研究室. 民营经济重要文献汇编 [G]. 北京：[出版者不详]，2010：1.
⑤ 全国工商联研究室. 民营经济重要文献汇编 [G]. 北京：[出版者不详]，2010：3.
⑥ 全国工商联研究室. 民营经济重要文献汇编 [G]. 北京：[出版者不详]，2010：2.

利"的方针，允许国营经济、个体经济和私人经济共同发展，使国民经济得到快速恢复。前期成功经验为新中国成立后的非公有制经济政策提供了经验，也是新中国成立后对非公有制经济采取限制、利用政策的重要原因。

（二）限制、利用政策的推进

1. 关于私营经济的限制、利用政策

新民主主义社会如何处理资本主义工商业、如何对待民族资本以及民族资本家是恢复国民经济的关键一步。在这一历史时期，一切有利于国民经济恢复和发展的私营经济都要加以利用，一切不利于国民经济发展的私营经济都要加以限制，使其顺应社会主义事业的发展。

1949 年，周恩来领导起草的《中国人民政治协商会议共同纲领》是集中反映中国共产党关于中国社会经济制度、经济政策和经济发展方向的思想精华。《共同纲领》明确规定新民主主义社会经济是由国营经济、合作社经济、国家资本主义经济、私人资本主义经济和个体经济五种经济成分构成，明确指出对于国民经济有利的私营经济人民政府要采取鼓励和支持的政策。

1949 年 3 月，中共七届二中全会明确提出要对私人资本主义采取"限制、利用"政策。1949 年，为了团结好民族资产阶级，利用好资本主义工商业经济，刘少奇通过"天津之行"消除了私营业主对于发展私营工商业的顾虑。在"天津之行"中，刘少奇明确指出民族资产阶级是中国共产党争取的对象，在一定的时期内新民主主义经济政策允许私营工商业的发展，全党和全中国必须贯彻七届二中全会的重要精神，稳定民族资产阶级，携手民族资本家共同完成新民主主义社会向社会主义社会的过渡，对于对待民族资产阶级出现的"左"倾行为要给予严厉批评。刘少奇的"天津之行"代表中国共产党在适度发展非公有制经济方面做出了承诺，天津私营经济也取得了显著的进步，在 1949 年 6 月，天津新开张的厂店达到上千户，政府财政收入也达到了新中国成立前的最高水平。

1950 年 5 月，毛泽东在中共中央政治局会议上发表了"对私营工商业要有所不同、一视同仁"的讲话，指出由于私营工商业比较落后的性质，必须由国营经济占领导地位，这就是有所不同；而在其他原则上，私营工商业和国营经济应一视同仁，因为私营工商业满足了人们的日常需要，改善了工人阶级的生活，这一点是毋庸置疑的。1950 年，中共中央召开全国财政会议并发布《关于统一国家财政经济工作的决定》（以下简称《决定》）。《决定》要求中央财政经济委员会统一全国财政支出，由此减少了货币在市场上的流通量，抑制了通货膨胀，但由于财政支出、现金管理和物资调度的统一管理，私营经济遭到排挤，私营企业开始倒闭破产，工人下岗失业。针对这一现象，毛泽东发表"不看僧面看佛面"的著名讲话，指出要保护私营企业的发展，因为只有维持了私营企业的生产，才能保护好工人，使工人获得福利，所以必须把工作重心由统一财经转移到恢复和发展经济上。1950 年，新中国出台了第一部《私营企业暂行条例》，该条例的宗旨是在国营经济的领导下，鼓励并扶植有利于国民经济发展的非公有制经济，要求五种经济成分统筹兼顾、各得其所、分工合作。

这段时期，党在私人资本主义的活动范围、税收政策、市场价格和劳动条件等多方面采取适当限制的政策，也尽可能发挥私人资本主义的积极性，使私人资本主义朝有利于国民经济恢复的方向发展。正如毛泽东指出"限制和反限制"是新民主主义国家内部斗争的主要形式，党和国家既允许资本主义的存在和发展，但也决不允许像资本主义国家那样任资本主义泛滥发展而不受限制。

2. 关于个体经济的限制、利用政策

在 1949—1952 年期间，党中央积极鼓励建立合作社经济，把合作社经济放在国民经济的重要位置，但与此同时又强调个体经济的自主性。如何处理好个体经济与合作社经济的关系是党在新民主主义社会的重要任务。只有个体经济而没有合作社经济，就不能领导劳动人民实现由个体经济向集体经济的转化，就不能完成由新民主主义社会向社会主义过渡，就不能巩固无产阶级在新中国的领导权力；只有合作社经济而没有个体经济，就不能调动广大劳动群众的积极性。对于广大孤立的、分散的劳动群众，党中央要求根据自愿自利的原则，采取典型示范逐步推广的方法，鼓励支持他们积极发展合作事业，禁止采取强迫政策将个体所有制转变成社会主义集体所有制从而挫伤劳动人民的积极性。

党对个体经济的限制与利用，主要体现在不断发展合作社经济，让合作社经济在农业和手工业中占据主导地位，但同时又允许个体经济适当发展。1949年，毛泽东指出，合作社经济是国民经济的重要组成部分，党中央应该鼓励和支持广大劳动群众根据自愿自利的原则，采取典型示范、逐步推广的方法，积极发展合作事业，将个体所有制转变成社会主义集体所有制。1950年，中共中央财经委员会召开了全国合作社第一次代表会议。会议指出要把城乡独立生产的手工业者和家庭手工业者组织起来，组建手工业生产合作社，建立自己的生产、交换和销售渠道，由组织内部统一购买原材料和其他生产资料，避免商人从中牟利，提高产品的生产效率和交换效率。1951年，中华全国合作社联合总社拟定了《手工业生产合作社示范章程》和《手工业生产合作社联合社章程》，明确规定了手工业合作社成立的方针、政策、步骤和方法。1952年，中华全国合作社联合总社总结了组织管理合作社的经验和方法，强调要在与国民经济发展密切的行业中寻找有觉悟的手工业者，让他们尝试着组建手工业合作社。1952年，全国的手工业从业者达到736.4万人，全国手工业总产值达到73.17亿元，手工业合作社达到2 700多个，手工业合作社社员增长到25万多人[①]。

1951年，中央农村工作部部长邓子恢在全国第一次互助合作会议上指出，土地改革之后，农业经济中存在个体经济与互助合作经济两种经济形式，要注意不能挫伤个体农民的积极性，要按照自愿互利的原则，提倡广大农民组织起来进行农业互助合作运动，农业互助合作运动必须坚持稳步前进的方针，反对互助合作运动过程中采取消极态度或者冒进主义态度。1952年，参加农业互助组的农户达到4 536.4万户，参加农业生产合作社的农户为5.72万户，此时虽然全国组织起来的农户占全国农户总数的40%，但依然有60%的个体农户在农业经济中占有重要的位置[②]。

---

① 薄一波. 若干重大决策与事件回顾：上卷 [M]. 北京：中共中央党校出版社，1991：444-445.
② 陈吉元，陈家骥，杨勋. 中国农村社会经济变迁（1949—1989年）[M]. 太原：山西经济出版社，1993：121-122.

在新民主主义国家建立之后，毛泽东等老一辈革命家认识到由新民主主义向社会主义过渡是一个漫长的过程，为了最终实现社会主义的伟大目标，新民主主义社会有必要继承列宁的新经济政策思想，保护私有制，为社会主义公有制的普遍建立奠定坚实的物质基础。而实践证明，在新中国成立初期发展非公有制经济，不但有利于肃清国外的帝国主义和本国的封建主义，还有利于无产阶级队伍发展壮大。在1949—1952年国民经济恢复时期，党和国家对非公有制经济以限制、利用为主，此时国营经济、合作社经济、国家资本主义经济、私人资本主义经济、个体经济五种经济成分在国营经济的领导下并存发展，各种经济成分在国民经济中都有一定的发展，各自发挥着重要作用。经济成分及其占比情况如表4-1所示。

表4-1　经济成分及其占比情况① 　　　　单位:%

经济成分	国营工业	私营工业	个体手工业	公私合营工业	集体所有制工业
占比	41.6	30.6	20.5	4	3.3

二、第二阶段：改造、合作化阶段（1953—1956年）

（一）资本主义工商业的社会主义改造

1. 私营金融业率先进行社会主义改造

新中国成立初期私人金融资本家哄抬物价、牟取暴利，曾导致国内物价四次巨幅波动。由于私人资本家经营管理体系不成熟，加上国家推行"三反""五反"运动，很多银行企业不但不能获得利息，还损失本金，资不抵债，面临着倒闭和破产，加速了私营金融业的萎靡。1950年年初，一些力图改变困境的私人金融资本家开始寻求国家的帮助，希望能够实现公私合营。在这种背景下，对私营金融业进行社会主义改造进入最佳时机。1952年4月，中央经济委员会开始对私营金融业进行全面的整治，对资产大于负债的银行进行

---

① 杨书群，冯勇进. 建国以来我国对非公有制经济的认识及政策演变［J］. 经济与社会发展，2009，7（10）：18-22.

资产清理，实施公私合营；对于资不抵债的银行，责令其停业并逐步淘汰；对于自愿停业的银行，党和国家则对其提供指导与帮助。随后中央经济委员会出台关于私营金融业的相关政策，要求成立公私合营性质的联管机构对全部的公私合营银行和私营银行进行统一管理。1952年年底，以中央人民银行为代表的国家银行实现对金融业的统一监督和管理，确立了国家银行的主体地位，私营金融业逐步由"联合管理"走向"公私合营"，最终实现了金融业全行业的公私合营。在社会主义转型的背景下，私人金融业选择"公私合营"是唯一的生存道路，同时也使私人金融业走到了发展的尽头，通过在全行业的社会主义改造，私人资本家交出了经营权、财务权以及人事权，表面上的"公私合营"，实际上已经把管理权交到了国家的手上，金融业成为第一个完成全行业社会主义改造的经济部门。

2. 私营工商业在资本主义工商业公私合营运动中逐步消亡

在新中国成立初期，我国对非公有制经济主要采取"限制、利用"的政策，在一定程度上保护了民族工商业。随着国民经济的恢复与发展，资本主义工商业的存在与社会主义经济事业的发展存在一定冲突，对资本主义工商业进行社会主义改造成为过渡时期总路线的战略任务之一。

1953年，李维汉在向毛泽东报送的《资本主义工业中的公私关系》报告中提出国家资本主义是我们限制、利用资本主义工商业的主要形式，也是将资本主义工业过渡到社会主义的主要形式，随后中共中央政治局召开两次扩大会议，会议对李维汉的报告做了深入的讨论，毛泽东发表了系列讲话，指出确定对资本主义工商业进行社会主义改造是党在过渡时期的重要任务。1954年9月，《中华人民共和国宪法》明确规定要将资本主义工商业转变为各种形式的国家资本主义，为资本主义工商业的公私合营运动、实现全民所有制代替资本主义私有制提供了法律保障。

这一时期公私合营工作取得了巨大的胜利。1954年年初，公私合营的企业达到了905家，到年年底公私合营的企业就超过了1 746家，公私合营企业的总产值占私营工业总产值的33%，占全国工业总产值的12.3%①。不过，此时实现公私合营的企业大多数是大企业，一些分散的、落后的中小型企业开始出现经营困难，甚至面临破产和倒闭，于是中共中央提出了要"通盘规划、统一安排"的方针，要求能个别合营的企业就采取个别合营，不能个别合营的就采取以大代小、以优带劣的联合合并方式，将联合合并与合营相结合，对于没有条件进行改组合营的企业，可以有步骤地吸纳其从业人员，实现逐步淘汰。

在公私合营的迅速推进之际，工商界资本家开始出现不安情绪。为了稳定民族资本家，1955年毛泽东出席中华全国工商业联合执委会的座谈会时提出"逐步、和平改造资本主义工商业"的方针，系统地阐述了"和平赎买"政策，并指出对自觉进行社会主义改造的资本家，党和国家将在政治上和工作上给予安排。此次会议稳定了民族资本家的情绪，使他们对公私合营运动后的生活消除了后顾之忧，全国由此掀起了资本主义工商业公私合营的高潮，同时也加速了私营工商业的消亡。

在全社会公私合营开展的高潮之际，毛泽东设想到1957年年底可以使90%的工商业完成公私合营任务，到1962年全中国将完成资本主义工商业的改造任务，私营工商业将全面消亡。1956年1月，毛泽东在最高国务会议第六次会议上指出农业和手工业由个体的所有制变为社会主义的集体所有制，私营工商业由资本主义所有制变为社会主义所有制，必然使生产力大大地获得解放，这样就为大大地发展工业和农业的生产创造了社会条件。在1956年年初，全国原有私营工业企业8.8万户，职工人数131万人，总产值726 600万元；到1956年年底，有99%的私营工业企业实现了所有制改造，其中有64.23%的企业实现公私合营。1956年年初全国原有私营商业企业242.3万户，从业人员313.8万人，总产值84 100万元；1956年年底有82.2%的户数、85.1%的从业人员以及99.3%的资本额实现了所有制的改造，其中私营饮食业有86%的企业实现了公司合营，服务业有77.6%的企业实现了公司合

① 沙健孙. 中国共产党和资本主义、资产阶级 [M]. 济南：山东人民出版社：2005：656.

营，交通运输业基本实现了全行业的公司合营①。

1953—1956 年，资本主义工商业公私合营运动由国家资本主义初级形式逐步推进到国家资本主义高级形式，由最初个别合营的阶段进入全行业公私合营阶段，后期党和国家对资本主义生产资料进行和平赎买，私营工商业逐渐走向消亡。到 1957 年，在国民收入的比重中，国营经济占 33%，合作社经济占 56%，公私合营经济占 8%，个体经济和资本主义经济占 3%②。这标志着资本主义工商业社会主义改造基本完成，非公有制经济实际上走向消亡。

（二）个体经济的社会主义改造

1. 农民个体所有制通过农业合作化运动转变为社会主义集体所有制

1953 年 2 月，中共中央出台的《关于农业生产互助合作的协议》明确规定发展农业互助组的过程中要坚持"自愿互利、循序渐进"的原则。在社会主义改造前期，党中央对农业中的个体所有制经济给予了正确对待，对单干农民给予教育和支持，正确处理了国家、农业合作社和农民之间的关系。

1953 年下半年，由于统购统销政策的出台，全国的粮食问题、农业问题日益突出，阻碍了工业化的发展，与工业化进程不匹配，党和国家认为对症下药的唯一方法就是鼓励农民走上合作化的道路，由农民个体所有制转变为社会主义集体所有制。1953 年 12 月 中共中央出台《关于发展农业生产合作社的决议》，明确指出孤立的、分散的、落后的、小规模的农民个体经济增产有限，阻碍了农村生产力的发展，与社会主义工业化不匹配；党在农村中的根本任务，就是督促广大农民朋友组织起来，进行大规模的农业生产合作运动，逐步实现对农业的社会主义改造，将农民个体所有制转变为社会主义集体所有制。

1954 年，在农业合作化运动初步取得成功时，开始出现冒进主义倾向，偏离了"积极引导、稳步前进"的工作方针。到 1956 年年底，占全国总数 96%的农户都加入了合作社，其中加入高级社的农户占 87%，标志着农业社

---

① 中央工商行政管理局，中国科学院经济研究所. 中国资本主义工商业社会主义改造 [M]. 北京：人民出版社，1962：219—221.

② 沙健孙. 中国共产党和资本主义、资产阶级 [M]. 济南：山东人民出版社，2005：538.

会主义改造基本完成，农民个体所有制转变为社会主义集体所有制。农业合作化过程中出现的冒进主义加速了农民个体所有制向社会主义集体所有制的转变，加快了农业个体经济消亡的速度。农村合作化运动使农民摆脱了封建地主土地私有制的阶级剥削，使农村发展生产的积极性空前高涨，为农村基础设施建设、农业科技的发展创造了物质基础，但是农业合作化过程中急躁冒进、盲目自信、形式简单化也导致了很多历史遗留问题，农民个体所有制转变为社会主义集体所有制，使农民刚刚获得的土地私有权得而复失，严重影响了他们的生产积极性。

2. 手工业个体所有制通过手工业合作化运动转变为社会主义集体所有制

对手工业进行社会主义改造是过渡时期总路线的战略任务之一。早在 1950 年，中共中央财经委员会召开的全国合作社工作者第一次代表会议就指出要把城乡独立生产的手工业者和家庭手工业者组织起来，组建手工业生产合作社。此时，虽然提出组织建立合作社，但手工业个体经济依然处于自由的状态。

1953 年，国民经济建设第一个五年计划确立，手工业合作社也从代表人物的试办进入全面建设的新阶段，中华全国合作社联合总社明确提出了手工业社会主义改造要逐步实现手工业生产小组、手工业供销生产合作社和手工业合作社三种形式。手工业生产小组依然保持原来的生产关系不变，采取分散生产方式，仅从供销方面把手工业者组织起来，是手工业生产合作社最低级的形式，此时手工业个体经济依然有生产的自由。手工业供销生产合作社是对手工业进行社会主义改造期间的过渡形式，其特点是生产资料私有，分散生产，在生产环节开始出现手工业集中生产，统一购置生产工具。手工业合作社实现了由分散生产到集中生产，实现了生产资料公有或半公有，并实施按劳分配的原则，这是社会主义改造阶段的高级形式。手工业社会主义改造的三种形式，集中体现了手工业个体经济演变为集体经济的程度以及手工业个体经济消亡的过程。

1954 年 6 月，党中央向全国各地再次转发了中华全国合作社联合总社发布的《关于第三次全国手工业生产合作会议的报告》，强调各地要根据当地的实际情况，落实好开办手工业合作社的工作，各地政府也必须把手工业经济

视为地方工业经济的重要组成部分。1954 年 11 月，在中华全国合作社联合总社的基础上，党中央又成立了手工业管理局专门管理手工业事务，手工业合作社迅速发展。1953—1954 年，全国手工业合作社的数目翻了 7 倍，多达 4.17 万个；全国社员人数翻了 2.7 倍，高达 113 万人；手工业生产总值翻了 1.2 倍，高达 11.6 亿元；各省各市的手工业管理局数目也在直线上升，覆盖面积多达 20 多个省市①。合作社数目的不断增加，表明手工业个体所有制转变为社会主义集体所有制的速度不断加快，个体经济逐步消亡。

1955 年，中华全国合作社联合总社组织召开了全国合作社第五次手工业生产工作会议，党中央在"时间拉长了，问题反而更多"的冒进主义思想指导下，要求手工业的社会主义改造速度应赶超农业的社会主义改造，应该迅速把分散的、个体的手工业者团结组织起来，提出手工业合作社在 1957 年要达到 80%，手工业合作化必须在 1957 年全部完成的任务。1956 年，全国手工业合作化达到高潮阶段，在 1956 年 6 月底，在全国组织起来的手工业者已经占手工业者总数的 90%，手工业合作社的数目超过 9.91 万个，社员人数达到 509.1 万人②。同年，党中央、国务院在发布的《国务院关于对私营工商业、手工业、私营运输业的社会主义改造中若干问题的指示》中指出要提高手工业合作社社员的工资，工资水平应该保证在合作化之前的水平之上；若出现工资水平下降，要求退出合作社的成员，应当批准其退社，且归还全部生产资料和入社现金，但要严厉打击强制退社的行为。这项指示的出台，激发了人们加入手工业合作社的积极性，再加上在全国手工业社会主义改造期间，对主要的农业产品和工业产品实施统购统销、统购包销的政策，导致原材料的供应方面出现了困难，个体手工业者面临的情况更加严峻，个体手工业者开始自愿加入合作社来改变困境，这一系列举措无形之中加速了手工业个体所有制向社会主义集体所有制的转变。在 1956 年年底，手工业基本完成了社会主义改造，手工业个体所有制基本完全转变为社会主义集体所有制。

---

① 中华全国手工业合作社. 中国手工业合作化和城镇集体工业的发展 [M]. 北京：中共党史出版社，1992：9.
② 薄一波. 若干重大决策与事件的回顾 [M]. 北京：中共中央党校出版社，1991：449.

（一）"大跃进"运动时期非公有制经济逐步被取缔

"大跃进"运动发端于 1955 年开始的"小冒进"，1955 年毛泽东指责农业合作化就像"裹脚女人"一样速度太慢，并提出了"多、快、好、省"的社会主义建设方针。1957 年，毛泽东参加"十月革命"四十周年庆典时对赫鲁晓夫说，要在 15 年内赶超英国，社会主义建设就必须"冒一点"。1958 年《人民日报》发表了要用 15 年的时间在钢铁以及其他工业品上赶超英国，用 30 年的时间赶超美国的社评。在这样的经济形势下，仅存的个体经济和私营经济似乎与工农业提出的高额产量不相匹配，要求对非公有制经济进行逐步取缔。

1958 年，中共中央政治局在农业建设中提出了"以粮食为纲，全面发展"的方针，要求在全国普遍实现人民公社化，对人民公社实行军事化管理，以满足大额的农业产量需求，不允许农民拥有自留地，禁止农民从事农产品贸易以及相关副业，要求农户将私有房产、家畜、林地等生产生活资料全部转为全社所有，这种方式以行政手段剥夺了农民的生活资料和生产资料，无疑消灭了农村仅存的个体经济。

1958 年，中共中央、国务院发布《中共中央关于继续加强对残存的私营工业、个体手工业和对小商小贩进行社会主义改造的指示》，对城市仅存的个体经济和私营工商业也进行了严厉的改造与取缔。该项指示要求以行政手段没收居民私人财产，对全体居民实行统一管理，禁止任何地下工厂、地下商业的开办，要求尽快把小商小贩改组为替国营商店代购代销的合作小组或者合作商店，对任何投机倒把的私人副业都要进行严厉的查处。在这一系列改造政策下，城市小商小贩的数量由 1957 年的 356 万人下降至 1959 年的 206 万人，到 1960 年，仅存的 90 万小商小贩也以合作小组和合作社的形式存在，由国家统一经营核算①，个体经济和私营经济遭到严重破坏。

---

① 万典武. 当代中国商业简史［M］. 北京：中国商业出版社，1998：130.

1963—1966 年，中共中央在全国开展社会主义教育运动，即在农村开展清理工分、清理账目、清理仓库、清理财务的"四清运动"，在城市私营企业中开展反行贿、反偷税漏税、反盗骗国家财产、反偷工减料、反盗骗国家经济情报的"五反运动"，严格管理大中城市的集市贸易，对投机倒把的行为进行严厉的打击，1965 年上半年，全国大部分县城完成了"四清运动"，个体经济和私营经济基本被扫清。1966 年中共中央发表的《关于当前反对资本主义势力的斗争和加强市场管理的报告》明确规定凡是不能进入集市售卖的农产品，一律不准流入集市，严厉打击黑市贸易，非公有制经济逐步被取缔。

"大跃进"期间企业管理混乱，经济结构严重失调，资源过度浪费，粮食问题日益突出，社员非正常死亡数增加，非公有制经济遭到严重破坏。党和国家认为资产阶级剥削者正在逐渐演变为公私合营企业的管理者，成为自食其力的劳动者，但是他们剥削阶级的本性仍然没有消除，他们的思想与工人阶级相比依然有很大的距离，虽然处理工人阶级和民族资产阶级的矛盾是人民的内部问题，但是这个问题依然没有得到解决，而且还需要很长的时间对资产阶级分子进行思想上的改造。对主要矛盾的判断失误，直接导致党和国家对非公有制经济的政策措施出现严重的偏差。随着"左"倾错误的不断加剧，对我国主要矛盾的判断严重偏离正常轨道，无产阶级和资产阶级的斗争成为党和国家的工作重心，阶级斗争全面升级，非公有制经济逐步被取缔。

（二）"文化大革命"时期非公有制经济的湮没

1966 年 5 月至 1976 年 10 月的"文化大革命"期间，非公有制经济的发展受到一系列严重影响。1966 年 6 月，人民日报发表社论明确提出"破四旧"：第一，改换旧商店和服务业中的陈规陋习；第二，取消资本家定息收入，将公私合营企业改为国营企业；第三，大型合作商店改为国营商店；第四，独立劳动者必须参加合作小组或合作社，小商小贩必须接受国家管理，替国营商店代购代销。后来"文化大革命"的风潮又从城市席卷至农村，在农村社员盲目追求"一大二公"，扩大社队规模，推行错误的平均主义分配方式，削减经济作物的种植面积，破坏等价交换的原则，严厉打击农民的家庭副业。非公有制经济进入湮没时期。

1970 年，中共中央发表《关于反对贪污盗窃、投机倒把的指示》，明确规定限制城乡个体经济的存在与发展：第一，任何个人和单位都禁止从事商业活动；第二，加强集市管理，未经许可的商品不能进行市场交换；第三，任何单位未经许可不得单独采购物品；第四，一切地下贸易活动必须严厉打击。在这样的政治环境中，1966—1970 年，全国商业人员由 805 万人下降至 775 万人，个体工商业者由 156 万人下降至 96 万人[①]。

在农村，定期检查和审核农村自留地，严厉打击私自扩大土地耕种面积的行为，定期清查家畜数量，严厉打击私自买卖投机倒把的贸易行为，禁止农民从事任何个体劳动和家庭副业，农村的个体经济和副业经济再一次进入全面湮没状态。在城市，公私合营企业改造为国营企业，小商小贩只能为国营商店代购代销，个体劳动者必须加入合作小组或者合作社，严厉打击各种资本主义经营作风，绝对禁止发展批发业务，交易活动必须在既定的经营范围、既定的活动地点、既定的人数、既定的价格下经营，限制有证商贩的发展，坚决取缔无证商贩。

"文化大革命"开始以后，公有制经济和非公有制经济从此对立起来，非公有制经济被坚决予以铲除，国民经济遭到重创。在 1976 年年底，全国的农村集市由 1965 年的 7 770 个减少到 2 927 个，即使有幸存的集市，能够贸易的商品也是少之又少，导致农村个体经济处于灭绝的边缘，全国的个体工商业者只剩下 19 万人，相比"文化大革命"之前减少了 87.8%，私营经济消失殆尽。1978 年，在全国工业总产值中，全民所有制企业占 77.6%，集体经济占 22.4%，非公有制经济几乎完全被湮没[②]。

---

① 黄孟复. 中国民营经济史·世纪本末 [M]. 北京：中华工商联合出版社，2010：134.
② 张厚义，明立志. 中国私营企业发展报告（1978—1998）[M]. 北京：社会科学文献出版社，1999：92.

第二节　改革开放后非公有制经济制度变迁（1979—2012年）

改革开放后非公有制经济能够得到恢复和发展，与前期的思想解放运动息息相关。关于"真理"问题的讨论破除了"两个凡是"的束缚，促使了人们解放思想，解决了思想问题和认识问题。伴随党的十一届三中全会的召开，党中央在稳定国民经济、调整经济体制、调整农业经济方面做出了重大决策，标志着全党的工作重心由"以阶级斗争为纲"转移到社会主义现代化建设，是具有深远意义的伟大革命，为非公有制经济的发展提供了先决条件。同时，邓小平发表允许部分地区和企业先富起来，先富带后富，最终实现共同富裕的著名讲话，激发了非公有制经济人士创造社会财富、追求美好生活的热情。这一系列伟大举措，为改革开放后非公有制经济的发展打开了大门，非公有制经济走向了恢复发展、平稳发展、飞速发展的道路。

一、第一阶段：非公有制经济恢复发展阶段（1979—1992年）

（一）乡镇企业异军突起

改革开放后，非公有制经济的恢复，发端于乡镇企业的诞生与发展。乡镇企业是私营经济的重要来源之一。1979年7月3日，党中央颁布了新中国成立以来第一个关于指导社队企业（社队企业是乡镇企业的前身）发展的文件《国务院关于发展社队企业若干问题的规定（试行草案）》，文件规定了社队企业的发展路线以及一系列方针政策。在计划经济时期，为了使乡镇企业更加灵活自主，党中央要求除必须按照国家统一计划执行的事务以外，允许乡镇企业自行采购、自行销售以及自定价格，因此，乡镇企业是最早进入市场经济的企业。随着中央对乡镇企业发展的不断推进，乡镇企业异军突起。1978—1983年，乡镇企业的从业人员由2 827万人增加到3 235万人，乡镇企业总产值约增加到基年的两倍，由 515 亿元增加到 1 019 亿元[①]。1983 年，党中央取消了人民公社并建立了乡镇政府，社队企业也正式演变为乡镇企业。乡镇企业包含乡办企业、村办企业、合作企业以及个体企业等多种所有制企业，不但能解决农村劳动力的就业问题，还可以积累资金，为农村的现代化提供资金支持——乡镇企业在农村建设中扮演着重要的角色。1984 年党中央发布的《关于 1984 年农村工作的通知》指出，鼓励农民在自愿自利的原则下将分散的资金统筹起来兴办企业，任何人和组织不得采取强迫政策，激发了农民兴办乡镇企业的热情。1985 年，党中央出台了鼓励乡镇企业发展的十六字方针，即"积极扶持、合理规划、正确引导、加强管理"，乡镇企业进入新一轮的快速发展阶段。从 1983 年到 1988 年，乡镇企业的数量由 135 万个增加到 1 888 万个，增加近 13 倍之多；就业人数由 3 235 万人增加到 9 545 万人，增长近 2 倍；总产值达到了 7 018 亿元，利润达到 526 亿元。后期，乡镇企业的总产值逐步增加，1992 年乡镇企业的总产值达到了 18 051 亿元，在 1996 年达到了 76 778 亿元。乡镇企业不但在总产值方面做出了重大的贡献，还吸纳了大量的剩余劳动力——1994 年乡镇企业吸纳农村劳动力 2 867 万人，1996 年吸纳农村劳动力 3 859 万人[②]，解决了中国农村主要的劳动力就业问题。1996 年，我国制定了第一个保护乡镇企业的法律——《中华人民共和国乡镇企业法》，乡镇企业的地位得到了法律的认可，乡镇企业经济由兴起进入快速发展的高峰时期。

（二）个体经济的兴起

十年"文化大革命"严重破坏了我国的国民经济，个体经济、私营经济被作为资本主义的残余扫除殆尽，加上这段时期人口过度增长，导致大量的劳动力找不到工作，就业问题亟待解决。1978 年，在农村允许农民保留自留地、发展家庭副业以及农村集市贸易，实际上就是恢复了农村的个体经济。1979 年，党中央召开了第一次国家工商管理局局长会议，会议指出可以根据

---

① 刘仲藜. 奠基——新中国经济五十年 [M]. 北京：中国财政经济出版社，1999：255.
② 黄孟复. 中国民营经济史·世纪本末 [M]. 北京：中华工商联合出版社，2010：199-201.

各地实际情况的需要，允许个体闲散户特别是回城知识青年从事服务业、手工业等个体劳动，指出个体经济可以适当发展，但是不允许存在"雇工"现象，个体经济开始兴起。1979 年 9 月 29 日，叶剑英委员长在国庆讲话中明确指出，我国的社会主义制度还处于"幼年时期"，"目前在有限范围内继续存在的城乡劳动者的个体经济，是社会主义公有制经济的附属和补充"①，表明个体经济的政治地位得到提升。1980 年，党中央发布《进一步做好城镇劳动就业工作》，指出不能对个体经济有歧视行为，应当鼓励和支持个体经济的发展，任何为社会主义事业奉献的个体劳动者，都应该受到尊重，这从思想上解除了对个体经济的束缚。1981 年 6 月，党的十一届六中全会通过《关于建国以来党的若干历史问题的决议》，提出"国营经济和集体经济是我国的基本经济形式，在一定范围的劳动者的个体经济是公有制经济的必要补充"②。此次会议表明在公有制占绝对优势的条件下，个体经济由附属和补偿地位上升为必要的补充地位，同年，党中央提出特殊的技艺和特殊的行业允许存在不超过 5 个雇工，表明我国在发展非公有制经济的探索上又前进了一步。1983 年，党中央又针对个别地区对个体商户乱收乱罚的行为出台了一系列保护政策，切实做到保护个体商户的利益，极大地鼓舞了个体散户从事个体经济的信心。同年，中国人民银行对个体经济和集体经济采取了相同的贷款率（月息 7.2‰），个体经济和集体经济在贷款率上享有了平等的地位。1986 年，多个个体劳动者协会在全国成立，从此城乡个体劳动者有了自己的全国性组织，组织广泛代表了个体劳动者利益，切实反映个体劳动者的意见，具有广泛的群众代表性。随后党中央又不断出台促进个体经济发展的政策和措施，个体经济迎来了发展的高峰期，从 1979 年到 1984 年，个体工商户的从业人数大幅增加（见表 4-2）③，个体经济又重获新生，得到了迅速的发展，成为社会主义市场经济的重要组成部分。

---

① 中共中央文献研究室. 三中全会以来重要文献选编 [M]. 北京：人民出版社，2010：211.
② 中共中央文献研究室. 三中全会以来重要文献选编 [M]. 北京：人民出版社，2010：840-841.
③ 黄孟复. 中国民营经济史·世纪本末 [M]. 北京：中华工商联合出版社，2010：175-181.

表 4-2　个体工商户从业人数　　　　　　单位：万人

年份	1979	1980	1981	1982	1983	1984
人数	31	81	227	320	746	1 000

（三）私营经济的诞生

1982 年，在对"傻子瓜子"的争议事件中，党的十二大报告明确提出在农村和城市，要鼓励劳动者个体经济在国家规定的范围内和工商局行政管理的条件下适当发展，个体经济是公有制经济必要的、有益的补充。十二大完善了"两个补充"的内容，进一步明确了对个体经济指导和帮扶的方针政策，再次表明对个体经济的认可态度。不过，此时自发成长起来的私营企业却遭遇尴尬境地，当时温州柳市镇出现的被称为"八大王"的精英私营业主，却被判重大经济犯罪而锒铛入狱。关于私营企业的争论一直到党的十三大才彻底解决。1987 年，党在十三大报告中指出私营经济一定程度地发展，有利于促进生产、活跃市场、扩大就业，更好地满足人民多方面的生活需求，是公有制经济必要的、有益的补充。十三大第一次确认了私营经济的地位，将私营经济确定为公有制经济必要的有益的补充。1988 年，七届全国人大一次会议将"私营经济是社会主义公有制经济的补充，国家保护私营经济的合法权利和利益"写进了宪法，标志着"私营经济"这个名词从此出现在中国政治的舞台上。作为私营经济的摇篮，温州经济模式也就是在当时应运而生。第一代民营企业家——柳传志、鲁冠球、年广久等也开始了他们的"草根创业"计划。民营企业家群体开始崭露头角。

（四）创立经济特区与外资经济的兴起

创立经济特区是对外开放时期的伟大创举。经济特区要求在坚持四项基本原则和不损害祖国领土主权的前提下，采取市场调节的经济机制，引进国外的资金和先进的管理技术为特区服务。这促进了外资经济的兴起。1979 年，广东省委书记在向中央汇报工作时指出希望中央能够下放更多的自主权利，让广东在对外经济活动中可以自主经营、创立自主出口加工区等。1980 年《广东、福建两省会议纪要》中正式提出了"经济特区"的定名，同年，《广

东省经济特区条例》完成了经济特区的立法程序，中国经济特区正式成立。国务院批准了首批经济特区：深圳、珠海、汕头和厦门。经过调整，深圳、珠海、汕头和厦门的特区面积都达到近百平方千米，但此时对于成功创立的经济特区，有人却提出了姓"资"和姓"社"的问题。1983 年，胡耀邦指出经济特区是新生事物，特事特办，但是仍然要坚持党的基本立场不变、社会主义的立场不变。1984 年邓小平进一步提出创办经济特区有利于引进国外的先进技术，有利于学习国外的管理方法从而获得新知识，有利于扩大我国对外的影响，使中国从各个方面获得好处。经济特区的创立，吸引了大量海外资本来华创业投资，外资经济开始兴起。

（五）工商联的重建

工商联是中国共产党统一战线的重要组织，无论在协助执行党中央的工商业政策方面，还是在进行工商培训、教育工商业人员方面都发挥着重要的作用，为非公有制经济的发展做出了重要的贡献。1966 年，受到"红卫兵"的影响，全国工商联组织被扣上了"资本主义"的帽子，被称为反动的资本家，大批工商联领导接连遭到迫害。全国工商联于 1966 年 8 月 24 日正式停办。在"文革"十年期间，全国工商联一直处于瘫痪状态。从 1960 年到 1979 年从未举办过代表大会。1979 年，中共中央批转了《关于对原工商业者的若干具体政策的规定》，指出对待原工商业者要一视同仁，允许他们参加工会、担任领导干部、评职称，恢复原工商业者的工资，对于"文化大革命"期间扣发的工资进行补发，对原二商业者称呼"资本家"的行为要进行坚决的反对。同年，第四届全国工商联合代表大会召开，此次参加会议的有 2 533 人，包括八个民主党派的代表以及全国工商联大会的代表，此次会议秉承党的十一届三中全会"解放思想，开动脑筋，实事求是，团结一致向前看"的思想，明确了全国工商联合会的主要工作。1979 年 10 月 22 日，《中国工商业联合会章程》重新解读了全国工商联的性质和任务，指出中国工商业联合会是在中国共产党领导下的工商界的人民团体，主要由工商界的社会主义劳动者、拥护社会主义的爱国者和拥护祖国统一的爱国者组成，中国工商业联合会的主要任务是团结和组织全体会员贯彻执行新时期的总任务，实现社会主义现代化。1988 年，中国工商业联合会共拥有 73 000 名新成员，其中有 12 887 家国营企业的代表、15 064 家集体企业的代表、5 645 家乡镇企业的代表、719 家"三资"企业的代表以及 1 049 家其他企业的代表[1]，工商联逐渐演变成由多种经济成分组成的民间团体组织。1991 年，党中央发布了中央 15 号文件《中共中央批转中央统战部〈关于工商联若干问题的请示〉的通知》，提出在社会主义初级阶段非公有制经济作为公有制经济的有益补充将在社会主义商品经济中长期存在、适当发展。在新的全国工商业联合会中，个体户、私营企业主以及外资企业主占据了主要地位，工商业联合会不但是党中央统一战线的爱国组织，而且是为非公有制经济代表人士服务的民间组织，集统战性、经济性与民间性于一体，在非公有制经济发展过程中扮演着越来越重要的角色。

（六）邓小平南方谈话后非公有制经济迎来春天

20 世纪 80 年代末期东欧剧变，苏联解体。此时中国大力创办经济特区，发展外资经济、乡镇企业经济，在农村实行家庭联产承包责任制，发展个体经济以及私营经济，引发人们对什么是社会主义、如何建设社会主义和发展社会主义提出了一系列问题。有人认为私营企业、个体经济、乡镇企业经济和外资经济是资产阶级自由化的根源，甚至出现姓"资"和姓"社"的争论，影响了非公有制经济正常发展。数据显示，1988—1989 年，个体工商户由 1 452.7 万户下降至 1 247.1 万户，从业人员由 2 304.9 万人下降至 1 941.4 万人，私营企业由 9.06 万户下降至 8.8 万户[2]。

1992 年 1 月 18 日，邓小平在改革开放的关键之际视察了南方多个地区，并发表了系列讲话。邓小平南方谈话要求坚持市场经济的方向，从根本上改革阻碍生产力发展的经济体制，坚持"发展才是硬道理"，把是否有利于发展社会主义生产力、是否有利于增强社会主义国家的综合国力、是否有利于提高人们的生活水平作为唯一的判断标准；提出要贯彻十一届三中全会的精神，以经济建设为中心，解放生产力、发展生产力；提出要坚持基本路线一百年

---

[1]　薛暮桥. 建立和发展行业民间自治团体 [M]. 北京：中华工商联合出版社，2003：509.

[2]　张厚义，明立志. 中国私营企业发展报告（1978—1998）[M]. 北京：社会科学文献出版社，1999：42.

不动摇，只有发展才是硬道理，科技就是第一生产力，中国要警惕右的思想，但更要防止"左"倾错误等著名论断；回答了姓"资"和姓"社"的问题。此后，非公有制经济又迎来了发展的春天。1992 年年底，个体工商户达到 1 533.9 万户，从业人员达到 2 467.7 万人，私营企业达到 13.9 万户，从业人员达到 231.9 万人[1]。

二、第二阶段：非公有制经济平稳发展阶段（1992—2002 年）

（一）非公有制经济的法律地位的确立

1992 年，中国共产党第十四次全国代表大会提出建立社会主义市场经济体制，从此社会主义市场经济的发展开始了新征程。十四大报告指出社会主义市场经济体制是同社会主义基本制度结合在一起的，在所有制结构上以包括全民所有制和集体所有制在内的公有制为主体，个体经济、私营经济、外资经济为补充，多种经济成分长期共同发展。社会主义市场经济的确立解除了计划和市场作为划分社会主义和资本主义的标准的束缚，指出计划和市场是调节经济的手段，发展了社会主义商品经济理论。1993 年，我国把发展社会主义市场经济写入了宪法，国家应该扮演好经济立法和宏观调控的角色，从此"市场"作为资源配置的方式得到了法律的认可，也为非公有制经济平等参与国民经济竞争提供了法律保障。十四届三中全会发布了《中共中央关于建立社会主义市场经济体制若干问题的决定》（以下简称《决定》），《决定》指出建立社会主义市场经济体制就是要使市场在国家宏观调控的政策下对资源配置起基础性作用，因此必须坚持多种经济成分长期共同发展的政策方针。在各项制度逐渐完善的背景下，一些民营企业开始力求在 A 股市场上市，民企上市开始步入起步阶段，非公有制企业开始了"二次创业"，由"求生存"的道路走向"求发展"的道路，企业业主也由"农民、待业青年、无业人员"转变为"大学教授、大学生、党政机关退休人员"。例如当时的吉利

---

① 黄孟复. 中国民营经济史·世纪之末 [M]. 北京：中华工商联合出版社，2010：248.

汽车企业快速发展，华为集团也开始"二次"创业，民生银行成为第一家民营银行，等等。十四大市场经济体制的确立，调动了个体户、私营业主和外资企业管理者建设中国社会主义事业的积极性，使得非公有制经济在国民经济中取得了合法的地位，各项事业逐步稳定地发展。

从 1982 年党的十二大提出个体经济是公有制经济"必要的、有益的"补充，1987 年党的十三大提出私营经济是公有制经济"必要的、有益的"补充，1992 年党的十四大提出外资经济是公有制经济的补充，并且确立了多种经济成分长期共同发展的方针，到 1997 年党的十五大报告明确提出以公有制为主体、多种所有制经济共同发展是我国社会主义初级阶段的一项基本经济制度，非公有制经济的地位由必要的、有益的补充上升为社会主义市场经济的重要组成部分，由"体制外"转变为"体制内"，不再作为社会主义市场经济的"附加"部分。1999 年，全国人大九届二次会议通过的宪法修正案，将"非公有制经济人士是中国特色社会主义的建设者"写入宪法，标志着非公有制经济人士的宪法地位得到确认。非公有制经济发展和非公有制经济人士的成长，对满足人们多样化需求、增加就业、促进国民经济发展具有重要作用，标志着党和国家对非公有制经济的发展有了更加科学的认识、更加明确的定位。

（二）支持非公有制经济发展的法律体系的逐步完善

改革开放以来，为实现对非公有制经济的保护和规范，我国关于非公有制经济的法律也在不断完善。1988 年出台《中华人民共和国私营企业暂行条例》（以下简称《私营企业暂行条例》），之后又陆续出台了《中华人民共和国公司法》《中华人民共和国合伙企业法》以及《中华人民共和国个人独资企业法》等。

1987 年党的十三大承认"私营经济"的合法地位，提出对私营经济进行保护、支持和引导，但是在 1988 年以前，只有全民所有制企业、集体所有制企业、中外合资企业以及外资企业能够取得企业法人资格，私营经济的企业法人资格以及法律的保护却始终没有得到实现。1988 年，国家出台的《私营企业暂行条例》规定私营企业是指雇佣员工在 8 人以上、企业资产属私人所

有的营利性组织。除此之外《私营企业暂行条例》还规定私营企业除不能从事军工、金融以及其他国家禁止经营的行业以外，其他行业可以在法律允许的范围内经营。1993 年 2 月，法制工作委员会起草了《中华人民共和国公司法》，同年 6 月、7 月在征集多方意见和借鉴国外经验的基础上进行了逐条修改，在 1993 年 12 月 29 日，第八届全国人民代表大会常务委员会第五次会议通过了《中华人民共和国公司法》，新中国历史上第一部公司法正式诞生。《中华人民共和国公司法》在 1999 年、2004 年、2013 年和 2018 年经过四次大的修改和完善后，在促进企业市场渠道的拓展、维护股东的权益、完善公司的治理结构等方面为非公有制经济发展提供了法律保障。1997 年，为了规范市场主体的行为，我国在《中华人民共和国公司法》的基础上又相继出台了《中华人民共和国合伙企业法》，该法律将合伙人的范围由"自然人"扩大到"法人和其他组织"，同时允许合伙人承担有限责任，其中由于个人过错合伙企业承担债务时，应由该合伙人承担无限连带责任。1999 年，《中华人民共和国个人独资企业法》规定个人独资企业是指公民个人投资经营，财产归个人所有，投资者以其私有财产对债务承担无限连带责任的经济实体，这种规定改变了以人数确定个人企业和合伙企业的弊端。《私营企业暂行条例》《中华人民共和国公司法》《中华人民共和国合伙企业法》以及《中华人民共和国个人独资企业法》的出台，标志着我国非公有制经济立法日趋完善。

（三）民间商会兴起

我国的民间商会出现的时间比较晚。改革开放以后，我国非公有制经济获得了快速发展，传统的商业协会开始向商会的形式转变。民间商会作为新兴的团体，在辅助政府工作、协助企业从事一系列经济活动方面具有重要作用。温州是非公有制经济发展最快、最具有代表性的地区，但是由于企业家盲目追求利润以及行业之间恶性竞争，假冒伪劣产品泛滥、诚信缺失，部分企业家开始自发地提出建立商会组织解决商业上的难题，于是最早的民间商会在温州创建，同时全国工商业联合会也开始筹办自己的民间商会。1988 年，温州的第一批民间商会成立，这包括温州三资商会、企业联合商会、食品工商联合商会等。随着非公有制经济的发展环境获得改善，也开始出现异地交易，于是企业家们又开始筹备异地的民间商会。1995 年，昆明温州商会成立，这是新中国成立以来第一个取得合法地位的民间异地商会，在 2004 年温州异地商会达到近百个。民间商会不但在维护行业秩序方面发挥着重要作用，在帮助企业维权方面也扮演着重要角色。中国加入世界贸易组织之后，打开了国际大门，经常遭遇各种贸易壁垒以及反倾销政策，2002 年 3 月温州市烟具协会与欧洲烟具进口商就国际贸易争端进行了多次谈判和协商，民间商会第一次走出国门参与国际争端事件的解决，表明中国民间商会不断发展壮大，逐渐具备独自解决国际贸易争端的能力。民间商会在沟通政府和企业家之间做出了巨大贡献，是非公有制经济健康发展的重要助手和推动力。

（四）"七一谈话"允许非公有制经济人士入党

改革开放以后，随着非公有制经济的发展，非公有制企业家是否可以入党的问题一直存在激烈的争论。中共十六大以前的党章规定年满十八岁的工人、贫下中农、革命军人和其他革命分子，承认党的章程，参加党的一个组织并在其中积极工作，执行党的决议和遵守党的纪律，交纳党费的，都可以加入中国共产党。改革开放后非公有制企业家在发展国民经济方面做出了重要贡献，但关于非公有制经济人士是否可以入党的问题出现多次争论。

支持者认为党的十四大报告指出要建立社会主义市场经济体制，确立了"多种经济成分长期共同发展"的政策方针，此时个体经济、私营经济和外资经济地位已经明显上升，他们中间的企业主有些原来就是共产党员，还有一部分是积极向党组织靠拢的积极分子，在复杂多变的国际环境下，应该扩大党统一战线的群众基础，吸纳优秀人才，促进党组织的发展，增强党组织的社会影响力。反对者则认为非公有制经济与公有制经济存在一定矛盾，特别是私营企业经济，其剥削劳动者价值的本性始终未发生改变，如果允许非公有制经济人士加入中国共产党，相当于允许他们在党内也进行剥削的行为，势必会改变党的性质。

面对这样的舆论，2001 年 7 月 1 日江泽民在庆祝中国共产党成立 80 周年的大会上发表了重要讲话，指出改革开放以来，个体经济、私营经济、外资经济不断发展，社会阶层的结构已经发生变化，出现了个体户、私营业主、

外企管理人员、民营科技创新人才等，他们也是社会主义事业的建造者，为社会主义事业做出了伟大的贡献，能否自觉实现党的纲领和路线、是否符合入党条件已经成为是否可以加入中国共产党的主要标准。江泽民的"七一讲话"具有深刻的意义，他不但对当前的争论做了解答，也剖析了改革开放以来我国社会阶层的变化，创造性地提出要扩大党的群众基础，吸纳各个阶层的优秀人才。

2002 年，十六大党章规定年满十八岁的中国工人、农民、军人、知识分子和其他社会阶层的先进分子，承认党的纲领和章程，愿意参加党的一个组织并在其中积极工作，执行党的决议和遵守党的纪律，按时交纳党费的，都可以申请加入中国共产党。党的十六大召开以后，民营企业家可以当选党代表，开始进入省级的政协领导层，非公有制企业人士的地位逐步提高。党和国家创造性地提出非公有制经济人士可以入党，调动了一切可以调动的因素，发展了一切可以发展的力量，体现了中国共产党的包容性、时代性与先进性，在新时期吸纳民营企业家入党，扩大党的群众基础，是党在非公有制经济发展史上的重大突破。

三、第三阶段：非公有制经济飞速发展阶段（2002—2012 年）

（一）出台促进非公有制经济发展的新旧"非公有制经济 36 条"

党的十六大以来，非公有制经济快速发展，但仍然面临着一些障碍。2004 年，温家宝在温州景山宾馆召开"促进非公有制经济发展座谈会"，9 位浙江民营企业家应邀参加并提出非公有制企业在市场准入、融资渠道、社会服务体系、法律保护等方面的问题和意见，这是"非公有制经济 36 条"的原型。2005 年，经过 26 个政府部门、中共中央统战部、全国工商联的多次协商，最后经过国务院讨论，正式发布了《国务院关于鼓励支持和引导个体私营等非公有制经济发展的若干意见》（简称"非公有制经济 36 条"），全国政协副主席、全国工商联主席黄孟复指出"非公有制经济 36 条"是国内第一个促进非公有制经济发展的系统性政策文件①。"非公有制经济 36 条"提出了 7 个方面的内容：第一，放宽非公有制经济市场准入原则，允许非公有资本进入法律法规未禁止的行业；第二，加大对非公有制经济的金融财税支持；第三，完善对非公有制经济的社会服务；第四，维护非公有制企业和职工的合法权益；第五，积极引导非公有制企业提高自身素质；第六，改进对非公有制经济的监管；第七，加强对非公有制经济的指导和政策协调。在此之后，各地和各部门高度重视，积极出台了落实"非公有制经济 36 条"的配套措施和具体办法，非公有制企业的发展进入一个新的阶段。

在"非公有制经济 36 条"出台一年后，"非公有制经济 36 条"在发挥作用方面遇到不少难题。《经济视点报》记者王海圣报道指出："许多非公有制经济企业家和'非公有制经济 36 条'所描绘的壮丽画卷之间，好像隔着一道'玻璃门'，对面有什么似乎看得见，但暂时却够不着、走不进去。"有数据显示，在 2009 年全国城镇资产投资中，国有及国有控股资本投资占 44.6%，民营经济投资占 48.1%，但是在实际执行过程中，民间投资仍然遭遇"玻璃门""弹簧门"，非公有制经济民间投资再一次陷入窘境②。为了消除"国进民退"所引起的市场忧虑，国务院在 2010 年发布了《国务院关于鼓励和引导民间投资健康发展的若干意见》（简称"新非公有制经济 36 条"），与旧"非公有制经济 36 条"相比，"新非公有制经济 36 条"对民间资金进入限制性领域由"允许"变为"鼓励"，鼓励和引导民间资本进入法律法规未明确禁止准入的行业和领域，实行"法无禁止即自由"方针。"新非公有制经济 36 条"从制度上破除非公有制经济发展遭遇的"玻璃门""弹簧门"，也是对旧"非公有制经济 36 条"的发展，表明党和国家对非公有制经济的促进措施不断走向完善。在 2002—2012 年这 10 年间，非公有制经济在新旧"非公有制经济 36 条"的助力下实现了快速发展。

（二）"民进国退"之争与非公有制经济参与国有企业股份制改革

2004 年，在国有企业进行股份制改革期间，发生了著名的"郎顾之争"

---

① 许凯.非公 36 条：掀去制度天花板［N］.国际金融报，2005-03-05.
② 王海圣，桑燕."非公 36 条"遭遇"玻璃门"［N］.经济视点报，2006-02-23（01）.

事件。郎咸平认为国有企业股份制改革的实质是将国有资产"贱卖"，将国有资产和集体资产私有化。早在国有企业改革初期，北京大学厉以宁教授指出股份制改革应该作为社会主义市场经济体制改革的重要任务，经济体制改革应当抛弃治标不治本的价格改革，将重点放在所有制改革上，减少国家和集体控股，实现多种所有制共同参股。但是这一观点遭到大量质疑，反对者认为这是"明修栈道，暗度陈仓"，将国有经济和集体经济私有化，削弱了公有制经济。

而北大教授张维迎认为，民营企业创造了大量的就业机会，增加了国家的财政收入，稳定了国家的社会环境，虽然在进行国有企业股份制改革的过程中出现了国有资产流失的现象，但是不可否认这是民营企业与国有企业共同发展的过程，而不是谁瓜分了谁的利益。2003—2006 年的数据显示，虽然国有以及国有控股企业的数量由 3.66 万户减少至 2.61 万户，但是企业的总资产却由 9.54 万亿元增加到 13.4 万亿元，控制力明显加强①。

事实上，早在 1980 年，面对大量知青回城产生的就业问题，有学者指出企业可以通过发行股票来集资兴办企业、扩大企业规模、解决就业难题等。与此同时，乡镇企业为了扩大经营规模，率先进行了股份制改革，采取自愿集资入股、入股分红的政策，极大地激发了村民投资入股的热情。村民积极将闲散资金和储蓄用于投资，获得了丰厚的收益。股份制集合作制和集体制的好处于一身，将企业经营权和所有权进行分离，解决了传统的国有经济和集体经济存在产权不清、权责不明、利益混乱的问题，有利于提高企业生产效率。1986 年，一些国有企业借鉴乡镇企业的经验，开始试行股份制改革。1987 年党的十三大报告指出改革中出现的所有制形式，包括国家控股和部门、地区企业间参股以及个人入股，都是社会主义企业财产的组织方式，可以继续试行。1992 年在党的十四大报告中，江泽民指出国有小型企业可以采取出租或者出售的方式由集体企业或者个体户来经营。1997 年，十五大报告首次引入了"混合所有制"的概念，明确提出城乡大量出现的多种多样的股份合

---

① 马建堂. 国有企业改革三部曲：从扩权让利到战略性重组 [N]. 21 世纪经济报道，2008-12-20.

作制经济，是改革中的新事物，要支持和引导，不断总结经验，使之逐步完善。2002 年十六大指出除必须由国家控股、进行独资经营的企业以外，鼓励其他企业进行股份制改革，实现多种所有制混合持股。

　　总体来看，可以发现在国有企业股份制改革期间，非公有制起到了积极的作用，促进了国民经济的发展，在社会主义建设中扮演着重要的角色。在国有企业改革期间，党和国家鼓励非公有制企业参与国有企业改革，鼓励发展非公有资本控股的混合所有制企业，允许各种所有制资本交叉持股、相互融合，国有企业股份制改革间接激发非公有制经济的经济活力和创造力，解除了个体经济、私营经济、外资经济进入公有制领域的束缚，发挥了各种所有制经济的优势，为非公有制经济的发展打开了大门。

　　（三）平等保护私有财产

　　2002 年，党的十六大报告指出"要毫不动摇地巩固和发展公有制经济，要毫不动摇地鼓励、支持和引导非公有制经济发展，把公有制经济和非公有制经济统一于社会主义现代化建设进程之中"，并再次确认了非公有制经济人士是中国特色社会主义事业的建设者，鼓励多种要素共同参加分配，否定了把公有制经济和非公有制经济对立起来的思想。2004 年，第十届全国人民代表大会第二次会议通过宪法修正案，将"国家保护个体经济、私营经济的合法权益和利益"修改为"国家保护个体经济、私营经济等非公有制经济的合法的权利和利益"，将"国家依照法律规定保护公民的私有财产权的继承权"修改为"公民的合法私有财产不受侵犯"，国家加大了对私有财产的保护力度，防止公职人员滥用职权侵犯公民的私有财产，这是非公有制经济在财产权保护上的一大进步。2007 年，党的十七大报告指出：坚持和完善公有制为主体、多种所有制经济共同发展的基本经济制度；要毫不动摇地巩固和发展公有制经济，毫不动摇地鼓励、支持和引导非公有制经济发展；坚持平等保护物权，形成各种所有制经济平等竞争、相互促进的新格局。十七大新提出要平等保护物权，是非公有制经济发展史上的又一突破，保护非公有制经济的物权有利于非公有制经济健康发展，有利于维护非公有制经济人士的合法权益，为非公有制经济发展提供法律保障。

（四）家族企业开始向企业家族转变

在非公有制飞速发展的阶段，非公有制经济呈现出了家族企业开始向企业家族转变的特征。中国的民营企业一般发源于个体户和家族企业，所以改革开放以来，民营企业采取的一般都是家族式管理。在民营企业发展初期，企业的规模比较小时，采取家族式管理可以积累资金、减少信息成本，但是当民营企业发展壮大时，家族式管理的弊端就日益显现。一是家族企业具有排外性，不愿意让其他投资者投资入股，导致企业所有权利集中在家庭成员手中，造成信息闭塞、内部产权不清晰、权责不明确等。二是家族式内部管理存在任人唯亲现象，导致企业难以吸纳外部优秀人才，难以获得先进的管理经验和技术，而且家庭成员在企业中一般手握重要权力，所以导致外来聘用人才晋升困难，极易造成人才流失。三是家族式管理容易造成"过度信任"，导致企业的运作缺乏必要的监督，各方权力没有得到制衡，以致企业运作效率低下，内部管理混乱，难以应对外部环境的变化，难以做出实时的应对决策。2008年，在对全国私营企业的调研中发现，我国的家族式管理现象依然普遍，家族式管理占所有私营企业的一半左右，而通过股份制改革的股份制企业的收益要比家族式私营企业高数倍。现代企业制度最明显的特征就是拥有明晰的产权。家族式企业是否可转变为企业家族，在内部建立清晰的股权，决定着家族企业的生死存亡。早在1992年，希望集团刘氏四兄弟就根据各自的特长，分别进军科技产业、房地产业以及其他产业，之后又不断在企业内部进行改革，建立了现代企业制度，成为企业家族中的代表企业，希望集团破除了家族式管理的难题，给其他企业管理提供了示范。同时期的吉利企业、浙江正泰集团都是因为逐渐褪去家族式管理的色彩演变为企业家族，在非公有制企业的发展中名列前茅。

第三节　新时代非公有制经济制度变迁（2012 年至今）

党的十八大以来，以习近平同志为核心的党中央统筹推进"五位一体"总体布局，协调推进"四个全面"战略布局，不忘初心，牢记使命，高举中国特色社会主义伟大旗帜，全面开创了党和国家事业的新局面，就非公有制经济也提出许多新思想、新论断和新举措，开启了非公有制经济的新时代。习近平在民营企业座谈会上的讲话指出民营企业贡献了 50% 以上的税收、60% 以上的国内生产总值、70% 以上的技术创新成果、80% 以上的城镇劳动就业、90% 以上的企业数量，在世界 500 强企业中，我国民营企业由 2010 年的 1 家增加到 2018 年的 28 家[①]，非公有制经济在国民经济中发挥着越来越重要的作用，同时新时代的来临，又为非公有制经济的发展提供了前所未有的机遇。

一、明确"两个不动摇""两个都是"

我国经济社会发展进入新时代，其主要矛盾发生了根本的变化，以习近平同志为核心的党中央在十八大以来就如何毫不动摇鼓励、支持、引导非公有制经济发展，破解我国新时代发展的主要矛盾，实现高质量的经济发展，树立、制定和出台了许多新理念、新制度和新政策。十八大以来党和国家多次重申要毫不动摇地巩固和发展公有制经济，毫不动摇地鼓励、支持和引导非公有制经济发展，把"两个毫不动摇"放在全面深化经济体制改革的突出位置。

实践证明，巩固、发展好公有制经济和鼓励、支持、引导好非公有制经济是相辅相成、相得益彰的。党的十八届三中全会进一步明确提出："公有制经济和非公有制经济都是社会主义市场经济的重要组成部分，都是我国经济

[①]　央视网. 习近平在民营企业座谈会上的讲话（全文）.（2018-11-01）[2019-04-26]. http://news.cctv.com/2018/11/01/ARTI62P99SOvRXNoEdFh0zj9181101.shtml.

社会发展的重要基础。""两个不动摇""两个都是"是党和国家完善社会主义经济体制、激活非公有制经济创造力和发展力的重要思想基础。新时代再次重申"两个不动摇""两个都是",鼓舞了非公有制经济人士发展经济的信心,激发了非公有制创造社会财富的动力。

二、明确"两个不可侵""两个健康"

改革开放以来,我国在产权保护上取得了巨大的进步,但是非公有制经济在产权上仍然面临着许多难题。公务人员利用公权力侵害私权利,违法查封、扣押、冻结民营企业财产,对非公有制企业知识产权保护力度不足,侵权事件等问题频发。全面推进依法治国是保障非公有制企业产权的根本之策,2016 年出台了《中共中央、国务院关于完善产权保护制度依法保护产权的意见》(以下简称《意见》)。《意见》指出:"产权制度是社会主义市场经济的基石,保护产权是坚持社会主义基本经济制度的必然要求,有恒产者才能有恒心,经济主体财产权的有效保障和实现是经济社会持续健康发展的基础。"[1]《意见》还明确指出"要健全以公平为原则的产权保护制度,坚持两个不动摇,公有制经济产权和非公有制经济产权都同样不可侵犯"。完善产权保护制度,需要坚持平等、全面、依法、共同参与、标本兼治的原则,同时健全产权保护的法律法规,为非公有制经济公平公正地参与市场经济竞争提供有效的法律支撑。

2015 年颁布的《中国共产党统一战线工作条例(试行)》指出:"统一战线是中国共产党凝聚人心、汇聚力量的政治优势和战略方针;是夺取革命、建设、改革事业胜利的重要法宝;是增强党的阶级基础、扩大党的群众基础、巩固党的执政地位的重要法宝;是全面建成小康社会、加快推进社会主义现代化、实现中华民族伟大复兴中国梦的重要法宝。"[2] 非公有制经济人士是统

---

① 中共中央国务院. 关于完善产权保护制度依法保护产权的意见 [EB/OL]. (2016-11-27) [2019-04-26]. http://www.gov.cn/zhengce/2016-11/27/content_5138533.htm.
② 中国共产党统一战线工作条例(试行)[N]. 人民日报, 2015-09-23 (05).

一战线工作的范围和对象，非公有制经济人士的健康成长对于统一战线具有重要意义。2015 年 5 月，习近平总书记在中央统战工作会议上提出要正确认识非公有制经济健康发展和非公有制经济人士健康成长之间的内在逻辑，坚持"两个健康"。习近平指出"两个健康"不但是一个经济问题，而且还是一个政治问题，明确指出坚持"两个健康"在夺取新时代中国特色社会主义经济伟大胜利中的战略性意义。新时代要求我们正确认识非公有制经济健康发展和非公有制经济人士健康成长之间的内在逻辑，非公有制经济与非公有制经济人士之间既有联系又有区别，健康的非公有制经济人士不仅表现为个人财富的增加，更是个人素质和社会责任的提高，健康的非公有制经济表现在企业规模和企业质量的同步提高。祝远娟（2013）在工作要求、工作内容、工作方法上指出了两者的联系，她认为非公有制经济人士健康成长是非公有制经济健康发展的前提，非公有制经济健康发展是非公有制经济人士健康成长的保障[①]。在新时代，习近平强调要引导非公有制经济人士特别是年轻一代致富思源、富而思进，做到爱国、敬业、创新、守法、诚信、贡献，保障非公有制经济人士的健康成长，同时也强调非公有制经济健康发展的重要性，要求以"团结、服务、引导、教育"为方针，围绕非公有制经济的生产经营活动，促进"两个健康"协调发展。

三、明确"三个平等""三个没有变"

党的十八届三中全会通过的《中共中央关于全面深化改革若干重大问题的决定》指出：走非公有制经济的发展道路要坚持"三个平等"——权利平等、机会平等、规则平等，实行统一的市场准入制度。2016 年，国务院派出 9 个专项督查组，耗时近 10 天，到 18 个省、自治区、直辖市走访座谈超过 700 家企业，发现非公有制企业仍然存在四大问题：第一，屡遭"白眼"，频

---

① 祝远娟. 试论非公有制经济领域"两个健康"工作的辩证关系 [J]. 广西社会主义学院学报，2013，24（3）：21-24.

繁"碰壁"，公平待遇始终没能落地；第二，抽贷、断贷现象突出，融资难仍普遍存在；第三，"门好进、脸好看、事不办"，审批烦琐依然突出；第四，成本高、负担重，影响企业投资意愿。可见，"三个平等"并没有得到真正的落实，非公有制企业未享受到与公有制企业同等的待遇，人们对待非公有制企业仍然戴着"有色眼镜"，而市场准入管理制度是联系市场和政府的纽带，平等的市场准入权利是非公有制企业发挥企业活力和创造力的重要前提。面对这样的窘境，党的十九大报告再一次指出："全面实施市场准入负面清单制度，清理废除妨碍统一市场和公平竞争的各种规定和做法，支持民营企业发展，激发各类市场主体的活力。"十九大新增了清理废除妨碍统一市场和公平竞争的各种规定和做法。更为重要的是，在十九大报告的文件中官方第一次使用了"民营企业"的概念，提出"要支持民营企业发展，激发各类市场主体活力，要努力实现更高质量、更有效率、更加公平、更可持续的发展"。相比使用"非公有制经济"，"民营企业"的用法缺少了歧视的因素，表明党和政府致力于实现公有制企业和非公有制企业在市场准入制度方面的"三个平等"。

2016 年，习近平总书记出席全国政协十二届四次会议民建、工商联界别联组会并发表重要讲话，强调在坚持"三个平等"的同时更要坚持"三个没有变"，即非公有制经济在我国经济社会发展中的地位和作用没有变，我们毫不动摇鼓励、支持、引导非公有制经济发展的方针政策没有变，我们致力于为非公有制经济发展营造良好环境和提供更多机会的方针政策没有变。"三个没有变"再一次明确了非公有制经济的重要地位以及党和国家为非公有制经济提供良好的市场环境的决心。同时，习近平总书记用"六个重要"来评价非公有制经济，指出"非公有制经济在稳定增长、促进创新、增加就业、改善民生等方面发挥了重要作用，是稳定经济的重要基础，是国家税收的重要来源，是技术创新的重要主体，是金融发展的重要依托，是经济持续健康发展的重要力量"。

四、明确建立"亲""清"新型政商关系

在新时代背景下，如何处理政商之间的关系影响到社会主义市场环境的成长。如果政商关系不合理，政府这只"有形之手"不断越权、市场这只

"无形之手"不断缺位，腐败现象也必然猖獗，正如"一个官员倒下牵出一批商人，一批商人被查暴露系列违规操作"①，不利于非公有制企业的健康成长。为了保证权利与资本、政府与企业、官员与商人之间交流"有度""有信""有束"，党的十八大以来，党和国家明确提出要正确理解"亲""清"新型政商关系的内涵："对领导干部而言，所谓'亲'，就是要坦荡真诚同民营企业接触交往，特别是在民营企业遇到困难和问题情况下更要积极作为、靠前服务，对非公有制经济人士多关注、多谈心、多引导，帮助解决实际困难。所谓'清'，就是同民营企业家的关系要清白、纯洁，不能有贪心私心，不能以权谋私，不能搞权钱交易。对民营企业家而言，所谓'亲'，就是积极主动同各级党委和政府及部门多沟通多交流，讲真话，说实情，建诤言，满腔热情支持地方发展。所谓'清'，就是要洁身自好、走正道，做到遵纪守法办企业、光明正大搞经营。"②"亲""清"新型政商关系不但有利于领导干部两袖清风、洁身自好，还有利于企业领导建诤言、敢作为。建立新型政商关系也表明了我国新时代坚决反腐的决心，从 2014 年至党的十九大召开，我国共追回外逃人员 3 453 人，其中"百名红通人员"已有 48 人落网③。

五、明确弘扬企业家精神和非公有制经济的发展重点

2017 年 9 月 25 日，中共中央、国务院公布了《中共中央 国务院关于营造企业家健康成长环境弘扬优秀企业家精神更好发挥企业家作用的意见》（以下简称《意见》），首次以专门文件明确了企业家精神的地位和价值。习近平在党的十九大报告中指出："要激发和保护企业家精神，鼓励更多社会主体投身创新创业。建设知识型、技能型、创新型劳动者大军，弘扬劳模精神和工匠精神，营造劳动光荣的社会风尚和精益求精的敬业风气。"④ 石军伟（2018）

---

① 孙丽丽. 关于构建新型政商关系的思考 [J]. 经济问题，2016（2）：32-35.
② "平语"近人：习近平谈非公有制经济 [J]. 中国中小企业，2017（4）：20-21.
③ 徐伯黎. 坚如磐石　十九大报告宣示反腐决心 [N]. 检察日报，2017-10-24（05）.
④ 习近平. 决胜全面建成小康社会　夺取新时代中国特色社会主义伟大胜利——在中国共产党第十九次全国代表大会上的报告 [R]. 北京：人民出版社，2017.

认为企业家精神，是一个人内心期待成为企业家、期待去创新、期待去创业的一种价值诉求和精神寄托，具有企业家精神就意味着具有创新、创业、执着、贡献的品质①。企业家是经济活动的重要主体，企业家精神是经济发展的重要源泉，国家发展改革委负责人就《意见》答记者问时指出："弘扬企业家精神是贯彻落实中央决策部署的具体体现，是推进供给侧结构性改革、增强经济发展活力的现实要求，是坚持问题导向、回应企业家期盼的必要举措。"② 西安市北大助企商会会长王海舟指出："企业家的精神地位和价值得到了认可，让更多的非公有制中小企业家的精神地位和价值也得到了弘扬，非公有制经济人士的健康发展得到了保障，有利于非公有制经济人士爱国敬业、遵纪守法、创新创业、服务社会，调动广大企业家的积极性、主动性、创造性。"③ 弘扬企业家精神有利于非公有制经济健康发展，为非公有制经济的发展提供了高素质的人才保障。

党的十九大报告指出："建设现代化经济体系，必须把发展经济的着力点放在实体经济上，把提高供给体系质量作为主攻方向，显著增强我国经济质量优势。"非公有制经济作为我国社会主义市场经济的重要组成部分，应当围绕经济发展重点，肩负起发展实体经济、落实经济政策的重任。2016 年，习近平总书记出席全国政协十二届四次会议民建、工商联界别联组会，指出党和政府要着力解决非公有制经济企业反映较多的"玻璃门""弹簧门""旋转门"和"市场的冰山""融资的高山""转型的火山"等问题，把涉及金融体制、投融资体制、公共服务体制、行政审批等五个方面的问题放在突出的位置④。这次会议是党结合时代背景，总结改革开放以来的辉煌成就，分析非公有制经济所存在的弊端，在十八大的基础上全面、系统地阐述了非公有制经济工作的会议，会议决议是非公有制经济领域统战工作的纲领性文献，相比以前的政策，此次会议围绕经济发展重点，把"政策实施"放在突出位置，表明了新时代、新时期党致力于把非公有制经济政策落到实处的决心。

---

① 石军伟. 高质量发展更要激发和保护企业家精神 [N]. 湖北日报，2018-01-14（07）.
② 佚名. 国家发展改革委有关负责人就《中共中央国务院关于营造企业家健康成长环境弘扬优秀企业家精神更好发挥企业家作用的意见》答记者问 [J]. 中国产经，2017（10）：24-29.
③ 王海舟. 弘扬优秀企业家精神　激发创新改革活力：我市企业家围绕十九大报告谈弘扬优秀企业家精神体会之四 [N]. 西安日报，2017-11-06（03）.
④ 闫书华，石伟. 以习近平总书记讲话精神为指导促进非公有制经济健康发展 [N]. 学习时报，2016-04-18（01）.

本章小结

　　社会主义与非公有制的关系一直是一个重要的热点问题。新中国成立以来，我国在处理所有制的问题上经历了漫长的探索，非公有制经济制度改革与创新完善了我国混合所有制结构，推动了社会主义市场经济制度的发展。对新中国成立以来非公有制经济制度的变迁进行总结分析，有利于我们从中获取历史教训与实践经验，促进社会主义市场经济发展。

一、新中国非公有制经济制度变迁的总体特征

　　改革开放前，非公有制经济制度变迁呈现激进式的"自上而下"的强制性变迁的特征。新中国成立初期存在国营经济、合作社经济、国家资本主义经济、私人资本主义经济和个体经济并存的现象。对农业、手工业、资本主义工商业进行了社会主义改造，个体经济和私营经济逐步走向消亡，非公有制经济从有到无。纵观改革开放前非公有制经济的变迁，可以发现政府对"非公有制经济能否存在"这一主线主要采取的是激进式的"自上而下"的强制性政策，这种强制性变迁成本高、收益小，一度造成国民经济混乱。

　　改革开放后，非公有制经济制度变迁呈现出诱致性的"自下而上"的渐进式变迁的特征。改革开放后，随着国民经济的发展，社会有了新的分层，产生了新的社会关系，出现以公有制为主体、多种经济形式并存的现象，非公有制经济的出现使国民经济快速发展，党和国家也越来越重视非公有制经济，非公有制经济的地位逐渐提高，由"必要的、有益的补充"上升为社会主义经济的"重要组成部分"，发展非公有制经济也由国家的"方针"变为"基本国策"，这段时期非公有制经济的变迁主要表现为诱致性的"自下而上"的渐进式变迁，这种渐进式政策比较温和，把握了非公有制经济变迁的特点，与时代相适应。

进入新时代，非公有制经济制度变迁呈现出顶层设计与底层发展全面推进的特征。党的十八大后，关于非公有制经济的各项基本理论、基本方针、基本政策和基本制度都更加成熟，非公有制经济的发展进入了新时代。新中国成立 70 周年的历史，是社会主义市场经济、非公有制经济不断发展的历史。新时代，坚持"公有制为主体、多种所有制共同发展"这项基本经济制度，依然具有重大战略意义。

二、非公有制经济制度变迁的展望

当前，非公有制经济的发展呈现出新的阶段性特征：第一，诸多非公有制企业建立了现代企业制度，企业效率提高，同时大多数非公有制企业实行的依然是以个人为中心的家族式管理，企业管理水平还跟不上时代的需要。第二，"亲""清"的新型政商关系为政府与企业、官员与商人之间的相处模式指明了方向，同时政治关联给非公有制企业带来的诸多负效应依然难以避免。例如夏力（2013）指出有政治关联的企业面临更小的市场竞争压力，具有更多的竞争优势，因此将减少研发上的投资[1]。第三，完善产权制度，保护非公有制经济人士的合法权益，同时非公有制企业内部出现个人资产和企业资产混为一谈的现象。第四，非公有制经济的产出增长依赖于内源融资，有助于企业团结协作，减少信息成本等，同时非公有制企业的外源融资却严重不足。如张杰（2000）以民营企业为例指出，在民营企业的主要资金来源中内源融资的比重占 65.2%，而外源融资仅占 10.7%[2]。第五，第二产业的比重过高，第三产业的比重偏低，高耗能的产业比例增长过快依旧是一个"老大难"问题。第六，落后的思想观念歧视依然存在。卿平（2000）认为这主要是因为非公有制经济一般萌芽于农村，经营者素质偏低，思想保守，缺乏理想和信仰[3]。第七，非公有制企业成长性弱。张海丰、赵培（2006）指出我

---

[1] 夏力. 基于政治关联的中国民营企业技术创新研究 [D]. 南京：南京大学，2013.

[2] 张杰. 民营经济的金融困境与融资次序 [J]. 经济研究，2000（4）：3-10，78.

[3] 卿平. 私营经济与家族式管理 [J]. 农村经济，2000（5）：35.

国的宏观经济环境发生了很大变化，小型民营企业平均寿命不到 3 年①。第八，非公有制经济推动国民经济快速发展的同时，却出现了"私营经济退场论"的舆论，表明非公有制经济的发展仍然面临诸多挑战。

进入新时代，我们要站在全局的高度来认识非公有制经济，以习近平新时代中国特色社会主义思想为理论指导，针对当前非公有制经济出现的问题，把握国内外发展大势，发现规律抓住机遇，做出正确的决策，既要看到非公有制经济成长过程中的成就，也必须承认非公有制经济在发展过程中面临的诸多问题。总体上，非公有制经济面临的机遇将大于挑战。

第一，非公有制经济的地位和价值将持续稳定上升。在新时代，非公有制经济和公有制经济将不再对立，两者相辅相成、相得益彰，统一于社会主义现代化建设。非公有制经济在稳定经济增长、促进万众创新、增加人民就业、改善社会民生等方面发挥了重要作用，是社会主义市场经济不可或缺的重要组成部分，地位和价值将持续稳定上升。

第二，非公有制经济的规模和数量将不断扩大。随着国际环境的不断开放、政策环境的大力支持、市场环境的健康发展、法制环境的逐步完善、社会环境的逐步文明，非公有制经济将逐步解决融资难、融资贵、创新能力不足、税费负担沉重等重大难题，非公有制企业"玻璃门""旋转门""弹簧门"问题将逐步得到解决，非公有制经济的发展将获得更加广阔的空间，规模和数量将不断扩大。

第三，非公有制经济的产业结构和区域结构将不断优化。党的十八大以来，党和国家多次重申"要激发非公有制经济的活力和创造力，鼓励非公有制企业参与国有企业改革，鼓励发展非公有资本控股的混合所有制企业，鼓励有条件的私营企业建立现代企业制度；坚持权利平等、机会平等、规则平等，实行统一的市场准入制度"。在党和国家政策制度的支持下，非公有制企业将不断征服"市场的冰山""融资的高山""转型的火山"，非公有制企业的产业结构将不断趋于合理，区域结构将进一步优化。

① 张海丰，赵培. 我国民营企业发展历程与前景探析［J］. 市场论坛，2006（8）：37-39.

　　第四，非公有制经济的国际化水平将不断提高。2001年中国加入世界贸易组织，为非公有制经济的发展提供了更加广阔的平台；2002年党的十六大报告明确提出要实施"走出去"的战略。新时期在建设"一带一路"背景下，非公有制经济依托于政策沟通、设施联通、贸易畅通、资金融通、民心相通，在海外开拓市场，订购价廉质优原料，承包大型国际工程，设立科研机构，日益与国际接轨，成长为具有国际竞争力的跨国公司。非公有制经济凭借其优势快速地适应了经济全球化的规则，实力逐渐强大，条件逐步完善，成为"走出去"的生力军，国际化水平将不断提高。

　　第五，非公有制经济的管理水平将不断提升。非公有制企业家族式管理在企业成长初期确实起到了积极作用，随着非公有制企业规模和数量不断扩大，家族式管理的弊端就日益凸显出来——所有权高度集中、内部产权混乱、经营者素质较低都给非公有制经济的健康发展带来了阻碍。新时期，党和政府多次提出要建立现代企业制度，将所有权和经营权分开，将"家族企业"转变为"企业家族"。伴随着社会主义市场经济体制和社会主义非公有制经济理论的不断完善，非公有制经济必将适应新时代的要求，不断调整自己的发展方向，对运营模式进行进一步改革和创新，不断健全企业组织结构，逐渐培养企业核心竞争力，打造一支现代化的非公有制企业队伍。

中篇

中观经济制度变迁

本部分描绘了中观维度上的新中国经济制度变迁，包括城乡、区域、产业三大经济制度的历史演进过程及其内在逻辑。要理解城乡经济制度、产业经济制度以及区域经济制度的形成、发展和演变的原因，需要置身于中国特色社会主义经济发展不同阶段的历史进程，从生产力和生产关系、经济基础与上层建筑的相互制约与互动演变之中，客观梳理各个历史阶段城乡经济制度、产业经济制度和区域经济制度重构的原因和变迁的动力。总体上看，中观经济制度及其内部三大经济制度间互动演变的逻辑，内生于社会主义初级阶段生产力发展的客观现实，同时内含和反映了社会主义具体经济制度即经济体制及其机制和基本经济制度演变的历史逻辑。

第五章
城乡二元经济制度变迁

　　新中国成立70年来，我国城市与农村的经济关系经历了复杂的历史演变。从城乡二元经济制度形成、城乡分治、农业生产剩余对工业化进程的哺育、农村剩余劳动人口流入对城市发展的低成本支持，逐渐到城乡统筹、城乡一体化、城乡融合发展战略下的新型城乡关系及其格局的形成，出现了工业对农业的反哺，生产要素从城市向农村的回流及其互动发展。城乡经济制度的变迁，从一个侧面也反映出我国传统计划经济体制的形成、市场取向改革的启动、社会主义市场经济体制的确立及其完善发展，社会主义基本经济制度由单一的公有制转向公有制为主体、多种经济形式并存的历史变迁过程。

　　本章中，我们将分三大历史阶段、六个历史时期阐述新中国成立以来城乡经济制度变迁的轨迹，包括每个阶段国家的整体发展目标，有关城乡关系的指导思想、理论创新、总体布局和主要政策安排；总结各阶段城乡经济制度运行的客观经验与变化动因；对城乡经济制度演变与中国市场化、工业化、城镇化进程的联动机制进行研究，探究新时代新型城镇化与农业农村现代化的相互推动关系与实现路径。

第一节　改革开放前的城乡二元经济制度（1949—1978 年）

新中国成立之初，在 1949 年的国民收入总额中，工业部门的比重为 12.6%，农业部门的比重为 68.4%；到 1952 年，在总经济活动人口中，农业部门从业人口占比为 83.5%，第二产业从业人口占比仅为 7.4%[①]。农村地区处在自然经济或半自然经济的落后状态，工业生产大多集中在东部沿海地区。作为一个绝大多数人口尚未摆脱贫困的典型的农业国，中国必须加快推动工业化战略，才能从根本上推进经济发展、保障政治独立、改善人民生活。在第一代党和国家领导人这一基本认识的历史背景下，为保证国家工业化赶超发展战略的顺利推进，实行了中央集权的计划经济体制，保证国家对资源的集中调度配置能力；同时实行了所有制的社会主义改造，以确立起社会主义公有制的基本经济制度。

由此可见，新中国成立初期城乡经济制度的设定从属于"国家工业化"的发展战略及其目标。在工业资本积累严重不足的历史约束下，来自农业和农村部门的积累支持成为工业赶超的重要资金源泉，并逐步确立了"以农支工"的发展道路。

在整个计划经济时代，我国城乡经济关系大体经历了两个发展阶段：国民经济恢复期和传统计划经济体制时期。在国民经济恢复期（1949—1952 年），中央政府允许多种经济成分同时存在，要素有一定的自由流动度，城乡间尚存在着有限度的开放特征，有学者把这称为"农本经济延续下相对开放的城乡关系"[②]。伴随着社会主义改造的稳步推进和计划经济体制的逐步确立，农业支持工业、为工业化提供资本积累的发展思路得以确立，在以统购统销、人民公社、户籍制度为核心的城乡二元制度作用下，1953—1978 年间

---

①　郑有贵. 中华人民共和国经济史（1949—2012）［M］. 北京：当代中国出版社，2016：8.

②　折晓叶，艾云. 城乡关系演变的制度逻辑和实践过程［M］. 北京：中国社会科学出版社，2014：64.

中国形成了"体制分割型"的城乡关系，政策思路和资源流向呈现出"农村附属于城市、服务于城市"的整体特征。

一、国民经济恢复期相对开放的城乡经济关系（1949—1952 年）

在 1949—1952 年的国民经济恢复期，由于允许农村土地、劳动力、资本等生产要素自由流动，城乡结构表现出相对开放的特征，城乡私营工商业可以相对自由地发展。这一时期有较多农村人口因务工经商迁入城市，使得城市人口从 5 765 万上升到了 7 163 万。不过，本时段农村人口的自由迁移并未对城乡关系造成实质性影响，1950 年起实行的农民土地所有制和以农民家庭为基本生产、消费单位的休养模式，使得相对开放的城乡关系结构能够保持稳定有序，对国民经济的恢复发展起到了极为重要的稳定作用[1]。

1949—1952 年，在中国共产党的领导下，通过各项经济与社会政策的实施，有效地恢复了国民经济的基本发展能力。三年间，国民收入总额增速分别达到了 19.0%、16.7% 和 22.3%，农、林、牧、副、渔产值由 1949 年的 326 亿元上升到了 1952 年的 461 亿元，主要工业品产量均有快速增加；政府的财政汲取能力也不断提高，1951 年财政收入占国民收入的比重从上年的 15.3% 上升至 26.8%，为新中国突破原本无法解决的资金瓶颈奠定了坚实的财政基础[2]。

一方面，国民经济的恢复为大规模工业建设创造了有利的初始条件。另一方面，此时农业生产中依靠家庭分散作业与销售的自然经济、小商品经济模式，显现出难以为工业化的快速推进和城市生产、消费需求扩大提供足够剩余产品的瓶颈约束。

1952 年下半年开始，第一个五年计划的编制工作开始紧锣密鼓地进行。工业化成为整个国家经济建设的重中之重，城乡经济关系的建立重在实现这

---

[1]　折晓叶，艾云. 城乡关系演变的制度逻辑和实践过程［M］. 北京：中国社会科学出版社，2014：67.

[2]　郑有贵. 中华人民共和国经济史（1949—2012）［M］. 北京：当代中国出版社，2016：16-17.

一基本目标，即推动农业劳动生产力的提升，在耕地少、人口多的条件下解决好吃饭问题，且为工业化积累资金，保证工业化的迅速实现。1956 年，毛泽东同志在《论十大关系》中就重工业、轻工业和农业的关系做出了重要论断，确立了整个计划经济时期城乡间基本经济关系的基调：

"重工业是我国建设的重点。必须优先发展生产资料的生产，这是已经定了的。但是决不可因此忽视生活资料尤其是粮食的生产。如果没有足够的粮食和其他生活必需品，首先就不能养活工人，还谈什么发展重工业？所以，重工业和轻工业、农业的关系，必须处理好①。

"我们现在的问题，就是还要适当地调整重工业和农业、轻工业的投资比例，更多地发展农业、轻工业。这样，重工业是不是不为主了？它还是为主，还是投资的重点。但是，农业、轻工业的比例要加重一点。加重的结果怎么样？加重的结果，一可以更好地供给人民生活的需要，二可以更快地增加资金的积累，因而可以更多更好地发展重工业。"②

在生产力发展极其落后、人均收入极低的条件下，走社会主义道路的新中国推动工业化所需的资本积累就不得不依靠农业、依靠农业剩余的转化。为此，相关制度设计使农村的生产组织方式、农产品交换与分配体制、农村和城市的社会治理结构都发生了急剧变革，以有效地实施高积累政策，保证优先发展重工业战略的实现。

二、传统计划经济体制时期严格隔离的城乡经济关系（1953—1978 年）

传统计划经济体制时期，农业生产合作制度（后升级为人民公社制度）、农副产品统购统销制度、城乡分隔的二元户籍制度制约和规定了农村与城市、农业与工业间生产、分配、交换和消费的基本关系。其中，人民公社制度确

---

① 毛泽东．毛泽东文集：第 7 卷 [M]．北京：人民出版社，1999：24.
② 毛泽东．毛泽东文集：第 7 卷 [M]．北京：人民出版社，1999：24.

保了农业生产资料的调配、农村劳动力的动员、农业生产剩余的集中；统购统销制度保证了农业剩余产品和资金向工业与城市部门的输入；户籍制度减轻了城市的就业压力和居民对扩大的生活资料的需要。客观上，国家行政体制实现了对农民和农业剩余的全面控制，在人均收入极低的水平上实现了高积累率、高资本形成率，对我国建立起初步的工业体系和国民经济体系、保持社会的基本稳定，都起到极为关键的历史性作用①。

（一）农业生产合作制度的运行和农村工业化的初步探索

要提高农业劳动生产率，推动农业中劳动剩余的集聚，合作化与集体化是一个必然的选择。1953 年 12 月，中共中央发布了《关于发展农业生产合作社的决议》（以下简称《决议》），提出"逐步实行农业的社会主义改造，使农业能够由落后的小规模生产的个体经济变为先进的大规模生产的合作经济，以便逐步克服工业和农业这两个经济部门发展不相适应的矛盾"。《决议》发布后，全国农业生产互助合作运动以较快的速度发展起来。

从理论上讲，小农经济的分散性与社会主义经济的计划性不相适应。工业发展要求农业提供大量增产的农、林、牧、副、渔产品，而小农经济的增产有限，不能适应工业化和人民生活明显提高的需要。因而毛主席将农民互助合作的道路，作为农业的重要发展路线②。

合作化运动从所有制和组织形态上建立起工农联盟，保障国家工业化战略的实现，使农村建设与城市建设形成一盘棋。在学者折晓叶等的总结中，城乡"一盘棋"有三个层面的重要意义：第一，以农业公有制保证了工业公有制的实施，毛泽东确信"中国是个农业大国，农村所有制的基础变了，我国以集体经济为服务对象的工业基础就会动摇，工业公有制有一天也会变"。第二，农业合作化不仅是新中国工业化的基础和动力，也是反击美国战略包围的关键之举。毛泽东曾将基础工业和国防工业比喻为国民经济的拳头，农业则是屁股（基础）。第三，工业化不能离开农业合作化孤立进行，这是因

---

① 武力. 城乡一体化：中国农村和农民的复兴梦 [J]. 红旗，2014（1）.
② 折晓叶，艾云. 城乡关系演变的制度逻辑和实践过程 [M]. 北京：中国社会科学出版社，2014：79.

为：如果没有农业合作化，农业生产就不能从使用畜力的小规模经营跃进到使用机器的大规模经营；工业部门将提供的拖拉机等农业机械、化肥、煤油、电力等，只有在农业已经形成了合作社的大规模经营基础上才有使用的可能；工业化和农业技术改造所需的资金，大量地要从农业方面积累，除直接的农业税之外，就是发展生产生活资料的轻工业，拿这些东西去同农民的商品粮食和轻工业原料交换，而大规模轻工业发展，有待于大规模农业的发展，也就是区别于小农经济的合作化农业的发展。

值得关注的是，作为农村合作生产组织，人民公社不仅是从事农业生产，也是农村工业化的重要载体。而之所以会发生农村工业化运动，一个重要原因在于，毛泽东意识到农业剩余劳动人口将增加，在向城市流动的过程中可能发生"城市病"。他指出："在社会主义工业化过程中，随着农业机械化的发展，农业人口会减少。如果让减少下来的农业人口，都涌到城市里来，使城市人口过分膨胀，那就不好。从现在起，我们就要注意这个问题。要防止这一点，就要使农村的生活水平和城市的生活水平大致一样，或者还好一些。每个公社将来都要有经济中心，要按照统一计划，大办工业，使农民就地成为工人。公社要有自己的高等学校，培养自己所需要的高级知识分子。做到了这一些，农村的人口就不会再向城市盲目流动。"①

毛泽东所设想的人民公社是工农业生产的集合体，他曾批评过苏联的集体农庄"不搞工业，只搞农业，农业又广种薄收，所以过渡不了""他们要使农民永远成为农民"②。毛泽东在《关于人民公社若干问题的决议》中提出要"广泛实现国家工业化、公社工业化"③ "我们的方向，应该逐步地有次序地把'工、农、商、学、兵'组成一个大公社，从而构成我国社会的基本单位"④。

---

① 张慧鹏.毛泽东构建新型工农城乡关系的探索与启示［J］.马克思主义与现实，2017（6）.
② 张慧鹏.毛泽东构建新型工农城乡关系的探索与启示［J］.马克思主义与现实，2017（6）.
③ 中共中央文献研究室.建国以来重要文献选编：第11册［M］.北京：中央文献出版社，1995：599-602.
④ 毛泽东年谱（1949—1976）：第3卷［M］.北京：中央文献出版社，2013：403.

客观地看，由于生产力水平有限，技术起点低，运营经验有限，计划经济体制时期的农村工业化进程遭遇过较大失误。毛泽东同志后来在总结经验教训时指出：公社工业化、机械化、电气化、文化教育事业等，只能逐步发展，不能一口气办得很多很大，否则会犯冒险主义的错误①。国外有学者也认为，农村工业化是毛泽东缩小城乡差别最成功的实践。农村工业化在很大程度上缓解了农村长期存在的就业压力，为农业的发展提供了资金和机械②。

在今天看来，改革开放前农村工业化的历史尝试，事实上包含了我国第一代领导人对农业农村发展与城镇化、工业化关系的思考，以及历史实践的探索。改革开放后，社队企业的兴起、乡镇企业的繁荣与人民公社时期一定的工业生产经验积累有着客观联系。当前"乡村振兴战略"的实施，加快实现农村农业现代化的要求，农村一、二、三产业融合发展的需要，都意味着我们应该对农业合作生产、农村工业化发展的历史有更客观与深入的评析。

(二) 统购统销制度的施行与农业剩余向工业的输送

新中国成立之初，中央政府并没有封闭自由市场，征收公粮和市场收购是政府获取粮食的主要渠道。但随着经济建设大规模推进，粮食供需量缺口逐渐显现，供给不足的现象越来越严重。陈云同志在 1953 年 10 月提出，如果农业生产没有很大进步，从长远来看，农产品征购不可避免③。1953 年 11 月 23 日实施《政务院关于实行粮食的计划收购和计划供应的命令》，开始对农副产品实行统购统销，规定农民消费和积累定额后，其余的由国家征购。具体说来，农村的粮食收购计划、价格、粮种，均由中央统一规定，即统购；对城市居民和农村缺粮居民实行粮食计划供应，即统销；国家严控粮食市场、严禁私商自由经营粮食；中央统一管理，除拨给各大区的粮食在中央与地方间分工外，储备粮、出口粮、机动粮、救灾粮等皆由中央统筹④。至 1954 年

---

① 宫玉松，聂济冬. 毛泽东关于城乡关系的思想 [J]. 毛泽东思想研究，1992 (1).
② 莫里斯·迈斯纳. 毛泽东的中国及后毛泽东的中国 [M]. 成都：四川人民出版社，1990：467.
③ 郑有贵. 中华人民共和国经济史 (1949—2012) [M]. 北京：当代中国出版社，2016：31.
④ 中共中央文献研究室. 建国以来重要文献选编：第 4 册 [M]. 北京：中央文献出版社，1993：477-488.

9月，除粮、棉、油三种最重要的农产品外，烤烟、甘蔗、茶叶、生猪、羊毛、瓜子、木材，乃至家禽、水产品、水果、干果等都进入了统购统销的网络。

从居民日常消费需要来看，在粮食短缺的年代，统购统销确实对稳固城市和工业用粮发挥了积极作用，但从微观经营主体的激励模式来看，统购统销的不利影响也在逐渐显现。例如，统购扩大到了对农民口粮而非余粮的收购，农产品定价缺乏对生产的刺激，难以反映地区间的品质、品种差异，不能体现成本和质量比较等。统购统销与农业生产走向集体化道路、稳定物价、避免两极分化都有着直接关系。为了保障粮食生产和粮食收购数量，不得不由集体组织控制播种面积；为了维护集体生产，不得不控制劳动力的使用方式；为了控制劳动力，又不得不限制各种家庭副业和自留经济①。这使得农业生产被编入一个严苛管控，缺乏自主经营、分配、交换甚至消费权利的网络。

从历史发展和宏观战略意义来看，统购统销制度的实施，是重工业优先发展战略和计划经济体制的重要组成部分。通过这种管理方式，农业部门的剩余大量进入城市和工业部门，为工业化的实现提供了低成本原料和巨额的积累。据资料统计，自此后，国家长期以低于农产品价值的价格征购农产品，幅度达 35% 以上。如，1957 年为 38.8%，1965 年为 45.5%，1971 年为 40.6%，1978 年为 35.5%；而同年份的工业产品价格高于价值的比例分别为 53.9%、43.7%，36.7% 和 19.7%，由此形成工农业产品的巨大剪刀差。此外，农业税也是获取农业剩余的重要方法。通过工农业产品剪刀差和沉重的农业税，农村资金源源不断地流向城市，1952—1978 年，国家通过工农业产品不等价交换形式从农业转移出资金 3 917 亿元，以税收等形式转移资金 935 亿元，扣除同期财政返还给农业的各项支出，农业向外净流出资金约 3 120 亿元，相当于同期全民所有制非农企业固定资产原值的 73.2%②。

（三）城乡严格隔离的户籍制度与城乡二元结构的固化

从新中国成立初期到第一个五年计划结束（1949—1957 年），新中国颁

---

① 杜润生. 杜润生自述：中国农村体制变革重大决策纪实 [M]. 北京：人民出版社，2005：43.
② 康金莉. 20 世纪中国二元经济模式变迁与比较研究——基于三农视角 [J]. 财经研究，2017（9）.

布了一系列关于人口管理的制度，初步确立了"户警一体"的户籍管理形式。"肃反"工作、就业安置、粮食供应计划、公共秩序维护等都以户籍为载体连为一体。这一时期户籍政策对公民的居住和迁徙尚未做出明确限制，公民居住和迁徙相对自由。

伴随着工业化进程加速、外来援助减少，城市部门发展面临的资源约束更加紧张。1955年城市中开始实行粮食配给制，1956年12月《国务院关于防止农村人口盲目外流的指示》发布，防止农民自由进城获取粮食，城乡间的严密隔离正式形成。1957年中央连续下发通知，规定城市部门不能随意招工，临时工等需要优先在城市剩余劳动力中招聘，并设立劝阻站等遣返"盲流"农民。

1958年1月，我国第一个户籍管理法规——《中华人民共和国户口登记条例》颁布，规定"公民由农村迁往城市必须持有城市劳动部门的录用证明，学校的录取证明，或者城市户口登记机关的准予迁入证明，向常住地户口登记机关申请办理迁出手续"。由此正式确立了户口迁移审批制度和凭证落户制度。首次以法规形式限制农村人口迁往城镇。

户籍制度不仅有限制人口流动的功能，而且户口与粮食供给制度、副产品和燃料供给制度、生产资料供给制度、住房制度、教育制度、就业制度、医疗制度、养老保险制度、劳动保护制度、人才制度、兵役制度、生育制度等几乎涉及全部日常生活的可能条件挂钩，使不同户口类型的人口被二元体制彻底结构化了[①]。

与此同时，户籍制度既限制了农村人口的流动，将农业劳动力及其再生产束缚在农业土地上，也是城市人口获得基本生活资料和福利供给如粮食配额、医疗、教育、住房等的基本机制。

总体来说，1958年建立的户籍制度，是为了推行重工业优先发展战略而制定和实施的，作为人员的身份标识，以及与就业和劳动力再生产相关的安

---

① 折晓叶，艾云. 城乡关系演变的制度逻辑和实践过程［M］. 北京：中国社会科学出版社，2014：83.

排，共同将劳动力的配置，按照地域、产业、所有制等分类，约束了计划之外的生产要素流动。把城乡人口分隔开的户籍制度，以及与其配套的城市劳动就业制度、偏向城市的社会保障制度、基本消费品供应的票证制度、排他性的城市福利体制等，极大地限制和阻碍了劳动力在部门间、地域间和所有制之间的流动，成为城乡二元体制分治的基本隔离物①。在改革开放后，相比人民公社、统购统销制的瓦解，城乡二元户籍制度的延续时间最长，并对劳动力市场和中国经济发展模式形成了更长期、更深远的影响。

三、计划经济体制时期城乡二元经济制度的客观评价

新中国成立以来，在经历了国民经济恢复期相对开放的城乡关系之后，计划经济体制时期我国的城乡二元经济制度以合作化生产、统购统销、城乡户籍分隔为典型代表。这些制度共同作用，保证了农业剩余向工业的供给，补贴了工业资本的积累，但也限制了农村人口向城市流动和分享工业剩余的可能。这主要表现在：资源在城乡间的合理流动渠道被关闭，农民几乎失去了直接参与工业化和城市化的条件。农业剩余向城市的输入、城市对农村的领导，在帮助我国快速建立起工业基础的同时，也因为过度剥夺农业、实行城乡隔离，造成了工农业发展失调和城乡发展失衡。

当然，值得注意的是，城镇化进程的问题并非改革开放之后才逐步进入党的领导集体的视野。新中国成立后，中央领导层面就意识到资源在城市集中的好处是显而易见的，资源集中程度越高，越能够产生规模效应和分工效应。从发达国家的经验来看，英国等早期发展的现代化国家，人口和资源会自发地趋向集中，后来的德国、日本等资本主义国家，以及苏联等社会主义国家，为了赶超先进国家，都是通过国家政权的力量加速人口和资源的集中，从而更快地推进工业化和城市化②。毛泽东本人也曾经认为城镇化是发展的一

---

① 王美艳，蔡昉. 户籍制度改革的历程与展望 [J]. 广东社会科学，2008（6）.
② 张慧鹏. 毛泽东构建新型工农城乡关系的探索与启示 [J]. 马克思主义与现实，2017（6）.

般规律。在 1945 年的《论联合政府》中,毛泽东同志就提出:"将来还要有几千万农民进入城市,进入工厂。如果中国需要建设强大的民族工业,建设很多的近代的大城市,就要有一个变农村人口为城市人口的长过程。"[1]但同时,毛泽东同志对城镇化可能带来的城市过度拥挤表达过担忧,并提出了农村就地工业化的设想。这一思想为前文所述的以人民公社为微观载体,推行的农村工业化奠定了基础。

1952—1978 年,中国工业总产值增加了 15 倍,农业总产值只增加了 1.3 倍,农业依然是国民经济中最落后的部门。直到 1978 年,中国有 82.1%的人生活在农村,农业总产值只占全社会总产值的 22.9%。国家控制城乡要素流动的方向,而城市居民、农村居民很难突破二元结构性约束,过剩的农业劳动力难以向非农产业转移。1955—1977 年间,中国农村人口增加了 55.6%,农业人口的人均占有耕地面积却由 3.29 亩(1 亩≈666.67 平方米,下同)减少到 1.85 亩。人民公社"政社合一"的体制和过高积累率,抑制了农民的生产积极性和自主性。农业生产微观激励不足、集体生产的监督管理成本过高、生产效率难以提升的弊端越来越显现。集体化时代末期,农村经济更趋凋敝,农村社会和国家进行制度变革和利益格局调整的必要性提升。

综上,新中国成立后第一个三十年的城乡经济关系,是以城市领导农村、农业补贴工业、农村承载剩余人口为重要特征的。城乡二元经济制度在为工业化输送了重要的积累的同时,工、农业产品长期不等价交换,农业生产效率提升不足,居民的消费水平上升有限,城乡间要素无法自由流动,农村居民和城镇居民的公民权利和发展机会严重不均,这些矛盾愈加突出。可以说,改革开放前的城乡关系,是启动工业化进程的重要制度保障,但是对于农民发展问题、农业和农村的现代化问题的解决尚存在明显距离。伴随着中国经济与社会发展目标的变化,城乡关系的变革迫在眉睫。

---

[1] 毛泽东. 毛泽东选集: 第 3 卷 [M]. 北京: 人民出版社, 1991: 1077.

第二节　改革开放后的城乡二元经济制度（1978—2012 年）

中国经济体制的改革道路，是以农村改革为先导的。在重工业化战略和计划经济体制中，农村的大量资源外输，使其成为国民经济中最薄弱的环节，改革势在必行。1978 年 9 月，在安徽、四川等局部地区自发地搞起了包产到户、包干到户。之后，党的十一届三中全会做出经济体制改革的决定，到 1983 年 1 月中央一号文件，进一步肯定并全面推开以家庭联产承包为主要形式的农业生产责任制改革，农村改革大潮席卷全国，成为中国经济改革的先锋，也促进了农村和城市经济的发展。从改革开放至 2012 年前后，城乡经济制度的发展大体呈现出三阶段的特征：首先是以 1985 年为时间节点，中国的市场化改革进程经历了以农村部门改革为主到以城市部门改革为主的变迁，以农村改革为先导的发展，走向了要素单方面大量流向城市、城乡间差距进一步扩大的二元分治格局；随后是以 2002 年为时间节点，城乡统筹战略的推出使城乡关系进入了以城带乡、以工促农的新阶段，从城乡二元分割向城乡一体化乃至城乡融合发展迈进。

一、以农村改革为先，农产品流通市场化启动与农村工业化探索（1978—1984 年）

1978—1984 年，以家庭联产承包责任制为标志的农村改革带来了农村经济的发展，粮食总产量增长了约 10 300 万吨，基本解决了吃饭问题；农村改革的推进，为后来国有企业承包经营、权力下放起到了表率作用；农村经济中剩余的积累、农业剩余劳动人口的增加，也为乡镇企业发展和兴旺打下了坚实的基础。

20 世纪 80 年代初，中央还在城乡间区域协同发展的制度设计层面，推出了"城乡经济协作区"。1981 年 10 月、1982 年 2 月、1983 年 2 月，国家先后批准在湖北沙市、江苏常州、四川重庆进行经济体制综合改革试点，中心目标是合理建立试点地区的城乡关系。一些省实行了撤销专区行署、由市领导县的城乡结合新体制。这一改革有利于条块结合、城乡结合，发挥中心城市的经济、科技、文化优势，充分利用农村资源，以城市支援农村，促进城乡经济的协调发展①。

（一）统购统销的废除与农产品价格市场化的启动

1980年，四川广汉向阳人民公社摘牌标志着人民公社开始退出历史舞台。家庭联产承包责任制的实行，赋予了农民对土地的控制权、对生产的决策权和对收益的索取权，提升了广大农户的生产经营积极性，使农业生产效率大幅度提高，粮食产量激增，农副产品种类极大丰富。伴随家庭联产承包责任制的实行、农副产品统购统销制度的废除、农业流通制度的改革，粮食等重要农产品价格逐步放开。从1979年夏粮上市开始，国家大幅提高了农副产品收购价格，减少了农业剩余向工业和城市流出的数量，这事实上是对过去扭曲的农业和工业、农村和城市分配关系的调整。经过调整，1983年农副产品的收购价较1979年上升了47.43%。

1985年《中共中央 国务院关于进一步活跃农村经济的十项政策》提出："除个别品种外，国家不再向农民下达农产品统购派购任务，按照不同情况，分别实行合同定购和市场收购。"至此，替代计划化的统购统销，农产品交易的市场化逐渐成为主流。截至1984年，粮食的商品率达到了30%以上，农副产品的收购额比1978年增加了68%，集市贸易比1978年增加了280%②。不合理的工农业产品价格得到显著调整，农民的积极性被调动，农村生产力潜能得以释放。

农村作为中国市场化改革进程的排头兵，在长期受抑制的市场机制被激活后，其调节资源配置的灵活性、及时性和有用性都充分地显现了出来。主要农产品供给由长期全面短缺转向大体平衡、丰年有余，城乡居民所能消费

① 郑有贵.中华人民共和国经济史（1949—2012）[M].北京：当代中国出版社，2016：171-172.
② 武力.中华人民共和国经济史[M].北京：时代经济出版社，2010：724-726.

的农副食品种类都更为丰富①。当然，农业作为一个特殊的部门，农产品的价格决定机制并非依托市场就可以取得一劳永逸的最优结果，后文相关部分将会述及。伴随改革的深入，我国对粮食流通体制、农副产品价格机制还在不断做出重要调整，以求最大限度保证农民利益和农业发展。

（二）乡镇企业的兴起与农村工业化和城镇化探索

改革开放初期，家庭承包经营的全面推行提升了农民的生产积极性，农业生产的发展也为农村非农产业的发展提供了良好的物质条件，劳动生产率的提高释放了大量农业剩余劳动力，迫切需要非农产业予以吸收。在此背景下，以原本的社队企业为基础，大量乡镇企业兴起（延伸到 20 世纪 90 年代中期），农村工业化加快，呈现出城市工业对农村工业的初步反哺，一定程度上缩小了城乡经济差距。

1. 乡镇企业兴起的制度支持

1979 年 9 月中共十一届四中全会正式提出要大力发展社队企业，只要是在经济上合理的、易于农村加工的农副产品，要逐步由社队企业加工。特别值得关注的是，《中共中央关于加快农业发展若干问题的决定》指出：城市工厂要把一部分易于在农村加工的产品或零部件有计划地扩散给社队企业经营，支援设备指导技术，对社队企业的产供销要采取各种形式，同各级国民经济计划相衔接，以保证供销渠道能畅通无阻；国家对社队企业，区分不同情况，实行低税或减税政策②。这是国家从制度层面对社队企业有力地支持。1984年 3 月 1 日中央《关于开创社队企业新局面的报告》指出，社队企业已成为国民经济的重要力量，农业现代化和安排富余劳动力都离不开社队企业的发展，并将社队企业更名为乡镇企业。1984 年当年乡镇企业数量净增 471.88 万家，各类私营、个体企业都在此基础上发展涌现。

20 世纪 80 年代中期，乡镇企业成为农村经济的重要支柱；乡镇企业也曾是中国工业化过程中的主力军。伴随商品经济的发展，农民家庭需要更多的

---

① 韩俊. 中国城乡关系演变 60 年的回顾与展望 [J]. 改革，2009（12）.
② 中共中央关于加快农业发展若干问题的决定 [N]. 人民日报，1979-10-06.

货币收入，过剩农业劳动力需要进入工业生产领域，在农村基层组织支持下形成的乡镇企业是中国农村工业化的一个新组织形态，在乡农民工的身份也随之形成。乡镇企业一度是吸收农民工就业的最主要渠道，直到1996年乡镇企业的就业人数达到一个局部顶点1.35亿后出现下降，且进城农民工的增速超过了在乡农民工，2000年之后外出农民工数量才首次大于在乡农民工的数量。

2. 三元结构特征与小城镇的发展

伴随乡镇企业的崛起，在农村和城市的二元结构间，又出现了乡镇企业和乡村工业这一中间结构，表现出三元结构的特征，传统的城市工业模式呈现出城乡双重工业化模式。由此，我国在地域上形成了城市工业化与农村工业化并存的双重工业化。同新中国成立后计划经济体制推动的城市工业化相比，农村工业化是以市场经济为基础，依靠农民自发力量兴办起来的。资金筹措、原料配置、劳动力招聘、能源供应、产品销售等，都要靠自己到市场上去设法实现，由此他们锻造出了较强的市场竞争力。农村工业是典型的劳动密集型产业，采取的是分散型、本地化路线，距离农业比较近，对农村剩余劳动力转移的拉动、吸收作用也最强。

乡镇企业的发展在吸纳农村剩余劳动力、增加农民收入水平、提升农业产业结构、推动小城镇建设等方面都发挥了重要的作用。乡镇企业在小城镇开办各类工厂、兴办服务业，吸引了大量农村剩余劳动力向小城镇集聚，社会资本和技术也向这里汇集。1984年中央一号文件《国务院关于农民进入集镇落户问题的通知》，允许务工、经商、办服务业的农民自带口粮在集镇落户，这是我国小城镇户籍制度改革的先声。为铁板一块的二元户籍制度打开了一个缺口。"后来，伴随城市改革推进、乡镇企业衰落，小城镇也进入发展停滞期，脱离了乡村社区性质，又没有完成城市化的进程。在近年的新农村建设中，才再度进入县域政策和实践的核心。"[①] 小城镇发展始终是中国乡村

---

① 折晓叶，艾云. 城乡关系演变的制度逻辑和实践过程 [M]. 北京：中国社会科学出版社，2014：107.

振兴和城镇化建设依托的重要空间。

　　需要在此说明的是，进入 20 世纪 90 年代中后期，乡镇企业发展走向衰落，且其自身含义与性质也在发生变化，从一个包含所有制要求、以农村集体和农民投资为主的企业组织变为以私营企业和独资企业为主、只带有地理位置含义的企业类型。至今学界对乡镇企业衰落的原因尚存争议。一种观点认为农村工业缺乏城市工业的规模优势和集聚优势，集体所有制的乡镇企业产权结构不明晰，缺乏进一步的发展空间，农村工业化之路是难以走下去的，90 年代中后期，随着乡镇企业自身利润的下降，其吸纳农村劳动力就业的能力和降低城乡收入差距的能力在年度边际上相比之前都已明显下降[①]。另一种观点认为，乡镇企业衰落更主要地源于从 90 年代起我国经济增长模式更倾向于倚重经历了"抓大放小""现代企业制度"改造的大型国有企业和利用大型跨国企业的外来投资与经营经验，以及市场竞争的加剧。1997 年东亚金融危机对出口的抑制，使得由基层政府支持建设的传统乡镇企业破产或转制，乡镇集体企业在农村经济发展中起到的引擎作用至此消失[②]，城乡间发展差距的缩小也由此失去了一个重要渠道。

　　总体而言，我国的城乡经济关系在改革开放初年，呈现出联合发展的特征。1978 年城市人均收入约为农村的 2.36 倍，这一指标在 1984 年下降到了 1.86 倍，农民收入增长可谓史无前例地快于城市居民。并且，在 1978—1985 年，农村居民人均收入和消费增幅分别为 169% 和 94%，而同期城镇居民收入和消费增幅分别只有 98% 和 47%[③]。与此同时，由于知识青年和下放干部返城就业、高考恢复、城镇集贸市场开放、乡镇企业发展带动小城镇建设等多方面原因，我国城镇化一改多年徘徊不前的状态，从 1978 年的 17.92% 提高到 1984 年的 23.01%[④]。

① 钟宁桦. 农村工业化还能走多远 [J]. 经济研究，2011（1）.
② 潘维. 农民与市场：中国基层政权与乡镇企业 [M]. 北京：商务印书馆，2003：5-20.
③ 赵洋. 中国特色社会主义城乡关系变迁：历史、理论与现实 [J]. 思想教育理论导刊，2016（9）.
④ 武力. 1949—2006 年城乡关系演变的历史分析 [J]. 中国经济史研究，2007（1）.

二、以城市改革为重，城乡二元劳动力市场与土地市场的确立（1985—2002 年）

1984 年 10 月，党的十二届三中全会通过《中共中央关于经济体制改革的决定》。从 1985 年起，我国经济体制转轨加速，计划经济体制逐步向商品经济、向市场经济体制转型。以所有制结构调整、国有企业产权制度改革、国有企业股份制和混合所有制改革攻坚、国有资产管理体制创新、加速对外开放等重大制度变革为代表，中国经济改革的重点集中在城市部门。在此期间，大量农业剩余人口通过外出务工、从事农副产品销售及其他各类个体经营等进入城镇，为城市部门经济发展提供了充足的劳动力，也开启了中国发展进程中的"城镇化"历程；但延续的城乡二元户籍制度，使流动的农民工呈现出"离土不离乡"的特征，较市场化的推进速度而言，城镇化的推动速度相对缓慢，城乡居民的收入差距再度扩大，城乡间仍呈现出二元分治的特征。

党的十二届三中全会通过的《中共中央关于经济体制改革的决定》，强调了"改革是为了建立充满生机的社会主义经济体制""增强企业活力是经济体制改革的中心环节"，明确了改革的方向、性质、任务和各项基本方略，将城市作为经济体制改革的重心。20 世纪 80 年代中前期，在农村发展过程中，农业人口、资金、土地三要素还停留在农村内部生产、运营，帮助农村工业化迅速发展，城乡差距缩小；伴随城市部门快速发展，农业三要素无法留在农村，城市扩张大规模无偿占用农村土地，劳动力外流，资金外流，越来越紧的资源约束使"三农"问题更加严峻。这其中最具代表性的就是大量外出农民工队伍的形成，廉价的劳动力成为推动劳动密集型企业、出口导向型企业高速增长以及城市规模扩张的关键要素条件。

（一）户籍制度隔离下城乡二元劳动力市场的形成和延续

外出农民工的大量增加，起到了供需两方面的作用：一方面是家庭联产承包责任制实行后，农业劳动生产率增长，农村隐性剩余劳动人口显现。根据统计资料测算，相比 1981 年，1990 年五类农产品生产所需劳动力实际减少4 909 万。过去由计划经济掩盖的农村劳动力剩余从隐形转为显性，农村地区

出现的劳动力剩余带来的潜在人口红利为中国经济结构转型创造了重要条件①。另一方面是城市改革深入，国有部门和外资企业对更多低价劳动力的需求。尽管城乡二元分隔的户籍制度依然延续，但是从 20 世纪 80 年代起制度设定逐渐放宽了对农村劳动力流动的限制。1980—1995 年，国家对农民工外出打工的许可度总体上是上升的，但在各个时期随宏观经济形势变化不断经历艰难的反复（参见表 5-1）。工资性收入在农民家庭收入中的占比、重要性也不断上升，相应的经营性收入减少，参与城镇劳动力市场对农民工家庭生存具有更重大的意义。

表 5-1　关于农村劳动力流动的政策变迁

时期	重要文件	政策特征
政策限制期 （1980—1982） （控制流动）	《进一步做好城镇劳动就业工作》（1980） 《关于广开门路，搞活经济，解决城镇就业问题的若干规定》（1981） 《国务院关于严格控制农村劳动力进城做工和农业人口转为非农业人口的通知》（1981） 《严格控制大城市，适当发展中等城市，积极发展小城镇》（1982）	限制农村劳动力向城市转移，加强粮食和户口管理，就地安排农村剩余劳动力转移
政策宽松期 （1983—1988） （允许流动）	《国务院关于城镇劳动者合作经营的若干规定》（1983） 《关于1984年农村工作的通知》《国务院关于农民进入集镇落户问题的通知》（1984） 《关于进一步活跃农村经济的10项政策》（1985） 《公安部关于城市暂住人口管理的暂行规定》（1985） 《国营企业招用工人暂行规定》（1986） 《劳动部、国务院贫困地区经济开发领导小组关于加强贫困地区劳动力资源开发工作的通知》（1988）	允许农民自理口粮进城，办理暂住证，放开部分小商品和服务业，允许从农村招工
政策控制期 （1989—1991） （控制盲目流动）	《关于严格控制民工盲目外出的紧急通知》（1989） 《关于严格控制"农转非"过快增长的通知》（1989） 《国务院关于做好劳动就业工作的通知》（1990） 《国务院办公厅关于劝阻民工盲目去广东的通知》（1991）	引导农民离土不离乡，控制外出，清理农民工返乡

---

① 马晓河，刘振中，钟钰. 农村改革 40 年：影响中国经济社会发展的五大事件 [J]. 中国人民大学学报，2018（3）.

表5-1（续）

时期	重要文件	政策特征
再度宽松期（1992—1995）	城市"蓝印户口"（1992） 《劳动部关于建立社会主义市场经济体制时期劳动体制改革总体设想》（1993） 《农村劳动力跨省流动就业管理暂行规定》（1994） 《关于加强流动人口管理工作的意见》（1995）	禁止流动向引导流动转变。提高流动的组织化和规范化
政策保障期（1996—2000）	《小城镇户籍管理制度改革试点方案》（1997） 《关于进一步做好组织民工有序流动工作的意见》（1997） 《中共中央关于农业和农村工作若干重大问题的决定》（1998） 《关于解决当前户口管理工作中几个突出问题的意见》（1998）	就地安置为主，引导有序流动。粮食供应脱离户籍
促进、保障流动期（2000年以后）	《关于做好农村富余劳动力流动就业工作的意见》（2000） 《关于推进小城镇户籍管理制度改革的意见》（2001） 《国家计委、财政部关于全面清理整顿外出或外来务工人员收费的通知》（2001） 《国务院办公厅关于做好农民进城务工就业管理和服务工作的通知》（2003） "进城就业的农村劳动力已经成为产业工人的重要组成部分"（2004） 《国务院办公厅关于进一步做好改善农民进城就业环境工作的通知》（2004） 《国务院关于解决农民工问题的若干意见》（2006）	取消对农民进城就业的不合理限制，积极推动流动，倡导建立城乡一体的劳动力市场，推动农民工社保体系建设

在城乡二元户籍制度依然存续的背景下，"半工半农"的农民工群体对带动城乡间劳动力资源和生产力布局优化配置做出了重大历史贡献——在城乡二元结构尚未根本突破的时代背景下，开辟了一条工农之间、城乡之间生产要素流动的特别通道，为城市二、三产业发展提供了源源不断的低成本劳动力，满足了加快的工业化、城镇化步伐对劳动力的需求。农民工的大量进入，填补了制造业、建筑业、餐饮服务业等劳动密集型产业的岗位空缺，使城市特别是东部地区在激烈的市场竞争中保持了整体的竞争力。这不仅为东部地区吸引外资和发展出口贸易创造了条件，也为其把握机遇承接国际劳动密集型产业转移创造了条件，使中国迅速发展为"世界工厂"。2000年的第五次

全国人口普查资料显示：农民工在第二产业从业人员中占 58%，在第三产业从业人员中占 52%；在加工制造业从业人员中占 68%，在建筑业从业人员中占 80%。农民工已成为中国产业工人的重要组成部分①。

然而，由于户籍制度约束，以及改革进程中劳动保护法规的一度缺位，农民工权益受损的问题也长期存在，突出表现在大量农民工进入了非正规就业部门，工资上涨缓慢甚至被拖欠，劳动保障缺乏，工作环境差，维权难度大。与此同时，农民工难以享受城市地方政府提供的公共服务，子女教育、养老等问题都要依靠身后的土地来解决。许多农民工子女无法入读全日制公办中小学校。不少在城市接受过完整义务教育的农民工子女，无法参加中考和高考。农民工参加职工基本医疗、城镇职工基本养老保险、失业保险的比率相对城市工人也较低。在住房保障方面，城市保障性住房基本不对农民工开放，农民工公积金缴存率也很低。农民工的跨区域就业造成大量社会问题，留守妇女、儿童、老人大量存在，大多数农民工只是这场波澜壮阔的城镇化的过客，他们在超过劳动年龄以后又返回乡村、回归农业。户籍人口城镇化率与常住人口城镇化率差值从 20 世纪 90 年代末开始逐步拉大，到 2017 年，中国的常住人口城化率已经达到 58.52%，农民工总量到 2016 年时已达 2.8 亿，2016 年常住人口城镇化率与户籍人口城镇化率的差距仍然高达 16.2 个百分点②。

总之，市场化改革进程中，户籍作为一种"非市场"的制度因素，是城市与农村劳动力再生产体制的分隔，农民工"拆分型"的劳动力再生产模式抑制了其工资成本，一度为处于高速增长期的中国经济大大减轻了劳动力成本的负担；但同时也限制了中国城镇化的正常节奏和步伐，抑制了从要素集聚增加、社会分工深化等方面可能取得的收益。

（二）土地权利分立与城乡二元土地制度形成

改革开放初期的农村土地政策，鼓励农民利用集体土地创办乡镇企业，

---

① 中国农民工战略问题研究课题组. 中国农民工现状及其发展趋势总报告 [J]. 改革，2009（2）.
② 刘守英，熊雪锋. 我国乡村振兴战略的实施与制度供给 [J]. 政治经济学评论，2018（4）.

事实上乡镇企业也承接了大量农业剩余劳动人口，农村建设用地量快速增长。1992 年起集体土地必须先征为国有才能作为建设用地。1998 年起对农地进入非农集体建设的限制进一步增强，随着乡镇企业改制和建设用地年度指标管制的加强，农村集体建设用地在大多数地区合法进入市场的通道基本关闭①。（这种关闭直到 2006 年国务院 31 号文相关规定——"农民集体所有建设用地使用权流转，必须符合规划并严格限定在依法取得的建设用地范围内"开始实施才重新开通。）

一方面是农村集体土地入市渠道被关闭，另一方面是地方政府土地征用制度实施。任何涉及农地变成建设用地的做法，都必须经过政府征地这一环节，任何单位建设用地都要使用国有土地。这种制度使得政府成为农地变为建设用地的唯一决定者。集体建设用地和国有建设用地权利不平等。

这一征地制度为土地快速城镇化提供了条件，地方政府使用从农民手中低价征得的土地，兴建各类工业园区、开发区，扩大了城市建成区的面积，取得了较高的土地收益。在高土地收益的激励下，地方政府快速推动了土地的城镇化，但却没有为新增市民提供足够的公共服务，户籍制度的庇护减轻了原本应在公共服务方面增加的投入。1990—2000 年，城市建设用地面积扩大了 90.5%，城镇人口增长仅 52.96%②。

城乡二元土地制度的形成，限制了乡村用地权力，土地使用的城市偏向进一步加剧了劳动力和资本往城市的单向配置。在政府主导的园区工业化和城镇化下，城乡发展权利差距拉大，乡村工业化退场，在规划、土地用途等管制下，乡村失去发展权，农村产业发展受阻，农业功能窄化，城乡差距拉大，农民的收入主要依托于外出打工，与不断繁荣的城市相比，乡村陷入衰败③。地方政府独家垄断土地市场，客观上带来了农民土地权利的丧失和乡村发展权的丧失，是城乡差距扩大的重要原因。

---

① 刘守英，熊雪锋. 我国乡村振兴战略的实施与制度供给［J］. 政治经济学评论，2018（4）.
② 折晓叶，艾云. 城乡关系演变的制度逻辑和实践过程［M］. 北京：中国社会科学出版社，2014：168-175.
③ 刘守英，熊雪锋. 我国乡村振兴战略的实施与制度供给［J］. 政治经济学评论，2018（4）.

综上，1978年农村改革之后，农村部门支持工业和城市发展的主要方式发生了重大变化：随着统购统销、人民公社的废止，农产品流通的市场化，通过农业剩余直接支持工业化和城镇化的比重减少（特别是在下文所述2006年农业税全面取消之后）。但是农村部门对城市部门的贡献并未消失，而是表现出三种新的方式：一是大量农业剩余劳动人口注入新的工业化和城镇化进程，低成本的劳动力投入为劳动密集型企业、出口导向型企业的快速发展创造了优势；二是20世纪80年代初乡镇企业的发展不仅为中国企业部门整体的改革与竞争力提升注入了动力和经验，也通过向城市工业的再投资注入了资金；三是农村提供的廉价土地，使城市拓展的成本低、速度快，为经济开发区建设、大型基础设施建设创造了低价的空间条件。

在改革开放初期，农村部门一度成为中国市场化改革和新工业化进程的先锋，并带动了小城镇经济的发展。农副产品流通体制变化、乡镇企业发展等使得1978—1984年城乡居民收入差距、社会发展差距罕见地缩小。

1985年起，中国市场化进程改革重点在城市，农村改革相对有限，城市发展开始明显快于农村，在城乡共同发展的大背景下，城乡差距不断拉大。表现之一是城乡收入差距拉大。1985年城镇居民收入相当于农村居民收入的1.86倍，1990年该比例上升至2.2倍，1995年上升到2.71倍，2002年上升到3.11倍。若综合衡量城乡的社会保障和福利差距，差距将达到7倍。究其原因，改革重点转入城市后，城镇居民面临的就业机会、发展机会都进一步增加，收入迅速增加，农民的收入则增加缓慢；与此同时，农民税费负担较重，1994—2000年，农民人均承担的税费额从112.0元上升至168.4元，增加50.4%。表现之二是城乡居民、农民工与城市居民所能获得的公共服务差距进一步加大。在户籍制度的隔离作用下，农民工在身份地位、教育水平、就业机会、劳动待遇、社会保障等方面与城市居民还相距甚远，资源和权利分配不公使得城乡居民及其后代在工作待遇、生活状况与发展机会等方面差异较大。表现之三是在城乡二元土地制度作用下，农地问题突出，农民土地权利没有保障，存在部分农民既失地又无法获得其他替代性社会保障的问题①。

改革开放之后至2002年以前，农村对城市的剩余输送关系并未真正得到扭转，而是农村哺育城市，农业哺育二、三产业发展的具体机制在发生变化。伴随加快的市场化、工业化步伐，城市部门的现代化速度远快于农村部门，城乡间发展差距扩大，二元分治局面强化，城镇化落后于工业化步伐，人口城镇化滞后于土地城镇化速度，"三农"问题更加突出，这一系列矛盾的出现长期来看不仅制约着中国经济持续增长的潜力和发展模式的改进，也在考验着全面建成小康社会和共同富裕目标的实现，在2003年前后愈加引发了党中央和全社会的关注，呼唤着城乡关系的调整与新的城乡制度的建设。

三、从城乡二元分割到城乡统筹发展（2002—2012年）

改革开放后，农村经济取得了较快发展，但是城乡二元结构尚未发生根本变化。伴随着社会主义市场经济体制建设，城市部门经济快速增长，社会公共服务不断完善，城乡居民间的收入、教育、医疗等差距进一步扩大。以有效的制度设计统筹城乡经济和社会发展，成为党和政府面临的重要任务。从2002年年底开始，党中央关于城乡发展的一系列重大政策的出台，为城乡一体化发展奠定了制度条件。此后，农业税费的减免、农业生产补贴的推行、农村社会保障与公共服务投入的增加，使得工业反哺农业，新型工农城乡关系的建立正式启动。

（一）党的十六大至十七大党中央有关统筹城乡发展的重大决议

2002年中共十六大提出，统筹城乡经济社会发展、建设现代农业、发展农村经济、增加农民收入是全面建设小康社会的重大任务。2003年中共十六届三中全会将统筹城乡发展置于"五个统筹"的首位，将建立有利于逐步改

---

① 吴丰华，韩文龙. 改革开放四十年的城乡关系：历史脉络、阶段特征和未来展望［J］. 学术月刊，2018（4）.

变城乡二元经济结构作为完善社会主义市场经济体制的主要任务。

2004年10月，党的十六届四中全会报告指出："农业是安天下、稳民心的战略产业，必须始终抓紧抓好。纵观一些工业化国家发展的历程，在工业化初始阶段，农业支持工业，为工业提供积累是带有普遍性的趋向；但在工业化达到相当程度以后，工业反哺农业，城市支持农村，实现工业与农业、城市与农村协调发展，也是带着普遍性的趋向。""我国现在总体上已到了以工促农、以城带乡的发展阶段。我们应当顺应这一趋势，更加自觉地调整国民收入分配格局，更加积极地支持'三农'发展。"

2006年中共中央关于制定"十一五规划"的建议提出了建设社会主义新农村的重大历史任务，宣布我们已进入城市支持农村、工业反哺农业的阶段，对农民"多予、少取、放活"；加大各级政府对农业和农村增加投入的力度，扩大公共财政覆盖农村的范围，强化政府对农村的公共服务，建立以工促农、以城带乡的长效机制。

2007年10月，党的十七大报告提出"建立以工促农、以城带乡的长效机制，形成城乡经济社会发展一体化新格局"。2008年中共十七届三中全会提出，统筹城乡经济社会发展，把着力构建新型工农城乡关系作为加快推进现代化的重大战略，把建设社会主义新农村作为战略任务，推动农村经济社会又好又快发展[1]。城乡经济社会一体化理论是城乡关系理论的重大发展，成为我国统筹城乡发展的新指南。此后，农业和农村发展有了大的跨越，城乡一体化新格局逐步形成，城乡关系发生了新的历史变化。

（二）农村税费减免与农业补贴增加

逐步推进农村税费改革是进入21世纪后农村综合改革的重点内容，其首要目标就是减轻农民的负担，规范和完善农村分配关系。2005年7月国务院发布《国务院关于2005年深化农村税费改革试点工作的通知》，在为农民减负的基础上，进一步提出推进建立精干高效的农村行政管理体制和覆盖农村的公共财政制度。2006年1月1日起农业税正式停止征收，农民每年减负达1335亿元。

---

[1] 郑有贵.中华人民共和国经济史（1949—2012）[M].北京：当代中国出版社，2016：269-270.

从 2000 年开始，农民承担的税费支出从 20 世纪八九十年代 4%～5% 的平均水平骤降，至 2006 年我国农民人均直接承担的税费额为 30.95 元，比 2000 年下降了 78.11%（参见图 5-1）。

2002 年国家还启动了对农业生产的补贴计划，包括粮食直补、农资综合补贴、良种补贴和农机补贴，2007 年种植类直接补贴达 427 亿元，2012 年农业补贴资金规模达 1 668 亿元；对产粮（油）大县进行奖励，实施农业综合开发等；农业生产的技术服务补贴；以农业保险补贴为主的灾害损失补助；以退耕还林、退牧还草为代表的生态环境补助奖励。2003—2007 年的五年间，中央财政用于"三农"的资金投入累计达 1.56 万亿元，相当于 1993—2002 年十年的总和，年均增长 17.8%①。

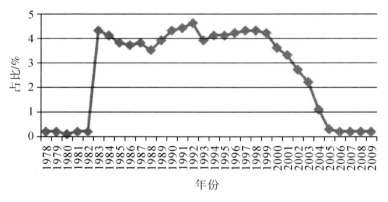

图 5-1　税费支出占农村居民总支出的比例

（资料来源：根据《中国统计年鉴》发布的相关数据计算）

（三）农村社会公共服务的增加

要形成城乡经济社会统筹发展新格局，需提升农村公共服务，发展农村公共事业。2002—2012 年，中央财政支农投入从 1 905 亿元增加到 12 287 亿元，占中央财政支出的比重上升了 6 个百分点。中央还加大了对农村教育、医疗、卫生等公共服务的支持。

2003 年首次提出中央财政新增教育、卫生、文化等事业经费主要用于农

①　根据国家统计局提供的相关资料计算。

村。2005—2006 年，将农村义务教育全面纳入国家财政保障，免除了农村义务教育阶段学生的学杂费，并给予生活补贴。2003 年 1 月，国务院转发的《关于建立新型农村合作医疗制度的意见》打破了农村卫生医疗"民办、公助"的传统模式，明确各级政府对农村医疗卫生事业应承担更大的责任[①]。2006 年，原卫生部、国家发展改革委等部门要求扩大新型农村合作医疗试点。2009 年，在农村合作医疗制度试点的基础上，党中央、国务院确立了新农合作为农村基本医疗保障制度的地位，并加大了对新农合的财政补助力度，农村医保、养老保险的覆盖面不断扩大。2009 年开展新型农村社会养老保险试点，将原有的"五保"对象等农村特困群体从农村集体供养转为财政供养，并探索建立个人缴费、集体补助、政府补贴相结合的新型农村社会养老保险制度。

（四）2002—2012 年城乡经济社会差距扩大的趋势与变迁动力

2002 年之后，一系列减税政策、惠农政策的实施，农民工流动的增加，工资收入的增长，都使得农村居民的绝对收入水平、家庭物质生活水平不断提高。统筹城乡发展在城乡间公共资源均衡分配方面功不可没。但是直到 2010 年前后，城乡居民间的收入分配差距、城市与农村社会的发展差距依然呈现长期扩大趋势。

1978 年我国城乡居民人均收入比约为 2.57∶1，2009 年扩大到 3.33∶1。2010 年前后伴随农村剩余劳动人口数量减少、劳动力供给年龄结构变化，农民工工资增速显著提高（2010 年和 2011 年都达到 16%，2013 年超过 15%），国家面向农村居民的社会保障力度加大，城乡居民收入比才开始呈现小幅下降，2013 年约为 3.03∶1。究其原因，回到收入分配的基本决定机制，改革进程中城市与农村在资本、劳动力、基础设施等方面的差距越来越大，居民人均占有的财产差距更大，自然会使得市场机制作用下的城乡居民收入差距越来越大。而要使城乡居民收入差距进一步缩小，使农村在城镇化和工业化

[①] 国务院办公厅转发卫生部等部门关于建立新型农村合作医疗制度意见的通知，中华人民共和国国务院公报，2003 年第 6 号。

的进程中不被荒废而是得到发展，更需要新时代新型工农城乡关系的建立，具体包括：城镇化与户籍制度改革结合，地方政府积极应对新"市民化"浪潮；乡村振兴激活农村经济增长潜力；公共服务均等化、农民养老金提升；精准扶贫造血和最终兜底。

更要注意的是，不但城乡居民收入差距较大，2000 年之后，农村居民内部的收入差距也在扩大。2012 年，农村低收入户与高收入户人均纯收入差距为 8.21 倍。按提高后的贫困标准统计，2012 年，我国尚有 1.28 亿的贫困人口[①]。如果没有面向农村地区绝对贫困人口的专项扶贫政策，依靠市场机制自发决定，已然处在资源严重劣势的农村深度贫困人口将难以实现脱贫。

此外，城乡发展实际上还存在乡村被城市"统筹"，城市繁荣、农村衰落的现象。城乡分隔的二元体制和城市优先发展战略，促使大量劳动力、土地、资本等生产要素向城市集聚，制约了乡村可持续发展，引发了日趋严重的"乡村病"：土地、人口等生产要素高速非农化；农村社会主体过快老弱化，制约了现代农业与乡村转型发展。农村青壮年主力军选择离开家乡到大城市闯荡，他们离土、出村、不愿意回村，加剧了农村的衰落；村庄用地严重空废化。据测算，全国空心村综合整治潜力达 1.14 亿亩[②]。

至此，有关城乡关系的制度设计，不再是通过农民工外流帮助农村家庭增收以及一般性的农村、农业补贴计划，而是以更有效、更全面的制度设计，协调政府与市场的功能，从根本上缩小城乡差距、恢复乡村的发展活力。

① 马晓河，刘振中，钟钰. 农村改革 40 年：影响中国经济社会发展的五大事件 [J]. 中国人民大学学报，2018 (3).
② 刘守英，熊雪锋. 我国乡村振兴战略的实施与制度供给 [J]. 政治经济学评论，2018 (4).

新中国经济
制度变迁
XINZHONGGUO JINGJI
ZHIDU BIANQIAN

第三节　新时代城乡融合发展的推进（2012年至今）

　　21世纪以来，中国城乡关系的发展目标日渐进入以工促农、以城带乡的阶段。打破城乡二元对立、形成城乡经济社会发展一体化新格局，实现发展成果的全民共享，取得城乡融合发展，是新时代城乡关系演进的基本目标；也在不断形成新的改革与发展成果。近年来，关于我国城乡融合发展的体制机制取得了一系列重大突破——不仅强调在城镇化进程中，通过城乡间要素的平等交换，推动农民增收、农村发展，还将乡村本身的发展与振兴置于突出位置。伴随农业补贴的提高、农村公共服务的完善、农民工公共权利的普及、精准扶贫政策的落实，自党的十八大进入新时代以来，城乡间的发展差距呈现缩小的趋势，显示出融合发展的特征。十九大在城镇化与乡村本身的发展关系方面，一方面突出了形成以城市群为主体的大中小城市和小城镇协调发展的城镇格局，加快农业转移人口市民化；另一方面又进一步纠正了城市偏向发展战略，并对促进城乡融合发展的体制机制提出切实要求。

一、新时代以来城乡融合发展的基本政策支持

　　2012年，党的十八大将"农业现代化"列入了新"四化"目标，明确提出了"推动城乡发展一体化。解决好农业农村农民问题是全党工作重中之重，城乡发展一体化是解决'三农'问题的根本途径。要加大统筹城乡发展力度，增强农村发展活力，逐步缩小城乡差距，促进城乡共同繁荣"；要求"加快完善城乡发展一体化体制机制，着力在城乡规划、基础设施、公共服务等方面推进一体化，促进城乡要素平等交换和公共资源均衡配置，形成以工促农、以城带乡、工农互惠、城乡一体的新型工农城乡关系"。

　　在全面建成小康社会的背景下，习近平同志特别强调农村作为小康社会的短板区，是建设的重点领域，"全面建成小康社会，最艰巨最繁重的任务在

农村、特别是在贫困地区。没有农村的小康，特别是没有贫困地区的小康，就没有全面建成小康社会"①。"农业还是'四化同步'的短腿，农村还是全面建成小康社会的短板。中国要强，农业必须强；中国要美，农村必须美；中国要富，农民必须富"②。

2013年11月，党的十八届三中全会通过的《中共中央关于全面深化改革若干重大问题的决定》提出了建立城乡统一的建设用地市场、加快构建新型农业经营体系、赋予农民更多财产权利、推进城乡要素平等交换和公共资源均衡配置、完善城镇化健康发展体制机制等方面具体的改革要求。

2017年党的十九大做出了"乡村振兴战略"的重大部署，强调："农业农村农民问题是关系国计民生的根本性问题，必须始终把解决好'三农'问题作为全党工作重中之重。要坚持农业农村优先发展，按照产业兴旺、生态宜居、乡风文明、治理有效、生活富裕的总要求，建立健全城乡融合发展体制机制和政策体系，加快推进农业农村现代化。"对完善农村基本经营制度、深化农村土地制度改革、完善农村土地"三权分置"，构建现代农业产业、生产、经营体系，发展多种形式适度规模经营，实现小农户和现代农业发展有机衔接，促进农村一、二、三产业融合发展等做出了总的规划。

2018年中央一号文件《中共中央国务院关于实施乡村振兴战略的意见》对乡村振兴战略做出具体的目标规划和任务分解，分为三大阶段渐次实现：2020年乡村振兴的制度框架和政策体系基本形成；2035年乡村振兴取得决定性进展并基本实现农业农村的现代化；2050年乡村全面振兴，"农业强、农村美、农民富"的目标最终实现。长达33年的总体规划，保证了乡村振兴战略实现的整体性和连续性，具有影响乡村发展走向以及重塑中国社会结构的深远意蕴③。文件提出要"使市场在资源配置中起决定性作用，更好发挥政府作

① 此话为2012年12月底习近平总书记到贫困地区和革命老区河北省阜平县看望困难群众时所讲。具体可参考新华社评论员文章《没有农村小康就没有全面小康》，新华网，2012年12月30日。
② 习近平总书记系列重要讲话读本［M］. 北京：学习出版社，人民出版社，2014：68.
③ 叶敬忠，张明皓，豆书龙. 乡村振兴：谁在谈，谈什么？［J］. 中国农业大学学报（社会科学版），2018，35（3）.

用，推动城乡要素自由流动、平等交换，推动新型工业化、信息化、城镇化、农业现代化同步发展，加快形成工农互促、城乡互补、全面融合、共同繁荣的新型工农城乡关系"①。

乡村振兴战略的实施不但是我国三农政策的重大理论和实践突破，而且标志着我国城乡关系进入新的发展阶段。农村面貌的改善、农民收入的增加、农业现代化的发展从完全依靠城镇化进程正外部性效应的释放转向了乡村内源性发展。

现阶段城乡间的不平衡、不充分发展不仅表现为居民收入和消费绝对水平的差距，更表现在多年来伴随乡村优质资源外流出现的农村空心化、农业边缘化、农民老龄化、乡村治理隐患等严重的"乡村病"问题。叶兴庆将我国农业劳动力外流称为"精英移民"，即相比农业生产经营人员，外出农民工的男性比例更高、文化程度更高。农业劳动力老龄化程度远大于农民工②。在这种情况下，如何培育农业农村现代化所需的新型农业经营主体，已成为一个重要挑战。

根据《2017年国民经济和社会发展统计公报》的数据，2017年年末全国常住人口的城镇化率为58.52%，户籍人口城镇化率为42.35%，有2.25亿户口在农村但在城镇工作生活超过半年的人，2017年年末农村常住人口还有5.76亿。按照当前的人口增速和城镇化推进速度测算，当我国总人口数达到15亿，城镇化率达到70%，意味着还有4.5亿农村常住居民。因而，我国的现代化进程和全面建成小康社会的征程，势必意味着对乡村本身的建设，不能允许在城镇化和工业化过程中乡村社会的衰败。否则就谈不上城乡间的融合发展，也是对农村居民发展权利的损害，以及对共享发展道路的背离。

有学者研究指出，生产要素在城乡之间的流动与城镇化率的高低有关。当城镇化率超过50%，生产要素就会呈现向农业部门流动的趋势。伴随农村

<hr>

① 中共中央　国务院关于实施乡村振兴战略的意见［EB/OL］.（2018-02-04）［2019-04-26］.
http://www.xinhuanet.com/politics/2018-02/04/c_1122366449.htm.

② 叶兴庆. 现代化后半程的农业变迁与政策调整［J］. 中国农业大学学报（社会科学版），2018，35（1）.

劳动力向城市的流动接近刘易斯转折点，以及我国工业化进入中后期，农村要素向城市的单向流动或将停止。因而，乡村振兴战略的提出和实施顺应了城市化中后期的历史发展规律①。

党的十九大以来，在城乡制度设计上，我国的政策导向愈加强调尊重城市和农村的不同发展路径选择，尊重城市居民和农村居民的不同诉求。既要"改革完善城市规划，加强对规划实施情况的监督"，防止城市盲目"摊大饼"，导致"大城市病"发生；也要避免农村"空心化"，提升乡村发展整体水平，强化乡村治理体系和治理能力，引导城乡之间要素双向合理流动，在城乡融合发展中实现乡村复兴。

二、全面建成小康社会背景下惠农与扶贫政策的落实

（一）农产品购销体制完善与市场和政府功能的协调到位

农产品价格市场化是改革开放进程中我国市场化进程的重要先驱。但是农业部门生产环境的特殊性、农产品在国计民生中的重要地位同时意味着，农产品的生产和价格存在市场失灵的情况，是需要政府保护的领域。

为了最大限度地保证农业经营的收益和国家粮食安全，党的十八大以来，我国的农副产品经营体制改革也在不断深化，突出表现在：在深入推进农产品价格市场化的进程中，坚守"无形之手"和"有形之手"的协调应用。一方面，减少了政府对农产品市场的直接干预，逐步实现了由市场价格信号引导农业资源配置和农业生产决策；另一方面，2014 年起启动大豆、棉花目标价格补贴改革试点，探索粮食、生猪等农产品目标价格保险试点，继续执行稻谷、小麦最低收购价政策和玉米、油菜籽、食糖临时收储政策。农产品购销体制改革坚持在发展市场经济过程中保护农民利益，帮助农民务农收入提

---

① 叶敬忠，张明皓，豆书龙. 乡村振兴：谁在谈，谈什么？[J]. 中国农业大学学报（社会科学版），2018，35（3）.

高，也承担了保护国家粮食安全的重要责任①。

对此，党的十九大报告中也特别写入了"完善农业支持保护制度"。陈锡文教授提出，现阶段要认真学习发达国家的农业补贴经验，在 WTO 的政策框架内设计规则。例如，2016 年推出的玉米定价机制和收售制度改革，提出市场定价、价补分离，就是既要让市场充分发挥作用，又不能亏待农民。完善各种大宗农产品的定价机制、补贴政策、收储制度，是发展现代农业的重要方面②。

（二）精准扶贫脱贫政策的推行和农村社会保障覆盖面的扩大

农村地区贫困人口的集聚是农业农村现代化进程的重要障碍。2014 年 5 月，国务院扶贫办等七部门联合发布了《建立精准扶贫工作机制实施方案》，要求对贫困户进行精准识别、精准帮扶、精准管理和精准考核，构建精准扶贫工作长效机制，并提出了"五个一批"的重大扶贫举措，包括"扶持生产和就业发展一批、通过易地搬迁安置一批、通过生态保护脱贫一批、通过教育扶贫脱贫一批、通过低保政策兜底一批"。在此背景下，全国上下开展了规模空前、组织空前、力度空前的精准扶贫工作。

党的十九大进一步强调打赢扶贫脱贫攻坚战，重点攻克深度贫困地区脱贫任务，确保到 2020 年我国现行标准下农村贫困人口实现脱贫，贫困县全部摘帽，解决区域性整体贫困，做到脱真贫、真脱贫。

在强有力的扶贫脱贫政策推进下，按照每人每年 2 300 元（2010 年不变价）的农村贫困标准计算，2016 年我国农村贫困人口规模为 4 335 万人，比 2015 年减少 1 240 万人，比精准扶贫刚开始的 2013 年的 8 249 万人贫困人口的规模减少了近一半；2017 年，农村贫困人口减少至 3 046 万人，贫困地区农村居民人均可支配收入达 9 377 元，扣除价格因素，比上年实际增长 9.1%③。

---

① 马晓河，刘振中，钟钰. 农村改革 40 年：影响中国经济社会发展的五大事件［J］. 中国人民大学学报，2018（3）.
② 陈锡文. 实施乡村振兴战略，推进农业农村现代化［J］. 中国农业大学学报（社会科学版），2018，35（1）.
③ 数据来源：中华人民共和国 2017 年国民经济和社会发展统计公报.

2017 年，各级财政对新型农村合作医疗的人均补助标准上升至 450 元，相比 2010 年上升了约 4 倍。4 047 万人享受农村居民最低生活保障，467 万人享受农村特困人员救助供养。

伴随着上述政策的实行，近年来我国城乡居民间的收入差距再次呈现出可喜的缩小趋势。农村居民人均收入和消费水平的实际增速接连快于城镇居民，2017 年城镇居民人均收入为农村居民的 2.71 倍，该数值 2016 年为 2.72，2011 年为 3.13。2017 年，城镇居民人均消费支出 24 445 元，扣除价格因素，实际增长 4.1%；农村居民人均消费支出 10 955 元，扣除价格因素，实际增长 6.8%[①]。

三、市场化、工业化视阈中城乡融合发展的历史与逻辑必然

在中国的市场化改革进程中，农村部门无疑是改革的始点。家庭联产承包责任制的落实，农产品供销体制改革，社队企业再到乡镇企业的兴办，外出农民工人数的增加，应该说，农村部门这些改革触动了我国所有制结构调整、商品价格形成机制变更、企业制度改革和要素市场化流动改革的总开关。伴随市场化改革的深入、社会主义市场经济体制的建立和完善，农村又可能成为市场化最滞后的部门。表现之一是户籍制度隔离的长期延续，改革开放早些年农民工外出流动与否，不仅取决于市场就业机会的多少，更在于与人口流动相关的政策约束；2001 年之后限制人口流动的强力政策几乎都被废止，但与户籍相关的其他社会权利却长期存在，户籍制度成为劳动力市场分割最重要的标志物，事实上背离了市场原则的所谓同等贡献获得同等报酬，使得农民工享有的实际劳动回报更低。表现之二是城乡间土地制度的隔离、农民土地权利的缺失、国有土地和集体所有土地权利不平等，乡村资源更多地为城市部门的扩张低价使用，未能将土地收益用于乡村的建设；在土地集体所有权的基础上，尚没有落实农民土地承包权的人格化、资本化等问题，土地权利市场化的进程滞后，制约了农民财产权利的获得。

---

① 根据国家统计局发布的相关资料计算。

统筹城乡发展、推动农业农村现代化不能单纯依靠市场力量，而是需要政府与市场功能协调发挥，即"通过政府'有形之手'的作用推动公共资源向农业农村优先配置，通过市场'无形之手'的作用推进城乡需求的双向灵敏对接和城乡产业发展融合化"①。

一方面，农业生产经营的特殊性，意味着如果完全依靠小生产者的自主运营和市场机制的自发调节，农业将是风险极高、盲目性极大、滞后期极长的一个部门，要保证种粮户利益，保证农副产品质量和安全，并进一步推动农业供给侧结构性改革，需要农村集体组织的建设、生产、经营体系的创新，需要相应的农业支持制度，这是一切发达国家农业部门已有的经验。另一方面，在40年的市场化改革进程中，农村大量优质资源外流，各类基础设施建设、公共服务配套等与城镇部门相距甚远，从要素条件决定产出水平的角度看，若任由市场力量自由发挥，只会加剧强者愈强、弱者愈弱的局面。在全面建成小康社会的过程中，农业农村部门客观上就是短板部门，如若没有针对性的政策倾斜，农业农村现代化就无法实现。因此，乡村振兴战略的实施、精准扶贫政策的落实，就是要从本质上去改善农村部门的要素条件，包括：改善农村基础教育环境，加大对农村劳动力的针对性培训，这样才能提升农村劳动力的人力资本素质，带动农民创新创业，拓宽低收入者向上流动的通道，阻断贫困代际传递；发挥社会救助制度托底线、保稳定的功能，才能保证发展成果为深度贫困群体共享；完善农村基础设施建设，改善农村的生产、生活环境，政府有意识地保护并进行要素培育，才可能在市场竞争中让城乡处于平等的起跑线，引导要素间的双向流动。

在新中国工业化与现代化的建设征程中，农业支持工业，工业反哺农业的总体演变线索，已成为学界的基本共识。中国工业化是在落后的农业国的基础上起步的，主要通过统购统销制度下的工农业剪刀差、较重的农业税、农村居民极低的消费增长，工业获得了农业提供的剩余支持，享受了大量来

---

① 叶敬忠，张明皓，豆书龙. 乡村振兴：谁在谈，谈什么？[J]. 中国农业大学学报（社会科学版），2018，35（3）.

自农业部门的补贴，加速了工业资本积累的进程。改革开放之后，家庭联产承包责任制实施、统购统销制度取消、国家集中农业生产剩余的机制和组织方式不复存在，但是农业对工业的补贴并未完全停止，只是具体方式发生了变化。这主要表现在低成本的农村剩余劳动力外流对工业化和城镇发展扩张的支持，农业税费改革之前农民依然承担的沉重的税费，乡镇企业积累资金对城镇工业的投资，农村提供的廉价土地为城市空间低成本扩张创造了条件。世纪之交，农业完成了支持工业化的历史使命，工业发展不再依赖农业的支持，且有能力反哺农业，同时"三农"问题也更加突出，平衡工业与农业发展，特别是以工促农、以城带乡的施政方针确立起来。

为此，政府出台了更多支持农业发展的政策，这里对农业、农村定向投入的资金补贴应当说来自之前工业化进程的积累，具体包括推进粮食流通体制改革、实施粮食保护价制度、增加农业基础设施的财政投入等。政府对农业的价格支持不断加大，直接补贴不断提高。2002—2010 年补贴总额从 1 亿元增加到 1 344.9 亿元，2007—2010 年农业保险保费补贴从 21.5 亿元增加到 103.2 亿元[①]。同时，还推进了农村金融改革，为解决农村发展资金困难，多个中央一号文件提出加大农业农村信贷支持力度的要求；改革和健全农村金融体系，以服务"三农"为根本方向，充分发挥政策性金融、商业性金融和合作社性金融的作用；与财政政策相结合，对涉农贷款给予税收优惠、增量鼓励等以提高银行机构贷款积极性；大力推进政策性农业保险；等等。此外，党的十六大以来中央明确了公共财政覆盖农村的基本方向，中央财政及地方财政不断加大对农村基础设施和社会事业的投入，2002—2012 年，中央财政支农投入从 1 905 亿元增加到 12 287 亿元，占中央财政支出的比重从 13.5% 提高到 19.2%[②]。

当前我国进入到工业化的中后期，工业有能力为农业现代化的推进提供资本、技术和组织经验的支持。在新"四化"中，农业现代化离工业化、城

---

① 卢燕平. 中国工业化、农业剩余和城乡一体化发展［J］. 改革与战略，2013（5）.
② 郑有贵. 中华人民共和国经济史（1949—2012）［M］. 北京：当代中国出版社，2016：268，271.

镇化和信息化还有明显差距。要做到工业化、信息化、新型城镇化和农业现代化的同步，需要处理好工业化、信息化、城镇化这样的"快变量"和农业转型这样的"慢变量"的关系[1]。

一方面，工业化与信息化对带动农业农村现代化可以发挥更主动的技术支持作用。当前农业科技进步对工业增长的贡献率已达 56%，农业机械化率约为 65%。除更先进的农业生产设备、农业生物技术使用之外，近年来在政府引导和国有企业的投入建设中，边远乡村地区移动通信网络建设，对农产品流通、农村社会生活改变等都起到了重要的推动作用，表现为"信息扶贫"的运动。

另一方面，工业化的组织经验对健全农业社会化服务体系，实现小农户和现代农业发展有机衔接，促进农村一、二、三产业融合发展也有着重要意义。这既需要以先发展国家相关经验为参照，运用工业化生产经验重组现代农业生产经营体系、培育新型农业经营主体，也要尊重中国农村各地的异质性特征，让广大农民成为乡村振兴的真正主体；明确乡村振兴不是"去小农化"、不是乡村过度产业化，不能无视各地情况差异和农民个人意愿而盲目推进土地流转，不能消灭农民生活方式的差异。

四、城镇化与乡村振兴战略交互作用下新型工农城乡关系的未来

2001 年以来，伴随对农民工外出政策的全面放开，我国的城镇化率上升速度较快，已从 2001 年的 37.7% 上升到了 2017 年的 58.52%，1998—2016年，我国城市建成区面积年均增长率为 5.32%。土地城镇化与人口城镇化是个并行的过程，都体现了乡村资源和要素向城市部门的流动。其中，由于户籍制度的限制，人口城镇化的速度相对慢于土地城镇化的速度。城镇化本身是在市场力量作用下要素自发集聚的过程，有助于规模经济优势的发挥、社

---

[1] 陈锡文. 实施乡村振兴战略，推进农业农村现代化 [J]. 中国农业大学学报（社会科学版），2018，35（1）.

会分工的深化、生产效率的提升，城镇化符合生产力发展的要求和市场经济一般规律。城镇化是现代化的必由之路，既是我国经济发展的结果，又是新时代我国经济发展的重要动力。

党的十八大以来，关于城镇化的理论与实践取得了重大突破，集中表现在：明确了新型城镇化是以人为核心的城镇化，而非简单的城市人口比例增加和规模扩张，强调产业支撑、人居环境、社会保障、生活方式等方面实现由"乡"到"城"的转变；同时，城镇化也要与工业化协调推进，才能使城镇化具有产业基础并获得真正的动力，才能为农村剩余人口的转移提供足够的就业容量。

党的十八届三中全会以来，进一步明确了加快农业转移人口市民化是推进以人为核心的新型城镇化的首要任务，是破解城乡二元结构的根本途径，是扩内需、调结构的重要抓手。新型城镇化带来的劳动力更有效配置，依然是保持经济中高速增长的重要引擎。党的十九大在强调乡村振兴战略的同时，也提出了要以城市群为主体构建大中小城市和小城镇协调发展的城镇格局，加快农业转移人口市民化。

在以人为核心的新型城镇化与乡村振兴战略的互动中，探究城乡经济制度变革的合理方向，或有以下几点启示：

其一，积极推进新型城镇化，落实农业转移人口市民化的权利，进一步推动农民工劳动力合理流动，是生产效率提升、消费潜力增长、社会分工深化的重要动能。据一般经验，先行工业化国家在进入高收入阶段时，城镇化率都超过了70%，我国尚存在更大的人口城镇化空间。在土地流转、农业适度规模经营的过程中，还将继续向外转移新增的剩余农业劳动力。为此，2016年发布的《国务院关于实施支持农业转移人口市民化若干财政政策的通知》强调要"加大对吸纳农业转移人口地区尤其是中西部地区中小城镇的支持力度，维护进城落户农民土地承包权、宅基地使用权、集体收益分配权，支持引导其依法自愿有偿转让上述权益，促进有能力在城镇稳定就业和生活的常住人口有序实现市民化，并与城镇居民享有同等权利"；要求地方政府履行为农业转移人口提供基本公共服务的义务。总之，伴随农村土地制度和户

籍制度改革的深化，面向"新市民"的教育、医疗、社保公共服务体系的完善，农民转为市民后，"既能使城镇消费群体不断扩大、消费结构不断升级、消费潜力不断释放，还会进一步带来城市基础设施、公共服务和住宅建设等巨大投资需求，这将为经济发展提供新动力"①。这将使我国经济发展获得更大的市场空间。

其二，新型城镇化为城乡融合发展而非"城"对"乡"的简单替代提供了理论与政策基础。随着我国经济发展进入新常态以及社会主要矛盾的变化，城镇化已经从要素的单向城镇化流动转向城乡互动。要彻底打破分割的城乡二元体制，实现城乡融合发展，需要在城乡互动格局下实现乡村复兴。"乡村振兴不是乡土中国阶段的乡土重建，也不是快速城市化下的以城统乡，而是城乡互动下的乡村复兴"②。既不能固守乡土中国理念，以不变应万变，导致乡村发展机会的丧失；也不能继续沿袭快速城镇化的惯性，沿用城市过度发展后再补贴乡村的传统政策，此时的乡村社会可能已经衰败。城镇化不仅是居住方式的变化，更重要的是生产运营的体制、机制的变化。城镇化并不意味着放弃农业，农业也可以进入有专门技术标准规范的现代产业链条。除了进入城镇工业、服务业就业，完成市民化的形式外，农民学会和接受现代产业运营方式，就地与现代产业运营方式接轨，也体现了"新型城镇化"的内涵③。因而，农业农村现代化的方向与新型城镇化的诉求具有高度的一致性。

其三，从乡村振兴与新型城镇化的关系来说，新型城镇化离不开乡村人口、土地、资金的融入，而乡村振兴也需要要素的回流以及城市人口对乡村的向往④。提升乡村吸引力、促进生产要素在城乡之间的对流与配置，必须改变城市偏向的公共政策，实现城乡两个空间的平等发展。改革开放四十年来，城乡二元结构间的差别不仅体现在人均收入水平上，更体现在公共服务水平

① 马晓河，刘振中，钟钰. 农村改革40年：影响中国经济社会发展的五大事件 [J]. 中国人民大学学报，2018（3）.

② 刘守英，熊雪锋. 我国乡村振兴战略的实施与制度供给 [J]. 政治经济学评论，2018（4）.

③ 李强. 新型城镇化与市民化面临的问题 [J]. 经济研究信息，2016（11）.

④ 黄祖辉. 准确把握中国乡村振兴战略 [J]. 中国农村经济，2018（4）.

上。外出农民工寄回的汇款可以提升留守家庭成员的收入与消费，却无法带回城市优质的教育、医疗、文化资源。对此，必须加强城乡公共服务均等化，为实现城乡一体化奠定坚实的物质基础。要改变公共物品供给"重城市轻农村、重市民轻农民"的倾向。加快改革城乡公共服务供给体制，大幅度提升农业农村的公共服务供给水平，将基础设施和公共服务重点向农村延伸、倾斜。现阶段，我们已有农村基本医疗、基本养老保障制度，但还要大力提升保障水平和质量。在农业农村基础设施、义务教育、饮水、道路等各类公共品和半公共品的供给模式上，明确各级政府、组织的责任和资金的来源等。充分发挥公共服务在致富、扶贫、最终兜底各方面的作用[1]。

综上，新型城镇化与乡村振兴战略是相互依存、互为驱动的关系，二者共同推动的城乡关系演变的趋势，可彻底打破城乡二元结构，实现城镇与乡村的共存共荣，达到城乡产业融合、城乡市场融合和城乡人口融合。

---

[1]　马晓河，刘振中，钟钰. 农村改革40年：影响中国经济社会发展的五大事件 [J]. 中国人民大学学报，2018（3）.

本章小结

中华人民共和国成立以来，中国共产党团结带领全国各族人民不断艰苦奋斗，勇于开拓创新，从贫穷落后的农业国跃升为世界第二大经济体，取得了中国特色社会主义经济建设的伟大历史成就。理解我国城乡经济制度的变迁，需要遵循时间序列中具体经济制度即经济体制机制、基本经济制度演变的线索，在中国经济建设的历史征程中，观察每一发展时期具体生产力条件、具体经济制度、基本经济制度作用下的城乡经济制度演变，也要探究中国经济体制变迁和经济发展之关键动能——市场化、工业化、现代化、城镇化进程中城乡关系演变的内在逻辑与未来趋向。

从具体经济制度即经济体制、基本经济制度变迁的角度来看，计划经济体制向市场经济体制的转变，单一公有制向公有制为主体、多种经济形式并存转变，取决于社会主义初级阶段生产力发展的要求和核心经济制度的性质，依托于中国发展所处的国内外经济、社会环境的变化。全面公有制和计划经济体制下我国城乡关系呈现出严格隔离的特征，在政府统一的资源配置和剩余调度过程中，城乡之间几乎不存在基于微观主体自主决策的要素流动过程。有限的生产力条件和快速推进的工业化目标，使得城市和乡村部门都采用了生产组织管理严密、剩余高度集中以及低消费和高积累的模式。这套系统在帮助资源按计划目标快速调配的同时，对劳动者的微观激励却不足；同时，信息的不完全导致了资源的低效配置。改革开放前，农村剩余劳动人口沉淀和城市企业冗员并存的现象都大量存在。改革开放后，多种所有制结构和市场经济体制的逐步引入，推动了劳动力、土地、资金在城乡间的流动，要素灵活配置为城乡经济的发展注入了活力。

　　新中国成立后第一个三十年的城乡经济关系，是以城市领导农村、农业补贴工业、农村承载剩余人口为重要特征的。城乡二元经济制度在为工业化输送重要的积累的同时，工农业产品长期不等价交换，农业生产效率提升不足，城乡居民的消费水平上升有限，城乡间要素无法自由流动，农村居民和城镇居民的公民权利和发展机会严重不均，这些矛盾日益显现。在重工业化战略和计划经济体制中，农村的大量资源外输，使其成为国民经济中最薄弱的环节，改革迫在眉睫。

　　改革开放后，随着统购统销、人民公社的废止，农产品流通的市场化，通过农业剩余直接支持工业化和城镇化的比重减少，但是农村对城市的剩余输送关系并未真正得到扭转，表现为大量农业剩余劳动人口注入新的工业化和城镇化进程，低成本的劳动力投入为劳动密集型企业、出口导向型企业的快速发展创造了优势；农村提供的廉价土地，使城市拓展的成本低、速度快，为经济开发区建设、大型基础设施建设创造了低价的空间条件。伴随加快的市场化、工业化步伐，城市部门的现代化速度远快于农村部门，城乡间发展差距扩大，二元分治局面强化，城镇化落后于工业化步伐，人口城镇化滞后于土地城镇化速度，2000年前后，"三农"问题一度更加突出。从2002年年底开始，党中央关于城乡发展的一系列重大政策的出台，为城乡一体化发展奠定了制度基础。此后，农业税费的减免、农业生产补贴的推行、农村社会保障与公共服务投入的增加，使得工业反哺农业，新型工农城乡关系的建立开始启动。

　　进入新时代，党的十八大将"农业现代化"列入了新"四化"目标，明确提出了"推动城乡发展一体化。解决好农业农村农民问题是全党工作重中之重，城乡发展一体化是解决'三农'问题的根本途径。要加大统筹城乡发展力度，增强农村发展活力，逐步缩小城乡差距，促进城乡共同繁荣"。十八大至十九大以来，关于我国城乡融合发展的体制机制取得了一系列重大突破，

不仅强调了在城镇化进程中，通过城乡间要素的平等交换，推动农民增收、农村发展，更将乡村本身的发展与振兴置于突出位置。精准扶贫、乡村振兴的推进将彻底打破城乡二元结构，实现城镇与农村的共存共荣，达到城乡产业融合、城乡市场融合和城乡人口的融合。

第六章
产业制度变迁

　　新中国成立以来，产业结构经历了从计划经济体制时期优先发展重工业，到改革开放以后轻重工业平衡发展，农、轻、重以及服务业的协调发展，再到新时代强调产业创新、产业现代化发展的演变历程。这一演进路径，既体现了后发大国"追赶型"的跨越式发展，也反映了从不完全遵循到基本遵循产业结构演变趋势和规律的变化，而这一变化体现了立足于现实生产力发展水平、从传统计划经济体制向市场取向改革转变，从而，社会主义基本经济制度也开启了单一公有制及其结构向公有制为主体、多种经济形式并存转变的历史进程。本章从产业发展战略和产业政策两个层面对新中国成立以来的产业制度变迁进行梳理。通过回顾我国产业制度形成与发展的历史，为我国产业政策的优化提供历史借鉴。

第一节　改革开放前的产业制度变迁（1949—1978 年）

新中国成立初期，中国是一个经济极其落后的农业国，第二、三产业发展水平也很低。1949 年，农业占了社会总产值的 58.5%，工业（包括手工业）只占社会总产值的 25.2%。经过三年的国民经济恢复时期，农业占社会总产值的比重下降到 45.4%，工业则上升到 34.4%[①]。在这样的产业结构基础上，加快建立起一个初步的工业体系和国民经济体系成为新中国成立初期产业制度的重要目标。因此，从 1953 年起，中国政府通过制订第一个五年计划，形成了优先发展重工业的产业战略、体制及其政策，以快速发展工业产业部门。

一、优先发展重工业战略的确立

为了快速改变贫穷落后的状态以及为国家的安全提供保障，在苏联的示范与直接影响下，新中国选择了社会主义工业化道路，其特点就是在经济落后、资本短缺的条件下，通过单一公有制和计划经济体制实现"高积累"和优先快速发展重工业。1949—1952 年，国家经济体系基本建立，国营经济在工业、商业、金融、对外贸易等领域取得绝对优势，意味着社会主义因素的增长和政府干预经济能力的增强，这成为政府推动大规模经济建设的前提条件。中国社会主义工业化战略的最终确定和开始实施，是以 1953 年 6 月中共中央正式提出"党在过渡时期总路线"为标志的。过渡时期总路线的提出，不仅确定了优先发展重工业的工业化战略，更重要的是加快了经济和社会制度的转型。原来设想的先工业化再社会主义改造提前到与工业化同步进行。

---

① 吴承明，董志凯. 中华人民共和国经济史（1949—1952）［M］. 北京：社会科学文献出版社，2010：61.

198

这个变化，导致了新民主主义经济的提前终结，使得这个时期中国经济和社会制度发生了急剧变迁，无论对当时的经济发展还是对后来的制度演变都产生了重大的历史性影响。

1952 年年底，农村的土地改革基本完成，国民经济状况基本好转，有计划的大规模经济建设开始在全国展开，从 1953 年起，我国进入第一个五年计划时期。根据中共中央制定的党在过渡时期总路线的精神和发展国民经济"一五计划"的要求，在全国农村全面掀起生产建设高潮，与此同时，农业合作化运动从互助组、初级农业生产合作社迅速推向高级农业生产合作社，并于 1956 年年底全国农村基本上实现了高级形式的农业生产合作化。随着国民经济的发展和城镇人口的迅速增加，对商品粮、棉花和油料等农产品的需求急剧增长，党和政府为了保持物价稳定、社会安定和"一化三改造"的顺利进行，对粮、棉、油等重要农产品实行统购统销制度，这也使得优先发展重工业的战略有了基础保证。

在优先发展重工业的战略下，1953—1957 年第一个五年计划期间，我国共完成基本建设投资 550 亿元，工业部分投资占 52.4%，其中用于重工业的投资占工业投资的 88.9%。五年新增固定资产 460.3 亿元，其中工业部门新增固定资产 200.6 亿元。五年期间施工的工矿建设单位达 1 万个以上，其中限额以上的有 921 个，比计划增加 227 个。苏联援建的 156 个重大建设项目，到 1957 年年底，有 135 个已施工建设，有 68 个已经全部建成或部分建成①。通过"一五"期间的建设，建立起中国前所未有的新的工业部门，如飞机制造、汽车制造、重型机械制造、机床设备制造、精密仪器制造、发电设备制造、冶金设备和矿山设备制造、高级合金钢和重要有色金属冶炼等，与传统产业部门共同构成了新中国现代工业体系的初步框架。

同时，国家通过"一五"计划，也实现了工业布局的调整。"一五"期间，由国家投资的 491.1 亿元，内地占 47.8%，而广东、广西、上海、江苏、浙江、安徽、福建、山东、北京、天津、河北、辽宁等 12 个省、自治区、直

① 中共中央文献研究室. 建国以来重要文献选编 [M]. 北京：中央文献出版社，1993：114.

辖市所在的沿海地区占 41.8%。特别是在中部地区建立了一批新的钢铁、煤炭、电力、机械、基本化工和国防军工企业，初步形成了新中国成立初期的工业布局骨架。这一时期，内地工业增长明显快于沿海地区。"一五"期间内地工业总产值增长了 1.5 倍，而沿海地区工业总产值增长了 1.19 倍。特别是1954 年和 1955 年，两年内地工业分别增长 22.4% 和 9.9%，而沿海地区分别只增长了 13.7% 和 3.6%，内地增长速度比沿海地区分别快 8.7 个百分点和6.3 个百分点；而上海和天津两大沿海主要工业城市增长速度分别为 7.4%、4.5% 和 11.6%、2.1%。从一定意义上来说，"一五"期间，工业生产建设的发展，在某种程度上改变了内地与沿海地区经济发展的不平衡状况。内地工业产值占全国的比重由 1949 年 28.5% 提高到 1960 年的 34.5%；沿海地区相应由 71.5% 下降到 65.5%[①]。

经过"一五"计划的建设，我国产业结构也有所调整，第一产业比重下降，第二产业和第三产业增加值比重逐年上升，但从业人员结构没有明显变化，表明"一五"时期的工业化进程还没有进入工业化起步时期，而是处于一个起步前的准备阶段。从工业内部结构来看，1949 年以前，中国工业产值中轻工业占 70% 以上，而重工业不足 30%。1957 年轻工业比重下降到 55%，重工业上升到 45%。1958 年，重工业比重首次超过轻工业，达到 53.5%。到1960 年，156 项重大项目大部分建成投产，重工业比重达到 66.6%[②]，产业政策面临再次调整。

二、服务于工业化的农业产业政策

实施优先发展重工业的战略，意味着政府要在相当短的时期内完成工业体系的构建，必须具有强大的调动和配置资源的能力，其方式就是通过互助组、初级农业生产合作社和高级农业生产合作社等由初级到高级的形式，逐

① 王天伟. 中国产业发展史纲［M］. 北京：社会科学文献出版社，2012：369.
② 董志凯，吴江. 新中国的工业奠基石——156 项建设研究（1950—2000）［M］. 广州：广东经济出版社，2004：67.

步实现由土地私有基础上的家庭经营向土地公有基础上的集体经营过渡，这个过渡被称为"农业合作化"，也被称为"农业社会主义改造"。到 1956 年，农业合作化在中国迅速得到实现，为工业建设的推进奠定了基础。

（一）加强农业基础设施建设的政策

国民经济恢复时期，水利和农业被列为恢复工作的重点之一，国家用于水利建设的财政支出约 7 亿元，占同期预算内基本建设投资额的 10%。除开展群众性农田水利建设外，水利建设的重点是开展大规模的江河治理、修建灌溉排水工程，对历史上有名的害河——淮河、沂河、大清河、潮白河等都进行了全流域的根本治理，对长江、黄河也采取了一些有效的防御措施，建设了"引黄济卫"工程、苏北灌溉总灌区、洛惠渠等 280 余处排灌工程。据统计，三年的水利建设共计扩大灌溉面积 4 600 多万亩，并在原有 2.1 亿亩的农田上，改善了灌溉排水设施，对农业生产的恢复起了显著的作用[①]。

"一五"时期，全国农田水利建设的重点由整修恢复原有灌排工程，转为兴修新的水利工程设施。这一时期，中央政府对农林水利建设仍然保持高比例投入，实际完成投资 41.9 亿元，占 5 年内经济建设支出的 7.6%[②]，其中最突出的是水利建设，5 年间投资达到 25.51 亿元。农田水利建设的普遍开展，极大地改善了农业基础设施，有效增加了农田灌溉面积，国家投资修建和扩建的灌溉工程增加了灌溉面积 4 100 多万亩，加上农民自己投资兴修数以千万计的塘坝渠和小型水库所增加的，到 1957 年 7 月，全国总灌溉面积已由新中国成立前的 2.3 亿亩和 1952 年的 3.1 亿亩，增加到 5.2 亿亩[③]。

1958—1960 年，我国修建了数以万计的水利工程，这一时期水利建设成就显著，但也产生了不少问题。过高的目标、"大兵团"式的"作战方式"导致严重的人力、物力浪费等。"文化大革命"时期，中央多次发布文件，不

---

① 水利部. 中央人民政府水利部关于农田水利工作的报告 [M] //中国社会科学院，中央档案馆. 中华人民共和国经济档案资料选编（1953—1957）：农业卷. 北京：中国物价出版社，1998：616.

② 陈云. 陈云文选：第 2 卷 [M]. 北京：人民出版社，1995：368.

③ 第一个五年计划期间水利建设的成绩巨大，工程总量可筑"长城"四十多座，灌溉面积增长速度占世界首位 [N]. 人民日报，1957-10-04（10）.

准"文化大革命"冲击农业生产领域，还年年强调农业生产不误农时，号召各行各业在农忙时节支援农业，如家属在农村的工人在农忙的春耕、夏收等时节，可以请假回乡帮助农业生产。而在农业政策上，各种政策和措施都较为有利于农业发展。20 世纪 70 年代末 80 年代初，我国农田水利系统基本建成，初步控制了洪水灾害，全国的有效灌溉面积大幅增加，农田水利事业取得了巨大成就。

（二）农业机械化和农业技术推广政策

新中国成立以后，中共中央和中央政府首先着手于增补旧式农具和推广新式农具的工作。为推广新式农具，1950 年国家开始在各地建立新式农具推广站；在推进农业机械化方面，创办国营机械化农场、试办国营拖拉机站、建立农机工业。1951 年年底全国农机具制造厂约有 170 家，1957 年年底发展到 276 家。在苏联帮助下，洛阳第一拖拉机制造厂于 1955 年 10 月动工兴建①。

1958—1960 年的"大跃进"和人民公社化运动使得农业发展遭遇挫折，1961—1965 年，恢复和发展农业生产是国民经济调整的一项中心任务。从 1961 年开始，中共中央、国务院就着手调整农、轻、重比例关系，从多方面加强农业机械化建设，采取了以下一系列重大措施。

首先，增加对农业投资的比例。从 1961 年起，中共中央、国务院大幅度压缩基本建设投资。对农业的投资在全国基本建设投资中所占比例，由 1960 年的 12.8%上升到 1961 年的 14%、1962 年的 20.2%。从 1963 年开始，国家基本建设投资总额逐步回升，农业基本建设投资的增加也明显高于工业。1963 年，农业投资为 23.19 亿元，1964 年为 28.19 亿元，分别占当年基本建设投资总额的 23.6%和 19.6%②。

其次，增加农业生产资料的生产和供应。在重工业基本建设投资大幅度削减的时期，国家仍然保持了农业机械、化肥、农药等农用工业在基本建设

①　武少文.当代中国的农业机械化［M］.北京：中国社会科学出版社，1991：28.
②　中共中央文献研究室.三中全会以来重要文献选编［M］.北京：人民出版社，1982：167.

投资总额中原有 3% 的比重，1961 年和 1965 年还有一定提高，分别达到 3.8%
和 5.7%。同时，国家还增加农业生产资料的生产，加大工业对农业发展的支
持。1957 年与 1965 年相比，农用钢材生产增长 292%，农用水泥增长 538%，
农用化肥增长 304%，化学农药增长 219%，农机总动力和农村用电量分别增
长 681% 和 494%[①]。政府扶持发展农业机械化，大量生产农用器具和机械。

最后，重视、加强农业科学研究和农业技术推广。1962 年 3 月，国家科
委和中国科学院在全国科学工作会议上共同制定了《关于自然科学研究机构
当前工作的十四条意见》，明确了农业科研机构的根本任务。1962 年 12 月，
农业部颁布《农业部关于充实农业技术推广站、加强技术推广工作的指示》，
充实和完善农业技术推广体系。

总体来看，改革开放前的国家农业政策，主要以服务工业化为目标，国
家也在一定程度上通过财力、物力来支持农业，农田水利、农业机械、化肥
工业、小水电都有一定发展，农业生产条件得到改善，整个时期农业生产在
曲折的发展中维持了缓慢的增长速度。

三、通过技术引进实现工业化的产业政策

如前所述，新中国成立后，中国选择了以优先发展重工业为目标的发展
战略。由于新中国工业化发展的资金、技术都非常薄弱，在工业发展层面，
国家制定了向外国引进技术和设备来推动工业化发展的政策措施。

（一）重工业项目的引进

新中国成立之初，主要从苏联和东欧国家引进技术。整个 20 世纪 50 年
代，中国与苏联共签订引进 304 个项目成套设备（包括 "一五" 时期的 156
个重点项目）和 64 个单项车间设备的合同。为建设这些项目，苏联政府派出

---

① 中共中央文献研究室. 建国以来重要文献选编：第 18 册［M］. 北京：中央文献出版社，1993：
　　443-445.

了大批专家，并为中国培训了大批实习生。"一五"计划期间，国家集中主要力量进行以 156 项工程为中心的工业建设。

1960 年中苏关系破裂后，中国转向从其他发达国家引进技术。1962 年 9 月，中国从日本引进第一套维尼纶设备，开始了主要从其他国家引进技术的时期。1963—1966 年，先后与日本、联邦德国、英国、法国、意大利等 11 个国家签订了 82 项技术引进合同，消耗外汇 2.8 亿美元。同期，还从东欧各国引进成套设备和单项设备，用汇 2 200 万美元。与 20 世纪 50 年代的引进相比，主要是以中小型成套设备为主，并用于现有企业的技术改造①。1969 年，国内局势趋于稳定后，被"文化大革命"初期的动荡所中断的引进技术重新提上日程。1972 年 1 月，国家决定抓住西方国家在经济危机中急于出口的有利时机，针对国内需要，进口成套化纤、化肥技术设备。1973 年 1 月，经过一年的拟议，形成一个大致统一的引进方案，在未来三五年内，从日本、联邦德国、英国、法国、荷兰、美国等国家，引进一批大型化肥、化纤、石油化工产品成套生产设备，综合采煤设备、电站设备和一米七轧机等技术比较先进的机器设备。引进项目中，除单机支付现汇外，成套设备项目大部分利用西方国家银行的卖方信贷，采用延期付款方式，把引进国外的技术同利用国外的资金结合起来。成套设备和先进技术的引进，促进了国内基础工业，尤其是化肥、石油化工、冶金工业的发展，为我国 20 世纪 80 年代经济建设的腾飞提供了必要的物质条件②。

（二）工业内部产业结构的调整

1953—1978 年，重工业一直是工业发展的重点。"一五计划"结束后，到 1960 年，从苏联引进的 156 个重点项目也建设完成，重工业产值已经达到 66.6%。产业结构的调整需求已经凸显，1961 年，我国进入工业化建设以来的第一个调整期。

---

① 武力. 中华人民共和国经济史：下册 [M]. 北京：中国经济出版社，1999：493-495.
② 马泉山. 中国工业经济史（1966—1978）[M]. 北京：经济管理出版社，1998：377-401.

1961 年年初中共八届九中全会正式决定，实行国民经济"调整、巩固、充实、提高"的八字方针。基本内容是：调整国民经济各部门间失衡的比例关系，巩固生产建设取得的成果，充实新兴产业和短缺产品的项目，提高产品质量和经济效益。

从 1961 年 9 月起，全国大力恢复农业，通过大力压缩工业特别是钢铁工业的发展速度，综合平衡发展农业、轻工业和重工业，从 1963 年开始工业生产建设转入良好发展态势。

1963 年 9 月召开的中共中央工作会议认为，我国国民经济出现了全面好转的局面。但是，整个工业，特别是基础工业仍需要进行大量工作；许多企业的经营管理还要花大力进行整顿，尤其是亏损企业还为数不少，要通过整顿工作改变这一状况。会议确定，从 1963 年起，再用三年时间继续进行调整、巩固、充实、提高的工作，将这三年作为今后的过渡阶段。会议要求工业生产水平在 1957 年的基础上提高 50% 左右；工业和农业之间、工业内部各部门之间的关系应力争在新的基础上取得基本协调；工业各部门要认真做好提高质量、增加品种、填平补齐、配套成龙、设备更新和专业化协作；工业部门的经营管理工作走上正常轨道。这次中央工作会议做出的继续调整三年的决策，对抵制"左"倾思想干扰、继续坚持"八字"方针、促进国民经济迅速根本好转，具有重大意义。

在 1963 年工业生产逐步回升的基础上，1964 年工业生产建设形势继续好转。1964 年 12 月，周恩来在第三届全国人民代表大会第一次会议上指出："经过调整，工业和农业的关系比较协调了，工业支援农业的能力进一步加强了，企业内部的生产能力绝大部分已经填平补齐、配套成龙，设备损坏和失修的情况已经改善。"他宣布，现在"调整国民经济的任务已经基本完成，工农业生产已经全面高涨，整个国民经济已经全面好转，并且将要进入新的发展时期"。1965 年要保持工业生产建设高潮，继续完成国民经济调整工作中某些尚未完成的任务。这次会议第一次提出了建设四个现代化社会主义强国的蓝图。到 1965 年年底，工业经济状况已经得到全面恢复，并有所发展。工业

生产建设贯彻"八字"方针的任务基本完成。

在第三个五年计划期间，国民经济年均增长 9.95%，最高年份经济增长 25.7%，最低年份为-9.6%；工农业总产值平均每年增长 9.6%，其中农业总产值年均增长 3.9%，工业总产值年均增长 11.7%[1]。

四、优先发展重工业战略下的第三产业

除农业、工业之外的其他产业均归入第三产业，第三产业成为中国国民经济最重要的组成部分。但是改革开放以前，长期受计划经济体制的制约，第三产业并没有得到应有的发展[2]，也未形成系统的产业制度。

首先，商业、贸易产业在管理体制上，形成了一个以集中管理、统一分配为形式的由国营商业独家经营的商品流通体系。新中国成立后，经过三年的国民经济恢复和"一五"计划（1953—1957 年）建设，基本形成国内统一的市场。受国内商品生产、产品供应短缺以及险恶的国际环境等因素的制约，为控制货源，保障人民基本生活需要，商业管理体制均由国营企业全面管理，产品按计划进行配给。

其次，在金融业方面，新中国成立后，1952 年率先对金融业完成了社会主义改造。随着大规模经济建设的展开和计划经济体制的建立，在取消商业信用、建立高度统一的国家信贷管理体制的情况下，我国没有真正的银行存在，利率、外汇等管理高度集中，以适应"大一统"的计划经济体制。

再次，在交通运输业方面，国家持续加大对交通基础设施的建设投资，1949—1978 年，公路运输业处在一个快速恢复和曲折发展的阶段。国民经济恢复期间，国家不但对原有公路进行修复，而且重点建设一批边疆地区的公

---

① 全国人大财政经济委员会办公室. 建国以来国民经济和社会发展五年计划重要文件汇编［M］. 北京：中国民主法制出版社，2008：89.

② 因此，此处对改革开放前第三产业的发展的分析，受制于资料数据的可得性，主要以商贸、金融、交通运输、建筑业为代表做一个简略的分析。

路。到 1952 年年底时，公路通车里程达到 12.67 万千米，民用汽车拥有量增加到 6.63 万辆，客运和货运量都有较快增长[1]。"一五"计划期间，公路运输业获得空前发展，公路建设方面的投资占到运输邮电业基建投资总额的 29%，重点修建通向少数民族地区和广大农村地区的公路，特别是川藏、青藏公路的修建，结束了西藏地区没有公路的历史，增强了西藏与内地的联系；到 1960 年年底，全国公路通车里程达到 51 万千米。

最后，在住房建筑业发展方面，新中国成立至改革开放期间，除在国民经济恢复期间房地产业有所复苏外，受社会主义改造和计划经济体制实施的影响，私人新建住房受到限制，国家成为城镇公共住房建设的主体，具有明显的福利保障特征。因此，这一时期在中国并没有真正独立的房地产业。

总体来看，在改革开放之前，国家对于第三产业的政策，也充分体现了计划经济体制下统一管理的特征，同时，在优先发展重工业的战略下，对第三产业的发展也重视不够。

---

[1]　全国人大财政经济委员会办公室. 建国以来国民经济和社会发展五年计划重要文件汇编［M］. 北京：中国民主法制出版社，2008：28.

第二节 改革开放后的产业制度变迁（1978—2012 年）

中共十一届三中全会后经济体制改革的启动和经济运行机制的转变，其基本的趋势是从计划经济体制转向市场化体制改革及社会主义市场经济体制的建立与完善。在经济体制改革与转型过程中，产业制度随着国家经济发展的战略目标相应发生改变。

传统计划经济体制时期，经济管理体制经过三次较大的变动，基本是围绕管理权力的收放进行的，而这种权力收放都是在计划体制的框架内展开的。这一时期全面铺开的工业化建设，是在赶超型的重工业优先发展战略指导下开展的。贯穿时间最长的，是在备战状态下进行的三线建设。整体来看，改革开放前的工业化建设取得了巨大成就，但国民经济出现畸重畸轻的结构，经济效益差。农业发展主要围绕人民公社化运动和农业学大寨进行的，而人民公社的组织体制、分配体制都未能充分调动农民生产积极性，农业发展缓慢。二十多年的计划体制造成国民经济的资源配置效率和利用效率低下。到 20 世纪 70 年代末中国形成的产业结构的特点是：重生产资料的生产，轻生活资料的生产；在生产资料的生产中，重加工，轻原材料；重生产，轻流通，轻服务，这种畸形的结构不利于国民经济各部门的均衡发展和社会再生产的顺利进行，不利于人民生活的改善。因此这一阶段的产业制度，主要是从经济结构调整着眼的。

一、市场取向改革探索阶段的产业战略

1978 年改革开放以来，社会主义基本经济制度也从单一公有制逐渐转变为公有制为主体、多种经济成分并存。同时，整个经济体制改革经历了一个从农村到城市、从农业到工业的改革重点的转变过程。在改革过程中，产业制度的变化也体现了对基本经济制度和经济体制转变的适应性。

（一）产业发展战略的调整和转变

面对长期以来突出强调发展重工业、追求经济增长高速度而积累起来的矛盾和问题，中央关于产业发展的指导思想自中共十一届三中全会以后发生了根本性的转变。十一届三中全会指出，国民经济中一些重大的比例失调状况没有完全改变，城乡人民生活受困于多年积累起来的一系列问题，必须妥善解决，当务之急是恢复和发展生产。全会强调："全党目前必须集中主要精力把农业尽快搞上去，因为农业这个国民经济的基础，这些年来受到了严重的破坏，目前就总体来说还十分薄弱。"

20 世纪 70 年代末 80 年代初，国务院财经委员会组织长达 10 个多月的经济结构调查，当时得出的主要结论是：①农业严重落后于工业，阻碍了国民经济迅速发展。②轻工业落后，不能满足城乡人民提高生活水平的要求。③重工业脱离农业、轻工业片面发展。④交通运输业落后。⑤商业、服务业和国民经济发展不相适应；基本战线规模过大，战线过长；"骨头"和"肉"的比例关系失调，非生产建设发展过慢，城市住房严重不足；等等。调查组归纳了出现这些问题的主要原因——一是经济发展的指导思想不正确，盲目追求高速度、高积累，片面强调优先发展重工业；二是经济管理体制存在严重缺陷[①]。

1979 年 4 月，中共中央召开会议，制定了对国民经济实行调整、整顿、改革、提高的方针。为贯彻这一方针，1979 年 6 月五届全国人大二次会议提出："今后 3 年调整国民经济的首要任务是集中精力把农业发展搞得快一点，坚决按照农、轻、重次序安排计划，促进整个国民经济的协调发展。同时，要努力把轻纺工业搞得快一点，增产更多更好的轻纺产品供应城乡市场和外贸出口，为国家提供更多的财政收入。"

1980 年 12 月中央工作会议决定对国民经济做进一步调整，明确提出把产业结构调整作为调整的主要内容，要求继续把发展农业放在首要地位；进一步加快轻工业的发展，使轻工业生产继续快于重工业的发展速度；在基本建

① 马洪，孙尚清. 中国经济结构问题研究［M］. 北京：人民出版社，1981：3-8.

设大量压缩的情况下，对重工业内部结构进行调整，使之同整个国民经济结构调整方向一致。重工业内部采取"重转轻""军转民""长转短"等形式进行结构调整。

（二）系统产业政策的提出

1985年9月中国共产党全国代表会议通过的《中共中央关于制定国民经济和社会发展第七个五年计划的建议》阐述了1986—1990年的国家发展计划方案，并第一次在国家层面提到"产业政策"一词，提出产业结构调整的方向和原则，在继续保持农业全面增长、促进轻工业和重工业稳定发展的前提下，着重改善它们各自的内部结构；加快能源、原材料工业的发展，同时适当控制一般加工工业生产的增长，使两者的比例关系逐步趋向协调；把交通运输和通信的发展放到优先地位；大力发展建筑业；加快为生产和生活服务的第三产业的发展。这个时期，国家着重于产业结构调整，同时也开始重视产业结构升级。1987年10月，中共十三次全国代表大会通过的政治报告《沿着有中国特色的社会主义道路前进》中，系统地阐述了产业结构理论与产业政策。这次会议也提出了注意效益、提高质量、协调发展、稳定增长的经济发展战略。这一战略的基本要求是保持社会总需求与总供给的基本平衡。

与此同时，我国的产业结构理论主要在三个方面有重大发展。一是论述了产业结构与社会总供求的关系。社会经济总量的平衡不仅是一种数量上的比例关系，更本质的是产业结构的优化，通过产业结构优化达到资源的优化配置，实现良好的宏观经济效益。因此，产业结构的优化是实现经济总量平衡的最终决定因素。二是正确指明了产业结构变化的基本动因，产业结构要在适应我国工业化发展和消费结构的提高中不断调整、改造，实现优化。三是提出把产业结构调整放到世界正在迅猛发展的新技术革命的大环境中。

产业政策首次提出后，也确立了今后相当长时期内调整和改造产业结构的基本方向，这就是："坚持把农业放在十分重要的战略地位，全面发展农村经济；在大力发展消费品工业的同时，充分重视基础工业和基础设施，加快发展以电力为中心的能源工业，以钢铁、有色金属、化工原料为重点的原材料工业，以综合运输体系和信息传播体系为主轴的交通业和通信业；努力振兴机械、电子工业，为现代化提供越来越多的先进技术装备；以积极推行住宅商品化为契机，大力发展建筑业，使它逐步成为国民经济的一大支柱。要重视发展第三产业，努力实现一、二、三产业协调发展。我们必须加强基础工业和基础设施的建设，否则经济发展没有后劲。"

综上，这段时期在产业政策上突出了发展基础工业和基础设施的地位和作用，明确了发展基础工业和基础设施的重点，并且要求从产业结构优化的角度促进一、二、三产业的协调发展，这些都是在产业结构问题认识上和方法上的新发展。

二、农业产业制度变迁

1978 年，改革率先从农村起步，此后 20 多年间，农业农村经济体制改革不断深化，推动了农业农村经济的发展，农业总产值在波动中增长，农村经济结构也得到了极大的改善。

（一）家庭联产承包责任制与双层经营体制的形成和完善

随着家庭联产承包责任制在农村的推广和普及，农业农村经营体制发生了很大的变化，原来在人民公社下单一的集体统一经营，逐渐被家庭经营为主体、集体统一经营与农户分散经营相结合的双层经营体制所取代，并成为农业农村占据主导地位的生产经营方式。

由于双层经营体制是以家庭联产承包责任制为基础，要稳定和完善双层经营体制，首先需要稳定和完善家庭联产承包责任制。而稳定和完善家庭联产承包责任制，首先要稳定完善土地承包关系。中共中央的文件多次强调农村土地承包关系要稳定。1984 年，中央一号文件就指出，要继续稳定和完善生产责任制，延长土地承包期，期限应在 15 年以上。1993 年 10 月，中共中央在中央农村工作会议上提出，在农村 15 年的土地承包期满以后，将土地承包期再延长 30 年不变。1998 年 10 月中共十五届三中全会再次强调延长 30 年不变的土地承包政策，并提出要制定相关法律法规，赋予农民长期而有保障的土地使用权。同时，还提出在承包期内，农户在不改变土地所有权的使用

方向的前提下，可自愿、有偿地转让土地经营使用权，并提倡有条件的地区可以实行"增人不增地，减人不减地"的办法。这种政策把延长和稳定土地承包合同与促进土地经营使用权的流转结合起来，使得土地经营制度具有更广泛的适应性。

农户的家庭经营有利于扩大农民的经营自主权，但是在生产经营中有许多活动是一家一户农户难以承担的，如机耕、排灌、科技推广、抗灾救灾等，需要集体经济组织统一协调经营。然而实践中，尤其伴随着 2006 年农业税费的取消，农业农村集体经济组织在管理体制、经营方式以及经营内容上都呈现出了不断弱化的势态，致使集体经济组织统一经营的优势难以得到充分发挥。

进入 20 世纪 90 年代以来，随着农村经济向商品化、现代化的转变，农业社会化服务体系的发展、农业产业化经营的兴起成为完善双层经营体制一个新的趋向。农民为了克服分散经营的局限，有效地抵御自然的和社会的双重风险，要求加强社会化服务。为了适应这种需要，超越地域性集体经济组织的专业性、综合性服务组织，以及多种形式的合作与联合开始在农村涌现出来。这些新型服务组织，有流通领域的国营公司、供销社和新组建的各种专业公司与农户的联合，有国家设在农村的技术推广单位和农垦企业与农户的联合，有农村能人兴办的上联市场、下联农户的中间组织，也有以农村专业户为主体的各种专业协会和专业公司等。这些组织与农户之间，大都以书面契约或口头协议规定相互的权、责、利关系，体现了户为基础、统分结合的双层经营特点。这些组织的出现，表明在家庭经营基础上，农村双层经营体制已经突破原来的界定，对于拓宽农村经济的开发领域、促进农工商衔接、提高商品生产的组织程度，发挥了巨大作用。

（二）农业结构从"以粮为纲"转向农林牧副渔协调发展

新中国成立以来，我国长期实行"以粮为纲"的方针。实行这一方针，也是当时的国情决定的。一是迅速增长的人口对粮食产生了巨大的需求，生存是第一位的，粮食是人类最基本的生存资料，粮食问题不解决，就谈不上社会稳定和经济建设；二是我国农业生产基础很差，农业劳动生产率很低，只有集中精力才能解决粮食问题。因此，粮食生产成为全国农业工作的重心。

中共十一届三中全会以后，发展农业的指导思想得到根本性的转变。十一届三中全会对农业生产的指导方针和政策进行重大调整，纠正了片面强调"以粮为纲"的倾向，大规模调整种植业内部结构和生产布局，积极促进农业经济的全面发展；提出了"大力恢复和加快农业生产，坚决地、完整地执行农林牧副渔并举和以粮为纲，全面发展，因地制宜，适当集中"的方针。而20世纪70年代末以来，各种形式的家庭联产承包责任制在全国农村蓬勃兴起。这一生产关系的根本性变革调整了农民与农业生产最重要的生产资料——土地的关系，使农民的利益与土地的产出直接挂钩，空前地激发了农民的劳动热情。

1979年9月召开的党的十一届四中全会通过的《中共中央关于加快农业发展若干问题的决定》指出："过去我们狠抓粮食生产是对的，但是忽视和损害了经济作物、林业、畜牧业、渔业，没有注意保持生态平衡，这是一个很大的教训……要有计划地逐步改变我国目前农业的结构和人们的食物构成，把只重视粮食种植业，忽视经济作物种植业和林业、牧业、副业、渔业的状况改变过来。"在这一方针的指导下，制定了一系列鼓励农业生产全面发展的政策，大幅度提高农副产品收购价格。全国共有18种主要农副产品提高收购价格，平均提高24.8%。这项政策对于提高农民收入、调动农民的生产积极性起到了巨大作用。

1984年与1978年相比，农业产值增长1.13倍，年均增长13.4%；同期林业产值增长了2.36倍，年均增长22.4%；牧业产值增长1.81倍，年均增长18.8%；渔业产值增长2.85倍，年均增长25%。这一期间农业产值增长速度很快，但林业、牧业、渔业增长速度更快，因而导致农业经济内部结构的变化，即农业产值比重下降，林业、牧业、渔业产值比重提高[①]。

农业生产结构的变化还表现在种植业内部结构上。由于经济作物比粮食生产有更高的比较利益，再加上国家又实行鼓励多种经营的政策，因而在粮食增产的基础上，经济作物播种面积增加，产量提高。农业内部结构的变化，

---

① 国家统计局. 新中国六十年统计资料汇编 [M]. 北京. 中国统计出版社，2010：34-37.

有利于国民经济的发展，适应了人们生活不断改善及多样化的需求，同时，也提高了农民的收入水平。农业的超高速发展，从根本上解决了温饱问题，粮食基本满足全国人民的消费需要，为取消配给式的定量供应奠定了坚实的基础。同时，肉、蛋、奶的发展，极大地缓解了供应的紧张状况。

进入 20 世纪 90 年代以来，鉴于农业在国民经济中的重要地位，国家明显加强了对农村经济的宏观调控。一是加强了对农业资源尤其是耕地资源的保护，1993 年 11 月，明确提出建立农田保护制度；二是建立粮食保护价格制度；三是设立粮食风险基金；四是取消农业税，并对农业生产提供补贴；五是改革农村金融体制，以支持农村经济的发展。这些措施也表明中国开始实施农业保护政策。

在这一时期的农业产业制度变迁体现了稳定农村基本经营制度、加强市场机制对农业和农村经济发展的导向作用、加强对农业的支持和保护、加强对农业的宏观调控、促进区域经济的协调发展的特点。通过这一时期的改革，市场机制在中国的农业和农村经济中的作用进一步凸显出来。

农业产业政策的导向作用，促进了商品经济和市场经济的发展、生产力水平的提高，同时也促进了社会分工的深化，推动了农业产业结构的调整，调动了农民的农业生产积极性，农业生产效益也不断提高，品种结构逐步优化。农业由传统农业向现代农业、由粗放经营向集约经营逐步转变，主要农产品供应由长期短缺向总量基本平衡、丰年有余转变，种植业、林业、畜牧业、渔业全面发展，结构不断优化，农民收入不断增多，农业和农村经济发生了质的变化。进入 20 世纪 90 年代后期，我国农产品的供求由全面短缺走向总量基本平衡与丰年有余；农业生产目标从追求产量最大化转向追求品质、结构和效益最优化；农业生产能力由主要受自然条件制约转变既受自然条件制约，更受市场的制约和科技的制约。特别是近几年来，我国农业生产持续稳定增长。"大农业"内部的农、林、牧、渔业全面发展，种养业结构发生了明显变化。在实现粮食生产稳定增长的同时，蔬菜、林果、肉类、水产品的产量均成倍、几倍、十几倍地增长，实现了由卖方市场向买方市场的转变，人民生活水平也得到了极大提高。

（一）加快发展轻工业的产业政策

1979 年 4 月 9 日，国务院批转轻工业部《关于轻工业工作着重点转移问题的报告》，同时指出，轻工业具有投资少、见效快、积累多、换汇率高的特点，把轻工业工作的着重点转移好，可以加快轻工业的发展速度，改善人民生活，繁荣城乡市场，扩大对外贸易，为国家增加资金积累和外汇收入，从而加速整个国民经济的发展。

这一时期增加了对轻工业的投资，压缩了对重工业的投资。1980 年与 1978 年相比，轻工业基本建设投资增加了 21.59 亿元，增长了 73.7%，这是新中国成立以来轻工业投资增加最多的时期之一。轻工业投资占社会基本建设投资总额的比重上升到 9.1%。1981 年在基本建设大规模减少的情况下，轻工业投资减少了 7.51 亿元，减少幅度为 14.8%，而重工业投资减少了 52.09 亿元，减少幅度为 23.2%。因而 1981 年轻工业投资比重提高到 9.8%，这是我国轻工业投资比重最高的一年。相反，1978 年以后，重工业投资的比重持续降低，1980 年（40%）就是 1957 年以来比重最低的一年，1983 年、1984 年重工业投资比重有所提高，但增长幅度不大[①]。

各行各业大力支援轻工业。在调整时期重工业生产任务不足，大量资源闲置，冶金、化工、机械等重工业部门转向为消费资料生产服务，为消费生产提供适合需要的原材料和机器设备，有些重工业工厂转产轻工业产品，甚至并入轻工业工厂。

这一时期轻工业投资加大，增长速度加快，因而轻工业产值在工业总产值中的比重呈上升趋势，其中 1981 年和 1982 年轻工业产值比重还超过工业总产值，人们把这种现象称为"轻型化"。这种现象也不符合"霍夫曼比例"，即随着工业化水平的提高，消费资料工业的比重应逐渐降低。但是我国

---

① 国家统计局. 1950—1985 中国固定资产投资统计资料 [M]. 北京：中国统计出版社，1987：196-205.

20 世纪 80 年代初期轻工业的快速发展带有很大成分的"还账"性质，随着工业化进程的发展，生产资料工业特别是基础工业需要有更快的发展。

在放慢工业增长速度的同时，政府也在调整工业结构方面迈出了重要的步伐。

首先，采取措施加快轻工业的发展。第一，增加轻工业基本建设投资，提高轻工业基本建设投资在工业基本建设投资中的比重。1979—1982 年，轻工业投资占工业基本建设投资总额的 15%，而 1953—1978 年，相应的比重仅为 10%。第二，对轻工业实行"六个优先"的原则，即原材料、燃料、电力供应优先，挖潜、革新、改造的措施优先，基本建设优先，银行贷款优先，外汇和引进技术优先，交通运输优先。第三，各行业大力支援轻工业生产，如重工业部门采取"重转轻""军转民""长转短"等形式，调整产品结构，努力为消费品生产服务。第四，通过引进先进技术、技术革新和技术改造的办法，提高劳动生产率。正因为采取了这些措施，轻工业生产有了迅速发展。1979—1981 年，轻工业分别比上年增长 9.6%、18.4% 和 14.1%，连续三年超过重工业。主要产品产量都有大幅度增长，同时产品结构也在发生变化，在吃、穿、用三类消费品中，用的比重上升；在吃的方面，经过加工的副食品的比重上升；在穿的方面，中高档面料和服装的比重上升；在耐用消费品中，高档消费品比重上升①。

其次，调整重工业的结构和服务方向。长期以来，重工业内部比例失调，造成了部分生产能力闲置，如机床加工能力远远大于钢材供应能力。从 1979 年开始，重工业在降低速度的同时，着重调整内部结构，调整服务方向和产品结构，减少自我服务的比重，加强对农业和轻工业的服务。如冶金工业，减少了中轨、大型材、中厚板等长线产品的生产，而增加了线材、小型材、薄板、焊管四大短线产品的生产。重工业开始调整后，重工业总产值增长速度降低。1979—1981 年，重工业总产值分别为 2 611 亿元、2 648 亿元、2 515

---

① 国家经济贸易委员会. 中国工业五十年：第 6 部上卷［M］. 北京：中国经济出版社，2000：453-455.

亿元。增长速度分别为 7.6%、1.46% 和 -4.7%，这种下降的主要原因就是产业结构调整。1982 年，重工业生产开始回升，发展速度加快，达到 9.9%。这几年重工业增长速度仅 3.57%，不仅远低于同期轻工业增长速度，也比 1953—1984 年的年均 12.3% 的速度低。但通过基本建设，重工业生产能力有一定程度的增强，尤其是着重加强了"短线"产品生产能力，为产品尤其是为社会所需的产品的增长准备了条件，同时，重工业各部门努力发展新产品，从而提高了重工业的水平[①]。

国民经济的调整时期，整个工业的着眼点在调整，因此整体来看放慢了增长速度，但是，轻重工业比例逐步协调，轻重工业各自有效的生产能力得到了增强，为以后中国工业的高速发展奠定了基础。

1992 年以邓小平南方谈话和党的十四大为标志，改革开放步伐明显加快，建立和完善社会主义市场经济体制成为改革的重要任务和明确目标。在经过 20 世纪 80 年代产业结构的调整以及各次产业不同程度的发展之后，20 世纪 90 年代产业政策实施的起点、产业政策目标以及主要任务与改革初期有很大不同。

这一阶段的产业政策强调产业结构调整，重视产业结构升级，同时着力推动各次产业的发展，高度重视基础产业、支柱产业和高新技术产业的发展，重视产业发展中增长模式转换问题。这一时期，市场经济体制建立，运用产业政策大量直接干预的方式逐步减少，导向性的间接干预方式不断增加，综合运用经济、法律、行政等多种手段。

（二）工业产业结构的调整、优化和持续升级

伴随着居民消费重点转向耐用消费品，1999 年以后重工业表现出强劲的增长，工业中重工业占比持续提升，到 2005 年该比例接近 69%。由于重化工业资本有机构成较高、投资需求大、能源消耗大等特征，重化工业的快速发展支撑了经济的高速增长，但也给环境资源承载力提出了极大的挑战。总体上，这个时期重化工业主导，体现了适应居民消费结构从日用消费品主导到

---

① 国家经济贸易委员会. 中国工业五十年：第 7 部下卷［M］. 北京：中国经济出版社，2000：2873.

汽车和住宅主导的升级需要的产业结构升级。2002 年党的十六大提出中国应该走新型工业化道路，要坚持以信息化带动工业化，以工业化促进信息化，走出一条科技含量高、经济效益好、资源消耗低、环境污染少、人力资源优势得到充分发挥的新型工业化路子，这也从指导思想上明确了进一步推进从资金密集的重化工主导向技术密集的高技术产业主导的产业升级要求。

在 2001 年 12 月 11 日中国加入世贸组织（简称"入世"）后，中国充分利用自身比较优势积极参与全球价值链国际分工，深度融入经济全球化中，通过"干中学"推进产业升级，既快速地推进了自身的经济增长和工业化进程，又对世界经济增长做出了巨大的贡献，成为世界经济增长的第一发动机。

2002 年党的十六大召开后，中国的经济发展和改革开放进入新的阶段。一方面，产业结构和产业发展已经站到一个更高的水平之上，工业化向中后期迈进。另一方面，新的阶段在面临着旧问题尚未完全解决的情形下，又遇到一些新问题。主要是产业结构调整和优化升级的任务还很重，同时土地、资源、能源、环境约束更加明显，产业结构和各次各类产业向更高水平发展过程中的一些深层次矛盾变得突出，加之经济社会发展中的地区差距、城乡差距、社会矛盾、国际竞争加剧以及不断增加的不确定性因素等，对该时期产业政策的目标、任务、方向和措施等方面提出了更高的要求。

这一阶段产业政策的重点是产业结构的调整、优化和升级，实现工业产业发展从"量"向"质"的根本性转变。按照走新型工业化道路和转变经济增长方式的要求，既重视产业结构合理化，又加快推进产业结构优化升级，引导和推动产业内在素质的改善，通过鼓励自主创新推动国内产业在全球产业链中的地位提升和国际竞争力的提高。节能、环保等因素成为产业结构调整的重要目标。这一时期，市场经济体制已经初步建立，产业政策更注重市场机制和利益导向机制的作用，更加注重对市场主体行为的引导，措施上综合运用经济、法律和必要的行政手段等。

2002 年 11 月，党的十六大报告提出："走新型工业化道路，大力实施科教兴国战略和可持续发展战略。实现工业化仍然是我国现代化进程中艰巨的历史性任务。信息化是我国加快实现工业化和现代化的必然选择。坚持以信息化带动工业化，以工业化促进信息化，走出一条科技含量高、经济效益好、资源消耗低、环境污染少、人力资源优势得到充分发挥的新型工业化路子。""推进产业结构优化升级，形成以高新技术产业为先导、基础产业和制造业为支撑、服务业全面发展的产业格局。优先发展信息产业，在经济和社会领域广泛应用信息技术。积极发展对经济增长有突破性重大带动作用的高新技术产业。用高新技术和先进适用技术改造传统产业，大力振兴装备制造业。继续加强基础设施建设。加快发展现代服务业，提高第三产业在国民经济中的比重。正确处理发展高新技术产业和传统产业、资金技术密集型产业和劳动密集型产业、虚拟经济和实体经济的关系。"

　　总之，新中国成立 70 年来工业产业结构的优化有了很大的提升，特别是改革开放以来，工业产业由劳动密集型产业向资金密集型、技术密集型产业发展，产品附加值有了提高，劳动生产率也不断提高。当然，也应看到产业结构高度化提升所存在的诸多问题，首先，尽管产品附加值有了提高，但在国际产业价值链中处于低端，获取的价值很少，中国的很多制造业企业只承担了一些加工装配的工作，加工度和附加值都比较低，附加值很高的产品设计、物流、销售等环节都由其他国家完成或由外国公司控制。其次，20 世纪 90 年代以来，工业结构再度趋向重工业化，但是在消费品工业和以原材料为重心的重化工业继续扩张的同时，重加工业尤其是装备制造业没有得到应有的较快发展，极大地限制了工业结构向技术集约阶段升级。应当说，走新型工业化道路，是在总结改革开放三十多年工业发展正反两方面经验的基础上，在新的历史时期提出的重大发展战略，对今后一个较长时期的产业政策起到了指导作用。

四、第三产业制度变迁

　　改革开放初期，我国第三产业增加值占 GDP 的比重很低，只有 21.4%，第三产业主要集中在商业、饮食、居民服务、交通运输、邮电等传统产业领域。经过几十年来的发展，这种局面得到显著改善。在数量上，按可比价格

计算，第三产业的增加值从 1980 年的 966.4 亿元增长到 2003 年的 38 885 亿元，按可比价格计算，23 年间增长了 9.5 倍，年均增长 10.3%，高于同期国内生产总值的增长速度。1999 年，我国第三产业增加值占 GDP 的比重达到 32.9%[①]。在内容上，第三产业中的传统服务产业不断改进，商业饮食服务业多种经济成分共同发展；物资流通开始变革物流形式，与新型业态相配套的物流中心、商品配送中心不断发展；交通运输供不应求的局面得到缓解，初步形成了通达的交通网络。在传统第三产业持续发展的同时，旅游、信息、咨询、科技服务、社区服务、金融保险、房地产、教育、文化等新兴产业快速发展，使第三产业中技术密集型、知识密集型的产业逐步成为发展最快的产业。第三产业已经成为国民经济的一个重要产业。但从总体上看，我国第三产业发展水平仍然比较落后，在国民生产总值中所占的比重不仅大大低于经济发达国家，而且还低于发展中国家的平均水平。第三产业内部结构不尽合理，在地区之间发展不平衡，这些都影响了一、二、三产业的协调发展和社会再生产的顺畅运行，妨碍了经济效率和效益的提高，也束缚了第三产业自身的发展。

（一）商业发展和产业制度变迁

改革开放之初，伴随工农业生产长足发展，进入流通的农副产品、工业消费品日益丰富，原有商品流通体制越来越不适应社会经济快速发展形势的需要。为了改变流通渠道单一、多环节的现状，国家一方面调整了工商关系，把统购包销改为统购、计划收购、订购、选购、经销、联营、代销等多种购销形式，以发挥生产企业在自销商品领域中的应有作用；另一方面放宽对农副产品的购销政策，实行合同订购和议购，完成国家收购任务后的农副产品和其他商品都可以在市场上自由流通。同时，改革国营商业、供销合作社的经营体制，鼓励发展个体商业、开放集市贸易，建立多样化的贸易中心与批发交易市场。这样，我国初步建立起一个以国营商业和合作社商业为主、多

---

① 国家统计局. 新中国六十年统计资料汇编［G］. 北京：中国统计出版社，2010：10-16. 比重根据前引数据测算。

种经济成分、多种经济形式、多种经营方式、多种市场渠道的商品市场格局。

1985—1992 年，根据建立有计划的商品经济目标，国家加快了流通体制和流通领域的改革。逐步取消农副产品统派购制度，改革日用品批发体制，有步骤地削减生产资料指令性计划分配指标，这样，中国在流通领域开始由独家经营过渡到多渠道经营，从无竞争向鼓励竞争转换，从封闭市场向开放市场转变。

1992 年以来，为了适应市场经济体制的要求，国家首先加强了市场体系的培育和建设，在批发市场的建设上，以中心城市为依托，渐趋建立起以全国性批发市场为龙头，以区域性批发市场为骨干，辐射全国、交易集中、信息顺畅的具有现代化水平和调节能力的工农业批发市场网络；积极探索期货交易市场，大力推进城乡集贸市场的发展。其次，加快了国有流通企业的改革，更新流通方式，连锁经营、代理制、配送制、企业加农户、C2C、B2B、B2C 等方式的优越性日益显露，超市、专卖店、便利店、仓储式商场、购物中心、电商等多样化业态呈现出快速发展趋势，特别是电商大有颠覆传统商业形式的趋势。再次，强化了流通领域的宏观调控，理顺购销渠道、减少流通环节，对粮食、棉花、食油等建立了专项储备制度和相应的风险基金，并对粮食等实行政策性业务与商业性经营分开运作，彻底分开原有的机构、人员。最后，不断加强对市场秩序的整顿，颁布《中华人民共和国消费者权益保护法》《中华人民共和国广告法》《中华人民共和国产品质量法》和《中华人民共和国反不正当竞争法》等系列法律法规，以规范市场行为。

（二）金融业发展和制度变迁

改革开放以来，大一统的金融体系越来越不适应社会经济发展的需要，为此，我国对原有金融机构体系展开改革，多元化的金融机构渐趋建立和发展起来，形成一个与中国特色社会主义经济体系相适应的金融机构体系；中央银行体制的建立，在货币政策制定与执行、维护金融稳定等方面发挥着日益重要的作用。1979 年开始的金融体制改革，最核心的任务就是逐步确立以中国人民银行为组织的中央银行体制。1993 年开始，中央银行制度渐趋完善，1998 年，中国人民银行对分支机构进行了重大调整，撤销原来的省级分行，

按经济区域设立九个一级分行和两个营业管理部；2005 年撤销上海分行，改建为上海总部以分担央行的职责。伴随 1998 年中国证券监督管理委员会（简称证监会）、中国保险监督管理委员会（简称保监会）和 2003 年中国银行业监督委员会（简称银监会）的相继设立，中国人民银行的独立性得以加强。2003 年 12 月《中华人民共和国中国人民银行法（修正案）》的通过，更加明确中国人民银行制定和执行货币政策、维护金融稳定和提供金融服务的职责。

1992 年，中国正式提出国家专业银行向国有独资的有限责任公司转变，开始国有银行商业化改革。1993 年年底，《国务院关于金融体制改革的决定》出台，明确提出加快金融体制改革，建立政策性银行，实行政策性业务与商业性业务分离，把国有专业银行尽快办成国有商业银行。1994 年，我国先后成立国家开发银行、中国进出口银行、中国农业发展银行三大政策性银行，承担以前四大国有银行的政策性业务。到 1996 年，我国基本形成一个以中国人民银行为中心，国有银行、股份制银行、信用社等组成的完整银行体系，初步建立起一个充满活力的竞争性银行体制。2002 年，中央决定对国有商业银行进行股份制改造，力争把国有商业银行改造成国家控股、具有国际竞争力的股份制商业银行。2003 年年底，中央动用 450 亿美元外汇储备为中国银行和中国建设银行补充资本金。2004 年，国有独资银行取消贷款四级分类制度，全面推行五级分类制度。经过艰难摸索，中国建设银行在 2005 年、中国银行和中国工商银行在 2006 年、中国农业银行在 2010 年相继成功上市，实现了银行产权的真正变迁，标志着四大国有银行的股份制改革顺利完成。伴随银行体系的建立和完善，信托、保险、证券等非银行金融机构也相继建立，外资金融机构也获得了更快发展，一个以中国人民银行为领导，国有商业银行和其他商业银行为主导，政策性银行、非银行金融机构、外资金融机构并存的完整的金融组织体系最终形成。

（三）交通运输业的发展和制度变迁

1978 年以来，中国公路运输业进入一个快速发展的时期，与交通运输有关的各个领域都得到全面改善。一是公路运输体制的改革渐趋完善。在所有制结构上，打破计划经济体制下公路运输由国有运输企业独家经营的格局，形成多种经济成分、多种经营层次和多条经营渠道的新格局；在管理体制上，实行政企分开、转变职能、简政放权，实现对内对外开放的运输局面。20 世纪 90 年代以后，进一步深化公路运输企业改革，建立与社会主义市场经济相适应的经营机制和组织、管理模式，加快公路运输市场的培育，推进外资和民间资金进入公路运输部门的进程，已经构建起一个多元化的投资机制。二是铁路网络规模扩大，结构进一步优化。改革开放以来，国家加大了对铁路建设的投资。2007 年我国铁路建设投资达 2 492.7 亿元，是 1978 年的 75 倍。铁路营业里程达到 7.8 万千米。其中，复线铁路里程 2.6 万千米，复线率达到 40.5%，电气化铁路里程 2.4 万千米，电气化率达到 37.8%[①]。到 2007 年年底我国铁路营业里程位居世界第三、亚洲第一；复线铁路和电气化铁路里程均位居亚洲第一。青藏铁路 2006 年 7 月 1 日正式通车，结束了西藏不通铁路的历史。目前，我国运输业已打破了国有运输业独家垄断经营的模式，打破了封闭式管理模式，打破了部门所有、行政限制和地区分割，走向了开放和竞争。

（四）房地产业发展和制度变迁

1978—1997 年，随着城镇居民住房制度改革的不断深化，房地产市场体系渐趋形成。改革开放以来，随着城市化的快速发展和城市居民消费需求的上升，原有的住房制度已经无法适应社会经济形势。1991 年 11 月，国务院同意住房制度改革领导小组提出的《关于全面推进城镇住房制度改革的意见》，明确城镇住房制度改革目标，以逐渐解决居民住房困难，引导消费和逐步实现住房商品化，发展房地产业。1994 年，国务院颁布《国务院关于深化城镇住房制度改革的决定》，确立了国家、单位、个人三方合理负担，社会化、专业化运行，工资性货币分配，经济适用房和商品房供应体系，普建公积金，发展住房金融和规范市场交易的改革目标。

---

① 国家统计局综合司. 交通运输业实现了多种运输方式的跨越式发展［N/OL］. （2008-11-11）［2019-04-26］. http://www.stats.gov.cn/ztjc/ztfx/jnggkf30n/200811/t20081111_65698.html.

到 2003 年，我国住房制度改革渐趋完成，住房需求剧增。受 1998 年亚洲金融危机的影响，我国制定了扩大内需，启动居民住房消费以拉动经济增长的战略。为此，国务院颁布《国务院关于进一步深化城镇住房制度改革加快住房建设的通知》，提出稳步推进住房商品化、社会化，逐步建立适应社会主义市场经济体制和我国国情的城镇住房新制度的改革思路；以及停止住房实物分配、实行住房分配货币化、建立和完善以经济适用房为主的多层次城镇住房供应体系、着力发展住房金融、大力培养和规范住房交易市场的改革目标。2003 年，我国在《国务院关于促进房地产市场持续健康发展的通知》中，首次明确提出房地产业是我国国民经济的支柱产业。此后，我国房地产业持续快速发展，2007 年美国次贷危机爆发，我国又从扩大内需的角度，实行加强对房地产业的刺激政策；2008 年国务院出台房地产业的"国十条"政策，由此使我国房地产业又在前期基础上获得更快发展，同时也大大推高房地产市场的价格。房地产业产值在国民经济中的占比不断提升，对居民消费、扩大内需、推动国民经济增长等方面的作用越来越突出。当然，伴随房地产业高速发展而来的房价上涨过快、房地产泡沫等问题，也相继而生。为此，政府推出了一系列政策和措施以规范房地产市场的不理性行为。

总体来看，改革开放以来的产业制度变迁过程，反映了产业制度对社会主义基本经济体制调整的适应，从而也促进了社会主义市场经济体制改革的进行。

第三节 新时代的产业制度变迁（2012年至今）

党的十八大以后，尤其是2013年党的十八届三中全会通过了《中共中央关于全面深化改革若干重大问题的决定》，强调经济体制改革是全面深化改革的重点，核心是处理好政府与市场的关系，使市场在资源配置中起决定性作用。党的十九大报告指出中国特色社会主义进入新时代，要坚定不移贯彻创新、协调、绿色、开放、共享的发展理念，坚持和完善社会主义基本经济制度，推动新型工业化、信息化、城镇化、农业现代化同步发展。在这样的大的市场化改革背景下，中国经济正处于一个新的时代。实际上，从2013年开始，中国的经济运行已经呈现出增速趋缓、结构趋优、动力转换的"经济新常态"特征。我国经济发展进入新常态，也带动产业发展进入新阶段。产业发展会受制于经济发展的新常态，这突出表现为我国产业从过去粗放型低附加值的产业转型为高附加值的质量效率型的产业，产业从制造加工为主的产业转型为服务经济充分发展的产业，进一步推动我国重化工产业以及整个产业体系的转型和升级。这一时期的产业制度，进一步反映了社会主义基本经济制度，也体现了新时代下党和政府对产业发展的战略规划。

一、新时代的产业转型升级战略

改革开放以来，我国制造业持续快速发展，然而与世界先进水平相比，我国制造业仍然大而不强，在自主创新能力、能源利用效率、产业结构水平、信息化程度、质量效益等方面差距明显，转型升级和跨越发展的任务紧迫而艰巨。当前，新一轮科技革命和产业变革与我国加快转变经济发展方式形成历史性交汇，国际产业分工格局正在重塑。因此，在2015年5月8日，国务院发布了《中国制造2025》，实施制造强国战略，力图把我国建设成为世界制造强国。《中国制造2025》是我国实施制造强国战略第一个十年的行动纲

领，被外界称为中国版的"工业 4.0"①。

（一）创新驱动与中国产业转型升级

在新常态下，中国经济持续增长急需新的增长动力。传统产业的发展遭遇瓶颈，钢铁、水泥、平板玻璃等许多产业出现产能过剩现象，这些产业的创新要求非常迫切。传统产业可以通过三条途径进行转型升级：一是通过产品技术和商业模式创新取得竞争优势；二是通过产业升级，使传统产业成为战略性新兴产业，取得新发展；三是嵌入全球创新链，加强竞争优势。

当前，我国科技创新取得了一定的成果，创新支出不断提高，专利申请和授权数量快速增长，企业创新能力不断增强。然而，也存在较多的问题，如创新支出的结构不够合理，支出效率低；专利的质量有待提高，海外获取的专利较少；企业的创新大部分还处于跟踪模仿阶段，自主创新较少。这是由很多原因决定的：我国资源环境成本低，未对创新形成有效的倒逼机制；片面追求 GDP 增速抑制企业技术创新活力和动力；资本市场对企业融资支持力度有限；协同创新不足，商业模式创新滞后于技术创新。结合国际经验，我国要走创新驱动产业转型升级的道路，需要做好以下几个方面的工作：加大创新投入，集聚高端人才；优化投入结构，提高投入效率；加快制度创新，激活创新动力；完善政策措施，建设创新环境；提升企业技术创新开放合作水平，强化科技资源开放共享；加强战略研究，推动关键领域的技术和产业发展；充分利用人力资源和大市场优势，带动技术突破和产业化。

党的十八大明确提出"科技创新是提高社会生产力和综合国力的战略支撑，必须摆在国家发展全局的核心位置"，强调要"坚持走中国特色自主创新道路、实施创新驱动发展战略"。《中华人民共和国国民经济和社会发展第十三个五年规划纲要》从"强化科技创新引领作用、深入推进大众创业万众创新、构建激励创新的体制机制、实施人才优先发展战略、拓展发展动力新空间"五个方面促进实施创新驱动发展战略。

---

① 李金华. 德国"工业 4.0"与"中国制造 2025"的比较及启示 [J]. 中国地质大学学报（社会科学版），2015，15（5）：73.

（二）环境治理与我国产业转型升级

当前我国经济发展过程中出现的严重污染问题极大地阻碍了我国的经济发展和社会进步，迫切需要进行环境治理来改善环境质量。我国现行的经济增长模式和重化工业的产业结构是导致我国环境污染的最重要原因。因此，迫切需要进行环境治理，促进我国产业转型升级。早在 2011 年 12 月，国务院就根据"十二五"规划发布了《国家环境保护"十二五"规划》，这是在"十一五"以减排作为主要指标的环境保护计划得到全面实现之后的进一步规划，对中国未来经济发展提出了更高可持续性要求。国务院 2016 年 11 月 24日印发《"十三五"生态环境保护规划》，明确提出，到 2020 年，生态环境质量总体改善，确定了打好大气、水、土壤污染防治三大战役等 7 项主要任务。国家从政策层面正在不断完善环境规章制度，促进我国产业转型升级。国民经济和社会发展第十三个五年规划纲要提出"支持战略性新兴产业发展，提升新兴产业支撑作用，完善新兴产业发展环境，构建新兴产业发展新格局"。近两年，战略性新兴产业涌现出一批新技术、新产品、新业态、新模式，成为推动我国经济平稳增长和经济结构转型升级的重要力量。例如高铁产业、智能装备制造业、新媒体、移动互联网、互联网金融等行业的兴起，给我国传统产业结构升级转型提供了机遇，也提出了挑战。

二、新时代的农业产业政策

1978 年以来的农业产业政策，主要服务于农业农村改革。从人民公社的所有权经营权高度集中的两权合一，到家庭联产承包责任制的集体所有、家庭承包经营的"两权分离"，再到农村土地所有权、承包权、经营权"三权分置"，改革过程都体现了渐进性、灵活性和包容性。

（一）农村土地三权分置改革

2016 年，中央全面深化改革领导小组会议审议通过《关于完善农村土地所有权承包权经营权分置办法的意见》，党的十九大报告进一步强调，要完善承包地"三权分置"制度。"三权分置"的演变历程，符合生产关系适应生

产力发展的客观规律。人民公社时期，农村集体土地所有权和经营权"两权"合一，土地集体所有、集体统一经营。改革开放以后，农村土地集体所有权和农户承包经营权"两权"分离，土地集体所有、家庭承包经营。党的十八大以来，将土地承包经营权分为承包权和经营权，实行"三权分置"，这是农村改革又一重大创新。农村土地改革从"两权"分离到"三权分置"，以稳定为基础，以放活为目标，坚持了土地集体所有权，稳定了农户承包权，放活了土地经营权，促进农村资源要素合理配置，推动多种形式的规模经营发展，进一步解放和发展了农村社会生产力。

（二）推动农业产业化经营

农业产业化发端于 20 世纪 80 年代中后期，至今已近 40 年的历程。农业产业化龙头企业作为新型农业经营主体的重要组成部分，也是企业经营的重要主体，在构建新型农业经营体系中发挥着重要的引领作用。

"十二五"时期，中央一号文件连续强调农业产业化和龙头企业发展，各级各部门不断完善扶持政策，积极推动组织模式创新，全面提升农业产业化经营水平。为支持农业产业化集群发展，农业部提出创建一批国家农业产业化示范基地，出台了《农业部关于创建国家农业产业化示范基地的意见》《农业部关于印发〈国家农业产业化示范基地认定管理办法〉的通知》等一系列政策文件，为创建农业产业化示范基地提供了政策指引。

（三）加快实施农业'走出去'产业政策

2011 年，《中华人民共和国国民经济和社会发展第十二个五年规划纲要》（以下简称《规划纲要》）重申"走出去"战略的主要内容。《规划纲要》中强调了三点：一是不仅要继续实施"走出去"战略，而且要加快实施步伐。二是全面推进"走出去"。三是扩大"走出去"领域。2014 年，《中共中央国务院关于全面深化农村改革加快推进农业现代化的若干意见》中提出要"加快实施农业走出去战略"，强调要培育具有国际竞争力的粮棉油等大型企业。支持到境外特别是与周边国家开展互利共赢的农业生产和进出口合作。鼓励金融机构积极创新为农产品国际贸易和农业走出去服务的金融品种和方式，探索建立农产品国际贸易基金和海外农业发展基金。

2015 年，中共中央、国务院印发《中共中央 国务院关于加大改革创新力度加快农业现代化建设的若干意见》，重点提出要"提高统筹利用国际国内两个市场两种资源的能力"，包括：支持农产品贸易做强，加快培育具有国际竞争力的农业企业集团；健全农业对外合作部际联席会议制度，抓紧制定农业对外合作规划；创新农业对外合作模式，重点加强农产品加工、储运、贸易等环节合作，支持开展境外农业合作开发，推进科技示范园区建设，开展技术培训、科研成果示范、品牌推广等服务；完善支持农业对外合作的投资、财税、金融、保险、贸易、通关、检验检疫等政策，落实到境外从事农业生产所需农用设备和农业投入品出境的扶持政策，充分发挥各类商会组织的信息服务、法律咨询、纠纷仲裁等作用。

党的十八大以来，我国开放的格局初步形成。为加快推进农业"走出去"，各部门多方联动、多措并举，通过加强农业"走出去"顶层设计、改善贸易合作环境、实施财政税收等支持政策、推进合作项目实施以及强化"一带一路"沿线国家农业合作，为农业"走出去"创造了有利的条件。

（四）实施农业生产经营补贴政策

改革开放初期，随着工业化战略的调整，国家逐步加大了对农业的支持。同时，在农村改革中实行家庭承包经营、逐步减少农产品统派统购品种和提高农产品收购价格、放开农产品市场、发展农村多种经营、允许农民进城务工经商、大力发展乡镇企业等"放活"政策，极大地解放和发展了生产力，农业实现了高速发展。同时，随着经济的发展，国家财政实力不断壮大，政府开始启动工业反哺农业的政策，其显著标志是中央明确提出"多予、少取、放活"的方针。

2014 年 5 月，习近平总书记做出了我国经济发展进入新常态的重要判断，如何在经济增速放缓背景下继续强化农业基础地位、促进农民持续增收，成为必须破解的一个重大课题。《中共中央国务院关于加大改革创新力度加快农业现代化建设的若干意见》提出要提高农业补贴政策效能，强调增加农民收入，必须健全国家对农业的支持保护体系。保持农业补贴政策连续性和稳定性，逐步扩大"绿箱"支持政策实施规模和范围，调整改进"黄箱"支持政

策，充分发挥政策惠农增收效应。继续实施种粮农民直接补贴、良种补贴、农机具购置补贴、农资综合补贴等政策。选择部分地方开展改革试点，提高补贴的导向性和效能。完善农机具购置补贴政策，向主产区和新型农业经营主体倾斜，扩大节水灌溉设备购置补贴范围。实施农业生产重大技术措施推广补助政策。实施粮油生产大县、粮食作物制种大县、生猪调出大县、牛羊养殖大县财政奖励补助政策。扩大现代农业示范区奖励补贴范围。健全粮食主产区利益补偿、耕地保护补偿、生态补偿制度。

（五）推动农业产业科技创新

"十二五"期间，我国农业外部生产环境发生了明显改变。一方面，尽管我国粮食实现了"十二连增"，但是粮食供需长期处于紧平衡的状态没有改变，加上国际农产品供给的压力，保障粮食安全更是面临严峻挑战。另一方面，我国农业资源短缺，开发过度、污染加重，以往依靠消耗农业水土资源、不断增施化肥农药来确保农产品有效供给的方式难以为继。因此，亟须通过农业科技创新加快农业发展方式转变，实现农业可持续发展。

在农业科技创新上，2012年以来，中央出台多个文件要求强化农业科技创新驱动作用。例如，《国务院关于印发〈全国现代农业发展规划（2011—2015年）〉的通知》明确要求增强农业科技自主创新能力；明确农业科技的公共性、基础性、社会性地位，加强基础性、前沿性、公益性重大农业科学技术研究，强化技术集成配套，着力解决一批影响现代农业发展全局的重大科技问题。再如2014年《中共中央 国务院关于全面深化农村改革加快推进农业现代化的若干意见》要求采取多种方式，引导和支持科研机构与企业联合研发；加大农业科技创新平台基地建设和技术集成推广力度，推动发展国家农业科技园区协同创新战略联盟，支持现代农业产业技术体系建设；加强以分子育种为重点的基础研究和生物技术开发，建设以农业物联网和精准装备为重点的农业全程信息化和机械化技术体系，推进以设施农业和农产品精深加工为重点的新兴产业技术研发，组织重大农业科技攻关。

2015年，《中共中央国务院关于加大改革创新力度加快农业现代化建设的若干意见》和《国务院办公厅关于加快转变农业发展方式的意见》两个文件提出，必须进一步强化农业科技创新驱动作用，健全农业科技创新激励机制，完善科研院所、高校科研人员与企业人才流动和兼职制度。推进科研成果使用、处置、收益管理和科技人员股权激励改革试点，激发科技人员创新创业的积极性。在农业科技创新方面，在生物育种、智能农业、农机装备、生态环保等领域加大投入，推进农业科技协同创新联盟建设。同时也强调通过农业科技国际交流与合作，着力突破农业资源高效利用、生态环境修复等共性关键技术，探索完善科研成果权益分配激励机制。建设农业科技服务云平台，提升农技推广服务效能。深入推进科技特派员农村科技创业行动，加快科技进村入户，让农民掌握更多的农业科技知识。以上各项政策实施后，现代农业产业技术体系建设成绩显著，实用性农业科学技术研发能力明显增强。

三、新时代的工业产业政策

进入新时代以后，我国工业发展环境已经发生深刻变化，粗放增长模式已难以为继，已进入必须以转型升级促进工业又好又快发展的新阶段。转型就是要通过转变工业发展方式，加快实现由传统工业化向新型工业化道路转变；升级就是要通过全面优化技术结构、组织结构、布局结构和行业结构，促进工业结构整体优化提升。

从产业政策内容看，中国产业政策的重点是政府通过补贴、税收、法规等形式直接支持、扶持、保护或者限制某些产业的发展，以加快产业结构转型升级、实现经济赶超，往往倾向于扶持国有大企业、鼓励企业兼并、提高集中度、抑制产能过剩、防止过度竞争、补贴战略性新兴产业和激励技术创新等，这更多地可以归类为选择性产业政策或纵向产业政策，而且实施力度比较强[①]。经济新常态背景下中国产业成长的重点从追求快速成长到追求质量提升，这具体表现为通过供给侧结构性改革提高实体经济供给质量、积极顺应新一轮科技革命和产业变化趋势、大力培育新兴产业和利用新技术改造传统

---

① 黄群慧. 中国工业化进程及其对全球化的影响［J］. 中国工业经济，2017（6）：26-33.

产业等方面。

（一）提出创新驱动的新型工业化发展

2011年12月国务院发布《工业转型升级规划（2011—2015年）》，该规划是指导今后五年我国工业发展方式转变的行动纲领，是落实《中华人民共和国国民经济和社会发展第十二个五年规划纲要》的具体部署，是工业领域其他规划的重要编制依据。该规划指出"十二五"时期推动工业转型升级，要以科学发展为主题，以加快转变经济发展方式为主线，着力提升自主创新能力，推进信息化与工业化深度融合，改造提升传统产业，培育壮大战略性新兴产业，加快发展生产性服务业，调整和优化产业结构，把工业发展建立在创新驱动、集约高效、环境友好、惠及民生、内生增长的基础上，不断增强我国工业核心竞争力和可持续发展能力。2015年5月，国务院正式发布《中国制造2025》，实施制造业升级计划。该计划提出，通过"三步走"实现制造强国的战略目标：第一步，到2025年迈入制造业强国行列；第二步，到2035年中国制造业整体达到世界制造强国阵营中等水平；第三步，到新中国成立一百年时，综合实力进入世界制造强国前列。围绕实现制造强国的战略目标，《中国制造2025》明确了9项战略任务和重点，提出了8个方面的战略支撑和保障。

"中国制造2025"是在新的国际国内环境下，政府立足于国际产业变革大势，做出的全面提升中国制造业发展质量和水平的重大战略部署。其根本目标在于改变中国制造业"大而不强"的局面，通过10年的努力，使中国迈入制造强国行列，为到2045年将中国建成具有全球引领和影响力的制造强国奠定坚实的基础。

（二）推进工业管理体制改革，优化市场竞争环境

深入推进工业领域行政审批制度改革，除涉及国家安全、生态环保、生产安全等法律法规规定需要审批者外，一律由企业依法依规自主决策，政府不再审查企业投资项目的市场前景、经济效益、资金来源、产品技术方案等内容。创新工业管理方式和手段，健全工业经济监测网络和指标体系，加强行业信息统计和信息发布。充分发挥标准的激励与约束作用，研究制定质量

安全、能耗、环保等行业标准，建立国家统一的产品认证体系，引导企业开发符合行业标准的技术和产品。加强对民间投资的服务、指导和规范管理，拓宽民间投资领域和范围，不得对民间资本单独设置市场准入和优惠政策附加条件，进一步落实和细化保护民间投资合法权益的相关政策，清理和修改不利于民间投资发展的法规政策规定。加大专利法、著作权法、商标法等执法力度，严厉打击侵犯知识产权的行为，提高侵权违法成本。坚决查处企业不正当竞争行为，防范企业通过经营者集中、操纵价格等手段阻碍产业自由发展。

（三）优化产业创新发展环境，加强自主创新能力建设

营造良好的创新发展环境，建立健全鼓励创新的体制机制，引导企业加大研发投入，大力培育创新型企业，建设网络化多层次制造业创新体系。按照协同创新要求，鼓励企业联合高校、科研机构等组建一批官产学研联盟及其他创新平台，推动产业通用和共性技术研发，加强基础材料核心元器件、关键技术（工艺）和重大装备攻关，构建以企业为主体、开放、共享、互动的制造业协同创新体系。在信息安全、大数据、储能技术、重大装备、重大医药等前沿技术领域，考虑以新体制和新模式组建若干国家制造业创新中心和创新平台，着力加强集成创新和原始创新，切实解决目前科研中存在的投入分散、彼此分割、急功近利等问题。尊重创新创业精神，弘扬敢于创新、勇于创业的社会价值取向，营造崇尚冒险、宽容失败的社会氛围，为企业创新发展营造良好环境，最大限度激发全社会创新创业活力。

（四）实行产业发展的供给侧改革

经济新常态背景下我国产业成长的重点从追求快速成长到追求质量提升，经济发展面对的主要矛盾正在由需求侧转向供给侧，经济下行的主要原因不是周期性的，而是结构性的，面对的主要是供给侧、结构性、体制性矛盾，因而不可能通过短期刺激政策实现经济反弹，而必须通过供给侧结构性改革，重塑经济发展动力，为经济持续健康发展创造条件。供给侧结构性改革的任务有三个方面：一是针对无效产能去产能、去库存；二是针对有效供给不足需要补短板；三是针对企业负担，去杠杆、降成本。这三方面任务必然会触

动其背后的供给侧的体制问题，需要以改革的办法来解决。对供给侧结构性改革目标，2015 年年底的中央经济工作会议有明确要求，这就是：加大结构性改革力度，矫正要素配置扭曲，扩大有效供给，提高供给结构适应性和灵活性，提高全要素生产率。

供给侧的结构性改革同时提出了去产能、去库存、去杠杆、降成本和补短板的任务。去产能要求加强对产能过剩产业的动态监测分析，建立产能利用率定期发布机制，引导企业合理预期和理性投资。结合产业发展实际和环境承载力，通过提高能源消耗、污染物排放、安全生产、产品质量等标准，加快淘汰一批落后、过剩产能。完善淘汰过剩产能的激励和约束政策，对超过能耗限额标准和环保不达标的企业，实行差别电价和惩罚性电价、水价等，利用市场机制淘汰不具备竞争力的落后产能。理顺对产能过剩行业的需求侧支持，通过强化需求升级导向、示范性项目建设、政府采购、消费者补贴等措施，消化部分过剩产能。鼓励优势企业对落后企业进行跨行业、跨地区、跨所有制的联合重组，整合压缩过剩产能优化技术和产品结构。分类妥善处理在建违规项目，清理整顿已建成违规产能，从源头上遏制产能过剩行业盲目扩张，加快建立过剩产能的退出援助机制，重点做好过剩产能调整中失业人员的社会保障工作，对失业人员再就业提供培训、信息服务甚至必要的资助。从改革的角度"降成本"，目标是为企业减负，让企业这个基本经济细胞活起来。针对企业的"高杠杆"和由此产生的高利息负担，需要从改革的角度"去杠杆"。对于"补短板"，供给侧改革要求通过创新驱动实现补短板。有效供给不足的一个重要方面是市场供给存在短板，不仅涉及产品供给的短板，还存在质量、卫生、安全等方面的短板。这些短板在很大程度上可以归结为创新能力不足。因此供给侧改革的重要方面是增强创新的驱动力，这也成为工业产业制度发展的指导性思想。

（五）引导推进企业节能减排，提高工业绿色发展水平

加强节能环保技术的研发、储备与推广应用，编制钢铁、建材、有色金属、石化、化工、装备等重点行业节能技术推广目录和重大节能技术推广应用实施方案，积极推动传统制造业绿色改造。推动行业能效对标达标，完善

行业能效对比信息平台和对标指标体系，制定和修订一批重点用能产品的能耗限额标准，定期发布主要产品能耗相关数据、节能减排和资源综合利用技术、最佳节能实践等信息，引导企业提高能效水平。总结循环经济试点经验，推广循环经济关键应用技术，促进工业园区产业布局耦合循环链接，形成上下游能源资源和废物梯级循环利用的循环经济发展模式。建设绿色工厂，大力推进清洁生产和绿色制造，实现生产过程集约化和清洁化，加快推行产品生态设计，开发绿色技术和绿色产品替代对环境有害的产品。

四、新时代的第三产业政策

"十二五"时期以来，第三产业增长领跑三次产业，已成为新常态下经济增长的重要特征。服务业主导格局形成后有助于经济稳定程度提高、经济运行效率提高、就业压力减轻、资源环境压力减轻。

"十三五"时期，互联网信息技术的广泛应用和"互联网+"战略的实施，产业转型升级和居民消费升级对生产生活服务的需求日益增多[1]。近年来密集出台的各类服务业政策和体制机制改革推动，内资外资等资本的规模化进入，服务业新技术、新模式、新业态不断涌现，从"其他服务业"中孕育衍生出研发设计等生产性服务业、互联网信息服务业、旅游业、文化产业、生命健康产业和养老产业六大动力性产业，加上现代金融业以及由交通运输仓储等转型发展的现代物流业，共八大产业，这些产业以其高成长性、强带动性、高附加值和绿色可持续的特征，将继续领跑服务业和整个国民经济，对经济增长将提供有力支撑。

（一）鼓励研发设计等生产性服务业发展

"十三五"时期是我国工业实现转型升级的决胜时期，也是我国经济实现大突破、大融合、大转型的关键时期。目前生产性服务业仍处于市场培育阶

---

① 国务院关于积极推进"互联网+"行动的指导意见 [Z/OL]. （2015-07-04）［2019-05-23］. http://www.gov.cn/zhengce/content/2015-07/04/content_10002.html.

段，对科技创新和产业发展的支撑能力较弱。与发达国家相比，我国生产性服务业增加值占 GDP 的比重长期维持在 15% 左右，不及发达国家 1/2，还有很大的发展空间。随着经济新常态下转方式、调结构工作的深入推进，新科技革命和产业革命蓄势待发，政策支持力度不断增强，服务业与制造业深度融合，科技研发、创意设计、检验检测、商务咨询、环保服务等生产性服务业和生产性服务环节将得到培育和快速发展。总体预计，"十三五"期间生产性服务业增加值年均增长 12% 以上，2020 年占 GDP 的比重提高至 19% 左右，成为国民经济增长的主要支撑性产业①。

（二）发展互联网信息服务业等战略性新兴行业

顺应全球信息产业加快向网络化、服务化方向发展的趋势，云计算、大数据、移动互联网、物联网等新技术新业态迅速兴起，依托互联网和信息技术的信息技术服务、电子商务等新业态、新模式加速发展，加上原有的软件信息服务业产业优势，整个互联网信息服务业成为支撑经济增长的又一主动力。随着"互联网+"国家战略的大力实施，"基础平台+增值服务"的新模式得到广泛应用，互联网与各行各业融合发展的时代正在快速到来，中国互联网信息服务产业也进入由大变强的关键时期。保守估计，"十三五"期间软件信息服务增加值年均增长 12% 以上，互联网服务业收入年均增长 20% 左右，互联网信息服务产业的产值规模到 2020 年将超过 10 万亿元，成为国民经济战略性新兴产业。

（三）推动文化产业成为新的经济增长点

文化产业代表着一个国家和区域的软实力，在引领时尚、形成创意、提升产业文化含量方面发挥着重要作用。2011 年 10 月《中共中央关于深化文化体制改革推动社会主义文化大发展大繁荣若干重大问题的决定》提出"加快发展文化产业，推动文化产业成为国民经济支柱性产业""推动文化产业跨越式发展，使之成为新的经济增长点、经济结构战略性调整的重要支点、转变

---

① 刘伟，蔡志洲. 我国工业化进程中的产业结构升级与新常态下的经济增长 [J]. 北京大学学报（哲学社会科学版），2015（3）：5-19.

经济发展方式的重要着力点，为推动科学发展提供重要支撑"。一是构建现代文化产业体系。加快发展文化产业，必须构建结构合理、门类齐全、科技含量高、富有创意、竞争力强的现代文化产业体系。二是形成公有制为主体、多种所有制共同发展的文化产业格局。加快发展文化产业，必须毫不动摇地支持和壮大国有或国有控股文化企业，毫不动摇地鼓励和引导各种非公有制文化企业健康发展。三是推进文化科技创新。科技创新是文化发展的重要引擎。要发挥文化和科技相互促进的作用，深入实施科技带动战略，增强自主创新能力。四是扩大文化消费。增加文化消费总量，提高文化消费水平，是文化产业发展的内生动力。

（四）鼓励信息产业创新，构建金融科技行业新业态

金融业作为国民经济发展的血脉行业，随着金融深化和金融改革的推动，金融业增加值快速增长。未来五年随着金融市场化、国际化改革持续推进，股票、债券多层次资本市场逐步建立完善，金融业发展重心将更多转向资本市场，专业化、多元化的消费金融机构不断产生壮大，基金、融资租赁、信托、互联网金融等新兴金融机构蓬勃发展，健康养老储蓄理财、保险、基金、信托等健康养老金融业实力逐渐强大，金融业对整体经济的渗透和对经济资源的配置功能越来越强大，金融业在服务能力不断提高的同时，自身也将得到快速发展。短期交易量波动不影响快速增长的长期趋势。总体预计，"十三五"期间金融业增加值年均增长15%左右，增加值规模在2020年达到11万亿元，成为国民经济增长的重要支撑性产业。

本章小结

　　本章从产业战略、产业政策和产业发展的角度分析了新中国成立以来产业制度变迁的历史进程。新中国成立初期，中国是一个经济落后的农业国，第二、第三产业发展水平很低。受特殊的政治、经济条件影响，形成优先发展重工业的产业战略。依靠政府强大的资源配置能力，在较短时间内基本建立了相对独立的工业体系，但是付出了产业结构失衡、资源浪费严重的代价。

　　1978年以后，经济指导思想发生了历史性转变，我国也开始了从传统计划经济体制向社会主义市场经济体制的转型探索。改革开放40年来的产业发展战略及其产业政策，强调了农、轻、重同步发展，一、二、三产业均衡发展，从而调整和改善了产业结构。1978—2000年，我国产业结构明显优化，三次产业结构从1978年的27.7∶47.7∶24.6调至2012年的10.1∶45.3∶44.6，第三产业贡献度日渐提升，从工业大国转变为服务业大国[①]。在这一过程中，既要看到工业化的巨大成就，也要看到目前产业发展从"工业大国"升级为"工业强国"的历史挑战。

　　总体来说，改革开放以来，我国根据自身的实际情况和发展阶段变化，始终坚持和不断完善社会主义市场经济体制，遵循"改革—开放—创新"的产业发展逻辑，不断深化改革开放，不断调整产业发展战略，走出了一条符合中国国情、具有中国特色的产业发展和结构升级之路，我国产业发展和结构升级取得的成就，是政府和市场充分互动的结果，是尊重市场经济规律、充分发挥市场资源配置决定性作用和更好发挥政府作用的结果。自20世纪90年代以来，与推进社会主义市场经济体制建设同步，中国的产业战略和产业政策既能适应社会主义基本经济体制，又能灵活发展成为形式多元、层级众多、内容复杂的庞大的政策体系。总之，中国从一个贫穷落后的农业国发展成为一个工业大国，其中改革开放以来的产业战略和产业政策的调整与转型发挥了至关重要的作用。

---

① 刘伟，蔡志洲. 我国工业化进程中的产业结构升级与新常态下的经济增长 [J]. 北京大学学报（哲学社会科学版），2015（3）：5-19.

第七章
区域经济制度变迁

　　从时序角度考察，新中国成立以来的区域经济制度历经三大阶段变迁。观察制度的整体特征，三个阶段分别体现出显著的赶超发展特色、重点发展特色和全面协调发展特色。基于中国特色社会主义核心经济制度、基本经济制度与具体经济制度的基本分析框架，立足制度变迁与空间演进双重视角，本章旨在把握新中国成立以来区域经济制度的嬗变脉络，挖掘区域经济制度演化的理论指导思想、战略特色及其衍生的发展格局等，为我国区域经济发展制度的优化发展提供历史依据。

第一节 改革开放前区域经济制度的形成 (1949—1978 年)

　　新中国成立后到改革开放前我国的区域经济制度处于摸索形成阶段。这一时期的区域经济制度以马克思和恩格斯（下文简称马恩）关于生产力平均布局的基本理念为指导，区域经济发展战略的制定深受国内外政治波动的影响，在行政计划主导资源配置机制的基础上逐步形成沿海与内陆的生产力均分格局，区域经济发展方面呈现出简单的均等化特点。

一、生产力平均布局的指导思想

　　该阶段下区域经济制度确立的理论依据和思想之源是马恩的生产力均衡布局思想。马恩生产力平均布局的经济理念形成于对劳动分工、产业分工、地域分工以及城乡分离与结合等基本理论内容的探讨研究过程，并体现于《资本论》《反杜林论》和《共产党宣言》等经典著作中[①]。

　　劳动分工的思想主要体现于马克思的《资本论》中。马克思指出："在商品生产者的社会里，作为独立生产者的私事而各自独立进行的各种有用劳动的这种质的区别，发展成为一个多支的体系，发展成社会分工。"[②] 不同商品生产者之间的"交换没有造成生产领域之间的差别，而是使不同的生产领域发生关系，从而使它们转化为社会总生产的多少互相依赖的部门"[③]。劳动分工出现后引发产业部门分工，特别是机器的出现在新部门产生、部门内分工细化以及大工业形成方面有重要的推动作用。机器生产用相对少的工人人数所提供的原料、半成品、劳动工具等等的数量不断增加，与此相适应，对这

---

① 丁任重，李标.马克思的劳动地域分工理论与中国的区域经济格局变迁［J］.当代经济研究，2012（11）：27-32.理论思想的内容主要来自此文献。

② 马克思.资本论：第1卷［M］.中共中央编译局，译.北京：人民出版社，2004：56.

③ 马克思.资本论：第1卷［M］.中共中央编译局，译.北京：人民出版社，2004：407-408.

些原料和半成品的加工也就分成无数的部门，因而社会生产部门的多样性也就增加①。

劳动的社会分工及产业分工伴随着地域分工。"一方面，协作可以扩大劳动的空间范围，因此，某些劳动过程由于劳动对象空间上的联系就需要协作……另一方面，协作可以与生产规模相比相对地在空间上缩小生产领域。"② "这样一来，往往整个城市和整个地区都专门从事某种行业。"③ 由此劳动地域分工产生。把特殊生产部门固定在一个国家的特殊地区的地域分工，由于利用各种特点的工场手工业生产的出现，获得了新的推动力④。机器生产进一步推动了劳动地域分工发展，其重要表现是城乡的分离和结合。"一个民族内部的分工，首先引起工商业劳动同农业劳动的分离，从而也引起城乡的分离和城乡利益的对立。"⑤

马克思、恩格斯在研究生产力布局的基础上认为，尽可能实现全国生产力平均布局有利于促进工农结合、消灭城乡分离。马克思、恩格斯在《共产党宣言》中主张："把一切生产工具集中在国家即组织成为统治阶级的无产阶级手里，并且尽可能快地增加生产力的总量。"⑥这要求无产阶级采取一系列措施改造自然和生产力布局等旧有社会经济关系，如"把全部运输业集中在国家手里。按照总的计划增加国家工厂和生产工具，开垦荒地和改良土壤"⑦。恩格斯在《反杜林论》中进一步指出："从大工业在全国的尽可能均衡的分布是消灭城市和乡村的分离的条件这方面来说，消灭城市和乡村的分离也不是什么空想。"⑧

---

① 马克思. 资本论：第1卷 ［M］. 中共中央编译局，译. 北京：人民出版社，2004：512.
② 马克思. 资本论：第1卷 ［M］. 中共中央编译局，译. 北京：人民出版社，2004：381.
③ 马克思. 资本论：第1卷 ［M］. 中共中央编译局，译. 北京：人民出版社，2004：542.
④ 马克思. 资本论：第1卷 ［M］. 中共中央编译局，译. 北京：人民出版社，2004：409.
⑤ 马克思，恩格斯. 马克思恩格斯选集：第1卷 ［M］. 中共中央编译局，译. 北京：人民出版社，1995：68.
⑥ 马克思，恩格斯. 马克思恩格斯选集：第1卷 ［M］. 中共中央编译局，译. 北京：人民出版社，1995：293.
⑦ 马克思，恩格斯. 马克思恩格斯选集：第1卷 ［M］. 中共中央编译局，译. 北京：人民出版社，1995：294.
⑧ 马克思，恩格斯. 马克思恩格斯选集：第3卷 ［M］. 中共中央编译局，译. 北京：人民出版社，1995：647.

可见，他们特别强调全国范围内平均布局生产力的必要性。

马克思、恩格斯的相关著作表明劳动分工是导致社会分工、产业分工、区域分工的本源所在，也蕴含了工农结合、城乡结合以及生产力平均布局等基本经济原则。这也成为新中国成立之初中共中央领导人初步探索建设社会主义事业时期的区域经济发展、形成社会主义经济制度主要构成部分的区域经济制度，指导生产力区域布局。但是，在之后近三十年的实践过程中，我们对马克思主义劳动地域分工理论在区域经济增长和发展中的指导作用在理解上存在着一定程度的机械、教条式应用的问题。

二、赶超发展与重工业优先发展战略

鸦片战争后，半殖民地半封建的旧中国经济发展一度遭到破坏，生产力水平远低于西方列强。以主要工业产品为例，1936 年美国钢、生铁、原煤、电力的人均产量分别是中国的 418、144、42 和 145 倍[①]。新中国成立之初，中国依然是一个农业大国，工业化与城镇化进程均处于缓慢起步发展的阶段，经济发展滞后。《新中国统计资料六十年汇编》的数据显示，1949 年工业化率约为 12.6%，城镇化率约为 16.5%。与经济发展水平低下相伴而生的是区域和城乡等经济结构失衡。这主要表现为少数东部沿海城市大量布局工业、商品经济相对繁荣、城市内部收入差距大，农村地区虽然集中大量人口，但经济形式主要以自然经济为主，商品化程度极低，生产资料与消费资料匮乏，生活生产难以为继。如何摆脱经济落后的面貌成为中央政府重点考虑的事宜。

为发展经济，调动各方积极性，中共中央并未直接全面建立社会主义经济关系，而是经过三年的时间，以"新民主主义经济关系"快速恢复了国内生产。1952 年，国内的工、农、商的产业发展较新中国成立之初均有明显改善。同时，国际政治局势紧张以及落后挨打的惨痛经历，迫使中共中央高层

---

① 吴承明，董志凯. 中华人民共和国经济史（1949—1952）[M]. 北京：社会科学出版社，2010：41.

提前结束新民主主义经济建设，进入确立社会主义经济关系的时期，以"重工业优先的国家工业化战略"推动大规模经济建设。问题的关键是如何赶超，要落实在制度的选择与机制上①。从战略目标来看，这能够在较短时间内实现工业化，并赶超美英等老牌资本主义国家，在物质基础领域凸显社会主义制度的优越性。历史地看，要在较低发展水平上实现此战略目标需要强有力的资源配置机制保障，确保能够在全国较大范围内调配资源用于补偿工业化所需的生产和生活资料。新中国通过对农业、个体手工业和资本主义工商业实施社会主义改造，且于"一五"时期建立了计划特征突出的物资管理、生产要素价格以及生产计划管理等体制机制，使得赶超型工业化的实践探索与制度要求具备了逻辑一致性。

1953—1957 年，中央政府借助计划经济体制机制内生的强大资源配置和动员能力，围绕苏联为我国设计并援建的 156 个项目大规模推动经济建设，并以生产力平均布局为基本指导，向内地倾斜工业投资，在全国范围内建立社会主义工业化所需的初步工业基础，助力新中国突破"贫困陷阱"。1957 年年底，经过 15 年实现"赶超英美"的战略口号正式被提出。1958 年 5 月召开的中共八大二次会议明确了"鼓足干劲、力争上游、多快好省地建设社会主义"的社会主义建设总路线。具体是通过在"二五"时期建立"一大二公"的人民公社体制发动群众运动践行赶超战略，实现共产主义赶超资本主义的代表性制度安排。此后，赶超战略和国家工业化战略又经过"三五""四五"时期的"以阶级斗争为纲"以及"以战备为纲"逐步持续到 20 世纪 70 年代中后期。

全国"一盘棋"的赶超发展战略，是新中国第一代党中央领导集体基于旧中国摆脱三座大山压迫后生产力水平低下、人民生活窘迫与经济结构落后等现实，并结合国际政治形势与共产主义运动现状，在中国土壤上进行第二阶段的马克思主义中国化探索，表现出国家领导集体对新中国实现现代化的战略眼光。尽管中共中央政府对经济规律的认识不够深入，但是在诸多复杂

---

① 周树立. 论改革开放前的中国经济发展战略 [J]. 经济经纬，2003（4）：36-38.

因素的影响下，新中国依然建立了比较完备的工业体系，产业结构和人民生活较新中国成立之初有显著改善。此外，在劳动地域分工理论和生产力平均布局的思想指导下，以沿海与内陆为代表的生产力布局基本形成。需要强调，由此也翻开了新中国区域经济增长和发展制度设计安排的篇章，区域经济制度基于马恩的生产力平均布局的理论基础延续至今。

三、沿海与内陆地区的均分发展格局

整体来看，重工业优先发展的赶超发展战略，是基于新中国成立初期生产力布局不均衡的现实，快速调整生产力空间聚集于东南沿海的"一头沉"状态，以适应国家工业化，突出国有经济地位的社会主义生产关系发展的需要。赶超发展战略主要涉及两个方面的内容：一是建立独立的地区工业体系；二是全力平衡沿海和内地的工业布局，集中资源建设内地[①]。由此，空间层面上产生的结果是沿海与内陆生产力趋于平均化的格局，以国有经济为主的重工业企业在"同一分配制度"下沿海与内陆均等化的分配结果，使得沿海与内陆发展差距有所缩小。

（一）沿海与内陆生产力趋于平均化的空间格局的形成

立足空间视角，沿海与内陆生产力布局平均化格局是渐次形成的。为契合全国范围内建立独立的地区工业体系、实现内陆与沿海生产力布局的均衡需要，中共中央采用了"经济协作区"的空间组织架构进行过渡。

1958年6月1日，中共中央印发《关于加强协作区工作的决定》，把全国划分为东北、华北、华东、华中、华南、西南和西北七个协作区，要求各协作区成立协作区委员会，作为各个协作区的领导机构，并依据自身的资源条件尽快建立大型工业骨干企业和经济中心，形成若干个具有比较完整的工业体系的经济区域[②]。这也是中央向地方下放行政管理权限的一次尝试，在一定

① 权衡. 中国区域经济发展战略理论研究述评 [J]. 中国社会科学，1997（3）：44-51.
② 丁任重，孔祥杰. 我国区域经济合作：发展与组织转型 [J]. 中国经济问题，2012（5）：40-45.

程度上调动了地方发展经济的积极性，经济区协作的积极性也有所提高。但是，由于权力下放仅限于中央与地方的分权，权力下放尚未触及企业层面，因而对调动企业生产积极性的作用不大（参见表7-1）。

表7-1　新中国经济协作区调整历程

时间与会议	主要指导文件	区域经济布局政策的调整
1954年中央政治局扩大会议	《中央人民政府关于撤销大区一级行政机构和合并若干省、市建制的决定》	新中国成立初期相继成立，又于1954年撤销东北、华北、西北、华东、中南、西南六大行政区，同时也具有经济区的功能，其职能之一是促进各行政区内各省、区、市的分工与协作
1958年	《关于加强协作区工作的决定》	成立了七大经济协作区，即东北经济协作区、华北经济协作区、华东经济协作区、华中经济协作区、华南经济协作区、西北经济协作区以及西南经济协作区。各协作区都成立了协作区委员会及经济计划办公厅
1961年中共八届九中全会	《中国共产党第八届中央委员会第九次全体会议公报》	恢复成立了华北、东北、华东、中南、西南和西北六个区党的中央局，以加强对建立比较完整的区域性经济体系工作的领导，从而把1958年成立的七大经济协作区调整为华北、东北、华东、中南、西南和西北六大经济协作区。后因"文化大革命"，经济协作区被撤销
1970年全国计划工作会议	《中华人民共和国国民经济和社会发展第四个五年计划纲要（草案）》	"四五"计划决定以大军区为依托，将全国划分为西南区、西北区、中原区、华南区、华北区、东北区、华东区、闽赣区、山东区、新疆区十个经济协作区
1978年五届全国人大一次会议	《1976年到1985年发展国民经济十年规划纲要（草案）》	提出了在全国建立独立的、比较完整的工业体系和国民经济体系的基础上，基本建成西南、西北、中南、华东、华北和东北六个大区的经济体系，并把内地建成强大的战略后方基地。要求每个经济协作区应建立"不同水平、各有特点、各自为战、大力协作，农轻重比较协调发展的经济体系"

注：资料根据多个"五年计划"及网络资料整理所得。

继经济协作区架构的初步建立，"三五"和"四五"时期在中共中央"以战备为纲"的指导方针下，又推出"三线建设"与经济协作区相结合的

区域发展战略。1964 年的中央政治局工作会议指出："要进行备战，要搞三线工业基地的建设，一、二线也要搞点军事工业，各省都要有军事工业。"苏联援建的 156 个项目大部分向二、三线地区内迁转移（参见表 7-2）。

表 7-2　"三线地区"的划分情况

概念	主要包括的省（自治区、直辖市）
"一线地区" 指位于沿边沿海的前线地区	北京、上海、天津、黑龙江、吉林、辽宁、内蒙古、山东、江苏、浙江、福建、广东、新疆、西藏
"二线地区" 指介于一、三线之间的中间地带	一线地区与京广铁路之间地区的安徽、江西及河北、河南、湖北、湖南四省的东半部
"三线地区" 指长城以南、广东韶关以北、京广铁路以西、甘肃乌鞘岭以东的广大地区	四川（含重庆）、贵州、云南、陕西、甘肃、宁夏、青海 7 个省区及山西、河北、河南、湖南、湖北、广西等省区的腹地部分，共涉及 13 个省区

需要说明的是，赶超战略的后半段时期，战备与区域经济发展相结合的政治策略一方面在内陆建立了相对完整的工业经济体系，从而改变了工业布局沿海"一头沉"的失衡格局，为改革开放以后区域经济的梯度推移发展战略的实施及中西部地区工业化的进程奠定了历史性的基础；另一方面，原有计划经济体制下，条块分割、各自为政，大而全、小而全以及"山、散、洞"的工业发展布局模式也耗费了大量的人、财、物，资源利用效率和发展水平呈现出"双低"特征。

（二）沿海与内陆均等化的分配结果

1949—1978 年，为解决新中国成立之初的区域经济发展失衡问题，基于马克思主义生产力平均布局的思想内核，第一代中央领导集体以工业布局结构调整为突破口，向内陆地区倾斜配置资源，改善内地工业发展基础，有效推动了内地工业发展。这种特殊时期的处理有效缩小了内陆与沿海地区的经济发展差距，促进了社会主义生产关系下的空间层面均等化的分配结果产生。

区域经济发展均等化的首要表现是投资向内地倾斜。以"一五"期间的投资为例，在此期间动工兴建的限额以上的 694 个工业建设项目中，有 68%

分布在内地[①]。包括工业在内的基本建设投资总额中，中西部地区占 46.8%，沿海地区占 36.9%。在中西部地区建设中，80% 以上的资金投放在湖北、内蒙古、甘肃、陕西、山西、河南、黑龙江、吉林和四川 9 个省区。集中建设了武汉、包头、兰州、西安、太原、郑州、洛阳、哈尔滨、长春、吉林和成都等主要工业基地。在此期间，中西部地区工业总产值平均每年增长 20.5%，比沿海地区高 3.7 个百分点。中西部地区工业总产值占全国的比重由 30.6% 提高到 34.1%。在全国基本建设投资总额中，沿海与内地投资之比为 0.79∶1[②]。

其次，内陆地区的交通设施条件有较大改善。以 1965 年为时间起点看，先后建成了川黔、贵昆、湘黔等 10 条干线，加上支线和专线，共计新增铁路 8 046 千米，占全国新增里程数的 55%；三线地区的铁路占全国的比重由 1964 年的 19.2% 提高到 34.7%，货物周转量增长 4 倍多，占全国的 1/3；公路建设方面，同期新增里程数占全国同期的 55%[③]。内陆地区交通设施水平的快速提升，改变了内陆地区交通闭塞的状况，在为内陆地区的经济发展铺垫了良好的交通基础的同时，也缩小了与沿海地区的交通水平差距。

再次，内陆地区迅速搭建了独立于沿海地区的完备的工业体系。一是机械工业、能源工业、原材料工业的重点企业和基地快速建成。1965—1975 年，三线地区共建成 124 个机械工业化大中项目。其中，湖北第二汽车制造厂、陕西汽车制造厂和四川汽车制造厂生产的汽车，占当时全国年产量的 1/3。东方电机厂、东方汽轮机厂和东方锅炉厂形成了内地电机工业的主要体系。能源工业建设方面，三线地区充分利用自身优势大力发展水电和火电，1975 年三线地区煤炭产量从 1964 年的 8 467 万吨增加到 2.12 亿吨，占全国同期增加额的 47.9%，年发电量由 1964 年的 149 亿度增加到 635 亿度。原材料工业建设方面，共建成钢铁企业 984 个，工业总产值比 1964 年增长 4.5 倍；建成有色金属企业 945 个，占全国的 41%。二是内陆地区的国防工业快速发展，拓

① 陈栋生. 区域经济学 [M]. 郑州：河南人民出版社，1993：85.
② 魏后凯，邬晓霞. 新中国区域政策的演变历程 [J]. 中国老区建设，2012 (5)：14-15.
③ 郑有贵. 中华人民共和国经济史 (1949—2012) [M]. 北京：当代中国出版社，2016：112-113.

展了国家战略纵深，打造了战略大后方。比如，贵州、陕西、四川、湖北等地的航空工业基地建成了 125 个项目，1975 年占全国生产能力的 2/3。这也是沿海地区难以望其项背的。三是内陆地区的电子工业取得快速发展。1969年全国地方电子工业企业仅有 1 600 多个，三线建设恢复后，1970 年快速增加至 5 200 多个，在贵州、四川、陕西、陕西、甘肃、安徽、江苏、湖南、湖北等地建成了一批内陆电子基地①。

最后，工业布局的调整使得内陆地区的经济发展和人民生活水平有显著的改善，尤其是催生了攀枝花、六盘水、绵阳、十堰、西昌等几十个内陆地区的新兴重工业城市，带动了不发达地区和老少边穷民族地区的经济发展，加快缩小了与沿海地区经济发展的差距，形成区域经济绩效的平均化趋势。

---

① 郑有贵. 中华人民共和国经济史（1949—2012）［M］. 北京：当代中国出版社，2016：112-113.

第二节　改革开放后区域经济制度的优化（1978—2012年）

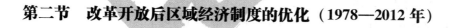

改革开放后，中共中央推动计划经济体制向市场取向改革、进一步向社会主义市场经济体制转变，使得我国经济增长和发展进入"快车道"。巨大的改革红利促进了生产力水平迅速提升，区域经济布局的划分也越来越强调经济区划而非行政区划。本节主要从效率优先的差异化发展理论导向、重点推进的竞相发展战略以及市场机制条件下区域空间的异化发展三个维度勾勒1978—2012年我国区域经济制度的变迁历程。

一、效率优先的差异化发展指导思想

历史地看，改革开放前基于马恩的生产力平均布局思想，并考虑国内外政治形势以及新中国落后的物质基础等因素，在社会主义基本制度与计划经济体制下，逐步形成了区域生产力简单平均布局的经济制度导向。在此制度安排的框架下，沿海与内陆的生产力基础与发展贡献逐步趋同，但也出现低水平平均增长与增长动力严重耗损的不利局面。改革开放后，我国各区域的活力逐步释放，经济增长取得显著进步。审慎考究，其背后深层次的原因是区域经济制度基础导向出现了变化。这表现为在计划经济体制向市场取向改革、进一步向社会主义市场经济体制转型的进程中，区域经济制度的特色由"平均色彩浓厚"转为坚持以马克思主义政治经济学基本原理、大力发展生产力基础上调适社会主义生产关系为根本指导的"效率优先"。

基于要素的空间配置视角分析，传统的计划经济体制下强有力的行政命令能够迅速在全国范围内调配资源，有助于集中力量实现战略目标，但也确实存在忽视成本和资源利用效率的"高投入—高消耗—低效率"的经济增长模式。以制度创新设计解决要素空间配置效率问题是一条有效路径，这也是我国通过不断推进的制度改革探索得出的可供实践检验的结论。1978年党的十一届三中全会做出改革决定，拉开了经济体制改革、制度创新的序幕，中央明确做出"工作重点转移到社会主义现代化建设上来"的新的战略决策和"解放思想、实事求是、团结一致向前看"的新的指导方针。党的十三大又确立了"一个中心、两个基本点"① 路线，党的十四大正式确立"建立社会主义市场经济体制"目标，十四届三中全会首次提出与社会主义市场经济体制改革相匹配的"效率优先、兼顾公平"的收入分配原则。在一系列新的制度设计和安排下，要素空间配置的效率倾向显现，并逐渐形成了这一阶段区域经济制度"效率优先"的显著特征。

改革开放破除制度阻滞的同时也解除了思想束缚，国外区域经济学相关思想及其最新理论研究逐步进入国内经济学界视野，其中代表性的理论有强调区域自身优势的资源优势理论②、侧重发挥区域异质性和"推动型"经济单位作用的极化理论③、主张立足区域动态均衡分析的空间二元经济结构理论④以及重视"极化效应"与"涓滴效应"的"核心区—边缘区"理论⑤等。对于区域经济增长走势，这些理论均认为，异质性、市场化以及不完全竞争等因素的存在致使区域尺度视角下的经济增长难以同步发展，为避免"恶性贫困循环陷阱"⑥，通过"先富带动后富"的区域非均衡增长模式能够充分释放区位、规模、范围、禀赋等优势，快速提升区域资源配置效率，改善低水平的生产力发展状况。

认识到区域经济制度对区域经济增长的重要作用，中共中央坚持马克思主义的生产力布局思想的指导，创新性地借鉴了发展经济学、区域经济学等学科关于区域经济增长的理论精髓，并将之付诸市场化改革乃至中国特色社会主义市场经济体制改革进程中区域经济非均衡发展的实践，形成有效促进

① "一个中心"指的是以经济建设为中心，"两个基本点"是指坚持四项基本原则，坚持改革开放。
② 主要是古典贸易理论中大卫·李嘉图的"比较优势"理论和赫克歇尔-俄林的"要素禀赋"理论。
③ 这里主要指佩鲁（Perroux，1950）提出的"增长极"理论。
④ 特指缪尔达尔（Myrdal，1957）提出的"地理二元经济结构"理论。
⑤ 由赫希曼（Hirschman，1958）分析区域非均衡增长提出的。
⑥ 美国经济学家 R. 纳克斯（1953）在《不发达国家的资本形成》一书中提出。

区域内部与区域之间资源配置竞争性效率提高、充分体现要素收入空间分配效率优先特征的区域经济制度设计导向。

二、梯度发展与三沿、四沿发展战略

　　重点推进的竞相化发展战略，是鼓励不同区域依据自身的优势相互竞争，在特定发展时期，侧重于推动某一区域或领域率先发展、其他区域或领域竞相跟进，以激发区域经济发展活力、提高要素配置效率与生产力水平为目标的战略。虽然改革开放前全国一盘棋的赶超发展战略与这种战略均以马克思主义的生产力布局思想为基本指导，但也有着显著不同，具体表现为：一是纲领路线差异。前者虽然以马恩的生产力平均布局为指导，但"阶级斗争"为纲的主线贯穿其间；后者则侧重于以经济建设为中心，坚持解放思想与实事求是。二是经济运行体制迥异。前者基于计划经济体制，推进区域经济发展；后者则以市场取向和社会主义市场经济体制为主发展区域经济。三是要素配置方式不同。前者主要依靠行政命令与计划指标的调配；后者则逐步转变为以市场配置要素资源的方式。四是国际形势变化显著。前期主要是社会主义与资本主义两大阵营对抗背景下不稳定的国际政治经济形势；后者则是"冷战"结束、国际形势趋于缓和，和平与发展逐渐成为主旋律。

　　重点推进的竞相化发展战略在1978—2012年的区域经济发展实践中具有诸多表现，具有代表性的有梯度发展战略、反梯度发展战略以及"三沿"和"四沿"发展战略。梯度发展战略主张基于既有的生产力布局基础，正确认识一国范围内的资源禀赋、技术条件、人力资源等显著存在的区域异质性，在区域尺度上实施不同的发展策略。这在"七五"发展计划中体现得尤为明显："我国地区经济的发展，要正确处理东部沿海、中部、西部三个经济地带的关系。'七五'期间以至九十年代，要加速东部沿海地带的发展，同时把能源、原材料建设的重点放到中部，并积极做好进一步开发西部地带的准备。把东部沿海的发展同中、西部的开发很好地结合起来，做到互相支持、互相促进。"①

反梯度发展战略则主张落后的地区基于自身禀赋优势，并结合创造的技术优势与人力资本洼地，主动调整产业结构而非被动接受产业与技术转移，最终可以实现"后来者居上"的赶超发展。中央政府也意识到了这种可能，于2000年10月召开的中共十五届五中全会明确了"西部大开发战略"，2006年原则上通过西部大开发"十一五"规划并开始正式实施此战略。实际上，梯度发展战略和反梯度发展战略均突出了效率，并结合计划与市场手段，推进区域经济发展，只是各自的侧重点有所不同。

在梯度发展战略与反梯度发展战略实施的同时，20世纪90年代也出现了进一步凸显重点推进特色的区域发展战略，以"三沿发展战略"和"四沿发展战略"最为典型。"三沿发展战略"即沿海、沿边、沿江地区同时开发的战略，主张在沿海选择有条件的地区建设改革开放的桥头堡，长江沿线则依托重要港口推进水路开放带建设，内陆边境地区着力打造边贸开放带，从而形成重点突出、特色鲜明、分工明确的区域经济发展新格局。然而，"三沿发展战略"依然有各自为政的特点，沿海与内陆的联系尚不紧密。在"三沿发展战略"基础上，形成了充分利用"陇海兰新"交通动脉线路，打造贯穿东、中、西部的对外开放经济带，进一步加强沿海与内陆开放口岸联系的"四沿发展战略"。

整体来看，上述四种具有代表性的区域经济发展战略是在正确认识区域经济非均衡发展事实的基础上，马克思主义关于生产力与生产关系的基本原理及其规律在区域经济领域探索的一个具体体现，是立足空间视角发挥市场机制调节生产要素配置作用、以"一部分人和地区先富起来"的政策导向激发经济活力的中国特色社会主义经济发展实践。这一区域经济发展战略在重点推进的过程中，逐步表现出效率优先、竞争发展的特色。

---

① 中华人民共和国国民经济和社会发展第七个五年计划（摘要）（1986—1990）［EB/OL］.［2019-06-06］. http://cpc.people.com.cn/GB/64184/64186/66679/4493897.html.

三、三大地带与四大板块的异化发展

改革开放前以"三线建设"与大区协作为具体表现的区域生产力分布格局，"虽然顾及了生产力均衡布局的公平，但这种公平背景后的效率代价是巨大的"[①]。因此，改革开放后立足既有的生产力布局现实，结合各区域的产业基础和禀赋条件，在效率优先、差异化、重点化和竞争化区域经济发展导向下，区域经济制度优化调整阶段的空间结构特征主要表现为经济地理版图上的梯度推移，由沿海与内陆的"二分格局"向东、中、西部的"三大经济带"和东、中、西、东北"四分格局"演化。与此同时，在"非均衡"倾向显著的区域经济制度安排下，该时间窗口内区域经济发展呈现异化的特征，不同区域的主要经济指标走势日益发散，区域差距不断扩大。

（一）三大地带与四大板块格局

1. 三大地带的演化

我国东中西三大地带经济格局萌芽于"三五"时期的"三线建设"，经过"六五"和"七五"时期"经济特区、协作区、沿海沿江沿边开放区"等经济格局的发展变化，成形于"八五"时期。"六五"时期（1981—1985年），我国在建设六大经济协作区的同时把全国从宏观层面粗略划分为沿海、内陆和沿边少数民族三大经济地区，为发挥不同区域的优势、加强区域分工与联系、建立不同水平和各具特色的区域经济体系打下了基础，更在1980年正式设立深圳、珠海、汕头、厦门四个经济特区之后于1984年开放沿海14个港口城市和海南岛，在建制上1988年进一步决定将海南岛改设为海南省，办成全国最大的经济特区。"七五"时期（1986—1990年），中央政府领导人依据同质性和集聚性勾勒了东、中、西三大地带，并将六大经济协作区扩充为十大经济协作区以充分显示区域发展的异质性，1990年4月更是确立开发和开放上海浦东新区的划时代战略决策。"八五"时期（1991—1995年），依

---

① 丁任重，李标. 马克思的劳动地域分工理论与中国的区域经济格局变迁 [J]. 当代经济研究，2012（11）：27-32.

据地理位置和经济发展水平，中央政府将我国明确划分为东、中、西三大中观经济区，史称"老三区"，即东部地区包括 12 个省、中部地区为 9 个省、西部地区为 10 个省，至此我国东、中、西部三大地带的经济格局成形。"九五"时期（1996—2000 年），在东、中、西部三大经济地带基础上，为进一步促进区域分工与协作，中央把我国划分为七大协作区，由此形成了大区协作与东、中、西三大地带共存的局面（参见表 7-3）。

表 7-3　三大经济地带范围

区域	包含的省（区、市）
东部地区	辽宁、北京、天津、上海、河北、山东、江苏、浙江、福建、广东、海南（11 个）
中部地区	吉林、山西、安徽、河南、湖北、湖南、广西、江西（8 个）
西部地区	黑龙江、内蒙古、四川、云南、贵州、陕西、甘肃、青海、宁夏、西藏、新疆、广西（12 个）

注：此为东部 11 省市、中部 8 省区和西部 12 省区的"新三区"。

以开发西部、缩小西部与东部差异为目标的东、中、西三大地带中观经济格局的划分，是马克思主义劳动地域分工理论结合改革开放实践的变化在我国区域经济发展实践上的重大突破，其由萌芽到成形的变迁历程凸显了不同区域劳动分工的特点、变化及其复杂性。另外，东、中、西三大经济地带的经济格局与东南沿海、环渤海等七大经济协作区共存的局面，说明了我国的劳动地域分工随着区域经济发展也在不断地变化，同时劳动地域分工发展引致的区域变化不断冲击和瓦解东、中、西三大地带中观经济格局，反过来又影响着区域发展战略的调整和转变[1]。具体参见表 7-4。

---

① 丁任重，李标. 马克思的劳动地域分工理论与中国的区域经济格局变迁 [J]. 当代经济研究，2012（11）：27-32.

表 7-4 改革开放到"十一五"之间我国区域划分发展历程

时间与会议	主要指导文件	区域经济布局政策的调整
1981 年 全国人大五届 五次会议	《中华人民共和国国民经济和社会发展第六个五年计划（1981—1985）》	"六五"计划将全国划分为沿海地区和内陆地区，并分别提出了主要任务
1986 年 全国人大六届 四次会议	《中华人民共和国国民经济和社会发展第七个五年计划（摘要）（1986—1990）》	"七五"计划将全国划分为东部、中部和西部三大地带，并对每个带的发展方向提出了要求
1991 年 全国人大七届 四次会议	《关于国民经济和社会发展十年规划和第八个五年计划纲要的报告》	"八五"计划又采用了沿海与内地的划分，也分别提出了发展要求
1996 年 中共十四届 五中全会	《中共中央关于制定国民经济和社会发展"九五"计划和 2010 年远景目标的建议》	"九五"计划在划分东部与中西部地区的同时，又划分了长江三角洲及长江沿江地区、环渤海地区、东南沿海地区、西南和华南部分省区、东北地区、中部五省、西北地区七大经济区
2001 年 全国人大九届 四次会议	《中华人民共和国国民经济和社会发展第十个五年计划纲要》	"十五"计划又将全国分成东部、东北、中部和西部地区，并分别提出了发展重点
2006 年 全国人大十届 四次会议	《中华人民共和国国民经济和社会发展第十一个五年规划纲要》	"十一五"期间将内地划分为东部、中部、西部、东北四大板块，并将四个板块进一步划分为东北综合经济区、北部沿海综合经济区、东部沿海综合经济区、南部沿海经济区、黄河中游综合经济区、长江中游综合经济区、大西南综合经济区、大西北综合经济区八大综合经济区

注：根据多个"五年计划"及官方网站资料整理所得。

2. 四大板块的建构

为进一步体现区域经济发展的异质性，在市场竞争中实现区域经济发展的新跨越，缩小东北三省出现衰退、中西部地区发展滞后的区域发展差距，中共中央立足全局提出"东部率先发展、东北振兴、中部崛起、西部大开发"的区域经济发展战略，推动三大经济地带细分为东、中、西和东北四大板块。"十五"时期（2001—2005 年），传统的东、中、西三大地带的经济格局被分为东部、东北、中部、西部四个区域经济格局，其中东部为 10 个省市、东北为 3 个省、中部为 6 个省、西部为 12 个省份，四大板块的形成进一步发挥了劳动地域分工推动区域发展的作用；"十一五"时期（2006—2010 年），中央政府在东、中、西部以及东北四大宏观经济格局的基础上将国土空间划分为优化、重点、限制、禁止开发区四类主体功能区域，每个区域均需按照自身的特点布局生产力，以形成各具特色的劳动地域分工，促进区域间的分工协作[①]。

由上可以看出，生产力与生产关系、经济基础与上层建筑之间的相互作用主导了该阶段的区域空间结构由三大经济地带向四分格局的变迁，是马克思主义劳动地域分工理论在我国区域经济发展实践层面的一大突破，说明区域经济发展制度已经由过去偏重政治目标取向转变为经济与政治目标并重取向。国家在以战略形式引导区域生产力布局体现计划调控功能的同时，也鼓励各区域充分发挥市场作用，利用比较优势发展适合自身的产业，并积极创造新优势，发展具备战略意义的产业，这契合了中国特色社会主义市场经济体制改革的题中要义，也从区域发展角度反映出社会主义经济制度体系创造物质财富的能力。

需要强调的是，从同质性、经济联系性和分工协作角度来看，中部地区并不是一个完整的整体，西部地区、东部地区的内部差异性也很大，只有东北地区可以看成一个完整的区域（魏后凯，2008）[②]。国家层面上分类指导的区域经济布局在中央与地方财政分权、"分灶吃饭"的体制下，市场机制作用下的效率优先与竞相发展双重导向，致使不同区域、不同省市基于本位主义的逐底竞争日益激烈，产业发展有同构化倾向，弱化了区域经济发展战略效应。

（二）区域经济发展差距的扩大

基于前文的分析可知，该时间窗口内的区域经济制度有显著的"非均衡"发展倾向，由此使得区域经济发展呈现异化的特征，不同区域的 GDP、投资、

---

① 丁任重，李标. 马克思的劳动地域分工理论与中国的区域经济格局变迁 [J]. 当代经济研究，2012（11）：27-32.

② 魏后凯. 改革开放 30 年中国区域经济的变迁：从不平衡发展到相对均衡发展 [J]. 经济学动态，2008（5）：9-16.

贸易等主要经济指标走势日益发散，区域经济发展差距不断扩大，尤其是东部沿海地区凭借区位优势、政策优势以及资源集聚优势等内外部条件的高速增长令中西部地区难以望其项背①。非均衡发展的区域经济发展导向的一大特点是"让一部分人、一部分地区先富起来"。国家首先选择集中力量发展区位优势突出、有利于集聚国内外资源的沿海沿边地区，主要表现在投资政策、对外开放政策等区域经济政策向这些地区明显倾斜。

　　首先，在对沿海地区的投资倾斜方面，沿海地区在全国基本建设投资中所占比重持续提高。与"三五"时期相比，"四五"时期沿海在全国基本建设投资总额中所占的比重上升了近10%，而内地则下降了10.3%；到了"六五"时期，沿海在全国所占比重首次超过内地，高出1.2%。从人均基本建设投资来看，1990年，东部地带达到184.7元，而西部和中部地区分别仅相当于东部地区的66.9%和52.7%。与此同时，国家还给予了东部地区诸如财政、税收、信贷、投资等方面的政策优惠②。这些都形成了拉开东部沿海地区与中西部地区经济发展差距的重要基础。

　　其次，在对外开放方面，率先在东部沿海地区实行对外开放，并给予开放地区种种优惠政策，不断加大对外开放步伐。1980年，我国正式对外宣布设立深圳、珠海、汕头、厦门四个经济特区；1984年国务院进一步开放沿海14个港口城市和海南岛；1988年决定将原隶属于广东省的海南岛建制海南省，办成全国最大的经济特区；1990年4月做出开发和开放上海浦东新区的战略决策，之后在天津，上海、广州、江苏等地区设立保税区；等等。从出口数据来看，1985—1990年间，全国出口额增长了1.1倍，其中东部地带增长了2.5倍，其占全国总出口的比重由1985年的74.2%上升到1990年的80.8%；中、西部地带则分别增长了2.1倍和3.1倍③。这些制度性的优惠安

----

① 尽管存在个别省市的逆梯度跨越发展，但这依赖于所在区域其他地市的被动支持。
② 段娟.改革开放初期至90年代中期我国区域发展战略转变的历史考察［J］.党史文苑,2009（12）：4-7.
③ 田书华.中国区域经济的发展历程及发展趋势［J/OL］.（2014-04-17）［2018-12-23］.http://blog.sina.com.cn/s/blog_51bfd7ca0101e2l7.html.

排，使得东部地区取得了中、西部地区难以取得的发展优势，东部沿海地区
经济获得了快速发展，我国经济发展的重心开始东移，区域经济格局在较短
的时间内已经实现了重大的变化。

经过改革开放后二十几年的发展，全国各大区域 GDP 和人均 GDP 都在迅
速上升，除少数年份外，东部 11 省、直辖市在此过程中 GDP 增长速度都要快
于中西部地区。1981—2000 年间，东部地区 GDP 平均增速为 17.96%，比中
部高出 1.85%，比西部高出 1.91%；从总量上看，东部 GDP 高于中西部 GDP
的总和，并且二者间差距在不断扩大，到 2000 年，东部 GDP 已经超出中西部
GDP 总和的 36.46%（图 7-1）。东部人均 GDP 高出中西部人均 GDP 的幅度
也在不断加大。国家统计局的数据显示，1981 年东部地区的人均 GDP 是中部
地区的 2.32 倍，是西部地区的 2.08 倍。随着时间的推移，效率优先、差异
发展、重点推进的竞争效应开始显现，与中部和西部地区的人均 GDP 相比，
2000 年东部地区的人均 GDP 分别是二者的 2.78、2.42 倍。考虑到此期间人
口向东部地区的大量聚集，足以看出在 1981—2000 年东部沿海地区的经济增
长速度明显远远快于中部和西部地区（图 7-1）。

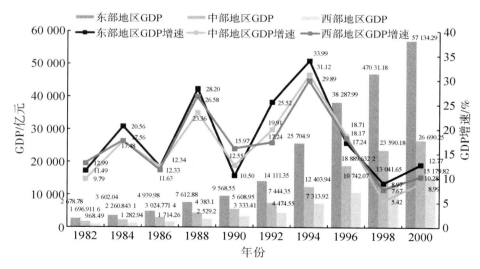

图 7-1　1982—2000 年三大区域的 GDP 及其增速

（资料来源：《中国统计年鉴》并经作者整理所得）

从工业增加值来看（图7-2），东部明显领先于中西部，1981年东部工业增加值为1 179.97亿元，比中西部的总和高出36.99%，到2000年这一数值增加到24 279.04亿元，比中西部的总和高出55.55%。从工业增加值占GDP的比重来看，东部地区比重最大，1981—2000年间平均值为43.65%；中部地区次之，平均值为36.92%；西部地区最小，为33.36%。同时三大区域这一数值的波动都比较平稳，说明三个区域的经济增长对其工业的依赖程度比较平稳，并且差距不大。东中西部的发展差距扩大也鲜明地表现在工业化进程上。图7-2的数据显示，依据世界工业化发展经验，东部地区始终处于工业化中期，中西部地区的工业化进程则相对滞后，2000年中部和西部的工业化率分别落后于东部3.2个百分点和8.8个百分点。

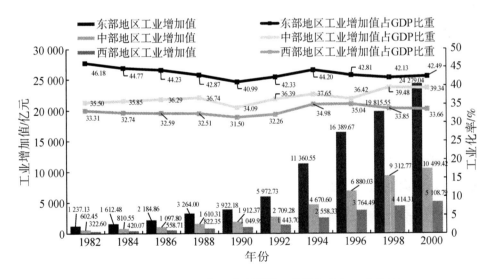

图7-2　1982—2000年三大区域的工业增加值与工业化率

（资料来源：《中国统计年鉴》并经作者整理所得）

第三节　新时代区域经济制度的再探索（2012年至今）

上一阶段区域经济制度钓设计侧重效率优先的理论导向和重点推进的竞相化发展战略，受此影响区域生产力布局整体呈现由东向西的梯度推移态势，区域经济发展显著异化，这与社会主义经济制度条件下区域经济发展收敛的"空间共同富裕"特质相悖。为矫正这一不协调的格局，中共中央基于我国经济社会转型发展的新历史阶段，勇于探索，不断创新区域经济制度设计，着力推动区域经济协调发展。本节致力于分析2012年后中国进入社会主义新时代的区域经济制度演进，依循理论指导、发展战略、空间发展格局的逻辑架构寻找这一时期区域经济制度的阶段特色。

一、注重公平的均衡化发展指导思想

改革开放后，效率优先和允许一部分人、一部分地区先富起来的政策导向，有效提升了我国的生产力水平，区域经济也得以迅速发展。然而，效率优先理论导向下的区域经济制度设计更偏重于效率，区际发展公平没有得到充分体现，致使部分东部沿海、沿江的发达地区集聚生产要素的能力空前，各大区域的产业基础、结构以及增长潜力等日益扩大。为扭转有失公平的区域经济发展格局，党的十八大以来，中共中央尝试在新时代经济发展新的条件下（如基本建立社会主义市场经济体制、已成为世界第二大经济体），基于区域均衡化发展思想与理论设计注重公平的区域经济制度。最具代表性的均衡理论有三个：罗格纳·纳克斯（Ragnar Nurkse）的贫困恶性循环和平衡增长理论、诺斯（North）的出口基地理论和完善的平衡增长理论。

美国经济学家罗格纳·纳克斯在《不发达国家的资本形成》一书中提出了贫困恶性循环理论。纳克斯认为，不发达国家或地区存在需求和供给两个恶性循环。从需求角度看，不发达国家或地区的人均收入水平较低，从而导致低购买力，低购买力引致了低投资，投资不足又使生产率难以提高，如此反复从而形成一个恶性循环；从供给角度看，不发达国家或地区的人均收入水平较低，从而导致低储蓄能力，低储蓄降低了资本形成能力，投资形成不足则不利于生产率的提高，如此反复从而形成另一个恶性循环。这两个循环彼此交替，经济状况不断恶化，经济难以实现增长。纳克斯认为不发达国家或地区要破除这一恶性循环，需要对多区域和多部门进行大规模投资，不断扩大市场容量，不断提高经济增长率和人均收入水平，最终打破恶性循环从而实现不同地区和不同产业的均衡增长①。

美国经济学家诺斯提出出口基地理论，后经蒂博特（Tiebout）、罗曼斯（Romans）、博尔顿（Bolton）等人的发展而逐步完善。该理论基于静态比较分析的思想阐述了对外贸易对经济增长的重要性，认为一个区域的经济增长主要取决于输出产生的增长，不断扩大的区域外部需求是区域经济实现内生增长的主要原动力，并且如果每个地区都集中力量发挥自己的优势，自由贸易使得不同区域间的资本、劳动力、技术等要素以及利息、工资等要素价格趋于均衡，从而逐步缩小区域差距②。

发展经济学家斯特里顿在其发表的《不平衡增长》论文中，综合大推进理论、贫困恶性循环和平衡增长理论的优点，提出了均衡增长理论，被称为"完善的"平衡增长理论。斯特里顿一方面强调扩大投资规模对于克服供给方面的不可分性与需求方面的互补性的重要作用，也强调各经济部门之间平衡增长的重要性；另一方面，他既主张国民经济各部门按不同比例全面发展，实现平衡增长，也主张在达到平衡增长的过程中，可以依据各个部门产品的需求收入弹性来安排不同的投资率和增长比例，通过个别部门的优先发展和快速增长来解决经济发展中的梗阻问题，最终实现国民经济各部门按适当的

---

① 梁吉义. 区域经济学通论 [M]. 北京：科学出版社，2009：126.
② 陈华，尹苑生. 区域经济增长理论与经济非均衡发展 [J]. 中外企业家，2006（3）：90-95.

比例平衡增长①。

从理论层面考察，这一时期的区域经济制度坚持社会主义初级阶段的基本经济制度和马恩的生产力布局思想指导，更多地吸收和借鉴了发展经济学和区域经济学的均衡增长理论。实践上，充分注意和考虑了我国社会主义经济制度的一般性和特殊性，将市场配置资源的决定性作用与区域异质性、区域政策引导以及空间层面上的分配公平原则相结合，推动注重公平与效率并重的区域均衡协调发展制度的建立。需要强调的是，此处的区域均衡发展并不是完全的均等化或平均化发展，也不是各区域发展水平的一致，而是承认区域经济发展差异基础上的区域经济收敛而非发散的协调发展趋势。

二、全面协调可持续的区域发展战略

如前所述，上一阶段在效率优先指导思想下形成的区域竞相发展战略在促进区域经济发展迈向新台阶的同时，也加剧了区域经济发展的不平衡、不协调，新中国成立之初东部沿海地区"一头沉"的现象在我国区域经济发展达到更高水平上再次出现，这极不利于整体小康、区域小康的实现。为稳妥推进全面建成小康社会，党的十八大后中共中央新一届领导集体从诸多方面予以指导，区域经济发展战略凸显全面协调可持续特色便是浓墨重彩的一笔。

中共十八届二中全会明确指出"继续实施区域发展总体战略和主体功能区战略"；中共十八届三中全会审议通过的《中共中央关于全面深化改革若干重大问题的决定》强调"加快自由贸易区建设"和"扩大内陆沿边开放，推进'一带一路'建设"；中共十八届五中全会审议通过的《中共中央关于制定国民经济和社会发展第十三个五年规划的建议》进一步明确了"拓展区域发展空间"的重要性，并要求"推动区域协调发展。塑造要素有序自由流动、

---

① 区域经济差异理论：完善的平衡增长理论 [EB/OL]. (2010-06-12) [2018-12-20]. http://wiki.mbalib.com/wiki/%E5%8C%BA%E5%9F%9F%E7%BB%8F%E6%B5%8E%E5%B7%AE%E5%BC%82.

主体功能约束有效、基本公共服务均等、资源环境可承载的区域协调发展新格局"。由此可见，新时代发展阶段，国家层面上的区域协调可持续发展战略基本形成，并在 2017 年 10 月党的十九大会议上得到确立。党的十九大报告有如下描述："实施区域协调发展战略。加大力度支持革命老区、民族地区、边疆地区、贫困地区加快发展，强化举措推进西部大开发形成新格局，深化改革加快东北等老工业基地振兴，发挥优势推动中部地区崛起，创新引领率先实现东部地区优化发展，建立更加有效的区域协调发展新机制。以城市群为主体构建大中小城市和小城镇协调发展的城镇格局，加快农业转移人口市民化。以疏解北京非首都功能为'牛鼻子'推动京津冀协同发展，高起点规划、高标准建设雄安新区。以共抓大保护、不搞大开发为导向推动长江经济带发展。支持资源型地区经济转型发展。加快边疆发展，确保边疆巩固、边境安全。坚持陆海统筹，加快建设海洋强国。"[①]

　　可以看出，区域全面协调可持续发展的战略，既体现了马克思主义生产力均衡布局和发展经济学、区域经济学相关理论的思想，同时也是中央致力于从空间角度解决我国当前社会主要矛盾的区域经济发展制度的又一次创新。首先，这一战略更加强调通过上层建筑作用于空间协调机制以促进区域协调发展。其次，进一步凸显了区域发展的异质性，区域经济发展政策向落后地区尤其是内陆沿边沿江地区、革命老区和民族地区倾斜，试图缩小区域间的发展差距，以空间协调助力全面建成小康社会目标的实现。再次，特别注重了城市空间的协调和陆海空间的统筹开发。最后，融入生态文明理念，全力落实主体功能区战略，促进区域经济增长收敛模式的可持续。

---

① 习近平. 决胜全面建成小康社会 夺取新时代中国特色社会主义伟大胜利 [N/OL]. 人民日报，2017-10-18 (02) [2018-12-13]. http://paper. people. com. cn/rmrb/html/2017-10/19/nw. D110000renmrb_20171019_1-02.htm.

三、多点多极与内外联动的协调发展

自改革开放以来，以体现地域同质性和经济联系性为特征的中观经济区主导了我国经济格局的演进，以城市群、开发区、国家级新区、经济带等中观布局冲击着旧有的区域经济格局，引导着区域分工协作和空间格局的变迁[①]。2012年党的十八大以来，国家根据当前社会生产力发展的阶段状况，着力推进区域协调发展，形成了"三+四"的区域发展总体格局：以"一带一路"建设、京津冀协同发展、长江经济带发展"三大战略"为引领，统筹推进西部大开发、东北振兴、中部崛起和东部率先"四大板块"发展[②]。从空间结构上看，这一时期我国区域经济空间凸显了多点多极协同与国内外联动的结构特征。从区域发展绩效的空间表现看，不同区域间的发展已显现收敛态势。

（一）多点多极与内外联动的空间格局

从多点多极角度分析，除上一阶段不同区域设立的一些开发区、国家级新区以外，区域经济发展进程中的多点多极更多是由城市群体现，城市群也成为区域经济发展的主动力。整体上，中国十大城市群（表7-5）以不到10%的土地面积，承载了中国43.57%的非农人口以及33.24%的总人口，创造了近60%的GDP总量，这说明十大城市群在聚集人口、产业等经济要素方面发挥了巨大的作用，是我国区域发展进程中不可忽视的重要因素[③]。

以具由代表性的长三角、珠三角和京津冀城市群为例，长三角城市群经济实力强，已逐渐形成多核心网络化格局。2014年，长三角地区GDP高达12.9万亿元，占全国GDP的比重由2001年的17.70%上升到2014年的20.25%，高于珠三角和京津冀地区；从人均GDP来看，2014年长三角地区

---

① 丁任重，李标. 马克思的劳动地域分工理论与中国的区域经济格局变迁 [J]. 当代经济研究，2012（11）：27-32.

② 景朝阳. 新时代中国区域协调发展的内涵和重点 [EB/OL].（2017-12-17）[2018-12-23]. http://www.sohu.com/a/208970931_787066,2017-12-7.

③ 孙久文. 中国区域经济发展报告——中国区域经济发展趋势与城镇化进程中的问题 [M]. 北京：中国人民大学出版社，2014：13.

人均 GDP 为 81 055 元，比珠三角地区高 28.2%，比京津冀地区高 103.4%①。京津冀地区生产总值逐年提升，但增长率呈下降趋势，尤以河北省最为显著，资源短缺、产能过剩的困境致使 2014 年河北省 GDP 仅比上年增长 3.34%②。珠三角城市群凭借毗邻港澳的优势，已成为重要的增长极和对外贸易往来的重要阵地，是中国市场化程度最高、最具活力的地区之一。2014 年珠三角实际外商直接投资额为 248.61 亿美元，占全国的比重为 20.79%，进出口总额为 10 291.54 亿美元，占全国的比重为 23.92%③。

表 7-5　中国十大城市群划分

城市群	主要城市
长三角城市群	上海、南京、苏州、无锡、常州、镇江、扬州、南通、泰州、杭州、宁波、嘉兴、湖州、绍兴、台州、舟山
珠三角城市群	广州、深圳、珠海、惠州、东莞、清远、肇庆、佛山、中山、江门
京津冀城市群	北京、天津、石家庄、唐山、保定、秦皇岛、廊坊、沧州、承德、张家口
山东半岛城市群	济南、青岛、烟台、潍坊、淄博、东营、威海、日照
长株潭城市群	长沙、株洲、湘潭
关中城市群	西安、铜川、咸阳、宝鸡、渭南、商洛
辽中南城市群	沈阳、大连、鞍山、抚顺、本溪、丹东、辽阳、营口、盘锦
武汉城市群	武汉、黄石、鄂州、黄冈、孝感、咸宁、仙桃、天门、潜江
江淮城市群	合肥、六安、淮南、蚌埠、滁州、马鞍山、芜湖、铜陵、池州、安庆
成渝城市群	成都、重庆、资阳、内江、遂宁

注：根据各个城市群规划整理而得。

国内外联动的区域经济发展空间结构特征主要通过国家级新区、自由贸易试验区、"一带一路"和大湾区等描绘。国家级新区是我国新一轮开发开放和改革的新区，总体发展目标、发展定位等由国务院统一进行规划和审批，

① 姚士谋，周春山，王德，等. 中国城市群新论［M］. 北京：科学出版社，2016：186-187.
② 姚士谋，周春山，王德，等. 中国城市群新论［M］. 北京：科学出版社，2016：227.
③ 姚士谋，周春山，王德，等. 中国城市群新论［M］. 北京：科学出版社，2016：254-255.

相关特殊优惠政策和权限由国务院直接批复,在辖区内实行更加开放和优惠的特殊政策,鼓励新区进行各项制度改革与创新的探索工作。截至 2018 年 6 月,中国国家级新区总数共有 19 个,此外,还有武汉长江新区、合肥滨湖新区、郑州郑东新区等地区在申报中。

自由贸易试验区则是国家致力于打造经济"升级版"的重要尝试,其力度和意义堪与 20 世纪 80 年代建立深圳特区和 90 年代开发浦东两大事件比肩,尤其是内陆地区设立自由贸易区更是国家深入推动内陆开放,助力东、中、西部和东北彼此协同与国内外联动的重要举措。其核心是营造一个符合国际惯例的对内外资的投资都要具有国际竞争力的国际商业环境。自由贸易试验区的成立是中央政府探索中国对外开放的新路径和新模式,推动加快转变政府职能和行政体制改革,促进转变经济增长方式和优化经济结构,实现以开放促发展、促改革、促创新,形成可复制、可推广的经验,服务全国的发展的区域实践[1]。这对培育中国面向全球的竞争新优势、构建与各国合作发展的新平台、拓展区域经济发展新空间具有极为重要的意义(参见表 7-6)。

表 7-6　中国自由贸易试验区及其成立时间

成立时间	试验区
2013 年 9 月 27 日	成立中国(上海)自由贸易试验区
2015 年 4 月 20 日	扩展中国(天津)自由贸易试验区实施范围
2015 年 4 月 20 日	成立中国(广东)自由贸易试验区、中国(天津)自由贸易试验区、中国(福建)自由贸易试验区
2017 年 3 月 31 日	成立中国(辽宁)自由贸易试验区、中国(浙江)自由贸易试验区、中国(河南)自由贸易试验区、中国(湖北)自由贸易试验区、中国(重庆)自由贸易试验区、中国(四川)自由贸易试验区、中国(陕西)自由贸易试验区 7 个自贸区
2018 年 4 月 13 日	支持海南全岛建设自由贸易试验区,支持海南逐步探索、稳步推进中国特色自由贸易港建设

注:依据官方资料自行整理所得。

----

[1] 国家发改委. 关于促进国家级新区健康发展的指导意见 [EB/OL].(2015−04−23)[2018−12−23]. http://www.ndrc.gov.cn/zcfb/zcfbtz/201504/t20150423_689064.html.

另外，"一带一路"和"粤港澳大湾区"的建设推进正成为我国打造全面对外开放格局的新引领。这是中共中央立足区域视角，统筹陆海空间，拓展内外发展空间，汇聚利用全球要素，为内陆地区广西、云南、四川等省（区、市）和新疆等沿边省（区、市）开放升级发展提供新平台的创新探索，正逐步形成以全方位、多层次的开放态势促进区域协调发展的机制和新格局。

此阶段，全面协调可持续的区域发展战略导向，使得区域空间格局由稍显"粗线条"的东、中、西部三大经济带或东、中、西部和东北四大板块向真正意义上的"中观化"转变。这是具体经济制度领域中观层面的改革通过上层建筑反作用于经济基础、经由生产关系作用于生产力，进而满足区域协调发展新要求的创新，特别是更小空间尺度上的协同（多点多极）与更大空间尺度上的联动（国内国外）相结合，加快了我国区域经济平衡结构和整体协调性的形成，有利于缩小不断扩大的区域发展差距。

（二）区域经济发展差距有所收敛

新时代发展阶段背景下，更加注重区际公平的全面协调可持续发展战略的区域经济发展绩效趋于优化。全国范围内多个增长极及新的开放平台对国民经济贡献突出，尽管某些地区极化效应仍然很强，但同时扩散效应也越发明显，发达地区开始逐步带动欠发达地区发展。总之，党的十八大以来，契合中国特色社会主义事业需要的区域经济制度新探索有效抑制了区域经济发展差距扩大的趋势，主要表现为四大区域发展有所收敛，"三大战略"成效有所显现。

东、中、西和东北四大区域经济发展有收敛迹象。2012—2017年，除了东北地区增长缓慢，全国其他地区生产力水平都有了较大幅度的提升，相比2012年，2017年东部地区GDP增长了51.98%，中部地区54.03%，西部地区50.06%，东北地区仅9.81%。从总量上看，2017年东部GDP为449 680.79亿元，高出其他地区总和的10.81%，表明东部率先发展成效显著。这一数据与2000年东部地区超出中西部GDP总和的36.46%相比，可知区域间的差距已经明显缩小，区域经济发展收敛趋势有所显现。这也与中部地区全力落实

崛起跨越战略、西部地区着力深入大开发战略和东北地区奋力推进振兴战略有较大关联（图 7-3）。

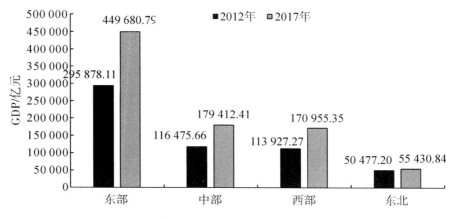

图 7-3　东、中、西、东北地区 GDP 对比图

注：基础数据根据多个统计年鉴并经整理和计算而得。

　　"一带一路"、京津冀和长江经济带三大战略的实施初见成效，拓展了区域经济发展空间，促进了区域经济发展协调可持续。2013 年以来，中国与"一带一路"沿线国家货物贸易额累计超过 5 万亿美元，对外直接投资超过 800 亿美元，中欧班列累计开行数量达到万列，截至 2019 年 7 月 13 日，亚洲基础设施投资银行（以下简称"亚投行"）成员达到 100 个。亚投行在 13 个成员方开展了 28 个基础设施建设项目，贷款总额超过 53 亿美元，丝路基金已签约 19 个项目，承诺投资金额 70 亿美元。"一带一路"建设从无到有、由点扩面，为我国建立全方位对外开放新格局，实现战略对接、优势互补，统筹国内国际两个市场开辟了新的天地。京津冀区域总体经济实力不断增强。2017 年京津冀地区生产总值达到 82 560 亿元，近 5 年间年均增长 7.5%；一般公共预算收入达到 10 974 亿元，近 5 年间年均增长 8.9%；城镇化率达到 65.0%，比 2012 年提高了 6.0 个百分点；京津冀第三产业比重为 58.6%，比第二产业高 21.9 个百分点，比 2012 年提高 7.8 个百分点。经济增长保持中高速，经济总量稳步提升。长江经济带地区以占全国约 1/5 的土地面积，贡献了全国 2/5 以上的经济总量，成为我国经济发展全局中的重要支撑带。2012—2017 年，长江经济带地区生产总值由 238 581 亿元增加到 373 806 亿元，年均增长 8.6%。在经济总量稳步增加的同时，地方财政实力明显增强，城镇化水平持续提高，产业结构不断优化，经济增长质量明显提升①。

此外，由于我国的贫困人口主要集中于老少边穷的中西部地区，由扶贫脱贫攻坚战也可看出区域经济发展差距缩小的表征。在脱贫攻坚方面，党的十八大以来，我国前四年已经累计减少贫困人口 5 564 万人，年均 1 391 万人，2013—2017 年，中央财政专项扶贫资金投入 2 787 亿元，年均增加 22.7%，省级财政扶贫脱贫资金投入 1 825 亿元，年均增加 26.9%②。这为我国区域的全面协调可持续发展以及实现全面小康目标做出了重要贡献。

注重公平均衡化发展的区域经济政策使得我国各个地区能更好地发挥自己的比较优势，进一步解放和发展生产力，除按劳分配外的多种分配方式也不断得到发展和完善，之前长期形成的收入分配差距也在不断缩小。虽然我国地区间差距仍然明显，部分缺乏比较优势的地区尤其是老少边穷地区的生产力和人民收入仍然有待进一步改善，但是在新的理论指导下、新的政策引领下以及新的空间结构框架下，我国区域经济发展逐渐显现出收敛趋势，意味着我国向共同富裕的目标又迈进了一步。

---

① 国家统计局. 区域发展战略成效显著 [EB/OL]. (2018-09-14) [2018-12-23]. http:// www.gov.cn/xinwen/2018-09/14/content_5321859.htm.

② 中华人民共和国国务院新闻办公室. 国新办举行十八大以来脱贫攻坚成就发布会 [EB/OL]. (2017-11-11) [2018-12-23]. http://www.scio.gov.cn/xwfbh/xwbfbh/wqfbh/35861/37191/index.htm.

本章小结

本章从时序与空间双重角度分析了新中国成立以来区域经济制度历经的初步形成、优化调整与创新探索三大阶段变迁，每一阶段都有突出的理论基础导向、发展战略特色、空间经济特征。生产关系与生产力、上层建筑与经济基础只有相互协调才能足进经济的健康持续发展。立足空间维度所做的分析和验证说明，上述马克思主义的基本原理及其规律依然适用。我国区域经济制度经历的三次调整充分体现了中共中央对这一基本原理及其规律的深刻理解和灵活运用。

1949—1978 年，我国的区域经济制度属于摸索形成阶段。这一时期的区域经济制度虽以马克思和恩格斯关于生产力平均布局的基本思想为指导，但是在实践中一定程度上却存在着机械和教条式运用的问题。区域经济发展战略的制定深受国内外政治波动的影响，在行政计划主导资源配置机制的基础上逐步形成沿海与内陆的生产力均分格局，经济发展战略呈现出全国一盘棋的赶超发展特色，经济绩效上表现为区域经济发展的均等化。这一时期，我国的区域经济相对新中国成立以前有了大幅度提升，在计划经济的指导下各区域经济发展大体呈现平均化趋势。

1978—2012 年，我国的区域经济制度处于调整优化阶段。这一时期的区域经济制度增加了社会主义市场经济理论的指导，经济发展思路体现了以效率优先的差异化发展导向，发展战略的特色体现为重点推进的竞相化发展，经济地理上的梯度推移是这一时期的空间结构特征，经济绩效的表现则为区域经济发展显著异化。在这一时期我国经济发展水平得到较大幅度的提升，尤其是东部沿海地区得到了飞速发展，与此同时，我国区域间的差距越拉越大。

2012 年后，我国的区域经济制度处于创新探索阶段。经过改革开放三十多年的发展，我国基本国情已发生了巨大变化，我国经济建设的路线也随之从原来效率优先的差异化发展转变为注重公平与效率并重的均衡协调发展。这一时期我国区域经济制度的理论基础导向是注重公平与效率并重的均衡协调发展，发展战略特色体现为全面协调的可持续，空间结构呈现出多点多极与内外联动的特点，区域经济发展绩效表现则趋于收敛。在这一时期我国在整体经济水平得到新一步提升的同时，区域间差距也在不断缩小，区域协调发展成为新的主题。

下篇
宏观经济发展及其调控制度变迁

从 1949 年新中国成立，到党的十九大召开，中国经济制度的变迁在宏观维度构成了一幅波澜壮阔的改革图景。计划与市场始终是贯穿在改革主旋律中的基本元素，随着时间的推移，计划由强到弱，市场由弱到强。在改革的洗礼中，政府与市场逐渐实现了有效定位，尽管政府与市场的关系还将随着中国特色社会主义市场经济的发展而不断演进，但是它们在各自的优势领域发挥积极作用的基本格局已经形成。

特别在过去的 40 年，劳动就业、收入分配、经济开放以及宏观调控等宏观领域都经历了从计划到市场的重大制度变革，它们从最初的与计划经济体制相匹配转型为更加与市场经济体制相适应，而推动变革的动力，则来自政府为了发展社会生产力的积极制度供给和市场要求生产关系适应生产力的制度需求，这两方面的合力，必将继续推动探索更加成熟的中国特色社会主义宏观经济管理及调控制度。

第八章
宏观经济制度的形成及其演变

相对微观、中观层面的经济活动而言，宏观经济制度主要是在微观与中观的经济活动基础之上推动经济总体运行的一系列制度结构及相互关系的总称，其特点在于从全局或长远的角度约束、引导经济活动的性质特征及运动方向，宏观经济制度是动态演进的。

宏观经济制度的基础是经济管理体制，后者属于经济体制的核心，它规定了国家、地方、部门、企业和个人的权责利关系，以确保国民经济的运转方向、效率及其质量。除经济管理体制之外，经济运行机制也属于经济体制的范畴，是经济体内各要素之间相互作用的动态运行方式。[①]

现代经济管理体制中，计划管理体制是与计划配置资源方式相匹配的、中央集权的管理体制，计划当局用直接计划和间接计划的手段对经济实施管理，通过政府计划部门纵向收集、整理和传递信息，依靠行政动员、精神激励及道义力量来实现，具有行政干预的强制性、随意性和主观性的特征，但也具有在短期内动员和集中资源、把握全局和长远发展方向的优势；市场管

---

① 刘诗白. 政治经济学 [M]. 成都：西南财经大学出版社，2014：222.

理体制则是与市场配置资源方式匹配的、基于自由市场机制的管理体制，通过竞争机制、供求机制和价格机制，在充分尊重企业和消费者的自主决策前提下对经济实施管理，通过价格信号快速、横向地传递、收集、整理信息，依靠货币价值利益及竞争驱动，具有间接管理的特征，有利于发挥微观市场主体的主动性，提高效率，但也存在难以克服市场固有的短期性、盲目性、滞后性等弊端①。

目前存在的两种经济管理方式中，行政计划管理方式是政府采用直接行政干预的方式组织和管理经济，行政管理的具体手段主要包括：国家以立法的形式体现并实现管理意图和目标，政府制定并实施国民经济长期发展计划、产业政策及收入分配政策，制定分配规则，下达以行政命令为特征的指令性计划和以经济杠杆为特征的指导性计划等。市场管理方式则是经济管理部门通过改变宏观经济变量间接介入市场以实现经济管理的方式，市场管理的具体手段有货币政策、财政政策，主要从需求侧切入管理，货币政策通过调节货币供应量，影响市场利率，从而对投资需求产生影响，而财政政策则通过政府支出和税收的变动影响总需求。

宏观经济管理的目的在于从总体上把握总量平衡和结构平衡，确保国民经济健康、可持续发展，一般被概括为实现经济增长、充分就业、物价稳定以及国际收支平衡等。

我国的宏观经济制度，是在社会主义初级阶段基本经济制度基础之上形成的组织管理国民经济的指导方针、政策之总和，既包括协调宏观经济结构及中、长期发展的基本战略方针，也包括调控宏观经济短期运行的具体政策措施。

我国宏观经济制度变迁与演进既是社会主义经济体制形成、改革与发展的重要组成部分，又影响着社会主义社会基本经济制度的演变与发展。纵观新中国成立70年来的经济体制演进、改革与转型的历程，其间我国的宏观经济制度变革经过了三大阶段：第一阶段，与传统计划经济体制相适应的宏观经济制度的建立和运行（1949—1978年）；第二阶段，与社会主义市场经济体制的探索、建立和对外开放进程相适应的宏观经济制度改革及发展（1978—2012年）；第三阶段，与新时代中国特色社会主义市场经济发展相适应的宏观经济制度创新与完善（2012年至今）。

第一节　改革开放前计划经济管理体制下单一行政管理方式的确立（1949—1978 年）

一、国民经济恢复时期对国民经济实行行政管理（1949—1952 年）

1949 年 9 月，第一届中国人民政治协商会议通过了《中国人民政治协商会议共同纲领》，国家据此进行了以促进国民经济迅速恢复为目的的新民主主义经济体制建设。

《共同纲领》以临时宪法的形式，首次把中国共产党和中华人民共和国的基本经济政策法律化，实施对国民经济的行政计划管理：确立国民经济恢复时期经济建设的总方针是"公私兼顾、劳资两利、城乡互助、内外交流"；在产业政策上，《共同纲领》把"发展新民主主义的人民经济，稳步地变农业国为工业国"作为中国经济发展的总目标；在财政政策上，《共同纲领》中规定"建立国家预算决算制度，划分中央和地方的财政范围，厉行精简节约，逐步平衡财政收支，积累国家生产资金。国家的税收政策，应以保障革命战争的供给，照顾生产的恢复和发展及国家建设的需要为原则，简化税制，实行合理负担"等。

总之，《共同纲领》体现着党对新民主主义社会主要矛盾的认识，使新中国的经济建设活动有了法律依据。

新民主主义时期政府和市场的关系是以政府的计划管理和市场的自发调节相结合，政府的指令性计划和指导性计划相结合、以市场为基础进行计划管理。

二、过渡时期总路线标志着对国民经济全局实行计划统筹管理（1953—1956 年）

1952 年年底，国民经济基本恢复，新民主主义经济体制完全确立，国家经济工作开始转向大规模的经济建设。中央在 1953 年提出党在过渡时期的总路线，党的指导思想和政策基础开始从以《共同纲领》为标志的新民主主义转向苏联模式的社会主义。

过渡时期总路线明确指出："从中华人民共和国成立，到社会主义改造基本完成，这是一个过渡时期。党在这个过渡时期的总路线和总任务，是要在一个相当长的时期内基本实现国家工业化和对农业、手工业和资本主义工商业的社会主义改造。"[1]

从确立新民主主义经济体制开始，国家统筹安排使国民经济有计划按比例发展就成了最主要的经济调控方式。1955 年 7 月 30 日，第一届全国人民代表大会第二次会议审议通过的《中华人民共和国发展国民经济的第一个五年计划》，实质上成为过渡时期总路线下的经济发展计划和指导方针。

政府通过政策宣传、精神鼓舞、行政命令的方式调动全国人民的生产积极性，贯彻按劳分配的原则，减少管理层次，加强国民经济管理，增强了中央政府对国民经济的直接控制，逐步形成了高度集中的计划管理体制。在地方层面，加强中央对地方的集中统一领导；在中央层面，成立国家计划委员会，直接领导各经济部门，逐步加强了计划管理的力度，缩小了市场调节的范围。

新民主主义经济管理体制逐渐过渡为计划经济管理体制，政府和市场的关系转变为以政府的指令性计划为主，指导性计划为辅，二者相互配合，基本替代了市场调节机制。

---

① 毛泽东. 毛泽东选集：第 5 卷 ［M］. 北京：人民出版社，1977：89.

三、传统计划经济体制时期计划经济管理制度的曲折探索（1957—1978 年）

这一时期，计划经济体制下对国民经济的行政管理大致经历了四个阶段。

1. "大跃进"时期（1957—1960 年）

"大跃进"时期建立了单一公有制和行政性的计划管理模式，推行了以盲目追求高产量的工业政策和完全脱离实际的农业政策为主的、有悖于经济规律的产业政策和以大规模的财政权力下放为特征的、混乱的财政政策。

2. 国民经济调整恢复时期（1961—1965 年）

"大跃进"运动之后，国民经济陷入全局失衡、空前混乱的境地，严峻的经济形势要求对错误的经济政策进行调整。因此，在 1961—1965 年间，党和政府的主要经济工作是进行经济调整，既涉及对不适宜的经济体制的调整，也涉及对错误的经济政策的调整。

在经济体制的调整上，中央实行集中统一，收紧计划管理权限，对调整初期"从紧""集中"的管理体制进行微调，再次下放一部分权力到地方，给经济建设创造宽松的制度环境。对人民公社体制的调整，使得单一公有制对农业生产的束缚有所放松，在纠正"大跃进"的错误和调动农民积极性上起到了一定的作用，但没有从根本上改变以行政命令为主要经营管理方式、以集体劳动为主要生产方式、以"大锅饭"为主要分配方式的农业生产制度。

经济政策的调整，主要围绕纠正"大跃进"时期盲目追求高产量的产业政策展开，实施全面降低工业生产指标、压缩工业生产规模的工业政策和减轻农民负担、恢复农业生产的农业政策。

3. "文化大革命"时期（1966—1976 年）

"文化大革命"（以下简称"文革"）爆发后，对国民经济管理的改革主要以中央放权为主，包括三个方面的内容：一是下放企业管理权，精简管理结构；二是下放财政收支权、物资分配权和基建投资权；三是简化税收、信贷、

劳动工资体制。

虽然其间经过了两次调整，但是，总体而言，"文革"时期国务院的权力被严重削弱，国民经济管理失效，经济生活中无政府主义思潮泛滥，既一如既往地排斥商品货币关系和市场机制，又实质上否定中央政府全面计划管理的计划经济体制，僵化散乱，给国民经济带来了深重的灾难。

4. "文革"结束之后的两年（1977—1978 年）

国家对被"文革"搞乱的重点领域、重点部门进行了专项整顿。经过两年的整顿，1977 年和 1978 年的经济形势有了明显好转①。然而，在经济领域，一些"文革"时期"左"顷的、不符合生产力发展要求的方针政策依然在实施，主要表现在继续推行"农业学大寨"运动②，在农村搞"一大二公"的单一公有制和违背当时的国情、国力制定不切实际的高目标和经济跃进计划③。农民的生产积极性得不到发挥；同时这一时期"工业学大庆"运动中也存在着把大庆经验绝对化、缺乏利益关注的进一步改革，影响了企业职工的劳动积极性。僵化的经济体制和错误的经济政策严重束缚了生产力，受到了广泛的质疑和冲击。经济发展的客观现实要求人们解放思想，探索出新的、符合生产力发展要求的、促进国民经济平稳健康发展的制度安排。

---

① 1977 年工业总产值比 1976 年增加 14.3%。1977 年粮食产量下降 1.3%，1978 年粮食产量比 1976 年增长 6.4%。（国家统计局. 中国统计年鉴 1983 [M]. 北京：中国统计出版社，1983：149-159.）

② 1977 年 12 月，中央发出通知，同意普及大寨县工作座谈会向中央政治局的汇报提纲，要求加速发展农业，指出根本途径是认真学大寨。

③ 1978 年 2 月，全国计划工作会议上，中央政治局批准了国家计委提出的《关于经济计划的汇报要点》，指出从 1978 年到 2000 年，23 年内分三个阶段使各项经济技术指标和工业产品产量接近、赶上和超过最发达的资本主义国家。1978 年 3 月，全国人大五届一次会议通过《1976 年到 1985 年发展国民经济十年规划纲要（草案）》，提出了一系列如三年实现农业机械化等完全脱离实际的经济目标。

278

第二节　改革开放后与市场化改革相适应的宏观经济制度演变（1978—2012 年）

一、改革开放进程中计划与市场相结合的管理体制的形成（1978—1992 年）

　　1978—1991 年，是我国市场化改革走向社会主义市场经济的探索时期，是以改革开放为基本特征、开创有中国特色的社会主义道路、实现经济快速增长的时期，经济指导思想、经济体制和经济政策都发生了巨大转变。以1984 年为分界点。1984 年以前，改革的重点是农村，主要纠正"大跃进"和"文革"的错误，重新探索社会主义农村集体经济建设的实现形式及其道路；1984 年以后，改革的重点是城市，主要明确以国有企业"扩权让利—利改税—企业承包责任制"改革为主的方向、性质、基本方针和任务，一场深刻的经济体制变革全面铺开。经历了这个阶段之后，经济快速发展的制度性条件基本具备，从 1992 年开始，中国经济进入持续高速增长时期。与之相适应，我国宏观经济管理制度变革也进入了新的历史阶段。

　　1. 从单一行政计划管理方式向计划管理与市场调节方式并举转变

　　1982 年中共十二大进一步明确了改革开放的道路、战略步骤和方针政策。将经济建设的战略目标从"本世纪末实现四个现代化"修正为"从 1981 年到本世纪末的 20 年，在不断提高经济效益的前提下，力争使工农业年总产值翻两番"①。实现战略目标要分两步走：前十年，即 1981—1990 年，主要是打好基础、积蓄力量、创造条件；后十年，即 1991—2000 年，要进入一个新的经济振兴时期。实现战略目标的方针政策是集中资金进行重点建设，在坚持国营经济主导地位的基础上，发展多种经济形式，计划管理和市场调节并举，

---

① 即从 1980 年的 7 100 亿元增加至 2000 年的 28 000 亿元。

保证国民经济协调发展。

党的十二大提出"计划经济为主、市场调节为辅",强调计划经济是基本的、主要的,市场调节是从属的、次要的①。

1984 年,中国共产党十二届三中全会颁布了《中共中央关于经济体制改革的决定》,这是中国改革开放之后第一个进行全面经济体制改革的纲领,标志着以缩小指令性计划为主,以价格、工资为中心,以城市为重点的全面改革正式开始。《中共中央关于经济体制改革的决定》突破了长期以来计划经济体制的束缚,提出要搞"有计划的商品经济"。

此后,中国所进行的全部经济改革,都是紧紧围绕资源配置方式转变这一中心而展开的,即从完全依靠国家计划管理配置资源转向逐渐由市场配置资源,《中共中央关于经济体制改革的决定》的颁布也标志着我国宏观经济管理制度产生了相应的变革。

2. 行政管理手段和经济管理手段有机结合

伴随"计划经济为主、市场调节为辅"的经济体制的确立而进行的宏观经济管理制度改革,就是改变政府行使职能的模式,从单一的行政管理方式向依据市场、价值规律的行政手段、经济手段、法律手段等各种管理方式并存的宏观经济管理模式过渡。改革的方向是缩小指令性计划的范围,扩大指导性计划的范围。

党的十二届三中全会后,国家主要从三个方面进行改革:第一,各级政府不再直接经营管理企业,实现政企职责分开。第二,政府尽量减少使用行政手段干预经济,学会使用价格、税收、信贷等经济杠杆进行宏观调控。第三,加强经济立法,将改革中形成的新的经济关系和经济活动准则以法律法规的形式确立下来。

1987 年,党的十三大提出要建立"国家调节市场,市场引导企业"的运行机制,即在社会主义制度下建立计划与市场内在统一的体制,这种体制不

---

① 张宇. 中国特色社会主义政治经济学 [M]. 北京:中国人民大学出版社,2017:168.

是计划调节和市场调节各管不同领域的板块结合，而是把企业行为、市场机制和政府管理三个环节的改革有机地构造为一体，同时运用经济手段、法律手段和行政手段调节市场供求关系。

综上所述，经过这一阶段的改革，我国宏观经济制度已经从单一计划经济管理体制转化为计划管理与市场调节相结合的经济管理体制。该体制在之后的几十年间，沿着"计划成分少一点、市场成分多一点"的方向不断演进。这也就意味着，随着我国市场化改革的推进，市场管理方式及其相应的市场管理手段在宏观经济管理中发挥着越来越重要的作用。

二、社会主义市场经济体制初步建立时期的宏观经济制度改革（1992—2002 年）

20 世纪的最后十年，是社会主义市场经济体制和社会主义初级阶段基本经济制度初步建立的时期，中国开始从温饱向小康过渡，改革新的路线、方针、政策基本确定。以建立和完善社会主义市场经济体制为目标，全面推进改革开放，抓住机遇实现快速发展，处理好改革、发展、稳定之间的关系，是这一时期中国发展的主旋律。

1. 发挥市场配置资源基础性作用的宏观经济管理体制的建立

1992 年 10 月，中共十四大明确提出以建立社会主义市场经济体制为改革的目标，强调"要使市场在社会主义国家宏观调控下对资源配置起基础性作用"。

1993 年，中共十四届三中全会后，国家以适应市场经济为目标，以计划委员会为重点，改革宏观管理体制。第一，逐步清理由计划委员会直接管理的农业、工业、物资、商业、外贸出口等指标，尽可能少地直接管理微观经济活动，减少指令性计划，增加指导性计划。第二，将管理宏观经济的重心放在引导和调控全社会的经济活动上，重视生产、分配、交换、消费的全过程，通过经济、法律等多种调控手段维持总供求平衡、产业结构平衡、居民

收入消费平衡、固定资产投资使用平衡、劳动力供求平衡和物价平衡。第三，研究发展战略和重大方针政策，制定中长期经济发展规划。

经过这一轮宏观管理体制改革，各级计划委员会职能更明确、目标更全面、手段更多样、调控更有效，逐步从一个计划经济时期的计划管理部门向市场经济时期的宏观调控部门过渡。

1997年9月，中共十五大提出要进一步发挥市场在资源配置中的基础性作用，健全国家的宏观调控体系，明确指出宏观调控的任务是保持经济总量平衡，抑制通货膨胀，促进重大经济结构优化和实现经济稳定增长，要求进一步实施科教兴国战略和可持续发展战略，依靠科学技术，加快产业升级，到21世纪的前十年，实现现代化建设第二步战略目标、向第三步战略目标迈进，建立比较完善的社会主义市场经济体制，保持国民经济持续快速健康发展。

1998年，国家计划委员会改组为国家计划发展委员会，2003年，又改组为国家发展和改革委员会，标志着我国适应市场经济体制的、综合研究拟订经济社会发展政策、维持总量平衡、指导总体经济体制改革的宏观调控部门正式形成。

除了改革计划委员会，国务院还在煤炭、机械、冶金、化工等行业管理部门推动机构改革[①]，使其职能从指导、规划本行业生产任务转向市场管理、结构调整和维护公平竞争，进一步实现政企分开，理清市场和政府的关系，提高政府运行效率，从管制型政府向服务型政府过渡。

此外，国家还加快经济立法，推动经济法治化进程，坚持改革开放与法制建设相统一，改革决策、发展决策和立法决策相结合，用法律引导、规范和保障社会主义市场经济健康发展。

---

① 1998年，全国人大通过了国务院的机构改革方案，国务院向企业和中介组织、地方政府转交职能200多项，调整转移职能100多项，司局级机构减少200多个，人员减少50%。（武力. 中华人民共和国经济史［M］. 北京：中国经济出版社，1999：1178.）

2. 围绕政府职能转变建立健全社会主义市场经济下的宏观调控体系

建立现代宏观调控体系，关键在于明确政府职能范围，转变政府管理方式，疏散政府的市场功能，将该由市场做的事交还给市场，减少政府对国民经济直接的、行政性的干预，更多地运用经济手段、法律手段调控和管理国民经济。

20 世纪 90 年代，我国的政府职能转变，主要从国家财税体制、金融管理体制、投融资体制等三个方面，围绕宏观经济管理体制改革展开。

（1）财税体制改革。中国自 20 世纪 80 年代初以来，财政体制和税收体制与市场经济的要求不相适应造成了财政困难，主要表现为：税制混乱，财政收入流失严重；企业经营承包制限制了财政收入的增长；地方财政包干制也减少了中央财政收入的比例，弱化了中央政府通过财政手段进行宏观调控的能力。为革除这些弊病，国家进行了财税体制改革，主要包括以分税制为核心的财政体制改革和以增值税制为核心的税收体制改革。

在改革初期，为了破除计划经济时期中央在财政收支上"管得太死"的桎梏，国家实行了地方政府财政包干制度，一定程度上激发了地方政府增加财政收入的积极性。然而，到了 90 年代初期，国家以建立社会主义市场经济为改革目标，政府职能要适应市场经济运行机制，要求改革不能仅仅局限于中央政府和地方政府之间的权力转移，而是要明确中央和地方各自的事权范围。因此，1994 年国家进行了一次规模较大的分税制改革，主要是将税收分为三种：维护国家权益和实施宏观调控所必需的税种，称为中央税，归中央财政收入；有利于同时调动中央和地方积极性的税种，如增值税、资源税和证券交易税等，称为中央地方共享税，由中央政府和地方政府共同享有，按一定比例分成；有利于调动地方政府积极性的税种，如个人所得税、城镇土地使用税和城市维护建设税等，称为地方税，由地方政府征收，归地方财政固定预算收入。同时，为保证分税制的顺利实施，国家相应地建立了一套以国家税务局为代表的中央税收体系和以地方税务局为代表的地方税收体系。

分税制改革理顺了中央政府和地方政府的分配关系，既强化了中央政府

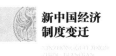
的财政分配主导地位，增强了中央政府宏观调控的能力，又调动地方政府增加财政收入的积极性，对国家财政收入增长有很大的促进作用①，是改革开放后我国财政管理体制的重大变革。

在税制改革上，国家推出以增值税为主体的流转税制度，遵循普遍、中性、简化和多环节多次征的原则，对所有生产经营活动开征增值税。对少数商品征收消费税，对大部分非商品经营征收营业税，建立与增值税相配套的消费税、营业税、资源税体系。恢复征收国有企业所得税，实行税利分流，从内资企业到外资企业，逐步统一企业所得税税率，促进企业公平竞争，统一开征个人所得税。1994 年的税制改革，按照"统一税法、公平税负、简化税制、合理分权"的原则进行，将改革开放前的单一流转税制逐步改革为复合税制，从以货物税为主体改革为以增值税为主体，强调了税收中性，增强了税收作为一项重要的经济杠杆的调控作用。

（2）金融管理体制改革。20 世纪 90 年代初的中国金融体制存在这样几个问题：第一，中国人民银行的宏观调控职能不集中，部分调控职能由四大专业银行承担，而且地区调控政策受地方政府影响较重；第二，调控手段具有浓重的计划经济色彩，未能广泛使用现代货币政策工具实现专业调控和间接调控；第三，商业银行政企不分，政策性业务与商业性业务交织，银行行为扭曲；第四，金融监管法规不健全，金融秩序混乱。

针对这些问题，国家在十四届三中全会之后，进行了深彻的金融体制改革。第一，明确中国人民银行只受国务院领导，作为国家中央银行，负责领导、监管金融部门，制定、实施货币政策，保证金融安全和货币稳定，以货币供应量、信用总量、同业拆借利率和银行备付率作为主要的货币政策操作目标，以存款准备金率、中央银行贷款利率（再贴现率）和公开市场业务为

---

① 1995 年以前，财政收入占 GDP 的比重连年下跌，从 1990 年的 15.8% 逐年下降至 1995 年的 10.7%，此后从 1996 年开始逐年上升，2000 年达到 15%。（中华人民共和国财政部. 中国财政年鉴 2003［M］. 北京：中国财政杂志社，2003.）

主要的货币政策工具。第二，将政策性业务从专业银行中剥离①，把专业银行办成真正的国有商业银行，构建现代商业银行体系，单独建立国家开发银行、中国农业发展银行、中国进出口银行三大政策性银行，负责国家政策性金融业务，保证对国家重点建设项目和相关产业政策的支持。第三，改革外汇管理体制，逐步推动汇率市场化改革，实行以银行间外汇市场供求为基础的、单一的、有管理的浮动汇率制，提高金融开放程度，促进中国进一步对外开放和吸引国外投资。第四，发展信托、证券、融资租赁等非银行金融业务。

至此，央行领导、政策性金融与商业金融分离、国有商业银行为主体、多种金融机构分工协作的现代金融组织体系初步形成。以保持人民币币值稳定为目标，以存款准备金、再贴现、利率、公开市场操作、再贷款为货币政策工具，实施间接调控的金融宏观调控体系逐步建立。以金融法规、制度为依据的金融监管体系开始形成。

1997 年亚洲金融危机爆发后，党和国家更加深刻地认识到深化金融改革、整顿金融秩序、提高金融管理水平的重要性。1997 年 11 月，中央召开全国金融工作会议，决定在 1998—2000 年间，完善我国金融市场体系和调控、监管体系，增强防范和抵御金融风险的能力。第一，全面撤销央行省级分行，将全国设置为 9 个经济区，每个经济区设分行，加强总行垂直领导，避免分行受地方政府影响，强化央行独立执行货币政策、进行金融监管的职能。第二，取消央行对商业银行设置存贷款业务限额的监管办法，采取现代银行业风险管理技术，通过监控存贷比、资本充足率、备付金比例等指标监控商业银行业务，增强银行的内部控制和风险管理。第三，改革国有商业银行的经营体制，使其成为自主经营、自负盈亏、自担风险的现代化、市场化银行类企业。第四，加强对证券、期货等金融投机严重领域的监管，颁布《中华人民共和国证券法》和《证券投资基金管理暂行办法》等法律法规，逐步建立健全金

---

① 1993 年中国有四家国有专业银行：中国工商银行、中国农业银行、中国银行和中国人民建设银行。

融市场秩序，规范金融市场主体的投资行为，遏制金融投机，防范金融风险。

（3）投融资体制改革。改革开放以来，中国投资规模、投资结构不合理，投资效益低等问题长期存在，严重阻碍经济发展。20 世纪 90 年代初期，国家着力改革投融资体制，营造适宜的投融资环境。第一，明确投资主体的分工和投资责任，将投资项目分成公益性投资项目、基础性投资项目和竞争性投资项目，公益性投资项目由政府通过国家财政统一投资建设，基础性投资项目由地方政府和国有企业组织建设，通过政策性投融资渠道募集资金，竞争性投资项目则完全由企业自主投资、自担风险、自负盈亏，由企业通过市场筹资自行建设和经营。第二，建立项目法人责任制，实行"先有法人、后定项目"的原则，由项目法人对项目的策划、筹资、建设、生产经营、还本付息、资产保值增值负全责。第三，建立投资项目资本金制度，即为避免项目建设中过分依靠财政拨款或银行贷款，要求项目法人在进行项目融资时，自有资金需达到一定比例①。投融资体制改革，不仅使投资主体和融资渠道更加多元，汇集多种资金参与现代化建设，更重要的是明确划分了政府和企业的投资责任，是理清政府与市场关系方面的重大改革。公共产品的投资由政府负责，竞争性产品的投资交给市场，项目法人责任制和资本金制度则进一步完善了企业作为市场主体开展投资活动的权责，推动和鼓励企业真正参与市场竞争，使政府行为和企业行为脱离计划经济的窠臼，逐渐符合市场经济的规则。

致力于划分政府与市场边界、建设服务型政府的宏观经济管理体制改革，与财税体制、投融资体制和金融管理体制等改革措施相互配合、形成合力，最终完成了使我国政府的经济职能由计划属性转变为市场属性的重大历史任务，即政府在经济中的作用定位于遵循市场规律，发挥市场效率。宏观经济管理体制改革是前提，而三大改革的具体内容，实质上是建立现代市场经济的宏观调控体系，也意味着市场运行的动能系统初步形成。因此，这一阶段

---

① 武力. 中华人民共和国经济史［M］. 北京：中国经济出版社，1999：1051.

的改革，不仅是我国宏观经济制度改革的重大进展，也标志着我国社会主义市场经济体制的建立。

三、制度性开放条件下的宏观经济制度改革（2002—2012 年）

2001 年 12 月 11 日，中国正式加入世界贸易组织（WTO），这意味着中国进入了更深层次、更宽领域的对外开放时期。但是，加入世界贸易组织对中国的影响绝不限于对外开放领域，成为世界贸易组织成员之后，中国的对外开放必须在世界贸易组织制度框架的约束下进行，中国的法律法规要按照WTO 的相关条款加以修改和制定；中国逐步大幅度降低关税总水平，继续扩大对外开放的范围，并改善投资环境与国际接轨以吸引外资；中国企业"走出去"的步伐加大。这是一个敞开胸怀主动迎接"外部冲击"的过程，而进一步改革宏观经济管理制度成为适应外部环境进行自我调整的必然举措或步骤。

1. 约束政府行为，强化依法行政

2002 年 11 月，党的十六大提出"完善政府的经济调节、市场监督、社会管理和公共服务职能，减少和规范行政审批"，2003 年 8 月，第十届全国人大常委会第四次会议审议通过《中华人民共和国行政许可法》，2004 年 3 月 22 日，国务院印发《全面推进依法行政实施纲要》。总之，从行政审批制度改革到行政许可法的实施，行政执法行为逐渐规范化，政府自身建设水平上升到一个新台阶，中国各级政府在强化社会管理和公共服务职能的同时，向着法制型转化。

2. 完善国家计划和财政政策、货币政策等相互配合的宏观调控体系，改革金融制度，防范化解金融风险

党的十六大报告中明确提出要"健全现代市场体系，加强和完善宏观调控，在更大程度上发挥市场在资源配置中的基础性作用，健全统一、开放、竞争、有序的现代市场体系"，并且强调"完善国家计划和财政政策、货币政

策等相互配合的宏观调控体系，发挥经济杠杆的调节作用"。

党的十六大还提出要"加强金融监管，防范和化解金融风险"。由此，我国金融改革迈出重要的一步，金融领域对外开放稳步扩大，金融监管和法制建设也逐步加强。

（1）2003年3月，中国银行业监督管理委员会成立，对银行、金融资产管理公司及信托投资公司等金融机构实施统一监管，而中国人民银行则专注于中央银行的职能，制定并实施货币政策，更好地发挥宏观调控及防范系统性金融风险的作用。

（2）2003年党的十六届三中全会提出稳步推进利率市场化，建立健全利率的市场供求形成机制，并通过货币政策工具引导利率。

（3）随着我国股票、债券等资本市场的发育、发展，相应的金融监管政策措施也在加强和完善。《国务院关于推进资本市场改革开放和稳定发展的若干意见》提出："制定和完善公司债券发行、交易、信息披露、信息评级等规章制度，建立健全资产抵押、信用担保等偿债保障机制。逐步建立集中监管、统一互联的债券市场。"

上述措施，注重宏观调控政策的相互搭配及其整体调控效率的提升，以适应不断发展的现代市场经济的需要，是对市场化宏观调控体系的进一步完善；另外，在开放的环境下，面临世界市场波动的冲击，金融内在的不稳定性日益凸显，强化对金融风险的监管，确保国家金融安全，也是我国作为新兴市场经济国家，面对全球化时代的新课题所做出的制度探索。

3. 宏观经济政策目标侧重于民生调控

随着改革开放的深化和经济的快速增长，城乡差距日益凸显，这主要体现为城乡收入差距、教育差距、卫生差距以及居民社会保障水平差距不断拉大。针对这一问题，我国的宏观经济政策目标开始转向调节社会分配。

（1）减轻农民负担，取消农业税。为了解决"三农"问题，提高农民收入，我国早在2000年就开始实行农村税费改革试点。2002年，调整农业产业结构、深化农村改革的任务更加紧迫，当务之急就是减轻农民负担。因此，国家将农村税费改革试点扩大到以农业大省和粮食主产省为主的 20 个省、自治区和直辖市，并在随后两年中取得阶段性成果。2005 年，对国家扶贫开发重点县免征农业税，全面取消牧业税。2006 年 1 月 1 日起，我国全面取消农业税，顺应了我国经济发展的需要，标志着中国农村税费改革进入新阶段。

　　财政方面，支持"三农"资金快速增长，并对农民直接发放农业"四项补贴"，使粮食、良种、农机具购置及农资综合补贴成为农民增收的重要来源，同时扩大公共财政覆盖范围，将农村义务教育、卫生、文化等社会事业发展纳入公共财政支出范围，有力地响应了 2005 年 10 月中共十六届五中全会提出的"建设社会主义新农村"的号召。

　　（2）调控收入分配差距，提高社会保障水平。党的十六大以来，党和政府更加关注民生，通过实施积极的就业政策，不仅保持了就业总量的持续稳定增长，而且就业结构也不断优化，并通过再就业工作，有效控制了失业率，使得就业形势基本稳定；党的十七大报告中指出"初次分配和再分配都要处理好效率和公平的关系，再分配更加注重公平"。

　　2005 年 11 月，在《国务院关于进一步加强就业再就业工作的通知》中规定：给予商贸企业、服务型企业、劳动就业服务企业中的加工型企业和街道社区具有加工性质的小型企业实体中，当年新招用的持有再就业优惠证的人员减免四种税；取消农村劳动力进城及跨区就业限制，完善农村劳动者进城务工和跨区就业合法权益保障的政策措施。加强职业培训，建立政府扶助、社会参与的培训机制，提高求职者的就业技能。利用财税、信贷等优惠措施促进就业，消除就业的体制障碍，进一步加强劳动力市场建设，规范市场秩序，维护劳动者的合法权益。

　　将公共支出和基本公共服务逐步转向处于收入低端的农村和农民，加强在教育、社会保障、公共卫生等方面的财政保障，加大社会保障资金的投入力度，逐步提高社会保障支出比例。另外，还通过减持国有上市公司的国有

股比例和扩大彩票发行等充实社会保障基金①。

（3）为了解决住房商品化所产生的城市低收入者的住房保障问题，2003年我国住房调控政策开始以改善低收入家庭住房条件为主要目标，关注保障房建设，政府推出廉租房、经济适用房，后来又推出"两限房"② 解决低收入家庭住房问题。

我国的基本经济制度是以社会主义公有制为主体的，不仅要完成解放生产力、发展生产力的任务，还要实现共同富裕。改革开放，就是根据各个时期国民经济发展中的矛盾及其运动，从上层建筑或者生产关系的角度进行适度调整，解除对生产力发展的制度束缚，促进社会主义经济的发展。正是在马克思主义科学方法论的指导下，我国的生产力水平在过去三十多年市场化、国际化进程中实现了迅速发展，这也为实现共同富裕奠定了坚实的物质基础。但是，市场机制有利于提高经济效率，却会造成收入分配的不平衡，因此，发挥我国社会主义制度的优越性，行使政府职能，在收入分配领域及时地进行适当干预和调节，不仅有利于实现公平，也是克服市场经济缺陷，维持社会主义市场经济健康有序发展的必要举措。加入世界贸易组织之后，我国在宏观经济制度的改革上向民生调控倾斜，正是在新的历史阶段进一步调整生产关系以利于生产力发展的必要举措。

---

① 武力. 中华人民共和国经济史：下卷 ［M］. 北京：中国时代经济出版社，2010：1085.

② "两限房"即"限套型、限房价"的商品房——为降低房价，解决城市居民自住需求，保证中低价位、中小套型普通商品住房二地供应，经城市人民政府批准，在限套型比例、限销售价格的基础上，以竞地价、竞房价的方式，招标确定住宅项目开发建设单位，由中标单位按照约定标准建设，按照约定价位面向符合条件的居民销售的中低价位、中小套型普通商品住房。两限房用地的套型面积全部为 90 平方米以下。

第三节　新时代中国特色社会主义宏观经济制度创新与发展（2012年至今）

一、经济"新常态"下围绕供给侧结构性改革的宏观经济制度创新

我国出口导向型的经济受到2008年国际金融危机的显著冲击，市场经济的结构性矛盾逐渐凸显，2012年左右，中国进入了"三期叠加"的经济"新常态"；2013年12月，习总书记在中央经济工作会议上首次提出"新常态"，这也标志着我国的宏观经济制度从传统的侧重需求管理向供给侧结构性调整的方向转变，2015年11月供给侧结构性改革正式在中央经济工作会议上提出。具体而言，供给侧结构性改革目标统领的宏观经济制度主要从三个方面进行了创新。

1. 完善以财政政策、货币政策为主的多种政策协调配合的宏观经济政策体系

党的十八大报告指出："经济体制改革的核心问题是处理好政府和市场的关系，必须更加尊重市场规律，更好发挥政府作用。"

在宏观经济制度方面，党的十八大报告明确提出了"健全现代市场体系，加强宏观调控目标和政策手段机制化建设"。具体而言，一是从财税体制改革的角度，"健全中央和地方财力与事权相匹配的体制，完善促进基本公共服务均等化和主体功能区建设的公共财政体系，构建地方税体系，形成有利于结构优化、社会公平的税收制度，建立公共资源出让收益合理共享机制"。二是从金融体制改革的角度，"健全促进宏观经济稳定、支持实体经济发展的现代金融体系，加快发展多层次资本市场，稳步推进利率和汇率市场化改革，逐步实现人民币资本项目可兑换。加快发展民营金融机构。完善金融监管，推进金融创新，提高银行、证券、保险等行业竞争力，维护金融稳定"。

2013年党的十八届三中全会提出"使市场在资源配置中起决定性作用和

更好发挥政府作用"的理论观点，并指出"决定性作用"和"基础性作用"是前后衔接、继承发展的①。

具体到宏观经济制度方面，党的十八届三中全会强调健全"以财政政策和货币政策为主要手段的宏观调控体系"。2016年3月，十二届全国人大四次会议通过的"十三五"规划纲要也要求"完善以财政政策、货币政策为主，产业政策、区域政策、投资政策、消费政策、价格政策协调配合的政策体系"。

2. 适应"新常态"的宏观经济政策框架

党的十八大以来，以习近平同志为核心的党中央，准确把握全球经济发展大势和中国经济发展变化，不断创新宏观调控方式，形成了以经济进入新常态为认识、以新发展理念为指导、以供给侧结构性改革为主线、以稳中求进为工作方法论的宏观经济政策框架②。

（1）供给侧结构性改革创新。2012年前后，中国经济步入增长速度换挡、结构调整阵痛、前期刺激政策消化的"三期叠加"时期，为了激发新的经济增长点，2015年11月中央经济工作会议提出供给侧结构性改革，作为引领经济"新常态"的重大政策创新，在适度扩大总需求的同时，注重从总供给结构上适应需求结构的调整与升级，通过去产能、去库存、去杠杆、降成本、补短板来提高供给结构的适应性和灵活性。2016年年底召开的中央经济工作会议提出，要深化供给侧结构性改革，并将着力振兴实体经济作为与推进"三去一降一补"相提并论的深化供给侧结构性改革的重要工作内容。

2015年10月党的十八届五中全会提出了创新、协调、绿色、开放、共享的新发展理念，围绕践行新发展理念，进一步确立了推进供给侧结构性改革这条主线，提高供给体系质量和效率、增强经济持续增长的动力。将供给侧管理和需求侧管理作为调控宏观经济的两个基本手段，相互配合、协调推进。

（2）致力于惠民生、补短板的财政政策和货币政策。在经济下行压力下，

① 张宇. 中国特色社会主义政治经济学［M］. 北京：中国人民大学出版社，2017：168.
② 李伟. 宏观经济政策新框架成功驾驭新常态［J］. 瞭望，2017（33）.

适当提高财政赤字率，扩支减税，规避经济失速风险。采取结构性减税和普遍性降费，大力推进"营改增"，进行定向调控，拓宽小微企业税收优惠范围，对服务"三农"的金融机构和高技术企业等实施减税，切实减轻企业负担；加大对淘汰落后产能的财政支持力度；调整优化支出结构，推动战略性新兴产业健康发展。2014—2016 年，分别启动实施了国家科技成果转化引导基金和新兴产业创业投资引导基金，以及总规模达 195 亿元人民币的四只国家中小企业发展基金[1]。

2014 年 5 月 30 日，国务院常务会议研究部署了促进金融更好服务实体经济发展的政策措施，提出深化金融改革，用调结构的办法，适时适度预调微调，疏通金融服务实体经济的"血脉"。2016 年"十三五"规划纲要明确提出"健全现代金融体系，提高金融服务实体经济效率和支持经济转型的能力"。

根据上述政策定位，货币政策转向定向调控作用的有效发挥：央行积极运用定向降准、定向再贷款、非对称降息等货币政策工具，激活力、补短板、强实体，多次采取定向降准和定向再贷款等操作，力图为小微企业和"三农"提供必要的资金支持[2]。在信贷政策上，严控产能过剩行业贷款，引导金融支持"双创"和技术型企业等，通过结构性政策引导信贷资源流向重点领域和薄弱环节，支持我国经济转型升级。

同时，为了提升金融服务水平，进一步推进利率市场化改革。从放宽存款利率浮动区间，再到基本放开利率管制，我国利率市场化改革迈出了重要一步。金融机构的自主定价能力得到提升，金融服务能力不断增强。

（3）探索防控金融风险的货币政策和宏观审慎政策双支柱调控框架。多年来，党中央和国务院高度重视金融安全，早在 2002 年 11 月就成立了中央金融安全领导小组，确立了牢牢把握金融服务实体经济的本质要求这一金融工作的重要方针，构成维护金融安全、防范化解金融风险的重要基础保障，

---

[1]　工信部. 国家中小企业发展基金全部投入运营 [EB/OL]. (2017-10-12) [2019-05-23]. http://mini.eastday.com/a/171012120739800.html.
[2]　刘伟，陈彦斌. 十八大以来宏观调控的六大新思路 [N]. 人民日报，2017-10-10.

这也是中国多次成功地应对国际金融动荡冲击的原因。

2008 年之后，国际国内金融形势更加复杂，中央高度重视金融风险防范，货币政策和宏观审慎政策双支柱调控框架正是在这样的背景下提出的，这个政策创新以有效兼顾货币政策的传统功能及金融风险的防控功能为使命。

党的十八大报告明确提出要"深化金融体制改革，健全促进宏观经济稳定、支持实体经济发展的现代金融体系""牢牢把握发展实体经济这一坚实基础"。2013 年 9 月 5 日，习近平主席在二十国集团领导人峰会上强调要继续加强国际金融市场监管，使金融体系真正依靠、服务、促进实体经济发展。2017 年 7 月 14 日至 15 日，第五次全国金融工作会议围绕服务实体经济、防控金融风险、深化金融改革"三位一体"的金融工作主题做出了重大部署。

在上述政策框架支持下，党的十八大以来，以供给侧结构性改革为中心的宏观经济调控显示出以下特征：一是宏观调控的前瞻性、针对性、协同性显著增强，不搞量化宽松和"大水漫灌"式的强刺激，在区间调控基础上加强定向调控，注重实施微刺激相机政策，加强预期引导、供给管理与需求管理相结合；二是投资在调结构、补短板中发挥关键作用，投资结构持续优化，补短板领域投资持续快速增长；三是把防风险摆在突出位置，努力守住不发生系统性区域性风险底线①。

3. 配合供给侧结构性改革的财税体制改革

为了进一步适应供给侧结构性改革的需要，财税体制也在进行相应的改革。2014 年 6 月 30 日，中央政治局会议审议通过《深化财税体制改革总体方案》，部署了"改进预算管理制度、完善税收制度、建立事权和支出责任相适应的制度"三大改革任务。

2015 年 1 月 1 日新修订的《中华人民共和国预算法》初步建立预算公开制度，"三公"经费公开常态化，一般性转移支付力度加大，占比不断上升，初步建立规范的地方债务管理机制，做到有法可依、有据可行，实施地方存

---

① 李心萍. 国家发改委主任详解十八大以来中国经济"风景这边独好"[EB/OL]. (2017-10-12)[2019-05-23]. http://news.youth.cn/sz/201708/t20170819_10545327.html.

量债务转换，盘活闲置财政资金。

在财税政策上，加大统筹财政资金和盘活存量资金力度，"营改增"试点自 2016 年 5 月 1 日起全面推开。对服务业与制造业统一征收增值税，有利于公平行业间税负水平，有利于为企业减税降负，消费税、资源税以及环保费改税改革也稳步推进。

中央政府与地方政府的财政关系改革也以财政事权划分为起点展开。2016 年 8 月 24 日，国务院发布《国务院关于推进中央与地方财政事权和支出责任划分改革的指导意见》，指出："执行层面，部分事权上收中央，环保执法部门垂直改革已经完成。收入划分方面，增值税改革试点全面推行之后，制定实施了中央与地方增值税收入划分过渡方案，中央分享增值税的 50%，地方按税收缴纳地分享增值税的 50%，确保地方既有财力不变，维持现有中央和地方财力大致'五五'格局。资源税从价计征全面推开之后纳入的矿产资源税收入全部为地方财政收入，水资源税按中央与地方 1∶9 的分成比例不变。"①

2016 年 12 月，全国人大常委会审议通过了《中华人民共和国环境保护税法》，迈出了落实环保税收法定原则的坚实一步。

总之，党的十八大以来，我国宏观经济制度的改革遵循的是马克思历史唯物主义和辩证唯物主义方法论的指导，它基于中国改革开放四十年国民经济发展及其矛盾演变之实践，创新地将宏观管理切入重心从传统的需求侧转向了供给侧；相应地，针对供给侧凸显的结构性矛盾，配合完善了宏观管理的政策工具箱，即货币和财政这两大市场化的政策工具，确保在市场的决定性作用基础上，发挥好社会主义市场经济中政府的协调作用，以产业政策、区域政策、投资政策、消费政策、价格政策等工具辅助，由此构成了服务于供给侧结构性改革目标的宏观调控政策体系；在具体政策实施过程中，则因为过去三十几年的实践积累，已经具备了较为成熟的把控、运用各个政策工具的能力，在这个前提之上，从"新常态"出发，进一步发掘、发挥各个政

---

① 十八大以来我国财政政策发展回顾［EB/OL］. (2017-10-12)［2019-05-23］. http://market.chinabaogao.com/gonggongfuwu/0K2W4112017.html.

策之间的协同效应，确保政策工具互为照应，逐渐探索形成宏观经济政策框架。由此可见，我国的宏观经济制度在改革中不断创新和完善，越来越向着与中国特色社会主义市场经济相适应的方向发展。

二、新时代我国宏观经济制度的改革方向定位

党的十九大报告指出："我国经济已由高速增长阶段转向高质量发展阶段，正处在转变发展方式、优化经济结构、转换增长动力的攻关期，建设现代化经济体系是跨越关口的迫切要求和我国发展的战略目标。必须坚持质量第一、效益优先，以供给侧结构性改革为主线，推动经济发展质量变革、效率变革、动力变革，提高全要素生产率，着力加快建设实体经济、科技创新、现代金融、人力资源协同发展的产业体系，着力构建市场机制有效、微观主体有活力、宏观调控有度的经济体制，不断增强我国经济创新力和竞争力。"

在宏观经济制度方面，党的十九大明确指出要"创新和完善宏观调控，发挥国家发展规划的战略导向作用，健全财政、货币、产业、区域等经济政策协调机制"。

具体从四个方面提出了改革目标：一是投融资体制改革，应该发挥投资对优化供给结构的关键性作用，加快建立现代财政制度，理顺中央和地方之间的财政关系，实现权责清晰、财力协调、区域均衡；二是"建立全面规范透明、标准科学、约束有力的预算制度，全面实施绩效管理"；三是税收制度改革，强调健全地方税务体系；四是金融体制改革，指出要"深化金融体制改革，增强金融服务实体经济能力，提高直接融资比重，促进多层次资本市场健康发展。构建货币政策和宏观审慎政策双支柱调控框架，深化利率和汇率市场化改革。健全金融监管体系，守住不发生系统性金融风险的底线"。

正如习近平总书记多次强调的，经济体制改革是全面深化改革的重点，核心问题是处理好政府和市场的关系，使市场在资源配置中起决定性作用和更好发挥政府作用。宏观经济制度的改革，必然会围绕"既要有效的市场，也要有为的政府"而不断向前推进。

296

本章小结

　　宏观经济制度的变迁在新中国成立之后 70 年的经济运行轨迹中勾画了浓墨重彩的一笔。从上述三个历史阶段来看，我国宏观经济制度的演进并不是各个方面齐头并进的，而是在不同的历史时期各有侧重、分别推进。整个改革的历史进程以我国经济体制从计划向市场的转轨为前提条件及制度基础，始终贯穿着政府与市场之间关系的变化这条主线。在国民经济管理或宏观经济管理的不同时期，或体现为经济管理体制的变革，或体现为经济管理目标的变化，或体现为经济调控体系和调控政策框架的变革，或体现为宏观调控手段的变化等，总体过程呈现渐进的特点。

　　第一阶段是建立计划经济体制时期。1978 年之前我国国民经济制度变革的主要内容是随着计划经济体制的建立，在全社会确立并完善计划管理体制。

　　第二阶段是改革开放时期。随着我国社会主义市场经济体制的逐步建立和完善，宏观经济制度的变革体现为在宏观经济领域确立并完善市场管理体制的过程。这一阶段经历了三个历史时期：首先是 1992 年之前的市场经济探索时期，伴随着"计划经济为主、市场调节为辅"的计划与市场相统一的经济体制代替过去的计划经济体制，我国宏观经济制度的变革突出表现在经济管理体制的转变上，即由改革开放之前的计划管理体制转向混合经济管理体制，具体表现为单一行政管理方式向行政管理与市场调节方式并举、行政管理手段和经济管理手段有机结合。其次是 1992—2002 年市场经济初步建立时期，伴随着"使市场在社会主义国家宏观调控下对资源配置起基础性作用"的社会主义市场经济体制的建立，宏观经济制度改革以发挥市场配置资源的基础性作用为目标，围绕政府职能转变而展开，主要内容是建立健全市场经济下的宏观调控体系，具体包括财税体制、金融管理体制和投融资体制改革等。最后是 2002—2012 年，以加入世界贸易组织为标志的制度性开放时期，伴随着更深层次、更宽领域的对外开放和社会主义市场经济进一步发展的需

要，宏观经济制度的改革突出体现在三个方面——一是加强政府管理职能的法制化建设；二是完善宏观调控体系，强调国家计划和财政政策、货币政策相互配合；三是宏观经济政策目标上更加侧重于调控民生，并且强调防范和化解金融风险。

第三阶段是新时代中国特色社会主义市场经济创新发展时期。2012 年党的十八大召开之后，中国的改革开放征程进入新的历史阶段，既面临中国市场经济创新发展的新机遇，又受到前所未有的国内外不确定因素的挑战。在"使市场在资源配置中起决定性作用和更好发挥政府作用"的改革定位中，宏观经济制度的变革主要体现为经济"新常态"下配合供给侧结构性改革的宏观经济制度创新，包括完善以财政政策、货币政策为主的多种政策协调配合的宏观经济政策体系，建立适应"新常态"的宏观经济政策框架，以及配合供给侧改革的财税体制改革等具体内容。

2017 年党的十九大明确指出要"创新和完善宏观调控，发挥国家发展规划的战略导向作用，健全财政、货币、产业、区域等经济政策协调机制"，并结合当前国际国内的新挑战，具体从投融资体制、预算制度、税收制度和金融体制四个方面明确了改革目标。我国宏观经济制度改革将围绕"有效市场，有为政府"这一核心不断向前推进。

第九章
劳动就业制度变迁

　　新中国成立以来，我国劳动就业制度经历了从统包统分、就业双轨制到劳动力市场建立和完善等发展阶段。我国劳动就业制度的变革是与企业制度变迁特别是国有企业改革紧密相连的，从用工制度、劳动报酬的决定、招工和职工辞退、户籍制度及社会保障制度等方面不断改革和完善，以满足企业有效运行的需要。劳动力市场的发育、完善及其相应的管理制度改革体现了中国渐进式改革的特点。与此同时，不同时期就业政策的调整从总体上服务于当时宏观调控目标的需要。

第一节　改革开放前计划经济时期的劳动就业制度（1949—1978年）

一、新中国成立初期的劳动就业制度

新中国成立初期，国民经济进入恢复时期，经济事业百废待兴。面对复杂而严峻的国内外经济环境，政府需要采取多种措施迅速恢复生产以稳定经济秩序。为解决旧中国遗留下来的400多万失业人员的生活安置和就业问题，以及城镇新成长起来的劳动力就业问题，国家根据不同情况采取不同的就业政策加以解决：一是对于国民党政府遗留下来的军政公职人员和官僚资本主义企业的职工，只要他们放下武器、拥护新中国，政府统统采取"包下来"的办法进行就业安置。二是对个体工商业者则实行介绍就业与自行就业相结合的政策。

1953年社会主义改造开始之后，政府对城市工商业者采取合并等方法，部分从业人员逐步转入全民所有制企业和城镇集体企业。与此同时，对部分暂时找不到合适工作的其他人员，采取生产自救和以工代赈等办法，使其在求职期间能有基本的生活费来源。

用工制度是劳动就业制度的主要内容，计划就业制度的形成首先是从企业的用工制度开始的。随着国民经济的逐步恢复，政府开始加强对劳动力资源的控制。1952年政务院提出要逐步实施统一调配劳动力资源，但在具体的招工用人过程中，仍允许各单位自主选择录用。在此期间，政府开始在一部分企业推行固定用工的就业形式，企业有权自行决定使用临时工。从此，单位职工的就业身份被区分为固定工和合同工等不同的形式。由于临时工、合同工所占比重较大，政府又没有完全禁止企业辞退职工，各企事业单位的用人基本上仍保持能进能出的劳动力运行机制。但政府对全社会劳动力采取"包下来"的就业政策，却为后来计划就业制度的形成和最终定型奠定了基础。

二、统包统配就业制度的建立和演变

1955年之后，我国的就业制度发生了较大变化。企事业单位的用人自主权被逐步削弱，取而代之的是逐渐建立起由各级政府的劳动部门统一调配的劳动就业制度。1955年劳动部颁布的相关文件指出，依据对劳动力调配实行统一管理和分工负责的原则，各企业招工必须由劳动部门统一进行。与此同时，企事业单位中固定工数量增多，政府又颁布了禁止辞退职工的规定，导致各单位用人制度形成了只能进不能出的格局。到1957年，由于上年新增职工大大超过国家计划，国务院发出通知，规定使用临时工的指标也需经中央主管部门或省、自治区和直辖市人民政府批准。这样，用人招工权被进一步集中到政府的劳动部门。这一时期，政府负责安排的人员范围不断扩大，从大中专毕业生和部分复员转业军人开始，渐渐扩大到城镇中需要就业的全部人员，最终形成了以政府统包统配和固定工制度为主要特征的劳动就业制度。历史地看，这种就业制度对于稳定社会秩序、促进经济建设，也曾起过一定的积极作用①。

"一五"期间，我国较好地解决了城镇新增劳动力和失业者的就业问题，为下一阶段的劳动就业奠定了现实基础。但是，随后"大跃进"造成的严重失误，使劳动就业形势骤然逆转。1958—1960年，全国净增城镇劳动职工2 868万人，其中2 000万人来自农村，他们中的75%在工业部门就业，其中64%集中于重工业部门。1961年开始的3年经济调整时期，不得不精简职工2 000多万人，其中大部分被动员回乡从事农业生产②。

经济建设收缩和企业精简职工，影响了工矿企业对劳动力的吸纳能力。到1963年年底，全国城镇尚有200万人未能安置，其中85%以上为青壮年劳动力。面对这种情况，政府对城镇求职者在实施统包统配政策的同时，采取比较灵活的安置办法。一方面，劳动部门通过开辟城镇生产和服务新途径，

① 张明龙. 我国就业政策的六十年变迁［J］. 经济理论与经济管理，2009，V（10）：21-26.
② 张明龙. 新中国50年劳动就业制度变迁纵览［J］. 天府新论，2000（1）：11-16.

组建各种手工业、商业和服务业等集体企业，增加就业岗位，继续执行统一配置劳动力的政策；另一方面，有计划地动员部分城镇青年"上山下乡"，提倡从事家庭副业和自谋职业，对未升学的青年进行文化补习或职业培训等，尽力减缓就业压力，从而使城镇闲散劳动人口和新增劳动力基本上得到了妥善安置。

1966 年开始的"文化大革命"，将国民经济推向崩溃边缘，打乱了正常的就业制度。特别是头三年，由于工矿企业停止招工，大专院校停止招生，400 万初高中毕业生滞留在社会等待安排。当时的解决办法是，动员大量城镇知识青年"上山下乡"。到 1979 年，由于调整了城镇知识青年"上山下乡"政策，城镇新增劳动力不再推向农村，同时历年下乡的知识青年要返城，以及按政策留城而尚未就业者、自行回城者和其他待业者，等待政府安置的劳动力达 1 500 万人，政府面临着新中国成立以来前所未有的严峻形势。继续推行统包统配的计划就业政策困难重重，就业制度的改革势在必行。

三、统包统配就业制度的运行特点

新中国成立不久，面对旧中国遗留下来的近乎崩溃的经济、大量的失业工人、混乱的社会，为了尽快解决工人的失业问题，政府采取了多种措施，广开门路，将计划安排就业与个人自谋职业相结合。在新中国经济的迅速恢复与发展推动下，失业似乎已经从中国大地上消失。然而，由于人口政策的失误，劳动力的增长远远超过需求，政府为了实现社会主义消灭失业的目标，只能承担起解决城镇劳动就业的全部负担，与此相应的计划经济时期的就业制度逐步形成。在国民经济恢复时期和第一个五年计划时期，是我国计划就业制度初步形成的起始阶段，其主要表现为全国统一的劳动力招收和调配制度的建立[①]。

我国劳动力的统一招收和调配制度是从建筑业开始建立的。建筑业在工

---

① 袁志刚. 中国就业制度的变迁［M］. 太原：山西经济出版社，1998：9-13.

业化发展过程中所承担的基础角色和建筑业劳动力管理方式之间的矛盾使政府首先实行了对建筑工人的统一调配制度，用以确保进行基本建设所必需的劳动力。1955 年以后，劳动力的统一招收和调配制度从建筑业扩大到矿业企业和交通运输等各个部门。这是因为随着经济建设的迅速发展，各个部门都需要大量补充劳动力。1955 年 5 月，中央人民政府劳动部召开了第二次全国劳动局长会议，会议明确规定了劳动力统一招收和调配的基本原则、方法和劳动部门的管理权限。基本原则是"统一管理，分工负责"，即在劳动部门统一管理之下，由企业主管部门分别负责进行。具体办法是：第一，在招工方面，企业招用工人需要统一由劳动部门进行，机关和事业单位招用人员应报当地劳动部门备案；第二，在调配方面，企业之间劳动力的余缺调剂主要由主管的产业部门在本系统内进行，但为避免同一技术工种之间相向调动和远距离调动所造成的浪费，需要由地方劳动部门进行地区平衡调剂；第三，各部门、各地区之间劳动力余缺调剂以及抽调技术工人支援内地重点建设，由劳动部门进行；第四，在劳动力平衡计划方面，各部门和各地区根据国家批准的劳动计划，编制本部门本地区的年度劳动力平衡计划，由劳动部门进行部门间、地区间的劳动力配置。

从此，劳动力的统一招收和调配制度，就在国民经济各个部门建立和发展起来。劳动力的统一招收和调配制度的建立，在当时条件下，制止了劳动力的私招乱雇行为，保证了劳动力的稳定和职工的职业安定，有助于解决部门之间、地区之间、企业之间劳动力余缺的矛盾，减少了窝工浪费，支援了重点建设地区，对国民经济的恢复和第一个五年计划的完成所需要的劳动力起到了保证作用。

但是，这一制度将社会丰富的就业门路全部包揽到国家身上，劳动力只有流向国有和集体企业一种方式，企业承担了极大的就业负担，劳动生产效率低下，内耗增加，企业用人远远超过了实际需求。而且，这一制度剥夺了劳动者选择就业的权利，劳动者所享受的收入包括了工资、住房、医疗、养老四个方面，而后三个方面同企业单位紧密挂钩，导致劳动者无法流动。

四、计划就业制度的缺陷

在计划经济条件下，国有企业不仅具有组织生产、发展经济的经济功能，同时作为政府行政机构的附属物，还承担着一部分政府职能和大量的社会功能。"企业办社会"就是这种现象的典型表现，其中就包括统包统配的劳动就业制度。统包统配的计划就业制度内生于"企业办社会"这种落后的企业制度。

"企业办社会"是指国有企业在支付职工的货币工资报酬外，还直接向企业职工提供各种生活服务，担负企业职工乃至家庭成员的管理、教育和就业及社会保障方面的职能。企业不仅需要建立厂房和其他生产经营设施，还需要配套建设职工医院、子弟学校（大的单位的子弟学校是一个系统，从幼儿园、小学一直到高中）、副食品商店，甚至包括理发店，几乎无所不包。也就是说，国有企业承担了应该由市场和政府提供的社会服务，使企业实际上成为一个"麻雀虽小，五脏俱全"的小社会，从而造成国有企业除生产经营所需要的成本之外，其他具有社会保障性质的各种福利费用急剧膨胀①。

这种就业体制还造成了单位富余人员越来越多，既很难调剂，又无法辞退，严重制约了劳动生产率的提高。长期实行固定工的用工制度，使职工端上了所谓"铁饭碗"，既造成劳动纪律松弛，又难于管理。针对这些情况，1958年劳动部提出，今后企业招收新工人时，应分别采用长期合同工和短期合同工。除了部分掌握复杂技术的生产骨干外，尽力少用固定工。然而，这种改革设想刚刚提出不久，便由于"大跃进"而被迫中断。

计划就业制度最突出的缺陷是社会保障与就业联系在一起，必须保证接近100%的全面就业。因为劳动者一旦失业，就失去所有的福利保障，连基本生存都无法保障。但这种全面就业并不是一种真实意义上的充分就业，而只是一种低效率就业。一是造成企业大量冗员；二是由于企业配发的各种福利

---

① 陈少晖. 从计划就业到市场就业——国有企业劳动就业制度的变迁与重建 ［M］. 北京：中国财政经济出版社，2003：72.

本身具有社会保障的性质，分配方式上必然实行平均配给，加之当时流行实物化的形式，造成劳动报酬分配上事实上的平均主义和"大锅饭"①。

统包统配的就业制度从 20 世纪 50 年代中期开始形成，到 60 年代中后期基本定型。在此期间，就业政策虽然也经历过一些调整，但就业制度的基本框架没有根本的变化。与此相反，这种就业制度的弊端随着时间的推移暴露得越来越明显，主要表现为劳动调控机制呆板，指令性的用工指标因脱离劳动力的供求变化而严重失实，政府统得过死，包得过多，能进不能出，一次分配定终身，严重影响了企业和劳动者的积极性，束缚了生产力的发展②。

历史地看，劳动力统一调配是为保证优先发展重工业的工业化政策能够顺利推行而采取的一种制度安排，同时也是在劳动力城乡分割、限制劳动力流动的背景下推行的一种就业制度。1978 年开始的经济改革使得统包统配这种就业制度依赖存在的制度基础开始松动，揭开了计划就业制度改革的序幕。

---

① 陈少晖. 从计划就业到市场就业——国有企业劳动就业制度的变迁与重建 [M]. 北京：中国财政经济出版社，2003：122-128.
② 张明龙. 我国就业政策的六十年变迁 [J]. 经济理论与经济管理，2009（10）：21-26.

第二节　改革开放后劳动就业制度的变迁（1978—2012年）

　　劳动就业制度的改革与深化是与国有企业改革的进程紧密联系在一起的，也可以说就业制度改革本身就是国有企业改革的一部分。1978年实行经济改革以后，转换企业经营机制成为改革的重点，企业的行政化管理方式被逐步摈弃，企业经营要求更多地体现出以追求利润为目标的市场原则。过去对企业实行按产量指标管理的办法也被经济效益指标所替代，国有企业逐步开始以经济主体的地位参与市场竞争。为适应企业生产经营活动的逐步市场化，在劳动就业领域首先要求给予企业更多的自主招工权和更加灵活的工资制度，逐步形成了计划用工与市场化用工相结合的就业双轨制。

一、国有企业的渐进式改革与就业双轨制

　　就业双轨制是随着我国企业改革的逐步深化而产生的一种具有中国特色的、带有过渡性的制度安排。这种就业制度既保持了原有计划就业制度的基本框架，同时积极引入劳动力市场调节的因素和功能，使得劳动力市场首先能够在体制内逐步得到发育。

　　1."三结合"的就业方针与就业双轨制的形成

　　我国国有企业改革遵循的是渐进式改革的策略，而不是所谓"休克疗法"和一步到位。从1979年开始，国企改革大体上沿着下列顺序渐次展开：1979—1980年为放权让利阶段；1981—1982年开始推行工业生产经济责任制，一系列配套性的措施也逐步出台；到20世纪80年代中期企业改革的重点则是推行"利改税"，在实行经济责任制和两次"利改税"的基础上，从1986年开始试行"承包责任制"，到1988年全面推开。在具体的改革实践中，这几个阶段分步骤地交叉相接，同步配套进行，体现了层层深入的递进关系。

　　随着企业制度的改革，过去实行的统包统配的就业用工制度已经不能适

应企业发展的需要，其弊端更加凸显。为此，国家提出了"三结合"的就业
方针，即在国家统筹规划的指导下，劳动部门介绍就业、自愿组织起来就业
和个人自谋职业相结合。具体而言，劳动部门介绍就业就是国营和大集体企
业、事业单位按国家计划指标招工；自愿组织就业就是指由群众自愿组织的
各种集体经济单位组织就业；自谋职业是指个体劳动者从事个体商业和服务
业。"三结合"的新就业政策无疑将传统的统包统配的计划就业制度打开了一
个缺口，由过去单一的国家统一计划就业转变为国家、集体、个人共同开拓
就业门路。从此以后，我国劳动力的配置实际上被分为两个部分：一部分仍
然由国家进行统一调配、统包统分；另一部分则可以自由流动，自谋职业，
受市场调节，逐步形成了劳动力资源配置的双轨运行机制①。这种制度安排无
疑体现了我国市场经济改革的渐进特征。

2. 推行劳动合同制的试点改革

我国国有企业的改革是从推行放权让利和经济责任制开始的，其主要内
容包括企业的生产决策权、收益分享权和企业内部分配权三个方面②。经过
1979 年的"利改税"之后，开始实行承包经营责任制，国有企业改革向市场
经济体制方向迈出了更大的步伐，重点是实行所有权与经营权的分离，进一
步完善企业经营机制。因此，原有的统包统配的计划就业制度成为国有企业
深化改革的主要障碍，必须从根本上加以突破才能适应国有企业改善经营机
制的需要。

"包下来"的就业安置政策和采取固定工的用人制度是计划就业体制的核
心，只有率先打破"铁饭碗"的用工制度，才能从根本上动摇统包统配就业
制度的制度基础，向市场化就业制度迈出实质性的一步。劳动合同制的试行
就是在这一背景下进行的。1983 年 2 月，劳动人事部发布《劳动人事部关于
积极试行劳动合同制的通知》，明确提出在企业中逐步实行劳动合同制，以改
革长期以来存在的固定工制度。1986 年 7 月国务院发布《国营企业实行劳动

---

① 张小建. 中国就业的改革发展 [M]. 北京：中国劳动社会保障出版社，2008：40-44.
② 胡鞍钢，程永宏. 中国就业制度演变 [J]. 经济研究参考，2003（51）.

合同制暂行规定》，正式提出要在企业用工制度方面实行"双轨制"，即在企业新招收的工人中实行劳动合同制，在原招收的工人中仍保留固定工的就业方式。至此，具有中国特色的就业双轨制正式形成。

作为就业双轨制改革的主要内容，劳动合同制本身也经历了从试行到全面推行的发展过程。随着国有企业承包经营责任制的全面推行，要求在企业的劳动用工制度方面进一步深化改革。从1987年开始，在总结劳动合同制试点经验的基础上，进行了搞活固定工制度和试行全员劳动合同制的改革。搞活固定用工制度的主要目的是解决就业双轨制带来的矛盾，进一步激发劳动者的积极性和提高劳动要素的配置效率，促进企业经营机制的转换。具体形式主要包括择优和竞争上岗、优化劳动组合以及合同化管理等。1992年以后，国有企业改革进入以转换企业经营机制为主要内容的新的改革阶段，劳动就业制度迎来新的改革机遇。从搞活固定用工制度发展到试行全员劳动合同制，即对新招聘的工人和原有的固定工实行统一的劳动合同制。之后随着失业与下岗的并轨和失业保险制度的建立，所有就业者进入劳动力市场实行统一的市场化就业制度，就业双轨制逐渐被单一的市场化就业制度取代。

3. 双轨制的改革意义

首先，劳动合同制的推行促进了劳动力市场的发育。在就业双轨制的条件下，尽管在国有企业内部企业并不能自由地依据劳动合同解雇职工，尤其是对于1986年之前招用的老职工而言更是如此，但企业已经拥有自由招聘新职工的权力。统分统配的传统用工制度逐渐被更加灵活的、具有契约性质的劳动合同制所代替。此外，除国有企业之外的其他经济类型的企业则完全拥有自由招聘、解雇职工的权力，劳动力市场已在这部分企业之间发挥调节作用，工人可以在这些企业之间自由流动，重新选择就业。

其次，积极推行工资与效益挂钩的制度，使劳动报酬与企业效益、生产率增长之间有了更加密切的联系，极大地刺激了劳动积极性的提高。传统的根据工资等级、依照工龄统一升级的工资制度基本上不再发生作用，工资重新恢复了其应有的激励功能。但是，由于国有企业的改革并没有真正到位，虽然政府把制定工资和奖金的权力下放给企业，但是企业的工资行为往往并不理性。与此相对应，其他经济类型的企业已经开始形成比较理性的工资调节机制，工资的支付根据与劳动的边际生产率相一致的原则进行，劳动力市场上的工资就像普通的商品市场的价格一样，起着调节自由劳动力市场的供给与需求的作用。这样，计划工资的残存与市场供求调节的工资的出现构成了工资制度上的双轨并存局面。

最后，为了减轻国有企业的负担，开始试行社会保障基金的统筹计划，养老保险、待（失）业保险、医疗保险和住房制度的改革已经提上议事日程，但它们的进展速度不一。

4. 就业双轨制的局限性

历史地看，就业双轨制特别是劳动合同制的推行是我国劳动就业制度上的一次重大改革，目的在于逐步取代计划经济体制下的长期存在的固定用工制度。这项制度改革对于促进企业经营机制的改善、提高劳动效率、增加企业的生产积极性具有重要意义。但是由于劳动合同制仍处于试行的初期阶段，被纳入劳动合同制管理的员工只占全部企业职工中很少的部分，大部分职工还是保留固定工的身份和地位，因此无法从根本上改变统包统配的计划就业体制。到 1986 年年底，全民所有制单位合同制职工只占 5.6%，合同制员工总数大约为 524 万。即使加上城镇集体所有制单位的合同制职工，也不会超过 624 万①。

就业双轨制是与当时实行的有计划的商品经济的经济体制相适应的，因而不是一次彻底的改革，而只是计划就业制度一次局部性的调整，并没有触及传统就业体制的核心内容。但劳动合同制的推行是进行市场化就业制度改革的一次意义深远的有益尝试，使得市场调节因素在劳动就业领域开始发育。特别是乡镇企业的兴起和外商投资企业的出现，带来了市场化程度更高的一些新的用工形式，如工人合同制、干部聘任制、浮动工资制等，又从体制外对传统的劳动就业制度形成新的冲击，对后来国有企业劳动就业制度的深化改革提供了有益的借鉴。

① 胡鞍钢，程永宏. 中国就业制度演变 [J]. 经济研究参考，2003（51）.

除了对企业用工制度的改革不彻底之外，就业双轨制带来的另一个问题就是劳动力流动缓慢，企业不能根据对劳动力的需求变化辞退工人。也就是说，劳动合同制部分解决了"如何进人"的问题，但没有同时解决"出"的问题，不能真正做到企业职工的"有进有出"。20世纪50年代中期以后，随着我国高度集中的行政计划体制的建立，占绝对主导地位的始终是在劳动就业计划安排下的劳动力并不是采取市场化的流动方式，而只是一种行政性的流动，即劳动力的进出需要政府劳动部门来协调，导致劳动力的流动性非常低。根据北京市政府劳动就业课题组1992年的调查统计，合同工流动率在5%左右，而固定工的年流动率则不足1%；全民职工流动中属于国有企业内部调动的比例占流动总量的84.5%，不同所有制企业之间流动的只占15.5%[①]。

从当时的实际情况来看，劳动力流动率低的一个重要根源在于劳动报酬制度并没有完全市场化，而是依附于就业单位所提供的各种福利，如住房、医疗、退休保障及其他社会福利，这些不同形式的单位福利形成了除工资之外的其他货币性或实物性收益。这种工资之外的隐性收益在改革后逐年增加，与工资相比所占份额越来越大，由此导致了劳动者预期的流动收益始终低于其劳动成本。因为职工一旦流向体制外，这部分收益就将随之丧失，而这种损失是大部分职工所不愿承受的。此外，僵化的户籍制度和人事档案关系等非经济壁垒的存在，使得劳动力流出和流入的难度加大，劳动力流动的直接成本上升[②]。

从企业对劳动力的需求角度看，用人单位需建立劳动力自由流动、自主招聘与解聘的市场化的用工机制。而要形成这种机制必须以企业经济行为的独立性作为前提，但国有企业僵化的经营机制和企业管理的行政化特征则限制了劳动力的充分流动。在双轨制就业体制下，作为体制外的非国有企业之

① 陈少晖. 从计划就业到市场就业——国有企业劳动就业制度的变迁与重建 [M]. 北京：中国财政经济出版社，2003：188.

② 陈少晖. 从计划就业到市场就业——国有企业劳动就业制度的变迁与重建 [M]. 北京：中国财政经济出版社，2003：185-194.

所以能自由招收和解雇劳动力，劳动者可以自由选择劳动供给对象，其原因就在于非国有企业及其员工都是独立的经济主体，都有权自由支配自己的交换行为，都以实现利益最大化为各自的交换动机和原则。而依靠行政计划调节的国有企业，虽然在改革后也强调以经济效益作为企业行为的出发点和归宿，也希望根据市场信号和供求关系的变化建立起正常的劳动力自由吞吐机制，但在双轨经济的体制转换时期，国有企业还没有成为完全独立的市场主体。在缺乏自我约束和激励机制的情况下，企业虽然有追求效率目标的功能，要求节约人工成本，弱化人力需求的扩张，但作为行政主管部门的下属单位，又必须完成政府的就业稳定目标，企业希望加强劳动力流动的动机无法转化为现实①。

5. 低效率就业与进一步改革的迫切性

统包统配的劳动就业制度及随后加以局部改良的就业双轨制，虽然形式上实行了充分就业的宏观经济目标，但这种形式下的充分就业与市场经济条件下的充分就业是有着本质区别的。由于就业职工不能根据市场的供求变化被企业辞退，加之企业改革力度加大形成的下岗职工仍然需要由政府出面进行重新安置就业，因此形成了大量的企业冗员，也就是说企业内部沉淀了事实上的过剩劳动力，但这些过剩劳动力又不能推向市场而必须由企业内部消化。因此形成了一种低效率的充分就业，有文献将其称为"就业陷阱"②。

低效率就业的存在从根本上反映了企业的经营机制仍然受到计划经济体制的严重束缚，企业的劳动用工制度和劳动报酬体系需要进一步向市场化程度更高的发展方向迈进。低效率就业首先与劳动力流动的相关政策有关。国有企业对职工向体制外流动采取鼓励态度，但对流入国有企业则加以限制。因此，企业要想得到劳动力补充，只能以计划外用工的形式实现，这就必然造成劳动力需求总量上的扩张。其次，就业双轨制虽然开始采取劳动合同制

---

① 陈少晖. 从计划就业到市场就业——国有企业劳动就业制度的变迁与重建 [M]. 北京：中国财政经济出版社，2003：185-194.

② 陈少晖. 从计划就业到市场就业——国有企业劳动就业制度的变迁与重建 [M]. 北京：中国财政经济出版社，2003：194-202.

的形式来招收新的员工，但劳动报酬仍然需要根据职工的身份、学历、工龄等因素并按统一的标准来确定，而与劳动者的绩效或工作业绩关系甚微，形成了企业内部收入分配的均等化倾向，直接影响了职工的劳动积极性，降低了劳动力资源的配置效率。

低效率就业实际上是一种隐性失业，反映了企业劳动力资源配置的刚性特征。国有企业改革不彻底导致的固定工与合同制职工同时并存的二元用工机制，则强化了劳动力配置的刚性特征。在双轨经济的体制下，企业一方面要面对来自城镇劳动力冗员的压力，另一方面又要承担进城务工农民的新增就业任务。此外，由于社会保障制度的缺乏，政府将就业保障的责任转嫁给企业，使保障、福利与就业合为一体，实现就业便同时获得了福利和保障，失业就意味着失去福利和保障①。因此，低效率就业成为因缺乏社会保障制度而采取的一种旨在缓解就业压力和社会矛盾、实现社会稳定的替代性制度安排。

从宏观经济的层面看，低效率就业只有在城乡分割的就业体制下才能有效运行。在二元经济条件下，城镇和农村实行的是两套完全不同的就业制度，二者之间不能相互交融。劳动者一旦被全民所有制和城镇集体所有制单位安置就业，虽然很难有机会改变就业单位，但同时也几乎不会被解雇和失业。然而，到20世纪90年代中后期，由于宏观经济衰退和东南亚金融危机的不利影响，国有企业处于大范围的亏损状态，被迫进行以减员增效为核心的就业制度改革，产生了数量庞大的下岗职工和失业人员。加上农村剩余劳动力的大量转移形成的'民工潮'，低效率的充分就业赖以存在的外部条件已经消失，劳动就业制度加快转向市场导向的就业制度。

二、市场化就业制度的初步探索

1992年党的十四大确立了建设社会主义市场经济的改革目标，这一目标

---

① 陈少晖. 从计划就业到市场就业——国有企业劳动就业制度的变迁与重建 [M]. 北京：中国财政经济出版社，2003：194-202.

确立后，中国就业制度发生了本质性的变化，政府管理就业与失业问题的行为模式有了实质性改变，劳动力市场机制构建和完善的脚步加快，整个中国的就业与失业管理体制开始朝着中国特色的市场化体制迈进。

1. 建立现代企业制度与劳动就业体制改革目标的确立

经过 1989—1992 年三年的治理整顿，我国经济体制改革进入了一个崭新的历史时期。1993 年 11 月，党的十四届三中全会通过了《中共中央关于建立社会主义市场经济体制若干问题的决定》（以下简称《决定》），明确提出建立社会主义市场经济体制的改革目标，要求建立与社会化大生产相适应的产权关系明晰、权责明确、自负盈亏、管理科学的现代企业制度，合理调节所有者、经营者和职工之间的关系，最终形成与市场经济发展要求相适应的激励和约束相结合的经营机制。对于劳动就业制度，《决定》正式提出了"改革劳动制度，逐步形成劳动力市场"的改革目标。将劳动力市场的培育和发展作为整个市场经济改革的重要组成部分，因为要素市场的发育是推进市场经济深化改革的关键环节。建立劳动力市场的改革目标为劳动就业制度的深化改革指明了方向，从此劳动力市场在我国经济中逐步得到恢复和发展。

首先，国有企业经营机制的进一步转换和现代企业制度的建立，要求彻底打破国有企业劳动力计划配置体制，使我国市场与计划双轨并存的二元就业机制向一元化的市场就业机制转化，最终实现全社会劳动力的市场配置，这已成为国有企业就业体制改革的必然选择。

其次，劳动力与生产资料不同所有制的存在，也要求对劳动力进行市场配置。社会现阶段生产力发展水平比较低、不平衡、多层次，决定了社会主义生产资料所有制的多元结构。国有企业、集体企业、个体企业、私营企业、三资企业等都是独立的和相对独立的财产所有者，从而是独立的和相对独立的商品生产者和经营者。劳动力要素实际上归劳动者个人所有，劳动者个人也是一个独立的经济利益主体。劳动力与生产资料实际上是不同的所有制关系的存在，必然要求劳动力实行市场化配置。

再次，对劳动力实行市场化配置是解决微观层次劳动力供求矛盾、提高企业资源配置效率的基本手段。就业竞争机制是劳动力市场配置的核心机制。

就业竞争以劳动力供需双方平等、自愿和互相选择为基础，首先对劳动力供给方形成一种激励作用，迫使劳动者不断提高自身素质，以扩大自己被选择的机会。由就业竞争来解决微观层次的劳动力供求矛盾，相对于主观色彩浓厚的行政性分配劳动力方式，具有目的性明确、交易成本较低、配置效率较高的特点。尤其在目前国有企业就业流动的种种制度壁垒尚未受到根本触动的条件下，引入市场就业机制更显得极为必要。随着经济体制改革的日益深入，劳动力市场配置的地位和作用将更加突出[①]。

2. 全面推行全员劳动合同制

在总结 20 世纪 90 年代初期全员劳动合同制试点改革经验的基础上，为适应加快建设现代企业制度的要求，国家决定全面推行全员劳动合同制，以规范和促进劳动力市场的培育和壮大。1993 年 12 月劳动部正式印发《劳动部关于建立社会主义市场经济体制时期劳动体制改革总体设想》，对推行全员劳动合同制的任务进行具体的部署，并明确了"时间表"，要求"八五"期间全国 2/3 以上地区的各类企业全面推行全员劳动合同制，有条件的非国有企业要实行集体谈判制度。"九五"期间全国所有企业的全体职工中实行劳动合同制。到 1994 年年底，全国已有 300 多个县市的各类企业全面实行了劳动合同制。实行劳动合同制的职工范围也逐步扩大，转业军人、大中专毕业生等也被纳入劳动合同制，实行多年的就业双轨制逐步被劳动合同制取代[②]。这一改革措施为劳动力市场的最终建立奠定了基础，迈出了关键的一步。

3. 对劳动就业关系实行法制化管理

现代市场经济是法制化经济。随着全员劳动合同制的推行，企业的劳动关系日趋复杂化，各种劳动争议不断增多，迫切需要通过劳动立法进行规范和协调。1994 年《中华人民共和国劳动法》正式颁布施行，对企业的劳动用工、工资报酬、社会保险及监督检查等方面做出了规定，进一步从法律上明确了劳动合同制的地位和作用。劳动法不仅明确了企业招工的权利，也放宽

---

① 陈少晖. 从计划就业到市场就业——国有企业劳动就业制度的变迁与重建 [M]. 北京：中国财政经济出版社，2003：215-218.

② 胡鞍钢，程永宏. 中国就业制度演变 [J]. 经济研究参考，2003（51）.

了企业辞退职工的权利，有助于增强企业的用工灵活性。同时也破除了职工身份的差别，解决了计划经济时期职工能进不能出的难题，大力促进了劳动力的有序流动。劳动法的颁布和实施，对于加快培育规范的劳动力市场、巩固劳动就业制度的改革成果具有重要意义。

4. 分流下岗职工、实施再就业工程

20 世纪 90 年代初，随着国有企业改革的不断深入和劳动就业制度改革力度的加大，特别是广泛推行"优化劳动组合"等改革措施，国有企业富余人员增多和职工下岗等问题越来越突出，因此需要政府出面进行分流和重新安置。再就业工程正是在这一背景下实施的，其目的在于减轻企业的人员负担、提高企业的经济效益。据劳动部统计，到 1994 年年底，国有企业已从原有工作岗位分离出来的富余职工约有 1 200 万人，占国有企业职工总数的 12%；到 1996 年年底，全国下岗职工有 814 万人，1997 年年底为 1 151 万人，1998 年新增下岗职工 350 万人。为此，国务院于 1993 年发布《国有企业富余职工安置规定》，就富余职工安排的原则、目的、途径等相关政策做出规定，提出企业自行安置和社会帮助安置相结合的原则，通过发展多种经营、组织劳务市场、发展第三产业等多种途径进行安置。

经过多个城市的试点后，1995 年国务院办公厅转发劳动部的《关于实施再就业工程的报告》，再就业工程开始在全国范围内推广。一方面，随着以国有企业战略性调整和重组为主线的新一轮国企改革的加快推行，企业职工下岗问题越来越严重。特别是随着"抓大放小"改革思路的确立，国企改革被置于更加突出的位置，明确提出对国有企业实行减员增效、下岗分流的改革政策。另一方面，从 1993 年开始，为抑制经济过热，政府在宏观政策上采取适度从紧的财政货币政策，虽然成功实现了经济"软着陆"，但经济增速出现持续的惯性下滑。1992 年我国 GDP 增长的速度为 14.2%，到 1997 年则降低到 8.8%。加之亚洲金融危机的影响，宏观经济对劳动力的需求急剧萎缩，经济增长的就业弹性下降，就业压力显著上升。因此，需要进一步加大再就业工程的执行力度。

为促进经济结构的优化调整和企业经营机制的转变，国有企业进行了兼

并破产的改革，从而加剧了富余职工的下岗分流。为此，1997年3月国务院发布《国务院关于在若干城市试行国有企业兼并破产和职工再就业有关问题的补充通知》，提出兼并、破产和减人减息三条应对措施，进一步强化再就业工程的重要地位。1997年李鹏在《政府工作报告》中提出在减员增效的前提下建立再就业基金，同年9月江泽民在党的十五大报告中提出鼓励兼并、减员增效、下岗分流、规范破产和实施再就业工程。随后各省（区、市）纷纷成立再就业工程领导小组。再就业工程从最初单纯解决下岗职工再就业转变为推动经济改革和发展的一项根本措施[1]。

5. 建立以市场为导向的劳动就业机制：下岗与失业并轨

毫无疑问，再就业工程的实施在安置企业富余职工、保障国企改革顺利推进方面发挥了关键作用。但由政府出面来分流和安置下岗职工的解决方法与培育劳动力市场、建立以市场为导向的就业机制的改革目标并不完全一致。因此，再就业工程只是一种权宜之计，劳动就业制度的改革必然向市场化方向进一步深化发展。职工下岗与失业并轨，建立规范的失业制度，为劳动力市场制度的最终确立迈出了实质性的一步。

再就业工程的主要载体是各地设立的再就业服务中心。自1998年以来，各地按照中央的要求普遍建立了"再就业服务中心"，国有企业职工下岗后，进入再就业中心，在没有实现再就业之前由中心给予基本的生活保障。按照当时的政策规定，下岗职工在"中心"的期限最长不超过三年或两年。届满之后，再就业中心便完成其过渡性的使命。这意味着，滞留在再就业服务中心的下岗职工必须离开中心，进入失业者队伍，同时国有企业新产生的下岗职工不再进入再就业服务中心，而是直接进入劳动力市场寻求再就业。再就业服务中心的职能逐渐转变为职业介绍机构，市场导向的就业机制由此全面启动，实现了下岗与失业的并轨。为解决下岗职工在失业期间的基本生活问题，政府逐步推行失业保险制度，实行就业保障体制的转换。

为加快建设市场导向的就业机制，劳动保障部于1999年6月在贵阳召开

---

① 胡鞍钢，程永宏. 中国就业制度演变 [J]. 经济研究参考，2003（51）.

全国劳动力市场建设座谈会，提出国有企业下岗失业人员通过三个阶段来实现市场就业机制的转换，即"三步走"战略。第一阶段为"双轨"阶段，其特征是大量下岗职工进入再就业服务中心，也有少部分失业人员进入劳动力市场，领取失业保险金，两种方式同时并存。第二阶段为"转轨"阶段。即在计划经济体制下遗留下来的国有企业富余人员问题基本解决之后，在社会保障体系基本形成、有稳定的资金来源渠道和较强的基金支撑能力的基础上，企业新的减员就不再采取下岗职工进入再就业服务中心的方式，而是直接采取依法解除、终止劳动合同，通过失业保险获得就业保障，直接走向劳动力市场的方式解决就业问题。第三阶段为"并轨"阶段，在下岗职工全部退出中心后，作为过渡性措施的企业再就业服务中心完成其历史使命。企业裁员从下岗、失业两种形态变为失业一种形态，市场导向的就业机制真正形成，企业也就真正能够做到人员能进能出①。

三、市场化就业制度的深化改革

1993 年 11 月党的十四届三中全会首次提出了建立现代企业制度的目标，企业必须根据自身的经济利益，拥有根据市场需求的变化决定企业职工去留和劳动报酬的权利，建立灵活高效的劳动力市场和完善的社会保障体系成为深化国有企业改革的重要目标。此外，随着农村改革的推进，农村隐性失业的显性化表现为愈演愈烈的"民工潮"，如何将农村剩余劳动力纳入城市统一的劳动就业市场、建立健全覆盖全社会所有成员的保障体系，成为市场导向就业制度改革、最终建立起成熟的劳动力市场制度的重要任务。

1. 全面推进劳动力市场建设

劳动力市场是现代市场经济体系的重要组成部分。但长期以来，我国劳动力市场发育程度不高，就业市场化程度仍然偏低。一方面，劳动力市场在劳动配置中的基础地位尚未巩固，全国统一的劳动力市场尚待形成，地区之

---

① 张小建. 中国就业的改革发展［M］. 北京：中国劳动社会保障出版社，2008：99-103.

间、部门之间、城乡之间、所有制之间仍存在不同程度的分割和壁垒，劳动力的合理流动受到限制。另一方面，劳动力市场就业服务体系不健全，全国已建立的职业介绍机构普遍存在规模小、覆盖面窄、手段落后、功能差和运转效率低下等问题。因此，加快劳动力市场建设，为实现就业市场化创造条件，就成为这一时期劳动就业制度改革深化的重要任务。

为推进劳动力市场的培育和发展，政府逐步引入职业介绍制度。据统计，1997 年我国劳动部门设立的职业介绍机构共有 3 万多个，当年求职登记人数达到 1 800 万人次。同时，建立健全调节劳动力市场运行的法规体系，促进劳动力市场机制与规则的形成。不断强化职业介绍机构的服务功能，增强劳动力市场在资源配置中的地位和作用。

2. 逐步建立失业养老保险制度

长期以来，我国社会保险实际上仅限于国有企业和部分集体企业，基本上将外商投资企业和非公有制企业排除在社会保险体系之外。1999 年 1 月，国务院发布了《社会保险费征缴暂行条例》和《失业保险条例》，对养老、失业、医疗三项基本社会保险的覆盖范围做出了明确的规定：基本养老保险的覆盖范围包括所有城镇企业、实行企业化管理的事业单位；失业保险的覆盖范围除城镇企业外，还扩大到所有事业单位；基本医疗保险覆盖到所有城镇企业、机关、事业单位。上述两个条例的发布对于完善我国的社会保障制度起到了积极作用①。

3. 建立健全治理失业的政策体系

为规范对失业人员的管理和落实社会保障待遇，也为失业治理创造条件，培育和发展完善的劳动力市场，政府先后颁布了失业登记等相关管理办法。1995 年 9 月，劳动部发布《就业登记规定》，要求劳动者失业、求职就业及城镇用人单位在招聘时必须进行登记，不按规定进行登记的失业人员不得享受失业保险待遇。同年劳动部还颁布了《就业与失业统计管理暂行办法》，规

---

① 陈少晖. 从计划就业到市场就业——国有企业劳动就业制度的变迁与重建［M］. 北京：中国财政经济出版社，2003：253-264.

定由劳动就业服务机构具体负责组织实施就业和失业的统计工作。

在失业治理的政策体系方面，首先是控制和引导劳动力供给，提高劳动力的供给质量。比如完善提前退休的相关政策，即通过制定相应的法律法规，降低退休年龄，以便腾出就业岗位用于安置新的就业人员。加强职业培训，提高劳动者的素质。其次是调节劳动力的需求结构，使之适应宏观经济调控和产业结构变化的要求。比如地方政府为了减少长期失业人口，鼓励企业增加就业人员可以享受一定的税收优惠等。

四、非正规就业与劳动力市场的进一步发育

非正规就业是许多国家就业市场的重要组成部分，虽然非正规就业对于就业者存在很大的风险，同时也会给就业管理带来一定的问题，但对于增加就业总量、缓解就业压力都将起到积极的作用。尤其是对那些受教育程度较低、生活困难的家庭而言，非正规就业也是谋生的重要途径。我国的非正规就业，是指那些没有进行工商登记、不参加社会保险、劳动关系不规范的就业形式。一般来说，非正规就业具有进入成本低、市场化程度高和就业形式灵活等特点，特别适于二元经济转换过程中创造更多的就业[①]。

1. 非正规就业促进了就业总量的增长

虽然我国的就业形势一直十分严峻，城镇职工大量失业和下岗，农村劳动力剩余严重，每年还有数百万到上千万新增经济活动人口进入劳动力市场，但我国城镇的就业保持了持续增长的态势，不仅表现为新兴部门就业比重的提高，也包括非正规就业渠道的不断拓宽，最终体现为就业总量的持续增长。

近年来出现的失业人数增加、失业率上升、失业人员和下岗职工再就业率降低等情况，给许多人留下这样一种印象：似乎中国自20世纪90年代以来，就业人数没有增长，甚至绝对减少。从传统的城镇就业渠道——国有经

---

① 蔡昉，FREEMAN R，WOOD A. 中国就业政策的国际视角 [J]. 劳动经济研究，2014，2（5）：3-33.

济和集体经济来看，我国的就业规模的确呈现出逐年减少的趋势：集体单位就业从 1992 年开始每年都在绝对减少，国有单位就业从 1996 年开始每年绝对减少。但是，由于中国经济成分的多元化，就业结构也发生了巨大的变化。仅仅从国有经济和城镇集体经济单位就业人数的变化，已经不能准确衡量就业总量的变化。

中国城镇单位的就业人数自 1978 年以来在逐渐下降，但单位外的从业人员数在增长，即非正规部门的就业规模在扩大。仅仅在 1996—2001 年期间，非正规就业与单位就业的从业人员数量之比就从大约 1∶4 提高到超过 1∶2 的水平。可见，从一般的统计数字看中国的就业规模，往往会导致大幅度地低估我国实际就业的增长幅度。事实上中国就业规模的总体趋势是持续扩大的，减少的只是城镇的正规就业（蔡昉，2004）。

2. 非正规就业的风险

所谓非正规就业，即指在非正规部门的就业。国际上通常把非正规部门视为这样一类生产单位：主要形式为自我雇佣、家族企业和微型企业，它们从事的生产或服务活动，没有独立于家庭或家庭成员的单独的法律权利，也没有完整独立的账户，无法与家庭其他活动清楚地区别开来[①]。一方面，非正规就业反映了随着经济活动多样化、复杂化后，政府的劳动统计不能及时涵盖全部实际就业人员；另一方面也反映了随着就业压力扩大、失业问题严峻化以及劳动力市场发育程度的提高，单位核算范围外就业的部分倾向于扩大，形成所谓非正规就业。

非正规部门的单位通常在低组织水平上运作，作为生产要素的劳动力和资本较少分离或不分离，生产规模小。劳动关系大部分建立在临时性就业、家属或个人和社会关系上，而不是基于有正式保障的合同安排。这种非正规就业的普遍化，会在很大程度上降低社会保障的覆盖率。对于那些没有城市户口的流动劳动力来说，在这些部门就业所挣得的收入虽然高于转移之前，

---

① 蔡昉，FREEMAN R，WOOD A. 中国就业政策的国际视角 [J]. 劳动经济研究，2014，2（5）：3-33.

但就业的稳定性低，劳动条件和劳动保护条件有时十分恶劣。特别是他们从事的往往是危险、肮脏和要求苛刻的工种和工作，在一些情况下，健康和安全得不到保证。他们本来就很低的工资，还常常被雇主拖欠，由此可能造成大量事故，也会引发许多劳动纠纷。这种就业的非正规性质，导致劳动法和其他有关劳动保护规制不能很好地得到贯彻。

3. 非正规就业促进了劳动力市场的进一步发育

城市部门的非正规就业虽然没有签订正式的劳动合同、存在偷税漏税等问题，对劳动者也缺乏基本的劳动保障，但这些劳动力越来越多地通过新的方式进行配置，实际上也必然是较多地通过劳动力市场进行的。虽然非正规就业者迫于生活压力接受没有合同、没有社会保险、有健康风险或者工资低于法定最低工资的工作，但如果他们不接受这类工作，这些劳动者面临的可能是更差的工作或者根本没有工作。劳动者可能发现，非正规部门给予他们更大的机会创业，或者比在正规部门挣得更多（通过逃税）。中国的非正规就业有助于实现从计划向市场导向型的劳动力配置的转变。中国目前出现的非正规就业形式，往往具有市场化程度高的优点，实际上成为城市劳动力市场发育的主要方面。一个国家在特定的发展阶段上，市场发育水平必然是不同的。劳动力市场的发育也是如此，即总是要经历一个从无到有、从比较低级的形态到比较高级的形态的发育过程①。

五、探索建立城乡一体化的就业制度

1. 城乡分割就业体制的改革

为适应我国优先发展重工业总体战略的需要，也为了能够保障计划经济体制的有效运行，长期以来我国采取的是城乡分割的就业体制。政府的劳动部门只负责管理城市部门的就业，农村劳动力则通过严格的户籍制度被限制在农村。1958 年国家颁布限制城乡人口自由流动的法令《中华人民共和国户

---

① 蔡昉，王美艳. 非正规就业与劳动力市场发育——解读中国城镇就业增长［J］. 经济学动态，2004
（2）：24-28.

口登记条例》，条例规定农民没有特殊情况并经政府相关部门批准，不得将农业户口转为非农业户口。广大农民被限制在农村，从而正式确立了城乡分割的就业制度。此后，这种城乡分割的就业制度几乎没有什么变化，直到1984年开始进行城市经济体制改革才有所松动。从实行计划经济体制开始一直到改革开放前，农村劳动力向城市的流动几乎处于完全消失的状态。全社会劳动力中农业劳动力占比在1978年基本上稳定在80%左右①。

城乡分割的就业制度是计划就业体制有效运行的基础。首先，由于农村和城市实行两套完全不同的就业制度，城市部门排他性的全面就业得以实现。城市居民由政府的劳动人事部门根据经济发展计划统一安排就业，主要就业渠道是国有经济单位和城市集体经济部门。其次，对城市就业者实行低工资的劳动报酬制度，并实行全国统一的工资标准，其主要目的是为重工业的发展积累资金。但人为地压低工资水平扭曲了劳动力要素的价格，不利于劳动力资源的有效配置。最后，为适应城市就业者低工资的现状，在户籍制度之外，对城市居民的基本消费品供应实行票证制度，进一步有效地限制了劳动力这一生产要素在城乡之间以及不同所有制经济之间的流动。这种制度安排虽然能够保证计划经济制度的有效运行，但极大地降低了资源配置的效率，也扩大了城乡之间的收入差距②。

中国的经济改革始于20世纪70年代末，农村开始实行家庭联产承包责任制。一方面，随着农业劳动生产率的迅速提高，产生了大量的剩余劳动力。这些剩余劳动力亟须向城市部门转移，对全国的就业形势形成巨大的压力。但是由于户籍制度和城市用工制度的限制，那个时期农村剩余劳动力还不可能大规模地流入城市部门。另一方面，城市部门国有企业改革开始打破过去长期存在的"铁饭碗"，企业富余人员和下岗职工也呈迅速增长的趋势，需要重新就业。此外，非公有制经济的发展需要更加灵活的就业制度。因此，必须尽快从就业制度上消除城乡劳动力流动的各种制度性障碍，加快劳动力配置的市场化改革势在必行。

---

① 胡鞍钢，程永宏. 中国就业制度演变 [J]. 经济研究参考，2003（51）：2-19.
② 蔡昉. 中国劳动力市场发育与就业变化 [J]. 经济研究，2007（7）：4-14.

2. 多渠道消化和转移农村剩余劳动力

中共十一届三中全会后，随着农村广泛推行多种形式的联产承包责任制，农业劳动生产率大幅度提高，农村开始出现大量的剩余劳动力，也逐步改变了农民对土地的依赖。这些农村剩余劳动力需要寻找新的就业门路，多种渠道消化和转移农村剩余劳动力成为政府在较长时期需要着力解决的现实问题。

首先是大力发展乡镇企业。由于户籍制度和用工制度的限制，改革开放初期还不可能将剩余劳动力的主要部分转移到城市部门，发展乡镇企业成为吸纳剩余劳动力的主要途径。这种转移方式在当时被称为"离土不离乡"。到2000年，乡镇企业就业人数达到将近1.3亿人[1]。

1984年，随着户籍制度的改革，农村剩余劳动力开始大规模向城市特别是沿海地区的大城市及周边地区转移。这些地区基础设施完善、发展程度高、聚集的产业门类比较齐全，因而成为吸纳剩余劳动力的主要聚集地。但由于短期内流入城市部门的剩余劳动力规模过大，对城市就业形成压力。城市劳动力市场的相关服务能力也一时间难以满足所有劳动力的就业需求，给政府的就业市场管理带来了新的挑战。面对数量巨大的"民工潮"，政府需要出台相关政策对城乡劳动力流动进行必要的规范。

1993年1月，原劳动部对如何实现"农村劳动力跨地区流动有序化"进行了部署，推出"城乡协调就业计划"第一期工程。这项工程计划在全国形成劳动力流动的基本制度、市场信息系统和服务网络。1994年，劳动部颁发了《农村劳动力跨省流动就业管理暂行规定》，进一步规范劳动力跨地区流动。

3. 改革户籍制度，促进城乡统一劳动力市场的形成

户籍制度是农村劳动力向城市企业转移的主要障碍，改革户籍制度以及逐步取消与户籍制度相联系的城市居民福利制度、票证供应制度等，就成为建立城乡统一劳动力市场的关键措施。

户籍制度改革是从放松农村集镇户籍管理开始的。1984年国务院发布《国务院关于农民进入集镇落户问题的通知》，规定凡在集镇务工、经商、办服务业的农民和家属，在集镇有固定住所，有经营能力，或在乡镇企事业单

---

[1]　胡鞍钢，程永宏. 中国就业制度演变［J］. 经济研究参考，2003（51）：2-19.

位长期务工，可以取得常住户口，口粮自理。这一户籍管理制度方面的初步变革使得农村劳动力跨地区流动成为可能。

1997 年 6 月，国务院批转公安部《小城镇户籍管理制度改革试点方案》。根据此方案，已在小城镇就业、居住并符合一定条件的农村人口，可以在小城镇办理城镇常住户口。

1998 年 7 月，国务院批转公安部《关于解决当前户口管理中几个突出问题的意见》，该意见规定：实行婴儿落户随父随母自愿的政策；放宽解决夫妻分居问题的户口政策；投靠子女的老人可以在城市落户；在城市投资、兴办实业、购买商品房的公民及其共同居住的直系亲属，符合一定条件的可以落户。

2001 年 3 月 30 日国务院批转公安部《关于推进小城镇户籍管理制度改革的意见》（以下简称《意见》），这是我国户籍制度改革的重大举措。《意见》要求：对办理小城镇常住户口的人员，不再实行计划指标管理；经批准在小城镇落户的人员，在入学、参军、就业等方面与当地原有城镇居民享有同等权利，履行同等义务，不得对其实行歧视性政策。《意见》强调，小城镇户籍管理制度改革既要有利于加快农村富余劳动力的转移，带动农村经济和社会全面进步，又要充分考虑小城镇经济和社会发展的实际需要和承受能力。

为适应城市就业体制改革的发展对农村劳动力流动提出的新要求，劳动部门就开展城乡统筹就业工作进行部署。城乡统筹就业是就业制度的重大改革。我国的劳动部门曾一度只负责管理城市部门的就业，20 世纪 90 年代开始把农村就业考虑进来。把城乡统筹作为一个明确的目标提出来，就是要真正做到城乡劳动者面向一个市场，取消身份界限，实行平等就业[1]。

城乡统筹就业是符合中国国情的长期就业政策。从就业的角度看，中国的基本国情主要表现为两个方面：一是人口总体规模数量庞大，二是巨大的农村人口数量及大量的剩余劳动力。在农业产出和农业就业增长潜力有限的前提下，提高农村居民收入的出路就在于解决农村剩余劳动力的转移问题。这样，就必然要求实行城乡统筹就业，把农村劳动力的就业问题纳入国家总体的就业制度和就业政策中加以统筹安排，形成城乡一体的劳动就业市场。

---

[1] 蔡昉. 中国劳动力市场发育与就业变化 [J]. 经济研究，2007 (7)：4-14.

第三节　新时代下劳动就业制度的变迁（2012年至今）

党的十八大提出了全面建成小康社会的奋斗目标，同时将促进农业转移人口市民化、推动城乡发展一体化纳入政府工作的一项主要任务。经济改革的一个重要目标是加快完善城乡发展一体化体制机制，形成以工促农、以城带乡、工农互惠、城乡一体的新型工农、城乡关系。为适应经济发展新格局的需要，过去提出的就业优先战略从内涵、外延、举措等方面都得到了丰富和拓展，在经济社会发展中取得了新定位。实施就业优先战略，有力地促进了劳动力市场的发育和完善，推动了农村劳动力转移就业，提高了城乡居民的劳动参与率，是扶贫、减贫、增收和缩小收入差距最有效的手段。

一、新时期就业优先战略的重要意义

就业是民生之本，也是最大的民生。就业涉及千家万户的生计和发展，对于世界上人口最多的发展中国家来说，妥善解决就业问题尤为重要。从"十二五"时期国家就开始确立就业优先战略，"十三五"规划纲要进一步明确提出实施就业优先战略，实施更加积极的就业政策，创造更多的就业岗位，着力解决结构性就业矛盾，鼓励以产业发展带动就业增长，实现比较充分和高质量的就业。党的十九大报告进一步指出政府要提供全方位公共就业服务，促进高校毕业生等青年群体、农民工多渠道就业创业。

在新形势下，就业优先战略是扶贫脱贫的重要手段。党的十九大提出要提高就业质量和人民收入水平。要坚持就业优先战略和积极就业政策，实现更高质量和更充分就业。中国作为一个发展中的人口大国，还面临着缩小地区差距和城乡差距的问题，面临着大量贫困人口脱贫的问题。随着农业生产力提升、农村土地流转和规模化经营，农民从自我禁锢的土地上解放出来，如果不能实现农村剩余劳动力的顺利就业，就必然造成农村劳动力资源的浪费进而制约农村经济的蓬勃发展和全面建成小康社会的步伐。把劳动力从农业中转移出来，是缩小城镇和农村地区差异的重要手段。因此，有效引导农村富余劳动力转移就业，建立有效、高效、长效的就业精准扶贫机制，实现农民精准脱贫显得极其重要和紧迫。

就业优先战略也是推进供给侧结构性改革的重要保障。从总体上看，我国目前市场就业的吸纳能力很强，就业形态很多。从当前的产业结构来看，第三产业所提供的就业渠道更多，各种新业态的发展也拉动了就业。新模式、新业态容纳的就业总量持续增加。在新兴产业，曾经很多从业者都是兼职，表现出就业不充分，新业态有很大的容量，可以帮助挖掘这些劳动力的潜力。而供给侧改革将创造更多有效的供给来满足消费需要，改善和扩大就业，促进经济实现更高质量的增长，从而实现就业质量优化。

二、供给侧结构性改革与就业结构的调整

1. 就业结构调整的深层原因

就业结构的调整不仅源于经济结构和产业结构的变化，中国人口结构的变迁及其导致的人口红利消失也是其中非常重要的原因。到 2015 年前后，中国人口老龄化的进程加快，人口抚养比停止下降并转而上升[①]。人口红利的消失将影响经济增长的速度，进而影响就业的增长。

过去两位数以上的高速经济增长产生了对劳动力的强劲需求，不仅较好地解决了城镇新增劳动力的就业问题，也为农村剩余劳动力向城市部门的大规模转移创造了条件。近年来，农村剩余劳动力及其转移的规模已经开始下降，我国原有的二元经济结构开始消失，"刘易斯转折点"可能已经到来。这将深刻地影响劳动力供求关系的变化。最显著的变化之一，就是普通劳动力的工资水平大幅度上升，极大地提高了企业的用工成本，也意味着劳动力短缺的格局开始出现。事实上 早在 2004 年中国就开始出现"民工荒"，并且

---

① 蔡昉. 中国劳动力市场发育与就业变化 [J]. 经济研究, 2007 (7): 4-14.

这种劳动力短缺的现象已经蔓延到过去属于劳动力输出省份的中西部地区[①]。

人口红利消失意味着我国过去长期依赖传统制造业扩张、发展初级第三产业的增长模式已经走到了尽头，传统经济增长模式对就业的拉动作用显著下降。党的十八大提出了创新驱动的发展战略，新兴产业、创新经济成为主要的经济增长源泉。人口红利消失后，物质资本和劳动投入等传统生产要素的增加并不能带来经济的持续增长，全要素生产率成为推动经济增长更持续的因素，也是创造就业的内生因素。

2. 供给侧改革成为扩大就业的内生动力

就国内经济部分而言，由于中国的经济增长长期以来主要依靠投资的增加来拉动，在需求增长不足的情况下很容易形成产能过剩、库存挤压等问题，同时资金周转速度下降也会带来企业支付困难、债务率或杠杆率上升等诸多问题，宏观经济的结构性矛盾开始暴露，宏观经济新一轮的结构性调整势在必行。供给侧结构性改革正是为了解决这些问题而提出的一项综合性的而且延续至今的重大改革措施。

在 2015 年 11 月召开的中央财经领导小组第十一次会议上，习近平总书记强调要在适度扩大总需求的同时，着力加强供给侧结构性改革，着力提高供给体系质量和效率，增强经济持续增长动力，推动我国社会生产力水平实现整体跃升。次年 1 月中央财经领导小组第十二次会议召开，习近平总书记强调，供给侧结构性改革的根本目的是提高社会生产力水平，落实好以人民为中心的发展思想。

就业方面，当时国内就业的形势也面临一些新的问题，就业政策需要做出一些调整。尽管总体就业形势比较稳定，但就业中的结构性矛盾比较突出。2015 年 1—10 月，全国城镇新增就业 1 171 万人，提前完成全年指标。在当时宏观经济下行的大局势下，还能实现这样的就业增长应该说是比较难得的。但不可否认的是，就业面临的总量压力和结构性矛盾已经开始变得比较突出了。其主要表现有：

[①]　蔡昉. 中国劳动力市场发育与就业变化 [J]. 经济研究，2007 (7)：4-14.

一是就业总量压力大。虽然这些年我国劳动人口总量在减少，但进入劳动力市场的总量并没有减少，总量压力仍然比较大。其中近两年高校毕业生人数超过了700万人，大学毕业生的就业形势较为严峻。

二是就业的结构性矛盾突出。在化解产能过剩与产业结构优化升级的过程中，我国出现结构性失业问题，劳动力供给需求匹配失衡。在经济下行压力加大的情况之下，结构性矛盾更加突出。一方面，由于产能压缩企业用人需求降低，部分职工面临着下岗再就业，其中缺乏技能的劳动者面临着再就业难的窘境；另一方面，企业提质增效需要更多的创新性人才，对高技能人才和专业技术人员的需求比以往更加强烈。

三是隐性失业的逐步显性化加剧了总体上的就业压力。化解产能过剩的过程中不可避免地伴随着失业，特别是大批"僵尸企业"大量退出市场将使得原来的隐性失业完全显性化。从长远看，虽然从供给侧对宏观经济进行结构性的变革与完善能够有效化解产能过剩、优化配置资源，通过加快企业的结构性调整对长期的经济发展与扩大就业是有利的，但短期内却加大了整个社会的就业压力。

3. 就业政策的调整

为适应经济结构调整的需要，政府对相关就业政策进行了一些调整和改革。

首先，采取措施减少化解过剩产能对就业形成的震荡和冲击，以保证社会的稳定。一是帮助员工在没有失业的情况下实现再就业，尽可能缩短失业时间。二是避免了出现企业的集中裁员，同时做好职工的分流安置，在职工失业之前制订比较稳妥的关于职工分流的预案。三是管好用好各级政府为解决职工安置问题而下拨的专项资金，建立对职工安置专项资金使用的监督机制。四是对转岗职工进行技能培训有助于他们实现再就业，继续推进和完善职工技能培训体系。

但这项政策在实施中也出现了一些问题。如有些地方给予企业过多的补贴，导致一些"僵尸企业"可能由于规模较大，最后出现"大而不倒"的情况，拖慢了结构性改革的步伐。同时如何防止新的产能过剩也成为需要解决的重要问题，如果过多的资金和补贴流向这些产能落后的企业，将导致国内经济结构更加不合理。

其次，从长期看，我国长期实行就业优先战略，形成了一套比较成熟的稳定就业的政策体系。随着经济社会发展、新技术的发展和应用，尤其是互联网的发展，新业态、新模式由此产生，这些新业态和新模式提供了比较广阔的就业空间。第三产业所占的比重将会越来越高。到 2014 年，我国的第三产业占 GDP 的比重已达 48%。从总体上看，我国应向多种就业形态发展，以增强市场就业的吸纳能力。一些新模式、新业态容纳的就业总量很大，同时也能更加充分地利用现有的劳动力资源。对于新兴产业，在过去很多从业者都是兼职，这些产业表现出就业不足，而新业态的就业容量很大，可以帮助挖掘这些产业增加就业的潜力。

三、通过发展新经济促进自主择业、创新创业

1. 提升就业目标在政府宏观调控中的重要性

长期以来，控制并降低失业率是保证社会稳定的重要因素，扩大就业是政府进行宏观调控的重要目标之一。随着经济结构快速转换和劳动力流动加快，保持就业的持续和稳定增长成为各级政府一致强调的宏观调控目标之一，重视并做好改善民生、扩大就业、控制失业率已上升为稳定社会大局的政治要素。李克强总理在 2015 年十二届全国人大三次会议中的《政府工作报告》中提出了"大众创业、万众创新"。报告指出，高校毕业生是推进我国经济社会不断向前发展的有生力量，但是每年数百万高校毕业生却面临着就业难的问题，这也成为重大民生问题之一。"大众创业、万众创新"理念的提出，体现了中国政府实施更为积极的就业政策的决心，鼓励创业带动就业，营造良好的就业氛围。

应该看到，"大众创业、万众创新"是根据我国劳动力构成和经济结构的变化，政府对经济发展和关于就业的基本方针做出的重新部署。一方面，随着城市新增劳动力的不断扩大，特别是高校扩招以后大学毕业生的就业形势日趋严重，而传统的就业渠道因为传统产业产能过剩、技术进步缓慢等难以全部容纳这些新增的劳动力。另一方面，以互联网为载体和核心要素的新经

济的发展，又催生出许多新兴的就业岗位和就业渠道，使得就业市场的构成发生了很大变化。在这一背景下，"大众创业、万众创新"的提出和推进，不仅为就业、创业提供了更多空间，同时提高了居民收入，更好地体现了社会的公平正义，有力地促进了经济社会的和谐发展。

2. 创业创新是扩大就业的重要途径

"大众创业、万众创新"在2015年是被作为国家战略提出来的。"双创"是培育新动能的重要措施，是促进经济增长的新引擎。一方面，通过创业带动就业，可以创造新的经济增长点和就业增长点；另一方面，创新是企业发展的基础，可以推动产业结构转型升级。李克强总理曾指出："新动能是新增就业最大的容纳器。"

近年来，我国深入实施创新驱动发展战略，广泛开展大众创业、万众创新，大力培植社会创业创新的沃土，取得的成效超出预期。习近平指出："创新是社会进步的灵魂，创业是推动经济社会发展、改善民生的重要途径。"中国的创业创新是由社会成员广泛参与的，不仅包括科研单位、企业推动的"双创"，而且有越来越多的普通人参加进来①。政府着力打造开放共享的"双创"平台，各类创新主体携手合作，线上线下良性互动，聚众智、汇众力，使创业创新的成本更低、速度更快、效率更高。创业创新不仅让几乎所有的人都有可能、有条件去创造就业的岗位，去发挥自身的能动性，而且它让人民普遍受益。

政府对新产业、新业态、新模式，比如像电子商务、移动支付、共享单车等，采取了包容审慎的监管方式，促进了其健康发展。这不仅创造了难以想象的就业岗位，而且让群众生活更加便利。2016年城镇新增的就业中，新动能的贡献率占70%左右②。以新兴产业和新业态为代表的新经济成为最近几年来我国经济中实现就业增长最快的领域。根据人社部发布的数据，2017年全国城镇新增就业1 351万人，年末失业率降至3.9%，是2002年以来的最低水平。经济下行而就业不降反升，就业成为中国经济运行中"突出的亮点"。

---

① 刘卫兵. "大众创业、万众创新"视角下的就业问题浅析 [J]. 中国商论，2017（12）：139-140.
② 陈云，郑东亮. 2016年就业形势分析及发展趋势 [J]. 中国劳动，2017（2）：4-12.

四、创新驱动与提高就业质量

供给侧结构性改革表明，通过产能扩张和增加投资的方法来推动经济增长和增加就业的发展模式已经走到尽头。党的十八大提出了实施创新驱动的经济发展战略，要把科技创新摆在国家发展全局的核心位置。要坚持走中国特色自主创新道路，以全球视野谋划和推动创新，提高原始创新、集成创新和引进消化吸收再创新能力，更加注重协同创新。党的十九大报告提出，要继续坚持和深化供给侧结构性改革，通过改革和发展来提高就业质量和人民收入水平。

中国新经济的迅速发展以及与之相伴的就业增长，与新零售的蓬勃兴起不无关系。比如 2017 年，淘宝、天猫等电商平台直接产生了 1 405 万个交易型就业机会，而由其带动的上游研发设计、生产制造，下游的快递物流、售后服务等零售相关领域，产生的带动型就业机会则有 2 276 万个。这些新增就业对冲了化解过剩产能形势下的就业压力，新业态为新增就业提供了新的渠道。中国就业促进会的一项调查显示，1 个淘宝网店的就业系数约为 1.6 人/店，1 个天猫网店的就业系数约为 6.9 人/店①。因此，新零售不仅展现了新经济的活力，更切切实实地解决了存量就业难题。

新经济在增加就业的同时，也在无形中提高了就业者的人力资本水平。无论是新零售，还是新材料、智能制造等领域，都需要足够的新技能人才与之相匹配。也只有提升这些新产业行业的人力资本密度，才能吸引大批具备互联网素养的人才进入并推动新业态的发展。通过新零售发展带动就业增长被誉为一场就业领域的"供给侧改革"。

首先，电商本身就能吸纳大量的就业。国家发改委高技术产业司的数据显示，2015 年我国电子商务就业人数已达 2 690 万人。近几年，电子商务就业指数始终位居招聘网站的前列。而新零售的"线上线下融合"，与网络信息技术也是双向助推的关系，这也会促进那些技术驱动型产业集群升级，而这些产业集群的人才需求也少不了。

---

① 陈云，郑东亮. 2016 年就业形势分析及发展趋势［J］. 中国劳动，2017（2）：4-12.

其次，新零售能带动产业上下游相关领域的发展，刺激很多个性化的消费需求，也带来市场半径的扩大、分工细化。其"零售端先有订单，后端再因需生产"的拉动式供应链和数据支撑的备货管理，也能最大化地消灭库存。这帮助很多制造企业、手工生产者改善了经营，也间接拓宽了就业空间。

最后，新零售催生出服务业新的就业形态。比如经营网店，就需要大量的技术、设计、运营、管理、服务人员，这就能为求职者创造许多运营类、职能类工作岗位。同时，网店也需要既定风格以方便特定用户，就需要专业的美工进行店铺装修设计；店中商品需要精美地展示，这就需要专业摄影师进行网拍服务；等等。新零售充分体现了技术创新对就业的双向影响，技术进步在"摧毁"大量工作岗位的同时，也创造出了许多新的工作机会。

五、建立更加积极和完善的就业保障体系

随着供给侧结构性改革的深入推进，就业市场的震荡加剧，就业不稳定成为一个突出的问题。化解过剩产能和经济的结构性调整必然影响到部分群体就业和收入的稳定性，但这又是改革向前深入必须经历的社会阵痛过程。因此政府提出了五大政策支柱，其中包括社会政策要托底、兜底，发挥社会政策稳定器的作用，守住民生底线。

1. 实施更加积极的就业政策

首先，更加重视财政政策对于促进就业增长的保障功能，发挥公共财政的职能作用，包括资金投放要向小微企业和劳动密集型产业倾斜，增加财政支出逐步向民生倾斜的力度，加大对困难群体的扶持力度。其次，实行关于促进就业的税收优惠政策，减轻企业税收负担，充分发挥税收政策工具在增加城乡劳动力就业中的作用。最后，通过优惠政策和就业服务，扶持劳动者自谋职业、自主就业。通过更加积极的财政政策促进就业增长，在某种意义上这也是过去曾经实现的"就业倍增计划"的延续。

2. 重点解决大学毕业生等群体的就业问题

随着高校扩招，大学毕业生人数快速增加。为解决大学生就业难的问题，最近几年各级政府逐渐把高校毕业生就业放在就业工作的首位。通过采取鼓

励创业、税收优惠等多种措施支持和鼓励高校毕业生通过多种形式灵活就业。此外，农村剩余劳动力始终是就业问题的重点和难点。一方面，政府主要通过加快推进新型城镇化的发展为农村劳动力创造更多的就业机会，一定程度上避免了剩余劳动力过度流入大城市带来的各种问题。另一方面，随着沿海地区劳动密集型产业向内地转移，剩余劳动力在当地就业、就近就业的条件更加具备，农村剩余劳动力的流向已出现局部的改变，积极支持农民工返乡创业成为政府就业政策新的选择。当然，阻碍劳动力自由流动的制度壁垒仍然需要通过深化改革来彻底消除，同时需要进一步完善职业培训、就业服务、劳动维权"三位一体"的工作机制。

3. 加强职业培训和劳动力市场相关制度的建设

市场经济条件下的就业是充分流动的，一方面不断有就业者离开原有的工作岗位重新寻找新的工作，产生所谓摩擦性失业，另一方面失业者又可能很快重新走上工作岗位。劳动力的重新配置过程加快，劳动者需要不断重新学习技术和其他技能，才能适应市场化就业的需要。因此，加强职业培训成为政府就业服务的一项经常性工作。政府的劳动就业部门需要建立长期持续的职业技能培训制度，加快构建劳动者终身职业培训体系，健全完善社会化职业培训网络。同时要有效处置劳动保障违法行为引发的群体性事件，确保就业市场的稳定。

4. 加快社会保障制度向全社会覆盖

目前，随着劳动力流动的加快，社会保障制度面临的一个主要问题是如何尽快实行向全社会所有成员覆盖，实现人人有保障的普惠制度。对外出务工的农民工而言，需要尽快提高社会保险缴费和获取的可携带性，使社会保障不会因为劳动力的转移和流动而被中断。这也是促进正规就业的重要措施。如果劳动者认为在不同地区之间流动将会使其失去社会保险，他们可能不会愿意从事需要缴纳社会保险的正规工作。近几年，我国政府不断完善社会保障体系，包括提高养老金、加快医疗改革、扩大工伤保险范围等。但过去很长一段时期内，城镇社会保险覆盖面小，尤其是失业、工伤保险的参保率相对较低，灵活就业人群、非就业人员等尚未被纳入社会保障体系的覆盖范围。社会保障制度的健全与完善又有助于形成全国统一的劳动力市场，打破在城乡、区域、行业之间的壁垒，使社会保障成为劳动力合理流动的助推器。

新中国经济
制度变迁
XINZHONGGUO JINGJI
ZHIDU BIANQIAN

本章小结

劳动就业制度是支撑现代企业制度有效运行的重要基础，其变迁发展的历史进程充分体现了我国渐进式市场化改革的特征。为维持经济社会的基本稳定和体现社会主义经济制度的优越性，改革开放前的计划经济时期政府将充分就业作为主要的政策目标，产生了以统包统配为主要形式、通过指令性计划来安排劳动力就业的计划就业制度，企业则按指令性计划进行生产。计划就业制度虽然能够实现形式上的充分就业、完全就业，但却降低了劳动力资源的配置效率，阻碍了社会经济的健康发展。计划就业制度也是我国粗放型经济增长模式能够持久运行的重要制度基础。

改革开放以来，为适应企业经营机制的改革和提高经济效率，我国对原有的劳动就业制度逐步分阶段进行改革，最终形成了与现代市场经济发展要求相适应的市场化就业制度。在改革中我们确定了通过促进经济增长来创造就业的新发展理念，并通过完善的市场机制来实现劳动力资源的有效配置。而政府的主要职能则从直接安置劳动力就业转向劳动力市场的建设，为就业者提供再就业培训、招工信息等各类就业服务。另外，着力推进有关劳动就业管理规范的建立和完善，以促进劳动力市场的有序发展。同时加快建设全覆盖的社会保障制度，为就业者提供就业安全的基本保障。

未来我国劳动就业制度的完善，需要在进一步分清政府与市场的职能分工的基础上，通过劳动力市场的建设和完善来解决失业问题。一是牢固树立通过经济增长促进就业创造的发展理念，把发展创新型经济作为增加就业的主要手段，通过产业结构和经济结构的调整优化来实现就业结构的转换，增强解决就业问题的内生动力。二是强化劳动力市场基础制度的建设，如维护市场秩序、制定相关的交易规则、促进公平竞争等，提高就业市场的透明度，促进劳动力市场的健康发展。三是建立失业治理的政策体系，包括进一步完善城镇失业调查统计制度，及时发布相关的就业信息，提高就业市场的运行效率。四是加强对劳动者就业权利的保护，进一步完善失业保险制度，实现劳动者的就业权、发展权和健康权的有机统一，切实体现以人民为中心的发展理念。

第十章
收入分配制度变迁

　　收入分配制度作为中国社会主义发展和改革的基础性制度，有着很强的时代特征和历史逻辑联系。因此，按照历史时序检视社会主义实践在不同体制和阶段下收入分配制度的变迁，对当前和未来中国收入分配制度的进一步改革创新与完善有着重大的理论意义和实践价值。

　　新中国成立后迄今近70年间，社会主义收入分配制度的实践探索和历史逻辑，呈现出一条"试错—改革—优化"的鲜明主线：建立基于总体低下生产力水平及其生产关系、上层建筑的动态适应性发展之上的"社会主义特殊形态"的"混合型"收入分配制度，在社会主义制度的形成、改革及其完善的反复摸索、波澜起伏过程中，表现为过渡时期的"混杂型"收入分配制度、改革开放初期的"混入型"收入分配制度和社会主义市场经济体制下"混生型"收入分配制度。实践反复证明，当"社会主义特殊形态"的"混合型"收入分配制度的具体选择和形成基本适合现实社会生产力、生产关系及其上层建筑实际时，就会在一定程度上促进社会生产力和经济的增长与发展，从而因改善民生、增进民生福利、提升民生水平而进一步优化和完善社会主义制度；相反，当出现违背现实生产力、生产关系客观要求及其上层建筑实际的超前或滞后的收入分配制度如计划经济体制下单一型按劳分配制度时，则必然抑阻社会生产力和经济的增长与发展，民生因此得不到应有的改善和提高，从而偏离社会主义制度探索的正确方向而使社会主义制度建设遭受挫折。

第一节　改革开放前收入分配制度变迁（1949—1978年）

　　1949年新中国成立至1978年实行改革开放，与我国传统计划经济体制的建立和发展相应，我国收入分配制度的演变大体经历了过渡时期"混杂型"收入分配制度的历史演变（1949—1956年）、计划经济时期"单一型"收入分配制度的确立和演变（1957—1978年）前后两个阶段。

一、过渡时期"混杂型"收入分配制度的历史演变（1949—1956年）

　　"混杂型"收入分配制度出现在新中国成立后至社会主义改造完成前的过渡时期，包含了按劳分配、按生产要素分配、供给制等多种分配方式的混合掺杂。在这一社会主义改造期和国民经济调整恢复期，国营经济、个体经济、合作社经济、资本主义经济共同存在，提供了"混杂型"多种分配方式并存的所有制基础。与此同时，在有限的生产力基础上，快速推进工业化的基本发展目标，也要求决策者调动一切可使用的资源，最有效地推动生产力快速发展，同时保证不同行业、不同所有制部门劳动者的基本生存所需。"混杂型"收入分配制度的灵活性特征，起到了提升生产者积极性、保证分配与消费环节基本稳定的重要作用。

　　自鸦片战争至新中国成立，跨越百年的历史战火纷飞，对生产力基础造成了严重的破坏。1949年新中国成立时，人均国民收入只有66.1元；1952年中国人均收入仅为世界平均水平的1/4。工农业基础非常薄弱，生产技术尚以手工生产为主。据许涤新、吴承明测算，1949年新式产业和传统产业在工农业总产值中的比重分别为17%和83%。农业总产值在工农业总产值中的占比为84.5%，轻工业的占比为11%，重工业的占比为4.5%。工业企业职工仅占全国总人口数的 5.6%①。主要工业品和工业原料生产极为不足，基础设施严重落后。面对这样一个生产力基础，毛泽东同志曾在中共中央政治局会议上的讲话中指出："党在过渡时期的总路线和总任务，是要在十年到十五年或者更多一些时间内，基本上完成国家工业化和对农业、手工业、资本主义工商业的社会主义改造。"②

社会主义改造的较长期性意味着多种经济成分将在这一历史时期相对稳定存在，"混杂型"收入分配制度的内涵也呈现出相应特征。

首先，多种所有制经济的存在意味着按劳分配和按生产要素分配等不同的分配基础并存；与此同时，在不同的经济成分中，分配形式也呈现出多样化、灵活化、临时性的特征。在城镇公有制企业中，"按劳分配"已经率先建立起来。中央在 1950—1951 年期间发布的关于工业生产和企业管理的重要文件中，制订了城市企业中的按劳分配实施方案，以"工资分"为工资计算单位，按劳动熟练程度划分八级工资制，并在有条件的企业实行计件工资制。在国家机关和事业单位中则保留新民主主义的供给制，直至 1955 年城市企、事业单位全面实施以职务等级为基础的货币工资制和一定的奖励工资制度，供给制才暂时退出③。在城市私营部门，则采取了工资决定的劳资间协商制度，争议部分由政府仲裁的决策。在农村中，1950 年土改明确了建立"农民土地所有制"，农民获得土地后，以土地入股建立互助组或初级合作社，获得土地分红，与此同时，还根据按劳付酬原则，依据劳动强弱和技术高低，以"死分活评"的方法计算"劳动日"以获得劳动报酬④。

其次，从分配原则来看，由于社会主义改造还在进行当中，与社会主义生产资料公有制相适应的"按劳分配""公平分配""人人平等"尚未成为公

① 萧国亮，隋福民. 中华人民共和国经济史（1949—2010）[M]. 北京：北京大学出版社，2011：30 -34.
② 毛泽东. 毛泽东选集：第 5 卷 [M]. 北京：人民出版社，1977：81.
③ 高志仁. 新中国个人收入分配制度变迁研究 [D]. 长沙：湖南师范大学，2008：40-50.
④ 魏众，王琼. 按劳分配原则中国化的探索历程——经济思想史视角的分析 [J]. 经济研究，2016，51（11）：4-12，69.

理性原则①引导这一时期分配制度的设计，但是对于分配的公平性强调已经开始凸显。特别是新中国成立后，要在全国范围内形成对社会主义意识形态的强有力认同，消除资本主义、封建主义和殖民主义思想的残留，就要求分配原则强化劳动者之间在分配方式和消费资源占有上的平等性。特别是大量小生产者尚处在自给自足的自然经济模式中，对社会主义分配模式的畅想，亦倾向于高度平均化的社会。这一客观条件，使得全民对"公平"分配原则的认同愈加强烈。

再次，从分配机制来看，这一时期计划机制与市场机制并存，公有制经济成分已经开始与计划经济体制对接，直接目标是要保持高额资本积累率，这就使得按劳分配能落实在个体身上的消费金额极为有限，一些主要消费品分配不得不采取定量供给的方案，几乎不存在对"超额"劳动进入附加物质激励的空间。在公有制部门建立起的按劳分配总体上是对分配方案预设的劳动投入进行补偿，对于实际劳动投入的监督和激励存在不足。而在私有经济部门中，还是由市场机制引导生产者决策，影响其在消费、积累间的分配比例。随着社会主义改造的深入，私有经济成分与市场机制作用占比逐渐减少。

社会主义改造时期的"混杂型"收入分配制度，是在基本符合生产资料所有制结构基础上建立与逐步调整的。随着社会主义改造的推进，公有经济比例逐步增加，按劳分配政策的适用范围也在不断扩大。在以国营经济和集体经济为主、其他经济成分混合的所有制形态下，适应于基本所有制结构和现实生产力条件的分配方案，也在当时起到了激发劳动者积极性、改善人民生活、保证社会主义工业生产的重要作用。伴随第一个五年计划的完成以及

---

① 分配原则是收入分配制度秉持的基本原理和准则，是分配制度的核心安排。借鉴法学中关于法律原则的分类方法，我们尝试将分配制度的分配原则也划分为公理性分配原则和政策性分配原则。公理性分配原则是从社会关系的本质中产生出来的，得到广泛承认并被奉为分配的公理，如社会主义生产资料公有制本质关系中产生的人们之间公平分配、人人平等、按劳分配等原则。政策性分配原则是国家关于不同时期适应社会经济发展需要的具体分配决策和政策安排，政策性分配原则的核心是效率与公平的权衡，比如效率优先、兼顾公平原则，或者是公平优先、兼顾效率原则等。

社会主义改造事业的成功，生产力水平和人民的基本物质生活条件都比新中国成立初有了明显的提升和改善。1952—1956 年间，人均国内生产总值年均实际增长速度为 8%，1956 年工业总产值实际值是 1949 年的四倍，是 1952 年的两倍。表 10-1 显示，1952—1956 年伴随社会主义改造的进行，公有制部门的职工人数不断上升，职工收入和居民消费也有了明显增长[1]。

表 10-1　社会主义改造时期的就业、工资与消费状况

年份	国有单位职工数/万人	城镇集体单位职工数/万人	国有单位职工工资/元	城镇集体单位职工工资/元	居民消费增长（1952 年为 100）	
					农村	城市
1952	1 580	23	446	348	100.0	100.0
1953	1 826	30	496	415	102.8	115.1
1954	1 881	121	519	464	104.0	115.9
1955	1 908	254	534	453	113.1	120.2
1956	2 423	554	610	547	114.6	128.6

资料来源：国家统计局国民经济综合统计司. 新中国 60 年统计资料汇编 [M]. 北京：中国统计出版社，2010.

历史地看，新中国成立后，通过生产资料所有制改革的逐步推进、工业化赶超战略的实施，以及独立工业生产体系的建立与人民生活水平的提升，稳固了新生的社会主义政权。社会主义改造的完成、全面公有制经济制度的确立，标志着"混杂型"收入分配作为过渡阶段与多种经济成分相对应的分配方案，退出了历史舞台。

---

[1]　国家统计局国民经济综合统计司. 新中国 60 年统计资料汇编 [M]. 北京：中国统计出版社，2010.

二、计划经济时期"单一型"收入分配制度的确立和演变（1957—1978年）

1956年社会主义改造的完成意味着社会主义经济制度的基本确立，自此直到1978年实行改革开放前，全面的生产资料公有制取缔了私人资本等其他要素获得要素报酬的基础，劳动者只能凭借劳动贡献参与收入分配，劳动者个人不具备非劳动要素，也就不可能凭借非劳动要素参与分配。因此，基于全民公有制的所有制结构和要素产权制度的分配，决定了这一阶段传统计划经济体制下"单一型"按劳分配成为国家制度安排和政策设定唯一可行的个人收入分配制度。

1. 分配基础：全面公有制下的按劳分配

相比马克思、恩格斯对资本主义经济运行规律的系统阐释，他们对社会主义生产组织方式与收入分配目标的论述散见于《哥达纲领批判》《资本论》等多篇著作之中。但是，建立在生产资料公有制基础上的按劳分配原则是明确的。在《哥达纲领批判》中，马克思指出"劳动的解放要求把劳动资料提高为社会的公共财产，要求集体调节总劳动并公平分配劳动所得"[1]，从而确定了生产资料公有制下的基本分配制度。列宁在《无产阶级在我国革命中的任务》一文中也指出"人类从资本主义只能直接过渡到社会主义，即过渡到生产资料公有和按劳分配"[2]。因而，新中国成立以后，尽快确立起生产资料公有的基本经济制度和按劳分配的基本分配制度，是中国共产党面临的逻辑上具有完全的一致性的重要任务。

1956年社会主义改造完成后，我国的所有制结构已从过渡时期的多种经济成分并存转变为几乎单一的公有制经济，社会上几乎不存在生产资料私有制，居民除了自身的劳动力以外，几乎没有任何非劳动要素的私人产权，因此居民也没有可能凭借非劳动要素的私人产权取得收益。由于当时只存在全

---

① 马克思，恩格斯. 马克思恩格斯选集：第3卷 [M]. 中共中央编译局，译. 北京：人民出版社，1995：301.
② 列宁. 列宁选集：第3卷 [M]. 中共中央编译局，译. 北京：人民出版社，1995：62.

民所有制和集体所有制两种经济形式，全国也就只存在两种基本分配形式：在全民所有制企业、机关和事业单位和城镇集体企业实行工资制，在农村集体经济实行工分制。

在所有制经历的"多元——一元"的变化过程中，公有制作为社会主义国家和社会唯一的经济基础或分配基础，对实践中的分配原则、分配机制及其分配形式产生了直接影响。

2. 分配原则：劳动贡献分配与"平均主义"的奉行

新中国成立初，以毛泽东同志为主要代表的中国共产党第一代领导集体从兼顾国家、集体、个人利益的角度出发，认为社会主义建设应在按劳分配原则下保证分配的公平，促进生产力发展，同时避免两极分化[1]。伴随社会主义改造的进行与完成，与生产资料公有制关系相适应的按劳分配、人人平等成为与社会主义基本经济制度相适应的公理性原则：依照劳动贡献，即唯一地按劳动者提供的劳动数量和质量进行分配。这样的分配原则可以保证所有人仅凭个人贡献获取收入，避免凭借对资本的私人所有权获取收益、占有他人剩余的空间。

与强调按劳分配、人人平等的公理性分配原则相伴随的是，在毛泽东、刘少奇等国家领导人对按劳分配制度的具体探讨中，政策性分配原则也体现出一定意义上公平与效率结合的取向，避免绝对的平均主义，既能依照劳动者的实际贡献给予报酬，也可以对劳动投入进行必要的激励。例如：毛泽东曾明确反对过"绝对平均主义"的分配思想，他在起草郑州会议纪要时，提出纠正公社化失误的14条原则，其中之一是"按劳分配，承认差别"[2]；刘少奇也曾提及"如果按劳取酬贯彻得比较好，分配得公平合理，大家满意，就会促进生产力的发展"[3]。

为此，我国也曾吸取苏联模式的经验。在苏联模式中，如何在按劳分配

---

[1] 陈慧女.中国共产党领导社会主义经济建设过程中收入分配改革领域的实践与基本经验[J].理论月刊,2012(9)：129-132,147.
[2] 谷红欣.中国当代收入分配思想演变研究[D].上海：复旦大学,2006：40.
[3] 谷红欣.中国当代收入分配思想演变研究[D].上海：复旦大学,2006：44.

原则下通过工资形式的设计，促进劳动者个人利益与社会利益的组合曾经是工作的重点。例如，M. 亚姆波尔斯基在 1931 年明确提出按劳分配要以劳动数量和质量为依据的观点。他在一篇文章中写道："按劳付酬要整个社会主义的物质财富、生产力的增长决定，并决定于每个工人劳动的数量和质量。"[①]这一观点发展了按劳分配理论中按"劳动量"分配产品的原则，明确了按劳分配的依据不仅包含劳动的数量，还包含劳动的质量。此外，苏联的经济学家们也曾强调，按劳分配的标准只能是劳动，而不是简单平均分配。但是，总体而言，在国家工业化和国防安全的总目标约束下，苏联按劳分配的基本目标是实现社会公正与和平，如何刺激劳动者的积极性仅仅处于相对次要的位置[②]。

然而，在我国计划经济体制的实际运行中，由于微观部门缺乏生产与分配决策的自主权，生产过程中，难以准确测度劳动的真实贡献，加上计划分配所面临的信息约束，计划当局很难真正做到按照劳动贡献分配。这一阶段的按劳分配更多采取的是一种职务等级工资和工分制，依照计划当局的意图进行统一的"计划分配"。例如，企业职工的工资同本企业经营状况无直接关系，无论盈亏，工人都拿同样的级别工资，从而使得政策性分配原则被异化为简单的平均主义。计划分配制度的效率损失表现在既不能给予劳动者有效的激励（调动劳动者的劳动积极性）以促进生产力发展，也不能给劳动者以普遍的公平感（即真正做到按劳动者的实际劳动贡献进行分配），结果是计划分配体制既不能提高经济效率，也难以保证普遍的社会公平。在平均主义分配原则的背后，事实上的不公平现象大量存在。例如，为了降低城镇部门职工的劳动力再生产成本，加速工业资本积累，抑制农业收入价格的做法，使农民获得了与劳动不相符的报酬。政府提供的福利补贴仅面向城市人口，强化了城乡居民间事实上的不平等。当然，在消费基金极为有限且分配方案完

---

① 转引自：范林榜. 马克思按劳分配释读与中小企业薪酬管理实践 [J]. 改革与战略，2010，26 (1)：162-164.

② 魏众，王琼. 按劳分配原则中国化的探索历程——经济思想史视角的分析 [J]. 经济研究，2016，51 (11)：4-12，69.

全集中的情况下，相对平均主义的分配方案也是稳定生产者情绪、保证基本效率不得已的一个选择。图 10-1 显示，在 1952—1957 年以及 1963—1978 年两个时段中，相比农村居民消费增长在 20 世纪 70 年代后基本停滞，城镇居民的消费水平还是有了相对稳定的长期提高。

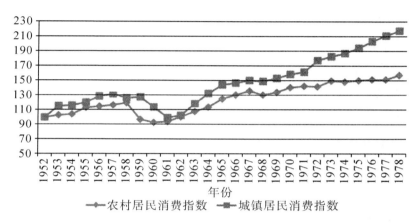

图 10-1　传统社会主义计划经济体制时期城乡居民的消费指数（1952 年为 100）

（资料来源：国家统计局国民经济综合统计司. 新中国 60 年统计资料汇编［M］.

北京：中国统计出版社，2010.）

面对社会主义改造和国民经济建设取得的突出成就，党的领导人对社会主义向共产主义的跃进过度乐观。随着经济建设的大跃进和农村集体化程度的提高，极左思想的盛行让"按劳分配"制度本身成为资产阶级法权的表现和被批判的对象。20 世纪 50 年代末，理论界对按劳分配是否是一种资产阶级法权、是否有必要坚持展开了集中讨论，并且从 1958 年起在人民公社中实行供给制与工资制的结合①。收入分配的政策性原则开始背离"按劳分配"这个公理性原则，愈加走向"平均主义"。这样的分配方式严重脱离了现实的经济基础，"平均主义"政策性分配原则的普遍化，致使劳动效率损失明显，社会主义的生产力发展遭遇重大障碍。

---

① 魏众，王琼. 按劳分配原则中国化的探索历程——经济思想史视角的分析［J］. 经济研究，2016，51（11）：4-12，69.

3. 分配机制：实行中央集权的计划经济体制

伴随社会主义改造的完成和社会主义基本经济制度的建立，按劳分配制度的具体机制设计与计划经济体制对资源的行政强制配置直接关联。究其原因，不仅在于计划经济体制自身的性质，也在于工业化赶超战略要求分配方案服务于国家的这一重大经济目标。

新中国成立后，要建立起自己独立的工业体系，必须对有限资源实现强有力的调配，优先发展最重要的战略性行业，突出表现为关系到国家安全与独立的重工业行业。然而，重工业作为资本密集型产业的基本特征，与中国当时的经济条件并不符合，重工业优先增长无法借助市场机制来实现。解决这一困难的办法是做出适当的制度安排——实行中央集权的计划经济体制，人为降低重工业发展的成本，即降低资本、外汇、能源、原材料、农产品和劳动力的价格，从而降低重工业资本形成的门槛，形成有利于重工业发展的宏观环境。同时，在微观层面抑制企业和农户的自主经营决策权，限制个人可获得的消费品数量与范围，最大程度保证资源向重工业部门集中。

在传统社会主义计划经济体制中，中央部门集宏观经济和微观经济的决策权于一身，通过部门管理直接支配企业的人力、财力、物力和产、供、销。同时，在经济运行机制上，实行排斥价值规律的指令性计划经济，主要的计划指标由国家自上而下地集中制定，它囊括了经济生活的各个领域、各个部门，一旦制定出来，就成为具有高度强制效力的文件。在高度集中统一的计划经济体制中，指令性计划和强有力的行政任务下达是管理经济的主要手段。国家的各个地区、各个行业、各个部门这些微观经济主体间分割清晰，缺乏市场经济中联动的经济关系，某一方要跨入另一方时存在重重壁垒，这样的生产方式必然要求劳动上实行统包统配、财政上实行统收统支、物质资源上实行统购统销、分配上实行工资制和供给制相结合的计划配置。

因而，计划经济制度下的按劳分配制度本身就是计划经济体制的重要部分，完全服从并服务于计划经济体制。这就使得分配机制具有很强的计划化、行政化的色彩。从"计划化的按劳分配制度"的分配机制层面来看，计划当局决定分配规则、分配形式、积累和消费的比例、可供分配的消费基金总量、分配等级等等，通过行政强制贯彻实施，一切分配事项都必须遵循计划原则而不允许任何生产主体各自的分配决策行为。这是因为在计划经济体制中，可被分配的物质基础已经被限定，而"生产—分配—交换—消费"链条上各个环节也是在给定的运行程序中，变通的空间极为有限，减小了微观生产组织利用额外资源激励劳动投入的可能性。在这种分配机制中，参与收入分配的主体包含中央政府（中央计划当局）、地方政府、部（委）、企业、人民公社、劳动者等。其中，中央政府掌握了绝大部分的分配决策权，并通过行政强制来推行。地方政府、部（委）、企业、人民公社的自行决策空间有限，而劳动者（工人或农民）个人只是分配规则的接受者。在 1957—1978 年的 20 多年中，国家只统一进行了 4 次工资调级，平均每个劳动者工资增长不足 1 级，平均增长数为 7~8 元，而同期物价上涨指数为 14%（参见图 10-2)[1]。

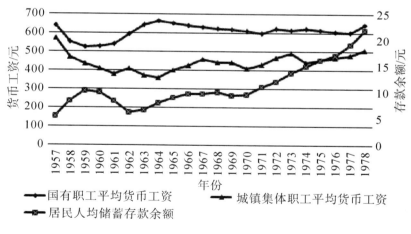

图 10-2　1957—1978 年城镇职工收入与存款状况

（数据来源：国家统计局国民经济综合统计司. 新中国 60 年统计资料汇编 [M].

北京：中国统计出版社，2010.）

---

[1]　李楠. 马克思按劳分配理论及其在当代中国的发展 [M]. 北京：高等教育出版社，2003：84.

总之，计划经济体制下的"单一型"按劳分配是为适应工业化赶超战略需要而实行的分配制度，完全基于政府在给定积累与消费比例下人为划定的"劳动力价格"[1] 确定劳动报酬，在工业化赶超战略背景下，个人收入分配的主要目的是维持劳动力的基本再生产，从而配合重工业部门的资本积累。由于宏观层面必须抑制劳动力要素成本，这就使得个人可以获得的分配数额相对有限；同时，微观层面个别企业生产、分配的自主决策空间有限，减小了分配方案调整带动劳动激励的可能性。

4. 分配形式：定级工资、工分与供给制的结合

在"单一型"按劳分配制度中，居民获取收入的形式比较简单。城市居民主要以工资，同时还以一些社会福利和保障等隐性形式取得收入。农村居民主要是获得粮食等实物性分配，同时从集体经济组织中获得很少的现金收入。

在城市企业中，1956 年的全国工资改革形成了干部的职务等级制、企业职工的八级工资制。国家以各产业在国民经济的重要性、技术复杂程度和劳动条件的优劣为依据，安排产业顺序，重工业企业工人的工资高于轻工业企业工人的工资。同时，国家根据各地区物价和生活水平的差异，把全国划分为若干个工资区，由国家统一制定工资标准、等级；工资等级和工资标准只在不同部门、不同行业和不同地区之间稍有差别，同一部门、同一行业的基本上一样[2]。在这样一种工资制度下，企业职工的工资收入，同所在企业经济效益基本无关联，职务晋升与工资增长主要取决于工龄增长。僵化的分配形式导致了企业中劳动激励不足的长期存在。

农村居民则获得按人头平均分配的口粮，以及在合作社劳动中获得工分。工分的确定标准，是根据一个最强的劳动力一天劳动可以完成的劳动量设定

---

[1] 传统社会主义计划经济体制排斥商品和市场机制，否认劳动力市场及其劳动力的价值和价格的存在。因此，这里以政府规定的工资标准和层级指代按劳分配具有的工资"劳动力价格"外壳的属性。

[2] 胡爽平. 马克思主义分配理论及其在当代中国的发展 [D]. 武汉：武汉大学，2010：71.

基准分,同时依据年龄、性别来调整,难以观测实际劳动支出;与此同时,工分值的确定取决于本生产队的纯收入,而生产队的收入是由当年国家所规定的农副产品价格决定的。因而,工分值和农民的现金收入都间接地取决于国家计划调节①。

值得注意的是,20 世纪 50 年代末对"按劳分配"之"资产阶级法权"性质的探讨,也使得城市单位的分配形式进一步单一化,农村中"供给制"大行其道。1958 年 9 月 20 日,《解放日报》发表了题为《社会主义的光芒》的社论,对取消计件工资予以大力支持,1958 年 11 月,劳动部起草了《关于企业实行部分供给部分工资制的初步意见(草案)》,在全国一些地方试行了半供给制半工资制。国营企业和机关开始推行供给制与工资制的结合分配,并对计件工资和奖励制度加速围剿②。1958 年 10 月底,全国参加人民公社的农户总数占总农户数的 99.1%,全国农村基本实现了人民公社化③。在"人民公社"里普遍实行的供给制,被人们认为已经包含了共产主义因素。实际上,供给制在具体实施过程中,就是对粮食等基本生活资料实行免费供应和平均分配,这一制度的确立对当时仍在温饱线挣扎的中国广大农民来说,无疑具有极大的诱惑力和感召力,使得以供给制为主要形式的分配制度在全国农村得以普遍推广。

---

① 林霞. 中国特色社会主义个人收入分配制度研究 [D]. 南京:南京师范大学,2012:31.
② 高志仁. 新中国个人收入分配制度变迁研究 [D]. 长沙:湖南师范大学,2008:65.
③ 王友成. 1958—1959 年党的领导集体对所有制问题的认识轨迹 [J]. 河南师范大学学报(哲学社会科学版),2010,37(4):93-96.

第二节　改革开放后收入分配制度变迁（1978—2012 年）

20 世纪 70 年代末 80 年代初的经济体制改革，成为中国走出发展困境的重大转折点。其中，构成经济体制改革不可分割的重要组成部分的收入分配制度嬗变，源自体制缺陷、思想解放、实践创新形成的动力汇聚成一股巨大的时代洪流，推动着我国收入分配制度的适时改革。

一、收入分配制度的改革与启动（1978—1992 年）

20 世纪 70 年代末，肇始于农村联产承包责任制改革及其后的城市国有企业改革，都是以"放权让利"经营和分配体制改革、利益调整打开缺口，拉开改革的大幕，以此为切入口启动了改革开放这一重大制度变迁。其间，伴之以流通体制改革，再深入进行所有制、产权制度方方面面的改革，走出了一条渐进式为主、先易后难、由"体制外"改革向"体制内"改革、市场力量逐渐嵌入和渗透资源配置及其经济体运行的推进路径。此外，个体经济、私营经济和外资经济等非公有制经济相应的非按劳分配的出现，又促进了体制内的按劳分配也发生着与市场取向相适应的改革探索。生产关系、分配关系的适时改革客观上要求上层建筑也应做出适时调整，党的十三大提出按劳分配为主，其他分配形式为补充，并明确资本等非劳动要素参与收益分配的合法性，由此开始并深入推进了中国的"混入型"收入分配制度变革，体制外非按劳分配改革与体制内按劳分配变革及其相互影响和碰撞，内在地生成了一个不同于改革前单一型按劳分配制度的"混入型"收入分配制度[1]。

---

[1]　我们把这种因改革的市场作用而产生的资本性收入、经营性收入、技术性收入等要素性收入的多种收入分配方式，向公有制经济及其分配的渗入影响从而混入进整体国民经济和国民收入分配中形成的分配制度及其政策，视为"混入型"收入分配制度。

1. 分配基础的演变：要素产权从单一化到多元化

按照前述的"马克思分配定理"，作为在生产关系中起决定作用的生产资料所有制的形式决定和影响产品分配的形式。回看20世纪80年代的改革开放，中国的所有制结构从过去公有制"一统天下"逐渐演变为多种所有制经济并存的格局，与此相应的是居民拥有的要素产权也从过去的单一化逐渐演变为多元化的格局，依次经历了突出国营经济主导地位和个体经济是公有制经济必要补充的"主导—补充"的实践探索，与公有制为主体、个体经济、私营经济等非公有制经济都是补充的"主体—补充"的实践探索。具体而言，计划经济时代劳动者直接占有的是自身的劳动力产权（虽然还更多是名义上的劳动力产权，并不通过市场交易的形式实现其产权的收益），劳动者只能通过劳动力产权获取收入，公有制经济消除了任何私人凭借非劳动要素（如资本、土地）获得收入的可能性。随着体制改革的深入和非公有制经济的迅速发展，一部分居民逐渐积累了私人资本，并开始凭借资本要素获得收入，私人占有资本要素逐渐获得了合法的地位。另外，技术、信息、房产、企业家才能也逐渐进入市场进行交易，社会居民所拥有的要素产权日益多元化。

2. 分配原则的演变：公理性原则的恢复和政策性原则的优化

公理性分配原则是从社会关系的本质中产生出来的，如社会主义生产资料公有制本质关系中产生的人们之间公平分配、按劳分配等原则。在体制转轨的过渡期，我国逐渐引入了按要素分配原则，但是并没有改变我国的社会主义生产资料公有制本质，故而我国这一时期的公理性收入分配原则依旧为按劳分配原则，更多地表现为按劳分配原则的恢复与重新确立。此外，探索和确立新的公理性分配原则，是一个在实践中总结的过程，也是一个通过试错摸索社会主义生产关系改革与演变规律，在寻找与改革中所有制结构、劳动与劳资关系等的社会经济关系新变化的本质中产生出来并逐渐上升到法律层面的过程。因而，新的公理性分配原则的探寻过程在实践中又表现出其与政策性分配原则的交织互动的关系。在计划经济年代，我们实行按劳分配原则，个人只能凭借劳动贡献获取收入，任何个人不能凭借资本、土地等非劳动要素获取收入。而在改革开放后的20世纪80年代，中国收入分配制度开始从单一的按劳分配转向按劳分配基础上生发出新的按生产要素贡献的分配，逐渐明确了资本等非劳动要素参与收益分配的合法性。资本、土地等非劳动要素以及技术、管理等新型生产要素参与分配是一个渐进发展的过程。这一时期，乡镇企业通过"集资""入股"等形式，探索了股份合作制等企业财产组织形式，使资本这一重要的生产要素开始参与企业的收入分配。到90年代初期，国有企业的公司化改革允许资本、土地等非劳动要素参与分配。再者，改革开放以来不断得到发展的私营经济和外资经济中，劳动、资本、土地、管理、技术等生产要素一开始就按照市场化原则，按照要素对企业产出所做的贡献参与分配。

政策性分配原则是国家关于不同时期适应社会经济发展需要的具体分配决策和政策安排，政策性分配原则的核心是效率与公平的权衡。在收入分配体制转换期，效率开始逐渐受到重视。这一时期由改革开放前"唯平等论"依次向"克服平均主义倾向，以提高经济效益为中心"和"平等与效率并重"转变，打破平均主义的分配体制，实行按劳分配，兼顾公平与效率。具体来看，这一时期公平与效率原则的演变有如下两个阶段：第一阶段由1978年党的十一届三中全会到1984年的十二届三中全会提倡"克服平均主义倾向，以提高经济效益为中心"；第二阶段由1984年《中共中央关于经济体制改革的决定》的出台、1987年党的十三大至1992年党的十四大的召开，其分配原则可概括为"效率第一、公平第二"[①]。

3. 分配机制的演变：从政府单一分配机制到引入市场机制

改革开放前实行计划化的按劳分配制度，分配活动通过计划机制和行政强制来实施。改革开放后，随着各类要素市场的不断发育，劳动力、资本、土地、技术、管理等生产要素通过市场配置的比重不断提高。相应地，在居民收入的初次分配领域，市场机制逐步引入、发育和成长，并开始对社会收入分配发挥越来越大的调节作用。同一时期，政府对再分配的调节方式也在不断地调整和完善。税收方面，个人所得税、个人收入调节税和城乡个体工

① 刘承礼. 改革开放以来我国收入分配制度改革的路径与成效——以公平与效率的双重标准为视角[J]. 北京行政学院学报，2009（1）：69-74.

商业户所得税得以出现；社会保障方面，改革逐渐由"企业保险"向"社会保险"突破。从第三次分配机制来看，这一时期，伴随我国受抑制生产力的释放和经济的快速发展，对于社会慈善事业，政府由取缔、抵触到支持，态度逐步转变。但是，由于第三次分配此时在国内才刚刚起步，发展较为缓慢，民间慈善组织还非常少见，且是政府而不是社会力量成为第三次分配的主体。

4. 分配形式的演变：从简单化到多样化

在体制转轨时期，我国居民获取收入的形式越来越多样化。在农村，农民除农业生产中的实物性收入、销售农产品的货币性收入等形式以外，还有从乡镇企业和城市务工活动中获得的工资性收入，部分参与企业集资入股的农民还可以获得利息、分红等分配形式的收入。在城市，居民除工资性收入外，利息、股息、红利、房租等资本和财产性收入形式逐渐出现。随着技术、信息和经理市场的发育，技术、信息、管理等生产要素所有者也获得了多样化的收入，如技术转让费、专利费、信息费、经营者年薪、风险收入等。总之，市场化改革使分配形式从过去比较单一的劳动收入、工资性收入形式，逐渐向多样化的收入分配形式演变。

在"混入型"收入分配制度取代传统单一型按劳分配制度的改革和推进时期，有力地消除了过去平均主义分配方式带来的逆向调节影响，同时，国家以"一部分人先富带动共富"为抓手的政策创新在提高城乡劳动者和企业等市场主体积极性等方面取得了显著的成效，有力地促进了我国生产力的大发展和经济的快速增长。但是这一时期，改革的"双轨制"非均衡分配也带来了收入差距过大、社会分配不公等负面影响及其衍生出的新的社会问题。

二、收入分配制度的改革创新（1992—2012 年）

1992 年党的第十四大确立了社会主义市场经济体制的改革目标。此后，伴随社会主义市场经济体制的建设、完善与深入发展，生产要素对经济发展的贡献愈来愈大，资本、土地等非劳动要素以及技术、管理等新型生产要素的投入极大地改变了我国经济增长和发展的质态水准，也深刻地影响和改变

着收入分配的方式、结构、功能和特征，"混入型"收入分配制度逐步转变为
"混生型"收入分配制度。此处使用"混生型"收入分配制度，原因在于强
调按劳分配与按生产要素分配两种形式由改革开放初期的劳动分配占绝对地
位、新的生产要素分配有所渗入，转变为社会主义市场经济体制下的按劳分
配为主体，多种分配方式彼此渗透、互相影响、融合生长、共同作用的基本
收入分配制度。这是我国收入分配制度对新阶段下生产力水平、生产关系及
其上层建筑改革变化的又一次适应性调整和自创新，是生产要素转向以市场
配置为基础，多种所有制和经济形式由体制外的"边际增量"改革转入打破
体制外与体制内泾渭分明界限，向相互渗透融合、谋求合作共生的同一社会
主义市场经济体制转变的历史逻辑的必然，是政府与市场体制机制及其政策
调整改革的上层建筑与社会主义公有制为主体、多种经济形式并存共生的所
有制结构的经济基础相互作用的充分表现。

　　1. 分配基础的演变：基本经济制度的确立和优化

　　1992—2001 年为分配基础的初步确立阶段。这一阶段，所有制结构得到
进一步优化，形成了公有制为主体、多种所有制共同发展的基本经济制度。
具体表现为：一是促进非公有制经济快速发展，所有制结构形成并确立为公
有制为主、多种所有制并存的格局。二是国有经济成分在国民经济产值中的
比重已经很大，但有所下降。三是尽管国有经济成分相对下降，但国有经济
的控制力与影响力依然较强（见图 10-3 和图 10-4）。

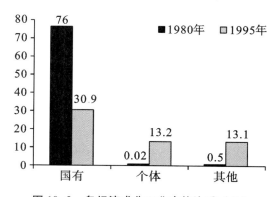

图 10-3　各经济成分工业产值比重（%）

（资料来源：1981 年和 1996 年《中国统计年鉴》）

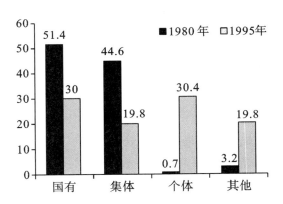

图 10-4 各经济成分商品零售额比重（％）

（资料来源：1981 年和 1996 年《中国统计年鉴》）

2002—2012 年为分配基础的新突破期，即侧重建立现代产权制度的结构变革阶段。秉承解放和发展生产力的要求，在党的十五大界定公有制经济与非公有制经济的基础上，这一时期依然坚持与完善"公有制为主体、多种所有制共同发展"的所有制结构。但对所有制结构的认识更深刻，对所有制结构的完善逐步深入到产权等制度层面。2002 年，党的十六大提出的"两个毫不动摇"无疑从理论高度上确认了这一制度安排的准确性与合理性。2003 年，党的十六届三中全会在社会主义所有制理论上实现了根本性突破。会上通过的《中共中央关于完善社会主义市场经济体制若干问题的决定》首次提出要"使股份制成为公有制的主要实现形式"，要放宽市场准入，提高非公有制企业的待遇。更突出的是，第一次明确了产权的重要性，指出要"建立健全现代产权制度"。这期间，在国有企业完成公司制股份制改革、政策上对非公有制经济发展不断松绑、使其成为中国社会主义市场经济重要组成部分改革的同时，农村拉开了继改革开放以后的第二次土改，20 世纪 80 年代初期家庭联产承包责任制"两权分离"的第一次土改，严格地说只是一场农村经营制度的改革而不是产权制度的变革。而第二次土改，即在稳定农村土地承包权的基础上进一步落实农民对承包经营土地的财产产权，通过法律形式的"确权—颁证"，把土地使用权真正交给农民，赋予农民获得土地经营市场主体的地

位，促进土地使用权的流转和适度规模经营，保障农民土地财产权及其收益，促进农业土地、劳动等要素生产率的提高，促进农业生产力的进一步发展。

2. 分配原则的演变：公理性原则和政策性原则的竞争与协调

1992—2001 年，分配原则初步确立，即按劳分配与按生产要素分配相结合。1993 年，党的十四届三中全会首次在《中共中央关于建立社会主义市场经济体制若干问题的决定》中提出了"效率优先、兼顾公平"的原则，之后进一步被写入 1997 年的中共十五大报告中，并首次提出"按劳分配和按生产要素分配相结合"的原则。由此，中国逐步实施了按劳分配为主、多种分配方式并存的"混生型"收入分配制度，收入分配原则同时实现了由单一的按劳分配向按劳分配和生产要素参与分配相结合的原则的转变，即公理性分配原则的创新和坚持效率优先、兼顾公平的政策性分配原则创新。

2002—2012 年，分配原则的新突破表现为按贡献标准的界定与效率公平并重。上一阶段的分配原则为"按劳分配和按生产要素分配相结合，坚持效率优先、兼顾公平"。理论上有所进步，但是尚未确定按生产要素分配的标准，而且对效率的侧重也导致收入差距日益扩大[1]。为此，该阶段的收入分配原则沿着界定按生产要素分配标准与处理效率与公平的关系两条主线优化。在继续坚持和完善社会主义市场经济体制下的"混生型"分配制度基础上，党的十六大报告明确指出要"确立劳动、资本、技术和管理等生产要素按贡献参与分配的原则"。相较之前的分配原则，此次会议规定了生产要素参与分配的标准为"按贡献"，即哪一种生产要素对经济发展的贡献大，该种要素的所有者便可以凭借所有权获得较高的报酬。更进一步，党的十七大将这一原则上升到制度层面——"健全劳动、资本、技术、管理等生产要素按贡献参

---

① 伴随着分配制度的变革和收入分配机制的市场化，中国居民收入差距迅速扩大，总体居民收入差距的基尼系数从 20 世纪 80 年代初的 0.3 左右迅速上升到 20 世纪 90 年代后期的 0.4 以上，是同期全球收入差距增幅最大的国家（ATINC. Sharing rising incomes：Disparities in China［M］// World Bank. Sharing Rising Incomes：China 2020 Series. Washington D. C.：World Bank Press，1997：257 - 260.）。2001 年，中国的基尼系数达到了 0.447，在世界银行考察的 120 个国家与地区由低到高的排序中，居于第 85 位（World Bank. World Development Report 2005：A Better Investment Climate for Everyone［M］. New York：World Bank and Oxford University Press，2004：258-259.）。

与分配的制度"。从而，劳动、资本、技术与管理等生产要素均可在创造财富的过程中按照贡献大小获取等量报酬成为中国市场经济条件下初次分配领域的基本原则。国家在对待效率与公平的关系上也出现变化，开始向公平端倾斜，由坚持"效率优先、兼顾公平"转变为"效率与公平并重"。

3. 分配机制的演变：从政府与市场的双重机制到引入社会的三重机制

1992—2001 年，分配机制的初步确立表现为市场调节和政府调控复合作用的机制。党的十四大确立建设社会主义市场经济的目标以后，收入分配制度进入与经济体制这一重大改革相适应的新阶段。在此阶段，受资源配置方式与机制变化的影响，市场机制在收入分配方面的作用愈发重要，市场机制成为收入分配机制不可或缺的部分，收入分配机制由单一的计划型分配机制逐步转向市场调节与政府调控复合作用的分配机制。市场经济体制改革的同时，计划机制逐步退出初次分配领域，而于再分配领域中以政府宏观调控方式调节居民收入分配。此调节功能由政府依托相应的法律法规，通过税收与社会保障两大政策工具加以实现。因此，计划机制转为政府着重于再分配领域的宏观调控机制。

2002—2012 年，分配机制的新突破表现为市场、政府和社会三重机制的形成。这一时期，我国逐步形成了初次分配领域市场占主导、再分配领域政府占主导和第三次分配领域社会占主导的三重分配机制。初次分配领域发挥市场机制调节分配的主导作用是社会主义市场经济发展的必然。党的十六大报告强调："在更大程度上发挥市场在资源配置中的基础性作用……发展产权、土地、劳动力和技术等市场。"这说明各类生产要素的供求都应由市场机制发挥作用配置。再分配领域政府宏观调控分配的作用机制不断强化，表现为税收调节收入的作用有所提高和社会保障的作用惠及更多居民。第三次分配领域中逐步形成了社会主导的机制。为更加体现社会文化、道德水准和文明程度等软约束在调节收入分配中的功能，党的十六大和十七大报告分别指出，"发展城乡社会救济和社会福利事业""以慈善事业、商业保险为补充，加快完善社会保障体系"。此外，相关政策的创新推动了我国慈善事业的迅速发展。

4. 分配形式的演变：居民收入的多样化程度不断提高

1992—2001 年，分配形式的初步确立表现为居民劳动收入与其他要素收入共存。与社会主义市场经济体制建设相配套的所有制结构与"混生型"收入分配制度的演变，使得劳动者拥有的产权不再是唯一，城乡居民可凭借要素所有权获取更多其他收入。这样，城乡居民收入获取方式由按劳分配制度下的工资收入或实物收入的简单化趋于多样化。

2002—2012 年，分配形式的新突破表现为居民收入多样化的趋势越来越显著。国家进一步"确立劳动、资本、技术和管理等生产要素按贡献参与分配的原则"，并将其上升到制度层面，且将"公民的合法的私有财产不受侵犯"写入宪法，这为城乡居民收入多样化提供了坚实的制度基础和法理依据。为鼓励更多居民获得多元化的收入，党的十七大报告首次强调要"创造条件让更多群众拥有财产性收入"。具体表现为，城乡居民收入来源的日益丰富。

进一步从社会主义市场经济与收入分配体制改革创新的整个区间出发，我们可以发现：1990—2012 年，中国城镇居民人均可支配收入多样化的构成中呈现"一降、三增"的特征。1990 年，中国城镇居民人均可支配收入为1 510 元。其中，工资性收入占 76.3%，经营净收入占 1.5%，财产性收入占1.1%，转移性收入占 21.1%。经过 21 年的快速发展，城镇居民人均可支配收入迅速增加，各种类型的收入均出现不同程度的增长，但除工资性收入在人均可支配收入中的比重出现下降以外，其他类型收入的比重均有所提高。2012 年，城镇居民人均可支配收入为 26 958.99 元。其中，工资性收入占64.30%，经营净收入占 9.45%，财产性收入占 2.63%，转移性收入占 23.62%。同期，中国农村居民人均纯收入构成的多样化特征一样显著，也出现了"一降、三增"的现象。1990 年，中国农村居民年人均纯收入为 686 元。其中，工资性收入占 20.3%，家庭经营净收入占 75.7%，财产性收入为 0，转移性收入占 4%。随着市场化经济体制改革的推进，农村经济活力进一步释放，农民获得收入的方式日益多元，尤其是劳动力流动的放开与集体经济的发展，农村居民工资性收入的比重迅速提高。2012 年，农村居民年人均纯收入上升到了 7 916.58 元，工资性收入占比为 43.55%，较 1990 年提高 23.25 个百分点；

家庭经营净收入则下降到 44.63%，比 1990 年低 31.07 个百分点；财产性收入和转移性收入占比分别上升至 3.15% 和 8.67%。具体数据参见表 10-2。

表 10-2　1990—2012 年城镇居民、农村居民家庭人均收入情况

类别	城镇居民家庭				类别	农村居民家庭			
	1990 年		2012 年			1990 年		2012 年	
	绝对数/元	比重/%	绝对数/元	比重/%		绝对数/元	比重/%	绝对数/元	比重/%
可支配收入	1 510.0	100	26 958.99	100	纯收入	686.0	100	7 916.58	100
工资性收入	1 152.1	76.3	17 335.62	64.30	工资性收入	139.3	20.3	3 447.46	43.55
经营净收入	22.7	1.5	2 548.29	9.45	经营净收入	519.3	75.7	3 533.37	44.63
财产性收入	16.6	1.1	706.96	2.63	财产性收入	0.0	0.0	249.05	3.15
转移性收入	318.6	21.1	6 368.12	23.62	转移性收入	27.4	4.0	686.70	8.67

资料来源：1991 年和 2013 年《中国统计年鉴》。

要而论之，社会主义市场经济体制下的"混生型"收入分配制度中，按劳分配重视公平，按生产要素分配促进效率提升，二者相辅相成，形成混生优势，以在促进生产力新的发展过程中实现公平与效率的有机融合。因此，这一阶段"混生型"收入分配制度的深入优化本质上是加快缩小居民收入差距，最终迈向共同富裕。分配基础上加速推进混合所有制经济，完善产权保护制度；分配原则上以共享发展理念为指导，更加侧重公平；分配机制上坚持三重机制协调的同时，强化政府与社会机制的调节作用；分配形式上多渠道丰富群众收入来源，进一步推动居民收入的多样化。由此可见，这一阶段的"混生型"分配制度并非是对新中国之初过渡期"混杂型"分配制度的简单回归，而是在改革开放新的历史背景及社会主义市场经济体制下收入分配制度的适应性调整和创新性发展，是社会主义收入分配制度自我完善、实现共同富裕的"中国实践"。

新中国经济
制度变迁
XINZHONGGUO JINGJI
ZHIDU BIANQIAN

第三节　新时代收入分配制度变迁（2012年至今）

本章第一、二节的分析研究，从时间维度刻画了自1992年确定建立社会主义市场经济体制目标至今中国社会主义市场经济体制下"混生型"收入分配制度的演进轨迹，改革实践中"混生型"收入分配制度的演进事实上走过了初步确立、新突破和深度优化三个阶段。本节重点研究"混生型"收入分配制度深度优化改革的基本情况及其路径。

一、收入分配制度的改革深化（2012年至今）

1. 分配基础的深度优化：混合所有制与产权保护的推进

经过多年的实践，公有制为主体、多种所有制共同发展的制度安排是合理的已形成共识，但也存在优化空间。基于过去的所有制结构，当前时期，主要围绕基本经济制度的混合所有制实现形式，提升公有制经济的竞争力与效率，完善产权保护制度，深入优化社会主义市场经济条件下的所有制结构。国家主要以国有企业混合所有制改革的推进为抓手，提高公有制经济的竞争力和效率。同时，农村改革再度迎来土地"两权分离"转向"三权分置"的重大制度创新，即坚持农村土地集体所有的前提下，促使承包权和经营权的再分离，形成所有权、承包权、经营权的三权分置和经营权流转的格局，真正赋予农民更多选择自由和空间，切实保障农民的财产权及其收益，促进农民财产性增收。党的十八大报告强调要"保证各种所有制经济依法平等使用生产要素、公平参与市场竞争、同等受到法律保护"。总之，"公有制为主体、多种所有制共同发展"的所有制结构在建立现代产权制度体系的过程中被不断完善、优化与强化。党的十九大报告进一步指出，"必须坚持和完善我国社会主义基本经济制度和分配制度，毫不动摇巩固和发展公有制经济，毫不动摇鼓励、支持、引导非公有制经济发展"，还要"深化国有企业改革，发展混

358

合所有制经济"。这也为社会主义市场经济条件下"按劳分配为主、多种分配方式并存"的"混生型"收入分配制度提供了合理的产权依据与所有制基础。

2. 分配原则的深度优化：共享发展理念下公平端的侧重

日益扩大的居民收入差距引起了社会各界对公平的关注，全面建成小康社会与共同富裕的实现也对过去的收入分配制度提出了挑战，分配原则的变革势在必行。结合"全面建成小康社会、两个翻一番和共同富裕"目标，收入分配原则的调整方向或指导方针是比较明确的。正如党的十八大报告所指出的："要坚持社会主义基本经济制度和分配制度，调整国民收入分配格局，加大再分配调节力度，着力解决收入分配差距较大问题，使发展成果更多更公平惠及全体人民，朝着共同富裕方向稳步前进。"

中国共产党第十八次全国代表大会明确强调："实现发展成果由人民共享……初次分配和再分配都要兼顾效率和公平，再分配更加注重公平。"这说明在城乡居民收入分配方面，国家再次偏向公平端，且更加侧重公平。"蛋糕"不断做大，还要把"蛋糕"分好，以促进公平正义[①]。中国共产党第十八届五次会议进一步提出了"共享发展理念"，认为共享发展是注重解决社会公平正义问题。至此，社会主义市场经济体制深入发展过程中，中国在解决缩小收入差距、维系社会公平正义问题方面的重视程度达到了前所未有的高度。

与共享发展理念指导下侧重公平的分配原则相适应，国家在具体的收入分配措施上更是加大了国民收入分配格局的调整力度。超过7 000万规模的农村贫困人口被认为是全面建成小康社会的短板之一，也是造成收入差距和阻碍共同富裕的重要原因，从而脱贫攻坚成为十三五时期的工作重点之一；十八大以来实施的"八项规定"和以零容忍态度惩治腐败，将打击非法非正常收入、规范收入分配秩序落到实处，促进了社会公平正义[②]。

3. 分配机制的深度优化：政府与社会机制作用的再加强

在市场、政府与社会三重分配机制协同的基础上，国家认可了市场机制调节初次分配的主导性作用，进一步加强了再分配和第三次分配领域政府和

---

① 习近平. 切实把思想统一到党的十八届三中全会精神上来 [J]. 求是, 2014 (1)：3-6.

② 魏众, 王琼. 按劳分配原则中国化的探索历程——经济思想史视角的分析 [J]. 经济研究, 2016, 51 (11)：4-12, 69.

社会两大机制在收入分配中的调节作用，以缩小收入差距。初次分配领域，中国共产党第十八次全国代表大会强调"完善劳动、资本、技术、管理等要素按贡献参与分配的初次分配机制"，以更好地"兼顾效率与公平"。

会议首次指出："加快健全以税收、社会保障、转移支付为主要手段的再分配调节机制。"这是对政府再分配调节机制认识上的提高与创新，并试图借助政府作用的加强调节收入分配。税收方面，进一步降低企业税负，调动各方积极性，从 2012 年 1 月 1 日于上海开展的交通运输业和部分现代服务业营业税改增值税试点到 2016 年 5 月 1 日全国推行营业税改增值税的税收体制变革进一步提高了企业所有者收益。社会保障方面，中国共产党第十八次全国代表大会指出："要坚持全覆盖、保基本、多层次、可持续方针，以增强公平性、适应流动性、保证可持续性为重点，全面建成覆盖城乡居民的社会保障体系。"2014 年，《国务院关于建立统一的城乡居民基本养老保险制度的意见》（国发〔2014〕8 号）明确了基本养老保险的参保范围、参保标准、缴费形式等，推动了覆盖城乡居民社会保障体系的建立。2016 年，《国务院关于整合城乡居民基本医疗保险制度的意见》（国发〔2016〕3 号）的出台意味着长期分割的城乡医疗保险制度将走向终点，对促进城乡融合、体现城乡公平具有重要意义。而且，充分考虑广大人民的利益，"建立社会保险基金投资运营制度，确保基金安全和保值增值"也为国家所允许。

在农村，围绕农业供给侧结构性改革，理顺市场、政府和社会的关系。通过进一步深化粮食等重要农产品价格形成机制和收储制度改革、完善农业补贴制度，充分发挥市场机制在农业农村资源配置中的基础性甚至决定性作用；完善改革财政支农投入机制，对准公益性农业农村发展，探索政府转变传统单一输入式支农方式与市场的对接，更好发挥政府分配机制在政策引导、宏观调控、支持保护、公共服务等方面的作用；强化培育新型农业经营主体和多元化的服务主体，构建以公共服务机构为依托、合作经济组织为基础、龙头企业为骨干、其他社会力量为补充，公益性服务和经营性服务相结合、专项服务和综合服务相协调的新型社会化服务体系，加强农业社会化服务机制服务农业现代化的作用，提高农业生产效率和农民收入。

国家也更加重视社会机制在第三次分配领域中的补充作用。中国共产党第十八次全国代表大会再次强调要"完善社会救助体系，健全社会福利制度，支持发展慈善事业，做好优抚安置工作"。为更好地发挥社会分配机制的调价功能，国家从规范慈善事业发展入手，中华人民共和国第十二届全国代表大会通过了《中华人民共和国慈善法》，该法于 2016 年 9 月正式施行。这是社会福利领域的第一部法律，标志着社会分配机制将进入制度规范发展阶段，在调节收入分配方面将发挥常态化的作用，助力缩小居民收入差距。

　　4. 分配形式的深度优化：居民收入多样化的进一步推动

　　社会主义市场经济体制下分配形式表现为居民收入多样化，这是分配基础、分配原则与分配机制在市场经济运行中发挥作用的具体表现。经过多年的努力，中国居民人均可支配收入已显现多样化的趋势，社会主义市场经济体制下的"混生型"收入分配制度优化将进一步推动居民收入来源的多样化。

　　中国共产党第十八次全国代表大会指出，应在坚持按劳分配，"推行企业工资集体协商制度，保护劳动所得"，提高工资性收入的基础上，"多渠道增加居民财产性收入"。这是继中国共产党第十七次全国代表大会首次确定"创造条件让更多群众拥有财产性收入"政策，认可居民私人财产及凭借私有产权获取收入之后的又一创新。在操作层面上，国家不断制定相应细则与办法以确保将"多渠道增加居民财产性收入"落到实处。比如，2013 年出台的《中共中央关于全面深化改革若干重大问题的决定》关于"允许混合所有制经济实行企业员工持股，形成资本所有者和劳动者利益共同体"的政策，是鼓励工人在赚取劳动报酬的同时获得分红或股息，也是按劳分配与按资分配相结合的实现形式之一；2015 年，《国务院办公厅转发人力资源社会保障部、财政部关于调整机关事业单位工作人员基本工资标准和增加机关事业单位离退休人员离退休费三个实施方案的通知》（国办发〔2015〕3 号）上调机关事业单位离退休人员离退休费的规定，是增加转移性支付收入的具体体现；2016 年，交通运输部、工信部等 7 部委联合发布并施行的《网络预约出租汽车经营服务管理暂行办法》是促进居民依托私有财产进行经营获取财产性收入的承认、规范与保护。

　　受收入分配领域相关政策出台与相继落实的影响，城乡居民收入来源多元特征日益显现，居民收入多样化的趋势进一步加强（见表 10-3）。

表10-3　2012年和2017年全国、城镇和农村居民人均收入情况比较

类别	全国				城镇居民				农村居民家庭			
	2012年		2017年		2012年		2017年		2012年		2017年	
	绝对数/元	比重/%	绝对数/元	比重/%	绝对数/元	比重/%	绝对数/元	比重/%	绝对数/元	比重/%	绝对数/元	比重/%
可支配收入	—	—	25 973.5	100	26 958.99	100	36 396.1	100	7 916.58	100	13 432.7	100
工资性收入	—	—	14 620	56.3	17 335.62	64.3	22 200.9	61	3 447.46	43.55	5 498.4	40.9
经营净收入	—	—	4 501.8	17.3	2 548.29	9.45	4 064.7	11.2	3 533.37	44.63	5 027.8	37.4
财产性收入	—	—	2 107.4	8.1	706.96	2.63	3 606.9	9.9	249.05	3.15	303.3	2.3
转移性收入	—	—	4 744.3	18.3	6 368.12	23.62	6 523.6	17.9	686.7	8.67	2 603.2	19.4

资料来源：2013年和2018年《中国统计年鉴》。

一言以蔽之，始于党的十八大和十八届三中全会的召开，我国的相关改革得到了全面深化。体现在收入分配制度上面，就是收入分配的基础得到了深度优化，表现为混合所有制与产权保护的推进；收入分配原则的深度优化，表现为共享发展理念下公平端的侧重和以人民为中心发展思想的践行；收入分配机制的深度优化，表现为在坚持市场资源配置决定性作用的基础上，政府与社会机制作用得到了再加强；收入分配形式的深度优化，表现为居民收入多样化的进一步推动。

二、新时期深化收入分配制度改革的路径：走共享发展的中国道路

习近平指出："要坚持以人民为中心的发展思想，这是马克思主义政治经济学的根本立场。"以人民为中心的发展，其关键是实现共享发展，体现逐步实现共同富裕的要求。

1. 以公平正义为核心价值构建实现共同富裕的体制机制

进入 21 世纪，在收入分配领域，我们推出了一系列深化改革的措施，规范收入分配秩序，加大政府调节力度，以切实解决分配不公和收入分配差距过大的问题。

中国特色社会主义的建立是一个不断追求公平正义、实现共同富裕的过程，在实践中需要与之相适应的体制机制。按照马克思历史唯物主义观点，人类社会不存在普遍的正义，正义是历史的产物。一个公平正义的制度，其作用是要形成一个让社会绝大多数成员都感到满意，从而能激励他们的创造性劳动的制度环境，最终促进经济效率的提高。任何一个制度作为生产关系的法定表现是由生产力决定的，在收入分配和财产权构建上，我们要选择的是这种制度与现阶段生产力发展、增进经济效率的内洽性。在社会主义市场经济条件下，公平正义原则首先应体现为法律承认和保护财产获得的正当性和正当财产权利的排他性，即产权保护原则。

与社会主义市场经济相适应的产权制度承认和保护包括劳动在内的各种要素主体对经济的贡献以及获得收入和财产，这是一种贡献与收益相对应的

公平原则，在它是社会财富的第一次分配的意义上，又被称为"原始公正"。从不区分市场主体的个性特征而具有普遍适用性来说，这种公平原则体现了一种形式理性和机会平等的公平，它却不能体现社会成员之间无个体差别的共享与占有。问题在于，在物质财富还没有极大丰富、劳动还是个人的谋生手段的社会主义市场经济中，不同的市场主体在个人禀赋、经营条件、机遇等方面的千差万别，注定了各市场主体之间在获得实际经营结果上存在差别（在分配上体现为个人财产和收入的差别），如果我们的产权制度不保护这种结果而强调全体成员共同占有和平等分享，事实上会造成一部分人占有他人劳动成果的情况，这又违背了产权正义的原则，同时还会损失效率。

2. 坚持以人民为中心和人的全面发展

马克思、恩格斯从人的解放和全面发展出发，从历史演变的角度揭示了三大社会形态中人的发展状态，指出人的全面发展的历程和人类社会历史发展一样是一个自然历史过程。在《1857—1858 年经济学手稿》中，马克思按照人的个体发展的程度把人类社会分为依次递进的三种社会形态。其中，"建立在个人全面发展和他们共同的社会生产能力成为他们的社会财富这一基础上的自由个性，是第三阶段"[①]，它相当于马克思所讲的社会主义和共产主义社会。在这个阶段，人类由"必然王国"进入"自由王国"，以自由人联合体为基础，消灭了私有制和剥削。在这一社会形态中，在高度发展的生产力的基础上实现了对异化劳动的扬弃，个人从权力和资本的奴役下解放出来，实现了全面发展和自由发展。马克思强调："第二个阶段为第三个阶段准备条件。"马克思所讲的条件既包括生产力发展所提供的物质条件，也包括人与人的社会关系方面的条件，如社会公平正义、按需分配、个人自由选择和对社会公共事务的充分参与等等。在这里，共享发展和共同富裕不仅是社会价值、理念，更是现实的社会实践。就物质资料生产、所有制与人的发展关系看，从历史唯物主义出发，马克思认为财产权和所有制不仅是一种与物质生产力发展有关的生产关系，它本质上包含着人的发展的基础条件，即能否突破旧

① 马克思，恩格斯. 马克思恩格斯全集：第 46 卷［M］. 中共中央编译局，译. 北京：人民出版社，1979：108.

的社会分工和机器大工业对人的束缚，消灭并剥夺任何人利用财产的占有权力去奴役他人劳动的权力，重建"劳动者个人所有制"和自由人联合体，最终实现每个人的自由全面发展。马克思追求的是人的全面发展，物质资料的生产和发展只不过是人的全面发展的基础。

生产力的发展和经济增长的目的是什么？经济社会的发展怎样做到可持续？各个国家都必须回答这些问题。美国学者加尔布雷思认为经济发展应当回到重视公共目标、重视人的发展轨道。他曾经批评资本主义国家把经济增长作为主要目标，对物的关注胜过于对人的关注，认为应当改变这种现象，应当对人本身给予充分关注，确立和追求公共利益或最大限度地满足公众需求的公共目标。1998 年诺贝尔经济学奖得主阿马蒂亚·森在其颇具影响的《以自由看待发展》一书中，同样批评了将发展等同于国民生产总值的增长，或个人收入的提高，或工业化与技术进步，或社会现代化等的观点，认为这些都是狭隘的发展观，最多属于工具性范畴，是为人的发展服务的。进入2000 年，世界各国领导人在联合国千年首脑会议上商定了一套时限为 15 年的目标和价值指标，强调自由、平等、共济、宽容、尊重大自然和共同承担责任，最终是为了人的发展①。

中国立足于改革开放以后的经济增长与发展实践，在丰富的实践经验基础上，形成了以人民为中心的发展思想。习近平指出："要坚持以人民为中心的发展思想，这是马克思主义政治经济学的根本立场。要坚持把增进人民福祉、促进人的发展、朝着共同富裕方向稳步前进作为经济发展的出发点和落脚点，部署经济工作、制定经济政策、推动经济发展都牢牢坚持这个根本立场。"② 以人民为中心的发展，其关键是实现共享发展，体现逐步实现共同富裕的要求。

3. 以共享发展来解决分配领域中的矛盾

经济增长与发展理论认为，一国人均收入的高低取决于该国的长期经济

① 李义平. 马克思的经济发展理论：一个分析现实经济问题的理论框架 [J]. 中国工业经济，2016（11）：13-21.
② 习近平. 立足于我国国情和我国发展实践，发展当代中国马克思主义政治经济学 [N]. 人民日报，2015-11-25.

增长速度。同样，增长理论与各国发展的历史经验表明长期经济增长其关键
是实现经济的转型，即实现从传统"马尔萨斯陷阱"向现代持续经济增长的
转变。长期经济增长的进程必然经历经济成果的分配过程，该过程是收入分
配理论研究的主要内容。不同的收入分配必然造成收入的不同分布，并进而
影响一国的经济福利。根据各个发展中国家的经验，经济转型和实现长期经
济增长并非能自行解决收入的不平等问题。另外，社会制度结构也会影响一
国的经济增长，如果经济增长的成果不能为全体社会成员共享而是被少数人
或社会利益集团独占，经济增长将失去普遍的激励功能。

经济增长的成果如何让人民共享特别是让穷人受益？20世纪以来发展经
济学根据一些发展中国家的增长经验概括出"包容性增长"和"益贫式增
长"的模式。"包容性增长"这一概念最早由亚洲开发银行在2007年提出。
它的原始意义在于"有效的包容性增长战略需集中于能创造出生产性就业岗
位的高增长、能确保机遇平等的社会包容性以及能减少风险，并能给最弱势
群体带来缓冲的社会安全网"。包容性增长最基本的含义是公平合理地分享经
济增长，其中最重要的表现就是缩小收入分配差距，它涉及平等与公平的问
题，最终目的是把经济发展成果最大限度地让普通民众受益。与此相关的是
"益贫式增长"，它关注经济增长、不平等和贫困三者之间的关系。发展中国
家的增长实践表明，单纯的经济增长并不能自动惠及穷人，穷人的生活水平
有可能随着经济增长而下降，因此"涓滴效应"并没有出现。在这个背景下，
人们重新审视经济增长、贫困和不平等之间的关系并达成共识：高速的经济
增长和对穷人有利的收入分配相结合能够导致绝对贫困下降的最大化，达到
所谓"益贫式增长"①。从各个发展中国家的发展经验看，在实现经济增长和
现代化的过程中必然会产生大量剩余劳动力和失业现象，同时，需要依靠社
会救助的贫困人口也可能随之增加。"益贫式增长"模式强调增长机会平等，
对贫困人口给予更多关注，实现充分就业并使劳动收入增长率高于资本报酬
增长速度。"益贫式增长"强调一国要实现较高且可持续的经济增长率就要增
加贫困人口参与经济增长过程的机会，提高贫困人口参与经济增长的能力使

---

① 张庆红. 对益贫式增长内涵的理解：一个文献综述 [J]. 湖北经济学院学报，2013，11（4）：
16-20.

其成为经济增长的推动者，而不是单纯依靠社会保障和救济来帮助穷人。对处在经济社会转型期的我国而言，发展劳动密集型产业，尽可能多地创造就业机会，减少失业；实施乡村振兴战略，富农增收，是贫困减除和实现"益贫式增长"的主要途径。

共享发展作为中国道路实践经验的概括和总结，包含着包容性增长和益贫式增长的意义，同时彰显了中国增长和发展道路的鲜明特色。实践证明，中国现代化必然要走也正在走一条有自己特色的独特道路，在这条道路的特殊性内涵中，共享发展无疑是其中的核心价值之一。

4. 贫困人口脱贫致富，全面实现小康

贫困人口脱贫致富是全面建成小康社会、实现共同富裕的一个标志性指标。贫困不只是一种物质和精神生活能力低于基本生活水准，更在于是一种人的机会的丧失，体现为社会的不公正、不道义。当今世界各国都把贫困作为最大的难题。改革开放以来，中国在全面推进现代化进程取得巨大成果的同时，扶贫开发事业也取得了举世瞩目的伟大成就。中国在30多年的扶贫过程中也形成了自己的扶贫经验和有中国特色的道路，受到国际社会的高度关注和赞誉①。作为一个"二元结构"特征显著、城乡和区域发展差距较大的发展中国家，快速推进工业化、城镇化的人口大国，如何平衡公平和效率的关系、提高发展的包容性，特别是如何帮助农村贫困人口走出贫困陷阱，是我们在新时代面临的重大课题。

在习近平总书记治国理政新理念、新思想、新战略中，提出要促进包容性发展、使发展成果更多更公平惠及全体人民，尽快使全国扶贫对象实现脱贫、让贫困地区群众生活不断好起来。他多次强调："我国大部分群众生活水平有了很大提高，出现了中等收入群体，也出现了高收入群体，但还存在大

---

① 联合国《2015年千年发展目标报告》显示，中国极端贫困人口比例从1990年的61%下降到2002年的30%以下，率先实现比例减半，2014年又下降到4.2%，中国对全球减贫的贡献率超过70%。根据国家统计局发布的数据，截至2017年年末，全国农村贫困人口从2012年年末的9 899万人减少至3 046万人，累计减少6 853万人；贫困发生率从2012年年末的10.2%下降至3.1%，累计下降7.1个百分点。（中华人民共和国国务院新闻办公室. 中国的减贫行动与人权进步［EB/OL］.（2016-10-17）［2018-12-12］. http://www.scio.gov.cn/zfbps/32832/Document/1494402/1494402.htm；新华社. 2017年末全国农村贫困人口减至3 046万人［EB/OL］.（2018-02-02）［2018-12-12］. http://society.people.com.cn/n1/2018/0202/c1008-29802293.html.）

量低收入群众。真正要帮助的，还是低收入群众。"

国家在"十三五"经济社会发展规划制定的经济保持中高速增长的目标中，强调平衡性，首次提到包容性，这都与缩小收入差距、实现共同富裕密切相关。平衡性包含了缩小城乡之间、地区之间的发展差距，也包含了缩小收入差距问题，而包容性则意味着经济发展的成果要更多地让全体人民特别是低收入人群来分享；在具体政策措施方面，"十三五"规划中提到的人口城镇化率提高、增加就业机会、稳步提高基本公共服务均等化、解决贫困人口脱贫问题等，都有利于缩小收入差距，而扶贫减贫是共享发展和实现共同富裕要守住的民生底线。新时期还要新思路，改革创新扶贫开发体制机制，进一步丰富和完善扶贫的经验和模式，构建起政府、市场、社会协同推进的大扶贫格局。在政府层面，还要发挥社会主义制度可以集中力量办大事的政治优势，建立起国家战略及保障实施的机制[1]；在市场层面，要充分发挥市场机制的作用使扶贫工作从"输血式扶贫"走向"造血式扶贫"，提高扶贫受益人的造血能力，切断贫困的代际传递；在社会层面，要动员和凝聚全社会力量广泛参与扶贫，重点是民营企业、社会组织和公民个人的力量以多种形式参与扶贫开发。

5. 建立资本与劳动的协调、共赢机制

建立资本与劳动的协调、共赢机制是社会主义市场经济中解决初次分配劳资矛盾的根本途径，这一机制的基础是社会主义初级阶段的生产关系。在市场经济条件下，初次分配关系是通过市场机制形成的，资本和劳动价格的高低决定了资本所有者和劳动及其他要素所有者的收入水平，并同时调节资源的配置过程，政府对市场机制的调节不做过多的干预。我国在构建社会主义市场经济体制的基本框架时，为保证体制的效率也提出了在初次分配领域实行效率优先、兼顾公平的原则。实践证明，初次分配完全由市场决定既不能实现市场经济的高效率也难以实现公平。初次分配的基本格局是由资本与劳动的利益关系即生产关系决定的。

生产决定分配，不同的所有制关系决定不同的分配制度，这是马克思主

---

① "十三五"规划特别提出"精准扶贫，精准脱贫"的战略，并推出"产业扶贫、生态保护脱贫、易地搬迁扶贫、教育脱贫、低保政策兜底"的"五位一体"式综合扶贫机制安排。

义政治经济学的一个基本原理。资本主义市场经济中生产资料的私人占有是收入分配的两极分化和贫富差距的根本原因,据此,马克思提出了生产资料由全社会成员共同占有的设想,并把生产资料的公有制作为促进社会生产力发展、实现社会成员共同富裕的基本条件。因此,协调资本与劳动的合理关系必须坚持社会主义初级阶段基本经济制度,充分发挥公有制的作用。

在社会主义市场经济中,公有制经济在关系国家及民生的重要经济部门充分发挥主体和主导作用,是国民财富增长和财产利益在社会成员间合理分配、平等受益的重要保证。同样是财产权主体的多元化和收入分配方式的多样化,其合理结构与协调关系的所有制基础是否以公有制为主体,这是社会主义市场经济条件下解决初次分配领域各利益主体收入分配矛盾(最主要的矛盾是资本与劳动)与资本主义市场经济的根本区别。

6. 有效发挥政府调节分配和收入的功能

从西方发达国家收入分配实践经验来看,其往往通过社会再分配政策如税收、转移支付、提供公共产品等来缩小收入差距,但是在初次分配中还缺乏调节财富差距和收入差距的有效手段。吸取西方国家的经验教训,需要充分发挥政府纠正社会财富占有进而收入分配的过分不平等状态的功能,在初次分配和再分配领域构建起一整套财产分布稳定机制和行之有效的财产再分配的经济调节机制,以之抑制和扭转整个社会财富的过度集中和财产分布过度不均等的趋势[①]。具体来看,可以从如下四个方面着力:一是健全工资决定和正常增长机制,完善最低工资和工资支付保障制度。二是完善税收调节机制,健全有利于调节财产与收入差距的税制结构。三是完善社会救助体系,完善社会救助内容体系,完善社会救助的法律体系,大力发展第三方社会救助组织。

共享发展作为中国道路实践经验的概括和总结,包含着包容性增长和益贫式增长的意义,同时彰显了中国增长和发展道路的鲜明特色。实践证明,中国现代化必然要走也正在走一条有自己特色的独特道路,在这条道路的特殊性内涵中,共享发展无疑是其中的核心价值之一。

---

① 根据世界银行经济学家米兰诺维奇的研究,OECD 国家初次分配收入(市场决定收入)的基尼系数为 0.468,但是经过政府的收入再分配政策调节后,可支配收入的基尼系数大幅降低为 0.318。在再分配政策中,79% 是由政府对居民的转移性支出政策贡献的,另外 21% 是由个人所得税贡献的。(李实.《21 世纪资本论》到底发现了什么 [M]. 北京:中国财政经济出版社,2015:136.)

本章小结

  本章以新中国成立为研究的时间起点，以改革开放为研究的分界点，分别研究新中国成立后至改革开放前的国民经济恢复期和过渡期多种分配方式杂存的"混杂型"分配制度，以及1958年宣布社会主义经济制度基本建立后公有制一统天下、实施单一型按劳分配制度；到改革开放后强调发展话语语境下市场化的渗透过程中，伴随着公有制为主体、非公有经济出现而产生的资本性收入、经营性收入、技术性收入等要素性收入，向公有制经济及其分配乃至整个国民收入分配的渗入混合形成的"混入型"分配制度；再到公有制为主体、多种经济形式并存的按劳分配为主体与按生产要素分配相结合的"混生型"分配制度的渐进式演变历程。旨在揭示和刻画我国收入分配制度变迁中的"否定之否定"的规律性特征和演变轨迹：单一型按劳分配制度是对多种分配杂存的"混杂型"分配制度的第一次否定，而按劳分配为主体、"混入型"分配制度及其后的"混生型"分配制度，则是对单一型按劳分配制度的第二次否定。其中，尤为重要的是，"混生型"分配制度并非是对新中国之初过渡期"混杂型"分配制度的简单回归，而是在改革开放新的历史背景下，在嵌入生产力—生产关系—上层建筑关联系统中收入分配制度适应性调整和互动性促进中的创新发展，是社会主义收入分配制度的自我完善，并形成社会主义市场经济体制下收入分配制度创新探索的"中国实践"。

第十一章
经济开放制度变迁

经济开放制度的变迁，是新中国成立以来近70年经济制度变迁历史的一个重要组成部分。在经历了新中国成立初期到党的十一届三中全会前独立自主但有限的开放政策基础上，中国改革开放40年，走出了一条中国特色的对外经济开放理论与制度变迁的新路径，主要表现为"渐进性"与"全方位"两个特点；经历了主动探索、高速发展和全面提升，以及新时代中国创新型对外经济开放等几个不同的时期，并取得了举世瞩目的成就。

第一节　改革开放前独立自主但有限的开放（1949—1978 年）

　　从 1949 年新中国成立后实行"一边倒"①的对外政策，到 1953 年中国开始从不发达的市场经济向计划经济过渡、1956 年中国全面建立计划经济体制，再到 1978 年全面改革开放逐步扩大市场机制，直至 1992 年确立社会主义市场经济体制的改革目标。中国对外开放的理论与制度虽然不断完善，但是道路却十分曲折。20 世纪 50 年代到 60 年代，虽然中国的经济总量有了较大的发展，但改革开放前中国仍是一个低收入国家，未能实现经济的现代化发展，在这一时期中国对外开放的程度非常有限。尽管如此，这一时期的对外政策却为中国的改革开放奠定了理论基础。

一、独立自主对外经济开放思想的确立及其渊源

　　新中国成立初期，中国政府快速扭转了旧中国存在的巨额的财政赤字局面，结束了恶性的通货膨胀。此时的国际政治环境和国际经济形势也发生了一系列变化，面临着资本主义国家在政治上的遏制和孤立、在经济和技术上的封锁和禁运，当时党和国家的主要领导人坚持认为，应该采取独立自主的对外开放政策。但是由于内部和外部环境的不稳定，这时期的对外开放并不是完全充分的。

　　"一边倒"是我国 20 世纪 50 年代在世界政治经济格局中的立场和基本方针。毛泽东同志早在 1949 年 6 月的《论人民民主专政》中就指出："一边倒是孙中山的四十年经验和共产党的二十八年的经验教给我们的，深知欲达到胜利和巩固胜利，必须一边倒。"② 这与当时的政治环境及中国实力是密切相

---

① "一边倒"主要是指新中国成立之初，我国与苏联、东欧社会主义阵营的国家和地区保持较为密切的经济贸易联系。
② 毛泽东. 毛泽东选集：第 4 卷 [M]. 北京：人民出版社，1991：1410.

关的：首先，美、苏两大阵营不允许中国走"第三条道路"；其次，新中国刚刚成立，需要外界的援助；再次，苏联走的是社会主义计划经济的道路，与马列对社会主义的设想和中国的实践相符。向苏联、东欧社会主义阵营的"一边倒"，在当时帮助中国获得了一定的军事、技术、资本等援助，促进了中国经济的恢复和发展，这样的政策是符合当时实际情况的。

新中国成立初期的对外开放思想与毛泽东早期利用外资的思想是分不开的。1936 年 7 月，毛泽东同志接见美国在华记者埃德加·斯诺，与斯诺进行过六次问题的讨论。7 月 15 日在回答斯诺关于对外政策的提问时，毛泽东第一次阐述了利用外资的对外开放的思想，指出"苏维埃政府欢迎外国资本的投资"[①]。表达了其一方面欢迎外国资本的积极投资，一方面反对影响中国独立的外国投资，是其对外开放思想的初步表述。

抗日战争期间，毛泽东再次阐述了利用外资发展经济的思想，这集中体现在毛泽东同志与美国观察员谢伟思的多次谈话中。他已经认识到利用外国资本和引进科学技术对发展本国经济的必要性。1945 年 3 月，毛泽东同志指出："美中两国在经济上可以互相取长补短，双方将不会发生竞争。"他认为必须以积极主动的态度争取外国资本到中国投资，采取独立自主的对外开放政策。1949 年 3 月毛泽东同志提出"取消一切帝国主义在中国开办的宣传机关，立即统制对外贸易，改革海关制度"[②]。在 1956 年《论十大关系》中，毛泽东同志不仅阐述了对外开放的思想，还阐述了独立自主、"处理关系""向外国学习"等与改革开放相关的思想。"学习内容是外国先进的科学、技术等，但不包括陈旧落后腐朽内容"[③]。认为一方面要独立自主、自力更生，另一方面就是要向外国学习，合理运用外资，把别人先进的东西学过来，加以改造，不能照抄照搬，要为己所用。"自力更生为主，争取外援为辅"不仅是中国社会主义现代化建设的基本方针，也是发展对外经贸关系的重要基本原则。《论十大关系》为我们党十一届三中全会确立社会主义改革开放思想和

① 毛泽东. 毛泽东自述 [M]. 北京：人民出版社，1993：129.
② 毛泽东. 毛泽东选集：第 4 卷 [M]. 北京：人民出版社，1991：1434.
③ 中共中央文献研究室. 毛泽东文集：第 7 卷 [M]. 北京：人民出版社，1999：1233.

路线提供了重要而直接的思想启迪和理论依据①。

二、新中国国民经济恢复和过渡时期的对外经济开放
（1949—1956 年）

从新中国成立到 1956 年，中国的社会经济体制已基本确立，建立了以生产资料社会主义公有制为基础的计划经济体制。与此相适应，这一时期的对外经济开放及其特点主要包括以下几个方面：

（一）新型贸易体制的确立与演进

新中国成立前，中国的对外贸易完全依附于帝国主义，一直沿用着半殖民地半封建的外贸体制，海关管理权长期被外国霸占。新中国成立伊始，由于帝国主义的全面封锁以及我国外贸管理体制建立的滞后，一度出现了外贸的混乱局面。面对封锁禁运、内需外销矛盾等重重困难，我国必须建立新型的外贸管理体制，确立独立自主、互惠合作的贸易政策。早在 1949 年 2 月，中共中央确立了优先发展与苏联、东欧各社会主义国家的贸易的外贸方针。1949 年 5 月，陈云同志把对外贸易纳入工作日程，并努力扩展与亚非国家、日本、欧洲甚至美国的贸易。在生产力发展水平落后、物质财富短缺的情况下，为了保证出口创汇，提出了先外销后内销的方针。1949 年 10 月，中国政府设立了贸易部，对外贸进行统一管理。1951 年，又相继成立 8 个对外贸易管理局。

在三年国民经济恢复发展的过渡期，中国经历了一系列的体制重建。1949 年 12 月，政务院颁布《中央人民政府海关总署试行组织条例》。1950 年 3 月，中苏签订《关于在中国新疆创办中苏石油股份公司的协定》《关于在新疆创办中苏有色及稀有金属股份公司的协定》《关于创办中苏民用航空股份公司的协定》，分别建立中苏石油股份公司、中苏有色及稀有金属股份公司、中苏民用航空公司，这标志着中苏创办合资企业的开端，中国开始引进苏联资

---

① 贺全胜.《论十大关系》与十一届三中全会改革开放思想 [J]. 湖南第一师范学院学报，2012 (6).

本。在此期间，中国实行易货贸易，试图越过资本主义国家封锁，积极发展与世界各国的贸易。1958 年 6 月，毛泽东同志在《1958—1962 年发展国民经济发展计划》的批示中指出希望有外援，但又不主要依赖外援，以自力更生为主、争取外援为辅，强调独立自主地干农业干工业干技术革命①。1951 年 1月，政务院颁布《中央人民政府关于关税政策和海关工作的决定》。1951 年 12月颁布《政务院关于设立海关原则和调整全国海关机构的指示》，标志着新中国海关体系的基本确立。1954 年 12 月周恩来同志提出和平共处五项原则，中国愿与世界各国友好相处进行经济贸易往来。

（二）积极主动的外资交流体制初步确立

新中国成立之初，中国科学技术落后，资本欠缺，国内长期动荡而引起的经济贫瘠必须由引进资本加以解决。中央政府根据当时的环境，采取"一边倒"政策，积极向苏联与东欧靠拢，以得到更多的援助。受当时历史条件的制约，我国引进外资是非常有限的，被局限在一个比较狭窄的范围，主要通过资金、技术、直接投资三种方式从苏联、东欧社会主义国家引进。

1949 年 1 月 19 日，中共中央颁布《中共中央关于外交工作的指示》，废除帝国主义经济上的特权和控制权。为了使在华外资企业得到有效的管理，保障其正常运营，1949 年 9 月根据《中华人民共和国中央人民政府组织法》条例，对外资进行集中管理、统一部署、公平对待。1951 年我国的经济形势出现好转，物价稳定，消灭了财政赤字，国内组织华侨回国投资的条件日趋成熟，中共中央开始支持华侨回国投资。但由于 1950—1952 年间，我国对英美等国在华投资的企业采取管制、征用、代管和征购等措施，1952 年年底，外资在华企业已由新中国成立时的 1 192 个缩减至 563 个，外资开始撤除。1953—1956 年间外资撤除完毕，尽管这意味着帝国主义在华势力被清除，却使我国国际直接投资的形式和来源更加单一，引进利用外资受较大局限。

几乎与此同时，1950 年 2 月中国和苏联共同签订《中苏关于苏联贷款给

---

① 董仲其. 推动中国特色社会主义理论体系形成的一大法宝 [J]. 毛泽东思想研究，2009，26（6）：46-52.

中华人民共和国的协定》，苏联给予中国 3 亿美元贷款，贷款的年息为 1%；新中国与苏联、东欧国家在平等互利的基础上组建合资公司，主要用来发展新中国经济社会需要的战略支柱产业。中苏政治上相互支持，经济上相互帮助，中国经济的建设在苏联的帮助下快速发展，在这期间，苏联帮助我国设计的 156 个重点项目，形成了中国工业发展的基础。1953 年 5 月 15 日，中苏进一步签订了《关于苏维埃社会主义共和国联盟政府援助中华人民共和国中央人民政府发展中国国民经济的协定》。"一五"期间，德意志民主共和国、捷克斯洛伐克、波兰、匈牙利、罗马尼亚、保加利亚等社会主义国家也曾帮助我国建设了 68 个工程项目。

另外，新中国积极促进国际贸易多边关系的发展，开始扩展对外援助计划。1950 年，我国对外援助的主要对象国为朝鲜、蒙古、越南等；1955 年万隆会议以后，对外援助的范围从亚洲逐步扩大到非洲、东欧、拉丁美洲，援助项目也变得非常广泛，涉及工业、农业、文教、交通、卫生以及社会公共设施。

1950—1952 年，由于人民币没有规定含金量，汇率以"物价对比法"为基础计算。1952 年 10 月，中央将贸易部分为商业部和对外贸易部，在具体政策上实行进出口许可证制度，加强对外汇的经营管理。1953 年中国实行计划经济体制，开始实行外汇集中管理的制度，外汇业务开始由中国银行统一经营，逐步形成高度集中、计划管控的外汇管理体制，逐渐稳定的外汇政策也促进了国际外资交流。1953 年在国内物价水平趋于稳定的情况下，我国进行新中国成立以来的首次币制改革。1955 年 3 月 1 日，开始发行新人民币，新旧人民币折合比率为 1∶10 000。

但这一时期，资本交流缺乏制度保障，造成了引进资本与外援资本的混乱局面，新中国出现大量债务。1954—1958 年，我国连续对内发行国家经济建设公债，共 30.3 亿元。

（三）独立自主的技术引进体制的确立

新中国成立初期，开始逐步进行工业化建设，并大力引进国外先进技术，确立了从苏联、东欧国家引进技术援助的政策。20 世纪 50 年代，新中国技术引进主要来自苏联和东欧。

　　1952 年 8 月，周恩来同志率中国政府代表团同斯大林会谈，斯大林同意为中国五年计划提供技术设备、贷款等援助，并派专家到中国，在工业勘探、工业设备、技术、留学等方面给予指导和帮助。1953 年 5 月，中苏两国签订《关于苏维埃社会主义共和国联盟政府援助中华人民共和国中央人民政府发展中国国民经济的协定》。1950—1957 年，苏联基本按照中苏两国协定的内容承担了义务，为中国技术引进提供帮助。新中国成立初期 156 项重点工程以及大量技术专家均从苏联和东欧国家引进，这些工程几乎都是建设中国工业化基础所必需的重工业项目，这些项目形成了中国 20 世纪 50 年代工业核心[1]。到 1959 年，中国从苏联和东欧国家引进的技术达 4 000 多项。此期间我国向苏联、东欧国家以及资本主义国家订购成套设备共 415 项，个别项目和设备共 158 项，约人民币 191.97 亿元。但引进的这些设备均为成套设备，在提高中国总体技术水平和实现技术独立方面的作用不够显著。

　　新中国成立后过渡时期的对外开放，无论是思想上还是实际行动上，例如外资利用、技术引进，从一开始就强调与独立自主相结合。其中积极引进外资和技术的"一五"计划为我国奠定了良好的工业基础，第一个五年计划期间，我们的对外贸易工作取得了很大的成绩，促进了国内工农业生产的发展，得到了兄弟国家的很大支持，我们也支持了兄弟国家，配合了我国的和平外交活动[2]。但是由于中国在这个阶段实行的是联苏反美的"一边倒"的政策，西方以美国为主的资本主义势力对中国实行封锁。虽然在苏联的帮助下促进了我国工业、技术的发展，"一边倒"的完全效仿也出现了一些弊端，割裂了中国与其他国家的联系。参照苏联的经验以指令性为主要特征的计划经济，虽然可以帮助国家的工业和基础设施建设，但随着经济发展，这种体制的弊端开始逐渐显露。所以说毛泽东同志提出的独立自主、开放的思想，在当时国内外环境下，实际上造成了完全效仿苏联建立高度集中的计划经济体制，并使我国对外开放受到很大的制约。

[1]　孙国梁，孙玉霞."一五"期间苏联援建"156 项工程"探析 [J]. 石家庄学院学报，2005 (5)：52-56.
[2]　朱德. 对外贸易必须有计划地大大发展（一九五七年十二月六日）[J]. 党的文献，2006 (6)：6-7.

三、新中国计划经济时期的对外经济开放（1957—1978 年）

（一）对外贸易体制的曲折推进

1957—1978 年中国的外贸体制经历了一个不断变革的历程。1957 年我国的国民经济开始转入单一的计划经济体制轨道，外贸体制也形成了由政府职能部门领导的国营外贸公司集中经营模式，国家对外贸公司实行指令性计划管理和统负盈亏。

第一个五年计划后，我国虽然在对外贸易方面有所进步，但是进出口规模都较小。1960 年中苏关系恶化，中国的 257 个科学技术合作项目因此被废除，成套设备和各种设备中关键部件的供应减少，导致中苏贸易额锐减。但这一时期，国际上也开始出现对中国有利的外部因素，在 1957 年 5 月，英国开始逐步放宽对中国的贸易管制，同时大部分西方国家看到中国巨大的市场潜力，纷纷放宽对中国的贸易管制。1958 年 9 月，美国宣布放宽部分对华战略物资出口限制。资本主义国家成为中国对外贸易的重点，中国与西方国家贸易占比从 18% 上升到 1965 年的 53%。到了 20 世纪六七十年代，随着世界政治、经济形势发生变化，原有社会主义和资本主义两大阵营国家间、发达国家和发展中国家间的经济和交往日趋密切，开展平等互利的经济、技术合作和贸易往来成为经济发展的客观要求。随着美国改变与苏联争霸中的不利态势，中美关系走向缓和。1971 年中国恢复联合国席位，与日本、加拿大等国家建交，与欧共体建立了联系，对外关系出现了从未有过的新局面。周恩来敏锐地抓住了这一历史机遇，明确提出要学习外国特别是资本主义国家的长处，积极开展对外经贸交流和合作。

应当看到，这一期间受"左"的思想和"文化大革命"的影响，我国对外技术交流和经贸往来的发展是非常曲折的。"大跃进"错误思想指导下提出的"大进大出"方略，进口政策的盲目调整，以及后来的"文化大革命"，使得我国的债务水平上升，货物出口大面积违约，外汇储备减少。在动荡时期，我国贸易一度停滞，到处充斥着批判"洋奴哲学""爬行主义"，对外引进工作承受着巨大的压力。同时，"文化大革命"严重阻碍了我国科技和文化的发展，甚至出现了科学倒退现象，科学技术水平与世界拉开了更大的差距。1974—1976 年，"四人帮"的破坏一度使我国经济陷于崩溃边缘。1977 年，中国内地对外贸易总额仅有 148 亿美元，甚至低于香港地区进出口总额的 196 亿美元①。

在种种困难下，1957 年外贸部才开始实行"以进养出"战略，进口原材料加工半成品或者成品出口。1961 年，进一步加大"以进养出"力度，朱德曾指出："在外贸工作上面，应该特别注意的是'以进养出'和'以出带进'这两条。"② 1961 年对外贸易政策开始全面调整后，我国的对外贸易和经济开始逐渐恢复。之后周恩来总理研究制定了对外贸易的方针，提出对外贸易要以国内市场为主，实现生产、使用和科研的有机结合，明确提出要积极向西方国家学习，"抓外贸首先要抓出口，抓出口首先要抓生产"③。1972 年开始，我国陆续恢复和新建一大批出口商品生产综合基地。1977 年 7 月，国家计委提交了《关于 1978 年引进新技术和进口成套设备规划的请示报告》，提出加快实现四个现代化进程，1977 年 11 月确定了 150 亿元的引进计划。至此，贸易制度才开始在曲折中不断完善和发展。

从总体来看，计划经济体制时期我国的对外经济有了较大的发展。1952—1978 年，我国社会总产值年均增长率达到 7.9%，1953—1978 年 GDP 年均增长率达到 6.1%；1953—1978 年，平均资本投入积累率达到 29.5%；1973 年对外贸易总额达到 109.76 亿美元，1975 年达到 147.51 亿美元，其中出口额分别达 58.2 亿美元和 72.64 美元。

（二）引进利用外资和引进技术的曲折推进

从 20 世纪 50 年代中期开始，我国的侨务政策发生了转变，既欢迎华侨回国投资，又鼓励华侨在侨居国长期生存下去。之后，对苏联"一边倒"的态度，使在华的外资企业失去了存活的空间，到 1956 年年底几乎所有在华外资银行都退出了中国。这虽然促进了民族企业的发展，但使得外资引入受到

① 曹普. 当代中国改革开放史：上卷［M］. 北京：人民出版社，2016：129-130.
② 朱德. "以进养出"和"以出带进"（一九六一年三月十三日）［J］. 党的文献，2006（6）：7-9.
③ 中共中央文献研究室. 周恩来年谱：下卷［M］. 北京：中央文献出版社，1998：364.

一定的限制。在"大跃进"以及"文化大革命"时期，引进外资进展非常缓慢，"既无外债，又无内债"成为政府刻意追求的目标，对加快我国社会主义建设进程产生了消极影响。

1960年7月，苏联政府召回所有在华专家，废除了各项经济合作协议。部分东欧社会主义国家也停止了对中国设备供应，这一时期中国的技术引进和交流受到很大的阻碍。中苏关系恶化以后，我国总结了"一边倒"下苏联逼债的教训，错误地认为利用外资不符合"独立自主、自力更生"原则。因此"还完了债以后，我们总结了一条：再也不借外债了"，对利用国外直接投资也不允许了。1972年我国政府明确表示："中华人民共和国不允许外国人在中国投资，中国也不向外国输出资本。"显然这是一种倒退的对外经贸思想。

受中苏关系恶化的影响，我国技术引进工作开始转向西方国家，并逐渐注重国防尖端技术、工业技术的发展及国民经济短线的新技术发展。

1960年3月，我国形成"两参一改三结合"的制度，调动了职工的积极性和主动性，提高了企业效率和创新力。1962年，开始从资本主义国家引进成套的技术设备，1963—1964年，中国政府陆续与日本、荷兰、英国、意大利、法国、联邦德国的厂商签订了15项成套设备进口合同，总金额高达13亿美元，1963年9月，国家科委提出引进冶金、机械、电子工业设备和新技术等66个项目[①]。除此之外，中国进一步加强了对非洲和拉丁美洲等友好国家的经济技术援助，1964年1月15日，周恩来提出对外经济技术援助的八项原则，这在一定意义上完善了中国的对外援助制度，促进了民族工业的发展。

1972年2月，周恩来提出了关于引进技术设备的"一学、二用、三改、四创"八字方针。1973年1月，中央批准了《关于增加设备进口，扩大经济交流的请示报告》，这是新中国成立后我国第二次大规模技术引进。

1978年10月22日，邓小平对日本展开了具有历史重大意义的8天出访，考察参观了一些大企业和会见企业家，学习和交流技术。同一时期，为了学习西方先进的科学技术和管理方法，中国与美、英、法、日、德等发达国家

---

① 中共中央文献研究室. 周恩来年谱：下卷 [M]. 北京：中央文献出版社，1998：511.

签署了派遣留学生协议，开始向西方发达国家大批派遣留学人员，短短几年时间，公派留学人员就达到 6 000 多人。除此之外，我国也开始注重国内基础教育，1949 年我国的文盲率高达 80%，1978 年已经降低到 35%。

（三）我国外汇管理体制的曲折推进

1953 年国内物价趋于全面稳定，对外贸易开始由国营公司统一经营，主要产品的价格也纳入国家计划。自采用新人民币后，1955—1971 年，人民币对美元汇率一直是 1 美元折合 2.461 8 元新人民币。1971 年 12 月 18 日，美元兑黄金官价宣布贬值 7.89%，人民币汇率相应上调至 1 美元合 2.267 3 元人民币。

这一时期人民币汇率政策采取了稳定的方针，在原定的汇率基础上，参照各国政府公布的汇率制度，逐渐同物价脱离。但这时国内外物价差距扩大，进口与出口的成本悬殊，于是外贸系统采取了进出口统负盈亏、实行以进口盈利弥补出口亏损的办法，人民币汇率对进出口的调节作用减弱。

1972 年，我国开始试办短期外汇贷款业务，并于 1973 年全面推广。1973 年 10 月，中国人民银行开展了筹措外汇和利用外资的工作。但 1975 年"四人帮"的反对使我国利用外资受到一次次的阻碍，直到 1977 年，国家纪检委才肯定了被"四人帮"反对的延期付款、分期付款、补偿贸易[①]。

综上所述，从改革开放前我国对外贸易体制的形成、发展及其演进来看，我国对外贸易体制具有以下三个特征：一是单一公有制基础上实行对外贸易统制；二是实行统负盈亏的财务管理；三是实行贸易保护政策。这样的对外贸易体制有利亦有弊。一方面，有利于集中调度资源，提高产品国际竞争力，扩大出口；有利于统一安排进口，保证国家重点建设需要；有利于集中统一对外，捍卫国家的政治和经济独立。另一方面，也造成了独家经营、产销脱节，高度集中、统得过死，统包盈亏、缺乏利益激励机制的情况。虽然改革开放前的开放政策及实践力度有限，但在特殊的国际国内大环境背景下，仍迈出了独立自主渐进开放发展经济的坚实步子。

---

① 黎青平. 对党和国家利用外资政策的历史考察 [J]. 中共党史研究，1989（2）：74-79.

第二节 改革开放后中国特色社会主义的
对外经济开放（1978—2012 年）

改革开放以来，中国进行了大规模的"对内改革"和"对外开放"。在"改革"与"开放"合力作用下，探索出了一条中国特色社会主义的对外经济开放理论与制度变迁的路径。中国特色社会主义的对外经济开放主要体现为"渐进性"与"全方位"两个特点。在改革开放之前的独立自主的对外政策基础上，对外经济开放进一步完善了渐进性的改革路径与全方位的改革格局。

一、中国特色社会主义经济对外开放思想的确立及其发展

1978—2012 年是中国经济对外开放的重大转折时期。一方面，这一时期汇集了邓小平、江泽民、胡锦涛三代领导人的经济对外开放理论以及思想的重大创新；另一方面，该时期汇集了改革开放实践的重大成果，为新时代下的经济对外开放奠定了坚实的基础。

1978 年改革开放之初，在全球经济一体化的大趋势下，邓小平同志基于中国的基本国情，认为中国不仅在经济对外开放的实践内容与途径方面缺乏理论探讨，而且作为社会主义国家，在实现跨越发展的过程中对如何去吸收现代市场经济文明成果缺乏理论研究。党的十一届三中全会后，结合上述问题，邓小平同志就如何完善经济对外开放的理论及实践内容和社会主义如何学习并吸收其他先进文明成果的问题，创造性地提出了中国特色社会主义对外经济开放理论。

首先，邓小平同志在总结先前经济对外开放经验的基础之上，准确把握当今世界经济全球化的发展趋势，阐明了中国作为社会主义国家进行经济对外开放的历史必然性。在这方面，邓小平同志做了具体的阐述："任何一个国家的发展，孤立起来，闭关自守是不可能的，不加强国际交流，不引进发达

国家的先进经验、先进科学技术和资金只能导致落后"①"我们一定要充分利用国内和国外两种资源，开拓国内和国外两个市场，学会组织国内建设和发展对外经济关系两套本领"②。

其次，邓小平同志还提出对外开放是中国一项长期的基本国策。邓小平同志在前人经验的基础之上，认为中国实行经济对外开放，最终目的就是顺应世界经济发展的客观要求，而不局限于吸收先进文明成果来搞建设，经济对外开放应是对世界经济未来发展趋势的把握，必须将其作为一项长期的基本国策。在这方面，邓小平同志说道："对内经济搞活，对外经济开放，这不是短期的政策，是个长期的政策，最少五十年到七十年不会变。为什么呢？因为我们第一步是实现翻两番，需要二十年，还有第二步，需要三十年到五十年，恐怕是要五十年，接近发达国家水平。两步加起来正好五十年至七十年。到那时，更不会改变了。即使是变，也只能变得更加开放。否则，我们自己的人民也不会同意。"③

最后，邓小平同志在坚持毛泽东经济开放思想的基础上进一步发展了独立自主的经济开放原则。在这方面，邓小平同志说道："中国的事情要按照中国的情况来办，要依靠中国人自己的力量来办。独立自主，自力更生，无论过去、现在和将来，都是我们的立足点"④"我们要利用外国的资金和技术，也要大力发展对外贸易，但是必然要以自力更生为主"⑤。对外开放的新原则表现为：①在坚持四项基本原则⑥的基础上实行对外开放，进行对外贸易，合理利用外资外汇，合理引进技术仅仅是解决中国建设中的不足之处，并非改变中国的社会主义性质；②在坚持独立自主、自力更生的基础上实行对外开放，中国的发展必须从中国的实际情况出发，依靠国人自己的力量进行建设，

① 中共中央文献研究室. 邓小平文选：第3卷［M］. 北京：人民出版社，1993：90.
② 中共中央文献研究室. 十二大以来重要文献选编：中［M］. 北京：人民出版社，1986：581.
③ 中共中央文献研究室. 邓小平文选：第3卷［M］. 北京：人民出版社，1993：79.
④ 中共中央文献研究室. 邓小平文选：第3卷［M］. 北京：人民出版社，1993：3.
⑤ 中共中央文献研究室. 邓小平文选：第2卷［M］. 北京：人民出版社，1994：257.
⑥ "四项基本原则"是指：①坚持社会主义道路；②坚持人民民主专政；③坚持中国共产党的领导；④坚持马克思列宁主义、毛泽东思想。

必须坚持独立自主；③ 对外开放既要大胆利用外资、兴办三资企业，又要始终坚持公有制的主体地位，坚持公有制为主体是中国的基本经济制度，无论在何时、何种情况下，都始终要坚持公有制的主体地位，促进社会主义自身的发展与稳定；④ 对外开放既要坚持平等互利，又要互守信用，并在国际交往中遵循民族利益和国际主义统一原则；⑤ 对外开放要坚持两手抓，两手都要硬，在引进外国技术、先进经验的过程中，要取其精华，去其糟粕，防止资本主义腐朽没落的文化对我们产生腐化作用，矢志不渝地确保内外经济沿着正确道路行进①。

1990 年以后，江泽民同志在邓小平同志经济开放理论基础上对开放思想做了重大的创新。一方面，在深化改革开放的过程中，江泽民同志进一步加强了对外开放是历史必然性的认识，并结合现时发展趋势，创造性提出了中国加入世贸组织的历史必然性。另一方面，中国加入世贸组织后，江泽民同志提出："适应经济全球化和加入世贸组织的新形势，在更大范围、更广领域和更高层次上参与国际经济技术合作和竞争，充分利用国际国内两个市场，优化资源配置，拓宽发展空间，以开放促改革和发展。"与此同时，江泽民同志提出了"走出去"的经济对外开放战略，提出中国应不失时机"走出去"，为世界经济的发展做出不可或缺的贡献。除此之外，对独立自主的经济开放原则又提出了新的要求，提出维护国家经济安全的新发展理念，要求不断学习和消化国外先进经验和技术，创造自己的优秀科技成果，逐步摆脱发达国家的科技控制②。

党的十六大以后，胡锦涛同志提出了"互利""共赢""科学发展""自主创新"等新时期一系列对外开放新思想，进一步完善与发展了独立自主的对外开放原则。党的十七大报告中，胡锦涛同志提出把"走出去"与"引进来"相结合，这是中国经济对外开放思想的伟大创新。在对外开放原则上，坚持独立自主、自力更生，实现对外开放的自主发展；在对外贸易方式上，

---

① 中共中央文献研究室. 三中全会以来重要文献选编：下 [M]. 北京：人民出版社，1982：838.
② 江泽民. 全面建设小康社会 开创中国特色社会主义事业新局面 [M]. 北京：人民出版社，2002：29.

转变对外贸易增长方式，增强自主创新能力；在对外开放过程中，维护国家根本利益，保障国家经济安全①。一系列对外开放思想的确立为中国经济开放制度的发展提供了思想支撑与理论支撑。

二、改革开放主动探索时期对外经济开放（1978—1993 年）

（一）对外贸易经济特区：中国渐进改革开放的起点

1979 年 7 月，党中央、国务院先后决定在深圳、珠海、汕头、厦门等地开展经济特区试点，并在 1980 年 5 月正式命名为"经济特区"。四个经济特区参照国外出口加工区、自由贸易区的先进成果与经验，并且从中国的实际情况出发，通过采取经济开放政策与灵活措施，成为充分吸收和利用国外资金、技术、管理经验来发展中国社会主义经济的全新试验基地。与此同时，经济特区作为中国经济体制改革的试点示范基地，率先实施了一系列改革措施，包括行政体制改革和社会体制改革。在行政体制中，对权责制度进行改革，允许经济特区具有立法权；在社会体制改革中，加强多元治理体系构建②。四个经济特区的建立标志着中国经济开放逐步改革的起点，为进一步扩大区域开放奠定了坚实的理论基础和实践基础。

1984 年 5 月，党中央、国务院决定进一步开放 14 个沿海港口城市，建立沿海经济开放区，促进沿海地区经济开放和发展。在经济特区改革的基础上，进一步深化改革和创新。在体制改革方面，进一步扩大了对外经济活动的自主权，降低了外商投资生产性企业的税率，并且以资金形式支持老企业的技术改造。

1985 年 2 月，党中央、国务院先后决定开放长江三角洲、珠江三角洲和环渤海地区为沿海经济开放区。1988 年，又明确提出沿海地区发展战略，大

---

① 胡锦涛.高举中国特色社会主义伟大旗帜为夺取全面建设小康社会新胜利而奋斗［M］.北京：人民出版社，2007：15.
② 李辉勇，陈家喜.中国经济特区体制改革报告（2015）［M］.北京：社会科学文献出版社，2015：107-109.

力鼓励沿海地区发展以出口为导向的外向型经济。1988 年 4 月，党中央、国务院做出重大决定，创建了中国最大的经济特区——海南经济特区，并且在政策上给予了较大倾斜。这一重大举措不仅是开放区域的扩大，也表明开放的指导思想已经从一般互通有无、扩大经贸合作，升华到优化生产要素组合，从而实现国内经济与国际经济有机结合。

1990 年以后，经济特区建设进入快车道。1990 年 6 月，上海浦东新区正式批准成立。1992 年，进一步扩展到了 13 个沿海开放城市、6 个长江沿岸城市和 18 个内陆省会城市。与此同时，又批准开放 34 个口岸、32 个国家级经济技术开发区、52 个高新技术开发区、13 个保税区，逐步形成了沿海、沿江、沿边和内陆地区多层次、全方位的开放新格局①。这一开放格局展现了中国改革开放路线图是一种以经济特区为起点，空间渐进改革开放的路线图：在特区开放制度设定方面有了很大的深化与提升，逐步扩大边境开放城市发展边境贸易与经济合作的权限，鼓励外商投资企业到沿边开放城市投资，并在税收、融资、用汇、进出口权等方面给予了极大的优惠②。

（二）中国特色外贸体制的确立与演进

对外贸易是对外经济交流活动的主要渠道，也是其他经济交流活动的基础。对外贸易的发展决定了对外开放的深度和广度。改革开放以来，中国的经济体制逐步从高度集中的计划经济体制向市场经济体制转变。对外贸易体制改革不仅促进了传统计划经济体制向以市场为取向的新体制的蜕变，而且极大地促进了对外开放纵深发展。在中国"改革"与"开放"合力的作用下，中国对外贸易体制进行了一系列革新。首先，逐步放宽对外贸易计划，取而代之的是许可证制度、配额和其他行政控制措施。随着国内市场化改革的深入，市场扭曲程度逐渐下降，对外贸易的数量控制也有所减弱，外贸体制向制度"中性"发展。因此，中国的对外贸易体制逐步从计划经济体制下的贸易保护体制转变为市场经济体制下的自由贸易体制。随着 20 世纪 80 年

---

① 高尚全. 中国改革开放十五年大事记 [M]. 北京：新华出版社，1994：300-313.
② 常健. 中国对外开放的历史历程 [J]. 中国现代化研究论坛，2008（4）：301-304.

代改革开放的不断深入，贸易制度对商品与要素市场的负面影响不断降低，资源配置效率也得到了很大程度的提升，不断促进中国的经济增长。此时，在社会主义基本经济制度下，建立高效率的对外贸易活动运行机制成为对外贸易体制改革的目标。

在这样的背景下，我国的外贸体制改革主要经历了 1978—1987 年的放权过渡时期与 1988—1993 年的外贸承包责任制改革时期[①]。

前一个时期主要体现为外贸经营权的下放。首先是调整外贸管理结构。1979 年 7 月，中央政府对外贸管理机构进行了大规模调整，成立了进出口管理委员会和外国投资管理委员会，加强对外贸易管理。与此同时，国务院于 1980 年成立中国海关总署与中国进出口商品检验局。1982 年 3 月，对外贸易部、对外经济联络部、国家进出口管理委员会和国家外国投资管理委员会合并组成对外经济贸易部。对外经济贸易部在日本等几个国家先后设立了进出口公司代表处以及贸易中心，进一步确立了对外经济贸易部的主要职责，即对外贸易发展的综合管理和领导。其次是简政放权。党的十三大明确了外贸体制改革的方向：统一政策、自负盈亏、放开经营、平等竞争、工贸结合、推行代理制。1984 年，对外贸易部陆续出台了一系列简政放权的改革措施：① 增加对外贸易口岸的同时，较大程度下放外贸的经营权，改革了高度集中的贸易体制，通过批准 19 个中央有关部委建立进出口公司或工贸公司，由其负责接管原来由外贸专业公司经营的部分商品的进出口业务，实现"工贸、技贸结合"，使国内生产企业直接面向国际市场，更广泛地参与国际竞争。② 改革单一指令计划，实施强制性计划、指导计划和市场监管相结合，取消外贸出口收购转让计划。③ 完善对外贸易宏观管理，同时削弱计划手段，恢复进出口许可证和配额管理等行政手段，加强关税管理。④ 采取鼓励出口政策措施，运用汇率、外汇留成、出口补贴等方式鼓励出口贸易的发展，表现在大部分省份有权对外汇收入按比例进行保留，企业自行使用的外汇留成比例为 50%[②]。

① 郝璐. 中国对外贸易制度研究 [D]. 长春：吉林大学，2017：44.
② 中国外贸体制改革的进程、效果与国际比较课题组. 中国外贸体制改革的进程、效果与国际比较 [M]. 北京：对外经济贸易大学出版社，2006：24.

后一个时期主要体现为外贸承包责任制的改革。在保证国家外贸宏观调控的前提下，对外贸微观经营体制进行改革。主要内容包括：① 地方政府和国家对外贸易部门负责国家出口和收取外汇，并上缴中央外汇补贴额度。承包基地保持三年不变。② 取消原来使用的外汇管制指标，各地部门和企业按照保留外汇的规定，允许自由使用，并开放外汇调剂市场。③ 在推进贸易计划体制改革的同时，除了 21 种出口货物统一运作和联合运营外，其他出口商品改为单轨制，即地方政府直接承担中央政府的计划，大部分商品均由拥有进出口经营权的企业按照国家有关规定进出口。④ 轻工、工艺、服装三个行业外贸企业进行自负盈亏的改革试点。⑤ 取消了国家对外贸企业的出口补贴，实行全行业自负盈亏的改革①，按国际通行的做法由外贸企业统筹，自负盈亏，改变按地方实行不同外汇比例留成的做法，实行按不同商品大类统一比例留成制度。总体上看，这一系列外贸体制改革措施，在一定程度上改变了对外贸易的权力集中化，加速了中国对外贸易的发展。

（三）对外资金交流体制的改革与完善

1. 大规模引进外资体制的改革与变迁

1978 年中国共产党第十一届三中全会召开，全会批准了 1979、1980 两年的国民经济计划安排，明确提出：积极引进外国的技术和资金，鼓励中国企业进入国际市场，从而确立了利用外资以及引进外企为主要内容的对外开放战略。这是中国大规模引进外资的一个重要起点。此后，中国政府在这一战略上逐步完善了引进与利用外资的制度安排，并在实践中进行大胆的尝试。1978—1993 年的 14 年间，中国在引进外资体制方面经历了两次重大的变革。

1979 年 7 月，中国政府颁布《中华人民共和国中外合资经营企业法》②，为外资进入中国提供了法律依据。同年建立深圳蛇口工业区，作为先行试验区。1980—1981 年，中国先后建立了珠海、厦门和汕头经济特区，在引进和利用外资方面迈出了重要的一步。1983 年，又进行了一系列改革，将利用外

---

① 谭祖谊. 中国经济结构演进中的贸易政策选择 [M]. 北京：人民出版社，2008：124.
② 吴彦艳. 改革开放以来中国利用外资政策的回顾与展望 [J]. 经济体制改革，2008 (6)：14-16.

资作为经济发展的长期政策方针，积极创立中外合资企业。在税收方面对所有外商直接投资企业均实行所得税优惠，放宽政策以吸引国际金融低利率中长期贷款用于经济建设。

在 20 世纪 80 年代中后期，中国政府逐渐意识到引进外资也必须付出一定的代价和成本，并对利用外资制度进行了一系列重大改革。1986 年，国务院颁布了《国务院关于鼓励外商投资的规定》。对外商投资企业，特别是技术和产品先进的企业，在税收和利润分配方面给予特殊优惠待遇，保证企业享有独立的企业自主权。由于优惠权力的下放，出现了地区盲目的竞争与短视的引资行为。1987—1992 年，改革调整的重点就是明确引进和利用外资的原则、目的和方式。1987 年 3 月第六届全国人大五次会议通过的《政府工作报告》指出：引进和利用外资的目的是要弥补资金、技术和管理缺口，但要把利用外资的方式从间接引资为主转变为外商直接投资为主。与此同时，中央政府还制定、修订了利用外资的相关法律法规，调整和规范引进利用外资的各种经济行为。如 1986 年颁布《中华人民共和国外资企业法》、1988 年颁布《中华人民共和国中外合作经营企业法》、1990 年修订《中华人民共和国中外合资经营企业法》、1991 年颁布《中华人民共和国外商投资企业和外国企业所得税法》。国家进行外资体制的调整，对引进和利用外资过程中存在的短期政策弊端进行了必要的修正，为后期引资工作奠定了良好的基础①。

除此之外，由于改革开放前中国多年封闭，外国投资者不熟悉中国的投资环境，对中国外国投资政策存有疑虑，许多公司都不敢轻率投资。为了改变这种状况，这一时期的外资政策以提供"超国民待遇"的优惠政策为主，并且优惠水平比较高。在所得税方面，对外资企业实行了"免二减三"政策。在工商统一税和关税方面，外商投资企业享受的税收优惠远远高于国内企业。进口机械设备和原材料以及出口产品时，他们也享受免税待遇。同时国家还给予外资企业外贸进出口自营权、报关权等权利，以及比国内企业多得多的经营自主权。但是，外资较为谨慎并没有进行大规模的直接投资，因此，这

---

① 吴彦艳. 改革开放以来中国利用外资政策的回顾与展望 [J]. 经济体制改革，2008 (6)：14.

一时期中国利用外资的形式仍以借款为主①。

2. 对外援助体制不断完善

改革开放后，邓小平同志具体分析了当时所处的国内外基本政治经济形势，并进行了系统而全面的阐释，逐渐融入理论框架中，形成了邓小平中国特色的对外援助理论思想。该理论指出了中国积极援助其他发展中国家的必要性，为中国的发展提供了稳定的国际环境和实际利益。在实践中，在引进援助的同时，量力而行地积极援助其他国家。

大体来说，邓小平的对外援助思想主要集聚于三个观点之上：① 对外援助作为中国对外工作的重要组成部分，必须坚持无产阶级国际主义和中国对外工作的总方针。中国的对外援助制度必须以国际主义价值原则为基础，体现中国对全人类的责任。② 对外援助工作必须坚持实事求是、量力而行的原则。中国对外援助面向第三世界，但基础在于国内经济发展。中国的对外援助要采取量体裁衣的办法，具体问题具体分析，因国制宜，要认真搞好调查研究，实事求是地修改援外的具体方法，邓小平提倡的是一种"少花钱、多办事"的援助方式，一种效率原则②。③ 对外援助不但是复杂细致的经济技术工作，而且是重要的政治任务。加强援外人员的思想政治工作，坚持出国人员选审标准是十分重要的。援外项目，建设在国外，但大量的筹建工作在国内，必须认真精心地抓好各个环节。项目的建设过程，也是同受援国的合作过程，必须始终保持同受援国政府和人民的密切合作，与之建立长期牢固的友谊③。

在制度建设方面，根据邓小平同志的一系列指导思想，国务院和有关部门在 1980 年确定了改革开放时期中国对外援助的总制度方针。1980 年 3 月，对外经济联络部召开全国对外经济工作会议，提出坚持国际主义，坚持援外

---

① 中共中央文献研究室. 十四大以来重要文献选编：上 [M]. 北京：人民出版社，1996：539.
② 中共中央文献研究室. 邓小平文选：第 2 卷 [M]. 北京：人民出版社，1993：112.
③ 邓小平. 邓小平会见马里总统特拉奥雷时的讲话：中国将来发展了仍属第三世界 [N]. 人民日报，1986-06-22.

"八项原则"、广泛开展国际经济和技术合作，有出有进、平等互利等主张①。
1983 年年初，中共中央提出"平等互利，讲求实效，形式多样，共同发展"
四项原则，探索适应不同国情的各种灵活援助方式：一是中国双边援助同联
合国机构的多双边援助相结合。利用联合国开发计划署给受援国的援款，中
国再提供一部分资金和物资，受援国承担部分当地费用，由中国派专家组织
实施小型援助项目。二是中国贷款援助与受援国自筹部分资金相结合，由我
承担全部工程的组织实施。三是中国援助与第三国援助相结合，由中国派公
司承包实施项目。四是适应经济富裕和比较富裕的第三世界国家进行大规模
经济建设的需要，发挥中国拥有一些第三世界国家所需要的适用技术、机械
设备和充足熟练的劳动力的长处，同有关国家进行承包工程和劳务合作，办
合资企业，帮助开发资源等②。

　　总体来看，在当时既有的条件下，中国的对外援助形式得到了拓展，除
了提供优惠贷款，也包括基础设施投资、人才培养、技术支持、医疗援助等
方面。与此同时，中国的对外援助体系得到了进一步的完善和加强，不仅反
映了中国作为社会主义和发展中大国的具体国情，也反映了社会主义市场经
济的本质特性。

　　（四）对外科技交流体制的转变与发展

　　在技术引进方面，1978 年 2 月，在第五届全国人民代表大会一次会议上，
通过了《1976—1985 年发展国民经济十年规划纲要（草案）》，确立了中国
合理引进技术的制度改革方向，对引进技术以及规模设备进行了一些理论引
导与支持。改革开放前，中国的开放战略主要是以引进生产设备为主、引进
技术为辅。较少的技术引进工作主要由政府和国有企业来完成。改革开放后，
中国技术引进政策经历了一次重大转变，以引进技术为主、引进设备为辅。
与此同时，技术引进由以前的直接创办新企业转变为对已有企业进行技术升
级，技术引进主体转变为国有企业和外资企业，政府在一定程度上进行了放

---

① 石林. 当代中国的对外经济合作 [M]. 北京：中国社会科学出版社，1989：70.
② 程光福. 邓小平与中国对外援助 [J]. 黑龙江史志，2014（23）：272-273.

权。此后，中国的技术引进进入快车道。除此之外，在配套资金支持方面，此前仅用外汇来引进技术的方式已经转变为通过向外国政府贷款、国际金融市场借贷及出口信贷的方式来完成，体现了资金来源的多样性。至此，中国的技术引进工作得到了前所未有的发展。技术引进提升了工业技术水平，进一步提升了公司创新能力，促进了经济社会发展①。

在技术出口方面，它是一国的技术与设备有偿转让给其他国家的活动，包括了专利的许可、技术的服务与咨询。1978—1993 年，中国专注于技术引进的方向。高新技术出口仅仅是技术出口的一个起点，这段时期的出口规模很小，在制度的完善方面没有太多的改变②。

在管理方法的引入方面，1978—1993 年，中国经历了从管理方法的引入到创新的转变。1978 年改革开放以来，中国学习重心从苏联转向发达国家，积极学习西方发达国家的先进管理经验。1978 年以来，中国引进了美国、日本等发达国家的全面质量管理模式。1979 年中美政府签订了合作协定，中国可以通过美国方面来培训中国的管理人才。20 世纪 80 年代初，经济学家马洪主编了《国外经济管理名著丛书》。该丛书由 37 个管理经典系列组成，是国内最先系统、专业介绍国外管理思想的丛书，在中国管理学历史上占据重要地位。1979 年，中国逐渐恢复了大学与学院制度，进一步培养了大批管理学学士及硕士人才。在学习西方的同时，中国管理学开始形成中国特色，特别是在管理实践创新方面有了较多成果③。

在引进科技人才方面，自 1983 年起，中国大规模引进科技人才，包括长期移民引进人才、短期聘任引进人才及实行协同制度引进人才。协同制度的好处是在引进人才的同时也进一步引进了设备、技术和资金。在 1997 年，引进的人才就达到了 7 万人，涵盖了支持国民经济发展及建设的所有领域。

在留学生的交流方面，邓小平在 1978 年 6 月对留学生工作做出了重要指示。1978 年 7 月 11 日，教育部向党中央呈送《关于加大选派留学生的数量的

---

① 曹令军. 近代以来中国对外经济开放史研究 [D]. 长沙：湖南大学，2013：160.
② 关于 2009 年国民经济和社会发展的统计公报 [R]. 北京：国家统计局，2010.
③ 曹令军. 近代以来中国对外经济开放史研究 [D]. 长沙：湖南大学，2013：160.

报告》。从此，中国大规模派遣留学生工作拉开序幕，在邓小平访美期间，中美政府就留学问题签订了《中美互派留学生的协议》。在政策指导上，强调留学精神是保障留学生质量，突出留学重点。1986 年 12 月，国务院颁布《关于出国留学人员工作的若干暂行规定》，为留学生的服务提供了支持，同时 1992年颁布《国务院办公厅关于在外留学人员有关问题的通知》，欢迎并支持留学人员回国工作①。

（五）经济转型下外汇管理体制的变革与发展

自 1978 年改革开放战略实施以来，中国外汇管理体制改革逐步从高度集中的外汇管理体制转向与社会主义市场经济相适应的外汇管理体制，逐步减少强制性计划，培育市场机制。

一方面，1979 年 3 月 13 日中国政府决定成立国家外汇管理局，并将其作为一个专门行使外汇管理职能的行政机构。1980 年 12 月，国务院颁布了一系列外汇管理制度和措施，包括《中华人民共和国外汇管理暂行条例》。1979—1993 年期间，外汇管理体制由统收统支的外汇分配制度改为外汇留成制度。

外汇留成制度是基于外汇的集中管理和统一平衡，根据行业实际情况实施一定的贸易和非贸易外汇留成，以满足地方、部门与企业对外汇的需求，解决地方部门、企业的发展与技术的引进等问题②。当然，在这一时期，外汇留成制度也经历了一段艰难的过程。在制度确立之初，留成的对象与比例通常由国家来确立，国家往往将较高比例的留成给予一些新创立的企业以及有新业务的企业、经济特区、自治区等，地区与主体的外汇分配不均间接导致了中国出口商品在国内不合理的流转。

另一方面，1980 年后中国建立和发展外汇调剂市场，将企业多余的外汇转到外汇稀缺的企业。截至 1993 年年底，全国已建立 18 个外汇调剂中心，在一定程度上促进了外汇资金流动，提高了外汇自由配置的效率和合理性。同时，在此期间，居民个人的外汇管理业务逐步放开，个人可以根据不同情

---

① 苗丹国，程希. 1949—2009：中国留学政策的发展、现状与趋势 [J]. 徐州师范大学学报，2010（2）：2-4.

② 黄汉江. 投资大辞典 [M]. 上海：上海社会科学院出版社，1990.

况保留外汇，允许个人所留外汇参与外汇调剂。但是，外汇留成制度也暴露了一系列问题。其一反映在外汇的双重用途和安排上，根据此时的规定，企业结汇后的外汇所有权归属国家，但是国家、企业同时对留成的外汇均保留支配权。这一制度安排容易导致对外汇的超额分配与外汇失控。其二体现为外汇留成制度不利于调动创汇的积极性。自上而下的外汇分配方式使得企业留成很少的外汇，致使企业创汇的积极性丧失，同时严格而烦琐的审批过程加上外贸管理体制遗留的弊端又进一步使得企业创汇的积极性下降[1]。

　　除此之外，在汇率制度改革方面，改革开放前，由于计划经济改革的需要，中国汇率由自由浮动制度改为实行高度集中、统一计划管理的外汇制度，采取盯住一篮子货币的汇率制度，满足了计划经济的需要[2]。改革开放后，中国市场经济进一步放开，固定的外汇制度阻碍了改革的进程，因此国家确定了贸易内部结算价和对外公布汇率的"双重汇率制"[3]。双重汇率制的好处是可以增加出口，减少进口，并缓解国家的外汇短缺。此外，当国家对汇率的调整幅度很难把握的时候，暂时性的双重汇率制可以使国家获得有效的信息。因此可以将双重汇率制作为一种有效的过渡性制度。1979—1993年，中国的汇率制度先后经历了贸易外汇结算价与官方汇价并存的"双重汇率制"和市场调剂价与官方汇价并存的"多重汇率制"。汇率调整方式也先后经历了从盯住一篮子货币小幅调整到一次性大幅调整最终过渡到有管理的浮动调整。但是汇率双重制度安排也暴露了一些弊端，在双重汇率制度下，市场的汇率价格可能会对官方的汇率价格造成较大的冲击，进而影响中央宏观调控的力度。与此同时，市场汇价与市场供求等的波动一定程度上影响贸易企业的经营情况，地区间的市场汇率价格也会造成地区间企业的不平等竞争，一定程度上抑制了自负盈亏机制的形成。至此，这一时期的汇率制度有待进一步改革及

① 王亦琼. 人民币外汇管理体制变迁的制度研究 [D]. 杭州：浙江大学，2004：25.
② 沈晓晖. 发展中国家汇率制度选择——基于国际货币体系不对称性的视角 [M]. 北京：中国金融出版社，2008：116-117.
③ 吕进中. 中国外汇制度变迁 [M]. 北京：中国金融出版社，2006：78-79.

完善①。

（六）转型时期经济开放制度改革效果的评价

从 1978 年 12 月党的十一届三中全会召开到 1992 年中共十四大建立社会主义市场经济体制这一段时期，是中国对外经济开放的主动探索期。这个时期的对外经济开放带有试验和摸索的意义，主要表现在以试点为特征的政策性主导下的开放，用邓小平的话说，就是摸着石头过河。在这个时期，对外经济制度改革也采用渐进式的改革路径。

在对外贸易体制改革方面，中国对外贸易制度变迁打破了计划经济对对外贸易发展的垄断，全面推行以承包责任制为中心的制度安排，调动了企业开展对外贸易的积极性，激发了对外贸易的发展潜能。这段时间内进口贸易总额与出口贸易总额均实现快速增长，致使对外贸易规模快速扩大。但是，抑制出口的本币高估这一问题仍未得到解决。与此同时，这一阶段中国政府在进口贸易发展中仍然进行了较多的干预，一方面导致对出口形成歧视，造成了资源的消耗；另一方面，对进口的过多干预也容易遭受到其他国家的报复，难以创造出口增长所需的有利的外部环境②。

在引进外资方面，这一时期，一系列外资政策法规相继出台，区域性的对外开放格局形成。同时，"超国民待遇"的优惠政策解除了外商对华投资的种种疑虑，并且赋予太多的经营自主权，致使中国引入资金规模迅速扩大。中国外商投资项目累计为 7 819 项，外商投资的实际金额为 65.88 亿美元。但是，在此期间，中国对外直接投资的产业流动分布明显不均。投资项目重点由服务业转向了劳动密集型工业和第三产业项目。地区分布上主要集中在广东、福建以及其他沿海地区③。

在对外援助方面，改革开放后，中国对外援助取得了重大成果。中国先后对数百个建成项目进行了多种形式的技术合作、管理合作、代管经营、租

---

① 孙萌. 人民币汇率制度选择 [D]. 长春：吉林大学，2010：26.
② 张幼文. 政策与经济发展 [M]. 上海：立信会计出版社，1997：278-199.
③ 于晓媛. 改革开放以来中国利用外资政策分析 [J]. 经济研究，2009（3）：84.

赁经营、合资经营等，同受援国政府、企业共同努力，使项目的经济效益有了不同程度的改善和提高，一些项目迅速转亏为盈，恢复生机，许多项目发挥了较好的经济效益和社会效益。

在外汇管理体制改革方面，1979 年起实行外汇留成制度，一定程度上消除高度集中、统收统支的外汇制度弊端，激励了地方和微观经济主体的创汇动机。但是地区与主体的外汇分配不均间接导致了中国出口商品在国内不合理的流转。与此同时，双重汇率制促使对外贸易出口额的增长率高于进口额的增长率，一定程度上缓解了国家外汇紧缺的状况。但是，双重汇率制度也导致市场汇价和市场供求的波动频率与幅度增加，一定程度上影响了贸易企业的经营进出口情况。同时，地区间的市场汇价也存在巨大的差异，一定程度上又造成了地区间贸易企业的不平等竞争①。

三、改革开放高速发展时期对外经济开放（1993—2001 年）

进入 20 世纪 90 年代后，中国对外贸易的发展逐步进入一个新的阶段。对外贸易体制也在朝着不断开放的方向发展。国家减少对外贸活动和外贸企业的干预。独立经营权不断扩大，以适应中国社会主义市场经济体制发展及进一步对外开放发展的要求。

（一）深化改革进程中外贸体制的创新与完善

为了适应社会主义市场经济体制的发展需要，党中央继续深化改革开放，进一步完善对外贸易管理体制改革，建立适合社会主义市场经济且符合国际贸易标准的新型贸易管理体制，以更好地实现加入 WTO（世界贸易组织，简称"世贸组织"）的开放发展目标。在 1994 年到加入世贸组织期间，中国的对外贸易体制改革服从以法律管理手段为基础、经济调节手段为主、行政管理手段为辅的原则。

第一，强化经济手段。自 1994 年 1 月 1 日起，取消汇率双轨制，建立以

---

① 孙萌. 人民币汇率制度选择 [D]. 长春：吉林大学，2010：26.

市场供求为基础的、单一的、有管理的浮动汇率制度。与此同时，取消各类外汇留成、出口企业外汇上缴和额度管理制度，实行国家银行统一结售汇。在税收方面，自 1994 年以来，国家财税体制改革开始实施，从承包制到分税制，国有外贸企业实行了统一所得税 33% 的税制。同时，降低进口关税水平，取消部分进口减免税。到 1997 年，中国关税水平平均调低到 17%。出口退税制度也得到改善，1994 年以后，出口退税全部由中央政府承担。此外，实行鼓励出口的信贷政策。

第二，加强立法手段。1993 年国务院陆续出台了《国务院关于进一步改革外汇管理体制的通知》《中国人民银行关于进一步改革外汇管理体制的公告》等一系列公告措施。1994—1997 年，又相继出台了《中华人民共和国对外贸易法》《关于设立中外合资对外贸易公司试点暂行办法》和《中华人民共和国反倾销和反补贴条例》等一系列法律法规。相关法律法规的出台，使中国逐步建立了以法律管理手段为基础、经济调节手段为主、行政管理手段为辅的外贸管理体制[1]。

第三，改革外贸行政管理手段。行政管理手段始终按照国际化的标准进行改革和完善，在出口贸易配额许可证、分配方法及经营办法方面得到了极大的改进，使得贸易行政管理手段向国际化方向迈进。国家逐步放宽了生产性经营企业进行对外贸易的审核标准，促使经营企业主体逐步实现了多元化的贸易。与此同时，逐步放开了贸易商品的经营范围，促使经营茶叶、蚕丝等商品的贸易企业数量不断增加[2]。下放贸易企业的经营权，进而扩大地方贸易的经营权及地方对引进技术、进出口商品的审核权，对于经济的盘活及贸易的发展产生了极大的促进作用。

第四，深化外贸经营体制改革。一方面，进行企业制度改革，通过建立现代企业制度，实行企业股份制改革，转换企业经营机制。另一方面，进行经营制度改革：从单纯追求创汇数额转向重视效益；从商品经营转向资产经

① 郝璐. 中国对外贸易制度研究 [D]. 长春：吉林大学，2017：25.
② 郭鹏辉. 论中国对外贸易体制改革历程 [J]. 现代商贸工业，2009 (17)：4.

营；从单一经营转向一业为主、多种经营；从分散经营转向规模经营；从传统的收购制度转向服务型的代理制。

除此之外，在健全外贸协调服务体系方面，政府进行了多项工作和改革，在进出口商会的协调方面增加了对信息的指导，对金融、保险的配套措施进行完善等①。经过一系列贸易体制改革，企业获得了巨大的外贸自主权，外贸补贴的取消也在一定程度上使得企业在外贸经营主体以及参与竞争的主体方面得到了极大的发展。

（二）对外资金交流体制进一步完善与发展

1. 加强外商直接投资体制的改革

1992 年邓小平同志南方谈话，开启了中国改革开放发展的新征程。随着中国共产党十四届三中全会的召开，中国的改革开放进入深化阶段。全会指出要"创造条件对外商投资企业实行国民待遇，依法完善对外商投资企业的管理"，拓宽了外商投资的领域。在"九五"计划中也提出"对外商投资企业逐步实行国民待遇"，加快以国民待遇制度为主要方向的外资制度调整步伐。1994—2001 年这段时期，成为中国引进外资的快车道发展阶段。

在这个阶段，中国实行了"以市场换技术"的制度安排，从利用优惠吸引外资的制度转变为互利共赢引进外资的制度。实行出口增长导向战略和促进加工贸易政策，大力兴办出口加工区，在中国局部地区形成了出口导向加工区和外向型经济。随着投资领域的拓宽和开放地区扩大，"三资"企业数量大幅增加，外商直接投资已成为中国利用外资的主要形式。截至 1992 年年底，在中国注册的"三资"企业数量已达到 84 000 家，比上年末增加 47 000家。中国已成为世界上外国直接投资的主要目的地。中国实际利用外资额中，外商直接投资达到 110.08 亿美元，占 58.2%。此后，外商直接投资额快速增加。到 1999 年年底，达到 403.19 亿美元，占中国实际使用外资的 76.5%②。

这一时期，规范外商直接投资的制度安排无疑成为中国引进外资的改革

---

① 朱钟棣. 新中国对外贸易体制的回顾和展望 [J]. 财经研究, 1999 (10): 3.
② 于晓媛. 改革开放以来中国利用外资政策分析 [J]. 经济研究, 2009 (3): 84.

重点。在税收政策改革方面，中国于 1994 年完成了新的税制改革。外商投资企业和内资企业实行统一税收安排，并逐步与国际标准税法并轨。自 1995 年年底以来，超国民待遇"外商投资企业制度"已完全取消，外资的绝对优势以及其他的优惠政策逐步减少。在互利共赢的制度下，中国于 1997 年制定了《外商投资产业指导目录》，进一步完善制度安排，强化了产业、技术引进和地区导向的优惠政策，并且将外资的利用方式从单纯引进资金向技术引进和促进产业结构调整以及产业升级的方向倾斜。1999 年，对外经济贸易部门进一步完善对外商直接投资相关措施的制度安排，鼓励外商投资企业开展技术创新，加大对外商投资企业的资金支持力度。同年，"走出去"战略被提出。与此同时，在国内实施"西部大开发"战略，进一步拓宽了利用外资的空间①。这一时期成为中国利用外资的高速发展阶段。在地区和行业开放方面，投资范围从沿海城市逐步扩大到东北和中西部地区，地区优惠政策逐渐延伸到中西部，外资政策提高了外商的投资热情，使中国利用外国直接投资的数量达到了一个新的规模②。

　　总体来说，在 20 世纪 90 年代，在处理外资问题上，中国不再只追求数量的绝对增长，而是注重是否有利于提高国民经济的质量和效率、是否有利于提高综合国力和国际竞争力。引进和利用外资被视为"充分利用国际国内两个市场、两种资源，优化资源配置。积极参与国际竞争与国际经济合作，发挥中国经济的比较优势，发展开放型经济，使国内经济与国际经济实现互接互补"的重要途径。

　　2. 中国对外投资体制确立

　　随着改革开放的深入，中国的对外资本交流逐步扩大。从 1978 年到 20 世纪 90 年代初，中国的对外战略主要集中在引进外资进行国内经济建设，很少关注对外投资。中国在海外设立从事进出口业务的专业外贸公司和具有对外经济合作经验的大型企业的分支机构。随着改革开放的深入，这些机构的

---

① 吴彦艳. 改革开放以来中国利用外资政策的回顾与展望 [J]. 经济体制改革，2008（6）：14.
② 李敬. 中国对外直接投资的制度变迁及其特征 [J]. 亚太经济，2006（3）：82.

非贸易业务的对外投资逐渐增多。但是，中国对外投资严格的风险管理控制和缺乏海外投资管理机构显然不利于对外投资的发展。因此，国务院以中国化工进出口总公司为试点，通过试点项目积累了对外直接投资的管理经验。

早在 1985 年，原对外贸易经济合作部就按照国务院的指示，出台了《关于在境外开办非贸易性企业的审批程序和管理办法的试行规定》。然而，由于缺乏健全的制度安排，当时的外国投资处于混乱状态。1991 年，原国家计划委员会发布了《关于编制、审批境外投资项目的项目建议书和可行性研究报告的规定》的通知。这成为未来十年对中国海外投资影响最大的政策法规。因此，1994—2001 年，中国的对外投资体系雏形得以确立。1992 年年初，邓小平发表南方谈话后，企业在对外经济中享有更大自主权，中国企业的对外投资进入一个新的发展阶段。同年，国务院批准首都钢铁总公司（简称"首钢"）扩大海外投资和经营权，当年首钢抓住第一次"吃螃蟹"的机会，走上了海外并购的道路。它斥资 1.2 亿美元收购秘鲁铁矿公司，成为第一家成功收购外国公司的公司①。这一收购虽然不太理想，但使首钢企业正式走上国际舞台。

1996 年，中国政府提出了一项新的海外投资发展战略：鼓励发展可以发挥中国比较优势的对外投资，更好地利用两个市场和两种资源。在积极扩大出口的同时，必须循序渐进地组织和支持一批有实力和优势的国有企业走出去，中国的对外投资体制基本建立。在实践和绩效方面，随着改革开放的深入，许多部门、地方和企业将发展企业的对外直接投资提高到战略高度，进一步促进了经济发展。然而，由于国内经济出现通货膨胀的迹象，内部经济协调已成为政府的中心任务。加之国际环境的复杂性和变化，投资风险增加，20 世纪 90 年代初期外国直接投资的发展受到阻碍。1991—1995 年间，外国直接投资的发展速度相对较慢，只增加了 342 家海外企业，中方协议总投资仅增加 2 亿美元。1995 年年底，中国的海外投资企业达到 1 883 家，总投资 18.59 亿美元。1998 年，所有对外直接投资达到 233.4 亿美元②。通过对外贸

---

① 郝中中. 我国对外直接投资的制度变迁及特点分析 [J]. 对外经贸实务，2014（11）：71.
② 陈静. 中国引进外商直接投资的制度变迁研究 [D]. 西安：西北大学，2007：32.

易和投资促进，中国在相对较短的时间内在技术引进方面取得了显著成就。但是，由于外国公司的技术保密策略，对外贸易和招商引资的技术经济处于递减状态。为了保持经济的可持续发展，中国的经济改革需要走上新的发展道路。因此，中国政府对新时期的对外开放战略进行了重大调整。

（三）科技引进体制深化与科技输出体制的确立

在技术引进方面，这一时期依然延续着改革开放初的制度模式，以引进技术为主、引进设备为辅。随着社会主义市场经济的全面建设，技术引进体系进一步深化，政府进一步放权，通过市场经济手段获得资金支持，极大地提高了技术引进的效率。与此同时，技术引进也在一定程度上推动了中国现代企业制度的改革。技术引进提高了工业技术水平，进一步提高了公司创新能力，促进了经济社会发展。

在技术出口方面，这一时期初步确立了中国技术出口的工作和制度安排，并建立了技术出口体系。1978—1993年，重点是引进技术，高新技术出口仅仅是一个起点。这一时期的出口规模很小，制度没有太大的变化。随着社会主义市场经济的改革，对外交往不断扩大。中国不仅要实施"引进来"战略，还要实施"走出去"战略。在这一点上，中国的技术出口已经形成一个缺口，迫切需要理论基础和制度安排来提供一定的指导。在这种情况下，科技进步法、技术合同法、专利法、促进科技成果转化法等的出台，使中国迅速提高技术创新水平。同时，中国技术出口的规章制度也有所改善。高新技术产品出口已达到一定规模①。

除此之外，在管理方法创新方面，中国高度重视系统的大学教育。1990年，清华大学、复旦大学、中国人民大学、南开大学等9所大学获准开展MBA教育，培养管理人才。1992年，管理学被批准为一级学科。从那时起，对管理教育的投入有所增加。在学习西方先进的管理方法的同时，已经开始形成中国特色，特别是在管理实践创新方面。在人才交流方面，自1991年以来，中国政府确立了"友谊奖"，对中国现代化建设做出突出贡献的外国专家

---

① 高洁. 提高中国对外技术交流质量［J］. 当代经理人，2006（16）.

每年都受到表彰。1993年，党的十四届三中全会确定出国留学政策为"支持留学，鼓励回国，来去自由"。1996年6月，国家留学基金委成立，作为管理留学事务的专门机构。人事部为留学归国人员设立"百千万人才工程"，中科院为留学归国人员设立"百人计划"，国家自然科学基金委为留学归国人员设立"国家杰出青年科学基金"①，等等。这对推动科技人才的国际交流和引进，起到了激励作用。

（四）市场经济下外汇管理体制的转变与完善

1993年11月11日召开的十四届三中全会，通过了《中共中央关于建立社会主义市场经济体制若干问题的决定》（以下简称《决定》），明确提出全面建设社会主义市场经济体制的目标。中国在此期间进入了市场经济的全面建设阶段。《决定》中将对外汇管理体制的要求表述为"改革外汇管理体制，建立以市场供求为基础的、有管理的浮动汇率制度和统一规范的外汇市场，逐步使人民币成为可兑换货币"②。外汇管理体制启动了新一轮的改革。

第一，实行汇率并轨，实行以市场供求为基础的、单一的、有管理的浮动汇率制度。从1994年1月1日起，进行人民币汇率并轨，由先前的"双重汇率制""多重汇率制"转为单一汇率制。根据人民币兑美元的官方汇率定为1美元兑8.70元。人民币开始实行基于市场供求的、单一的、有管理的浮动汇率制度。"浮动"主要体现在外汇买卖价格可以在规定的基准汇率上下浮动0.3%，"管理"则主要体现在对外汇的周转头寸进行限额，并且央行可以公开市场操作来调节外汇市场的外汇供求以稳定汇率③。

第二，实行银行结售汇制度，取消外汇上缴和留成，取消用汇的指令性计划和审批。1994年1月1日以后，中国开始取消外汇留成制度，转而对经常项目下的外汇收支实行银行结售汇制度。结售汇制度包括结汇与售汇两个方面，结汇是指定银行按规定价格收购外汇，包括强制结汇、限额结汇；售

---

① 曹令军.近代以来中国对外经济开放史研究 [D].长沙：湖南大学，2013：161-163.
② 中共中央关于建立社会主义市场经济体制若干问题的决定 [R/OL].（2001-04-30）[2019-08-25].http://www.people.com.cn/GB/shizheng/252/5089/5106/20010403/456592.html.
③ 孙萌.人民币汇率制度选择 [D].长春：吉林大学，2010：28.

汇是指定银行按规定价格出售外汇。强制的结汇虽然一定程度上促进了外汇储备的积累,但却增加了银行的风险。为了使银行能够通过市场更好地选择币种与数量,1994 年 4 月 1 日,中国外汇交易中心在上海成立。它的建立打破了各地外汇调剂市场相互分割的局面,实现了外汇市场的统一,外汇指定银行在银行间外汇市场上进行交易从而形成市场汇率,保障了银行和企业结售汇的正常运行。

第三,建立统一的、规范化的、有效率的外汇市场。央行在银行间外汇市场进行交易,并在外汇领域进行间接监管,完成了外汇市场的市场化管理目标。按照价格优先和时间优先的原则撮合成交并且集中清算,央行对外汇交易中心进行一定的指导与维护进而保持了外汇市场与人民币汇率的稳定。1996 年 12 月 1 日,中国达到《国际货币基金组织协定》第八条的要求,完全取消了经常项目下国际支付和转移的限制,实现了人民币经常项目的可自由兑换。在此过程中,中国先后取消了项目中部分交易限制,允许外商投资企业的结售汇,提高居民用汇标准,扩大供汇范围,取消尚存的经常性用汇的限制,从而实现了经常项目的可自由兑换。与此同时,政府还积极推动贸易、金融、财政和税收方面的改革[①]。各部门的改革为人民币经常项目的开放提供了重要支撑。从 1997 年到 2000 年,在外部冲击下,相机实行"宽进严出"政策,采取一些临时性的购付汇限制措施,并在全国范围内开展打击逃套骗汇行动,有效防止了资本外逃,保持了人民币汇率的稳定。

(五)改革开放高速发展时期经济开放制度改革效果的评价

1994—2001 年,这是中国对外经济开放快速发展的时期。1992 年,中国共产党第十四次全国代表大会提出了建立开放性经济体系的发展战略,对外经济开放进入新时期。在此期间,全方位对外经济开放格局基本形成。

1. 对外贸易体制改革方面

这一时期中国对外贸易制度进入对外贸易自由化阶段,进行了以汇率并轨、财税改革为核心的新一轮改革,有效地促进了对外贸易的发展。在此期

---

① 吕进中. 1994—2004 年我国外汇制度的变迁、影响及展望 [J]. 南方金融, 2005 (5): 32-35.

间，由于 1997 年下半年以来受到亚洲金融危机的影响和冲击，进出口贸易总额的增长有所回落，波动较为明显，出口贸易总额的年均增长率高于进口贸易总额的年均增长率，对外贸易实现连续顺差。在实现对外贸易稳定增长的同时，我们也需看到，一些不完善的贸易制度的实施在一定程度上也抑制了对外贸易的增长速度。

2. 资金交流体制改革方面

在"以市场换技术"的制度安排下，"三资"企业大量增加。到 1992 年年末，在中国注册的"三资"企业已达 8.4 万个，比上年末增加 4.7 万个，中国已经成为世界领先的外国直接投资目的地，外商直接投资额为 110.08 亿美元，占比达到 58.2%。同时，互利共赢的制度安排一定程度上鼓励了外商投资企业技术开发和创新。1996 年，中国政府正式制定了关于发展海外投资的新的战略方针。1994 年和 1995 年两年内，境外企业增加了 342 家，协议投资只增加 2 亿美元，年平均增长率分别为 3.5% 和 2%。1998 年，中国对外直接投资金额达到了前所未有的 233.4 亿美元。但是，外资企业与内资企业之间的竞争加剧，产业呈现越来越明显的挤出效应，迫使一些内资企业退出市场，造成企业职工失业，同时也造成国民收入流失、资源过度消耗及生态环境恶化，影响了中国经济的可持续发展[①]。

3. 外汇管理体制改革方面

一方面，本时期的外汇管理体制改革产生了一定的积极成果，极大提高了微观经济主体在外汇业务上的资格可获得性，外汇压抑得到了一定的舒缓，推进了贸易和投资便利化。另一方面，本时期的外汇管理体制改革也产生了一定的弊端，根据"三元悖论"，将中国外汇管理体制改革仅定位在人民币完全可自由兑换，即资本的自由流动上，忽视了对汇率生成机制的完善。科学、合理的汇率形成机制尚未形成，汇率杠杆对经济的调节作用不够灵敏。除此之外，在缺乏缓冲和对冲机制情势下，外汇储备的持续增长增加了货币政策调控的压力。总而言之，外汇制度还需进一步改善。

---

① 万红燕. 改革开放以来中国利用外资的进程分析 [J]. 江西社会科学, 2008 (11).

四、中国加入 WTO 后全面提升时期对外经济开放
（2001—2012 年）

（一）海外区域性自由贸易区：中国全面改革开放的深化

中国于 2001 年加入世界贸易组织（WTO），加速融入世界经济。经济全球化已成为不可阻挡的历史潮流，区域经济一体化促进了区域贸易的发展和繁荣。以自由贸易区协定为主要载体的区域贸易开始登上历史舞台。中国自2003 年以来一直在努力实施自由贸易区协议。截至 2018 年 3 月，中国已与其他国家建立了 16 个自由贸易区协定，涉及 24 个国家和地区[①]。

统计数据显示，中国与自由贸易伙伴之间的贸易和投资关系的发展比非贸易伙伴发展更快。其中，中国—东盟自由贸易区是最典型的海外区域性自由贸易区之一。它是发展中国家组成的最大的自由贸易区。现在中国与东盟的贸易额已达到初期的 6 倍，凸显了自由贸易区协定的巨大优势。协议的各个方面和各国法律调节均适应 WTO 的相关法律法规[②]。与此同时，中国正在不断扩大自由贸易区的合作谈判，并积极完善海外区域自由贸易区建设的相关法律法规。中国颁布的对外贸易法规定，国家必须维护和支持公平自由的海外贸易秩序，按照平等互利的原则促进和发展与其他盟国的贸易关系，缔结与参与关税同盟的协定、自由贸易区的协定等区域性的对外贸易协定，积极参与区域经济组织。在关税方面，《中国—东盟全面经济合作框架协议》明确规定，截至 2005 年，进口关税平均降至 10%，并且"简税制、宽税基、低利率、严征管"逐渐成为一项稳步推进税收改革的基本准则与趋势。在非关税方面，中国主动完善反倾销、反补贴、保障措施和特别保障措施等所谓"两反两保"的制度，充分利用 WTO 的规则实施补贴，进一步完善《中华人民共和国对外贸易法》《中华人民共和国反倾销条例》《中华人民共和国反补

① 中国已和 24 个国家或者地区签署 16 个自由贸易协议 [EB/OL]. (2018-03-11) [2019-05-23]. http://finance.sina.com.cn/china/2018-03-11/doc-ifxpwyhw9483970.shtml.
② 顾华详. 中国—东盟自贸区建设若干法律问题研究 [J]. 中国社会科学院研究生院学报，2015 (5)：84.

贴条例》和《中华人民共和国保障措施条例》等国内法律，以减少贸易摩擦，提高中国经济政策的稳定性和产业的国际竞争力①。在经济体制调节方面，外贸经营实体由外贸审批许可制度改为登记制度，进一步完善和扩大了对外贸易经营权的范围。在海外区域自贸区的建设过程中，虽然矛盾暴露与摩擦时常出现，但经过不断改革和完善经济体制后，区域贸易区的建设得到了稳定。建立海外自由贸易区的目的是应对区域经济一体化和经济全球化的不断发展，不断推动国内经济发展并且不断促进国内经济快速发展，积极推动双边以及多边的对外贸易投资与对外经济合作。

（二）积极推进外贸管理体制与运行机制优化

为了成功实现加入 WTO 的目标，中国开展了一系列符合国际贸易标准的新的贸易管理体制改革。中国积极履行入世承诺，对经济贸易体制进行适应性调整，包括修订法律法规、保持外贸政策透明度与统一性、深化外贸体制改革等。与此同时，中国积极履行开放市场承诺，规范货物进出口管理办法，包括修订关税与非关税措施、扩大外资市场准入、积极参与世贸组织事务等。经过一系列深化改革和漫长而艰难的谈判，中国于 2001 年 12 月 11 日正式加入世界贸易组织。中国加入世贸组织意味着中国的对外贸易体制改革必须在世贸组织制度框架的约束下进行。因此，外贸的体制改革在延续前期改革方向的同时，必须接受世贸组织制度约束。

第一，强化法律手段。为了使原有的对外贸易法律法规适应 WTO 多边贸易规则，政府颁布了《中华人民共和国货物进出口管理条例》和多项部门配套的规章制度。此外，政府先后颁布了一系列法律法规，使其与国际法律体系相适应，更好地促进了中国对外贸易的自由化。在利用外资方面，中国政府进一步修订并颁布了《指导外商投资方向规定》和《外商投资产业指导目录》等，并且完善了一系列相关工作，使得市场准入进一步扩大②。一系列条款的颁布进一步完善了对中国对外贸易的法律支持。

① 顾华详. 中国—东盟自贸区建设若干法律问题研究 [J]. 中国社会科学院研究生院学报，2015（5）：85.

② 郝璐. 中国对外贸易制度研究 [D]. 长春：吉林大学，2017：50.

第二，强化经济手段。由于 WTO 规则的约束，在享受 WTO 带来的贸易自由化的同时，必须履行 WTO 所赋予中国的职责与义务。在大的经济环境下，中国确立了公平与保护并存的对外贸易制度。一方面，中国履行 WTO 的职责与义务，促进各国贸易的平衡发展；另一方面，中国必须避免国内的幼稚产业被淘汰，必须保护这些产业，促进其发展，增强其在市场上的竞争力。

除此之外，在对外贸易体制改革的过程中，中国在贸易自由化的短期方向上制定了一系列制度性措施，积极引导外贸企业实现自我完善，建立了健全的开放式经营的管理体制，增强了对外贸易企业的活力。在行政管理体制改革中，行政管理机构进行了改革。2003 年 3 月，将对外贸易经济合作部和国家经济贸易委员会组建为商务部，其主要职责是研究制定有关对外贸易发展的相关法律法规，科学地控制与管理对外贸易活动。同时，规范货物进出口管理制度，进一步减少关税和非关税业务。在货物出口方面，出台了进出口配额许可证政策，极大地提升了中国对外贸易的行政管理绩效。

2008 年世界金融危机爆发，全球经济增长下滑，国际市场不振，致使中国的出口大幅缩减。面对新形势下的严峻挑战，中国先后采取了一系列措施，不断进行制度创新，转变对外贸易发展方式，极大地促进了中国对外贸易的持续稳定增长。世界金融危机爆发后中国面临的主要贸易问题是外部需求不足，导致出口贸易持续下滑。国务院通过改变对外贸易发展方式，进一步稳定了外需，保持了中国出口产品的国际竞争力[①]。同时，完善了出口信用保险制度、出口税收制度、外贸企业融资制度、加工贸易制度等一系列配套制度措施。在调整对外贸易政策方面，出口退税政策不断调整。采取退税政策，促进国内企业参与国际竞争，提高国内贸易企业的国际竞争力。同时，完善贸易摩擦应对机制，有必要针对贸易中出现的法律问题，切实解决贸易摩擦，进一步完善海外投资体制。在国际金融危机带来外部需求不足的情况下，中国采取积极措施，积极为中国企业实施"走出去"战略提供各种优惠支持，

---

① 郝璐，年志远. 比较优势、交易成本与对外贸易制度创新——兼论中国对外贸易制度改革 [J]. 云南社会科学，2015 (6)：69.

鼓励国内企业参与国际并购。以海外投资方式，积极拓展国际市场①。

（三）"引进来"与"走出去"结合的国际资本交流拓展

1. 外商投资制度进一步完善

2001 年年底，中国成功加入世界贸易组织，不仅标志着中国已经开始全面融入全球经济，而且标志着中国进一步加强对外开放，对外资的吸引力日益增加。

2002—2012 年是中国引进外资稳步增长的时期。这一时期，为了遵守 WTO 的章程和兑现中国的承诺，中国对外商投资的制度安排进行了广泛的调整，先后修改了《中华人民共和国外资企业法》《中华人民共和国中外合作经营企业法》《中华人民共和国中外合资经营企业法》以及《外商投资电信企业管理规定》，目的是逐步取消对外商投资企业的限制，进一步实施"国民待遇"。这一时期，中国对外资的引进门槛逐渐抬高，进行了相关的制度改革，不再像以前那样来者不拒。中国开始限定各地区制定的特殊制度，实行统一的国家外资制度。2002 年制定了《指导外商投资方向规定》，确定了重点投资领域，鼓励和引导外商投资现代农业、高新技术产业、基础设施建设、西部开发和参与国企改革、重组，鼓励外商特别是跨国公司在中国境内建立研究开发中心、生产制造基地和地区总部，改变原来盲目引进外资的状况，优化投资结构。2002—2008 年多次修改《外商投资产业指导目录》，进一步加强对外资产业流向的指导，先后制定了《外商投资商业领域管理办法》《外商投资项目核准暂行管理办法》《外商投资广告企业管理规定》等一系列法规，对外商投资的具体领域进行规范和管理。特别是 2006 年以来，中国对外资的"超国民待遇"制度进行了明显的调整，2007 年通过的《中华人民共和国企业所得税法》将外资企业和国内企业置于同一平台，对外资企业实现国民待遇，保证公平竞争。此外，还建立了相应的科技体系，鼓励外商投资企业在中国开展研发活动。对于拥有完善技术研发体系、领先技术和强大技术转化能力的外商投资企业来说，这是一个很大的优势。这对外国投资也具有前所

① 郝璐. 中国对外贸易制度研究 [D]. 长春：吉林大学，2017：52.

未有的吸引力，技术先进型外商投资显著增加。

自 21 世纪初以来，中国对利用外资的指导和可操作性进一步加强。对外资的态度已经从盲目引入转向理性引入。从重视资本引进到工业化和技术引进，外资的运用逐渐成熟。总体来说，2002 年以后，中国在引进和利用外资的问题上更加独立自信，相关制度更加成熟和完善。运用统筹兼顾、和谐社会建设、和谐世界经济秩序的理念，将引进和利用外资的制度措施提升到科学发展观的理论高度。同时，强调提高利用外资质量和水平，有效应对服务业扩大开放后的新问题和新情况，增强参与经济全球化和维护国家经济安全的能力。在当前的全球金融和经济危机中，中国继续实施各种引进和利用外资的制度。然而，与改革开放初期相比，制度的重点是截然不同的，此时强调外商投资引进与利用协调发展。

2. 中国对外投资制度进一步完善

经过 20 多年改革开放，中国在利用国内外市场和资源方面取得了显著成效。2000 年，中国政府实施"走出去"战略后，坚持"引进来"和"走出去"并举，相互促进。2002 年，党的十六大进一步指出，"走出去"战略是新时期对外开放的重大举措。它鼓励和支持各种所有制企业利用比较优势，推动商品和服务的出口，形成一批有实力的对外直接投资企业和知名品牌。2002 年 10 月，先后颁布了《境外投资联合年检暂行办法》和《境外投资综合绩效评价办法（试行）》。2004 年 7 月国务院颁布了《国务院关于投资体制改革的决定》①。一系列法律法规的出台标志着中国对外直接投资已进入发展的"快车道"，建立了以市场为导向、以贸易为先导、以效益为中心的中国企业对外直接投资的基本原则。

2008 年金融危机后，中国对外直接投资的发展达到了空前水平。截至 2008 年年底，中国对外直接投资企业达到 120 000 多家，分布在全球 174 个国家和地区，投资覆盖率达到 71.9%②。从投资方式来看，并购已成为主要途

---

① 郝中中. 中国对外直接投资的制度变迁及特点分析［J］. 对外经贸实务，2011：71.
② 李敬. 中国对外直接投资的制度变迁及其特征［J］. 亚太经济，2006（3）：82.

径。并购的目的在于获取海外先进技术、营销网络，开发资源能源。因此，中国企业的并购领域主要包括制造业、电力生产和供应业、交通运输业、批发零售业等。2005—2010年，中国油气企业完成了46笔交易，交易规模达444亿美元。中国矿业公司在2009年完成了33笔交易，创造了前所未有的92亿美元的总价值。与此同时，海外大规模并购潮也在发生。2010年，浙江吉利控股集团收购了沃尔沃公司全部股权。2012年，中国企业完成了多项代表性的并购，最典型的有山东重工对意大利法拉帝集团股权收购案、三一重工对德国普茨迈斯特公司股权收购案、国家电网对葡萄牙国家能源网公司股权收购案①。这些是中国企业抓住欧洲债务危机的机会大力并购的结果。

（四）"科技引进"与"科技输出"制度提升到新的水平

进入21世纪以来，随着经济全球化的加速，中国对外经济交流日益频繁，对外科技交流进入了快车道。在此期间，为了加快中国的科技创新体系的建设和提高中国经济及科技方面在国际上的竞争力，中国的对外科技交流体系得到了进一步发展与完善。

在技术引进方面，在现有产业布局下，中国不断完善技术引进体系建设，促使中国通过引进技术，充分发挥后发优势，带来极大的经济效益。通过促进国内的产业升级，促进了技术的进步。在此期间，中国科技投入不足也导致技术引进效率低下、引进秩序混乱、层次低等一系列问题。通过对现有制度的不断改进，国家逐渐克服这些存在的问题，进一步促进了行业的升级。

在技术出口方面，在此期间，中国的技术水平通过后发优势和创新得到了极大的发展。为了迎合"走出去"战略的需要，中国出口高科技产品。中国的技术出口已达到一定规模。在技术创新方面，中国的创新体系不断完善和发展。参与创新的主体是多种多样的。企业、研究机构和教育机构已成为创新的基地。随着经济体制的不断改革，其科研和创新实力得到了极大的提高。与此同时，国家还出台了一系列法律制度及优惠政策来进一步支持创新，如科技进步法、技术合同法、专利法、促进科技成果转化法等，为科技进步、

---

① 郝中中. 中国对外直接投资的制度变迁及特点分析 [J]. 对外经贸实务，2011（11）.

科技与经济的结合提供了法律保障和政策支持。这一时期，在技术出口和技术引进方面，中国取得了巨大的发展和提高。2005 年，中国高新技术产品进出口总额达到 4 160 亿美元，其中出口额 2 183 亿美元，进口额 1 977 亿美元。2009 年，中国高新技术产品进出口总额共计 6 867 亿美元，其中出口额为 3 769 亿美元，进口额为 3 098 亿美元①。

在管理方法和人才交流方面，中国的管理方法和人才交流体系均得到了显著的完善。2000 年 10 月，张瑞敏应邀出席瑞士洛桑国际管理学院（International Institute for Management Development，IMD）校友大会并做演讲，成为第一个登上 IMD 讲坛的亚洲企业家。2001 年 4 月，张瑞敏应邀去美国哥伦比亚大学和沃顿商学院讲课，关于市场链的演讲再次引起轰动，海尔关于市场链的管理与西方先进管理不相上下②。与此同时，2000 年，国家人事部出台《关于鼓励海外高层次留学人才回国工作的意见》，同年建立留学人员创业园区。2005 年，政府颁布《关于在留学人才引进工作中界定海外高层次留学人才的指导意见》，教育部提出公费留学"三个一流"的选派办法。2007 年，中国设立"国家建设高水平大学公派研究生项目"，进一步加强留学生规范和管理。同年颁布《国家公派出国留学研究生管理规定（试行）》，同时出台《教育部关于进一步加强引进海外优秀留学人才工作的若干意见》，进一步鼓励留学人员回国创业。为了进一步吸引留学人员按期回国，国家出台更多配套政策。2009 年，政府颁布《中央人才工作协调小组关于实施海外高层次人才引进计划的意见》并积极实施。2010 年 6 月 6 日，中共中央、国务院印发了《国家中长期人才发展规划纲要（2010—2020 年）》，强调为海外高层次人才建设创新创业基地，要用 5～10 年的时间从海外引进 2 000 名左右高层次人才③。

---

① 中华人民共和国国家统计局关于 2009 年国民经济和社会发展的统计公报 ［R］. 北京：国家统计局，2010.
② 曹令军. 近代以来中国对外经济开放史研究 ［D］. 长沙：湖南大学，2013：162.
③ 国家中长期人才发展规划纲要（2010—2020 年） ［EB/OL］. （2010－06－07）［2019－08－25］. http://cpc.people.com.cn/GB/64093/67507/11797545.html.

（五）新世纪初期外汇管理体制的新发展

中国加入 WTO 后，2002—2004 年，外汇管理体制演进在新的制度环境框架下进入自我完善和深化时期，外汇管理的方式由直接管理转向间接管理，逐步注重外汇资金流出入的平衡管理，进一步放松人民币的汇兑限制，外汇管理体制的市场化改革取向得到进一步确定。

在外汇管理体制改革方面，外汇市场运作体系进一步完善，资本项目进一步开放。

第一，进一步扩大人民币资本项目开放。中国的"QFII"制度已逐步向"QDII"①制度即所谓"合格境内机构投资者制度"转变。该制度本身是一种机制，允许国内的居民通过合格的境内机构在境外开展证券投资业务。目的是在人民币资本项目未完全开放情况下在一定程度上提升金融的开放程度。在投资产品上，继境外固定收益类、债券投资类产品之后，2007 年 5 月 11 日，中国银行业监督管理委员会宣布允许银行以 QDII 方式投资股票。

第二，进一步完善银行结售汇制度。2005 年 8 月 2 日，中国人民银行发布《中国人民银行关于扩大外汇指定银行对客户远期结售汇业务和开办人民币与外币掉期业务有关问题的通知》。该通知规定：扩大办理远期结售汇业务的银行主体，增加银行的自主经营权；扩大交易范围，完全放开经常项目交易的同时继续放开部分资本及金融项目交易；允许银行办理人民币与外币不涉及利率互换的掉期业务。与此同时，国家外汇管理局发布《国家外汇管理局关于放宽境内机构保留经常项目外汇收入有关问题的通知》，进一步完善境内机构经常账户的外汇可保留现汇比例，简化服务贸易销售和支付凭证，调整服务贸易销售和支付的审计权限。这些措施有力地推动了中国外汇结算和销售制度的改革。2007 年 8 月，国家外汇管理局发布《国家外汇管理局关于境内机构自行保留经常项目外汇收入的通知》，经常项目外汇账户限额管理被取消，允许境内机构根据自身需要自行保留经常项目外汇收入，从而标志着

---

① "QDII"即"qualified domestic institutional investor"的首字母缩写。

1994 年在中国实施的强制结售汇制度的正式撤销，并被意愿结售汇制度所取代①。

在人民币汇率改革中，21 世纪以来，随着中国经济的快速增长和人民币在国际货币体系中的地位上升，以及单一汇率的影响，人民币的升值压力一度迅速上涨。2001 年，中国加入世界贸易组织后，国际上对人民币升值的呼声越来越高。2003 年以后，美国代表的政治压力突然增大，强烈要求人民币升值以缓解美国的贸易逆差，中国被要求实行自由浮动汇率制度。面对来自外方的压力和中国国际收支的基本情况，中国政府在保持主动性、可控性和渐进性的原则下，于 2005 年 7 月 21 日正式实施新的人民币汇率制度②，逐步完善以市场供求为基础，参考一篮子货币，有管理的浮动汇率形成机制。自 2005 年 7 月 21 日起，人民币汇率形成机制改革得到改善。人民币汇率不再与单一美元挂钩。根据市场供求情况，参考一篮子货币对人民币汇率指数进行管理和调整。在合理均衡的水平上维持人民币汇率的基本稳定。根据对汇率合理均衡水平的测算，人民币对美元即日升值 2%，即 1 美元兑 8.11 元人民币。此后，人民币汇率稳步升值，波动幅度有所扩大③。2008 年的美国金融危机给全球和中国经济带来了较大的不确定性，中国适当收窄了人民币波动幅度以应对国际金融危机。在国际金融危机最严重的时候，许多国家货币对美元大幅贬值，而人民币汇率保持了基本稳定，为全球经济复苏做出了巨大贡献。2010 年 6 月 20 日，中国人民银行宣布再次重启汇改。人民币再次脱离钉住美元汇率并重新走上小幅稳升的道路。有管理的浮动汇率制度在一定程度上缓解了人民币在当时环境下的升值压力，并进一步推动中国国际收支平衡发展④。它在一定程度上也维护了中国货币政策的对立性，起到了一举多得的效果。

---

① 常思. 外汇账户结售汇实现真正意愿化 [J]. 中国外汇，2007 (12)：19-20.

② 姜凌，马先仙. 正确认识人民币汇率稳定的若干问题 [J]. 金融研究，2005 (8).

③ 李婧. 中国外汇市场与资本项目可兑换的协调发展 [M]. 北京：首都经济贸易大学出版社，2007：111-119.

④ 张礼卿. 加快推进人民币汇率制度改革 [J]. 中国外汇，2008 (1)：27.

（六）全面提升时期经济开放制度改革效果的评价

2002—2012 年是中国对外经济开放水平全面提升时期。2001 年中国正式加入世界贸易组织，标志着中国对外开放的新历史阶段形成。对外开放由较低层次、较窄领域、较窄地区内的开放，提升为更深层次、更宽领域的、更大范围的开放；由自我开放向 WTO 框架下的相互开放转变。党的十六大和十七大审时度势，提出实施"走出去"战略，并提出要提高开放型经济水平，推进中国对外经济开放进入一个以多边规则为基础、全面提升对外经济开放水平的崭新阶段。

1. 对外贸易体制改革方面

中国根据 WTO 的要求进行了大规模的调整和清理，对进出口货物逐步实现法律化和规范化管理。与此同时，外贸活动逐步立足于市场，逐步消除地方政府的作用，充分融入国际贸易环境。在当前世界经济低速增长、全球贸易深度下滑的背景下，中国也意识到如果过度追求对外贸易顺差，其结果过于片面不利于对外贸易发展，因此，逐渐注重提高贸易质量以及优化贸易结构①。金融危机所带来的消极影响促使中国在保持对外贸易总体发展战略不变的前提下，不断调整和完善对外贸易制度，重视进出口贸易平衡，削弱贸易保护主义的不利影响，提升国际竞争力。

2. 资金交流体制改革方面

21 世纪以来，中国从重视资金引进向重视产业导向和技术引进转变，加快产业结构实现优化升级。机电产品出口占全部出口的比重由 2002 年的 48.2%提高到 2006 年的 56.7%，通信设备、计算机及其他电子设备制造业累计使用外商直接投资达 293 亿美元②。与此同时，在党的十六大后，中国对外直接投资的发展达到了空前高度。截至 2010 年年底，中国近 13 000 家境内投资主体设立对外直接投资企业超过 16 000 家，分布在全球 179 个国家和地区。对外直接投资净额达 688.1 亿美元，较上年增长 21.7%，累计净额达 3 172.1

①　裴长洪. 中国对外贸易 60 年演进轨迹与前瞻 [J]. 改革，2009（7）：10-11.

②　万红燕. 改革开放以来中国利用外资的进程分析 [J]. 江西社会科学，2008（11）.

亿美元①。同时对外直接投资产业趋于合理。2004 年中国对外直接投资流向第一产业的占比为 5.25%，第二产业占比为 48.79%，第三产业占比为 45.96%。而到 2010 年，中国对外直接投资流向第一产业的占比为 0.8%，第二产业占比为 15.1%，第三产业占比为 84.1%。这说明随着对外直接投资制度的不断完善，投资者逐渐从投资于第一产业、第二产业向投资第三产业发展②。

3. 外汇管理体制改革方面

自 2005 年起，逐步完善以市场供求为基础，参考一篮子货币，有管理的浮动汇率形成机制。面对 2008 年的国际金融危机给全球和中国经济带来的较大的不确定性，中国适当收窄了人民币波动幅度以应对国际金融危机。在国际金融危机最严重的时候，许多国家货币对美元大幅贬值，而人民币汇率保持了基本稳定，为全球经济复苏做出了巨大贡献。2010 年 6 月 20 日，中国人民银行宣布再次重启汇改，人民币再次脱离盯住美元，重入小幅稳步升值之路，一定程度上保持国际收支基本平衡的需要。但是，这一时期，外汇占款的大量增加，迫使央行采取各种措施冲销其影响，如发行央票、提高准备金率。同时，盯住美元的人民币汇率形成机制存在弊端，如 2008 年全球金融危机和 2011 年欧洲债务危机期间人民币有效汇率两次随美元升值大幅升值，使中国大量出口相关企业受到极大的不利冲击而倒闭，经济增长方式的有效转变难以顺利推进。

---

① 2010 年度中国对外直接投资统计公告［R］. 北京：国家统计局，2011.
② 张明宇. 中国对外直接投资的产业结构调整效应研究［D］. 济南：山东师范大学，2013：22.

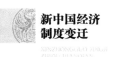

新中国经济
制度变迁

XINZHONGGUO JINGJI
ZHIDU BIANQIAN

第三节　新时代中国创新型对外经济开放（2012 年至今）

　　坚定不移地深化改革开放，是习近平总书记反复强调的一个重大问题，改革只有进行时没有完成时。以开放促改革、促发展，是我国现代化建设不断取得成就的重要法宝，也是决定当代中国命运的重要一招。

一、新时代经济全面深化对外开放思想的确立和发展

　　党的十八大以来，中国特色社会主义进入新时代，提出了扩大开放的新要求，发生了从被动接受国际贸易规则到主动参与制定国际贸易规则的巨大转变。习近平总书记强调，党的十八大以来，我们深刻把握新时代中国和世界发展大势，在对外工作上进行一系列重大理论和实践创新，形成了新时代中国特色社会主义外交思想。党的十八届三中全会提出"构建开放型经济新体制"，初步确定了发展开放型经济的新目标，掀开了"以开放促改革"的新篇章。这不仅是对全面深化改革的重要部署，也是对开放型经济探索经验的继承与发展。十八届三中全会通过的《中共中央关于全面深化改革若干重大问题的决定》明确了全面深化改革的指导思想、总目标、路线图和时间表。目标既强调了对中国特色社会主义基本经济制度的坚持和完善，揭示了改革的方向，又在国家制度和制度执行能力方面有了很大的创新。

　　2018 年博鳌论坛习近平总书记再一次提出中国将继续走对外开放的道路，指出当今世界和平合作、开放融通、变革创新的潮流滚滚向前。中国对外开放的总取向不变，推进构建人类命运共同体的努力不变。

　　习近平总书记主持召开中共中央政治局第十九次集体学习会议时指出，站在新的历史起点上，要实现"两个一百年"奋斗目标和中华民族伟大复兴的中国梦，必须推进更高水平的对外开放，加快实施自由贸易区战略，加快构建开放型经济新体制，推进丝绸之路经济带、海上丝绸之路建设，推动内

陆贸易、投资、技术创新协调发展，以对外开放的主动赢得经济发展的主动、赢得国际竞争的主动。通过中国上海自由贸易试验区的先行试点，加快实行自由贸易区战略，形成面向全球的高标准自由贸易区网络。

改革开放是决定中国当代命运的关键，为了实现"两个一百年"奋斗目标、实现中华民族的伟大复兴，我们应该继续深化改革、扩大开放。习近平总书记强调改革开放涉及各方面体制的完善，要敢于啃硬骨头。党的十八大以后，我国在财税、金融、价格、投融资、民生保障、社会管理、生态文明、农业农村等领域相继出台了一系列改革措施，彰显了新一届党中央全面推进改革开放的决心、智慧和勇气。

进入新时代，中国的对外开放呈现了新的风貌，具有中国特色、中国风格、中国气派。在以习近平同志为核心的党中央坚强领导下，坚持走开放融通、互利共赢之路，推动贸易和投资自由化、便利化，维护多边贸易体制，发展更高层次的开放型经济，推动形成全面开放新格局，推动经济全球化朝着更加开放、包容、普惠、平衡、共赢的方向发展，开创新时代对外开放的新纪元。一个开放、包容、自信、负责任的发展中大国的形象进一步确立，翻开了中国与世界关系的新篇章。

二、"一带一路"倡议的提出及制度演进

2013 年 9 月，习近平总书记首次提出共同建设"丝绸之路经济带"的构想，2015 年 3 月 28 日，中国政府颁布《推动共建丝绸之路经济带和 21 世纪海上丝绸之路的愿景与行动》，明确提出了"政策沟通、设施联通、贸易畅通、资金融通、民心相通"，积极落实 G20 的全球经济治理长效机制，共建"一带一路"。"一带一路"起于中国，贯通中亚、东南亚、南亚、西亚以及欧洲部分地区，是新形势下中国推进对外开放和合作的总体构想。

习近平同志在《推进"一带一路"建设，努力拓展改革发展新空间》中指出："'一带一路'建设是我国在新的历史条件下实行全方位对外开放的重

大举措、推行互利共赢的重要平台。"① 提供一个包容性巨大的合作发展平台，形成利益共同体、责任共同体、命运共同体，不仅为我国改革开放和持续发展提供了新动力，也为世界经济复苏、各国合作发展和全球治理变革提供了中国方案。

2014 年中国宣布出资 400 亿美元为"一带一路"沿线国家的基础设施建设、资源开发、产业合作、互通互信等提供金融支持。2015 年亚洲基础设施投资银行成立，成为服务"一带一路"建设的金融先行者，专门投资具有普惠、绿色、共赢属性的基础设施项目，从而促进当地经济发展。2017 年 5 月，首届"一带一路"国际合作高峰论坛在北京成功举行，29 位外国国家元首和政府首脑齐聚北京，140 多个国家和 80 多个国际组织的高级别代表出席会议。习总书记在高峰论坛上发表的重要讲话引发强烈共鸣，会议达成 270 多项合作成果，凝聚起推进"一带一路"建设的广泛共识。同年 5 月，中国财政部与 26 个国家的财政部共同核准了《"一带一路"融资指导原则》，与世界银行、亚投行、亚洲开发银行、欧洲投资银行、欧洲复兴开发银行等共同签署了加强"一带一路"合作备忘录。金融资源配置工具的多样化也将助力普惠金融的拓展，为"一带一路"的制度改革注入了新的金融制度安排，同时又从另一方面说明了人民币国际化的道路，实际上就是金融资源配置方向转变的重要标志和力量。2017 年 5 月 14 日"一带一路"国际合作高峰论坛高级别会议"推进贸易畅通"平行主题会议发布了《推进"一带一路"贸易畅通合作倡议》，中国愿与各方一道，以落实《推进"一带一路"贸易畅通合作倡议》为契机，共商"一带一路"经贸合作大计，共建开放平台，共享发展红利，以共享促发展、以合作促共赢，携手推进开放型世界经济发展。

截至 2017 年我国已同 86 个国家和国际组织签署了 101 份共建"一带一路"合作文件，同 30 多个国家开展机制化的产能合作。2014—2016 年，中国同"一带一路"有关国家贸易总额超过 3 万亿美元，2017 年贸易额达 1.1 万

---

① 中共中央文献研究室. 习近平谈治国理政：第 2 卷 ［M］. 北京：外文出版社，2014：500-502.

亿美元，增长迅速。2017年"一带一路"沿线国家对华投资新设立企业3 857家①。2018年是习近平总书记提出"一带一路"倡议五周年时间。五年来，"一带一路"建设从理念转化为行动，从愿景转化为现实，取得了丰硕成果，越来越多的国家和地区从中受益。2013—2017年，我国与"一带一路"沿线国家货物进出口总值达33.2万亿元，年均增长4%，高于同期我国货物进出口年均增速1.4个百分点，成为货物贸易发展的一个亮点②。

"一带一路"开创了对外开放的新局面，加大了我国西部、内陆和沿边开放的力度，推动了国际大通道建设，带动了中国制造和中国服务走出去，拓展了开放合作新空间。这不仅成为重要国际合作平台和最受欢迎的国际公共产品，也开辟了一条通向人类命运共同体的伟大实践之路。提倡通过多边合作和共商、共建、共享，实现互利共赢、共同发展，"一带一路"贯穿欧亚大陆，东连亚太经济圈，西接欧洲经济圈，目前全球已有100多个国家和地区以及国际组织积极支持和响应"一带一路"倡议。"一带一路"不仅是中国的对外开放倡议，也是中国走向负责任大国做出的完善全球治理的主动行为和行动，"一带一路"的本质是推动全球经济互动和均衡发展，正如习总书记所说，"共建'一带一路'不仅是经济合作，而且是完善全球发展模式和全球治理、推进经济全球化健康发展的重要途径"。

由于作为新事物的"一带一路"制度创新正处于起步和探索阶段，这就需要中国和相关国家在制度规则创新上"共商、共建、共治、共享"，保证"开放合作、市场运作"原则的有效执行。

三、构建开放型经济新体制

（一）推动贸易自由化制度改革

党的十七大报告明确提出实施自由贸易区战略，建立自由贸易区有利于拓

---

① 数据来源：中华人民共和国商务部网站。
② 数据来源：国家统计局网站。

展我国对外开放的广度和深度。2013 年，我国提出共建"一带一路"倡议，推动经济全球化健康发展，同年建立了首批唯一一个自由贸易试验区——中国上海自由贸易试验区，探索我国对外开放的新路径和新模式，为中国参与高标准自由贸易区网络构建的国际经贸规则谈判奠定基础。截至 2018 年 8 月我国已签署 16 个自贸协定，涉及 24 个国家和地区，遍及亚洲、拉丁美洲、大洋洲、欧洲等，已签署的自贸协定中，零关税覆盖的产品范围超过 90%[①]。中共十九大报告明确提出"赋予自由贸易试验区更大改革自主权，探索建设自由贸易港"的目标，为中国自由贸易试验区下一步的发展指明了方向，促进了加工贸易的转型升级和梯度转移。

在 2013 年自由贸易试验区的设立之初，政府实行简政放权，减少甚至取消一些行政审批，将政府的主要职能由事先审批转向事中和事后管理；在推动贸易自由化和金融自由化方面，向规范自由贸易试验区的管理体制发展，建立法制化、国际化、市场化的环境；在贸易方面，不仅做到在海关特殊监管区内的商品免税，还提供了一系列缴纳进口关税的便利，推出平行贸易措施；在金融方面，创新提出允许企业在自由贸易试验区的经营中开立贸易账户，为企业对外融资建立平台，在人民币总体上还不能自由兑换的前提下，大胆探索便利贸易和投资的方式和专门通道。2018 年 7 月 1 日前修订出台全国和自由贸易试验区外商投资准入特别管理措施（负面清单），与国际通行规则对接，全面提升开放水平，以开放促改革、促发展、促创新。

我国还在推进多个自贸协定谈判，积极统筹多边、双边、区域开放合作。2012 年启动《区域全面经济伙伴关系协定》（RCEP）谈判，拟建设规模最大的自由贸易区，涵盖全球一半以上人口，经济和贸易规模占全球的 30%。2017 年以来，商务部同埃及、科特迪瓦、毛里塔尼亚、加纳、乌干达、乍得、圣多美和普林西比等非洲国家对口部门召开新一届双边经贸联委会。通过建立和完善双边合作机制，中非双方聚焦落实领导人达成的经贸领域合作共识，具体对接经济发展规划，共商重点合作项目和重大事项，推动在多个合作领

---

① 资料来源：中华人民共和国商务部网站。

域取得一批务实成果。2017 年自贸区发展报告指出，我国目前自由贸易区业务涉及 31 个国家和地区，涵盖对外贸易总额的 30% 左右，初步形成立足周边、辐射"一带一路"、面向全球的自贸区网络。2017 年中国新签了四个自贸协定，还签署了优惠贸易安排性质的《亚太贸易协定第二修正案》。2018年中国有 10 个自贸协定推进谈判，还有 10 个自贸协定推进可行性研究，多项自贸协定（FTA）也正在加速落地。

（二）推动人民币国际化进程

货币国际化不但可以减少国际贸易的成本，而且还可以拥有贸易的话语权，争取和更多国家进行贸易。2009 年 7 月中国人民银行等六部门发布《跨境贸易人民币结算试点管理办法》，跨境贸易人民币结算试点正式启动，意味着人民币国际化迈出了历史性的一步。2013 年以来，政府的政策推动作用逐步加强，人民币国际化进入快速发展阶段。至 2014 年年底，人民币国际化在各个领域都取得了明显的成果，2014 年沪港通、2016 年深港通、2016 年债券通相继启动，2014 年年底的中央经济工作会议明确提出"稳步推进人民币国际化"的要求①。2015 年，首个由中国倡议设立的多边金融机构亚洲基础设施投资银行成立。2016 年，人民币纳入特别提款权（SDR）货币篮子，人民币国际化迈出重要步伐。2016 年年底开始，央行没有再采取对人民币经常性的管理，而坚持灵活汇率道路。截至 2017 年第一季度末，全球央行持有的人民币资产为 826 亿美元，占官方持有外汇储备的近 1%。中国人民银行 2018年 5 月 11 日发布的《2018 年第一季度中国货币政策执行报告》指出，人民币国际化取得新进展，支付货币功能不断增强，储备货币功能逐渐显现，已经有超过 60 个境外央行或货币当局将人民币纳入官方外汇储备②。

为了提高人民币在国际上的可接受程度，带动境外人民币回流境内，给境外人民币提供使用和投资渠道，人民币跨境证券投融资试点稳妥有序开展。截至 2018 年 5 月 RQFII 试点地区已扩展至 19 个。对外开放提升了我国金融机

---

① 2014 年中央经济工作会议报告［R］. 北京，2014：6.
② 中国人民银行. 2018 年第一季度中国货币政策执行报告［EB/OL］.（2018-05-11）［2019-05-23］. http://www.pbc.gov.cn/goutongjiaoliu/113456/113469/3537621/index.htm.

构的国际竞争力，提高了我国金融市场的国际影响力，巩固和发展了我国金融大国的地位。

目前人民币跨境使用的政策框架基本确立，表现为经常项目跨境结算政策基本确立，资本和金融项目人民币跨境结算政策逐步建立，人民币跨境清算地域不断扩大。同时，人民币国际货币职能及境外离岸市场快速发展，人民币已成为部分发展中国家和发达国家的储备货币。截至 2015 年 12 月底，我国与境外 33 个中央银行签订了双边本币互换协议，总金额超过 3.3 万亿元人民币[①]。2015 年 8 月 11 日，中国人民银行宣布完善人民币对美元中间汇率报价方式，结束了人民币中间汇率形成机制的不透明和僵化状态，人民币汇率真正开始走向市场化。进入 2017 年，中国人民银行又引入了"逆周期调节因子"等一系列汇率改革，至此人民币汇率的市场化得到进一步加强。2017年，中国人民银行与赞比亚等国央行建立人民币清算安排，尼日利亚、南非、毛里求斯等非洲国家将人民币纳入其外汇储备，人民币在肯尼亚实现同当地货币的自由兑换。2017 年中国银行约翰内斯堡分行发行非洲首只离岸人民币债券"彩虹券"，发行金额为 15 亿元人民币，期限为 3 年，受到国际投资者积极响应，认购倍数达 2.13 倍，标志着离岸人民币债券市场扩展到非洲，是人民币国际化的又一里程碑。

（三）资本交流快速发展

2013 年我国提出的"一带一路"倡议为"走出去"提供了战略支撑，为对外直接投资打造一流企业开辟了广阔的天地。中国继续扩大对东盟国家的开放，提高中国—东盟的自贸区水平，中国倡议筹建亚洲基础设施投资银行，以促进东盟和本地区发展中国家的互通互信，共同建设"海上丝绸之路"。同时通过陆路丝绸之路建设，我国鼓励和支持更多有实力、有信誉的中国企业"走出去"，为当地改善民生、增加就业、提高基础设施建设做贡献。加大对"走出去"企业的引导，让企业去履行更多的社会责任。2015 年，中共中央

---

① 中国人民银行. 2015 年中国货币政策大事记［EB/OL］.（2016-02-23）［2019-05-23］. http://www.pbc.gov.cn/goutongjiaoliu/113456/113469/3020425/index.html.

国务院发布了《中共中央国务院关于构建开放型经济新体制的若干意见》，指出要提高对外投资质量和效率。党的十八届五中全会再一次提出支持企业扩大对外投资，2016 年，国家"十三五"规划纲要强调，要坚持"走出去"和"引进来"并重。

党的十八大报告提出要"提高利用外资综合优势和总体效益，加快走出去步伐"，2017 年 7 月全国金融工作会议强调积极稳妥推动金融业对外开放，合理安排开放顺序，稳步扩大金融业双向开放；2017 年 7 月我国又提出要稳步扩大资本市场双向开放，提升开放质量。

党的十八大以来，利用外资质量进一步提高，外资更多地流向高技术产业。2017 年，我国实际使用外资 1 363 亿美元，规模是 1983 年的 60 倍，年均增长 12.8%。截至 2017 年年底，实有注册的外商投资企业近 54 万家。2017 年中国是全球第二大外资流入国，自 1993 年起利用外资规模稳居发展中国家首位。2017 年，外商投资企业进出口额达 12.4 万亿元，占我国货物进出口总额的 44.8%，缴纳税收 2.9 万亿元，占全国税收收入的 18.7%。2017 年我国成为全球第二大外资流入国和第三大对外投资国。2018 年 5 月，国务院常务会议通过了《国务院关于积极有效利用外资推动经济高质量发展若干措施的通知》。为此，从中央到地方各种对外开放措施密集推出，营造更加公平透明便利、更有吸引力的投资环境，保持我国全球外商投资主要目的地地位，进一步促进外商投资稳定增长，实现以高水平开放推动经济高质量发展。

2002—2017 年，我国累计实现对外直接投资 1.11 万亿美元。2017 年，我国对外直接投资额达 1 246 亿美元，是 2002 年的 46 倍，年均增长 29.1%，成为全球第三大对外投资国。2017 年年末，我国对外直接投资存量 1.48 万亿美元，境外企业资产总额超过 5 万亿美元。对外投资形式逐步优化，由单一的绿地投资向兼并、收购、参股等多种方式扩展，企业跨国并购日趋活跃。

2018 年中国商务部报告指出为落实外商投资研发中心支持政策，研究调整优化认定标准，鼓励外商投资企业加大在华研发力度。进一步落实高新技术企业政策，鼓励外资投向高新技术领域。放宽外资金融机构设立限制，扩大外资金融机构在华业务范围，拓宽中外金融市场合作领域。修订完善合格境外机构投资者（QFII）和人民币合格境外机构投资者（RQFII）有关规定，建立健全公开透明、操作便利、风险可控的合格境外投资者制度，吸引更多境外长期资金投资境内资本市场。为推动"八大行动"顺利实施，2018 年 9 月，中非合作论坛北京峰会开幕，中国以政府援助、金融机构和企业融资等方式向非洲提供 600 亿美元支持。

（四）对外科技交流新形式

我国始终坚持将创新驱动作为对外开放的核心要素，2014 年 8 月中央财经领导小组第七次会议上，习近平同志强调科技创新的重要时代意义。他指出："改革开放 30 多年来，我国实现了科技水平整体跃升，已经成为具有重要影响力的科技大国，科技创新对经济社会发展的支撑和引领作用日益增强。当前，新一轮科技革命和产业变革正在孕育兴起，全球科技创新呈现出新的发展态势和特征，新技术替代旧技术、智能型技术替代劳动密集型技术趋势明显。我国依靠要素成本优势驱动、大量投入资源和消耗环境的经济发展方式已经难以为继。我们必须增强紧迫感，紧紧抓住机遇，及时确立发展战略，全面增强自主创新能力，掌握新一轮全球科技竞争的战略主动。"[①] 我国实行人才培养战略，注重自主研发，不断提高科研水平和技术水平，开始逐渐摆脱对其他国家的过度依赖状态。同时，我国也在不断地为别的国家提供技术援助，例如"一带一路"沿线国家的基础设施建设和人才培养战略，以创新支撑和引领对外贸易发展。

2014 年中国举办以"共建面对未来的亚太伙伴关系"为主题的亚太经合组织第二十二次领导人非正式会议，批准了《亚太经合组织互联互通蓝图》，各方决心在 2025 年之前实现硬件、软件、人才交流互联互通的远景目标和具体指标，建立全方位、多层次、复合型的亚太互通网络。中国在非洲设立 10 个鲁班工坊，向非洲青年提供职业技能培训；支持设立旨在推动青年创新创业合作的中非创新合作中心；实施头雁计划，为非洲培训 1 000 名精英人才；

[①] 新华社. 中央财经领导小组第七次会议 ［EB/OL］. （2014 - 08 - 18） ［2019 - 05 - 23］. http://www.81.cn/xuexi/2014 - 08/18/content_7045016.html.

为非洲提供 5 万个中国政府奖学金名额，为非洲提供 5 万个研修培训名额，邀请 2 000 名非洲青年来华交流。

非洲联盟《2063 年议程》明确提出，支持青年成为非洲复兴的动力，要让 70% 的青年拥有一技之长，到 2025 年前培养数千名非洲青年领袖。长期以来，中国积极帮助非洲国家培养各类人才，加强人力资源开发合作，提供大量政府奖学金和研修培训名额，为提升非洲国家自主发展能力发挥了积极作用。2017 年年底我国与有关国家累计签署 40 余项科技合作协议和 300 多个文化交流执行计划，设立了 138 所孔子学院、135 个孔子课堂、16 个中医药海外中心，建立了 45 个国际联合实验室和研究中心。我国还与有关国家广泛开展卫生、旅游、减贫、绿色环保、防止沙漠化等领域的合作，力所能及提供对外援助。

2014 年李克强总理在两会上提出"中国制造 2025 计划"，2015 年发布《中国制造 2025》，坚持"市场主导、政府引导，立足当前、着眼长远，整体推进、重点突破，自主发展、开放合作"的基本原则。

2018 年 2 月国务院办公厅关于积极推进供应链创新与应用的指导意见提出要形成覆盖我国重点产业的智慧供应链体系。供应链在促进降本增效、供需匹配和产业升级中的作用显著增强，成为供给侧结构性改革的重要支撑。培育 100 家左右的全球供应链领先企业，重点产业的供应链竞争力进入世界前列，中国成为全球供应链创新与应用的重要中心。

2018 年中国商务部提出积极吸引外商投资以及先进技术、管理经验，支持外商全面参与海南自由贸易港建设，强化自由贸易试验区在扩大开放吸引外资方面的先行先试作用。推进专利法等相关法律法规修订工作，大幅提高知识产权侵权法定赔偿上限，保护知识产权。

四、中国对外经济开放的成就及面临的新挑战

改革开放 40 年来，中国对外开放各个方面都取得了举世瞩目的成就。对外贸易快速发展、外商投资大量注入、对外投资快速发展、科技水平逐步提

高、外汇政策日趋完善等等。党的十八大以来，在以习近平同志为核心的党中央领导下，我国经济的对外开放更是上升到一个新的历史阶段。供给侧和创新驱动推动中国的结构调整和产业升级，积极应对全球化放缓和全球结构调整的挑战。以上海自贸区为平台，大幅度提高外资准入权限，扩大服务业开放。成功商签中澳、中韩自贸区，加快自贸区建设步伐。提出了"一带一路"建设，以"一带一路"建设为重点，形成陆海内外联动、东西双向互惠开放格局。由全球治理的被动接受者变成了积极建设者和重要影响者，提高了中国的软实力。

改革开放40年，经济开放体制变迁使得我国开放型经济发展实现了历史性跨越。这首先表现在我国的国际贸易地位明显提升。世界贸易组织发布的《2016年全球贸易统计报告》显示：我国连续八年保持全球第一大货物贸易出口国和第二大进口国地位。据中国海关统计，2017年我国进出口贸易总额超过4万亿美元，比1978年增长194倍，年递增约20%。贸易结构趋于完善。机电产品、传统劳动密集型产品为出口主力。2017年，机电产品出口达到1.3万亿美元，占我国出口总值的57.7%；同期，高新技术产品占我国出口的比重提高到28.8%。传统劳动密集型产品合计出口2.88万亿元，占出口总值的20.8%。铁矿石、原油、铜等大宗商品进口量保持增长。1978年我国国内生产总值（GDP）仅有3 678.7亿元美元，经济规模仅占世界经济总量的1.8%；2017年，作为世界第二大经济体，我国GDP跨过12万亿美元，世界经济占比达14.8%；同期中国占全球贸易的份额，亦由不到1%上升到11.5%。1993—2017年贸易顺差超过25万亿元美元。

其次表现在利用外资和对外经济合作发展效果显著。我国长期是发展中国家引进利用外资最多的国家。2017年实际使用外资1 363亿美元，比1978年增长130多倍。引进利用外资的快速发展，开阔了我国融入全球经济的视野，促进了我国生产技术和管理水平的提高，提高了在外企工作的劳动者的技术文化素质，增加了劳动者的就业机会。

从对外经济合作来看，2017年完成营业额1 685.9亿美元，同比增长5.8%；新签合同额2 652.8亿美元，同比增长8.7%，而1978年这一数字仅为 0.51 亿美元。2018 年 4 月末在外各类劳务人员达 98.3 万人（较 2014 年翻了一番）。

最后还表现在我国的对外直接投资呈现新局面。自 2003 年中国发布年度数据以来，中国对外直接投资流量持续增长，2002—2016 年年均增速高达48.31%。2016 年，中国对外直接投资流量创下 1 961.5 亿美元的历史新高，同比增长 34.7%；尽管 2017 年同比下降 32%，仅 1 246.3 亿美元，但 2018 年1—4 月同比增长 34.9%，出现连续六个月的增长。迄今我国已成为仅居美国之后（2 990 亿美元）、蝉联全球第二的对外投资国。2013 年始，中国对欧盟国家的投资首度超过欧盟国家的对华投资；2015 年中国对美国的投资首度超过其对华投资。2016 年年末，中国对外直接投资累计净额（存量）达 13 573.9亿美元，位居世界第六。截至 2016 年年底，参与海外投资的 2.44 万家投资者在全球 190 个国家和地区设立了 3.72 万家对外直接投资企业，创造就业286.5 万，其中 134.3 万为外籍员工，累计向投资所在国缴纳各种税金近 300亿美元。对外投资地遍布世界 70% 的国家和地区，主要的投资行业是租赁和商务服务业、金融业、采矿业、批发和零售业、制造业、交通运输业，为发展东道国的经济、增加东道国的税收和就业做出了贡献。

伴随着对外开放步伐的加大，我国也面临着新的挑战。国际货币基金组织 2017 年预计，未来 5 年世界经济平均增长 3.7%，不及国际金融危机前 10年的 4.2% 的平均水平。如何在错综复杂的全球经济形势下抓住机遇、化解挑战，是对外开放面临的重要任务[1]。我国开放型经济不仅面临着国际层面的挑战，还面临着国内挑战：首先，国际逆全球化和贸易保护思想开始抬头，国际市场和国际贸易的风险对我国的负传导也在加剧。其次，2008 年后美国金融危机以及对我国经济发展的冲击。最后，我国本身发展也存在着一些问题，例如经济增长减速、产能过剩、小微企业经营面临着诸多困难等。这些挑战使我国消费、出口、投资放缓；银行质量步入下行周期；外商投资减弱；等等。

---

① 汪洋. 全面开放面临的机遇和挑战前所未有 [N]. 人民日报，2017-11-10.

面对这些挑战，我国要不断调整对外开放政策，适应全球开放格局，用更广阔的视野深化对外开放，坚持沿海开放和内陆开放更好结合，提高我国综合竞争力和科技实力，提高高端产业的贸易出口，坚持引进来和走出去更好结合、制造业和服务业更好结合，拓宽国民经济发展空间。

五、构建人类命运共同体是新时代中国开放型经济发展的必然结果

习近平同志倡导全球共建一个和谐家园，注重命运共同体理论的实践，2013 年 1 月至 2018 年 6 月这段时间内关于推动构建人类命运共同体的重要文稿多达 85 篇①。2013 年 10 月 7 日习近平同志在亚太经合组织工商领导人峰会上做了题为《牢固树立亚太命运共同体意识》的演讲，他指出要牢固树立亚太命运共同体意识，共同创建引领世界、惠及各方、造福子孙的美好亚太。2014 年 7 月习近平同志在中国—拉丁美洲和加勒比国家领导人会晤上发表主旨讲话——《努力构建携手共进的命运共同体》。2015 年 9 月 28 日习近平同志在美国发表《携手构建合作共赢新伙伴，同心打造人类命运共同体》主旨演讲，指出中国将始终做世界和平的建设者、全球发展的贡献者、国际秩序的维护者，指出要构建以合作共赢为核心的新型国际关系，打造人类命运共同体。2017 年 1 月 18 日习近平同志在联合国日内瓦总部发表题为《共同构建人类命运共同体》的演讲，提出了五个坚持并提出中国方案：构建人类命运共同体，实现共赢共享。2017 年 10 月 18 日习近平同志在中国共产党第十九次全国代表大会上做了题为《坚持和平发展道路，推动构建人类命运共同体》的报告，进一步提出坚持和平发展道路，推动构建人类命运共同体。大会明确中国特色大国外交要推动构建新型国际关系，推动构建人类命运共同体，并把坚持推动构建人类命运共同体作为新时代坚持和发展中国特色社会主义的 14 条基本方略之一。2017 年 12 月 1 日习近平同志在北京举行的中国共产

---

① 习近平同志《论坚持推动构建人类命运共同体》主要篇目介绍 [N]. 人民日报，2018 - 10 - 15（02）.

党与世界政党高层对话会上的主旨讲话指出世界各国人民应该秉持"天下一家"理念，努力建设一个远离恐惧、普遍安全的世界，一个远离贫困、共同繁荣的世界，一个远离封闭、开放包容的世界，一个山清水秀、清洁美丽的世界。2018年6月10日习近平同志在上海合作组织成员国元首理事会第十八次会议上发表的《弘扬"上海精神"，构建命运共同体》指出，践行"上海精神"，坚持共商共建共享的全球治理观，齐心协力构建上海合作组织命运共同体。2018年3月11日，第十三届全国人民代表大会第一次会议通过《中华人民共和国宪法修正案》，第三十五条"发展同各国的外交关系和经济、文化的交流"修改为"发展同各国的外交关系和经济、文化交流，推动构建人类命运共同体"。这体现了中国将自身发展与世界发展相统一的全球视野、世界胸怀和大国担当。在推动构建人类命运共同体思想指引下，推动经济全球化朝着更加开放、包容、普惠、平衡、共赢的方向发展。人类命运共同体的理念同样在世界引起反响，改善国际治理体系。

中国积极推进全球治理体系的变革，不但是现行国际体系的参与者、建设者、贡献者，还是国际合作的倡导者和国际多边主义的积极参与者。2001年加入世界贸易组织后，我国切实履行加入世贸组织承诺，坚定支持多边贸易体制，积极推进贸易投资自由化、便利化，全力支持发展中国家融入多边贸易体制，坚定反对单边主义和保护主义。党的十八大以来，我国坚定不移奉行互利共赢的开放战略，加强金砖国家、中非合作论坛、中阿合作论坛建设，维护发展中国家利益。支持联合国、二十国集团、上海合作组织、亚太经合组织，完善国际治理体系。我国与"一带一路"沿线国家的合作前景看好，但仍然面临着一些挑战，彼此之间的贸易结合度不是很强，高端产业的互补性较弱。中国应该坚持四个统筹兼顾、坚持产业间贸易和产业内贸易并举，和发达国家共同推进"一带一路"高端产业贸易，打造人类命运共同体。开放性经济可以帮助我国通过开放促进自身加快制度建设、法制建设，改善营商环境和创新环境，降低运营成本，提高运行效率，提升国际竞争力。

本章小结

　　新中国成立初期到改革开放前夕，我国确立了"自力更生为主，争取外援为辅"的经济开放基本方针。这一时期我国经历了国民经济恢复时期、经济过渡时期、计划经济时期三个重大的经济对外开放制度变迁阶段。在国民经济恢复时期与经济过渡时期，我国经过一系列对外经济制度改革，初步形成了一条中国特色的发展道路，其中以重工业为龙头，大规模、大手笔引进资本密集型的重工业成套设备，把重工业作为经济发展引擎，加速了新中国工业化的进程，为我国对外经济开放开创新纪元奠定了坚实的基础。进入计划经济时期后，虽然对外开放加快了经济发展的速度，但是由于国内外环境的变化，对外经济开放经历了一个曲折过程。随后，20世纪70年代，中国抓住资本主义国家因为能源和经济危机急于出口的有利时机，通过扩大经济技术交流，打破了西方国家对中国的封锁和包围，与资本主义国家纷纷建立外交关系，为后来的对外开放奠定坚实的外交基础。这一时期的经济开放体制变迁经历了一个缓慢而艰难的过程。

　　改革开放后，中国进行了一系列大规模的"对内改革"和"对外开放"。在"改革"与"开放"合力作用下，探索出了一个中国特色的对外经济开放理论与制度变迁的路径。中国特色的对外经济开放主要体现为"渐进性"与"全方位"两个特点。在改革开放前独立自主的对外政策基础上，对外经济开放进一步完善了渐进性的改革路径与全方位的改革格局。改革开放四十年来，中国经济开放制度改革经历了四个重大时期：主动探索时期、高速发展时期、全面提升时期和新时代全面深化时期。在这四个重大时期中，一方面，我国区域对外开放战略充分体现了渐进式开放的特点，大体上按照"经济特区—沿海开放城市—沿海经济开放区—沿边沿江经济区—内地中心城市"的序列推进。同时，在新时代全面深化时期，又开启以"一带一路"建设为重点，形成陆海内外联动、东西双向互济的开放格局①，赋予了自由贸易试验区更大改革自主权，探索建设自由贸易港。至此，新时代下我国对外开放形成全方位开放新格局。另一方面，我国各经济部门对外开放战略也充分体现了渐进式开放特点，主要以"产品开放—要素开放—知识产权开放—金融开放"为主线，逐步进行相关体制改革，积极制定符合时代特征的政策安排并付诸实践。四十年来，我国在对外贸易、对外资本交流、对外技术交流、新时代参与全球治理等重大方面的开放制度框架正在逐步完善。

　　坚定不移地深化改革开放是习近平总书记反复强调的一个重大问题，改革只有进行时没有完成时。以开放促改革、促发展，是我国现代化建设不断取得成就的重要法宝，也是决定当代中国命运的重要一招。四十年来，中国对外开放经济制度得到了巨大的完善，但改革永远在路上，只有改革才能实现国家富强、民族复兴。谋划未来的开放经济制度改革重点，走好经济全球化趋势下对外开放之路，成为时代所需。

---

① 习近平. 决胜全面建成小康社会 夺取新时代中国特色社会主义伟大胜利 [M]. 北京：人民出版社，2017：83.

第十二章
宏观调控制度变迁

　　本章开篇之初，需要对两个重要问题进行前置说明：一是国民经济管理与宏观调控制度的区别；二是宏观经济制度与宏观调控制度。

　　关于第一个问题，中国改革开放之前只有"国民经济管理"；中国改革开放之后才有"微观"和"宏观"之分，也才有了"宏观调控制度"。因此，在1978年中国经济体制改革之前，本书重点介绍"国民经济管理"；而在1978年中国经济体制改革之后，本书则探讨"政府宏观调控"。

　　关于第二个问题，"宏观经济制度"与"政府宏观调控制度"的区别，一是"宏观经济制度"强调国民经济体系的整体运行状况，它不仅包含政府干预行动，还包括经济体系运行机制，甚至涉及政治、法律、文化等诸多方面；二是"政府宏观调控制度"集中探讨政府调控行为的具体策略及其影响。

　　进而言之，"宏观经济制度"比"政府宏观调控制度"的概念范畴更大，主要表现在：一是在计划经济体制下，政府直接控制着国民经济领域的诸多方面，所以"政府宏观调控制度"与"宏观经济制度"的重合程度很大，此时的"政府宏观调控制度"甚至被视为狭义的"宏观经济制度"。二是在社会主义市场经济体制下，"宏观经济制度"与"政府宏观调控制度"之间的差异变得日益显著。"政府宏观调控制度"着重强调政府干预经济的各种行为；"宏观经济制度"则包括政府行为和市场体系的自发运行机制。特别是在政府宏观调控手段逐渐变得"多元化"和"间接化"的过程中，除政府行为之外的其他因素对国民经济的影响程度正变得越来越深远。

　　随着新中国经济制度变迁过程的不断推进，政府对国民经济的管理或宏观调控也经历了改革开放前和改革开放后的两个不同阶段。根据国民经济管理和宏观调控政策工具的差异，政府管理国民经济或宏观调控主要包括四个方面：一是国民经济发展计划或规划；二是财税政策；三是货币政策；四是产业政策和区域政策。由于本书其他篇章已经详细探讨"产业政策和区域政策"，所以本章重点介绍国民经济发展计划或规划、财税政策、货币政策。

第一节　宏观调控政策工具之一：
国民经济发展计划或规划

　　1949 年新中国成立之后，自 1953 年实施第一个"国民经济发展五年计划"起，至今已经实施十三个"国民经济和社会发展五年规划"。无论是"国民经济发展五年计划"（以下简称"计划"），还是"国民经济和社会发展五年规划"（以下简称"规划"），它们都旨在明确当时国民经济发展的战略重心，引导社会资源合理配置和充分利用。在 70 年的社会主义建设过程中，"计划"或"规划"始终是解读"中国特色"和"中国模式"的重要途径，也是实现中国国民经济持续稳定发展的重要保障。

　　根据不同时期的中央政府决策模式差异，本书将新中国成立以来的"计划"或"规划"分为五个阶段：第一，"一五"计划阶段，中央政府决策模式是"内部集体决策"（1953—1957 年）；第二，"二五"计划到"四五"计划阶段，中央政府决策模式是"领导意志主导决策"（1958—1975 年）；第三，"五五"计划和"六五"计划阶段，中央政府决策模式是重新回归"内部集体决策"（1976—1985 年）；第四，"七五"计划到"九五"计划阶段，中央政府决策模式是"咨询决策"（1986—2000 年）；第五，"十五"计划到"十三五"规划阶段，中央政府决策模式是"集思广益决策"（2001 年至今）①。

一、"一五"计划阶段："内部集体决策"（1953—1957 年）

　　1949 年新中国成立初期，党和国家领导人确立"以苏为师"、仿效苏联社会主义计划经济体制及其运行机制的基本思想，其中最重要的一项工作就是编制"国民经济发展五年计划"。

---

① 王绍光. 中国民主决策模式：以五年规划制定为例［M］. 北京：中国人民大学出版社，2016：64.

（一）"一五"计划的决策过程

1. 中央政府设置政策议程

1951 年 2 月中共中央政治局扩大会议提出"三年准备，十年计划经济建设"的基本思想，着手开始编制"一五"计划，并且准备从 1953 年开始实施第一个五年计划。这次会议同时成立"一五"计划编制领导小组，由时任政务院总理周恩来担任组长，由此拉开"一五"计划编制工作的序幕。

2. 国家领导人亲自领导编制

根据毛泽东等国家领导人的集体决策，"一五"计划编制依据是"一化三改造"的过渡时期总路线，即"在大约三个五年计划期间内使国家基本上工业化，并且要对农业、手工业和资本主义工商业完成社会主义改造，要在大约几十年内追上或赶过世界上最强大的资本主义国家"。毛泽东特别强调，"一五"计划要以重工业为中心。

3. 计划部门反复起草计划草案

"一五"计划前后经历五次编制，具体过程是：①1951 年 2 月第一次编制。此时朝鲜战争尚在进行，苏联援助尚未确定。②1952 年 8 月第二次编制。由中央财经委汇总各大区和工业部门的经济建设指标，并征求苏联方面对计划草案的意见，争取苏方援助。③1953 年 2 月第三次编制。由中央财经委会同国家计委和中央各部委，对计划草案进行修改充实。④1953 年 6 月第四次编制。根据苏联提出的建议，国家计委对计划草案进行大幅度调整。⑤1954 年 2 月第五次编制。由国家计委牵头，专门成立由陈云担任组长的"八人工作小组"，历时 1 年半提出正式的"一五"计划。

4. 部门和地方参与编制

1954 年 11 月中共中央将《五年计划纲要草案（初稿）》发送到各地区和各部门，并且组织全国代表大会代表和有关部门负责同志进行讨论，广泛征求各方意见。

5. 多次征求苏联意见

1952 年 8 月中国政府代表团访问苏联时，特别征求苏联方面对中国"国民经济发展五年计划草案"的意见，努力争取苏联援助。1953 年 4 月苏联政

府代表米高扬正式向李富春通报苏联方面的基本意见，他在肯定方案基础的前提下，建议将"一五"计划期间的工业增长速度调整为14%~15%。

6. 国家机构集体决议

针对"一五"计划，国家机构集体决议的具体步骤为：①1953年6月29日中共中央政治局召开扩大会议讨论"草案"；②1955年3月14日中共中央书记处扩大会议讨论"修改草案"；③1955年3月18日中共中央政治局决定将"草案"提交全国代表会议；④1955年3月21日中国共产党全国代表会议通过《关于中华人民共和国发展国民经济的第一个五年计划草案的决议》；⑤1955年6月18日国务院全体会议第四十二次会议讨论通过中共中央提交的"一五"计划草案；⑥1955年7月30日第一届全国人大二次会议通过《中华人民共和国发展国民经济的第一个五年计划》。

（二）"一五"计划的主要内容：工业化起步和社会主义改造

"一五"计划的编制背景是三年国民经济恢复时期之后，中国社会正在广泛讨论社会主义建设何去何从。当时中央领导形成的一个基本共识是：新生中国政权必须建立在工业化发展的坚实基础之上。因此，"一五"计划编制的一项重点任务就是大力推动国民经济的工业化进程。

特别是在"工业化建设"方面，"一五"计划规定：集中主要力量，依靠苏联援助支持，重点建设156个重大工程项目和694个大中型项目，初步搭建工业化基础和国民经济基本体系。

作为"一五"计划的另一项主要内容，"社会主义改造"的目标是：农村地区积极发展集体所有制的农业生产合作社，建立农业和手工业的社会主义基础；城市地区积极改造个体工商业者，努力将资本主义工商业纳入各种形式的国家资本主义轨道，建立私营工商业的社会主义基础。

（三）"一五"计划的完成情况①

如果回顾国民经济发展计划的整体执行情况，"一五"计划是计划经济管

---

① 360百科. 第一个五年计划［EB/OL］.（2018-04-14）［2019-01-22］. http://www.360doc.com/content/18/0414/13/50120487_745570704.shtml.

理时期完成情况相对较好的五年计划，指标完成率高达 84.4%，特别是"一五"计划时期的国民经济增长率达到 9.2%。该阶段所取得的主要成效为[①]：

1. 工业化战略顺利推进

1957 年全国工业总产值为 783.9 亿元，超过原定计划指标 21%，在 1952 年基础上增加 128.3%，平均年增长率达到 18%。其中，全国重工业产值占工业总产值的比重由 1952 年的 35.5%提高到 45%。

2. 农业生产迅速发展

1957 年全国农业总产值为 604 亿元，圆满完成原定计划，在 1952 年基础上增长 25%，平均年增长率达到 4.5%。

3. 交通运输业迅猛发展

截至 1957 年年底，全国公路通车里程为 25 万多千米，在 1952 年基础上增加 1 倍。其中，康藏公路、青藏公路、新藏公路相继通车。

4. 社会主义改造基本完成

在"一五"计划期间，中国社会基本完成针对生产资料私有制的社会主义改造。其中，1957 年农业生产合作社的参加率达到 97.5%；该年手工业合作化组织的参加率达到 90%；该年社会主义经济成分比重由 21.3%提高到 97.2%。

5. 人民生活得到极大改善

1957 年全国居民平均消费水平为 102 元，在 1952 年的 76 元基础上提高 34%。其中，职工平均消费水平由 148 元提高到 205 元；农民平均消费水平由 62 元提高到 79 元。

---

① 马远之. 中国有一套：从"一五"计划到"十三五"规划［M］. 广州：广东人民出版社，2017：82.

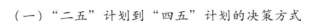

二、"二五"计划到"四五"计划阶段：
"领导意志主导决策"（1958—1975 年）

（一）"二五"计划到"四五"计划的决策方式

1."二五"计划后期强调最高领导人的个人意志

1957 年 11 月毛泽东参加在莫斯科举行的"世界各国共产党代表大会"，受赫鲁晓夫影响，毛泽东在访苏期间起草社论《必须坚持多快好省的建设方针》。1958 年 1 月和 3 月，中共中央先后在南宁和成都召开会议，酝酿全面发动"大跃进"。在此历史阶段，毛泽东的个人意见逐渐由中共八大的"综合平衡发展"思路转为突出把"快"作为该时期党的基本总路线之主要任务。

在"二五"计划后期，中央政府提出的国民经济建设目标中，钢产量指标比党的八大提出的建议指标提高 8 倍之多。此后，由于缺少必要的权力制衡机制，中央领导集体决策的良好传统受到影响，使得中国国民经济发展计划编制进入非制度化时期。

2."三五"计划另立编制

1963 年 4 月国家计委提出《第三个五年计划（1966—1970）的初步设想（汇报提纲）》，基本思路是"吃穿用"。随着国际形势的重大变化，1964 年 5 月毛泽东提出对"三五"计划进行修正，强调"两个拳头（农业和国防工业），一个屁股（基础工业）"；同时提出考虑全国工业布局不平衡的问题，主张搞"一、二、三线"的战略布局，重点加强"三线建设"。

1965 年 1 月中共中央根据毛泽东的意见，决定成立"小计委"。1965 年 8 月周恩来主持讨论第三个五年计划，基本思想是"备战、备荒、为人民"。值得说明的是，"三五"计划的编制相当仓促，一直未形成正式方案，最后提交中央工作会议讨论的也只是《汇报提纲》草稿。

3. 名存实亡的"四五"计划编制

"文革"时期计划编制机构遭到严重破坏,"五年计划"制度已经名存实亡。事实上,"四五"计划的制订极其草率,在 1970 年国家计委提出《1970年国民经济计划和第四个五年国民经济计划纲要(草案)》之后,仅仅在中国共产党九届二中全会印发了参考文件,弱化了集体决策。

(二)"二五"计划的主要内容和完成情况(1958—1962 年)①

1."二五"计划的主要内容:"大跃进"和大调整

"二五"计划前期(1955 年 8 月—1958 年"大跃进"之前)基本延续"一五"计划的内部集体决策方式。1956 年 9 月 16 日周恩来在中国共产党八大提交报告《关于发展国民经济的第二个五年计划的建议的报告》,提出"二五"计划的基本设想是积极稳妥。但在接踵而来的"大跃进"运动和"人民公社化"运动之后,原先的计划设想被逐渐抛弃,取而代之的是"鼓足干劲、力争上游、多快好省地建设社会主义"总路线。

在中国共产党八大提出的"二五"计划中,主要指标任务是:①全国工业总产值在 1957 年基础上增加 1 倍;②全国钢产量在 1962 年达到 1 060 万~1 200万吨;③农业总产值在 1957 年基础上增加 35%;④全国基本建设投资总额比"一五"计划时期增加 1 倍;⑤全体职工和农民的平均收入在 1957 年基础上增加 25%~30%。

然而,1958 年 8 月中共中央政治局扩大会议《关于第二个五年计划的意见》提出,截至 1962 年,中国国民经济建立独立完整的工业化体系,甚至在若干重要产品方面超过英国和赶上美国。同时,这次会议将"二五"计划的主要目标调整为:①1962 年全国粮食总产量达到 15 000 亿斤(1 斤 = 500 克,下同),全国棉花总产量达到 15 000 万担(1 担 = 50 千克,下同),全国钢总产量达到 8 000 万吨,全国煤总产量达到 9 亿吨,全国棉纱总产量达到 1 600

① 中国社会科学网. 第二个五年计划简介 [EB/OL]. (2017-12-28)[2019-01-22]. http://econ.cssn.cn/mxh/mxh_gsxh/mxh_wxzl/201712/t20171228_3798592.shtml.

万件；②"二五"计划期间的全国农业总产值比"一五"计划期间增加 2.7 倍；③1962 年全国基本建设投资达到 3 850 亿元；④"二五"计划期间的全国重大建设项目达到 1 000 个。

2."二五"计划的完成情况

事实上，"二五"计划的完成情况很不理想，这是新中国历史上绩效最差的五年计划。截至 1962 年年底，"二五"计划的指标平均完成程度仅为 21%；近一半指标的完成程度不到 10%。其中完成程度较好的两个指标分别为：工业总产值占国民总收入比重指标完成 87%；新增职工数指标完成 74%。

在工业领域的政策执行过程中，政府提出"以钢为纲"口号，不断缩短钢铁生产时间，试图实现"超英赶美"。虽然 1957 年全国工业总产值达到 704 亿元，1960 年达到 1 650 亿元，平均年增长率为 32.8%；但在随后两年，全国工业总产值就大幅度倒退，1962 年仅为 850 亿元。

在农业领域的政策执行过程中，政府提出"以粮为纲"口号，宣扬"人有多大胆，地有多大产"。结果各地方政府纷纷虚报产量，浮夸成风。除 1958 年之外，全国农业总产值都比前一年减少。特别是在"二五"计划前三年的"大跃进"时期，全国农业总产值减少 23%。

（三）"三五"计划的主要内容和完成情况（1966—1970 年）①

1."三五"计划的主要内容：备战、备荒、"三线"建设

"三五"计划的前期设想是重点解决"吃穿用"，但随着 20 世纪 60 年代国际形势迅速变化，由于中苏关系恶化、越南战争、中印边境争端等一系列局部战争威胁，中共中央被迫考虑战备需要。1965 年 9 月国家计委重新草拟《关于第三个五年计划安排情况的汇报提纲》，明确提出"三五"计划必须立足于战争，积极备战，要求把国防建设放在首位，重点加快"三线"建设，改变工业布局。

---

① 第三个五年计划简介［EB/OL］.（2017-12-28）［2019-01-22］. http://www.cssn.cn/mxh/mxh_gsxh/mxh_wxzl/201712/t20171228_3798597.shtml.

2."三五"计划的完成情况

在"三五"计划实施的第一年,"文化大革命"爆发,随后国家计委和各地区经济管理部门陷入瘫痪。虽然政府工作受到严重干扰,但"三五"计划的各项指标都基本完成。其中,全国工业总产值指标完成121%,全国农业总产值完成102%。同时,"三线"建设的成果也相当显著,内地工业产值比重迅速上升,全国工业布局按照预定计划调整。特别需要强调的是,在该时期内,中国进行了第一颗氢弹爆炸试验,发射了第一颗科学试验卫星。

(四)"四五"计划的主要内容和完成情况(1971—1975 年)①

1."四五"计划的主要内容:狠抓备战,促进国民经济发展

自 1972 年尼克松访华之后,中美关系逐渐改善;但国内还在进行"文化大革命",政治斗争仍然很激烈。虽然在"文化大革命"后期,由周恩来和邓小平主导的经济调整缓解了中国国民经济倒退,但国民经济建设速度仍然受到极大影响。

"四五"计划延续了"三五"计划的备战思路,基本方针是"以阶级斗争为纲,狠抓备战,促进国民经济新飞跃"。"四五"计划的主要任务是:狠抓战备,集中力量建设"大三线"战略后方,改善国民经济工业布局;狠抓钢铁、军工、基础工业、交通运输建设;积极发展新技术,努力赶超世界先进水平。

"四五"计划的主要目标是:"四五"计划期间的全国工业总产值平均年增长率达到 12.5%;1975 年全国钢产量达到 3 500 万~4 000 万吨,平均年增长率达到 15%~18.1%;1975 年全国煤产量达到 4 亿~4.3 亿吨;1975 年全国原油产量达到 7 000 万~10 000 万吨;1975 年全国财政收入总额达到 4 000 亿元;1975 年全国粮食产量达到 6 000 亿~6 500 亿斤;1975 年全国棉花产量达到 6 500 万~7 000 万担;"四五"计划期间的基本建设投资总额达到 1 200 亿~1 300 亿元。

---

① 第四个五年计划(1971—1975)[EB/OL].(2015-10-09)[2019-01-23]. http://dangshi.people. com.cn/n/2015/1009/c85037-27677930.html.

1973 年中共中央又对"四五"计划指标进行两次修改，逐步改变"以战备为中心任务"的国家发展战略。同时，在强调整体经济效益的前提下，中央政府逐渐重视沿海地区和"三线"地区的平行发展。

2."四五"计划的完成情况

在"四五"计划实施期间，国内政治运动不断，国家经济建设仍然受到一定影响。在 1971 年"九一三"事件发生后，由周恩来主持中央工作。在批判林彪极"左"思潮的基础上，周恩来提出加强国家计划、整顿企业管理、落实各项政策、反对无政府主义等政策建议。1973 年邓小平复出之后，濒临崩溃的中国国民经济开始逐渐恢复元气。

尽管受到"文化大革命"的冲击，"四五"计划还是取得一定成绩。其中，GDP 增长率达到 5.9%；全国农业总产值完成 104.5%，全国工业总产值完成 100.6%。同时，中国社会已经建成一大批工业骨干企业，国民经济的基础设施建设方面也有了迅速发展。

三、"五五"计划和"六五"计划阶段：
重新回归"内部集体决策"（1976—1985 年）

在"五五"计划至"六五"计划期间，中国共产党十一届三中全会召开，会议重新确立"实事求是"的基本路线，将全党工作重点转移到"社会主义现代化建设"，这就使得国民经济发展计划的编制过程重新回归"内部集体决策"。

（一）"五五"计划的决策过程、主要内容、完成情况（1976—1980 年）①

1."五五"计划的决策过程和主要内容：过渡中酝酿改革

（1）1975 年 1 月四届全国人大一次会议召开之后，邓小平主持中共中央和国务院的日常工作，中央政府开始着手编制《1976—1985 年发展国民经济

---

① 第三个五年计划简介［EB/OL］.（2017-12-28）［2019-01-23］. http://www.cssn.cn/mxh/mxh_gsxh/mxh_wxzl/201712/t20171228_3798603.shtml.

十年规划纲要（草案）》，其中包含第五个"五年计划"和第六个"五年计划"。

（2）1976年"文革"结束之后，由华国锋主持编制《1976—1985年发展国民经济十年规划纲要（修订草案）》（以下简称《十年规划》），确定"五五"计划的基本任务是：重点发展农业、燃料、动力、原材料等方面，到1980年基本实现全国范围的农业机械化。

（3）1978年3月国务院将《十年规划》的主要目标调整为：1985年全国钢产量达到6 000万吨；全国石油产量达到2.5亿吨；全国新建和扩建120个大型项目，其中包含10个大型钢铁基地、9个有色金属基地、8个煤炭基地、10个大油气田。显然，这是继"二五"计划之后的又一个"冒进"计划。

（4）1978年12月中共十一届三中全会召开之后，中央政府对"五五"计划的主要指标进行大幅度调整，提出应当适度压缩基建投资规模，降低重工业增长速度，努力发展农业和轻工业，积极提高人民生活水平。

2. "五五"计划的完成情况

（1）"五五"计划实施过程主要分为两个阶段：①第一阶段是1976年粉碎"四人帮"到1978年中国共产党十一届三中全会之前，经济建设处于恢复发展时期；但冒进情绪仍然相当严重，中央政府不顾国情国力，强行要求"大干快上"。②第二阶段是1978年中国共产党十一届三中全会之后，中国国民经济进行全面调整；其中最重要的是，农村开始实行家庭联产承包责任制，城市个体私营经济重新崛起，中国社会正在逐步推进由传统计划经济体制向市场取向改革体制的转型。

（2）"五五"计划的主要指标基本完成。主要情况为：1980年全国粮食产量达到6 411亿斤，完成计划指标的99%；全国棉花产量达到5 414万担，完成计划指标的91%；全国钢产量达到3 712万吨，完成计划指标的93%；全国煤产量达到6.2亿吨，完成计划指标的110%。在整个"五五"计划期间，GDP的平均年增长率为6.5%。

（二）"六五"计划的决策过程、主要内容、完成情况（1981—1985 年）①

1. "六五"计划的决策过程

继"一五"计划之后，"六五"计划是第二个被全国人大通过并正式公布的"五年计划"。"六五"计划由国家计委编制，然后由国务院、中央书记处、中央政治局会议讨论，再由中央政治局扩大会议批准通过，最后由第五届全国人大五次会议通过并正式公布。

2. "六五"计划的主要内容：启动改革，走向开放

"六五"计划立足于中国改革开放新形势，首次提出建设"有中国特色的社会主义道路"，积极推动中国社会经济体制改革进程。"六五"计划的主要改革领域包括：①在经济运行体制上，打破原先计划体制全面掌控国民经济的局面，强调商品经济体制在社会经济生活中的重要作用，鼓励多种经济成分发展；②在农业领域，鼓励各地继续扩大"家庭联产承包责任制"的实施范围；③积极调整重工业的服务方向和产品结构，努力改造现有企业的技术设备；④增加适应社会需要的各种类型产品供给，争取保持物价稳定；⑤严格控制人口增长，切实加强环境保护；⑥在对外开放方面，通过经济特区和沿海开放城市，努力构建包括不同层次的对外开放体系。

"六五"计划的主要任务目标是：截至 1985 年年底，全国工农业总产值达到 8 710 亿元，在 1981 年基础上增加 21.7%；全国工业总产值达到 6 050 亿元，全国农业总产值达到 2 660 亿元；全国固定资产投资总额达到 3 600 亿元，其中基建投资 2 300 亿元，更新改造投资 1 300 亿元，重点投资方向是能源和交通建设；全国教育科学文化卫生领域的经费投入 967 亿元，比"五五"计划增加 68%；全国城乡居民平均消费水平提高 22%。

特别需要说明的是，"六五"计划第一次将"社会发展"概念纳入政府规划考量范围，从而使得"国民经济五年计划"名称转变为"国民经济和社会发展五年计划"。

---

① 中华人民共和国国民经济和社会发展第六个五年计划（1981—1985）［EB/OL］.（2009-10-28）［2019-01-23］. https://baike.so.com/doc/804935-851481.html.

3. "六五"计划的完成情况

根据政策实施效果，"六五"计划的完成情况相当理想，各项指标完成率都接近原定计划目标的 3 倍，主要包括：全国社会总产值增长率达 11%，完成计划指标的 275%；全国工业总产值的年增长率达 10.8%，完成计划指标的 270%；全国农业总产值的年增长率达 11.7%，完成计划指标的 293%；全国国民收入的年增长率达 9.7%，完成计划指标的 243%。

更为重要的是，通过"六五"计划实施，中国政府越来越重视国民经济发展的政策手段综合协调和经济社会综合效益。特别是随着经济体制改革的全面推进，国民经济运行方式逐渐转向"有计划的商品经济"。

当然，"六五"计划仍然存在着一些政策缺陷。例如，在"六五"计划后期，由于固定资产投资规模过大、货币发行量过多、消费基金增长过猛等多重因素，中国社会又开始呈现国民经济发展"过热"的趋势。

四、"七五"计划到"九五"计划阶段："咨询决策"（1986—2000 年）

自"七五"计划到"九五"计划阶段，随着中国经济体制改革的不断推进，"国民经济发展计划"编制越来越制度化和规范化，中央决策模式逐渐转变为"咨询决策"。

（一）"七五"计划到"九五"计划的决策方式

1. 决策程序的制度化

（1）决策机构逐渐固定化。这个过程表现为：①"七五"计划的建议稿由中国共产党全国代表会议通过，但这只是一种临时性会议；②自"八五"计划以后，"五年计划"建议稿都由中国共产党中央全会通过；③自"九五"计划之后，"五年计划"建议稿都由中国共产党的各届五中全会通过。

（2）编制程序规范化。通常步骤为：①国家计委或国家发改委编制五年计划纲要；②中共中央起草小组编制"五年计划"建议稿；③中国共产党的各届五中全会通过中共中央"五年计划"建议稿；④各届全国人大四次会议

审议五年计划纲要，讨论批准意见。

（3）编制时间规范化。通常安排是：①前一个五年计划实施过半时，就开始着手编制下一个五年计划；②从新计划颁布前一年的 2 月份开始，正式起草五年计划建议稿；③从新计划颁布前一年的 10 月份开始，相关政府机构审议通过"五年计划"建议稿；④在新计划实施第一年的 3 月份，相关政府机构审议批准"计划"。需要说明的是，由于"五年计划"逢一、六编制，而中共中央委员会和国务院逢二、七换届，所以"五年计划"也就成为连接上下两届政府机构的重要机制，有助于保持国民经济管理政策的连续性。

2. 征求意见范围逐渐扩大

自"七五"计划开始，征求意见范围逐渐扩大到各级地方政府、民主党派、全国工商联负责人、无党派人士。特别是到"八五"计划之后，征求意见范围进一步扩大，涵盖省、自治区、直辖市、部委、军队单位、人民团体等诸多组织机构。

3. 专家学者和研究机构更多参与决策过程

自"七五"计划之后，专家学者就开始通过参加座谈会、提交政策建议方案等方式，为"五年计划"编制提供决策咨询意见。特别是在"八五"计划和"九五"计划之后，"五年计划"编制过程逐渐形成"委托专家进行前期研究"的决策机制。例如，"能源问题"委托给能源研究所，"体制问题"委托给国家体改委。

（二）"七五"计划的主要内容和完成情况（1986—1990 年）①

1. "七五"计划的主要内容：改革闯关，治理整顿

（1）"七五"计划的主要任务是：①为中国经济体制改革创造良好环境，中央政府努力保证社会总需求与社会总供给的基本平衡，逐渐建立"有中国特色的新型社会主义"经济基础。②努力保持经济稳定增长，争取在控制固定资产投资总额的前提下，加强重点建设项目、技术改造项目、智力开发项目。③切实保证在生产发展和经济效益提高的基础上，不断改善人民生活。

---

① 第七个五年计划简介［EB/OL］.（2017-12-28）［2019-01-23］. http://www.cssn.cn/mxh/mxh_gsxh/mxh_wxzl/201712/t20171228_3798621.shtml.

（2）"七五"计划的主要目标是：①截至1990年，全国粮食总产量达到42 500万~45 000万吨，全国棉花总产量达到425万吨，全国发电总量达到5 500亿度，全国钢产量达到5 500万~5 800万吨；②全国固定资产投资总额达到12 960亿元，其中全民所有制单位的固定资产投资总额8 960亿元；③在全国范围内培养500万名高级专门人才，在"六五"计划基础上增加1倍；④1990年全国进出口贸易总额在1985年基础上增加40%；⑤1990年全国城乡居民实际消费水平在1985年基础上增加27%。

2."七五"计划的完成情况

在"七五"计划实施时期，国民经济过热趋势已经逐渐显现，宏观经济领域的不稳定因素逐渐增加，因此政府工作重点被迫转移到"治理整顿"，以便控制物价水平过快上涨。

即使在这种情况下，"七五"计划时期的预定目标仍然基本实现。具体内容为：①GDP平均年增长率为7.9%；全国工业总产值增加13.2%，完成计划指标的176%；全国农业总产值增加4.7%，完成计划指标的118%；全国固定资产投资接近2万亿，完成计划指标的121%。②中国经济体制改革进程继续深化，在全国工业总产值中，城乡个体企业比重由1.9%上升到5.4%，"三资"企业和合营联营企业比重由1.2%上升到4.3%。③积极推进沿海经济发展战略，扩大对外开放；1990年全国进出口贸易总额达到1 154亿美元，大幅度超过原定计划目标830亿美元；中国社会对外贸易依存度由23%提高到30%。④随着产业结构不断调整，全国重工业产值占工业总产值的比重由52.6%下降到50.6%。

当然，"七五"计划期间仍然存在着一些问题，主要表现在：①由于改革步伐过大和"价格闯关"等政策措施，全国范围开始出现严重通货膨胀，并且一度导致"抢购风"，影响了社会稳定。②全国城乡消费水平的年增长率为3.3%，仅完成计划指标的66%；全国职工实际工资增长率为2.8%，仅完成计划指标的70%；全国农民纯收入增长率仅完成计划指标的39%。这些问题都成为影响中国社会经济体制改革进程的重要因素。

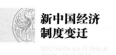

（三）"八五"计划的主要内容和完成情况（1991—1995 年)①

1."八五"计划的主要内容：深化改革，确定社会主义市场经济目标

1991 年 4 月七届全国人大四次会议召开，审议通过了《中华人民共和国国民经济和社会发展十年规划和第八个五年计划纲要》。这次会议把"十年远景规划"和"八五"计划结合起来，提出"八五"计划时期要力争实现社会主义现代化建设的第二步战略目标，即"到 20 世纪末国民生产总值比 1980 年翻两番，人民生活从'温饱'转为'小康'"。

2."八五"计划的完成情况

（1）1992 年 10 月中国共产党十四大召开之后，"社会主义市场经济体制"被确立为中国社会经济体制改革的重要目标，市场机制被承认是资源配置的基本手段，"计划经济体制"逐渐被"市场经济体制"取代。需要强调的是，以 1992 年邓小平南方谈话和中共十四大为标志，"八五"计划时期的中国社会经济体制改革和现代化建设已经进入新的历史阶段。

（2）"八五"计划的完成情况较为理想，主要表现在：①各项指标平均完成率都达到 92.6%以上，27 个主要指标甚至都超额完成预定目标，平均完成率为 267%。②"八五"计划期间的 GDP 平均年增长率达到 12.3%；1995 年 GDP 在 1980 年基础上增加 3.3 倍，提前 5 年完成"2000 年实现国民生产总值比 1980 年翻两番"的战略目标。③产业结构不断优化，"八五"计划期间的全国第一产业产值年平均增长率达到 4.1%，全国第二产业产值年平均增长率达到 17.3%，全国第三产业产值年平均增长率达到 9.5%。④"八五"计划期间的全国城镇居民人均生活费用为 1 578 元，年平均增长率为 4.5%。⑤全国人口自然增长率不断下降，由 1990 年的 14.39‰下降到 1995 年的 10.55‰。

（3）"八五"计划期间的主要问题表现在：①计划实施的偏离度过高。例如：全国工业总产值的年增长率计划目标为 6.5%，实际完成情况为

---

① 第八个五年计划（1991—1995）［EB/OL］.（20015-10-31）［2019-01-23］. http://www.gov.cn/ztzl/content_87115.htm.

22.6%；全国基建投资总额的计划目标为 0.84 万亿元，实际完成情况为 2.3 亿元。这就使得计划管理手段基本失效，计划指标之间的平衡关系被破坏。②国民经济过热趋势越来越显著。由于投资过热，全国资本形成率由 1990 年的 34.9%上升到 1995 年的 40.3%，"八五"计划期间的信贷规模平均年增长 21%，居民消费价格指数的平均数值为 12.9%，部分年份甚至达到 24.1%。③地区发展差距扩大，不同社会成员之间的收入差距逐渐加大，贫富悬殊和两极分化趋势逐渐显现。

（四）"九五"计划的主要内容和完成情况（1996—2000 年）①

1. "九五"计划的主要内容：推进"两个根本"转变，实现经济软着陆

"九五"计划提出两个具有全局意义的重要转变：①经济体制从"传统的计划经济体制"向"社会主义市场经济体制"转变；②经济增长方式从"粗放型"向"集约型"转变。与此同时，在"九五"计划指标的编制过程中，中央政府更加注重"五年计划"的宏观性、战略性、指导性。

"九五"计划的主要目标是：全面完成现代化建设的第二步战略部署，在 2000 年全国人口在 1980 年基础上增加 3 亿的现实情况下，力争实现人均国民生产总值比 1980 年指标翻两番，基本消除社会贫困现象，保证人民生活达到小康。

2. "九五"计划的完成情况

根据"计划"实施效果来看，"九五"计划的绝大部分预定指标都基本完成，主要表现在：①"九五"计划期间的 GDP 平均年增长率达到 8.4%，完成计划指标的 105%；全国第一产业增长率达到 3.5%，完成计划指标的 100%；全国第二产业增长率达到 9.8%，完成计划指标的 98%；全国第三产业增长率达到 8.2%，完成计划指标的 91%。②在全国范围内初步建立"社会主义市场经济体制"，使社会商品零售总额中的市场调节比重由 1996 年的 88.8%提高到 2000 年的 95.8%，使经济市场化指数由 1996 年的 47.4%提高到

---

① 第九个五年计划（1996—2000）[EB/OL].（2010-11-30）[2019-01-23]. http://www.npc.gov.cn/npc/zt/qt/jj125gh/2010-11/30/content_1628227.htm.

2000 年的 50.3%。③产业结构显著改善，"九五"计划期间的国民经济发展方式逐渐转变，服务业增加值比重由 1996 年的 32.9%提高到 2000 年的 39.0%。④人民生活水平明显提高，"九五"计划期间的全国农民纯收入平均年增长率为 4.7%，完成计划指标的 118%；"九五"计划期间全国城镇居民人均生活水平的平均年增长率为 5.7%；2000 年全国城镇社会保障的覆盖面达到 77%，完成计划指标的 96%。

在"九五"计划期间，主要社会经济问题表现为"三大差距"，即：①地区差距，省级人均 GDP 的相对差异系数由 1996 年的 61.8%扩大为 2000 年的 71.8%。②城乡差距，全国城乡收入比由 1996 年的 2.3 倍扩大为 2000 年的 2.5 倍。③群体性收入差距，全国基尼系数由 1996 年的 0.38 扩大为 2000 年的 0.42。

五、"十五"计划到"十三五"规划阶段："集思广益决策"（2001 年至今）

自"十五"计划以来，虽然国内外宏观形势不断变化，但中央政府始终坚持将"国民经济发展计划"作为宏观调控的重要政策工具。特别是在国民经济发展计划编制过程中，中央政府越来越多地关注社会各阶层意见，以便更加充分地体现全体国民意愿，从而更好地改善社会公众生活条件。

（一）"十五"计划到"十三五"规划的决策方式

1. 公众积极建言献策

从"十五"计划开始，中央政府向社会公众广泛征求对"五年计划"编制的各种政策建议，并且根据社会公众建议，对"五年计划"进行多次修改。例如，根据社会公众提出的"西部开发与教育发展的关系"，"十一五"规划的纲要专门加写一项内容，即"公共教育资源要向农村中西部地区、贫困地区、民族地区及薄弱学校、困难学生倾斜"。

2. 广泛征求普通公众意见

在"十二五"规划编制期间，政治局常委、"十二五"规划建议起草小组、人大、政协、国务院参事室、国家发改委等政府机构都开展了不同层次的调研活动，从而更广泛地了解中国社会基层人员和普通公众的各种意见。特别是在中国共产党十六届五中全会前，中共中央政治局常委们分赴各地，分别围绕"十一五"规划编制进行密集调研。

3. 专业研究机构深度参与

自"十五"计划开始，中央政府直接委托国际机构进行前期研究。例如，在"十二五"规划编制时期，相关国际研究机构就已经通过课题研究、研讨会、提供政策建议等多种形式进行深度参与。

特别是在 2005 年 10 月，国务院实行编制规划的专家论证制度，正式成立国家规划专家委员会。例如，在"十一五"规划编制期间，专家委员会总共召开 4 次会议，集中讨论国家战略目标、重大任务、主要政策举措等一系列问题，并草拟"十一五"规划纲要送审稿。

4. 决策过程日益开放化

自"十五"计划到"十三五"规划期间，"五年规划"编制的信息披露制度日益完善。通过媒体报道、研讨会、发表文章、网络留言等多种形式，社会公众纷纷对"五年规划"编制涉及的各种公共政策问题进行广泛讨论。

（二）"十五"计划的主要内容和完成情况（2001—2005 年）①

1. "十五"计划的主要内容：指令计划退场，市场配置资源

在"十五"计划期间，主要任务是：①正确处理国民经济发展过程中的改革、发展、稳定之间的关系；②坚持速度与效益结合的原则，积极推进国民经济增长方式转型；③充分发挥市场机制作用，改善社会主义市场经济体系的运行效率；④坚持可持续发展战略，兼顾推进经济增长和社会发展；⑤逐步缩小不同地区间的社会经济发展差距。

"十五"计划的主要目标是：①经济发展方面，GDP 年平均增长速度达到 7%，2005 年 GDP 达到 12.5 万亿元，人均 GDP 达到 9 400 元。②经济结构

---

① 第十个五年计划（2001—2005）［EB/OL］.（2010-11-30）［2019-01-23］. http://www.npc.gov.cn/npc/zt/qt/jj125gh/2010-11/30/content_1628228.htm.

方面，截至 2005 年，全国第一、二、三产业增加值占 GDP 的比重分别达到 13%、51%、36%；第一、二、三产业的从业人员占全社会从业人员的比重分别为 44%、23%、33%。③科技和教育发展方面，2005 年全国研发费用占 GDP 的比例提高到 1.5%以上；继续巩固九年制义务教育，使初中阶段的毛入学率达到 90%以上，使高中阶段的毛入学率达到 60%，使高等教育阶段的毛入学率达到 15%。④可持续发展方面，全国人口的自然增长率保持在 9‰以下，2005 年全国总人口能够控制在 13.3 亿人以下；全国范围的森林覆盖率提高到 18.2%，全国范围的城市建成区绿化覆盖率提高到 35%。⑤人民生活水平方面，全国城镇居民人均可支配收入和全国农村居民人均纯收入的年均增长率达到 5%；2005 年全国城镇居民的人均住宅建筑面积增加到 22 平方米，全国有线电视入户率达到 40%。

2.“十五”计划的完成情况

（1）在“十五”计划的 45 个可计算目标中，基本完成率达到 73.2%，各项指标的平均完成程度为 104%。

（2）经济发展方面，在“十五”计划期间，GDP 由 2000 年的 9.9 万亿元增加到 2005 年的 18.2 万亿元，平均年增长率为 9.5%。

（3）国际化方面，在“十五”计划期间，中国国际贸易总额在“九五”计划基础上增加 2 倍，2005 年达到 14 万亿美元；2005 年中国与世界各国的贸易顺差额扩大为 1 019 亿美元，在 2000 年基础上增加 4 倍。

（4）人民生活水平方面，这是改革开放以来增长最快的“五年计划”时期。2005 年全国城镇居民的人均可支配收入为 10 493 元，在 2000 年基础上增加 58.3%，平均年增长率为 9.6%；全国农村居民的家庭人均纯收入为 3 255 元，在 2000 年基础上增加 29.2%，平均年增长率为 5.3%。

（5）信息化方面，电话普及和互联网发展迅速。电话普及率由 2000 年的 20.1%增加到 2005 年的 57%，电话用户规模位居世界首位；互联网用户突破 1 亿，互联网普及率达到 8.53%，中国成为世界第二大互联网使用国。

（6）城镇化方面，在“十五”计划期间，全国城镇化率由 2000 年的 36.2%提高到 2005 年的 43%，平均年增长率提高 1.36%。

（7）基础设施方面，"十五"计划期间的公共交通基础设施快速发展，公路网络规模不断扩大；2005 年全国铁路营运里程为 7.5 万千米，居世界第三位。

（8）经济体制改革方面，在"十五"计划期间，中国社会经济体制改革的各方面都逐渐进入攻坚阶段；中共第十六届三中全会通过《中共中央关于完善社会主义市场经济体制若干问题的决定》，系统地提出中国社会经济体制改革的总体框架。

当然，"十五"计划期间仍然存在着一些历史遗留问题，主要表现在：产业结构不合理、"三农"问题突出、失业影响面大、资源短缺、居民收入差距过大、环境污染等。

（三）"十一五"规划的主要内容和完成情况（2006—2010 年）①

1. "十一五"规划的主要内容：从计划转向规划，实施科学发展

"十一五"规划首次将"五年计划"改为"五年规划"，这标志着中央政府编制"五年计划"的理念、方法、内容、形式重大创新，也标志着"计划经济体制"向"市场经济体制"的重大转变。同时要求政府工作重点由"指令性计划"转向"战略性和前瞻性的指导规划"；由"直接参与经济发展"转向"提供公共物品和调控宏观经济"。

"十一五"规划的主要特点是：①目标体系方面，各级地方政府不仅应当重视经济指标，更应当重视人文、社会、环境指标；国民经济发展的总体思路是经济建设、政治建设、文化建设、社会建设的"四位一体"。②发展战略任务方面，中央政府把建设社会主义新农村放在首位。③产业结构方面，各级地方政府首次把服务业放在突出位置。④区域发展战略方面，中央政府明确界定四种类型功能区，即优化开发、重点开发、限制开发、禁止开发。

特别需要说明的是，根据政府责任差异，"十一五"规划将主要发展目标划分为"约束性指标"和"预期性指标"。其中，8 个约束性指标是政府必须

---

① 百度知道.第十一个五年计划［EB/OL］.（2014-12-16）［2019-01-23］. https://zhidao.baidu.com/question/1895340484372633380.html.

履行的基本责任。例如，单位能耗必须降低 20%，主要污染物数量必须减少 10%。

2."十一五"规划的完成情况

（1）主要指标方面，在"十一五"规划期间，GDP 平均年增长率为 11.2%，人均 GDP 在 2000 年基础上翻一番；2010 年 GDP 达到 39.8 万亿元，位居世界第二位；全国城镇新增就业和转移农业劳动力各 4 500 万人，全国范围的城镇登记失业率控制在 5%以内。

（2）环境保护方面，在"十一五"规划期间，全国范围的单位能耗累计下降 19.1%；大气环境和水环境质量逐步改善；水土流失、沙漠化、草地三化等生态环境恶化趋势得到遏制。

（3）公共服务和人民生活方面，全国新农村合作医疗的覆盖率由 2005 年的 23.5%提高到 2009 年的 94.0%；全国城镇居民人均可支配收入的平均年增长率达到 10.2%；全国农村居民人均纯收入的平均年增长率达到 6.66%。

（四）"十二五"规划的主要内容和完成情况（2011—2015 年)①

1."十二五"规划的主要内容：落实科学发展，全面建设小康社会

"十二五"规划的主要目标是：①价格基本稳定，就业持续增加，国际收支基本平衡，经济增长质量明显提高。②经济结构战略性调整取得重大进展。③城乡居民收入普遍较快增加。④基本公共服务体系逐步完善，人民权益得到切实保障，社会更加和谐稳定。

2."十二五"规划的完成情况

在"十二五"规划期间，国民经济体系的潜在生产率呈现下行趋势，宏观经济下行压力较大；但中央政府积极作为，努力适应经济发展新常态，不断创新宏观调控方式。整体而言，"十二五"规划的实施效果较好，主要表现在：

（1）经济发展方面，在"十二五"规划期间，GDP 平均年增长率为

---

① 百度知道. 关于第十二个五年计划的内容［EB/OL］.（2017-11-23）［2019-01-23］. https://zhidao.baidu.com/question/202892918.html.

7.8%，国民经济增长逐渐由"高速增长"转变为"中高速增长"。2010 年中国超过日本成为世界第二大经济体；2015 年中国 GDP 达到 67.7 万亿元。

（2）经济结构方面，截至 2015 年，服务业成为中国社会经济的第一大产业；2012 年全国第三产业增加值占 GDP 的比重为 45.5%。

（3）经济质量方面，节能降耗成效显著，单位能耗显著下降。在不断调整能源消费结构的前提条件下，2015 年单位能耗在 2010 年基础上降低 13.4%。

（4）基础设施方面，截至 2014 年，全国高速铁路的运营里程突破 1.6 万千米，位居世界第一。

（5）对外开放方面，2014 年全国进出口总额达 26.4 万亿元，居世界第一位；2014 年全国范围的外商直接投资达 1 196 亿美元，首次跃居世界首位。

（6）民生事业方面，截至 2014 年年底，全国范围内参加城镇职工基本养老保险、城镇职工基本医疗保险、失业保险、工伤保险、生育保险的人数，分别比 2010 年年底增加 8 417 万人、4 561 万人、3 667 万人、4 478 万人、4 703 万人。

（7）科教事业方面，2014 年全国小学阶段的净入学率为 99.8%，高等教育阶段的毛入学率为 37.5%；2014 年全国研发费用达到 1.3 万亿元，占 GDP 的比重为 2.09%。

（五）"十三五"规划的时代背景和主要内容（2016 年至今）①

1."十三五"规划的时代背景

对于中国社会的第一个百年奋斗目标而言，"十三五"规划是最后一个五年规划，要求达到"到 2020 年全面建成小康社会"的百年奋斗目标。"十三五"规划的时代背景是：①国际方面，世界多极化、经济全球化、文化多样化、社会信息化等多重因素交织，使得世界经济在深度调整中曲折复苏；新一轮科技革命和产业变革蓄势待发；全球治理体系深刻变革；国际力量对比

---

① 国民经济和社会发展第十三个五年规划纲要（全文）［EB/OL］.（2019-03-04）［2019-03-14］. http://www.12371.cn/special/sswgh/wen/.

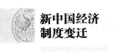

呈现出逐步平衡趋势。②国内方面，中国社会的物质基础雄厚、人力资源丰富、市场空间广阔、发展潜力巨大，国民经济发展方式正在加快转变，宏观经济形势基本面良好。

需要强调的是，"十三五"规划时期是中国社会跨越"中等收入陷阱"的关键阶段，同时也是"三期叠加"时期（经济增速换挡期、经济结构调整阵痛期、前期刺激政策消化期），多重困难和各种挑战相互交织，使得改革转型任务繁重。

2. "十三五"规划的主要内容：全面建成小康社会

（1）经济增长保持中高速。在坚持平衡性、包容性、可持续性基础上，2020 年 GDP 和全国城乡居民人均收入都在 2010 年基础上翻一番，主要国民经济指标都保持平衡协调，宏观经济发展质量显著提高。

（2）创新驱动发展成效显著。全国范围的社会全要素生产率明显提高；重点领域和关键环节的核心技术都取得重大突破，各种类型企业的自主创新能力都普遍增强，中国社会逐渐进入"创新型国家"和"人才强国"行列。

（3）协调发展特征明显增强。通过提高消费活动的经济增长贡献率，各级地方政府努力改善投资效率和企业运行效率；通过提高户籍人口城镇化率，中国社会逐渐改善城镇化质量；通过优化发展空间布局，中国社会的不同地区之间逐渐形成区域协调发展的新格局。

（4）人民生活质量普遍提高。针对就业、教育、文化、体育、社保、医疗、住房等社会公众广泛关注的重要问题，逐步完善公共服务体系，稳步提高基本公共服务均等化程度。

（5）不断改善生态环境质量，基本形成主体功能区布局和生态安全屏障。

（6）初步构建国家治理体系和治理能力现代化的制度基础，促进各种治理领域的统筹协调。

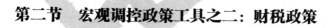

第二节　宏观调控政策工具之二：财税政策

自 1949 年新中国成立到 1978 年中国经济体制改革，最重要的国民经济管理政策工具首推"国民经济发展计划"；相对而言，财税政策和货币政策则处于从属位置。自 1978 年中国社会经济体制改革进程启动之后，国民经济体系由"产品经济"逐渐转向"商品经济"，中央政府逐渐更多借鉴现代发达市场经济国家在宏观调控方面的有益理论成果和实践经验。

西方发达市场经济国家的宏观调控方式主要有三种：一是财税政策；二是货币政策；三是产业政策。随着中国社会主义市场经济体制的不断完善，财税政策和货币政策逐渐成为中国政府宏观调控的重要手段。

本节内容着重探讨中国财税政策体系的制度变迁过程，主要分为三个时期：一是计划经济管理时期（1949—1978 年）；二是社会主义市场经济体制探索、建立和完善时期（1978—2012 年）；三是新时代中国特色社会主义时期（2012 年至今）。

一、改革开放前计划经济管理时期的财税政策（1949—1978 年）

1. 计划经济管理时期财税政策的基本特征：收支平衡

在计划经济管理时期的国民经济管理体系中，中央政府财税政策的核心思想是"收支平衡"。特别是在计划经济管理时期的产品经济条件下，社会资源由国家高度集中管理，中央政府财税部门实际上充当着连接社会需求与社会供给的"财务记账机构"的角色。

这种"财务记账机构"角色的具体表现为：

一是从产品经济的社会需求角度来看，城乡居民的日常消费物品都由政府提供，所以产品价格很低，甚至以福利形式免费供给。虽然财税部门名义上应当对社会公众需要的各种产品物资进行"统筹规划"，但它其实仅仅具有

"统计"职能,因为它无力改变城乡居民消费的总体水平和结构特征,更无法体现西方发达国家财税政策的经济干预职能。

二是从产品经济的社会供给角度来看,财税部门是国有企业的"财务主管"。国有企业的产品收益全部上缴给国家财政部门,企业固定资产投资和生产经营流动资金则完全依靠国家财政部门拨付。国家财政部门的收入项目和支出项目则高度服从于中央政府的"国民经济计划",它实际上只是国民生产体系的一个组成部件。

由此可见,计划经济管理时期的国家财税部门秉承着"收支平衡"的基本思想,它尽量保持社会需求与社会供给的平衡关系,维持国民经济体系稳定运行。事实上,在新中国国民经济建设的相当长时期内,中央政府对财税部门的基本要求也仅仅是实现"收支平衡"。

2. 关于财税政策调整的争论

在1978年中国经济体制改革初期,如何转变政府职能以实现国民经济的持续稳定发展,这是中国社会各界广泛关注的重要议题。针对财税政策调整的基本方向,学界和实业界的争论颇多,主要体现在以下三方面:

(1)关于财政部门和银行体系的关系,学界存在着两种声音:①一些学者认为,政府财政部门应当完全退出社会再生产领域,使之完全转变为"吃饭"财政,主张将宏观调控职能全部交给银行体系。②另一些学者认为,政府财政部门应当在宏观调控政策体系中占据绝对主导地位,主张弱化货币政策的调控职能。

显然,这两种意见都过于极端。事实上,在中国经济体制改革初期,如果没有政府财政部门的生产建设集中投资,许多跨地区、周期长、风险大的重点建设项目是无法得到资金支持的,它们极有可能成为地区经济增长乃至整体国民经济增长的"瓶颈"。

毫无疑问,财政部门与货币政策体系都在国家宏观调控过程中具有重要作用,完全放弃或片面强调任何一方面的宏观调控职能都是不可取的。借鉴西方发达国家的政府宏观调控经验,最重要的政府宏观调控政策工具就是财政政策和货币政策的有效搭配使用。

（2）关于财政政策的调控方式，根据中国国民经济发展模式调整要求，国家财政部门的调控方式应当如何改变？自 1978 年中国经济体制改革之后，国民经济发展模式逐渐由"产品经济模式"转变为"商品经济模式"。这两种国民经济发展模式具有显著差异：①在产品经济模式下，政府指令性计划贯穿国民经济的诸多方面，政府宏观调控的主要方式是直接管理；其主要政策手段是制订"国民经济发展计划"，国家财政部门是"国民经济发展计划"的重要执行部门。②在商品经济模式下，由于计划手段的强制性与市场行为的灵活性存在着内在冲突，因此国家财政部门的宏观调控逐渐改变指令性计划的单一形式，转而采取"以指导性计划为主"和"以指令性计划为辅"的二元形式。

随着国民经济发展模式的逐渐调整，国家宏观调控方式由"直接管理"转变为"直接管理与间接管理相结合"。在这种历史场景中，国家财政部门也必然改变调控方式，主要表现在：①在中国经济体制改革初期，在"有计划的商品经济"条件下，政府宏观调控的短期策略是强调财政政策的直接调控性，特别是引导商品流向和约束生产者行为，尽可能消除商品生产的自发性、盲目性、利益狭隘性。②随着中国经济体制改革过程的不断推进，市场机制作用被不断增强，政府宏观调控的长期策略逐渐显现出来，这就要求不断增强财政政策调控的间接性；特别是需要国家财政部门合理调节不同经济主体之间的利益关系，改善生产环境，有效引导基建资金的投资方向。

（3）关于税收政策的必要性，有些学者认为：中国共产党的基本政策之一是反对旧政权的苛捐杂税，所以应当取消企业和社会公众的所有税收负担。显然，这种理论观点是站不住脚的。社会主义条件下的税收政策是"取之于民，用之于民"，它不具有旧政权税收制度的剥削性。与之相反，通过合理安排的税收制度，政府能够有效协调各种经济主体之间的收入差距；同时结合价格政策，政府就能够合理调节社会生产和社会消费，实现国民经济健康有序发展。

还有一些学者认为：在现行税收政策体系下，征税活动面临着重重困难，征税成本很高，因此征税活动是不划算的。这种观点也是不可取的。征税活

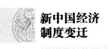

动困难恰恰说明改革现行税收制度的必要性，特别是通过税收体系的结构调整和新税种设置，可以更好地实现税收政策体系的宏观调控功能。

事实上，在 1978 年中国经济体制改革的关键时期，正是通过广泛讨论，学界和实业界才逐渐达成共识：唯有不断完善财税政策体系，综合运用财政政策的直接调控性和间接调控性，充分利用税收政策体系的再分配功能，才能真正促进国民经济持续稳定发展。

二、 改革开放后社会主义市场经济体制探索、 建立和完善时期的财税政策 （1978—2012 年）

（一） 社会主义市场经济体制探索时期的财税政策 （1978—1992 年）

如果将财政政策与税收政策分离，该时期的财税政策体系调整主要体现在：①财政政策方面，国家财政模式逐渐转变为 "公共财政"；②税收政策方面，税收制度的重要改革措施是 1983 年和 1984 年的两步 "利改税"，以及流转税制度改革。

1. 国家财政模式转变：公共财政

正如前文所言，计划经济管理时期的政府财政部门实际上是国有企业的财务主管，它体现着政府与国有企业之间的特殊关系。随着市场取向改革的继续推进，社会资源的配置方式逐渐发生变化，即由 "国家高度控制" 初步转变为 "企业、家庭、政府部门的竞争性使用"。与此同时，国家财政部门逐渐放弃竞争性生产经营领域，将财权还给企业，以增强企业活力。根据政企分开的基本原则，国家财政部门主要负责提供 "基础设施建设" 和 "市场秩序维护" 等公共物品，逐渐凸显其公共财政职能。

值得强调的是，在政企分开的改革过程中，政府财政部门的公共责任不断加强。这种公共责任集中体现在三方面：一是由于过去国家财政资源主要投放到生产建设领域，因此现阶段需要高度重视提供一般性公共物品，特别是义务教育、公共卫生、社区文化、环境保护等问题。二是随着市场经济发展进程的不断深入，城乡收入差距和地区间发展差距将会日益显著，这就需要政府财政部门充分运用"转移支付"等政策工具，协调城乡间收入差距和地区间发展差距造成的利益冲突。三是适应市场经济体制建设要求，不断健全各种配套制度体系，特别是社会保障体系。唯有如此，我们才能有效化解市场经济发展过程中的各种社会风险，才能更好地体现中国社会主义的制度优越性。

2. 税收制度的重要改革："利改税"和流转税制度改革

（1）通过 1983 年和 1984 年的两步"利改税"措施，政府财税部门的主要收入由"国有企业上缴利润"转变为"企业税赋贡献"。以此为契机，中国社会逐步推进大规模税收制度改革，逐渐改变原来长期实行的单一税收体系，形成多税种配合、多环节征收、多层次调节的复合税收体系格局。

"利改税"的主要措施是：国有大中型企业不再向国家直接上交全部利润，而由政府税收部门按照企业利润的 55% 征收企业所得税，并且对部分利润很高的国有企业，政府根据其税后利润再征收调节税。

毫无疑问，与计划经济管理时期相比，社会主义市场经济体系探索时期的"利改税"措施，更有利于调动大中型国有企业的生产积极性。更重要的是，"利改税"措施有效保证了中国经济体制改革时期的政府财政收入，使得政府部门具有强大财政能力和充裕物资条件来集中解决某个方面的"改革难题"，并且为产业结构调整和多种经济成分发展提供了必要的先决条件。

（2）流转税制度改革。自 1984 年"利改税"到 1992 年实施新税制方案的 8 年时间中，我国流转税的主要税源结构发生了很大变化。以工业制造环节为例：①在 1984 年第二步"利改税"方案实施之前，产品税和增值税并存；②在 1984 年第二步"利改税"方案实施之后，产品税的征收范围扩大，增值税只占国家税赋的很少部分；③在 1987—1991 年推出新的流转税方案后，增值税逐步取代产品税的主要地位，逐渐成为流转税中最大的税种。

从税收理论来看，我国流转税主要包括三项税种：产品税、增值税、营业税。根据征税对象标准，产品税和营业税都属于全额税，而增值税则只针对流转过程中的特定部分。显然，在 1984 年第二步"利改税"措施之后，扩

大产品税和营业税的增收范围，有利于增加政府财政收入，从而提高政府财政部门的资源调配能力。

然而，产品税和营业税存在着重复征税问题，可能会增加全能企业的税收负担，不利于市场经济条件下的企业平等竞争，也不利于培育专业组织。自 20 世纪 50 年代开始，许多西方发达国家倾向于用增值税替代全额税。我国在 80 年代初着手进行增值税制度改革，并在 1984 年制定《中华人民共和国增值税条例（草案）》。从 1987—1991 年推出新税制方案的效果来看，这套方案基本适应我国社会主义市场经济体制的改革要求。

（二）社会主义市场经济体制建立和完善时期的财税政策（1992—2012 年）

1992 年 10 月中国共产党第十四次全国代表大会召开，强调"坚持党的基本路线不动摇"，强调"加快国民经济发展和现代化建设"，确定改革目标是"建立社会主义市场经济体制"。以这次会议为起点，我国财税政策体系进行了大幅度制度调整，以适应社会主义市场经济体制。其主要内容包括：

1. 斟酌使用的财政政策

根据不同时期的宏观经济形势，中央政府采取"斟酌使用的财政政策"，以解决当前面临的重大现实问题。其阶段性重点主要体现为：

（1）第一阶段：适度从紧的财政政策（1992—1997 年）。针对 1992 年显现的国民经济体系通货膨胀率上升趋势，中央政府开始采用"适度从紧的财政政策"，重点调控企业投资和居民消费。随后，1993 年下半年中央政府开始控制政府支出规模；1995 年中央政府进一步完善财税体制改革，积极推进国有企业改革；1996 年中央政府继续采取适度从紧的财政政策，努力减少政府财政赤字，积极整顿国家财政秩序。

（2）第二阶段：积极的财政政策（1998—2003 年）。由于 1998 年亚洲金融危机的巨大冲击，中国社会开始出现国民经济增长速度下滑和全国物价水平普遍下降的情况，这就形成 1978 年中国经济体制改革以来的第一次严重通货紧缩。针对这种局面，中央政府迅速采取"积极的财政政策"。

1998—2003 年，中央政府新增发行 8 000 亿元长期建设国债，主要用于基础设施建设、国家战略重点项目、企业技术改造。1998 年中央政府开始提高出口退税率，相应降低关税税率。1999 年 8 月中央政府和各级地方政府对房地产企业的营业税、契税、土地增值税给予适当减免。2000 年 1 月中央政府暂停征收固定资产投资方向调节税。2001 年 11 月中央政府将证券交易印花税降低为 2‰。

（3）第三阶段：稳健的财政政策（2004—2007 年）。自 2004 年开始，全国消费品零售物价总额的增长速度高达两位数，国民经济体系又面临新一轮经济过热，同时全国范围的城乡差距逐渐扩大。针对这种情况，中央政府及时采取"稳健的财政政策"。

该阶段政策措施的具体内容包括：①在 2003—2006 年，中央政府逐年减少长期建设国债，分别比上一年减少 100 亿元、300 亿元、300 亿元、200 亿元。②在继续减小政府财政支出规模的基础上，中央政府对各级政府部门的财政支出结构进行大幅度调整，特别是减少建设项目投入；同时增加保障性政府支出，即取消农业税和增加"三农"支出，以促进城乡统筹发展。③中央政府积极提供一般性公共物品，包括：逐步推广企业职工基本养老保险制度改革；积极支持城镇地区的廉租房建设；继续增加教育事业方面的财政投入；不断完善农村义务教育经费分担机制。④中央政府继续扩大"高能耗、高污染、资源性"产品取消出口退税的范围。

（4）第四阶段：积极的财政政策（2008—2012 年）。为应对 2008 年国际金融危机的影响，中央政府将宏观调控重点由"双防"转变为"一保一控"，即从"防止经济增长由过快转为过热、防止价格由结构性上涨演变为明显通货膨胀"，转变为"保持经济平稳较快发展和控制物价快速上涨"。基于上述基本政策思路，中央政府采取包括财政政策、货币政策、产业政策、就业政策等多种政策工具的宏观调控政策组合，其中"积极的财政政策"起着重要作用。

该阶段政策措施的具体内容包括：①中央政府准备在 2 年内增加 4 万亿投资，重点投资方向是"三农"项目、保障性安居工程、交通运输等基建项目。②积极推行十大产业振兴计划，主要针对轻工、汽车、钢铁、纺织、装备制造、船舶、石化、有色金属、电子、信息等行业。③积极推动就业政策

实施，努力提高居民消费需求，特别是增强对农村地区和农业发展的扶持力度。

2."分税制"改革

早在 1985 年，中央政府就提出"划分税种、核定收支、分级包干"的财政体制改革方案，这是"分税制"的雏形。直到 1992 年 6 月，财政部颁布《关于实行"分税制"财政体制试点办法》，并在浙江等 9 个省、自治区、直辖市、计划单列城市进行分税制改革[①]试点。

"分税制"的基本政策要点是：按照不同税种标准，划分中央政府和地方政府的财政税收来源。这是借鉴西方发达市场经济国家通常采用的财政管理体制，其政策优点体现在：①妥善处理中央政府与地方政府之间的财政收入分配关系，充分调动中央政府和地方政府的积极性；②通过共享税源，弱化地方经济发展的盲目性，削弱地方保护政策的利益动机。当然，我国在"分税制"的具体实践过程中，还存在着诸多有待完善之处。

3. 多层次的社会保障体系和企业年金制度

（1）通过政府财税部门的不懈努力，截至 2000 年年底，中国社会已经基本形成"多层次的社会保障体系"。这是社会主义市场经济体制不断完善的重要内容，相关政策措施主要表现在三方面：①1997 年国务院颁布《国务院关于建立统一的企业职工基本养老保险制度的决定》，建立由社会统筹账户和个人账户结合的基本养老保险制度。②1998 年 12 月国务院颁布《国务院关于建立城镇职工基本医疗保险制度的决定》，以"低水平、广覆盖、双方负担、统账结合"为基本原则，逐步将所有城镇职工纳入基本医疗保险体系。③1999 年国务院颁布《失业保险条例》，初步建立由单位、个人、国家三方共同负担的失业保险制度，并且结合社会救济金，构建失业者的基本生活保障体系。

（2）在多层次社会保障体系的基础上，各级政府部门积极配合财税部门，陆续推出相应的税收制度和优惠政策，建立和完善企业年金制度。具体内容包括：

---

① 孙健夫. 财税制度改革与财税政策变迁研究 ［M］. 北京：科学出版社，2018：19.

①2000 年国务院颁发《国务院关于印发完善城镇社会保障体系试点方案的通知》，规定企业年金基金实行完全积累，采用个人账户方式进行管理，其费用由企业和职工共同缴纳；企业缴费在工资总额 4% 以内的部分，可以作为成本项目列支。

②2007 年国务院颁布《中华人民共和国企业所得税法实施条例》，规定企业为职工支付的补充养老保险费、补充医疗保险费，可以在税务主管部门的约定范围和标准之内进行成本项目抵扣。

③2009 年财政部、国家税务总局颁布《关于补充养老保险费、补充医疗保险费有关企业所得税政策问题的通知》，明确规定：从 2008 年 1 月 1 日起，企业为职工支付的补充养老保险费和补充医疗保险费，可以分别在不超过职工工资总额的 5% 的部分，在企业应纳所得税基数中扣除。

④2011 年国家税务总局颁布《国家税务总局关于企业年金个人所得税有关问题补充规定的公告》，规定企业年金的企业缴费部分计入职工个人账户，当月个人工资薪金所得与计入个人年金账户的企业缴费之和，未超过个人所得税费用扣除标准的部分，不得征收个人所得税。

三、新时代中国特色社会主义时期的财税政策（2012 年至今）

自 2012 年中国共产党第十八次全国代表大会召开以来，中国社会经济体制改革逐步进入新的历史时期，即"新时代中国特色社会主义时期"。特别是在国民经济持续增长 30 多年之后，国家已经积累大量物质财富，如何充分利用这些物质财富来改善社会公众的生活质量？如何继续推动中国社会经济体制改革与发展？这是我们基于"社会主义本质"必须冷静思考的重大课题。围绕这些问题，我国财税政策体系做了进一步的调整。

1. 经济增长成果分享机制

早在 1978 年中国社会经济体制改革初期，社会各界就广泛讨论：如何协调社会主义制度本质与商品经济发展之间的关系？关于这个问题，邓小平同志做出了一系列重要论断。1978 年邓小平同志提出："让一部分地区、一部分企业、一部分工人农民由于辛勤努力成绩大而收入先多一些。"1985年邓小平同志指出："对一部分先富裕起来的个人，也要有一些限制，例如征收所得税。"1987年邓小平同志强调："我们提倡一部分地区先富裕起来，是为了使先富起来的地区帮助落后的地区更好地发展起来，提倡人民中有一部分人先富裕起来，也是同样的道理，要让一部分先富裕起来的人帮助没有富裕的人，共同富裕，而不是两极分化。"[①] 1993年邓小平同志再次强调："社会主义与资本主义不同的特点就是共同富裕，不搞两极分化。"

通过40年国民经济高速增长，中国社会的国家财富已经积累到相当程度；在对中国经济体制改革过程的回顾与思考之中，社会公众开始重新关注财富分配问题。正是在这种历史背景下，中共十八大以来的政府财税制度调整逐渐向低收入群体和落后地区倾斜，其意图是缩小不同群体之间的收入差距和不同地区之间的经济发展差距。事实上，唯有通过"经济增长成果分享机制"，才能让更多人分享国民经济增长和国家财富增加的现实利益；唯有通过"经济增长成果分享机制"，人们才会继续拥护中国社会经济体制改革，中国社会才能在坚持社会主义制度的前提下不断前进。

2017年10月中国共产党第十九次全国代表大会召开，更加明确地提出："增进民生福祉是发展的根本目的，必须多谋民生之利、多解民生之忧，在发展中补齐民生短板、促进社会公平正义，在幼有所育、学有所教、劳有所得、病有所医、老有所养、住有所居、弱有所扶上不断取得新进展，深入开展脱贫攻坚，保证全体人民在共建共享发展中有更多获得感，不断促进人的全面发展、全体人民共同富裕。"[②]

2. 供给侧结构性改革

自1949年新中国成立以来，政府财政部门进行国民经济管理和宏观调控的主要方式是调整固定资产投资总量。然而，随着中国社会的国民经济增长速度不断加快，固定资产投资效率逐渐下降，这就使得资本要素数量扩张的

---

① 邓小平. 建设有中国特色的社会主义（增订本）［M］. 北京：人民出版社，1987：121.
② 习近平在中国共产党第十九次全国代表大会上的报告［EB/OL］.（2017-10-29）［2019-03-14］. http://cpc.people.com.cn/n1/2017/1028/c64094-29613660.html.

边际收益逐渐减小；同时随着中国社会公众的生活改善，"人口红利"也逐渐消失，这就使得劳动要素数量扩张的低成本优势逐渐减弱。

面对这种局面，中央政府及时调整国家经济发展战略，积极推动中国国民经济增长方式由"粗放型"逐渐转变为"集约型"。特别是在强调"新常态"的基本策略条件下，中央政府积极推进"供给侧结构性改革"，以调整社会供给与社会需求之间的匹配程度，提高资源利用效率。毫无疑问，供给侧结构性改革是一项宏观调控的综合工程，它涉及财税政策、货币政策、产业政策、区域政策等诸多方面。其中财税政策的主要政策措施包括：

（1）通过推动"高质量发展"，提高实体经济的供给能力，建设现代化经济体系。具体途径是：①不断增强制造业的生产能力；②推动互联网、大数据、人工智能与实体经济的深度融合；③努力培育绿色低碳、共享经济、现代供应链、人力资本服务等领域的新经济增长点。

（2）积极支持传统产业优化升级，加快发展现代服务业。特别是努力增强我国产业领域在全球价值链高端的发展能力，培育若干世界级先进制造业集群。

（3）坚持"三去一降一补"的政策措施，主要包括：①"去产能"，即以钢铁产业和煤炭产业为重点领域，以处置"僵尸企业"为突破口，积极推动企业之间的兼并重组。②"去库存"，重点是化解房地产库存数量。③"去杠杆"，即控制全社会总杠杆率，有序推进企业资产重组和债务处置，积极开展市场化债转股，不断降低企业杠杆率。④"降成本"，即降低企业运营成本，逐步下调用电价格、部分税费、五险一金标准、铁路运费等；努力推进政府"放管服"改革，逐步减少审批事项，减少企业运营的政府性收费。⑤"补短板"，即增加对农村基础设施建设、水利、扶贫攻坚、生态环保等领域的资金投入；积极推进人力资本投资和社会保障体系建设，加快建立全面覆盖中国社会的征信体系和政府信息平台。

（4）倡导企业家精神，鼓励更多社会主体投身创新创业。建设知识型、技能型、创新型的劳动者大军，弘扬工匠精神，营造劳动光荣的社会风尚和精益求精的敬业风气。

3. "营改增"

早在 1994 年中国税制改革后，增值税征收范围就逐渐扩大到工商业所有领域。随后，在 2011 年《中华人民共和国国民经济和社会发展第十二个五年规划纲要（2011—2015 年）》中，政府财税部门明确提出税收制度改革方向是"扩大增值税征收范围，相应调减营业税等"。2011 年国家税务总局颁布《营业税改征增值税试点方案》，宣布从 2012 年 1 月 1 日起，在上海市的交通运输业和部分现代服务业开始"营改增"试点。接着，北京、广东等十省市随之跟进，在 2012 年 8 月宣布推行"营改增"试点。

根据财政部和国家税务总局的统计，在 2012 年"营改增"试点期间，试点地区直接减少企业税负 426.3 亿元，减税范围超过 90%。由此可见，"营改增"的减税效果相当显著。2013 年 8 月 1 日之后，全国范围的铁路运输业和邮电通信业也被逐步纳入"营改增"范围，试点经验逐渐推广到全国范围的各行各业。

当然，"营改增"在减少企业税负的同时，也大幅度减少了地方政府财政收入。特别是原先作为地方主体税种的营业税收入，绝大部分被中央政府拿走之后，地方政府财政能力被进一步削弱。如何通过税收制度进一步调整，保证地方政府的财政能力，调动地方政府对地区经济增长和社会发展的积极性，这是未来税收制度改革需要考虑的重点问题之一。

第三节　宏观调控政策工具之三：货币政策

自 1949 年新中国成立以来，社会主义计划经济体制的建立、改革及其向社会主义市场经济体制的转型过程就未曾停止，政府国民经济管理及宏观调控方式也不断调整。随着社会主义市场经济体系的不断壮大，在坚持"国民经济发展计划"或"国民经济和社会发展规划"重要性的前提下，财政政策和货币政策的重要性逐渐凸显。特别是货币政策工具方面，它在 1978 年前的中国宏观调控政策工具组合中仅仅具有微弱作用；但在 1978 年之后，随着中国金融货币制度改革的不断深入，货币政策工具已经逐渐成为中国宏观调控政策工具组合的重要组成部分。

考察货币政策工具的演变过程，必须考虑中国经济体制变迁的过程。根据不同时期的宏观调控方式特征，同时参考财政政策工具的演变过程，本书将货币政策工具的变迁过程分为三个时期：①计划经济管理时期（1949—1978 年）；②社会主义市场经济体制探索、建立和完善时期（1978—2012 年）；③新时代中国特色社会主义时期（2012 年至今）。

一、改革开放前计划经济管理时期的货币政策（1949—1978 年）

1. 计划经济管理时期货币政策和中央银行的基本特征

（1）中央银行的自主性和独立性很弱。在计划经济管理时期，中央银行严重依赖政府计划经济管理部门和财政部门。货币政策领域仅仅只有银行机构作为唯一组织载体；而计划经济管理时期的银行体系完全从属于计划管理部门和财政部门，它也仅仅扮演着调剂社会资金的"出纳"角色。由此可见，计划经济管理时期根本没有真正意义上的货币政策，货币政策工具的宏观经济调控影响微乎其微。

（2）中央银行与金融监管部门之间的协调性很差。由于中央银行职责几

乎完全从属于计划经济管理部门和财政部门，金融监管部门实际上很难对各种金融机构进行有针对性的监管活动。事实上，虽然中国社会在短暂时期内存在着金融监管机构，但它们普遍存在着缺位和越位现象。

（3）各种宏观调控部门之间的职责分工不明确，职责分工交叉，职责分工存在着空白，职责边界模糊。进而言之，由于政府宏观经济调控问题的深层次背景是各种宏观经济调控部门对行政资源的占有和调配，所以中央银行职责几乎完全依附于财政部门。

2. 关于货币政策和金融产权制度的讨论

（1）金融产权结构调整①。在 1949 年新中国成立初期，中国金融产权结构仍然具有多元化特征。当时除国家控制的中国人民银行之外，还有私有性质的中国银行和交通银行，公私合营性质的新华信托储蓄银行、中国事业银行、四明商业储蓄银行、中国通商银行，以及几家保险公司、外资银行、私人钱庄。

然而，在 1953 年的"一化三改"之后，这种多元化的金融产权结构被迅速整合，中国社会逐渐形成国家垄断的单一金融产权形式。例如，1953 年中国银行被指定为国家外汇专业银行，它与中国人民银行的"国外业务局"合并；1954 年交通银行被撤销，其原有业务被纳入中国人民建设银行，而中国人民建设银行由财政部管辖；1954 年之后保险公司基本停办国内业务。截至 1956 年年底，私人银行完全从中国社会舞台上消失，政府完全控制所有金融机构。

这种国有金融产权安排彻底服务于国有企业，它仅仅是国家为国有企业融资活动而设立的配套制度安排。换言之，在这种国有金融产权安排中，金融机构只能被动地按照行政程序提供金融资源给国有企业，而无法自主控制金融资源的供给数量和供给方式。

随着中国经济体制改革的不断推进，大量社会经济剩余由原来的"国家集中控制"逐渐转变为"民间分散拥有"，这就必然导致金融资源的分散化。

---

① 张杰. 中国金融制度的结构与变迁 [M]. 北京：中国人民大学出版社，2011：27-32.

在这种情况下，如何调整金融产权结构，充分发挥金融机构的资源配置功能，就成为中国经济发展必须解决的重要问题之一。这是中国金融体制改革的核心内容，同时也是中国货币政策调整的重要制度背景。

（2）货币政策功能恢复。在计划经济管理时期，货币政策功能长期处于缺失状态，中国人民银行无法有效行使中央银行职责。在 1953 年国有金融产权结构基本形成后，中国人民银行的下属各银行机构都建立了信贷计划管理部门；它们每年都会编制和实施综合信贷计划，实际上发挥着国有企业体系财务部门的统收统支功能。

在 1969—1978 年，中国人民银行被全部划归财政部管辖，其组织机构、人员、基本业务都被纳入国家财政部门；中国人民银行只保留一块牌子，实际上成为"空壳"。在这种情况下，货币政策几乎完全淡出人们的视野。

然而，随着中国社会经济发展和金融产权结构逐渐变化，中央银行的宏观调控职责逐渐凸显出来，货币政策功能日益成为学界和实业界关注的重要问题。特别是在政府宏观调控政策组合中，货币政策应当发挥什么作用？应当如何发挥作用？这是社会各界广泛讨论的重要议题。

二、 改革开放后社会主义市场经济体制探索、 建立和完善时期的货币政策（1978—2012 年）

1. 社会主义市场经济体制探索时期的货币政策：治理通货膨胀（1978—1992 年）

自 1978 年中国经济体制改革启动以来，中央银行职能和货币政策功能逐渐恢复，中央政府开始大胆尝试运用货币政策，针对通货膨胀治理问题进行不断"试错"，从而为改善货币政策工具运用效果提供了宝贵实践经验。

（1）中国经济体制改革后的第一次物价上涨高峰。1978—1983 年，随着中国经济体制改革过程的不断推进和计划管理控制力度的逐渐放松，"隐性通货膨胀"趋势逐渐显现出来，这就形成中国经济体制改革以来的第一次物价上涨高峰。面对这种情况，虽然中央政府的主要宏观调控政策工具仍然是计

划管理手段，但一些学者开始呼吁货币政策的重要性。遗憾的是，此时货币政策工具主要存在于学术理论和教科书之中。

（2）中国经济体制改革后的第二次物价上涨高峰。1984—1986 年，中国社会的通货膨胀率迅速上升。1985 年年底的全国零售物价指数（RPI）为8.8%，全国消费者物价指数（CPI）也达到 9.3%，这就形成中国经济体制改革以来的第二次物价上涨高峰。

针对这种情况，货币政策工具开始逐渐被纳入政府宏观经济调控政策组合体系。相关政策措施主要包括：①20 世纪 80 年代初期中国人民银行建立，通过调整政府机构设置改善货币政策工具的配合运用效果。②1984 年中国人民银行颁布《中国人民银行信贷资金管理试行办法》，明确规定各种经济主体之间的金融行为边界。③中央政府开始大胆尝试使用货币政策工具，特别是运用间接调控方式来干预国民经济运行。

（3）中国经济体制改革后的第三次物价上涨高峰。虽然 1987 年年底的全国通货膨胀情况有所缓解，但随着 1988 年"价格闯关"失败和完全解除价格管制的心理预期，全国范围的通货膨胀情况迅速恶化。1988 年全国零售物价指数高达 18.5%，全国消费者物价指数也达到 18.8%，这就形成中国经济体制改革以来的第三次物价上涨高峰。

针对这种情况，1988 年中国共产党第十三届中央委员会第三次全体会议提出"治理经济环境、整顿经济秩序、全面深化改革"的基本方针。具体内容包括：①缩小中央政府的财政支出范围，压缩固定资产投资规模，停建和缓建固定资产投资项目 1 800 多个。②抑制社会消费需求，将专项控制商品种类由 19 种增加到 32 种；限制工资外收入的增长速度；鼓励积极吸收存款，减少社会购买力。③减少货币投放数量；对于 1981—1984 年发行的国库券，延期 3 年偿付国库券本息。

虽然上述政府宏观调控政策工具仍然具有明显的计划管理色彩，但货币政策工具的重要性已经日益突出。中国人民银行开始有意识地运用货币政策工具进行宏观经济调控，它在法定准备金率、公开市场业务、再贴现率、隔夜市场利率、外汇窗口等方面进行了大量尝试。例如，自 1989 年开始，中国人民银行为避免计划管理手段对中国宏观经济发展的强烈抑制作用，开始尝试采用适度宽松的货币政策，多次调低存贷款利率。

2. 社会主义市场经济体制建立和完善时期的货币政策：相机抉择的货币政策工具（1992—2012 年）

（1）第一阶段：紧缩性货币政策（1992—1997 年）。自 1992 年邓小平南方谈话后，中国社会公众对国家经济发展的未来前景充满信心，社会各界弥漫着乐观情绪，国民经济过热趋势日益明显。针对这种情况，1993 年 6 月中央政府颁布《中共中央、国务院关于当前经济情况和加强宏观调控的意见》，要求：严格控制货币供给量和信贷规模，严禁信贷资源流向金融投机企业；坚决制止金融机构之间的违规拆借；全面清理各种非法集资，整顿证券市场秩序；加强外汇市场管理。

虽然中央政府已经在 1993 年开始采取"紧缩性货币政策"，但由于政策时滞影响，1994 年全国商品零售价格仍然同比上涨 21.7%，这是中国经济体制改革以来通货膨胀最严重的年份。面对这种宏观经济形势，中国人民银行继续坚持紧缩性货币政策，以期控制通货膨胀速度。在经过一段时间努力之后，1996 年国民经济增长速度迅速降低到 10% 以内，1997 年的全国消费者物价指数也降低到 2.8%。

（2）第二阶段：适度宽松的货币政策（1998—2003 年）。1997 年 9 月党的十五大召开，继续坚持"社会主义初级阶段的基本路线"和"社会主义市场经济的改革方向"。为配合社会主义市场经济体制改革进程，促进国民经济快速增长，中国人民银行开始逐渐转变宏观经济调控方式，有意识地采取"适度宽松的货币政策"。

1998 年中国人民银行在 9 个月内连续降息 3 次，1 年期存款利率由 5.76% 下降到 3.78%。随后，中国人民银行陆续取消对四大国有商业银行的贷款限额，同时加强资产负债比例管理和风险管理，逐步扩大商业银行的信贷规模。

1999 年 3 月中国人民银行颁布《关于做好当前农村信贷工作的指导意见》，允许农村信用社办理信用贷款业务。1999 年 11 月中国人民银行再次将

农村信用社的存款准备金率下调 2 个百分点，增加可贷资金规模 2 300 多亿元。

（3）第三阶段：稳健的货币政策（2004—2007 年）。自 2004 年开始，全国消费品零售物价总额的增速高达两位数，国民经济体系面临新一轮经济过热。与此同时，2005 年 7 月国务院颁布《国务院关于 2005 年深化农村税费改革试点工作的通知》，要求全面开展农村税费制度改革；2005 年 10 月中国共产党十六届五中全会提出"建设社会主义新农村"；2006 年 1 月中央政府宣布全面取消农业税。这标志着中国社会经济体制改革和国民经济发展进入新的历史阶段。

面对逐渐显现的国民经济过热趋势，中国人民银行开始实行"稳健的货币政策"。特别是启动公开市场业务，主要政策工具是"正回购业务操作"，针对发行 3 年期以上的央行票据，进行以特别国债为质押的正回购业务操作。随后，中国人民银行连续 10 次上调基准利率，1 年期贷款利率被调整到 7.47%，1 年期存款利率被调整到 4.14%。与此同时，中国人民银行连续 15 次上调法定准备金率，法定准备金率被调整为 14.5%，累计上调幅度为 7.5 个百分点。

（4）第四阶段：适度宽松的货币政策（2008—2012 年）。在 2008 年国际金融危机的负面影响下，中国宏观经济形势开始显露"疲态"。针对这种情况，中央政府积极寻求解决思路，综合运用包括货币政策在内的多种宏观调控政策组合，以期保持中国经济增长速度和刺激宏观经济发展。该阶段货币政策操作主要体现为：2008 年 9 月央行连续 5 次下调基准利率，连续 4 次下调法定准备金率。

三、新时代中国特色社会主义时期的货币政策（2012 年至今）

在新时代中国特色社会主义时期，中国人民银行努力探索货币政策在中国场景中的功能作用。换言之，中国特色社会主义场景中的货币政策与西方资本主义国家市场经济场景中的货币政策具有显著差异，目前学界的基本观点是将货币政策与宏观审慎政策结合起来，逐步构建具有中国特色的货币政策调控体系①。相关实践内容主要体现在三方面：

1. 信贷市场：差别准备金动态调整机制

早在 2008 年国际金融危机之后，中国人民银行就着手总结国际金融危机教训，系统地研究"宏观审慎"政策框架。为更好地管理资金流动性，引导金融机构合理安排贷款投放数量，中国人民银行将"差别准备金动态调整机制"逐步纳入信贷市场管理体系。

根据中国宏观经济形势变化情况，2012 年年初中国人民银行不断调整优化相关政策调控参数，重点支持资本充足率较高、资产质量较好、法人治理结构完善的金融机构，积极扶持符合产业政策的小微企业和"三农"企业，逐步完善货币政策体系的微调机制。

2016 年中国人民银行正式将"差别准备金动态调整机制"提升到"宏观审慎"评估体系层面。在以"资本充足率"为核心评估指标的基础上，宏观审慎评估体系涉及资本杠杆、资产负债、流动性、定价行为、资产质量、跨境融资风险、信贷政策执行情况等诸多方面。通过将"事前引导"转变为"事中监测和事后评估"，中国社会逐渐建立具有更广覆盖面和更大弹性的宏观审慎政策框架，这有助于引导金融机构加强自我约束和自律管理，有助于引导信贷活动的平稳增加，有效防范系统性金融风险。

2. 外汇市场：外汇风险准备金

在 2015 年年初，中国人民银行将"外汇流动性"和"跨境流动资金"纳入宏观审慎管理范畴。在 2015 年 8 月之后，随着人民币汇率中间价形成机制改革的顺利推进，社会公众进行外汇投机的非理性行动频繁，这就导致中国外汇市场波动剧烈。为了应对外汇流动性的逆周期调节需求，中国人民银行决定从 2015 年 9 月对金融机构的代客远期售汇业务收取 20% 外汇风险准备金，冻结期为 1 年。

---

① 徐忠，纪敏，牛慕鸿，等. 中国货币政策转型：转轨路径与危机反思 [M]. 北京：经济管理出版社，2018：63-69.

事实上，在外汇风险准备金制度的有效保证下，中国"人民币与外币一体化"金融体制改革顺利进行。2016 年 1 月中国人民银行宣布"本外币一体化"试点启动，其试点范围包括 27 家银行类金融机构，以及在上海、广东、天津、福建四个自贸区注册的各种类型企业。2016 年 5 月"本外币一体化"的试点范围进一步扩大，允许全国范围的所有金融机构和企业办理相关业务。

随着外汇市场的波动风险逐渐减小，中国政府开始放松对外汇市场的管制。2017 年 9 月 8 日中国人民银行宣布取消对境外金融机构的境内存放准备金进行"穿透式管理"；2017 年 9 月 11 日中国人民银行又宣布将"远期售汇风险准备金"征收比例下调为零。

3. 房地产市场：控制"首付贷"

近年来，房地产市场始终是中国货币政策工具的重点调控领域。2016 年 2 月 1 日中国人民银行和银监会联合发布《中国人民银行 中国银行业监督管理委员会关于调整个人住房贷款政策有关问题的通知》，按照"分类指导、因地施策"原则，对房地产市场进行宏观调控，强化商品房的金融宏观审慎管理。

2016 年 7 月住建部等七部门联合发布《关于加强房地产中介管理，促进行业健康发展的意见》，要求房地产中介不得提供"首付贷"等违法违规的金融产品；要求在支持合理购房需求的前提下，严格限制信贷资金流向投机性购房者。这意味着，在引导个人住房贷款合理增长的前提下，中国货币政策对房地产市场发展的影响程度逐渐加深。

2017 年 9 月住建部、中国人民银行、银监会联合发布《住房城乡建设部 人民银行 银监会关于规范购房融资和加强反洗钱工作的通知》，要求严格限制房地产开发企业和房地产中介机构违规提供购房首付融资，严禁互联网金融从业机构和小额贷款公司违规提供"首付贷"等购房融资产品，严禁房地产中介机构、互联网金融从业机构、小额贷款公司等违规提供房地产场外配资。

本章小结

　　本章主要探讨国民经济管理和政府宏观经济调控的三种政策工具：一是国民经济发展计划或规划；二是财税政策；三是货币政策。研究重点是这三种政策工具的制度变迁过程。

　　关于国民经济发展计划或规划的变迁过程，本书将之分为五个阶段：①"一五"计划阶段，重点内容是"工业化起步"和"社会主义改造"，其中央决策模式是"内部集体决策"（1953—1957年）。②"二五"计划到"四五"计划阶段，重点内容是"大跃进"、建设"三线"、狠抓备战，其中央决策模式是"领导意志主导决策"（1958—1975年）。③"五五"计划和"六五"计划阶段，重点内容是启动中国经济体制改革，其中央决策模式是重新回归"内部集体决策"（1976—1985年）。④"七五"计划到"九五"计划阶段，重点内容是改革闯关、确定社会主义市场经济目标、推进"两个根本"转变，其中央决策模式是"咨询决策"（1986—2000年）。⑤"十五"计划到"十三五"规划阶段，重点内容是推动市场配置资源、实施科学发展、建设小康社会，其中央决策模式是"集思广益决策"（2000年至今）。

　　关于财税政策的变迁过程，本书将之分为三个时期：①计划经济管理时期（1949—1978年），重点内容是回顾计划经济管理时期财税政策的基本特征，即"收支平衡"；介绍关于财税政策调整的争论，即财政部门和银行体系的关系、财政政策的调控方式、税收政策的必要性。②社会主义市场经济体制探索、建立和完善时期（1978—2012年），重点内容是国家财政模式转变、"利改税"、流转税制度改革、"斟酌使用的财政政策"、"分税制"改革、多层次的社会保障体系等。③新时代中国特色社会主义市场经济发展时期（2012年至今），重点内容是建立"经济增长成果分享机制"、供给侧结构性改革、"营改增"。

　　关于货币政策的变迁过程，本书将之分为三个时期：①计划经济管理时期（1949—1978年），重点内容是探讨当时货币管理体制的基本特征和金融

产权结构调整的可能方向。②社会主义市场经济体制探索、建立和完善时期
（1978—2012 年），重点内容是治理通货膨胀和"相机抉择的货币政策工具"。
③新时代中国特色社会主义市场经济时期（2012 年至今），重点内容是构建
"宏观审慎"政策框架，即信贷市场的"差别准备金"动态调整机制、外汇
市场的"外汇风险准备金"、房地产市场的控制"首付贷"。

尾论

新中国经济制度变迁：一个方法论的解释

新中国成立 70 年来，中国社会各领域经历了深刻的制度变迁，而且这些变迁仍在持续深化演变之中，需要我们以相应的理论和研究方法来分析、解读这些林林总总的变化。鉴于新中国经济制度所经历的不断探索和发展的过程，既是马克思主义中国化的具体体现，更是对中国社会主义经济实践经验的理论提炼和总结，本书开篇即基于马克思生产关系丰富内涵构建了一个分析新中国经济制度变迁的马克思关于"生产关系"的制度分析框架，从核心经济制度、基本经济制度、具体经济制度（微观—中观—宏观）三个层面对七十年来中国经济制度变迁所涉及的多过程、多维度（时间和空间维度）和多层次的具体制度变迁进行了深入的分析研究。倘若关注某一种制度逻辑和过程并在研究中将其"孤立分化"以供解析，而不是从各种制度逻辑和过程之间的关系中理解、认识其作用，对于客观理性地理解和阐释新中国经济制度变迁背后深刻的历史逻辑以及旨在对制度变迁未来走向及其发展起到有益的指导作用，这是远远不够的。因为制度变迁是一个内生性过程，即多重制度变迁逻辑间的相互作用影响和制约了随后的发展轨迹，在与其他制度的相互作用中，某一具体制度影响的程度和方向也可能发生很大变化。

为此，作为本书的尾论，本部分将在前文基础上，从作为政治经济学研究对象的制度化，即经济制度入手，进一步分析各种维度、各种层次制度逻辑及其制度变迁过程之间的内在关系，将视角向前、向后延伸，引入生产力及上层建筑因素，采用比较分析方法，充分挖掘传统经济体制以及转型期中国渐进式为主的经济制度在变迁与转型中的深刻内涵、本质及其独特性，从中寻找历史经验，并在提炼、深化和拓展全书研究的基础上，以社会基础—约束条件—目标取向"一体三面"支撑起中国经济制度变迁实践和理论展开的内在逻辑及其主线，即在社会主义制度和发展中大国条件下，如何实现共同富裕这个根本目标。

从方法论意义看，迄今国内外关于新中国经济制度变迁的研究，占支配地位的是运用新古典经济学、新制度经济学产权、交易成本、成本—收益分析工具分析经济制度改革转型及其对资源配置优化、效率提高的作用。但是无论是理论基础，还是追求简约（parsimonious）理论模型的倾向，都限制了研究者的理论视野和想象，效率原则固然能够在很大程度上评判制度的优劣，不过随着对经济发展以及制度绩效认识的不断丰富，单纯以效率原则来衡量制度绩效，甚至勉力而为，临时拼凑分析工具和理论观点来解释这些正在发生的制度变迁过程，显然片面且有碍于实现制度绩效衡量的多样化和制度变迁理论分析范式选择的多样化。另一方面，正如习近平总书记在纪念马克思诞辰200周年大会上发表重要讲话时指出："学习马克思，就要学习和实践马克思主义关于生产力和生产关系的思想。""我们要勇于全面深化改革，自觉通过调整生产关系激发社会生产力发展活力，自觉通过完善上层建筑适应经济基础发展要求，让中国特色社会主义更加符合规律地向前发展。"调整生产关系以适应变化了的生产力，调整上层建筑以适应变化了的经济基础，这是国家制定大政方针的基本前提，也关系到如何从学理上对中国社会主义经济制度的变迁脉络进行合理的、逻辑自洽的历史诠释。因此，本部分基于以唯物史观为基础的"制度整体主义"的视角，致力于从一个马克思主义政治经济学方法论角度、从新中国经济制度变迁既受到整体社会经济制度变迁的制约又深刻影响着社会经济制度转型发展、在生产力—生产关系（经济基础）—上层建筑三大系统相互影响又相互作用的互动中做更深层次的补充和深化研究，也是对经济制度变迁转型理论解释的补充，并对制度变迁研究和实践起到有益的指导作用。

第十三章
新中国制度变迁的制度整体主义分析：
一个政治经济学的解释

任何社会均由生产力与生产关系、经济基础与上层建筑构成其基本框架。我们在改革和完善社会主义经济制度的过程中，同样需要加深对经济制度这一生产关系的重要组成部分及其在"生产力—生产关系（经济基础）—上层建筑"相互作用过程中演变的理解。中国特色社会主义经济制度的实践探索和历史逻辑，建立于生产力水平总体低下及生产关系、经济基础和上层建筑的动态适应性发展基础之上。在新中国70年的大时代变迁中，"生产力、生产关系（经济基础）、上层建筑"也分别从纵向上提供了各自历史演变与制度延续的线索。本章首先分别梳理了我国经济制度变迁70年历程在这三条逻辑线上的展开，继而探讨三者之间的动态互动过程，并由此探寻"自觉通过调整生产关系激发社会生产力发展活力，自觉通过完善上层建筑适应经济基础发展要求，让中国特色社会主义更加符合规律地向前发展"的制度演进方向。

第一节　新中国经济制度演变的政治经济学理论和实践双重逻辑

一、新中国生产力发展的历史嬗变：从量变到质变

（一）生产力的多层次性

解放和发展生产力、实现共同富裕的社会主义本质目标和要求需要我们更深刻地把握生产力—生产关系的相互作用以及生产力"人的尺度"的和谐。

生产关系是通过人对物的关系表现出来的人与人之间的社会关系，生产力就是通过人对人的关系形成的人力与人力、物力与物力和人力与物力的结合。作为一个整体的社会力量来看，生产关系的性质首先取决于生产力的性质，然后取决于所有制、分配制度和交换制度的性质。而生产关系又会反作用于生产力。社会生产力和生产关系的相互作用对推动生产力的变革有着巨大的作用。生产力是最革命、最活跃的因素。当劳动者的积极性和创造性在社会生产力和生产关系所提供的物质条件和社会条件中得到激发和释放时，生产中的人的要素的生产潜力会极大解放，从而产生强大的连锁反应，即劳动生产率的提高促进生产工具更新进而引起社会生产力的新发展，又会唤起劳动者生产性能的改变进而推动生产效率提高的循环。因此，人的要素对于推动生产力变革有着重要的作用。尤其掌握先进科技和管理方法的人，对生产力起着核心作用。人的科技劳动具有引领生产力发展的决定性功效，而由自然环境构成的自然力应与劳动力和科技力相协调。

马克思认为"一切生产力即物质生产力和精神生产力"[①]。这表明，生产力既是生产物质财富的能力，又是生产精神财富的能力。因此，在生产力的发展过程中，不仅需要重视生产力发展的量的因素，也要重视"精神财富生

[①]　马克思，恩格斯. 马克思恩格斯全集：第30卷［M］. 中共中央编译局，译. 北京：人民出版社，1995：175-176，496-497.

产"的能力。而马克思所提倡的和谐生产力中人的尺度的和谐对生产力"精神财富生产"有着重要的意义。20世纪五六十年代，平心将劳动者的精神因素也纳入生产力的范畴，进一步将生产力的内部结构划分为物的要素和人的要素两部分，认为社会生产力是一切直接为生产使用价值服务的人的体力、精神力量、社会条件和一切被人用来生产使用价值的物质手段、物质条件、自然对象以及一切投入生产中的能量与动量的综合①，是"物质属性"和"社会属性"的结合。劳动者在生产过程中的精神状态（生产兴趣、生产的积极性和创造性等）实质是复杂的社会关系和社会条件的反映和产物②。

生产力的诸要素、诸因子和组成分子，除了一面受到生产关系的结合、形成一定的社会生产体系外，还受到生产力内部的各种形式的联系的结合，形成生产力本身的结构和体系③。生产力内部结构的和谐是建立在作为生产力构成因素的物的要素和人的要素同步互动基础上的，是以人与人的社会联系为基础、以人与物的联系为栋梁、以物与物的联系为支柱的。它们的交互组织，对生产关系来说，是有一定相对独立性的结构。作为衡量生产力发展水平的两个重要维度，物的要素和人的要素在研究和实践过程中被片面地以生产力的量所取代，如劳动者社会地位、幸福感、满意度与自我一致性等精神层面质的部分被忽视，对生产力量的关注造成的经济发展"唯生产力论"和"唯生产力标准论"在很大程度上造成生产力发展的扭曲，与生产力发展的最终意义即人的解放与全面发展的要求不相符。

尤其是在中国社会主义"共同富裕"这一终极背景下，依托于生产力与生产关系相互作用的经济制度的构建必须取决于特定阶段的生产力的发展水平；同时，也必须重视经济制度中的生产力、生产关系和上层建筑之间的相互影响。毕竟，人的因素和物的因素是客观而共存于生产力、生产关系和上层建筑中间的。在构建社会主义经济制度的过程中，我们需要加深对经济制

---

① 平心. 关于生产力性质问题的讨论 [J]. 学术月刊，1960 (4)：22.
② 平心. 三论生产力性质——关于生产力性质的涵义问题及其它 [J]. 学术月刊，1959 (12)：53.
③ 平心. 论生产力与生产关系的相互推动和生产力的相对独立增长：七论生产力性质 [J]. 学术月刊，1960 (7)：63.

度这一作为生产关系重要组成部分在"生产力—生产关系/经济基础—上层建筑"中存在的相互作用的理解。因此，充分考虑共存于三个层次的人的因素对于解决我国经济问题有着极为重要的作用。

（二）新中国生产力发展的历史演变

生产力是判断一个国家经济社会发展阶段的重要指标。马克思曾经说过："各种经济时代的区别，不在于生产什么，而在于怎样生产，用什么劳动资料生产。"[①] 从我国生产力发展的历史来看，新中国经过 70 年的发展，通过制度的不断演变奠定了生产力发展的工业化基础、解放生产力、发展生产力、保护生产力，通过国内分工协作和对外开放不断拓宽了生产力发展的空间，而生产力的解放和发展促进了中国社会经济的重大发展，同时逐渐形成了从奠基、解放、发展到保护的系统的中国化马克思主义生产力理论。从"落后的农业国"（1956）到"生产力发展水平很低"（1979），转向"落后的社会生产"（1981）再转向"不平衡不充分的发展"（2017）的概括，是理论与实践辩证统一的及时研判和回应。

新中国建立在总体非常低下、不平衡的生产力水平基础之上，经历了近 30 年的集中整个社会之力"优先发展重工业"、奠定工业体系基础的艰苦创业时期。与发达资本主义国家相比，我国在很长一段时间内的生产力水平落后是多方面的。譬如：劳动者技能和经验还不成熟，经济增长依靠大量自然资源和劳动力投入，生态环境破坏严重，农业生产和工业生产的国际竞争力低下，等等。由此，我们党结合中国实践，进行了马克思主义生产力理论与实践的一系列创新。1963 年 12 月毛泽东在听取聂荣臻和中央科学小组汇报科技工作十年规划时，明确指出："科学技术这一仗，一定要打，而且必须打好。过去我们打的是上层建筑的仗，是建立人民政权、人民军队。建立这些上层建筑干什么呢？就是要搞生产。搞上层建筑、搞生产关系的目的就是解放生产力。现在生产关系是改变了，就要提高生产力。不搞科学技术，生产

---

① 马克思. 资本论：第 1 卷 [M]. 中共中央编译局，译. 北京：人民出版社，2004：210.

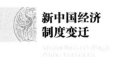

力无法提高。"①

1987 年党的十三大正式提出我们将在较长时期内处于"社会主义初级阶段"的判断。这一时期,我国面临的最大问题是经济总量不足,社会中的绝大部分矛盾都是因为经济规模低下产生的,体现效率性的经济增长是首要任务。1992 年邓小平在南方谈话中指出:"社会主义基本制度确立以后,从根本上改变束缚生产力发展的经济体制,建立起充满生机与活力的社会主义经济体制,促进生产力的发展,这是改革,所以改革也是解放生产力。过去,只讲在社会主义条件下发展生产力,没有讲还要通过改革解放生产力,不完全。应该把解放和发展生产力两个讲全了。"② 围绕着解放生产力和发展生产力问题,形成了一系列新的邓小平生产力理论观点:改革开放是发展生产力的基本动力;三步走发展战略;发展生产力和增加人民收入是衡量社会主义经济政策的压倒一切的标准;科学技术是第一生产力;等等。

党的十八大以来,我国社会经济发展进入新时代,随着生产力的高速发展,我国全面建成小康社会目标即将完成,之后将进入全面建成社会主义现代化强国时期,人民群众的基本物质和个体基本生存的需要已经得到了满足,追求多样化、多方面、多层次的需要成为全新议题,从个体需要转向家庭需要、集体需要和国家需要,这符合社会主义条件下人的发展诉求,即让每一个个体都充分实现美好生活的向往,进一步提高物质生产力和精神生产力的生产效率。

然而不可否认,进入新时代的新中国仍然处于社会主义初级阶段,以习近平同志为核心的党中央继续强调解放和发展社会生产力原则。习近平总书记指出:"全面建成小康社会,实现社会主义现代化,实现中华民族伟大复兴,最根本最紧迫的任务还是进一步解放和发展社会生产力。"习近平总书记在中共中央政治局第六次集体学习时的讲话中又进一步提出,要"牢固树立

---

① 毛泽东. 不搞科学技术,生产力无法提高(1963 年 12 月 16 日)[M] // 毛泽东文集:第 8 卷. 北京:人民出版社,1999:351.
② 邓小平. 邓小平文选:第 3 卷 [M]. 北京:人民出版社,1993:370.

保护生态环境就是保护生产力、改善生态环境就是发展生产力的理念"。

在新的历史方位下，以科学发展和新发展理念来解决不平衡不充分的问题、满足人民对美好生活的需要，保护生态环境、保护生产力，表明党对于我国社会经济问题更加重视发展质量和效益，并在没有舍弃发展的速度和规模的条件下兼顾物质生产力和精神生产力的生产效率的提高，这不仅自觉遵循了生产力发展的内在规律，更是充分结合了我国现实国情。

二、生产关系的内在制度变迁逻辑：基于制度层级系统的视角

一般而言，社会生产关系是一个多层次的、具有隶属关系的、复杂的大系统，其发展变迁过程是多种要素在不同层次的交错组合。不同的学者常从不同角度将其分为不同层次加以研究，如马克思生产关系"四环节"结构说以及斯大林的生产关系"三方面"结构说等。当生产关系被当作一个多层次的系统时，生产关系内部各层次及其之间的相互作用，也存在着一定的内部矛盾。生产力发展引起生产关系的调整变化，就是通过生产关系各层次之间的相互作用而实现的。

（一）生产关系的制度层级体系分析框架

经济制度是社会生产关系的总和，是一定社会现实生产关系或经济关系的制度化。这些生产关系所指的是社会中的人们在生产过程中所形成的人与人之间的关系，生产关系是历史地变化的。因而政治经济学的研究对象是生产关系及其发展规律，本书称之为经济制度变迁。

生产关系的运动规律在不同的条件下，总是要表现为与经济实质相适合的各种不同的具体形式。基于此，本书根据其制度化表现，将生产关系由里及外分为核心经济制度、基本经济制度、具体经济制度三大层级。

一是反映社会经济形态本质的人与人之间的经济关系。这类经济关系决定了生产的目的，决定了社会的阶级结构。每一种社会制度都有它自己固有的、与其他社会制度相区别的社会经济关系，这种社会经济关系构成了该社会制度的质的规定性，决定了它的特点和历史特殊性。生产资料所有制关系

是这类经济关系的最重要的核心内容，能够规定生产关系的性质和根本特征，马克思恩格斯还认为"所有制问题是运动的基本问题"①。建立在特定所有制基础上的社会生产关系及其相互关系，体现在制度上，就是社会经济制度。本书绪论中进一步将其区分为核心经济制度和基本经济制度，前者主要反映特定社会经济制度的内在本质属性，是与其他社会和经济制度相区别的根本特征，如社会主义社会的核心经济制度是生产资料公有制以及按劳分配，这是经济制度概念的"硬核"部分，在社会主义社会是不变的；后者在特定国家或地区则会随着该社会不同发展阶段所有制实现形式及其结构的变化而有所不同。

二是在具体组织和管理生产、交换、分配、流通过程中发生的人与人之间的经济关系。这类经济关系反映在资源配置、经济运行过程中，它说明的是各种生产要素相互结合的具体形式和特点。这类经济关系，体现在制度上，就是按一定经济运行机制运行的具体经济组织形式或管理方式，即具体经济体制。

按特定运行机制运行的经济体制是社会基本经济制度的具体表现形式或展开形式。没有经济体制的依托，基本经济制度的原则就会悬空化，经济体制的不完善、不恰当会从根本上影响社会基本制度的实际运行。经济体制与基本经济制度的关系，是决定与服务的关系。事实上，上述两个关于生产关系发展的制度化系统层级尤其是经济体制和经济运行体制，在实际中是很难截然分开的，所以经常被混合使用。必要时也可以进一步细化分析。

三是体现生产关系的运动规律的社会经济运行和经济发展过程。在马克思主义政治经济学理论中，经济运行是内生于对生产关系的分析之中的，或者说生产关系的本质关系要通过经济运行来体现或实现。对运行层面的分析，有从某具体经济体制下产品的生产、交换、分配、消费四重过程展开分析的，也有从微观、中观和宏观三个层次加以研究的。本书正篇的结构布局就接近

---

① 马克思，恩格斯. 马克思恩格斯选集：第 1 卷 [M]. 中共中央编译局，译. 北京：人民出版社，1995：307.

于微观运行体制、中观运行体制、宏观运行体制的三层次分析法，这些运行体制具体由组织和管理方式决定，在计划经济体制和市场经济体制下用来实现运行的具体经济制度或政策会表现出较为明显的差异性。如，决定和影响微观经济运行的具体经济制度为国有企业和农村集体经济，同时也是基本经济制度实现形式；影响中观经济运行的主要具体经济制度为区域政策和城乡政策；而影响和决定宏观经济运行的主要具体经济制度则是就业、分配和产业等宏观调控管理制度或政策。

　　需要说明的是，核心经济制度是制度前提或是制度预设部分，处于制度"理论硬核"位置，这就意味着其他两个层次可以随着特定国家及其历史发展阶段的特点而改革和调整，但都不能从根本上动摇、改变核心经济制度的基本要求。因此在考察新中国制度变迁过程中我们将把重点放在"基本经济制度"和"具体经济制度"两个层次上。又由于我国习惯将所有具体经济制度都称为经济体制或经济制度，为了便于刻画改革开放前30年和后40年的制度运行及其转型，在"尾论"中，我们进一步将"具体经济制度"划分为"（狭义）经济体制"和"经济运行体制（影响经济运行的具体经济制度）"两个层次。狭义的经济体制特指由两种资源配置方式决定的经济体制，即计划经济体制和市场经济体制。特定的基本经济制度和经济体制决定了生产关系在社会经济运行上的微、中、宏观表现及其采取的制度或相关政策的差异。

　　由此形成了"尾论"关于新中国经济制度变迁的生产关系制度层级系统"基本经济制度—经济体制（狭义）—经济运行体制（微观、中观、宏观）"的三层次分析框架（即图13-1虚线框部分）。基本经济制度是生产关系系统中处于最高层次的制度，能够在宏观方面对社会起到整体的影响，对后两个层次的经济体制和经济运行的内容和方向亦具有规定作用，也明确了这一社会的阶级利益取向。狭义的经济体制和经济运行体制，是以一定的基本经济制度为基础，在此之上而建立起来的生产关系与上层建筑的"立体"的、具象化的形式。随着历史的演进与客观社会条件的变化，狭义的经济体制和经济运行体制也会以基本经济制度为轴心进行改变与调整，虽然它们可以对社会经济制度体系的性质起到重要的影响，但并不能决定它。因此，任何一个

国家社会都可以根据自身情况在具体经济制度建设方面参考。譬如在社会主义公有制性质的社会制度体系之下，为了促进经济发展，在具体经济制度方面可以采取承包制、股份制、市场调节等具体制度。

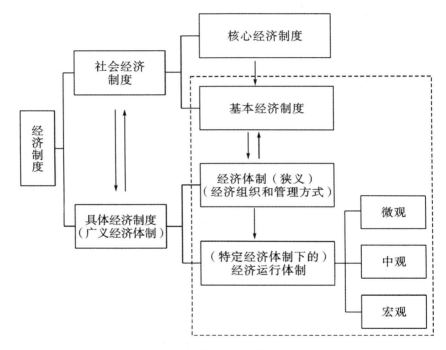

图 13-1 绪论与尾论中的经济制度变迁内在逻辑框架关系图

最后需要说明的是，总体来看，马克思主义经典作家对生产关系的研究侧重于对社会形态方面的基本经济制度的研究，没有将经济体制和经济运行体制作为重点。但是在社会主义经济制度由理论变成实践后，其健全与发展要求我们既要注意基本经济制度，也要重视对经济体制和经济运行体制问题的研究。

（二）新中国生产关系制度层级系统的多层次历史变迁

1. 对社会主义经济制度本质规定性认识的演变

我国现实的经济关系决定了社会主义初级阶段在经济制度上应该有别于共产主义和成熟的社会主义制度，不可能要求纯而又纯的社会主义生产关系。

但应当坚持以社会主义的生产关系（经济制度）为主体。

　　长期以来，我国在对社会主义制度的认识上往往更注重生产关系，从公有制、按劳分配、计划经济等方面来界定社会主义及其经济制度。在 1949 年新中国成立初期，社会主义阵营对社会主义的普遍认识就是强调公有制程度越高越好，否定社会主义存在市场，强调实行计划经济、强调发展重工业、强调阶级斗争和无产阶级专政。我国对于什么是社会主义的认识，也大多停留在社会主义公有制经济、计划经济、无产阶级专政制度等方面。而随着"左"倾思潮的泛滥及"文革"运动，人们对社会主义本质的认识发生了扭曲，认为社会主义就是全面的公有制，就是平均主义、供给制、按需分配。对于社会主义的本质认识以及在此认识下如何建设社会主义，在毛泽东时代的探索虽然也认为上层建筑和生产关系都要服务于解放和发展生产力，但难免仍依附于马克思主义关于社会主义社会的理解——通过消灭私有制以及阶级斗争剥夺"剥夺者"、消灭剥削者，以至于发展到"文化大革命"，造成全局指导上的失误。

　　而邓小平对社会主义本质的回答则兼顾了生产力与生产关系两个方面，并随着实践的发展而逐步深化。他指出："社会主义的本质，是解放生产力，发展生产力，消灭剥削，消除两极分化，最终实现共同富裕。"[①] 在社会主义本质中，解放生产力、发展生产力是属于效率提高的方面，而消灭剥削、消除两极分化、最终实现共同富裕则是属于维护社会公平的方面。这说明社会主义的本质包括两个方面，一是解放和发展社会生产力，促进整个社会经济效率的提高；二是消除两极分化，消灭社会贫富差距，实现公平正义，建设和谐社会，最终达到共同富裕。因此，社会主义的本质要求收入分配必须实现公平并实现共同富裕。

　　在某种意义上，上述先后出现的毛泽东和邓小平领导下寻求"均中求富"抑或"收入差距、共同富裕"两种主要思想，其实都可以看作"社会主义公

---

① 邓小平. 在武昌、深圳、珠海、上海等地的谈话要点 [M] //邓小平. 邓小平文选：第 3 卷. 北京：人民出版社，1993：373.

平"或"共同富裕"这一终极目标的不同阶段性特征，则其在实践中所带来的不同结果显然也具有其历史合理性。当然，由于中国每个时期关于社会主义本质的认识，是出于对当时经济社会体制结构等多重因素的考虑以适应经济发展和社会稳定的需求的产物，因而更多地打上了历史范畴的烙印并带有一定的历史局限性。

2002 年 11 月，党的十六大报告提出了"全面小康"的概念——全面的小康社会，在一定意义上说，就是大多数老百姓都有产的社会。让大多数人都能够分享社会经济发展好处的制度就是社会主义制度，这种对社会主义本质的认识从"消灭剥削者"转向了"让多数人掌握财富"的共同富裕道路①。对社会主义本质属性的论断逐渐把社会主义的本质要求上升到社会层面，是在邓小平对社会主义本质论断基础上的进一步升华。

"让老百姓过上好日子，是我们一切工作的出发点和落脚点。"习近平既提出了发展生产力的新理念，又同时提出人民共享的以人民为中心的思路②。党的十九大报告进一步阐述了"中国共产党领导是中国特色社会主义最本质的特征"。

概言之，随着对社会主义本质的更深层次的理解，我国经济制度的演变必须始终遵循社会主义的本质要求，在根本上坚持以人为本，坚守"发展生产力""共享发展成果"以达到共同富裕这一中国特色社会主义的本质规定和奋斗目标。

2. 新中国社会主义初级阶段所有制结构的历史变迁

由于生产资料所有制是生产关系的基础，社会主义基本经济制度首先体现在生产资料的社会主义公有制上。新中国所有制结构的变革，是一个不断适应生产力发展的"否定之否定"的过程，大致可分为以下几个阶段：

---

① 2007 年 10 月，党的十七大报告进一步强调，要促进人的全面发展，做到发展为了人民、发展依靠人民、发展成果由人民共享。2012 年 11 月，党的十八大报告再次提出，要加大再分配调节力度，着力解决收入分配差距较大问题，使发展成果更多更公平惠及全体人民，朝共同富裕方向稳步前进。

② 习近平. 习近平总书记系列重要讲话读本 [M]. 2016 年版. 北京：学习出版社，人民出版社，2016：213.

第一阶段：新中国成立后的过渡时期（1949—1956 年），亦公亦私、公私结合的多种经济形式混存的所有制结构。随着始于 1948 年的新民主主义革命的三大经济纲领以及 1953 年的"一化三改"，中央通过没收和赎买，将资本主义私有制即官僚资本和民族资本改造为全民所有制；通过互助组、初级农业合作社和高级农业合作社，将城乡小私有制改造成集体所有制。我国经济成分逐渐趋于单一。

第二阶段：从"三大改造"完成到党的十一届三中全会之前（1956—1978 年），单一公有制时期。服从于新中国成立之初必须尽快完成"变农业国为工业国""国家工业化"的赶超战略及其历史任务，这个阶段我国实行的是计划经济体制，生产资料所有制片面追求"一大二公"，认为公有制的实现形式越纯越好，整体上"重全民所有、轻集体、排挤个体、消灭私有"。

第三阶段：从党的十一届三中全会到十四大召开（1978—1992 年），非公有制经济逐步走上历史舞台。实行改革开放后，服从于党和国家工作中心转移到经济建设上来的新的战略决策，我国提出发展有计划的商品经济（其间，强调计划调节为主，市场调节的地位和作用则经历了一个从"补充""为辅"到"有计划的商品经济"的发展历程），强调以公有制经济为主体，非公有制经济在国民经济中的地位和作用则经历一个从"其他经济成分补充"到"多种经济成分"共同发展的演变过程。

第四阶段：党的十四大召开之后（1992 年至今），公有制和多种所有制两个毫不动摇、共同发展的所有制结构。党的十四大提出发展社会主义市场经济，以市场为基础对资源进行配置，决定了所有制结构的多元性和多样性，非公有制经济得到蓬勃发展，成为中国特色社会主义现代化建设的重要力量。

其间，公有制实现形式依次经历了从资本经营方式（1992 年前）到资本组织形式（1992 年后）的实践探索，主要的资本经营方式有：国有国营（或集体所有集体经营）和授权（委托）经营、租赁经营、承包经营（国有民营）等；资本组织形式主要有股份制经营、股份合作制经营、混合所有制、机构法人所有制等等。

概言之，我国生产关系始终以核心经济制度为基础——建立在以公有制

为主体的基础上，如果说第二阶段是对过渡时期所有制结构的第一次否定，那么，第三和第四阶段，是对第二阶段单一公有制的社会主义经济制度的第二次否定。其中，公有制经济代表广大人民的根本利益，也是我们党践行全心全意为人民服务的重要保障。党的十八大充分遵循中国特色社会主义市场经济内在规律，进一步提出大力发展所有混合经济，进而要求将市场经济的优势与社会主义制度的要求、原则统一于新时代中国特色社会主义现代化进程之中，这充分调动了非公有制经济在一般商品生产上的积极性，同时也让公有制经济有更多能力确保重要领域和行业的经济安全，二者的有效结合满足了我国人民的物质文化需要，有利于巩固和完善社会主义制度。

为了避免叙事的累赘和重复，关于生产关系第三层次的经济运行制度方面的相关内容及其与基本经济制度和经济体制之间的关系，将在本章第二节中继续详细探讨。

三、新中国上层建筑的制度变迁

在马克思主义制度经济思想中，马克思与恩格斯实际上是将制度看作一个具有两个层次的系统：处于第一个层次的是居基础地位的经济制度，它的性质决定整个社会制度系统的性质；处于第二个层次的则是社会上层建筑中维护一定阶级关系的国家机器、意识形态以及与之相适应的政治法律制度、组织和设施等，它们的存在将维护经济制度性质的稳定。

（一）作为制度变迁核心的政治上层建筑建设进程

生产关系是人们在物质生产过程中形成的不以人的意志为转移的经济关系，为了调和和控制社会利益分配不均导致的社会冲突，必然利用其经济权力来建立相应的政治制度、法律制度，并推动社会意识形态的变迁，使之与现有的利益分配体系相一致，以巩固社会利益分配格局，从而开始了由经济上的"权力结构"向政治法律上的"权力结构"、从单纯的经济权力向复合的社会权力发展和演变的过程，最终建立起与第一层次经济制度相适应的政治制度、法律制度、意识形态等。

　　但是，我们也要防止将上述马克思主义的制度理论简单地解读为"经济决定论"，即强调社会存在决定社会意识、经济基础决定上层建筑这个主要原则。从长远视角分析人类社会制度形态变迁，这一论断当然是科学而正确的，是唯物史观核心的判断。然而我们也要注意到，在一个相对静态的格局中，经济基础和上层建筑的关系并不是简单一一对应、反映与被反映的关系，制度系统中经济、政治、意识形态等系统的作用机制其实是具有系统论认为的复杂性状态的。"这里表现出这一切因素间的交互作用，而在这种交互作用中归根到底是经济运动作为必然的东西通过无穷无尽的偶然事件向前发展。"①

　　根据上述分析可见，在上层建筑中，政治制度与法律制度直接规定了人们之间的政治关系，并与经济基础发生联系，借以体现统治阶级的利益，是整个上层建筑的核心成分。以下围绕处于中国特色社会主义制度体系中主导环节的中国特色社会主义政治制度以及政治社会化变迁过程中的意识形态建设进行历史考察和宏观梳理。

　　（二）新中国制度变迁中的中国特色社会主义政治上层建筑制度系统

　　作为后发现代化国家，国家建设、党政因素一直在中国近代以来的制度变迁中居于主导地位。自新中国构建起党政核心、具有高度动员能力的国家上层建筑制度体系以来，这一制度系统一直在整个制度体系的变迁中起着主导性作用。在这一政治上层建筑基本制度安排相对稳定的前提下，经济制度经过了由早期单一公有制到公有为主体、混合共存所有制的前后两个发展阶段。基本政治制度对全局的把控和部署的作用体现得很明显。

　　习近平同志指出："中国特色社会主义制度是当代中国发展进步的根本制度保障，是具有鲜明中国特色、明显制度优势、强大自我完善能力的先进制度。"② 新中国70年的实践证明，中国制度具有党的领导、以人民为中心、协商民主、集中力量办大事和有效维护国家独立自主等显著优势。换言之，中

① 马克思，恩格斯. 马克思恩格斯选集：第4卷［M］. 中共中央编译局，译. 北京：人民出版社，1995：477.
② 习近平. 在庆祝中国共产党成立95周年大会上的讲话［EB/OL］.（2016-07-04）［2019-08-27］. http://www.gapp.gov.cn/ztzzd/rdztl/xddxljh/contents/9835/300264.shtml.

国特色社会主义制度体系的优势和特点，是通过其基本政治制度的安排集中表现出来的。

首先，中国基本政治制度中民主集中制的组织机制是将民主与政治效率统合起来的核心机制，这一核心机制决定了中国政治制度的特点和优势。执政党主导与民众当家做主相统一的民主原则是保障秩序与公平的基本维度，选举与选贤相统一的选用制度，保证了决策的质量和效益。不理解中国政治上层建筑基本制度的特点与优势就不能真正把握中国特色社会主义制度体系的特点与优势。

其次，以国家能力建设为主轴的国家制度体系建设和完善，在根本上都属于政治制度的完善。从现代国家中心主义观点看，制度建设的中心任务是提升国家能力。国家的基本制度建设首先是建立完善较为公平合理的社会基本秩序框架。与此同时，需要在中央与地方、国家与社会、政府与市场间构建国家一体化的制度格局，并富有执行力。

再次，我国经济体制改革的核心问题，即处理好政府与市场的关系，从根本上说是一个政治经济宏观问题。深化经济领域改革的核心机制已经不是单纯的经济问题，而是深层政治社会问题。在基本政治制度秩序稳定的前提下，大力发展民主政治。党的十八大报告提出"将制度建设摆在更加突出的位置"，这一论点是站在大政治观基础上得出的结论。十八届三中全会通过的《中共中央关于全面深化改革若干重大问题的决定》围绕国家制度建设的整体部署将这一精神更进一步具体化了。

（三）新中国政治社会化变迁过程中的社会主义思想上层建筑建设进程

新中国成立后，马克思主义作为执政党——中国共产党的指导思想，顺理成章地扩展为国家意识形态，成为社会主义建设的指导思想。意识形态建设的首要任务就是通过全国范围的宣传普及和各个行业的渗透运用，将革命时期形成的理论意识形态内化于人民群众的思想意识之中，转化为与社会主义建设实际密切联系的实践意识形态。在1949—1976年的社会主义建设过程中，在经历了1949—1956年从"混合多元"到"指导思想一元化"的社会主义意识形态的整合确立期、1957—1966年从"指导思想一元化"到"意识形态一元化"的意识形态建设的嬗变期以及 1966—1976 年泛意识形态化的意识形态建设异化期三个阶段之后，正确处理了"指导思想一元性"与"社会思想多样性"、意识形态和文化建设的关系，意识形态的正面宣传灌输成效显著。但也留下了惨痛的教训：意识形态斗争方式过于简单化、形式主义凸显，意识形态传播单向、强制，意识形态整合过度依赖批判运动，夸大意识形态建设在社会发展中的作用，忽略现实利益的满足。

党的十一届三中全会后，随着"文革"结束和改革开放开始，中国共产党在解放思想、实事求是的旗帜下，在经过 1976—1992 年关于一元指导思想与多样社会思潮初步交锋中的坚持和扬弃阶段以及 1992 年以来包容与开放的社会主义意识形态建设调适与归位及其意识形态的政治社会化重构之后，提炼出了"必须坚持马克思主义在意识形态领域的指导地位，用一元指导思想引领多样化的社会思想"的基本经验，一元指导思想与多样化社会思想的萌发相得益彰。由此也完成了由革命党向执政党的转变。改革开放 40 年来，我国社会主义意识形态建设逐步突出民本导向，兼顾坚定的主导性与包容的多样性，将意识形态工作定位为国家"软实力""四个自信"建设的核心内容。但是，伴随改革开放而来的经济市场化、政治民主化、社会多元化诱致深刻的社会变迁，以及社会主义意识形态建设滞后于经济建设的缺憾也使主流意识形态出现了认同危机。由此开启了党的十九大以来正在进行的新一轮传承与超越的意识形态强化和继续重构过程，迄今为止中国的意识形态建设"还在路上"。

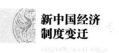

第二节　新中国经济制度变迁路径：
"生产力—生产关系/经济基础—上层建筑"互动耦合

基于对中国经济实践的历史考察，本书将宏观地梳理并构建起一个分析新中国 70 年大规模制度变迁的马克思主义双向度制度分析框架：关于"生产关系"制度系统的内在向度逻辑及其延伸了的"生产力—生产关系（经济基础）—上层建筑"外在向度逻辑分析框架，并对这个分析框架中各层次上所经历的演化与变迁进行了深入的分析研究。基于本书所坚持的制度变迁内在性观点，这种多层次、多重制度变迁逻辑线之间是相互作用、相互影响的。为此，本节将在前文基础上，对上述分析框架内各个逻辑层次的制度及其制度变迁过程之间的内在关系及互动机制，尝试进行宏观的、粗线条式的系统梳理。

一、内在向度逻辑分析：社会主义生产关系的制度系统三层级的互动耦合

在本章第一节中，我们将生产关系的制度系统研究由里及表分为基本经济制度、狭义的经济体制和经济运行体制三个层级，进而将影响经济运行的具体经济制度分成了微观运行体制、中观运行体制及宏观运行体制三层次。由此构建起的关于新中国经济制度变迁的生产关系"基本经济制度—经济体制—经济运行体制（微观、中观、宏观）"① 三层次内在结构分析框架。其中，基本经济制度决定了经济体制进而具体运行层面的制度的内容和方向。反之，经济运行中的表层问题，根子在于经济体制的问题，进而根源于基本经济制度的缺陷。所以当这些不同层次的各种经济政策制度在新中国的经济

---

① 生产关系在经济运行体制层面的"微观—中观—宏观"的互动关系，实质上也映射出了其"基本经济制度—经济体制—经济运行体制"三层级制度间的互动机制及其关系。此外，生产关系运行层面的中观结构尤其是宏观结构的整体性质，是由在其中运行并占主导地位、起着领导作用的生产关系的性质决定的。

制度发展变迁过程交错组合、导致一些矛盾的积累和暴露时，为解决这些问题又出台了相应的政策制度，在这样不断调控、治理的过程中，甚至最终导致了经济体制和制度层面上的大变迁。

基于此，我们认为新中国成立以来 70 年的经济制度变迁史，总是伴随着一定所有制条件下的劳动关系、阶层关系、分配关系等诸多关系，以及政府与市场、中央政府与地方政府关系的变化，体现出经济制度变迁导致的生产关系利益格局重组。

（一）新中国经济变迁中的基本经济制度与经济体制和运行

1. 改革开放前我国的基本经济制度与经济体制和运行

如果我们以生产关系为逻辑起点来分析中国特色社会主义制度的历史变迁史，那么，整个分析的起点就是，中国通过民族解放斗争建立起了无产阶级专政的社会主义国家。无产阶级革命事业取得成功，无产阶级成为国家的主人，成为共和国的管理者，获得官僚资本和资产阶级的政治、经济、文化等权利。但是，这里也存在着一个悖论，即无产阶级的革命事业一旦成功，无产阶级就获得了资产阶级包括其资产在内的所有权利。这样，无产阶级就不再是革命前的无产阶级了。

为此，当时我国的社会主义公有制，在承认了公有制的第一层次——人人都有的同时，却否定了公有制的第二个层次——重新构建"个人所有制"，甚至在全民所有制上，采取了国有形式。也就是说无产阶级仅仅是理论上的资产持有者，却无法直接管理他们"拥有"的资产，而只能通过代理人间接管理属于他们的资产[①]。在此过程中，在国民经济组织管理体制上有两个重大变化：一是对生产资料私有制的社会主义改造，塑造了中国政府间纵向关系的主要力量结构，即中国共产党成为居于领导地位的执政党，而政党领导下的各级政府则成为整合社会的唯一力量；二是作为在国内物质条件极为匮乏和苏联发展经验影响下的现实选择，计划经济体制的形成引起了政府间纵向

---

① 这是一次性授权的委托管理模式（所谓代表制），而不是定期授权的委托管理模式（所谓选举模式）。

体制（中央政府与地方政府财权事权下放的分权体制，实际整体上呈现的是权力收放循环的态势）的重大变化，初步形成了部门纵向垂直管理+区域横向管理相结合，或"双重领导、条块结合"的层级管理体制。塑造出政府主体压制市场主体和社会主体的关系格局。而微观经济主体国有企业由于政府"预算软约束"的存在，以致该时期国民经济的运行和调控一直存在着"一放就胀，一胀就管，一管就死，一死就放"的、需求膨胀易于收缩的特征[①]。这种根源于软约束经济体制的运行问题，在经济总量达到一定体量之后，就表现为周期性的供给端膨胀（甚至过剩）和结构失衡问题。

由于公有制的代理人一旦获得资产管理权，就拥有了资产分配的特权。代理人不是圣人，他们当中的一部分不可避免地发生蜕变。毛泽东敏锐地意识到这种权利的生命力。遗憾的是，毛泽东没能找到治理的有效方法，也无法跨越历史而一步踏入共产主义。

2. 改革开放后我国的基本经济制度与经济体制和运行

邓小平清醒地认识到，善用资产及其相关财产权利将会极大地提高生产力发展水平，为无产阶级服务。随着非公有制经济和商品经济、市场经济以及对外开放的逐步发展和壮大，地方政府、市场、社会等主体意识开始觉醒，多元主体格局呈现出更加复杂和动态的变化，同时也为中国经济发展注入了澎湃的动力和活力，取得了举世震惊的经济成绩，被称为中国经济奇迹。历史地看，从早期着力于政企分开、对企业进行宏观和间接式管理开始，到后来以分税制重塑中央和地方的关系，再到培育社会性力量，乃至从顶层设计上强调"放开那些不该管的、管好那些该管的"，无疑都贯穿着产权制度和资源配置方式改革这一逻辑。

检视新中国制度变迁史，彰显了党的十八大以来"以人民为中心"、人民参与、一切为了人民福祉、"共享发展成果"以实现全体人民共同富裕的社会主义制度完善的重要现实意义。具体内容还将在后续部分深入探讨。与此同

---

① 1949—1992 年，经济实现扩张一般只需要 2~3 年的时间。与之相反，经济完成收缩则需要较长的时间，甚至长达 6~7 年之久。（张连城，沈少博，郎丽华. 社会主义经济周期的根源、形成机制与稳定增长的制度安排 [J]. 经济学动态，2017（5）：35-42.）

时，以中共十八大为起点，发起强有力的反腐倡廉斗争、党风政纪整肃等行动，进行政治、经济、社会、环境、营商等各领域的"大扫除"，整治纲纪。这是历史转折中跨入新时代的第一战役，自此也开启了中国特色社会主义的"新时代"。

（二）新中国经济制度变迁中的基本经济制度和经济体制与经济运行

中国特色的经济理论创建必须来源于中国经济发展变迁的实践。立足历史制度主义观察以及对新中国经济实践发展变迁历程的梳理和提炼，我们认为，以党和国家作为分析的逻辑起点，对中国共产党领导下的新中国经济制度变迁史进行研究，是个有价值的尝试。

从以党和国家作为分析的逻辑起点来看，由于社会主义所有制结构的关系，整个国家重要的经济资源主要掌握在国家和政府手中，并通过产业、城乡、区域制度和政策，进而通过国企投资实现资源配置（后来对外开放经济也大体如此）。经济体制上的"计划+软约束+政府权力配置的收放"，造成了一种容易出现供给端膨胀、失衡的经济运行形态。其间，随着历次政府机构及其职能改革中政府权力配置的收放和调控（包括就业、分配、再分配和其他调控政策等），我国的国民经济运行常陷入"一放就乱、一乱就收、一收就死、一死就放"的循环中。由于长期受到计划经济体制、传统管理方式以及体系运行惯性等内生因素的影响，上述运行层面的经济传导机制，同时也成为贯穿于整个新中国经济制度变迁史的总体逻辑主线，尤以 1992 年前为典型。1992 年后机制逻辑虽有所弱化，但也基本以此为基调。当然，随着从"基础性作用"到"决定性作用"，市场机制和成分的逐渐渗入和壮大，市场经济运行和调控的一些特征也逐渐融入进来。

1. 1992 年前社会主义计划经济条件下经济运行层面的作用机制

作为社会主义计划经济体制的主要微观经济基础，国有企业与政府部门是一种纵向行政隶属关系，政府对国有企业实行"统收统付"——企业所需的一切资源（包括资金、物资、劳动力）由政府部门调拨，产出品由政府部门收购，产品价格由政府部门制定，利润全部上缴财政部门。集体所有制企业与其上属行政部门之间也保持着类似的关系。这种利益分配格局直到 1983

年才通过"利改税"被新的分配模式所替代。而真正倾向于市场化取向改革的"价格双轨制"则始于1988年，并且还在之后的三年"治理整顿"时期一度中断。

由于国家职能与政府职能不分①，加上严重的"政企不分"，国有企业就成为某种意义上的政府所有。于是各级政府对所属企业就有了具有软预算约束特征②的"慈父"般的保护。当企业因亏损面临倒闭或破产的边缘时，政府会通过软补贴制度（财政补贴）、软信贷制度（信贷支持）、软税收制度（税收减免）、软价格制度（提高企业产品价格）等多种方式让企业渡过难关。在软预算约束条件下，企业必然存在强烈的投资驱动和消费驱动。在1949—1992年这段时期，一般只需要在两三年内就会把总需求推向膨胀状态；相反，抑制需求膨胀则需要六七年的时间，往往要采用行政手段（如压缩基本建设投资规模和公共支出的指标）才能把过热的经济压缩下去。同时，由于实行政府定价，价格机制失去了调节供求关系的功能，供给短缺通常不表现为显性通货膨胀，因此计划经济也就表现为短缺经济。

2. 1992年后社会主义市场经济条件下经济运行层面的作用机制

与计划经济条件下企业普遍具有软预算约束的特征不同，在社会主义市场经济中，无论是公有制企业还是非公有制企业，都必须自负盈亏，不再享有政府对它们的"父爱主义"保护。在此条件下，市场驱动下企业追求利润最大化的行为，一方面会把经济推至扩张阶段，甚至使生产具有无限扩大的趋势；另一方面，由于政府治理能力决定了政府税收必须维持在一定水平，从而企业需要把劳动者的工资限制在一个相对较低的水平——这二者导致经济运行层面形成了一种有效需求不足的供求矛盾格局，当矛盾激化时便会出现过剩运行或有效需求不足。在该时期，每当经济从膨胀态势收缩到一定程度时，一般政府就会通过就业、收入分配政策或者政府扩张驱动的投资、对外开放和产业等政策进行充分调整和能量积蓄，此后，经济运行才会进入下

---

① "国家职能"与"政府职能"直到中共十一届三中全会之前都是被混为一谈的，甚至在20世纪80年代以前国内根本没有现代意义上的"政府职能"概念。

② 科尔内. 短缺经济学：下卷 [J]. 张晓光，等译. 北京：经济科学出版社，1986：272-280.

一轮扩张阶段。对这种以政府驱动维持经济膨胀和增长的惯性依赖，在某种程度上又使经济运行与调控回到前一阶段的老路上。

　　此外，社会主义市场经济体制，就是在社会主义公有制基础上，使市场在社会主义国家调控条件下对资源配置起决定性作用的经济体制①。因此，该阶段除上述市场经济的运行机制和调控特征外，也具有计划经济体制的某些成分。直至今日，政府对国有企业的"特殊关怀"依然会使其预算约束变软。这主要表现在：当国有企业出现亏损尤其是面临倒闭和破产的窘境时，无论是出于"维稳"还是其他目的，政府依然会用软补贴制度、软税收制度、软信贷制度、软价格制度或者以前未曾使用过的"债转股"等政策帮助它们摆脱困境。当然，这类能够享受政府"父爱主义"保护的国有企业，其数量并不占绝对优势，而且即便能够享受政府保护，这些国有企业的预算约束也要比计划经济条件下的国营企业硬化了许多。

　　到此为止，我们对党和国家领导下两种不同的社会主义经济体制下新中国宏观经济运行的微观形成机制以及政府宏观调控过程及其作用进行了梳理和提炼。这反过来也有助于我们更加深刻地理解政府职能转变②的内在逻辑及其现实困境，并为进一步深化改革、实现突围提供理论上的可能指导。实践证明，党政合一的整合政治的领导，能够实现对社会、市场的有效吸纳，充分调动有限资源集中到重点项目建设，成为推动社会主义建设的重要力量。

---

① 随着市场资源配置从"基础性地位"到"决定性作用"，"借助市场而治理"开始让位于"为市场而治理"的思路。按照这一占据了主流的思路，政府如同一个后勤机构，从界定产权和维护交易公平等方面保障"自我调节的市场"的运用，除了这一保障功能之外别无他求。但是，政府实际上又从来没有成为过这样的机构，也不可能成为这样的机构。[欧树军. 我们需要什么样的政治经济学 [J]. 文化纵横，2014（4）.]

② 政府职能转变是行政体制改革的核心内容之一，不仅是一个经济问题，更是一个涉及上层建筑的政治问题 ["党和国家机构职能体系作为上层建筑，是中国特色社会主义制度的重要组成部分，需要适应社会生产力进步、经济基础变化而不断完善。"（刘鹤. 深化党和国家机构改革是一场深刻变革 [N]. 人民日报，2018-03-13.）]，也是政治体制改革和经济体制改革的"结合部"。从逻辑上看，新中国成立以来我国在政府职能转变领域的诸多努力，无非着眼于两个目的：其一是提升政府治理能力，直观表现在借助政府机构改革优化组织流程、提升行政效能上；其二是优化政府治理方式，直观表现在重塑政府与政府、政府与市场、政府与社会等诸多关系上。[吕同舟. 新中国成立以来政府职能的历史变迁与路径依赖 [M]. 学术界，2017（12）：72.]

但是，伴随着社会经济运行和发展中的循环怪圈和制度锁定，暴露出经济体制和政府职能方面的体制机制问题。其中，"深化党和国家机构改革是推进国家治理体系和治理能力现代化的一场深刻变革"。

与以往机构改革主要涉及政府机构和行政体制不同，这次机构改革是全面的改革，包括党、政府、人大、政协、司法、群团、社会组织、事业单位，跨军地、中央和地方各层级机构①。要求确保集中统一领导，赋予省级及以下机构更多自主权，构建简约高效的基层管理体制，规范垂直管理体制和地方分级管理体制等。

这次改革之所以具有革命性，就在于不回避权力和利益调整，而是对现有的传统既得利益进行整合，重塑新的利益格局②。因此，党的十九大报告指出，完善和发展中国特色社会主义制度、推进国家治理体系和治理能力现代化是全面深化改革的总目标。

二、外在向度逻辑分析："生产力—生产关系/经济基础—上层建筑"之间的互动关系

我国经济制度变迁总体上经历了或正经历一个适应性互动下"生产力—生产关系/经济基础—上层建筑"向前向后、螺旋形推进的轨迹。

（一）经济制度的内部封闭性静态变迁（1949—1978 年）

新中国关于社会主义制度的实践是一个新的探索过程，所以新中国成立初期的制度建设带有明显的建构理性主义倾向以及实验性特征。

首先，从生产力—生产关系（经济基础）—上层建筑的作用链条来看。作为世界上最大的发展中国家，我国在相继经历了抗日战争和解放战争之后，首先面临着在生产力水平低下、物质条件极大匮乏的条件下重建国民经济秩序的历史使命。基于此，作为社会主义国家，我国在中国共产党领导下快速

---

① 刘鹤. 深化党和国家机构改革是一场深刻变革 [N]. 人民日报，2018-03-13.
② 刘鹤. 深化党和国家机构改革是一场深刻变革 [N]. 人民日报，2018-03-13.

推进了对农业、手工业和资本主义工商业的社会主义改造，并实施了以"重工业优先发展"为战略取向的工业化——重工业是发展生产力而必须建立起来的现代工业体系及其基础。由于重工业本身具有资本密集使用、就业需求偏低、建设周期长、利润回流缓慢等特征，同时，新中国成立初期我国的实际禀赋条件是资本短缺且劳动力充裕，所以重工业优先发展与资源禀赋条件之间的冲突就内生决定了在当时特定的生产力阶段国家必须采取计划经济体制，以高就业低工资政策、扭曲要素和产品价格为主要内容的宏观政策环境、高度集中的资源计划配置制度以及缺少自主权的微观经济机制①，集中整个社会的经济资源尤其是资本要素，为重工业的发展提供廉价的劳动力和充足的物资。这进而决定了在上层建筑方面，作为党建国家和实行社会主义制度的发展中国家，必须坚持党在政治、法律、意识形态等领域的绝对领导，以及广泛的人民参与；要求个人、集体、国家价值取向高度统一，实行计划手段的按劳分配的收入分配制度，贯彻公平偏向的分配理念，在全社会形成"均中求富"、服务国家发展需要的意识形态。

　　其次，从生产力—生产关系—上层建筑的反作用来看。一方面，国家对马克思关于社会主义分配制度认知的有限性以及苏联模式的示范效应，出于统治阶层稳固政权的需要，在生产关系领域采取单一公有制、按劳分配的经济制度，并通过党和政府的领导动员和配置经济资源，这为计划经济体制和重工业优先发展战略的实施提供了支撑，促进了生产力的发展。就结果而言，我国计划经济时期的经济实践，在初始条件极端艰难的条件下建立了独立的、比较完整的工业体系和国民经济体系，保障了国家安全、恢复了经济秩序并为后续的持续增长创造了条件。姚洋、郑东雅指出，重工业优先发展战略因重工业的技术和金融外部性而具有促进长期发展的积极作用②。

　　但是传统的收入分配制度在实施过程中，在意识形态领域，超越特定历史发展阶段的"平均主义""共产风"的意识形态滋生，使得我国的经济制

---

① 林毅夫，蔡昉，李周. 中国的奇迹：发展战略与经济改革（增订版）［M］. 上海：格致出版社，2012.
② 姚洋，郑东雅. 重工业和经济发展：计划经济时代再考察［J］. 经济研究，2008（4）.

度逐渐脱离了其赖以生存的生产力基础，进一步使"生产力—生产关系—上层建筑"向后推进对经济制度变迁的决定作用大大削弱。在相当长的一段时间内，我国的传统收入分配制度摒弃了按劳分配，公平偏向、"均中求富"的分配理念在实践中转而异化为一种平均主义的分配制度，如"供给制"。

另一方面，作为经济资源的实际配置者，党和中央政府难以充分掌握并有效处理市场信息，对不同部门或区域的经济参与者激励扭曲，且重工业优先发展的资本积累模式也加剧了城乡间的二元反差。1957—1959 年的"大跃进"与人民公社时期到 1960—1962 年的国民经济过渡期，再到 1966—1976年的"文革"期间"四人帮"宣传"在社会主义历史时期，生产关系对生产力、上层建筑对经济基础的反作用是决定性的"[①]。这种由上层建筑领域所影响的经济制度流弊对生产力来说是一种严重的损害，尤以"文革"期间更严重。可以说，改革开放前的收入分配制度变迁依循着"生产力—生产关系/经济基础—上层建筑"向前推进，即上层建筑反作用逻辑为主的内部封闭静态循环。

概言之，我国传统收入分配制度核心内容的建构呈现出一步到位的特点，上层建筑系统作用主导了经济制度"基础—体制—运行"的各方面，并逐渐表现为对当时特定阶段生产力的脱离，呈现出一定的阶段跨越性、理想主义乌托邦精神的特征。

一方面，国家强制在意识形态领域制定了经济制度的整体框架。国家作为制度建设的主体，虽然不能决定一个制度如何运行，但是它却有权力"决定什么样的制度将存在"[②]。国家通过强制力提供法律、秩序及政策作为上层建筑领域的内容指导收入分配制度变迁的整体逻辑。

另一方面，由于社会认知的时代束缚，经济制度安排也具有一定的局限性。20 世纪 50 年代初期，我国同东欧许多国家一样采用了苏联式的中央计划体制。由于政府发展战略的偏好和有限理性的存在，占统治地位的社会思想可能并不是"正确"的思想：体现在这种思想中的解决方案，将导致更高的

---

① 马昀，卫兴华. 用唯物史观科学把握生产力的历史作用 [J]. 中国社会科学，2013（11）：55.

② 林毅夫. 关于制度变迁的经济学理论：诱致性变迁与强制性变迁 [M] // 科斯，阿尔钦，诺斯，等. 财产权利与制度变迁——产权学派与新制度学派译文集. 胡庄君，陈剑波，等译. 上海：上海三联书店，1994：4.

收入增长速度和更合乎人们理想的收入分配。因此也会导致制度的效率无法充分地发挥。最终作用到生产力系统，导致生产积极性的破坏、生产力的停滞不前。同时由于存在意识形态刚性的问题，当原有的经济制度不均衡弊端逐渐显露，意识形态和现实之间的缝隙增大时，强制推行新制度安排将会挑战原有的意识形态，损害统治者的权威。因此，政府倾向于维持旧的无效率的制度安排和社会稳定而为纯洁意识形态而战。新的制度安排往往只有在旧的统治思想和制度被替代以后，才有可能建立。最典型的例子是在邓小平领导下中国农村集体经济从传统"一大二公"、高度集中经营的单一经营体制向农村集体经济实行以家庭承包经营为基础、统分结合的双层经营体制的变迁。

这一期间，我国经济制度的变迁处于一种封闭的静态循环中，经济制度的决定处于上层建筑与生产关系的内部循环中，并通过这种内部循环向外反作用于生产力的发展，收入分配随着生产力的发展不断适应性调整的动态过程并没有实现。具体的作用机制表现如图 13-2 所示：

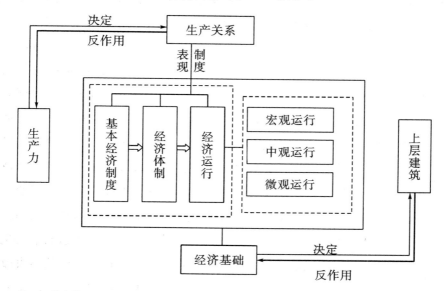

注：1. 线条箭头指向表明生产力—生产关系/经济基础—上层建筑的向前推进作用。

2. 线条的粗细表明作用力的强弱之分。

图 13-2 改革开放前"生产力—生产关系—上层建筑"向前推进的
传统收入分配制度变迁机制

1949—1978 年，当生产力的决定机制被主观阻断之后，经济制度由上层建筑决定，最终这种脱离生产力决定机制的制度变迁走入了困境。

（二）我国经济制度的开放性动态演进（1978—1991 年和 1992 年至今）

面对我国社会主义经济制度深陷于阶级斗争和"文化大革命"而又未能及时找到有效的治理方法困境下的国民经济效率日益加大的国际差距，我国迫切需要对脱离生产力发展实际的旧的生产关系进行调整和改革，以解放和发展生产力，释放中国巨大的经济活力。这一时期我国经济实践是在建成独立工业体系的前提下，通过对内市场化改革和对外全球化融入来集中解决经济效率问题，以此形成对计划经济时期长期低效率的积极回应。

首先，从生产力—生产关系（经济基础）—上层建筑的向前作用来看。在中国共产党的领导和推动下，1978 年对真理问题的大讨论及改革开放作为意义深远的思想洗礼，激发了各经济主体——个体、企业及政府的思想活力。在解放和发展生产力的思潮带动下，通过经济体制改革来解放和发展生产力，促进经济总量增长就成为此阶段的核心目标。从经济体制改革的轨迹来看，我国先后经历了多种类型的尝试和多个阶段的演变：从计划经济体制到"计划经济为主、市场经济为辅"，再到"有计划的商品经济"，直至 1992 年确立经济体制改革的目标是建立"社会主义市场经济体制"。伴随着改革目标的持续探索及逐步明晰化，我国在实践维度开启了从农村改革到城市改革、从增量引入到存量调整、从有限开放到全面开放、从商品市场改革到要素市场改革、从企业体制改革到金融财税贸易的系统性经济改革。相对于计划经济时期，改革开放初期的实践呈现出多维度的转型特征：发展导向从重工业优先发展战略转向更能耦合禀赋条件的比较优势战略；所有制结构从单纯的公有制转向公有制为主体、多种所有制并存的状态；分配方式从普遍的平均主义转向更多强调经济主体贡献的有差别分配格局；经济运行方式则从中央政府的强制性指令转向更多依靠价格配置资源的市场机制。简单地说，改革开放初期我国实施的是中央政府向农村、企业和地方政府的多方位"分权式改革"，极大地增强了要素流动性和要素配置效率，激发了微观经济主体的经济活力和创造力，从而最终带来经济总量的持续增长。1978 年以来我国 GDP 年均增长率超过 9.7% 就是例证，持续高增长也使我国从低收入国家步入中等收入国家行列。与此同时，由于我国经济体系中商品市场化与要素市场化不同步、不彻底，全球体系中域外经济格局对中国经济发展的影响也不稳定，其结果是我国经济高速增长的粗放特征显著，能源利用和生态维护的压力增加，经济增长遭遇外部波动性的影响增强，且增长成果在不同群体间的配置差距也在扩大，整个经济面临着不平衡、不协调和不可持续的风险。

其次，从生产力—生产关系（经济基础）—上层建筑的向后作用来看。我国经济制度的改革回归到遵循生产力决定论上。社会主义初级阶段落后、不平衡的生产力决定了在我国生产关系中单一的所有制结构、计划的经济体制、平均主义的分配制度等与生产力的发展水平是不相适应的。这就决定了我国必须在所有制结构中引入非国有制经济成分，形成以公有制经济为主体，多种所有制经济成分补充、结合、并存的所有制结构。同时，经济体制中也引入市场机制来适应生产力的发展要求，进而由此决定了我国的经济制度的一系列改革。然而，该时段我国经济体制改革的渐进式特征导致了社会体系中经济体制改革与社会政治改革不匹配，从而导致了在政治、法律及意识形态等上层建筑领域出现了价值取向多元化和混乱，官员腐败、政商问题丛生，新食利阶层甚至垄断资本崛起，社会两极分化严重等问题。

当然，该阶段，即便在强制性变迁过程中政府在意识形态领域决定了经济制度的整体框架，诱致性变迁过程中个人、团体在上层建筑领域对经济制度的认同和认识深化也决定了我国经济制度变迁的主要方面，但是这些都是适应我国生产力发展水平的要求。此外，随着某一阶段经济制度的变革，当生产力获得了极大的发展后，生产关系的构成变得已经不能适应生产力的发展需求而必须进行新一轮的制度优化。比如，在所有制结构方面，改革初期形成的以公有制为主体、多种所有制经济为补充的所有制结构，逐渐变革为以公有制为主体、多种所有制经济共同发展的所有制结构；除劳动力外的生产要素市场合理性获得了肯定；市场机制的主体地位得到了认可；收入分配制度中，计划和市场相结合的分配机制得以确立，并逐渐让位于市场；按劳分配为主体、多种分配形式为补充的分配制度逐渐转变为按劳分配与按要素

贡献分配相结合。

在基本经济制度层面，"单一的公有制"转变为"公有制为主体、多种所有制经济共同发展"的社会主义初级阶段基本经济制度，"名义上按劳分配，实际上的平均主义"转变为"按劳分配为主体、多种分配形式并存，生产要素按贡献参与收入分配的制度"；其微观经济组织，从"国家所有、国家经营，集体所有、集体经营"转变为"现代企业制度"，从"一大二公的人民公社"转变为"以家庭承包经营为基础、统分结合的双层经营体制"再到现在的农村土地产权"三权分置"。在体制层面，从"高度集中的计划经济体制"转变为社会主义市场经济体制，具体表现为从"国家定价、集中管理的价格体制"转变为"市场价格体制""指导性计划"，进而建立了统一协调的"国家宏观调控"；到现在的"让市场在资源配置中发挥决定性作用，更好发挥政府作用"和"实现国家治理现代化"。在对外经济关系上，从"封闭僵化"，到实行"全方位对外开放"。

纵观我国改革开放以来生产关系的变革发展，往往是在生产力大发展的推动下进行的，在所有制结构、收入分配制度和经济体制改革方面得到了进一步深度优化，进而由生产关系进一步作用到上层建筑领域，在意识形态、法律法规等方面对收入分配制度有了更加丰富的认识和界定，尤其是对社会主义本质和"共同富裕"理念的认识的逐步完善。而上层建筑的变化又反作用于生产关系，从而对所有制结构、收入分配制度、经济体制，进而对运行层面的其他经济制度有了更高、更具体的要求，进一步推动经济制度的变革，促进生产力的发展。这其中，尤其以个人和团体的制度创新活动逐渐被政府接受，转化为政府主导的制度创新为特色。

概言之，改革开放后，我国的经济制度变迁是在"生产力—生产关系/经济基础—上层建筑"的相互作用中展开的，但是又必须以"生产力—生产关系/经济基础—上层建筑"的向后推进，即生产力的决定逻辑为主的开放动态演进为主线。

第三节　新中国的经济制度变迁方式

总结前文，新中国的经济制度变迁方式，主要可从时间和空间两个维度来刻画。从时间维度看，表现为整个经济制度变迁具有一种明显的渐进式变迁为主的特征，包括1978年前的经济制度变迁，虽然以强制性变迁为主，但仍然表现出了渐进性特质；从空间维度看，我国的经济制度变迁中贯穿了一条空间变迁的主线，表现为国内城乡之间、区域之间以及东中西部之间的空间结构变迁逻辑；在与其他国家的国际经济关系上表现为从封闭到开放（有限开放→开放→深化开放）的空间结构变迁逻辑。在某种意义上，空间结构的经济制度变迁逻辑，是生产力的解放程度（技术水平），通过反映在经济结构转型以及经济绩效提升上进而决定和影响整个制度体系变迁的表现。

一、时间维度的新中国的经济制度变迁方式：从强制性为主到诱致性为主的渐进性变迁

从1956年开始，在中国共产党历次全国代表大会决议精神的指导下，我国的经济制度进行了渐次深入的调整与变革，从宏观历史时序来看形成了明显的渐进性制度演变轨迹，经历了制度变革背景下传统社会主义计划经济体制的形成与发展（1949—1978年）、体制改革进程中社会主义有计划商品经济的嬗变（1978—1992年）、社会主义市场经济体制的完善与发展（1992—2017年）、新时代中国特色社会主义（2017年至今）四个阶段。这种路径选择背后的基本思路就是：在国际国内各种利益关系错综复杂的环境下，以实现稳定为首要目标的改革必定是以实践导向、问题导向的经验主义道路，"学中干""干中学"，尽量地减少受损害的人数及其受损程度。在稳定偏好的影响下，政府行为往往表现出渐进性、反复性和试错性特征，而政府目标的达成也往往以实现社会稳定为基本前提。

本研究依据经济制度改革进程所处阶段的特点，在时间维度上总结了我国

经济制度演变方式的"两阶段论"，其时间转折点为 1978 年。即 1978 年之前是传统计划经济体制下自上而下的以强制性、渐进式和被动性为主的经济制度变迁，1978 年之后则是在市场取向改革及其社会主义市场经济体制下自上而下与自下而上双线主导且以诱致性、渐进式和主动性为主的经济制度变迁。但是，这两个时期的经济制度变迁，在时间和空间上都带有显著的渐进式演变特征。

（一）1978 年前强制性为主的渐进式经济制度变迁（自上而下）

对经济制度变迁方式的评判只有结合制度变迁的主体、制度变迁的特点进行分析，才能准确把握我国经济制度变迁方式的整体性质。

从制度变迁主体来看，可以发现我国政府在经济制度变迁中起着重要的决策者作用。中国社会主义经济制度的建立，是一个基于实践不断调整认识的试错过程，作为一般意义上制度变迁主体的个人、团体和政府对如何建构分配制度的理解存在认知差异。但是在 1978 年之前生产资料公有制以及个人和集体隶属于国家的前提下，政府作为制度变迁的决策者决定着我国经济制度变迁过程，个人及集体则作为制度的接受者贯彻落实政府的制度安排。

制度变迁的程序落实是自上而下的。新中国成立初期的制度建设带有明显的建构理性主义倾向，如道格拉斯·诺斯的"制度创新"理论所认为的那样，国家的治理者可以刻意地设计、创造和实施任何一种产权形式和分配制度。在面临国内生产力水平极其落后且物质财富极大匮乏的发展问题以及国际社会主义阵营同资本主义阵营相抗衡的竞争问题这两大背景下，在党的第一代领导集体对马克思关于社会主义所有制与分配理论认知基础、苏联式社会主义经济体制的示范影响、政府基于落后生产力制定的快速工业化发展战略以及相对集中的计划经济体制这四大因素的影响下，宣布了某种"虚所有制"（国有制）为"实所有制"，并相应建立起在这种产权形式下的以八级工资制和三级工分制为实现方式的我国传统的收入分配制度。这种制度建构观，决定了收入分配制度建立的强制性制度变迁特征。政府决定了我国的经济发展战略以及生产、分配、交换、消费在体制内运行的方方面面，譬如本书所涉及的微观运行体制（国有企业和农村集体经济）、中观运行体制（区域政策和城乡政策）、宏观运行体制（就业、分配和产业政策等宏观调控管理）等，难以出现有利的诱变因素。政策的落实通过国家的行政指令层层下放，最终由具体的生产单位如人民公社、生产组等进一步落实到个人。

社会主义计划经济体制条件下的经济制度变迁表现出一定的激进式特征。虽然经济制度安排在一定程度上满足了国家发展战略的需要①，但是由于脱离了当时普遍的生产力发展水平，表现为制度本身的变异和失败，最初"均中求富"的构想逐渐被"大跃进"和人民公社化运动的"共产风"所破坏。不论是政府在国民经济过渡期采取的供给制还是调整期在农村实行的三级工分制以及对城市供给制和半供给制的取消，对人们生产积极性的损害以及生产力整体水平的停滞都难以发挥有效的作用。尤其是"文化大革命"期间，在全国范围内彻底否定按劳分配的合理性、提倡平均主义这种具有强烈激进性质的运动，更是对生产力和人民生产激励机制的极大破坏。这种跨越当时特定的发展阶段、非均衡越级发展的激进式想法被证明是不切实际的，严重脱离了中国生产力的发展水平。

我国社会主义计划体制下自上而下的经济制度表现为单一的生产资料公有制为分配基础、按劳分配、"均中求富"的分配原则、计划化的资源分配方式和国民经济管理方式以及城乡分割、部门分割、产业结构失衡、软约束的财政金融体制等等特征，经济制度改革始终囿于内在向度的存量改革与计划体制，并不能够给予微观主体一定时间的内生需求诱导，使得制度本身缺乏活力和生命力，强制性的制度缺陷逐渐暴露，自我完善无法进行，最终制度跌入积重难返的供给陷阱。

（二）1978 年后诱致性为主的渐进式经济制度变迁（自上而下与自下而上双向运动）

科学地把握马克思、恩格斯的理论应当是将其理论与中国实际相结合，探索适合中国社会主义初级阶段国情的社会主义经济制度，而不是照搬照套，也不是一步进入共产主义。20 世纪 80 年代，在国际以生产效率为首要竞争目标的外在压力诉求以及制度效率严重缺失而引起绝大多数利益群体的不满甚

---

① 1958 年毛泽东提出"钢产量 15 年赶上英国"，他在此前一年说过"我们要好好干 50 年，把工业建起来，要有美国那样多的钢铁"，这就是"超英赶美"，一直以来被当作自不量力的典范。事实是，15 年后的 1973 年，英国钢产量为 2 665 万吨，中国 2 522 万吨，"赶英"目标完成；50 年后的 2007 年，中国钢产量是美国的 5 倍。

至威胁到社会稳定的国内压力下，党的领导集体敏锐地觉察到改革的潜在利益（不改革现有制度的潜在威胁以及制度变迁带来的强大的外溢效应、连锁式的经济效应以及非经济效应，包括政权稳定、政府威望提升等），凭借改革胆略和热情，进行了诱致性变迁先行、随后政府"跟进"、发起强制性变迁的低成本且适应性效率高的制度改革途径探索。其间，外在压力（国际竞争压力和国内维稳压力）和主动学习（创新、思想解放）两大动力一直贯穿社会主义经济制度变迁过程始终。

随着制度"建构"观转向"演化"观，我国经济制度经历了从1978—1992年体制改革进程中社会主义商品经济体制嬗变阶段到1992年至今的社会主义市场经济体制的建立和完善阶段，经济制度的每一阶段的改革，都是对原有制度的边际调整、结构性改革和深度优化。在制度变迁主体、程序以及显著特征上，我国渐进式为主的自下而上和自上而下的经济制度双向运动变迁主要表现在以下三个方面：

（1）改革的主体既有个人、团体，也有政府。譬如以我国收入分配制度的变迁为例来看，一方面，制度的变迁是在政府的主导下进行的，政府在明确的预期收益下主动设计新的制度安排，并且政府不断通过立法和会议精神的方式推动制度变迁有序进行。仅就分配的政策性原则来看，邓小平同志在1985年提出了"一部分地区、一部分人可以先富起来，带动和帮助其他地区、其他人，逐步达到共同富裕"[①]的初始改革方向，为后续的改革划定范围，这

---

① 1978年12月，在中共中央工作会议上，邓小平在《解放思想，实事求是，团结一致向前看》这篇报告里提出了一个深刻影响中国的"大政策"。邓小平指出，在经济政策上，要允许一部分地区、一部分企业、一部分工人农民，由于辛勤努力成绩大而收入先多一些，生活先好起来。一部分人生活先好起来，就必然产生极大的示范力量，影响左邻右舍，带动其他地区、其他单位的人们向他们学习。这样，就会使整个国民经济不断地波浪式地向前发展，使全国各族人民都能比较快地富裕起来。这就是后来他反复阐释的"先富"与"共同富裕"的理论。（邓小平. 解放思想，实事求是，团结一致向前看［M］// 邓小平. 邓小平文选：第2卷. 2版. 北京：人民出版社，1994.）1984年10月，邓小平"允许一部分人先富起来"的思想写进了《中共中央关于经济体制改革的决定》（中共中央关于经济体制改革的决定［M］. 北京：人民出版社，1984.）。该决定指出，只有允许和鼓励一部分地区、一部分企业和一部分人依靠勤奋劳动先富起来，才能对大多数人产生强烈的吸引和鼓舞作用，并带动越来越多的人一浪接一浪走向富裕。1985年9月23日，邓小平在中国共产党全国代表会议上的讲话中强调，鼓励一部分地区、一部分人先富裕起来，也正是为了带动越来越多的人富裕起来，达到共同富裕的目的。

种改革目标和改革大方向也体现在了党的十四大提出的"兼顾效率与公平"中，党的十四届三中全会通过的《中共中央关于建立社会主义市场经济体制若干问题的决定》继而提出"效率优先、兼顾公平"；但由于经济体制存在的缺陷和缺失，该政策性原则按本身的逻辑发展的结果，却带来了各领域中收入差距的不断扩大，并越来越偏离原来的目标。为此党的十六届四中全会及时调整和纠偏，从构建社会主义和谐社会的高度，提出要"注重社会公平"以防止积重难返情形的出现，并最终形成了"初次分配和再分配都要兼顾效率与公平，再分配更加注重公平"的政策性原则，使广大人民共享改革发展的成果。

另一方面，随着分配主体的多元化发展，个人和企业在制度变迁中发挥着越来越大的主观能动作用。比如，农村家庭联产承包责任制建立和私营经济曲折发展；政府对沿海及非国有企业放宽政策要求，鼓励个人、企业与地方政府改革实验，乡镇企业、个体企业、私营企业、外资企业等迅猛发展，使得个人及企业团体在开放的环境中充分运用各种经济成分及手段进行改革创新，培育了新的分配基础、分配机制和分配形式，推动了我国收入分配制度的变迁发展。这一时期，个人、团体和政府制度创新合力构成了我国收入分配制度变迁的主要内容。

（2）社会主义市场经济的制度变迁兼具自上而下与自下而上双向运动的特点。中国的经济改革是以改变激励机制和变革收入分配制度为开端的。而收入分配制度的改革，又是先从改变激励机制开始的。激励制度的改变在现实中经历了一个由点及面、从局部到整体，循序渐进的不断权衡和调整过程。首先，激励制度的改变是在计划经济链条中最薄弱的环节——农村实现突破的，以家庭联产承包责任制为起点，放松农村生产要素的分配经营管制来调动广大农民的生产积极性，并在此基础上由政府主导、在全国范围内实施和推广家庭联产承包责任制，其间也形成了联产计酬的按劳分配实现形式。其次，家庭联产承包责任制激励机制在国企和其他企业产生示范效应，从而推动产权制度和分配制度进而市场经济改革自下而上的试点的诱致性制度变迁，随后由政府"跟进"，以点带面地实现自上而下的试点推广推进，以便随着时

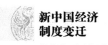

间的推移，当各种约束条件都发生变化以后，也许会使其他相关改革阻力变小，减少和化解改革的成本，同时增加过渡过程的可控性。

其间，随着多种所有制经济成分在中国的壮大，除劳动力以外的资本、管理、技术等生产要素市场得到了进一步的发展，收入分配的所有制结构基础改变，市场机制也逐渐被引入到分配机制中，分配形式也变得更加多样化。最终"坚持按劳分配为主体、多种分配方式并存"于1999年被作为公理性原则写入宪法，成为我国的基本收入分配制度。而体制外改革的成功也进一步倒逼国有企业改革，表现为国有经济产权制度和治理模式的改革以及股份制经济改造和重组；在以按劳分配为重要分配原则的同时，注入了如股利和分红等按要素的贡献参与分配的分配原则和分配方式。

总之，从家庭联产承包责任制最初小范围的村民自发组织到最后政府主导的全国范围内的推广，从企业承包制改革到体制外改革和增量改革，进而市场经济成分的逐步增大、特区经济的活力释放，以及多种经济成分下按知识、资本、技术和管理等要素的贡献获取收益等多样的分配形式的良好示范效应，使得我国所有制结构调整的步伐进一步加快，最终由政府通过细化的政策固化并推广开来，实现由诱发性变迁向强制变迁的转变；进而在变迁主体的主观能动性及其市场活力的驱动下进一步生成新一轮的诱致性变迁，所形成的示范效应及纠错效应又会以政府主导的方式进一步地调整下去……如此循环，便构成我国收入分配制度变迁双向运动且以诱致性为主的最显著特征。

（3）具有边际性变革、以增量改革带动存量改革的特征。鉴于国有企业改革阻力较大，为此，一方面，对旧有制度的边际调整，让新的收入分配制度逐渐建立在旧有制度基础上，表现为边际性变革；另一方面，政府开始寻找新的改革增长点，选择了在基本不触动国有企业的产权或所有权的前提下通过大力发展非国有企业以增强企业活力、提高企业效率的增量改革策略。通过在存量外领域培植新制度因素，维持有关制度主体的存量利益以减轻改革阻力，又通过承认有关制度主体的增量利益而增强变革的动力，达到制度的边际均衡。所以分配基础的差异，也导致了分配原则、分配机制和分配形式带有明显的"双轨制"特征，在国有经济内部主要延续按劳分配为主，加大了奖金和津贴部分，并对国有企业经营者试行年薪制、股权期权制；在非公有制经济领域实行市场化的按要素贡献分配。在存量方面，财税体制改革和价格改革以及国有企业的改革也在逐步地推进，但其进程要落后于增量改革。

概言之，1978 年后我国社会主义市场经济的制度变迁具有诱致性和强制性的共同特征，但是以诱致性变迁为主，并且从时间维度来看都具有渐进式的显著特征。尤其是在社会主义市场经济体制建立后，个人及企业成为制度变迁中最具创造活力的主体，增量改革外溢效应逐渐增大，边际性特征更加明显，经济制度变迁的诱致性特征更加突出。然而，由于渐进式改革走的是一条利益诱导性很强而结构冲突性较小的道路，所以也出现了在渐进式变迁不彻底、双轨并存、非均衡发展的时期和领域里，日趋严重的激励扭曲、寻租、腐败以及利益格局严重失衡等问题。

二、空间维度的新中国的经济制度变迁方式：从均衡布局到非均衡发展战略再到协调发展

"与原始社会组织相似，空间、时间和其他思维类型，在本质上是社会性的。"[①] 作为一种社会关系的空间，"是以自然地理形势或人为建构的环境为其基本要素或中介物，但这不是最终的，而是在其上依人的各种活动而又不断建构的结果。"[②] 我国的经济空间战略，无论在国内还是国外，基本秉持的还是一种"空间凯恩斯主义"，国家政策对城乡、区域、东中西等空间维度的经济发展具有特别重要的作用。全国经济空间格局的演变和地域关系的改变，都印有国家和地方政府政策以及国有企业投资的痕迹。

---

① 科瑟. 社会学思想名家 [M]. 石人，译. 北京：中国社会科学出版社，1990：158.
② 黄应贵. 空间、力与社会 [J]. 广西民族学院学报，2002（3）.

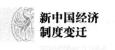

随着新中国社会主义经济制度经历由计划经济到市场经济转轨再到新时代中国特色社会主义的变迁，我国的经济空间（城乡、区域、对外开放）格局也经历了从均衡布局到非均衡发展战略再到协调发展战略的不同时期，作为辅助工具的各种具体的制度安排（如所有制、财政、金融、价格、贸易、收入分配、人口与就业）在不同的时期也有特定的内容。

（一）改革开放前的经济制度变迁与经济空间格局演化（1949—1978 年）

新中国社会主义经济制度形成之初，全国经济百废待兴，沿海和内地工业空间布局严重不均，地区经济发展极不平衡。面对这种状况，国家的发展战略及区域政策的主要目标是通过投资倾斜和兴建国有企业，把国内资本等经济要素与工业分布从沿海转移到内地，并在中西部地区打下基础设施和工业化的基础，培植现代工业的生长点，加快内地经济的发展。受当时形势的影响，这一时期兴建的企业以重工业和军事工业为主。

随着计划经济体制的形成和发展，国家集中控制和配置大部分经济资源，并在全国范围内调动这些资源，按照中央政府的意图安排生产力的布局；对关系全局的重大经济活动进行有效的控制，对重大基建项目给予重点支持。在此时期，主要追求一种分工协作的区域均衡发展，尤其在"三线"建设时期，生产力布局的中心大规模西移，公平发展的同时忽略了效率的提高。一方面，东部沿海地区老工业基地的充实与改造没有得到应有的重视，现有基础与条件没有得到充分的利用。另一方面，布局在中西部地区的企业缺少配套协作与综合发展，盲目建设、选址不周的弊端日益突出，导致经济效益低下。在城乡空间结构上，围绕"重工业优先发展战略"，以工农业价格剪刀差、户籍制等制度安排，形成了在二元经济基础上的、城乡分割的、抑制农业支援工业发展和资本积累的经济空间格局。

（二）改革开放后的制度变迁和经济空间格局演变（1978 年至今）

1979 年，农村从人民公社到家庭联产承包责任制的农民自发需求的诱致性制度变迁和制度创新，突破了计划经济模式对农村农业农民的抑制，加上化肥的广泛使用，"三农"的劳动生产率大幅提高①。在此之后，由于劳动积极性和微观效率的提高，农业剩余劳动力相继从单纯的粮食种植转移到其他领域，乡镇企业迅速壮大。同一时期，开始了以城市为重点的全面经济体制改革。改革涉及社会政治、经济生活的各个领域，包括所有制、价格制度、市场体系、国有企业管理、金融体制等一系列由各项制度安排有机组合起来的部分制度结构甚至是制度环境的变迁。其中最关键的是国有企业改革。城乡经济的空间格局有所变化。当然这种改变在随后市场经济体制改革不断深化的进程中，随着广大农村剩余劳动力"孔雀东南飞"似地向率先开放的沿海地区集中，很多农村经济出现了"空心化"的现象，城乡经济发展差距扩大。

在区域空间格局方面，随着中国经济体制逐渐从传统计划经济向社会主义市场经济的转变，国家的发展战略及区域政策也有了新的导向，开始实行全方位的开放政策，相继出台了沿江开放、沿边开放和内陆开放政策，构建了全方位开放格局。而主要集中在以创建全国改革试验区为目的的沿海倾斜战略和政策，东部、中部和西部的政策梯度明显。而市场经济体制使得生产要素逐步向优势地区集中，特别是向沿海地区转移，由此催生了带动国民经济整体增长的珠三角、长三角、环渤海湾等经济核心区域和沪、京、深、穗等经济增长极，它们也是我国经济空间结构中的支柱和经济的重要组成部分。这些加剧了经济在区域空间结构上的失衡。

基于构筑合理的空间经济格局、缩小地区差距的考虑，我国通过产业政策和布局政策的结合，实现产业结构调整同经济地域结构调整的结合。在财政制度方面，1994 年在全国范围内实行分税制财政制度。分税制财政制度的变迁通过对收入增量的调整，形成了有利于中央财政收入适度增长的运行机制，实施有效的横向和纵向经济调节成为可能。通过财政转移支付，进行了扶贫、支持西部大开发、振兴东北老工业基地、农业扶持等，以调节城乡、

---

① 根据林毅夫的研究，在 1978—1984 年的农业总产出中，常规趋势的贡献为 30%，实行家庭承包责任制的贡献为 42%，农产品价格提高的为 15%，另外有 13% 为未被解释的因素。

区域、产业空间结构。实行区域经济协调、城乡经济一体化发展战略，构筑合理的经济地域空间格局是我国当时及以后的长期方向。

回顾新中国的制度变迁下的经济空间格局演变，发展战略的演变是主导。首先，它经历了分工协作的"均衡增长"，到国际分工承接条件下的"非均衡增长"（"梯度推移"），再到"梯度推移"路径被打断后的"地区协调发展"三个阶段。在不同的发展战略及区域政策的指导下，形成了不同的适应当时发展的一系列相关制度体系，具体体现在财政、金融、价格、市场等各个方面。其次，我国制度变迁的方式是渐进性的：先农村后城市；先非国有企业（私营企业、乡镇企业）再推进至国有企业；先开放沿海城市再到沿江城市，乃至西部地区；先试点再由点及面，进而扩大其实行范围。再次，我国的制度变迁以政府主导的强制性制度变迁为主，尤其在计划经济时期，中央政府对于区域政策及制度的制定实施具有决定性的作用。

此外，在对外开放的空间格局上，我国的对外开放在新中国经济制度变迁过程中也经历了一个从封闭到有限开放再到深入开放的过程。"一带一路"倡议、"人类命运共同体"理念的提出，标志着我国已经从实务贸易向对外投资合作、外商对华投资合作等领域纵深发展。需要注意的是，这种空间战略其实是改革开放40年国内"空间凯恩斯主义"战略的一种延伸，与以跨国公司的全球逐利空间扩张为推动力的英美主导的新自由主义全球化不同，中国的OBOR（One Belt，One Road）是以国家间的合作为基础、以央企为先锋的新的全球化手段，颇受地缘政治的影响。

第四节　新中国经济制度变迁的演变方向：
新时代中国特色社会主义制度的完善

基于前文对我国经济实践和理论双重逻辑的历史的宏观梳理，本部分沿着从历史逻辑到制度逻辑的思路着重探讨深化开放背景下的经济制度完善和经济发展。

一、新中国经济制度演变路径：从外在向度的调整到内在向度的协调再到外在向度的协同求变

新中国经济制度的变迁，除了变迁酝酿、开始阶段比较偏重于外在向度逻辑线上的调整外，其他时间多为经济制度内在向度各层面的渐进改革和协调，在矛盾积累到一定时期后就需要再次回到内外在向度逻辑协同上的顶层设计。

1. 外在向度的协同

作为生产关系在制度上的体现，新中国经济制度的变迁遵循着"生产力—经济基础—上层建筑"向前与向后推进的整体协同作用机制，在推进生产力发展变革中起着重要的作用。由生产力水平决定的我国所有制结构的调整与优化决定了我国经济制度的变革，从而由所有制及其生产关系构成的经济基础决定了上层建筑层次的意识形态领域以及国家在法律、政策等方面对社会主义经济制度的框架界定及具体认知，并通过"生产力—经济基础—上层建筑"向前推进的反作用机制进一步影响我国所有制结构、收入分配制度以及经济体制和运行层面各政策制度的完善，推动生产力的发展与变革。

不过总体而言，新中国 70 年的经济制度变迁，从制度建立一开始就被作为社会主义的规定性，先验地、外生地、强制性"嵌入"的那些制度和共同体，在后来商品化、市场化渐进改革中，相伴出现了一个竞争"半脱嵌""脱嵌"的状况，又在当前面临着需要被重新审视和规范的局面。

2. 内在向度的协调

路径依赖决定了我国的收入分配制度变迁必然是一个渐进的过程。除一开始革命初期建立在外在向度的"生产力—生产关系/经济基础—上层建筑"反作用逻辑基础上的强制性社会主义经济制度建构之外，我国经济制度每次大变迁——主要是建立社会主义计划经济体制、市场经济体制之后，都经历了一个囿于制度内在向度的改革，以适应经济发展和社会稳定的需求。每次经济领域改革都是在内在向度逻辑上对原有经济体制和运行机制的边际调整和结构性改革。原有制度所规定的制度实施范式对制度变迁的方向与速度具有自我强化的惯性和"锁定"作用：一方面，选择渐进式的改革路径，尤其是 1978 年之后伴随农村家庭联产承包责任制的实行、国有企业的增量改革和体制外变迁、试验推广进行的收入分配制度相应改革，为社会组织提供了适应性效率，从而使帕累托改进成为可能；但另一方面，也可能顺着原来的错误路径往下滑，甚至被锁定在某种无效率的状态下而导致停滞。譬如，我国在整个经济体制改革一路"摸石头"走来的经济政策试验中，出台了很多临时性和权宜性的经济政策①。甚至在 2003 年后，我们的各种"宏观调控"就替代了实质性的经济改革。而这些经济政策，大多仅仅考虑了如何解决眼前的问题，对后果估计不足，也无退出机制，但却被长期沿用下来。这也让这些经济政策所带来的既得利益及其利益集团（社会阶层）固化，而政策的改革也会变得越来越困难。

为此，需要在制度体系与政策措施上进行国家层面的顶层设计，从把经济制度改革纳入"生产力—生产关系/经济基础—上层建筑"的整体向度中，协同求变，实现经济发展、社会稳定与合理收入分配关系的良性互动。要实现"国家治理体系现代化"对"市场在资源配置中起决定性作用"的统摄，

① 比较典型的例子有目前严重依赖向劳动者课税，而对资产持有和资本利得几乎没有任何课税的国民税赋结构。中国主要税源是间接税，从生产开始就对生产者征税，而非从获得的最终收入收税；在流通环节中征税，实际上是向全体消费者征税。与此同时，增量改革过程中还出现了实际工资长期增长停滞的问题，这些与原来的公有制是国民经济的基础这一制度安排有关。但令人遗憾的是，随着市场化改革的深入，尽管各项条件已基本具备，但我国税制改革依然在修修补补中前行。这也加剧了在经济新常态下实体经济发展的困境。

就不能仅考虑经济制度的生产力意义，还要关注经济活动的社会与政治后果。

3. 当前中国社会主义经济制度协同求变过程中的突出问题及解决思路

在我国社会主义市场经济对外开放渐次深入的背景下，随着不断参与国际竞争和主动学习，业已发展形成了"社会主义经济+市场经济+全球化+信息技术"的开放经济系统。中国未来的转变也不再是单向的和线性的，而必须在"生产力系统（物质和精神）—生产关系制度系统（基本、体制、运行）—上层建筑系统（法律、政治、意识形态）"框架下协同求变①。

目前我国所有制结构、收入分配制度、经济体制及其人与人之间的地位和关系经历了渐进的发展演变，但仍存在一些不尽如人意的地方。首先，在公有制为主体、多种所有制经济共同发展的过程中，对所有制关系的改革出现了"私有化"倾向，公有制经济成分减少，非公有制经济成分和私有产权增加。"私有化"模式较为单一僵化，不仅会严重影响到公有制的主体地位，还拉大了收入差距。其次，在由政府和市场共同决定资源配置的体制下，政府与市场边界界定不清晰，市场与政府的分配功能错位。经济活动中处于垄断地位的行业、企业可以获得高额收入，使这些行业、企业中的职工收入偏高。再次，在生产过程中资本、技术等日益成为强势要素，劳动者主体地位削弱。相对于资本报酬的增长，劳动报酬和实际工资增长缓慢，国民收入分配中劳动收入比重下降。这些最终导致社会收入差距不断加大，社会不公平加剧，不同阶层的利益冲突加剧，人与人关系中不和谐因素增多。同时，和谐社会建设对人的发展以及公平的要求更高。但我国的社会保障体系、所有权体系、税法体系的改革进展缓慢，收入差距过大导致的阶层固化，阶层利益冲突加剧成为突出的问题。

中国经济问题的根源在于基本经济制度残缺和结构扭曲，上述问题对我国的经济制度转型有着重要的制约作用。基本经济制度作为生产力、经济基

---

① "生产力—经济基础—上层建筑"的分析法或方法论具有强大的整合功能，在制度整体顶层设计有其独特的优越性。毛泽东曾就此感叹过："如果我们党有一百个至二百个系统地而不是零碎地、实际地而不是空洞地学会了马克思列宁主义的同志，就会大大提高我们党的战斗力量。"（毛泽东. 毛泽东选集：第2卷［M］. 北京：人民出版社，1991：533.）

础与上层建筑动态适应的中间环节产物，合理的所有制、收入分配、劳资关系等，既是生产力发展的充分条件，又是实现上层建筑稳定的充分条件，在其转型完善中必须正确处理好三者的关系尤其是经济基础和上层建筑的改革和完善。正确把握经济基础与上层建筑的关系，使我们可以从流行的思维限制下解放出来，准确地揭示真正影响各层次经济制度的社会原因。因此，我国要完善社会主义经济制度必须努力解决经济基础与上层建筑的不和谐因素，未来改革的关键在于建立和完善中国特色的社会主义经济制度，内外协同、上下协同、制度与政策协同、中央与地方协同、政府与市场协同、部门之间协同、行业之间协同、产业之间协同，以协同求变。在面临种种困境和制约因素之下，我国经济制度的完善和发展若要取得实质性突破，必须由碎片化向系统化转变，直面经济领域一些突出的深层次问题，整体、系统地设计改革方案。

二、深化开放背景下的经济制度完善和经济发展
——制度前设、 路径选择

我们从历史的角度入手解读研究新中国经济制度变迁的来龙去脉，可以从纵向上获得制度延续与演变的线索。

1. 深化开放背景下的经济制度完善和经济发展的制度前设

从实践逻辑整体地看，新中国计划经济时期的首要任务是恢复和重建经济秩序，而改革开放初期的主要工作是提高生产效率、增加财富总量。这两个时段存在着前后依存、承继、变革和突破的关系，它们均构成了社会主义制度下中国共产党领导的经济演进史。计划经济时期形成的工业体系是后续持续高速增长的前置条件，但其内生的效率国际差距却成为市场化转型的变革对象。在新中国经济制度变迁这 70 年间，我国经济总量的持续高速增长是不争的事实，但这不必然就表明持续发展和共同富裕目标已经达成。

与此同时，从理论逻辑整体地看，我们认为毛泽东时代关于"马克思主义中国化"与改革开放后形成的"中国特色社会主义""新时代中国特色社会主义"是内在统一的，而毛泽东、邓小平和习近平领导下寻求"经济赶超"

"均中求富"抑或"解放和发展生产力""先富带后富"以及"高质量经济增长""满足人民美好生活需要""分享经济发展成果"三种主要思想及其相应制度，其实都可以看作"持续发展生产力""社会主义公平"即"共同富裕"这一终极目标的不同阶段性特征。社会基础—约束条件—目标取向"三位一体"支撑起中国经济实践和理论展开的内在逻辑，中国经济实践及理论演进的主线即在社会主义制度和发展中大国条件下，如何最终实现共同富裕这个根本目标，中国在社会主义制度下还在进行经济制度的连续变革。

2. 深化开放背景下的经济制度完善和经济发展的路径选择：新时代中国特色社会主义

新中国成立 70 年来，我们经历了一个从"站起来、富起来到强起来"的发展历程。中国近 40 年来所依赖的内部发展模式和外部发展条件都在发生显著变化。中国必须迅速做出调适。在新时代深化开放背景条件下的社会主义，是全社会共同拥有财富、全社会共同创造价值和全社会共同分享成果的社会主义。它包容了资产阶级和资本主义、超越了无产阶级专政和资产阶级专政，是一种具体的社会主义。

在新的历史起点上，"改革必须坚持正确方向，既不走封闭僵化的老路，也不走改旗易帜的邪路。我们要把完善和发展中国特色社会主义制度、推进国家治理体系和治理能力现代化作为全面深化改革的总目标，勇于推进理论创新、实践创新、制度创新以及其他各方面创新，让制度更加成熟定型，让发展更有质量，让治理更有水平，让人民更有获得感。"① 这一重要论述，深刻指明了坚持和发展中国特色社会主义是当代中国发展进步的根本方向，阐明了新时代坚持和发展中国特色社会主义的根本要求。

---

① 习近平. 在庆祝中国共产党成立 95 周年大会上的讲话 [EB/OL]. (2016-07-04) [2019-08-27]. http://www.gapp.gov.cn/ztzzd/rdztl/xddxljh/contents/9835/300264.shtml。

本章小结

　　本章以"生产力—生产关系（经济基础）—上层建筑"这一典型的马克思主义政治经济学制度分析框架，对新中国 70 年来的经济制度变迁进行了一个多重过程、多维度逻辑和多层次制度及其相互作用中的制度变迁史的理论分析。

　　回顾新中国这 70 年的制度发展史，其间充满了复杂曲折而急剧的变迁，但从整体和历史的大视野来看却又是缓慢而渐进的；其变迁动力来源中既有"刺激—反应"[①] 的影响，又有快速工业化、市场化、全球化、城市化等不同进程的相互碰撞；内容涵盖所有制结构、企业制度、市场体系、政府职能、宏观调控体系、收入分配和社会保障制度、城乡经济体制、对外经济体制、产业政策制度、区域发展制度等诸多领域、多线程的复杂机制关系，而我们在经济体制快速转型发展的过程中，不仅最大限度地保持了社会有序运行并呈现安稳和谐局面，还形成了社会主义核心经济制度以及中国特色社会主义基本经济制度与市场经济体制的有机融合，形成了新时代中国特色社会主义的现代经济体系新格局。

　　中国经济制度的变迁，似乎在很长一段时期里缺少适应自身的整体性制度安排，其实践并没有效仿和照搬西方发达国家的模式，却取得了史无前例的成效。回归到思想史层面，我们其实可以清晰地看到中国特色社会主义规律的"历史路标"[②] 及其发展的内在逻辑：①在我国社会主义基本经济制度确立之际，如何走中国自己的社会主义建设道路问题就被提上了治国理政的重要议程。在《论十大关系》中，毛泽东从社会主义社会生产力和生产关系、

[①]　费正清在《中国研究》中提出"刺激—反应"范式来解释近代中国变化的动力，特别强调了外来刺激对中国社会内在变动的影响。

[②]　顾海良. 历史路标和时代意蕴——中国特色社会主义政治经济学形成和发展概略 [N]. 光明日报，2018-12-21（11）.

经济基础和上层建筑的关系入手，遵循从发展的观点看经济建设问题的基本
理念，坚持"一定要首先加强经济建设"的发展方向，并形成了社会主义社
会的基本矛盾理论，统筹兼顾、注意综合平衡理论，以农业为基础、工业为
主导、农轻重协调发展理论。②改革开放的开启，标志着中国特色社会主义
形成和发展的历史起点。邓小平"解放和发展社会生产力"以及"共同富
裕"的理论，成为中国特色社会主义的逻辑主线。1992年我们党从资本主义
经济中"剥离"出市场经济这个一般范畴，从而实现了坚持社会主义基本制
度同发展市场经济的结合，提出了"社会主义市场经济"理论，使全社会充
满了改革发展的创造活力。在这40年间，我国的制度变迁反映出时间上渐进
性改革为主的纵向推进过程以及空间上共生性改革为主的横向联动关系；反
映出改革过程中"破与立、上与下、易到难、点与面、时与空"结合互动的
改革路径；围绕着政府与市场这一核心关系，形成了"诱致性改革与强制性
改革、增量改革与存量改革、局部改革与整体推进、体制外改革与体制内改
革、自上改革与自身改革、渐进改革与激进改革、'摸着石头过河'与顶层设
计"相结合的改革方式。其中，（地方层面）国家不但是经济活动的重要制度
环境，而且是积极参与经济发展或主导经济发展的"经济主体"，是我国改革
开放时期的一大特点①。

　　在70年的新中国制度变迁的进路和方向上，反映出生产关系制度内在向
度"核心经济制度—基本经济体制—具体经济制度（其亚层次为：狭义经济
体制以及经济运行体制）"以及外在向度"生产力—生产关系（经济基
础）—上层建筑"上向前向后推进，以及从外在向度的调整到内在向度的协
调再到外在向度的协同求变的进程。正如习近平总书记2014年2月在省部级
主要领导干部学习贯彻十八届三中全会精神全面深化改革专题研讨班上的讲
话中指出："从形成更加成熟更加定型的制度看，我国社会主义实践的前半程
已经走过了，前半程我们的主要历史任务是建立社会主义基本制度，并在这

---

① 在社会主义计划经济时代，地方政府也积极参与地方经济活动，但在计划经济体制的束缚下，各
地经济活力有限。而地方异质性、多样性的特点，也为改革开放后经济活动的持续发展、依次递
进提供了可供迂回和调整的弹性空间。

个基础上进行改革，现在已经有了很好的基础。后半程，我们的主要历史任务是完善和发展中国特色社会主义制度，为党和国家事业发展、为人民幸福安康、为社会和谐稳定、为国家长治久安提供一整套更完备、更稳定、更管用的制度体系。这项工程极为宏大，零敲碎打调整不行，碎片化修补也不行，必须是全面的系统的改革和改进，是各领域改革和改进的联动和集成，在国家治理体系和治理能力现代化上形成总体效应、取得总体效果。"这是对新中国 70 年制度变迁的独特经验机制和思想智慧的高度总结和概括，指明了不断发挥和增强我国制度优势、完善和发展中国特色社会主义制度的方向。

参考文献

阿尔斯顿，艾格森，诺斯，2014. 制度变迁的经验研究 [M]. 杨培雷，译. 上海：上海财经大学出版社.

白永秀，王泽润，2018. 非公有制经济思想演进的基本轨迹、历史逻辑和理论逻辑 [J]. 经济学家 (11).

薄一波，1991. 若干重大决策与事件回顾：上卷 [M]. 北京：中共中央党校出版社.

布罗姆利，2012. 经济利益与经济制度——公共政策的理论基础 [M]. 陈郁，郭宇峰，汪春，译. 上海：格致出版社.

财政部，2014. 国企去年的收入超千亿 仅65亿用于民生 [N]. 中国经济时报，06-25.

蔡昉，FREEMAN R，WOOD A，2014. 中国就业政策的国际视角 [J]. 劳动经济研究，2 (5).

蔡昉，王美艳，2004. 非正规就业与劳动力市场发育——解读中国城镇就业增长 [J]. 经济学动态 (2).

蔡昉，2011. 我国就业形势的新特点 [J]. 财会研究 (9).

蔡昉，2018. 中国改革成功经验的逻辑 [J]. 中国社会科学 (1).

蔡昉，2007. 中国劳动力市场发育与就业变化 [J]. 经济研究 (7).

蔡昉，1999. 转轨时期的就业政策选择：矫正制度性扭曲 [J]. 中国人口

科学（2）.

曹兼善，2005. 郎咸平旋风始末［M］. 南京：江苏人民出版社.

曹令军，2013. 近代以来中国对外经济开放史研究［D］. 长沙：湖南大学.

曹普，2016. 当代中国改革开放史：上卷［M］. 北京：人民出版社.

常健，2008. 中国对外开放的历史进程［J］. 中国现代化研究论坛论文集（4）.

常思，2007. 外汇账户结售汇实现真正意愿化［J］. 中国外汇（12）.

陈丹，唐茂华，2009. 中国农村土地制度变迁 60 年回眸与前瞻［J］. 城市（10）.

陈栋生，1993. 区域经济学［M］. 郑州：河南人民出版社.

陈华，尹苑生，2006. 区域经济增长理论与经济非均衡发展［J］. 中外企业家（3）.

陈慧女，2012. 中国共产党领导社会主义经济建设过程中收入分配改革领域的实践与基本经验［J］. 理论月刊（9）.

陈吉元，陈家骥，杨勋，1993. 中国农村社会经济变迁：1949—1989［M］. 太原：山西经济出版社.

陈金涛，刘文君，2016. 农村土地"三权分置"的制度设计与实现路径探析［J］. 求实（1）.

陈静，2007. 中国引进外商直接投资的制度变迁研究［D］. 西安：西北大学.

陈清泰，2003. 国企改革：过关［M］. 北京：中国经济出版社.

陈清泰，吴敬琏，谢伏瞻，1999. 国企改革攻坚 15 题［M］. 北京：中国经济出版社.

陈少晖，2003. 从计划就业到市场就业——国有企业劳动就业制度的变迁与重建［M］. 北京：中国财政经济出版社.

陈锡文，2018. 实施乡村振兴战略，推进农业农村现代化［J］. 中国农业大学学报（社会科学版），35（1）.

陈云，郑东亮，2017. 2016 年就业形势分析及发展趋势［J］. 中国劳动（2）.

陈云，1995. 陈云文选：第 2 卷［M］. 北京：人民出版社.

陈宗胜，王晓云，周云波，2018. 新时代中国特色社会主义市场经济体制逐步建成——中国经济体制改革四十年回顾与展望［J］. 经济社会体制比较（4）.

程光福，2014. 邓小平与中国对外援助［J］. 黑龙江史志（23）.

崔之元，2006. 市场经济中的公有资产与全民分红［J］. 商务周刊（17）.

邓小平，1987. 建设有中国特色的社会主义（增订本）［M］. 北京：人民出版社.

邓小平，1994. 邓小平文选：第 2 卷［M］. 北京：人民出版社.

邓小平，1994. 邓小平文选：第 3 卷［M］. 北京：人民出版社.

丁任重，孔祥杰，2012. 我国区域经济合作：发展与组织转型［J］. 中国经济问题（5）.

丁任重，李标，2012. 马克思的劳动地域分工理论与中国的区域经济格局变迁［J］. 当代经济研究（11）.

董大海，张克，2017. 深入认识做强做优做大国有企业的重要性［N］. 人民日报，08-21.

董志凯，吴江，2004. 新中国的工业奠基石——156 项建设研究（1950—2000）［M］. 广州：广东经济出版社.

董仲其，2009. 推动中国特色社会主义理论体系形成的一大法宝［J］. 毛泽东思想研究（6）.

杜润生，2008. 杜润生自述：中国农村体制改革重大决策纪实［M］. 北京：人民出版社.

段娟，2009. 改革开放初期至 90 年代中期我国区域发展战略转变的历史考察［J］. 党史文苑（12）.

范林榜，2010. 马克思按劳分配释读与中小企业薪酬管理实践［J］. 改革与战略，26（1）.

冯国磊，2012. 建国初期中国共产党外资政策研究（1949—1956）［D］. 成都：西南交通大学.

冯霞，文月，2016. 三权分置：农村土地集体所有制的有效实现形式［J］. 上海农村经济（12）.

冯禹丁，2015. 30 年国企产权改革路 国企改革从哪里来，到哪里去［N］. 南方周末，07-24.

甘超英，2010. 新中国宪法财产制度的历史回顾［J］. 中国法学（4）.

高帆，2016. "政治经济学回归"与中国经济学说的选择逻辑［J］. 政治经济学评论（5）.

高洁，2006. 提高中国对外技术交流质量［J］. 当代经理人（16）.

高尚全，1994. 中国改革开放十五年大事记［M］. 北京：新华出版社.

高志仁，2008. 新中国个人收入分配制度变迁研究［D］. 长沙：湖南师范大学.

格罗斯曼，哈特，阮睿，2017. 所有权的成本和收益：纵向一体化和横向一体化的理论［J］. 经济社会体制比较（1）.

辜胜阻，韩龙艳，2017. 中国民营经济发展进入新的历史阶段［J］. 求是（4）.

谷红欣，2006. 中国当代收入分配思想研究［D］. 上海：复旦大学.

郭飞，2008. 深化中国所有制结构改革的若干思考［J］. 中国社会科学（3）.

郭鹏辉，2009. 论中国对外贸易体制改革历程［J］. 现代商贸工业（17）.

郭晓燕，2008. 北京市国民经济恢复时期对私营工商业的政策［J］. 北京党史（3）.

郭勇，2013. 不断增强国有经济活力、控制力与影响力［N］. 湖南日报，12-04.

韩俊，2009. 中国城乡关系演变 60 年的回顾与展望［J］. 改革（12）.

郝璐，年志远，2015. 比较优势、交易成本与对外贸易制度创新——兼论中国对外贸易制度改革［J］. 云南社会科学（6）.

郝璐，2017. 中国对外贸易制度研究［D］. 长春：吉林大学.

贺耀敏，武力，1999. 五十年国事纪要 [M]. 长沙：湖南人民出版社.

胡鞍钢，程永宏，2003. 中国就业制度演变 [J]. 经济研究参考 (51).

胡家勇，2018. 改革开放 40 年中国所有制理论的创新和发展 [J]. 中州学刊 (5).

胡景北，2002. 农业土地制度和经济发展机制：对二十世纪中国经济史的一种解释 [J]. 经济学季刊 (2).

胡爽平，2010. 马克思主义分配理论及其在当代中国的发展 [D]. 武汉：武汉大学.

黄汉江，1990. 投资大辞典 [M]. 上海：上海社会科学院出版社.

黄孟复，2010. 中国民营经济史·世纪本末 [M]. 北京：中华工商联合出版社.

黄群慧，2017. 中国工业化进程及其对全球化的影响 [J]. 中国工业经济 (6).

黄英，倪宪章，2001. 新中国成立后党在不同时期对国际环境的判断与中国外交战略的演变 [J]. 北方论丛 (6).

黄祖辉，2018. 准确把握中国乡村振兴战略 [J]. 中国农村经济 (4).

姜凌，马先仙，2005. 正确认识人民币汇率稳定的若干问题 [J]. 金融研究 (8).

蒋一苇，1980. 企业本位论 [J]. 中国社会科学 (1).

金辉，2017. 国企改革关键在建立现代企业制度 [N]. 经济参考报，07-21.

荆林波，袁平红，2015. 中国 (上海) 自由贸易试验区发展评价 [J]. 国际经济评论 (5).

景朝阳，2017. 新时代中国区域协调发展的内涵和重点 [EB/OL]. (2017-12-17) [2018-12-23]. http://www.sohu.com/a/208970931_787066.

康怡，2013. 国资委：国新公司或将转生为"中投二号" [N]. 经济观察报，11-29.

科斯，1994. 论生产的制度结构 [M]. 盛洪，等译. 上海：上海三联书店出版社.

冷兆松，2014."国进民退"主要分歧综述［J］. 红旗文稿（2）.

列宁，1995. 列宁选集：第2卷［M］. 中共中央编译局，译. 北京：人民出版社.

黎青平，1989. 对党和国家利用外资政策的历史考察［J］. 中共党史研究（2）.

李萍，2003. 马克思制度理论的精髓：从方法论角度的认识［J］. 理论与改革（3）.

李恩平，郭伟军，2009. 我国就业体制的变迁与展望［J］. 中国特色社会主义经济回顾与展望.

李辉勇，陈家喜，2015. 中国经济特区体制改革报告（2015）［M］. 北京：社会科学文献出版社.

李金华，2015. 德国"工业4.0"与"中国制造2025"的比较及启示［J］. 中国地质大学学报（社会科学版）（5）.

李婧，2007. 中国外汇市场与资本项目可兑换的协调发展［M］. 北京：首都经济贸易大学出版社.

李敬，2006. 中国对外直接投资的制度变迁及其特征［J］. 亚太经济（3）.

李楠，2003. 马克思按劳分配理论及其在当代中国的发展［M］. 北京：高等教育出版社.

李宁，张然，仇童伟，2017. 农地产权变迁中的结构细分与"三权置"改革［J］. 经济学家（1）.

李萍，陈志舟，李华，2006. 统筹城乡发展中的效率与公平［J］. 经济学家（1）.

李汝贤，邸敏学，2005. 对新时期劳动就业制度改革的评价［J］. 当代世界与社会主义（6）.

李伟，2017. 宏观经济政策新框架成功驾驭新常态［J］. 瞭望（33）.

李艳秋，2014. 中国特色社会主义所有制结构的演变及启示［J］. 中国特色社会主义研究（2）.

李义平，2016. 马克思的经济发展理论：一个分析现实经济问题的理论框架［J］.中国工业经济（11）.

李云，2017.习近平就业优先战略思想述论［J］.求实（11）.

梁吉义，2009.区域经济学通论［M］.北京：科学出版社.

廖桂容，2012.建国以来国有经济角色定位：历史回溯与改革前瞻［D］.福州：福建师范大学.

列宁，1995.列宁选集：第3卷［M］.中共中央编译局，译.北京：人民出版社.

林霞，2012.中国特色社会主义个人收入分配制度研究［D］.南京：南京师范大学.

林毅夫，蔡昉，李周，2012.中国的奇迹：发展战略与经济改革（增订版）［M］.上海：格致出版社.

林毅夫，2005.中国的农村改革与农业增长［M］//制度、技术与中国农业发展.上海：上海三联书店.

林毅夫，1994.关于制度变迁的经济学理论：诱致性变迁与强制性变迁［M］.上海：上海三联书店.

刘承礼，2009.改革开放以来我国收入分配制度改革的路径与成效——以公平与效率的双重标准为视角［J］.北京行政学院学报（1）.

刘鹤，2018.深化党和国家机构改革是一场深刻变革［N］.人民日报，03-13.

刘俊，2008.土地的所有权国家独占研究［M］.北京：法律出版社.

刘梦琦，2017.对我国劳动就业问题的思考［J］.现代经济信息（2）.

刘社建，2008.就业制度改革三十年的回顾与反思［J］.社会科学（3）.

刘诗白，2014.政治经济学［M］.成都：西南财经大学出版社.

刘守英，熊雪锋，2018.我国乡村振兴战略的实施与制度供给［J］.政治经济学评论（4）.

刘伟，蔡志洲，2015.我国工业化进程中的产业结构升级与新常态下的经济增长［J］.北京大学学报（哲学社会科学版）（3）.

刘伟，陈彦斌，2017.十八大以来宏观调控的六大新思路［J］.人民日报，

10-10.

刘卫兵，2017."大众创业、万众创新"视角下的就业问题浅析［J］.中国商论（12）.

刘仲藜，1999.奠基——新中国经济五十年［M］.北京：中国财政经济出版社.

卢新海，张旭鹏，2017.农地"三权分置"改革的政治社会学分析［J］.新疆师范大学学报（哲学社会科学版）（6）.

卢燕平，2013.中国工业化、农业剩余和城乡一体化发展［J］.改革与战略（5）.

陆文，2011.新中国农村土地制度的改革历程［J］.党政干部学刊（7）.

吕进中，2005.1994—2004年我国外汇制度的变迁、影响及展望［J］.南方金融（5）.

吕进中，2006.中国外汇制度变迁［M］.北京：中国金融出版社.

吕同舟，2017.新中国成立以来政府职能的历史变迁与路径依赖［J］学术界（12）.

马建堂，2008.国有企业改革三部曲：从扩权让利到战略性重组［N］.21世纪经济报道，12-20.

马克思，恩格斯，1979.马克思恩格斯全集：第46卷［M］.中共中央编译局，译.北京：人民出版社.

马克思，恩格斯，1995.马克思恩格斯选集：第1卷［M］.中共中央编译局，译.北京：人民出版社.

马克思，恩格斯，1995.马克思恩格斯选集：第3卷［M］.中共中央编译局，译.北京：人民出版社.

马克思，恩格斯，1995.马克思恩格斯选集：第4卷［M］.中共中央编译局，译.北京：人民出版社.

马克思，1975.资本论：第3卷［M］.中共中央编译局，译.北京：人民出版社.

马克思，2004.资本论：第1卷［M］.中共中央编译局，译.北京：人民出版社.

马克思，恩格斯，1972. 马克思恩格斯全集：第 46 卷上册 [M]. 中共中央编译局，译. 北京：人民出版社.

马泉山，1998. 新中国工业经济史（1966—1978）[M]. 北京：经济管理出版社.

马晓河，刘振中，钟钰，2018. 农村改革 40 年：影响中国经济社会发展的五大事件 [J]. 中国人民大学学报（3）.

马羽，1981. 试论我国农业合作化的历史必然性 [J]. 社会科学研究（5）.

马昀，卫兴华，2013. 用唯物史观科学把握生产力的历史作用 [J]. 中国社会科学（11）.

毛泽东，1999. 毛泽东文集：第 7 卷 [M]. 北京：人民出版社.

毛泽东，1991. 毛泽东选集：第 8 卷 [M]. 北京：人民出版社.

毛泽东，1977. 毛泽东选集：第 5 卷 [M]. 北京：人民出版社.

毛泽东，1993. 毛泽东自述 [M]. 北京：人民出版社.

孟荣芳，2014. 我国社会基本养老保障制度碎片化 [D]. 南京：南京大学.

诺思，2008. 制度、制度变迁与经济绩效 [M]. 杭行，译. 上海：上海人民出版社.

诺思，2013. 理解经济变迁过程 [M]. 钟正生，等译. 北京：中国人民大学出版社.

欧树军，2014. 我们需要什么样的政治经济学 [J]. 文化纵横（4）.

裴长洪，2009. 中国对外贸易 60 年演进轨迹与前瞻 [J]. 改革（7）.

彭升，2003. 试论毛泽东对外开放思想的主要原则 [J]. 湖南医科大学学报（社会科学版）（4）.

平心，1960. 关于生产力性质问题的讨论 [J]. 学术月刊（4）.

平心，1960. 略论生产力与生产关系的区别：八论生产力性质 [J]. 学术月刊（8）.

新中国经济
制度变迁

平心，1959. 三论生产力性质——关于生产力性质的涵义问题及其它 [J]. 学术月刊（12）.

卿平，2000. 私营经济与家族式管理 [J]. 农村经济（5）.

邱海平，2017. 论中国特色社会主义政治经济学的研究对象和理论特性 [J]. 教学与研究（3）.

权衡，1997. 中国区域经济发展战略理论研究述评 [J]. 中国社会科学（3）.

全国人大财政经济委员会办公室，国家发展和改革委员会发展规划司，2008. 建国以来国民经济和社会发展五年计划重要文件汇编 [M]. 北京：中国民主法制出版社.

任荣，2009. 六十年土地改革的演变历程 [N]. 烟台日报，02-16（09）.

桑东华，2010. 新中国成立以来党的所有制政策的演变与我国所有制结构的变迁 [J]. 中共党史研究（7）.

沙健孙，2005. 中国共产党和资本主义、资产阶级 [M]. 济南：山东人民出版社.

沈晓晖，2008. 发展中国家汇率制度选择——基于国际货币体系不对称性的视角 [M]. 北京：中国金融出版社.

石军伟，2018. 高质量发展更要激发和保护企业家精神 [N]. 湖北日报，01-14（07）.

石林，1989. 当代中国的对外经济合作 [M]. 北京：中国社会科学出版社.

孙国梁，孙玉霞，2005. "一五"期间苏联援建"156项工程"探析 [J]. 石家庄学院学报（5）.

孙久文，2014. 中国区域经济发展报告——中国区域经济发展趋势与城镇化进程中的问题 [M]. 北京：中国人民大学出版社.

孙丽丽，2016. 关于构建新型政商关系的思考 [J]. 经济问题（2）.

孙萌，2010. 人民币汇率制度选择 [D]. 长春：吉林大学.

宋丽丹，2015. 国外看"中国道路"取得成就的主要原因 [J]. 红旗文稿（13）.

谭祖谊，2008. 中国经济结构演进中的贸易政策选择 ［M］. 北京：人民出版社.

汤静波，1999. 建国五十年我国劳动就业的制度变迁 ［J］. 上海经济研究（10）.

田晖，2005. 对我国所有制结构演变及趋势的思考 ［J］. 经济问题（5）.

田书华，2014. 中国区域经济的发展历程及发展趋势 ［EB/OL］.（2014-04-17）［2018-12-23］. http://blog.sina.com.cn/s/blog_51bfd7ca0101e2l7.html.

万典武，1998. 当代中国商业简史 ［M］. 北京：中国商业出版社.

万红燕，2008. 改革开放以来中国利用外资的进程分析 ［J］. 江西社会科学（11）.

汪海波，1995. 国民经济恢复时期恢复、发展工业的基本经验 ［J］. 中国社会科学院研究生院学报（1）.

王骏，1999."文革"后期周恩来在对外经济工作中的贡献 ［J］. 党的文献（1）.

王天伟，2012. 中国产业发展史纲 ［M］. 北京：社会科学文献出版社.

王今朝，2016. 关于市场配置资源决定性与更好发挥政府作用的学术认知 ［EB/OL］.（2016-12-08）［2019-03-04］. http://ex.cssn.cn/jjx/jjx_gzf/201612/t20161208_3305679.shtml.

王雪苓，李萍，王卫卿，2017. 当代中国收入分配制度的演变逻辑与方法论意义：政治经济学的解释 ［A］// 刘灿，等. 中国特色社会主义收入分配制度研究（第六章）. 北京：经济科学出版社.

王亚华，2017. 农村土地"三权分置"改革：要点与展望 ［J］. 人民论坛·学术前沿（6）.

王亦琼，2004. 人民币外汇管理体制变迁的制度研究 ［D］. 杭州：浙江大学.

王友成，2010. 1958—1959 年党的领导集体对所有制问题的认识轨迹 ［J］. 河南师范大学学报（哲学社会科学版）(4).

维之，牛建立，2017.中苏关系破裂后中国第一次面向西方国家引进成套技术设备 [J].党史博览 (6).

卫兴华，张福军，2014.当前"国进民退"之说不能成立 [J].红旗文稿 (9).

卫兴华，2016.把发展生产力与发展社会主义生产关系和上层建筑统一起来 [J].求是 (8).

魏后凯，邬晓霞，2012.新中国区域政策的演变历程 [J].中国老区建设 (5).

魏后凯，2008.改革开放30年中国区域经济的变迁：从不平衡发展到相对均衡发展 [J].经济学动态 (5).

魏众，王琼，2016.按劳分配原则中国化的探索历程——经济思想史视角的分析 [J].经济研究 (11).

吴承明，董志凯，2010.中华人民共和国经济史 (1949—1952) [M].北京：社会科学出版社.

吴丰华，韩文龙，2018.改革开放四十年的城乡关系：历史脉络、阶段特征和未来展望 [J].学术月刊 (4).

吴秀才，2017.中国特色社会主义发展观的历史嬗变 [J].理论学习 (9).

吴彦艳，2008.改革开放以来中国利用外资政策的回顾与展望 [J].经济体制改革 (6).

伍仁，1958.人民公社和共产主义 [M].北京：工人出版社.

武力，2014.城乡一体化：中国农村和农民的复兴梦 [J].红旗 (1).

武力，2007.1949—2006年城乡关系演变的历史分析 [J].中国经济史研究 (1).

武力，2010.中华人民共和国经济史 (1949—1999) [M].北京：中国时代经济出版社.

武力，2010.中华人民共和国经济史：下卷 [M].北京：中国时代经济出版社.

武少文，1991.当代中国的农业机械化 [M].北京：中国社会科学出版社.

习近平,2017. 决胜全面建成小康社会夺取新时代中国特色社会主义伟大胜利:在中国共产党第十九次全国代表大会上的报告 [EB/OL]. (2017-10-28) [2019-03-04]. http://cpc. people. com. cn/n1/2017/1028/c64094-29613660-5.html.

习近平,2017. 决胜全面建成小康社会,夺取新时代中国特色社会主义伟大胜利 [N]. 人民日报,10-28.

习近平,2015. 立足于我国国情和我国发展实践,发展当代中国马克思主义政治经济学 [N]. 人民日报,11-25.

习近平,2014. 切实把思想统一到党的十八届三中全会精神上来 [J]. 求是 (1).

习近平,2014. 切实把思想统一到党的十八届三中全会精神上来 [N]. 人民日报,01-01.

习近平,2016. 习近平总书记系列重要讲话读本 (2016年版) [M]. 北京:学习出版社,人民出版社.

习近平,2017. 中国共产党第十九次全国代表大会报告 [N/OL]. 人民日报,10-18 (02) [2018-12-13]. http://paper.people.com.cn/rmrb/html/2017-10/19/nw.D110000renmrb_20171019_1-02.htm.

习近平,2013. 在纪念毛泽东同志诞辰120周年座谈会上的讲话 [N]. 人民日报,12-27 (02).

夏力,2013. 基于政治关联的中国民营企业技术创新研究 [D]. 南京:南京大学.

向新,苏少之,2002. 1957—1978年中国计划经济体制下的非计划经济因素 [J]. 中国经济史研究 (4).

肖严华,2016. 劳动力市场、社会保障制度的多重分割与中国的人口流动 [J]. 学术月刊,48 (11).

萧国亮,隋福民,2011. 中华人民共和国经济史 (1949—2010) [M]. 北京:北京大学出版社.

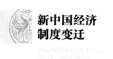
熊德平，2002. 我国所有制改革历程的制度经济学探索 ［J］. 求是学刊 (2).

徐伯黎，2017. 坚如磐石，十九大报告宣示反腐决心 ［N］. 检察日报，10-24 （05）.

徐涛，2018. 建国初期毛泽东工业发展战略思想考察 （1949—1956）［J］. 湖南科技大学学报 （社会科学版）(3).

徐忠，纪敏，牛慕鸿，等，2018. 中国货币政策转型：转轨路径与危机反思 ［M］. 北京：经济管理出版社.

薛暮桥，2003. 建立和发展行业民间自治团体 ［M］. 北京：中华工商联合出版社.

鄢一龙，2014. 驾驭资本力量，做大做强社会主义 ［J］. 红旗文稿 (15).

严鹏，2016. 简明中国工业史 ［M］. 北京：电子工业出版社.

闫书华，石伟，2016. 以习近平总书记讲话精神为指导促进非公有制经济健康发展 ［N］. 学习时报，04-18 （01）.

杨书群，冯勇进，2009. 建国以来我国对非公有制经济的认识及政策演变 ［J］. 经济与社会发展 (10).

姚士谋，周春山，王德，等，2016. 中国城市群新论 ［M］. 北京：科学出版社.

叶敬忠，张明皓，豆书龙，2018. 乡村振兴：谁在谈，谈什么？［J］. 中国农业大学学报 （社会科学版）(3).

叶兴庆，2018. 现代化后半程的农业变迁与政策调整 ［J］. 中国农业大学学报 （社会科学版）(1).

一帆，2018. 资本市场对外开放正全方位加速 ［N］. 证券日报，06-22 （A02）.

易海涛，2006. 论邓小平对毛泽东对外开放思想的继承和超越 ［J］. 前沿 (4).

于晓媛，2009. 改革开放以来中国利用外资政策分析 ［J］. 经济研究 (3).

袁志刚，1998. 中国就业制度的变迁 ［M］. 太原：山西经济出版社.

张海丰，赵培，2006. 我国民营企业发展历程与前景探析［J］. 市场论坛 (8).

张厚义，1999. 中国私营企业发展报告（1978—1998）［M］. 北京：社会科学文献出版社.

张慧鹏，2017. 城乡关系：以人为本还是以资为本？［J］. 马克思主义与现实（4）.

张杰，2011. 中国金融制度的结构与变迁［M］. 北京：中国人民大学出版社.

张杰，2000. 民营经济的金融困境与融资次序［J］. 经济研究（4）.

张礼卿，2008. 加快推进人民币汇率制度改革［J］. 中国外汇（1）.

张连城，沈少博，郎丽华，2017. 社会主义经济周期的根源、形成机制与稳定增长的制度安排——一个马克思主义经济学制度分析的视角［J］. 经济学动态（5）.

张明龙，2009. 我国就业政策的六十年变迁［J］. 经济理论与经济管理（10）.

张明龙，2000. 新中国 50 年劳动就业制度变迁纵览［J］. 天府新论（1）.

张明宇，2013. 中国对外直接投资的产业结构调整效应研究［D］. 济南：山东师范大学.

张庆红，2013. 对益贫式增长内涵的理解：一个文献综述［J］. 湖北经济学院学报（4）.

张涛，2000. 市场经济在当代中国起动之历史透视［J］. 史学月刊（2）.

张小建，2008. 中国就业的改革发展［M］. 北京：中国劳动社会保障出版社.

张幼文，1997. 外贸政策与经济发展［M］. 上海：立信会计出版社.

张宇，2017. 中国特色社会主义政治经济学［M］. 北京：中国人民大学出版社.

折晓叶，艾云，2014. 城乡关系演变的制度逻辑和实践过程［M］. 北京：中国社会科学出版社.

郑有贵，2016. 中华人民共和国经济史（1949—2012）［M］. 北京：当代中国出版社.

中共中央文献研究室，1982. 三中全会以来重要文献选编：上［M］. 北京：人民出版社.

中共中央文献研究室，1982. 三中全会以来重要文献选编：下［M］. 北京：人民出版社.

中共中央文献研究室，1986. 十二大以来重要文献选编：中［M］. 北京：人民出版社.

中共中央文献研究室，1996. 十四大以来重要文献选编：上［M］. 北京：人民出版社.

中共中央文献研究室，2011. 建国以来重要文献选编［M］. 北京：中央文献出版社.

中共中央文献研究室，2010. 三中全会以来重要文献选编［M］. 北京：人民出版社.

中国社会科学院，中央档案馆，1998. 中华人民共和国经济档案资料选编（1953—1957）：农业卷［M］. 北京：中国物价出版社.

中国社会科学院经济研究所学术委员会，2018. 改革开放四十年理论探索与研究：上卷［M］. 北京：中国社会科学出版社.

中国社科院，中央档案馆，1996. 1949—1952 中华人民共和国经济档案资料选编［M］. 北京：中国物资出版社.

《中国特色社会主义政治经济学十五讲》编写组，2016. 中国特色社会主义政治经济学十五讲［M］. 北京：中国人民大学出版社.

中国外贸体制改革的进程、效果与国际比较课题组，2006. 中国外贸体制改革的进程、效果与国际比较［M］. 北京：对外经济贸易大学出版社.

中华全国手工业合作社，1992. 中国手工业合作化和城镇集体工业的发展［M］. 北京：中共党史出版社.

中央财政领导小组办公室，2002. 中国经济发展五十年大事记［M］. 北京：人民出版社.

中央工商行政管理局，中国科学院经济研究所，1962. 中国资本主义工商业社会主义改造［M］. 北京：人民出版社.

周其仁，2005. 信息成本与制度变迁——读《杜润生自述：中国农村体制改革重大决策纪实》[J]. 经济研究（12）.

周其仁，1995. 中国农村改革国家和所有权关系的变化（上、下）——一个经济制度变迁史的回顾 [J]. 管理世界（3/4）.

周树立，2003. 论改革开放前的中国经济发展战略 [J]. 经济经纬（4）.

周新城，2010. 划清社会主义公有制为主体、多种所有制经济共同发展同私有化和单一公有制的界限 [J]. 中共石家庄市委党校学报（1）.

朱德，2006. "以进养出"和"以出带进"（一九六一年三月十三日）[J]. 党的文献（6）.

朱德，2006. 对外贸易必须有计划地大大发展（一九五七年十二月六日）[J]. 党的文献（6）.

朱钟棣，1999. 新中国对外贸易体制的回顾和展望 [J]. 财经研究（10）.

祝远娟，2013. 试论非公有制经济领域"两个健康"工作的辩证关系 [J]. 广西社会主义学院学报（3）.

DEMSETZ，H，1967. Toward a theory of property rights [J]. American economic review（2）：347-359.